KB087500

일제강점기 영화자료총서 ― 11

신문기사로 본
조선영화

1926

일 제 강 점 기 영 화 자 료 총 서 - 11

신문기사로 본
조선영화

1926

| 한국영상자료원 한국영화사연구소 엮음 |

＊

발간사

일제강점기 주요 일간지 영화 관련 기사를 정리한 "일제강점기 영화자료총서: 신문기사로 본 조선영화" 시리즈 일곱 번째 권을 내놓습니다.

올해는 1926년의 신문기사와 광고를 모았습니다. 1926년은 무엇보다 우리 영화사에서 〈아리랑〉의 해로 기억됩니다. 〈아리랑〉이 한국영화사에서 중요한 것은 이 작품이 완성도가 높고 대중적으로 성공을 거두었기 때문만이 아니라, 본격적인 한국무성영화 전성기를 힘차게 열어젖힌 신호탄과 같은 영화이기 때문이기도 합니다. 그런 면에서 1926년은 하나의 분기점이 된 해였습니다. 이 해 〈아리랑〉 외에도 〈장한몽〉, 〈농중조〉, 〈풍운아〉 등 작품의 완성도나 조선 대중의 호응 면에서 큰 성과를 남긴 영화들이 연이어 나타났다는 것은 조선영화가 새로운 단계로 진화하고 있음을 보여줍니다.

그뿐만 아니라 이 해, 신문들은 조선영화의 현황과 해외 각국의 영화산업을 소개하는 기사를 크게 늘렸고, 전년에 이어 각 신문들은 할리우드 스타들의 동향, 수입되는 영화들을 정규적인 지면을 통해 소개했습니다. 그 결과 1926년의 영화 관련 기사가 상대적으로 증가하는 모습을 보입니다. 이제 영화는 명실상부 가장 대중적인 매체로 성장하고 있었습니다. 이러한 성장에 맞춰 조선총독부는 "영화필름검열규칙"을 발표함으로써 영화에 대한 본격적인 규제를 수행해 나갔습니다. 이 책은 이와 같이 다사다난했던 1926년 조선영화계의 변화를 빼곡히 담아내고 있습니다.

점차 축적되어가는 자료들을 보며 한편으로는 뿌듯함을, 한편으로는 여전히 남아 있는 방대한 양의 자료를 생각하며 큰 책임감을 느끼기도 합니다. 저희 영상자료원이 지속적으로 공개하는 이 자료집을 통해 우리 초기 영화사 연구가 질적으로나 양적으로 한 단계 발전하는 계기가 만들어지기를 바랍니다.

이병훈
한국영상자료원장

일러두기

1. 이 책은 영상자료원이 발간하는 〈일제강점기 영화자료총서 — 신문기사로 본 조선영화〉 일곱 번째 권으로 기획된 것입니다. 이 책의 발간을 위하여 연구기획 및 진행에 조준형, 공동 연구에 최은숙, 조외숙이 연구진으로 참여하였습니다.

2. 이 총서는 동아일보, 조선일보, 매일신보, 시대일보, 중외일보의 영화 관련 광고 및 기사를 중심으로 구성되어 있습니다. 영화기사를 중심으로 하되, 초기 영화사를 이해하는 데 빼놓을 수 없는 극장, 배우, 환등회, 라디오 등과 관련된 기사를 일부 포함하였습니다.

3. 이 책에 실린 기사는 맥락 이해를 위해 띄어쓰기와 쉼표, 마침표를 첨가하였을 뿐 대부분의 표기는 가능한 한 원문에 따랐습니다. 부분적으로 통일성이 부족하거나 당시와의 어법 차이로 인하여 독해에 불편함이 있더라도 이해해주시기 바랍니다. 다만 가독성을 높이기 위하여 원문 한자 중 한글로만 표기해도 될 것은 한글로 표기하였고, 나머지는 한글과 한자를 병기(한자를 괄호 안에 배치)하였습니다. 한자에 대한 오늘날의 음가와 당대의 음가가 다른 경우(여자와 녀자 등), 당대 한글 표기가 통일되어 있지 않은 경우(사진, 샤진, 스진 등)에는 복수의 표기가 혼재되어 있습니다. 독자 여러분의 양해 바랍니다. 또한 광고면의 가독성을 높이기 위하여 영화제목과 극장명은 굵은 글씨체로 표기하였습니다.

4. 기사 제목과 부제는 " / " 표시로 구분하여 병기하였고 코너 제목이 없는 광고와 사진의 경우 "〈광고〉" "〈사진〉"표시를 붙였습니다.

5. 1926년 등장하는 영화소설의 경우 본문을 싣지는 않았으나, 참고를 위하여 제목과 날짜를 순서에 맞게 배치하였습니다.

6. 이 책은 2차 저작물이므로 본문에 실린 기사를 참조하실 경우 기사 원문의 출처와 더불어 이 책에서 인용하였음을 표기하여 주시기 바랍니다.

※

기사의 출전 및 멸실 부분

해당 신문기사 자료의 출처

동아일보: 네이버 뉴스 라이브러리(newslibrary.naver.com)

매일신보: 한국언론진흥재단 미디어가온 고신문 검색(www.mediagaon.or.kr)

시대일보 및 중외일보: 한국사데이터베이스(db.history.go.kr)

조선일보: 조선일보 아카이브(http://srchdb1.chosun.com/pdf/i_archive/)

기사 멸실 부분(상기 출처 기준)

조선일보: 9, 10월 기사 보존되어 있지 않음.

동아일보: 3월 6일부터 4월 18일까지 총독부 정간.

시대일보: 7월까지 기사가 보존되어 있으나, 2월~4월 기사는 거의 남아 있지 않음. 8월에 종간.

중외일보: 이상협이 1926년 9월 18일자로 시대일보의 판권을 물려받아 11월 15일자로 창간호 발행. 11월은 30일자 기사만 보존되어 있음.

✻
차례

每日申報　朝鮮日報　東亞日報　時代日報　中外日報

【1926년】

해제

1926년은 전체 문화 지형에서 영화가 차지하는 비중이 눈에 띄게 확장된 해로, 이제 영화는 단연 조선의 명실상부한 '민중의 오락' 매체로 자리를 잡았다고 할 만했다. 영화에 관한 특별 기사들이 게재된 것을 비롯하여 신문 기사에서 영화와 관련된 다양한 정보가 차지하는 비율이 다른 문화적 실천에 대한 정보를 압도할 만큼 현저하게 증가했다. 영화에 대한 담론이 신문 지면에서 폭발적으로 늘어남으로써 '조선의 언론기관은 영화(계)를 활용하고 영화(계)는 언론기관을 활용하는'(이구영, '작년 일 년간의 조선영화계', 시대일보 1월 3일) 언론과 영화의 상생관계가 더욱 깊어졌다.

먼저, 특별 지면을 통해 영화계의 현 단계를 점검하는 글들이 여러 신문에 발표되면서 조선영화의 역사를 구성하고 현 시점의 성과와 한계를 진단해보고자 하는 의지가 여러 차례 표명되었다. 매일신보 1월 1일자 특별 부록면에 '조선영화의 현재와 장래'라는 이홍원의 글이 실렸으며 같은 날짜 조선일보에 같은 필자의 글 '영화계의 일 년'이 게재되었다. 필자는 지난해까지의 조선영화 제작 현황을 정리한 후 비록 한계가 분명해 보이지만 앞으로 나아질 것이라는 기대를 내비쳤으며, 지난해 조선에서 개봉했던 영화 중 명작이라고 일컬을 만한 40여 편을 추리고 조선에서도 구주 영화의 진가를 조금은 이해하게 되었다고 축언했다. 조선일보 신년 부록면에는 영화 변사의 설명에 관한 '영화해설과 어학'이라는 특별 기고가 실렸으며 동아일보에는 1월 2일자부터 6일자까지 세 차례에 걸쳐 영화계 일 년을 결산하는 이구영의 글이 게재되었다. 시대일보도 제작자, 영화음악과 변사 해설, 흥행계, 수입영화의 성적, 개봉되었던 명화를 중심으로 지난해 영화계를 상세하게 점검하는 이구영의 글을 게재했다.

시대일보 1월 3일자에서 이경손은 촬영감독으로서 겪은 짧은 경험담을 토로했으며, 같은 신문 4일자에서는 '활동사진의 뜻과 우리의 리해 관계'라는 글을 통해 영화의 달라진 위상을 확인시켰다. 그는 영화가 갖는 의의가 문화적 지형뿐 아니라 교육 등 사회의 다른 측면에서도 커졌으며, 따라서 영화를 단순한 오락으로 여길 것이 아니라 그 정체를 진지하게 고민해보아야 하고 이에 따라 관객의 인식과 감상력도 향상되어야 한다는 점을 강조했다.

세계영화계나 조선영화계의 역사를 일별하고 영화계의 현황을 논리 정연하게 점검하는 글들은 연초 특별 기고에 그치지 않고 이후에도 계속된다. 이구영은 동아일보 1월자 신문에 무려 아홉 차례에 걸쳐 세계영화의 역사와 현황을 정교하게 분석한 글 '영화계의 정세'를 기고한다. 6월에는 매일신보가 '성아(星兒)'라는 필명으로 영화제작을 중심으로 조선영화계의 현재 상태를 평가하는 글 '위기에 임한 조선영화계'를 두 차례에 걸쳐 실었다. 8월 조선일보는 조선영화흥행계에 급박한 문제로 대두된 극장 경영난을 중심으로 영화흥행계의 상황과 문제점을 분석하는 이구영의 글, '최근 조선영화계'를 세 차례에 걸쳐 게재했다. 또 연말에는 동아일보가 1926년 한 해의 조선영화계를 돌아보고 결산하는 이경손의 글 '일구이륙년도의 영화계를 보내며'를 세 번에 나눠 실었다.

조선에서 영화의 정체와 위상에 대한 진지한 인식과 조선영화계의 현황을 점검, 평가하고 앞으로의 가능성을 제거하는 것 외에도 다양한 종류의 영화담론이 신문에 넘쳐났다. 국내 영화계뿐만 아니라 각국 영화계의 당대 상황과 경향을 신문 지면을 통해 조선 영화 팬들에게 신속하게 알리고자 하는 의지가 돋보였다. 소비에트, 할리우드, 독일, 불란서, 일본 등 타국 영화계의 제작 현황 및 작품 경향뿐 아니라 영화제작 편수나 각국의 극장 수 그리고 관객의 규모 등을 정리하여 소개하고 여기에 덧붙여 조선영화계의 현황을 비교, 평가하는 글이 여러 차례 게재되었다. 아울러 세계영화계의 판도에서 일어나는 변화들이 매우 자세하고 빈번하게 소개되었다. 미국 할리우드 영화가 세계영화계에서 미치는 영향력이 커짐에 따라 유럽영화계가 위축되고 있다는 것, 그에 따라 유럽 특정 나라는 미국영화사와 제작이나 배급에 관한 협정을 맺거나 미국영화의 지배력에 대항하기 위해 '전구라파 영화연맹'을 조직하는(매일신보 10월 4일) 등의 실천들을 모색하고 있다는 것이 보고되었다.

1926년 신문 지면을 차지한 가장 두드러진 영화 정보는 단연 영화배우에 대한 것이다. 신문들은 세계 유명 스타 배우들의 양력과 연기 스타일을 소개하는 것을 넘어서 대중의 호기심을 자극할 만한 배우들의 일거수일투족과 가십거리 및 배우들이 선호하는 유행 스타일 등등 지나치리만큼 세세한 정보들을 '연예통신' 등의 특별란을 통해 쏟아냈다. 여기에 더해 배우에 대한 팬들의 반응이나 평가 그리고 외국에서 진행된, 배우들에 대한 인기투표를 소개하는 기사들(동아일보 10월 17일 '세계적 미남자, 백림 투표 결과 영화배우 류 명', 매일신보 11월 7일 '미국 영화 배우 인기 투표 결과')도 실렸다. 더글러스 페어뱅크스, 찰리 채플린, 메리 픽포드, 루돌프 발렌티노 등이 세계적 유명 배우 관련 정보에서 중심을 차지했다. 특히 1926년 8월에 일어난 루돌프 발렌티노의 죽음은 제작계와 흥행계 모두에게 적지 않은 충격과 영향을 주었다. 갑작스러운 그의 죽음과 유명 스타로서의 삶을 조명하는 글들이 매우 크게 실렸다. 그의 유작 영화가 개봉되어 영화계의 관심의 초점이 되었으며, 그의 다른 영화들 역시 재개봉되어 다시 조명받기도 했다. 발렌티노의 죽음을 애도하는 세계 영화팬들의 소식(매일신보 10월 3일 '봐렌치노의 사(死)를 조(弔)함')이나 그의 죽음 뒤에 일어난 일(동아일보 10월 10일 '빠렌치노 유산 분배') 등이 지면으로 세세히 전해졌다.

외국 배우에 대한 정보의 증폭은 국내 배우에 대한 관심 역시 고조시켰다. 복혜숙과 이월화가 각각 음식점과 주점을 연 일(매일신보 5월 16일, 5월 19일)이나 이채전의 근황(매일신보 6월 24일)이 소개되었으며, 동아일보에서는 유명 배우의 약력과 희망을 소개하는 '조선영화계의 명성(明星) 점고 (點考)'라는 기획 기사를 마련하여 일곱 명의 배우를 일곱 차례에 걸쳐 각각 다루었다. 이경손, 나운규, 신일선, 정기탁, 남궁운, 강홍식, 이규설이 조선의 중요 배우로 조명되었다. 이 해 8월 현해탄에 몸을 던진 윤심덕의 인생 여정 및 사랑 등 개인적인 삶과 더불어 가수이자 배우였던 윤심덕의 면면이 여러 신문에 경쟁적으로 소개되고 평가된 것은 두말할 필요도 없다. 매일신보는 9월에 5명의 조선 여배우(김수련, 복혜숙, 김정숙, 이채전, 이월화) 사진을 게재하고 얼굴 알아맞히기 현상(懸賞)대회를 열었다. 엽서로 답을 보내는 독자 중 정답을 맞힌 이들에게 추첨을 통해 상품을 주었으며 문제로 나온 여배우들 각각의 경력과 소망 등을 소개했다(매일신보 9월 26일).

외국에서 실시된 배우들의 인기투표를 보도하는 데 그치지 않고 1926년에는 조선에서 처음으로 신문이 주관하여 극장 현상 인기투표를 실시했다. 매일신보는 1월 8일 '영화예술의 세계적 추세'라는 기사를 통해 '탐정극에서 연속사진으로, 다시 연애극으로, 그리고 예술영화로' 조선에서 활동사진의 성격이 변천되어왔음을 천명하며 활동사진이 '영화'로 위상이 바뀌는 데 더욱 중요한 역할을 할 극장 경영자들을 격려하고 견인하는 의미에서 단성사, 우미관, 조선극장 등 조선인 대상 극장의 인기투표 를 실시한다고 공표했다. 투표자 중 추첨을 통해 세 명을 뽑아 일정기간 동안의 극장 입장표를 상품 으로 주겠다는 것을 공약으로 내걸며 실시된 극장 인기투표는 16일까지 계속되었고, 그 기간 동안 나날이 누적되는 투표 성적이 신문 지상에 공개되었다. 17일에 단성사가 일등으로 당선되었음을 알 리고 상품 수여 추첨에 당선된 사람들을 발표했으며 단성사에서는 일등 당첨을 자축하기 위해 일반 투표자들에게 무료 관람권을 배포하기도 했다. 그뿐 아니라 매일신문에서는 [흥행계의 패왕]이라는 특별 기사를 통해 극장시설, 변사와 악단, 개봉영화의 수와 수준 및 교환 일수 등, 단성사가 총애를 받 는 근거를 세 차례에 걸쳐 상세하게 설명했다. 자사가 실시한 극장 인기투표 결과에 의미를 부여하기 위한 후속 작업이었는데, 단성사에 대한 선전과 더불어 타 극장의 개선을 촉구하는 효과가 있었을 것이다.

조선에서 개봉되는 새 영화를 소개하고자 마련되었던 고정 지면이 1926년에도 계속되어 감독, 주연배우, 대강의 줄거리 등을 중심으로 비교적 자세한 작품 정보를 제공했다. 동아일보는 [연예]란의 '지상영화(紙上映畵)', 조선일보는 [신영화], 시대일보는 [영화소개] 등의 고정란을 마련하여 이전부터 진행되었던 영화 소개를 한층 안정적이고 지속적으로 해나갔다. 아울러 부정기적이긴 했으나, 이경손, 이구영, 심대섭, 안석영 등 영화 관련 인사들이 개봉되었던 영화에 대한 비교적 전문적인 비평을 신문에 발표했다.

영화에 관해 궁금한 점이나 불만스러운 점을 독자가 신문에 문의하거나 토로하고 신문사에서 이에 답을 제시하는 것 또는 영화와 관련된 직업을 꿈꾸는 사람들이 자신의 진로에 관해 상의하면 그것에 조언을 하는 것 등을 다루는 고정란(조선일보의 [상의])이 작년에 이어 계속되었다. 또 일반 관객(독자)들의 짧은 영화평을 싣는 [영화인상](조선일보)이라는 특별란이 마련되어 관객이나 독자들의 영화에 대한 구체적인 관심과 평가를 신문이 적극적으로 이끌어내고자 했다.

영화 배우들에 관한 시시콜콜한 정보를 비롯하여 여러 영화 담론이 신문지면에서 폭발적으로 증가한 것이나 신문 주도로 극장 인기투표가 실시된 것 등은 신문 독자에게 흥밋거리를 제공함으로써 영화에 대한 대중의 증대된 관심에 부응하면서 동시에 그에 편승하여 신문의 인지도를 높이고 독자를 확대하기 위한 기획이었다. 세계적으로 영화가 대중문화의 총아가 되었음을 증명하는 일면이며 조선도 그와 같은 추세에 있다는 것을 확인시켜주는 것이다. 한편으로는 영화정보나 담론을 전문으로 다루는 특정 매체가 거의 존재하지 않았으므로 오늘날 영화 관련 저널의 역할을 신문이 홀로 대신한 시대적 정황에 기인한 것이기도 했다.

이전에는 주로 경성이나 경기도에서 진행하던 신문독자 우대 혹은 독자 위안(초대) 영화상영회가 1926년에는 점차 지방에서도 활발하게 이루어졌다. 동아일보, 시대일보, 조선일보, 매일신보 모두 평양, 대구, 인천, 원산, 성주, 전북 각지 등 전국에 있는 자신들의 신문 지국에서 지역 극장과 협력하거나 순회 영사반과 협의하여 독자에게 영화 요금을 할인해주거나 무료 영화 관람 기회를 마련했다. 이전에 비해 지방에서도 영화 상영의 기회가 많아지면서 영화와 신문의 상생 관계가 공간적으로도 확대되어 나타난 것이다.

지방 관객의 영화 관람 기회가 많아지는 계기 중 가장 결정적인 것은 1926년 신문사 주도로 이루어진 영화제작 및 전국 순회 상영이었다. 신문이 영화에 관한 담론을 생산하고 정보를 유통하는 것에 머물지 않고 주도적으로 영화를 제작하여 전국적인 순회 상영을 실시하고 그것을 대대적으로 보도하고 선전하는 주목할 만한 일이 일어났다. 조선일보, 동아일보, 시대일보가 각기 6월 10일에 있었던 조선의 마지막 황제 순종의 인산 장면을 촬영, 영화로 제작하여 전국 순회 영사에 나섰던 것이다. 이미 5월부터 인산 활동사진 제작을 선전한 시대일보가 가장 발 빠르게 6월 13일 경성에서 상영을 개시행으며 뒤이어 동아일보와 조선일보도 15일부터 영화를 공개했다. 곧바로 세 신문사에서 경쟁적으로 인천, 대구, 함흥, 평양, 개성, 신막, 경주, 수원, 울산, 김해, 신천, 이천 등 지방 순회 영사에 착수했으며 이는 7월 초까지 계속되었다. 그 후에도 지역 청년회나 사회단체가 순회영사회를 개최할 때 인산 활동사진은 가장 인기 있는 종목으로 활용되어 상당 기간 보다 작은 단위의 지방에서도 상영되었다. 신문사의 인산 영화제작 및 순회 상영은, 마지막 국왕의 장례와 사회적 애도라는 초미의 사건을 그들의 본질적 매체인 문자 대신 영상이라는 형식을 빌려 보도하는 것이었는데, 당대 영화와 신문의 관계를 이보다 더 극적으로 보여준 예는 없을 것이다.

신문사에서 기획하여 연재된 '영화소설'이 등장한 것은 1926년 신문과 영화와의 관계를 시사하는 또 하나의 사건이었다. 매일신보는 4월부터 5월까지 '영화소설' 〈삼림에 섭언〉을, 12월에는 김일영 작 〈산인의 비애〉를 게재했으며 동아일보는 11월부터 34회에 걸쳐 심훈의 '영화소설' 〈탈춤〉을 연재했다. '영화소설'은 영화 제작을 염두에 두고 구성된 소설 형식으로, 매회 소설의 등장인물 배역을 맡은 배우들이 특정 장면을 연출하는 사진이 삽화 대신 게재되었다. 연재되었던 〈탈춤〉은 조선키네마 프로덕션에서 제작하기로 결정되었으며 출연배우로는 이미 신문 지상에 연재된 사진으로 얼굴을 알린 배우들이 선정되었다고 발표되었다(동아일보 12월 17일).

1926년에도 조선영화는 계속 제작되었다. 전년에 비해 제작 편수는 다소 줄었으나 질적인 비약을 이루었다. 계림영화협회 제일회 작품 〈장한몽〉이 이경손 감독, 주삼손, 김정숙 주연으로 제작되어 개봉했다(조선일보 3월 18일). 일본의 유명한 소설 〈금색야차〉를 조일제가 번안한 것으로 2월부터 제작 소식이 알려지며 크게 기대를 모았고(동아일보 2월 28일), 3월 18일 단성사에서 개봉해 관객을 끌었다(매일신보 3월 20일, 21일).

계림영화협회는 〈장한몽〉 개봉에 이어 4월에 제이회 작품에 착수했다. 이경손 감독, 이백수 주연으로 〈산채왕〉 제작을 시작했으나(동아일보 4월 22일) 진행이 더뎌지면서 제작 여부가 확인되지 않다가 9월에 가서야 개봉했다(매일신보 9월 6일).

6월에는 조선키네마 제일회 작품 〈농중조〉가 개봉했다. 각색은 이규설, 감독은 진수수일(津守秀一)이 맡았으며 이규설, 나운규와 복혜숙이 출연했다. 토월회에서 이미 명성을 얻었던 복혜숙이 출연하는 작품으로 세간의 주목을 받으며 흥행에 비교적 성공했다(매일신보 6월 20일).

조선키네마는 이어서 제이회 작품 〈아리랑〉 제작에 들어갔다(동아일보 9월 19일). 나운규가 각색과 감독을 맡고 나운규, 신홍련, 남궁운, 이규설이 출연했는데 3개월간의 제작을 거쳐 10월 1일 단성사에서 개봉했다(매일신보 10월 1일). 촬영과 연기 그리고 감독에서 조선영화의 질적 비약을 보여준 작품으로 평가받았고 관객의 관심도 끌었다. 특히 각색, 감독, 주연을 겸한 나운규는 영화계의 집중 조명을 받았다(동아일보 10월 7일, 매일신보 10월 10일 '신영화『아리랑』을 보고').

11월 계림영화협회에 있던 정기탁이 제작을 맡고 이경손이 감독했으며 정기탁과 신일선이 주연한 〈봉황의 면류관〉이 조선극장에서 개봉했다(동아일보 10월 29일). 정기탁이 자비를 내어 제작한 것으로 관심을 모은 이 영화는 조선 최초로 중국 상해에 수출되었다(동아일보 11월 6일).

〈아리랑〉으로 영화계의 비상한 관심을 받은 나운규는 곧바로 조선키네마 세 번째 작품 〈풍운아〉 제작에 들어갔다. 나운규가 감독과 주연을 맡고 김정숙, 주인규 등이 출연한 〈풍운아〉는 로케이션 등 제작 과정부터 언론의 관심을 받았으며(동아일보 11월 9일) 12월 조선극장에서 개봉했다(동아일보 12월 10일, 12월 19일).

11월에는 조선키네마에 있던 이규설을 중심으로 전 토월회 배우들이 모여 토성회(土星會)를 조직한 후 첫 사업으로 영화 〈불망곡(不忘曲)〉 제작을 시작했다(동아일보 11월 9일, 11월 13일). 〈풍운아〉와 함께 로케이션이나 제작 과정이 공개되면서 관심을 끌었는데 세종 때 궁정비화를 영화화한 것으로 1926년에는 개봉하지 못하고 해를 넘기게 되었다(동아일보 11월 16일, 11월 20일).

1926년 말에는 새로운 영화관련 조직들이 출현했다. 12월, 김표운(金漂雲), 류광(劉珖), 리구영(李龜永) 씨 등의 발기로 금성(金星)「푸로닥손」이 조직되었는데 제일회 작품으로 〈고향의 하날〉을 제작하기로 한 계획을 발표하면서 영화계의 화제가 되었다(동아일보 12월 8일, 조선일보 12월 9일, 중외일보 12월 9일). 그리고 12월 말 조선프롤레타리아예술동맹이 임시 총회를 열고 규약과 강령을 채택하면서 그 탄생을 알렸다(동아일보 12월 27일).

총독부를 비롯한 각 지방기관의 식민 국가의 근대적 주체 형성을 위한 계몽 활동에 활동사진 영사회가 적극 활용되는 것이 1926년에도 계속되었다. 경성부에서는 1925년 '시민교화사업'으로 활동사진반을 신설하여 영사하기로 결정했었는데, 1926년 4월부터 상영회를 본격적으로 시작했다(매일신보 4월 25일). 일 년에 오십 회로 주로 조선인을 대상으로 계획된 '경성부 활동사진회'는, 1926년 순종 황제의 승하를 애도하는 기간을 제외하고, 공립보통학교나 공회당에서 날씨가 허락하는 한 계속되었다. 6월에 경성부는 수도(水道), 세무과원(稅務課員)의 활동상황, 위생과(衛生課) 오물처리 광경, 도로공사 광경, 기타 청원 활동 광경 등 경성부의 사업을 촬영해 부민에게 공개하겠다고 발표해 영화를 통한 '교화 사업'이 더욱 적극적으로 시행될 것임을 표명했다(매일신보 6월 17일).

경성뿐 아니라 경북, 경남, 평북, 평남, 충북, 충남 등 지방 행정기관에서도 위생 선전, 축산장려, 지방문화 촉진, 근검저축과 산업 장려, 산미 증산과 생활개선 등의 취지로 영사반을 조직해 각 지역을 순회하며 무료 상영했다. 12월에는 만주에 있는 동포를 위안하기 위하여 총독부가 〈만주로부터〉와 〈간도로부터〉 등의 영화를 제작했으며 순회영사반이 곧 출발할 것임이 보도되었다(매일신보 12월 23일). 이는 일제의 계몽 프로젝트, 식민 교화 사업이 국외까지 확장되고 있음을 보여준다.

영화를 이용한 '교화 사업'이 조금 더 구체적인 대상이나 목표를 지향하는 사례도 나타났다. 서대문 형무소는 수인들의 교화 방법으로 활동사진을 시험 삼아 활용하기로 했으며 이것이 성공하면 전국 각 형무소에서 실시하기로 했다(매일신보 3월 26일). 또 문부성에서는 교육 영화 제작을 위한 영화 각본을 현상 모집하기로 했다(매일신보, 동아일보 5월 5일).

행정기관 외에 유학생회들을 비롯한 각종 사회단체가 학비나 교육기관 유지비 마련, 교육 선전, 구제 등을 목적으로 벌이는 전국 순회 영화 상영회 활동은 1926년에도 지속되었다. 여러 단체에서 순회 활동을 조직할 때 이전까지는 연극공연 형식이 많이 활용되었는데 1926년에는 활동사진 영사회가 압도적으로 많았다는 점은 주목할 만한 현상이다(동아일보 3월 2일 '청년 활사 성황', 조선일보 4월 4일 '겸이포 영화회', 동아일보 6월 14일 '간도 실상 영사 고국 순회단', 조선일보 7월 26일 '장학회 영화대', 동아일보 8월 24일 '김제 순활(巡活) 성황', 동아일보 9월 19일 '고학단(苦學團) 순회 활동사진 영사' 등).

사회 전반에서 영화의 영향력이 커지자 이를 통제하기 위한 검열 역시 강화되면서 1926년 7월에 '영화취체규칙'이 공포되었다. 이전에 몇 차례 부분적인 수정을 거치면서 실행되던 검열 제도가 조금 더 확고하게 그 체제를 갖추었다. 1926년 4월 1일, 신의주, 경성, 부산에서 진행되어오던 영화 검열이 변경되어 신의주, 부산의 검열을 금지하고 경성 한 곳에서만 검열이 실시될 것임이 발표되었다(매일신보, 조선일보 3월 7일). 그리고 다시 7월, 종래 경찰부 관할의 검열을 총독부로 이전하여 전 조선적으로 통일하여 시행할 것이며 영화 필름 3미터당 오 전씩으로 검열료를 인상하겠다는 것을 골자로 하는 '검열 규칙'이 8월 1일부터 전면적으로 시행된다고 공포되었다(동아일보 시대일보 7월 13일, 7월 14일). '활동사진 검열 규칙'은 이전에 풍속 취체를 중심으로 이루어졌던 검열이 사상 선전 등으로 확대된 영화의 영향력을 보다 강력하게 단속하기 위해 취해진 것임이 표명되었다(시대일보 7월 7일자 '영화검열에 대한 삼시 국장의 담').

공표된 '활동사진 검열 규칙'은 영화 영업과 관련된 모든 집단에게 큰 타격이 될 것이 분명했다.

경성의 활동사진상설관 주인, 영업자, 영화배급소(映畵配給所), 기타 영화관계자가 모여 검열 요금 인상에 반대할 것을 결의하고 검열료 폐지나 인하 및 상영 금지된 영화에 대한 검열료 면제를 당국에 진정했다(시대일보 7월 18일, 동아일보 7월 20일). 관철되지 않을 시 극장들 일제 휴관을 결의할 만큼 집단적으로 대처했으나(매일신보 7월 20일, 조선일보 7월 21일) 진정은 받아들여지지 않았다(시대일보 7월 30일). 영화검열규칙이 8월 1일부터 시행에 들어감에 따라 영화 검열요금 인상은 기정사실화되었고 검열요금을 부담하게 된 극장은 더욱 곤란을 겪게 되었다.

1926년 경성의 흥행계는 경영난과 파행 그리고 분쟁으로 얼룩졌다. 먼저 토월회가 직영해오던 광무대는 토월회가 파업과 배우의 탈퇴 등으로 상연을 못 하고 해산되자 결국 2월 문을 닫았다(매일신보 2월 26일). 이후 광무대는 영업을 재개했으나 계속 폐관될 처지에서 벗어나지 못하다가 6월에 새로운 신극단체 성립극단이 공연을 시작하고(매일신보 6월 26일) 9월에 창립 18주년을 맞이하여 특별 무료권을 배부하면서 건재함을 알렸다(매일신보 9월 8일).

경성의 세 활동사진 상설관 역시 경영난에 시달려왔다. 매일신보 3월 14일자 기사에 따르면, 우미관은 수 일간 폐관할 정도로 손해가 극심한 지경에 이르렀으며, 조선극장 역시 관객이 적어 극장 운영에 곤란을 겪고 있었고 그나마 가장 형편이 좋다는 단성사 역시 큰 이익을 보는 상태는 아니었다. 부진을 면치 못하고 간신히 이어오던 극장 영업은 8월 영화검열규칙이 본격적으로 시행되면서 검열료가 인상되자 파행으로 치달았다.

1925년 일본인 전문 영화관의 관주들이 영업에 관한 협정을 체결한 후 경성 소재 극장들은 입장료를 동일하게 받아왔다. 조선인 전문 상영관인 우미관, 조선극장, 단성사도 삼관동맹을 약정하고 요금을 통일해왔다. 그러나 검열규칙이 실시된 직후인 8월 2일 극장 간 협약이 해제되면서 극장들 사이에 경쟁이 불가피해졌다(조선일보 8월 3일). 검열료 인상으로 인해 더욱 어려워진 경영난을 타개할 방편으로 극장들은 '박리다매' 식의 입장료 대폭 할인을 시작했다. 가장 큰 경영난을 겪고 있던 우미관이 입장료 할인을 시작하자 조선극장과 단성사 역시 할인을 단행했다. 먼저 할인을 단행한 극장에는 일시적으로 관객이 늘었으나 과도하게 인하된 입장료 때문에 극장 수입은 나아지지 않았고, 타 극장의 동반 할인으로 인해 문제는 더욱 악화되었다(매일신보 8월 11일, 8월 13일). 결국 입장료 인하는 완화되었으나 문제는 해결되지 않았다. 조선극장은 8월말 경영난으로 인해 폐관했다 조선극장의 변사였던 김조성이 극장 경영을 이전받아 9월 9일 다시 상영을 시작했다(동아일보 9월 10일).

경성의 영화 관객 수는 어느 정도 한정되어 있었기에 극장 영업의 활로는 보다 많은 관객을 유치

할 수 있는 특별 영화 상영 여부에 달려 있었다. 경영난에 시달리던 극장들은 개봉 작품 확보를 두고 심하게 경쟁했다. 10월, 그 경쟁이 정점으로 치닫는 사건이 일어났다. 총천연색 영화이며 더글러스 페어뱅크스의 제작과 주연으로 개봉 전부터 세계적인 화제를 모으고 있던 〈(흑의)해적〉 상영권을 둘러싼 분쟁이 우미관과 조선극장 사이에 벌어졌던 것이다(동아일보, 매일신보 10월 26일). 경찰에 까지 갔던 이 영화 쟁탈전은 양 당사자가 아닌 단성사가 처음 필름 대여비의 두 배를 지불하고 상영권을 갖는 것으로 어이없이 끝났다(매일신보 11월 2일, 동아일보 11월 3일). 그 뒤 여러 대작을 둘러싼 극장 간 쟁탈전은 더욱 심화했는데 11월에 〈로스트월드〉〈로이드 인기자〉를 두고 극심한 흥행권 확보 경쟁이 다시 표면화되었다(동아일보 11월 24일). 흥행권을 둘러싼 경쟁으로 인해 필름 사용료는 치솟았고, 여기에 입장료 인하와 검열요금 인상 문제가 겹치면서 1926년 하반기 극장 운영은 극도로 어려워졌다.

김조성이 경영하던 조선극장은 12월 13일 경영난이 심화되어 개관한 지 삼 개월 만에 다시 폐관하게 되었고(동아일보 12월 10일, 매일신보 12월 13일) 김영호로 경영인이 바뀌면서 같은 달 18일에 재개관했다. 재개관 기념으로 나운규 감독 주연의 〈풍운아〉를 상영하며 전환의 계기를 마련하기 위해 애썼다(조선일보 12월 19일, 동아일보 12월 18일).

1926년에는 지방에 극장이 신설되거나 기존 극장이 새로 정비되는 일이 적지 않게 일어났다. 대구 만경관이 신년 초 아래층에 의자를 설치하는 등 확장 공사에 착수했고(시대일보 1월 22일) 인천 애관은 2월 단성사의 이봉익과 박정현의 도움으로 상영프로그램을 혁신하면서 극장의 위상을 다시 세우고자 했다(조선일보 2월 20일). 안주청년회에서는 극장을 신설할 계획을 세웠으며(동아일보 6월 7일) 인천에서는 11월에 시설이 노후된 애관을 매수하여 극장을 신축하고 명년 봄에 개관하는 것을 목표로 사업이 진행되었다(매일신보 11월 19일). 광주에서도 활동사진 상설관 낙성을 위해 건축이 진행되었으며(매일신보 11월 23일) 12월에는 군산에서도 대규모 극장 신축을 계획하고 사업에 착수했다(동아일보 12월 19일). 또 평양의 욱좌는 화재로 전소되는 불운을 겪었다.

극장들의 지방 순회 영사 사업이 1926년에도 지속되었으며 그 범위도 확대되었다. 단성사의 북선(北鮮)지방 순회 흥행(조선일보 2월 11일) 및 대구 만경관 출장부의 영화 상영회(동아일보 8월 5일) 등이 활발하게 진행되었으며 7월에 조직된 단성사 순극대는 간도 용정에까지 건너가 관객에게 조선영화를 선보였다(동아일보 7월 8일).

1926년 3월에는 발성영화가 조선에 들어와 공회당과 우미관에서 공개되었는데, 상영 전부터 경이에 가까운 관심을 받았다(매일신보 2월 26일, 2월 27일). 미국대통령의 연설과 배우들의 연기 등 발성영화의 신기함을 보여줄 수 있는 장면을 소개해 대대적인 호응을 받았으나 아직은 시영 단계인 상영이었다. 이와 같은 행사는 발성영화가 본격적으로 도래하기 직전 관객들에게 예비 경험의 기회를 제공함으로써 그 등장을 더욱 고대하게 만들었다(매일신보 3월 1일).

변사 시험이 실시되었다는 것(동아일보 12월 8일), 개국을 준비하던 경성방송국이 12월 정동 신사옥으로 이전하면서 명년에 시작될 본방송 준비에 박차를 가하고 있다는 것(매일신보 12월 21일, 동아일보 12월 24일), 라디오로 사진을 전송하거나 영화를 볼 수 있다는 것(매일신보 3월 1일, 조선일보 4월 8일) 등도 영화와 관련하여 1926년 화제가 되었던 소식이다.

최은숙(한국영상자료원 객원연구원)

동아 26.01.01 (其二-3) 시내 각 극장 정초 흥행 종목

시내 각 극장의 정초 푸로그람을 소개하건데 다음과 갓습니다.

-조선극장-

민립극단 제일회 공연

대활극 **의적(義賊)** 칠막

희극 **월급일** 일막

주간 십이시 반 야간 칠시 개연

-우미관-

신연속 **불견(不見)의 광선** 오권

대회극 **결혼생활** 오권

대활극 **분류천리(奔流千里)** 칠권

주간 십이시 반 야간 칠시 개연

-중앙관-

시대극 **광도의 후편(狂刀의 後篇)** 육권

시대극 **백파 오인남(白波 五人男)** 전편(全篇)

대회극 **죽업도 불구(不拘)** 전편(全篇)

현대극 **노도규(怒濤叫)** 전편(全篇)

주간 십이시 야간 육시 개연

-황금관-

시대극 **기라레 여삼랑(與三郎)** 육권

현대극 **이백초지(異白草紙)** 오권

희활극 **나남(懦男) 분기(奮起)하면** 칠권

주간 십이시 야간 육시 개연

-대정관-

쏼류쌔드극 **인수의 국(人獸의 國)** 칠권

고대영화 **구다레자(者)** 육권

시대극 **공평가지옥(公平歌地獄)** 십권

주간 십이시 야간 육시 반 개연

-희락관-

현대극 **질부산미(秩父山美)** 팔권

맹투활극 **부적면혼(不敵面魂)** 오권

연속시대극 **창마천구(倉馬天狗)** 칠권

주간 십이시 야간 육시 개연

매일 26.01.01 (2) [극과 영화] 정월과 각관(各館) / 자미잇는 구경거리

정월 초승에는 노는 날도 만코 일 년의 한 번 되는 정월 노리이라 시내 각 극장은 초삼일까지는 대개 주야 이 회로 흥힝을 할 터인대

◇ 조선극장 ◇

됴션극장에서 됴션 재리의 신파배우 즁에 명성이 잇든 간부들이 련합하야 새로히 조직한 민립극단(民立劇團)이 츌연을 할 터인대 무대장치와 연데 션틕에는 상당한 노력을 다하얏다 하니 신년 벽듀에 참으로 반갑은 소식이라 하겟다.

◇ 광무대 ◇

토월회(土月會)의 즉영 즁이엇스나 토월회가 디방순회를 하는 관게상 토월회의 데이부로 잇는 구파배우들의 가무극이 잇슬 터인대 주간 흥힝은 하지 안을 터이며 토월회의 데일부 신극은 일월 하순에나 출연을 하게 된다더라.

◇ 단성사 ◇

쾌남아 『리차드 달마취』 씨의 대표덕 명작이라 하는 『유』 사의 대밍투극 천군만마 『千軍萬馬』라는 련속사진이 시작된 우에 다시 암흑의 거리 『暗黑의 街』라는 여섯 권짜리 사회극도 잇고 『표박하는 여자』이라는 자미잇는 활극도 석거셔 정월을 마지한다 하며.

◇ 우미관 ◇

『벤다-빈』 양의 희활극 『결혼싱활』 머리로 『작크 픽포-드』 군의 주연하에 보는 이의 가슴을 놀내는 대활극 『분류천리』(奔流千里)와 보히지 안는 광션 『不見의 光線』이라는 십오편에 난호인 련속사진을 시작하야 정월 노리를 꾸민다고.

매일 26.01.01 (부록 其二 3) 〈광고〉

근하신년

경성부 수은동
모범 활동사진 상설 **단성사**
전화 광화문 구오구번

매일 26.01.01 (부록 其二 4) [연예와 영화] 조선영화의 현재와 장래 / 지난 일 년의 회고 / 이홍원(李紅園)

싱각만 해도 한심한 것어 조선영화 제작계며 보기만 해도 답답한 것이 조선영화다. 그나마 과거도 업고 장래도 알 수 업는 것이 지금 조선영화계다. 멧 해 전 김도산(金陶山) 일파가 박은 『국경』이 우리 조선영화 제작의 효시가 된 후 동아문화협회의 『춘향전』 단성사 촬영부의 『장화홍연전』 등이 발표된 후 얼마 후에 쳐음으로 소규모이나마 진정한 제작회사의 성립을 보게 되니 부산의 주식회사 『조선키네마』엿다. 첫 작품으로 『해의 비곡』를 발표힛고 제이회 작품으로 『운영전』, 제삼회 작품으로 『신의 식(神의 飾[1])』, 제사회 이권(二卷) 희극영화 『촌(村)의 영웅』 등이 잇섯스나 본 작품은 일반의 비난 가운데 경성 상연을 보지 못하고 말엇다. 이어 백남푸로썩순이 경성에 출현되어 『심청전』를 발표하엿고 이어 개척자 제작 중 완성을 보지 못하고 해산되자, 다시 그곳 제작자들은 새로히 『고려키네마』를 세우고 미완성 중의 개척자를 인속(引續) 완성 후 쏘한 해산의 비운에 써러지고 말엇다. 이 동안 부산의 『조선키네마』는 중지상태에 써러지고 말엇다. 경성에는 새로히 고려영화제작소의 창립을 보게 되면서 제일회 작 『쌍옥루』를 발표하얏스며 뒤를 이어 우후죽순갓치 소제작자의 출현을 보게 되니 경성에 잇는 『선활사(鮮活社)』요, 『계림영화협회』인데 아즉 작품의 발표를 못 보앗스며 지금 준비 중에 잇다.

대략 적어보니 이것이 조선영화 제작계의 과거며 쏘한 현재다. 말하자면 아즉도 조선영화 제작자나 그 작품이나 전혀 보잘 것 업는 유치한 가운데 잇다. 작품으로서 먼저 고실미(固實味)가 업고 제작자들노서 자신을 엇지 못한 가운데 더욱이 경제상 토대가 업슴으로 칠전칠도(七轉七倒)의 현상이다. 어듸나 다 초기에 잇써 이만한 고뇌가 업슬 것이랴만은 우리는 남달리 불상한 『푸로』들이다. 여기에 무슨 안정이 잇스며 희망이 잇스랴! 지금 조선영화 제작계의 현상을 가지고 우리의 장래를 예상할 수는 업다. 엇지 되얏든 계속하야 작품을 발표하야 나아갈 수밧게 업다. 누구던지 죠타. 조흐나 언자느나 쑷까지 나아가는 것이 최후의 성공이요, 조선영화의 완전한 광명기를 획(劃)할 쌔일 것이다. 배우는 배우로, 작자는 작자대로, 감독은 감독대로 다 갓치 노력하야 나아갈 수밧게 업다. 다만 문제는 한 가지다. 모든 제작계의 사람의 사라 나아갈 길만 해결이 되면 그만이다. 지금의 사람들이 영화사업에 투신할 쌔 그러케 영예나 부귀를 바랏든 바가 아니다. 직업이 가지가지요, 사업이 만타. 하필 밤낮 일을 해야 그날 그날의 옷, 밥이 업는 영화사업에 몸을 던질 사람은 업슬 것이다. 이야말노 인력으로 막을 수 업는 선천적 기호가 안이면 안 될 것이다. 엇지 되얏든 지금의 영화사업에 종사하는 배우나 기사나 감독이나 각본가나 다 갓치 그 생활책을 강구해야만 되겟다.

---

1) '神의 粧'도 혼용되어 사용됨.

◇

문제의 해결은 극히 간단하다. 시대영화거니 현대작품이거니 기백만 원의 대회사가 스던지 그와 반대로 소규모로 개인 제작자가 스던지 하지 아느면 도저히 유지해 나아갈 수 업슬 것이다. 말하면 제작자 자신이 즉접(卽接) 영업자가 되지 아느면 안 된단 말이다. 입대까지 영화가 만히 제작되얏다. 그러나 영업상으로 완전한 수입을 엇은 작품은 이, 삼 편에 불과하다. 째로는 제작비용 회수도 못 된 작품이 잇섯다. 이는 제작자로서 과대한 비용을 드리엿다던가 다만 제작 본위로 영업에 소홀하얏든 까닭이다. 즉 극장 업는 조선에서 배급을 위주하얏든 까닭이다.

그럼으로 지금 형편으로는 되도록 경성 이외에는 평양, 대구를 주안으로 하고 영화를 제작해야만 되겠다. 기타 소도시에 이르러는 제작자 자신의 여력이 잇는 대로 직영 노천흥행 이외에는 별 도리는 업는 것이다. 째째로 일본 수출를 말하는 이가 잇다. 그대로 된다면 우리 조선영화 제작계는 극히 안심하야 장래의 발전을 기대할 수 잇슬 것이다만은 사실에 잇서서는 도저히 어려운 일이니 기술노나 배우로나 설비로나 능히 그네의 작품에 비교할 수 업슬 것이요, 다만 풍속습관상으로 일시적 그네의 호기심을 잇끄는 이외에는 별다른 효과를 볼 수 업슬 것이다. 이것이 반다시 불가능하다 함은 아니다. 시기 문제니 우리 제작계의 천재의 출현을 긔다려 비로소 달성할 것이다. 이 의미하에서 당분은 불가능으로 생각한다.

◇

다만 일도(一途)가 잇슬 쑨이다. 경성 이외 이, 삼 처에서 흥행상으로 수지성산(收支成算)이 될 수 잇는 한도에서 작품을 제작할빗게 업다. 그리하야 좌우간 사업을 계속해야 하겠다. 이러한 가운데서 자연 중 조흔 배우와 수완이 잇는 감독, 경영가, 작가가 출현될 것이니 이리하야 조선영화계의 미래는 가장 광휘 잇는 황금기를 긔다릴 수 잇슬 것이다.

이것이 지금 조선영화 제작계의 현상이요, 이것이 살살이요, 입대것 찻던 바의 광명의 길이다. 조선에 민중오락은 업다. 오즉 활동사진이 잇슬 쑨이다. 즛으로 장차는 활동사진이 무한히 조선에서 발전할 가능성이 잇슴을 말해둔다.

매일 26.01.01 (부록 其二 4) [연예와 영화] 관주 변사 악사 / 새 희망과 새 생활에 살자 / 그들에게 대한 주문 / 혹성생(惑星生)

경성 현재 흥행계는 말할 수 업는 고민 상태에 잇다. 그 경영하는 극장설비에 대하야서도 개량할 점이 넘어도 만흐닛가 무엇〜이라고 일일히 지정할 수는 업다. 그러나 설비상 갓흔 경성이라도 일본인 측이 수등(數等) 나흔 것은 사실이니 관객을 잇끄는 데도 가장 깁흔 관계가 잇다. 그리하야 아모리 조흔 여흥이 상장되드릿도 음악의 불완전 해설의 불충분 등으로 일본인 극장에게 관객을 쌔앗기는 일이 업다고는 할 수 업다. 그러나 지금 상태로는 조선인 측 상설관 상태로 보아 용이하게 개량하기 어려点이[2] 넘어도 만타. 그리하야 이 상(狀)는 재정상 관계로 후일을 긔다릴 수밧게 업다. 그러나 부분

---

2) '어려운 점이'의 오식으로 보임.

적이나마 돈 들지 안는 점에 대하야는 어대까지 개량하여감이 조흘 줄 안다. 어느 극장이고 가셔 구경을 하면 큰소리를 질너 사람을 부른다. 만일 그째가 추적 갓흔 장면이면 모르되 가장 긴장하야 객(客)의 주의가 모다 화면과 해설에 집중되얏슬 째에는 가장 불유쾌한 감이 이러난다. 째로는 전혀 주의가 한산(閑散)되고 여흥의 기분까지 파괴하는 일이 잇다. 여기에 대하야 별다른 방법으로 통지하는 것이 엇더한가 한다. 동경, 대판(大阪) 갓흔 영화극장에서는 무대 정면에 등을 만드러 노코 『○○씨에게 전화가 왓습니다』 혹은 『○○씨가 게심니가』 하고 젹어 그 등에 씨인 후 두서너 차례 전등을 썻다 켯다 하야 관객에 통지하도록 되얏다. 그 방법 사용이 가장 조흔 줄 안다.

둘재는 초대권에 대한 문제다. 초대라는 것부터 의미가 벌서 보통 관객보다 다르다. 왕々히 극장에 가셔 보면 초대객과 극장 안내인과의 불유쾌한 말다툼이 만타. 초대권을 가진 객은 초대닛가 특별석이겟지 하는 생각으로 특등석에 안젓다가 『초대권은 일등석이니 져리 가라고』 중인환현(衆人環現) 가운데 모라내는 일이 잇다. 초대석을 싸로 정하던지 그럿치 아느면 초대권에다가 이러한 사항을 기입하지 아느면 처음 간 이에게는 극장에셔 모쳐럼 호의로 발행한 초대권이 도로혀 반감을 사는 일이 업달 수는 업는 것이다. 이에 주의가 잇섯스면 조켓다. 최근에 이点르러[3] 안내인의 불친절한 말이 느러간다. 이는 사실을 지적하느니보다 다 갓치 주의가 필요한 줄 안다.

음악에 대하야서도 사실노 큰 문제이다. 악기나 부원으로는 남갓치 다 잇스면셔 반주의 부주의, 곡목의 불선택으로 말미암아 째로는 여흥기분을 여지업시 죽이고 마는 일이 잇다. 음악은 해설 이상으로 영화와 심심(深甚)한 관계가 잇는 것인데 그 장면에 적당한 곡목 선택을 아니한다면 큰 시대착오로 싱각한다. 어느 극장은 설비에도 이유가 잇거니와 전혀 반주를 하지 안는 극장이 잇다. 이 편이 오히려 모르는 것을 하느니보다 잘하는 일인지 모른다. 일본인 측 극장에 객들이 느러간다 함은 일본인 측보다 우수한 여흥을 상장하면셔도 * 음악이니 해설관계로 그러함이 사실 갓다. 새해부터는 다 갓치 개량하야 남에게 뒤지지 안키를 약속하자.

해설에도 현재 유행되는 방식은 비상한 시대착오로 생각한다. 대체가 우리 측에는 말이 너무 만타. 해설하는 이로도 이러케 마니 직거려서는 단 몃 권을 할 수 업슬 것이다. 성대가 『레코트』가 아인 이상 한정이 잇슬 것이다. 쉬지 안코 한 시간 이상을 직거일 수는 제 아모리 웅변가라도 못 할 일이다. 항차 매일하는 해설자의 고충를 발(發)할 수 잇다. 그러나 이갓치 다언주의를 새해부터는 곳치자. 본래 영화해설의 원칙이 다언은 금물이니 그 결점으로 관객에게 인상을 주지 못할 것이요, 영화 자체가 가지고 잇는 유(幽)리틈에 대하야 비상한 변조가 오고 마는 것이다. 영화는 장면과 장면의 연속이니 일일히 그 장면을 설명할 수 업다. 쉬지 안코 변사가 직거리면 관객은 여흥을 보러 난[4] 것이 아니요, 설명 듯는 격이니 이러한 모순이 어듸 잇스랴. 영화가 예술이라면 그 해설의 방식도 예술적이 아니고는 아니 될 것이다.

이 점에 잇서, 해설 방식으로 단성사 최병룡(崔炳龍), 이병조(李丙祚) 양군의 해설이 어느 점까지 우리 관객에게 환영밧는 것을 보면 그 효과의 분명한 사실을 볼 수 잇다. 해설자 제군과 한가지 일반은

---

3) '이르러'의 오식으로 보임.
4) '보러 간'의 오식으로 보임.

깁히 연구하여 주기를 바란다.

매일 26.01.01 (부록 其二 4) 〈사진〉

사진설명 길이로 노횐 여섯 사람의 미인 사진은 전뷰 됴선의 영화에 낫타난 녀배우로 — 우에서부터
『김소진(金少珍)』『이채전(李彩田)』『김정숙(金靜淑)』『이월화(李月華)』『김우연(金雨燕)』『신금홍
(申錦紅)』.

매일 26.01.01 (부록 其三 2) 정월 노리와 『제비표』 소리판 / 일동축음긔회사 제품

정월 초승이 되면 각 관텽, 회사이며 학교가 노는 터이라 집안 집인이 모도혀서 자미잇는 노리가 시
작된다. 유스도 놀고 상육도 치고 화토도 치다가 로인네이며 아희들까지 함의 깃버할 노리로는 『유
성긔』가 얼마나 죳켓습니가. 재릭로는 유성긔판에 됴선소리가 드무러서 매오 유감이 잇섯스나 다힝
히 금년부터는 일동유성긔회사에서 『제비표 유성긔판』에 됴선의 가진 명창의 노리를 다 느어서 팔
기를 시작하앗슴으로 미오 편리하게 되얏습니다. 가뎡마다 다 잇는 것은 안이나 즁류싱활을 하시는
가뎡에는 *개 유성긔가 잇는 터이라 금년 정월 노리에는 이 『제비표 됴선소리판』을 리용하시면 한
흥을 더할 것이올시다.

매일 26.01.01 (부록 其三 3) [연예와 영화] 극단의 독자(獨子) 토월회 / 비경(悲境)에 싸진 우리 극단 / 취성생(翠星生)

백년을 가도 진보를 보지 못하고 잇는 것은 조선의 극단이다. 비록 토월회이라는 『굴근』 존재를 시인
치 안는 바는 안이나 경영자의 안달방이짓과 배우의 부족(무론 천재 안인 지원자는 만타)과 작극가
(作劇家)의 능률 결핍으로 전혀 현실을 직히기에도 썰々밀 째에 활동사진이라는 강적에게 가튼 경성
시내에서도 죠흔 관은 다 쌔앗기고 광무대 구석으로 좃겨간 우에 다시 관객이 적어서 가장 귀족적이
라든 토월회에서 자존심은 엇지 하얏는지 십 전 균일까지 부르다가 그릭도 견대다 못하야 남선순업
(南鮮巡業)을 나아가고 마랏다.

◇ 세상에 이보다 더 비참한 일이 잇스리. 통곡을 하야도 죳코 쌍을 쑤다려도 가하다. 춘향전이니 추
풍감별곡(秋風感別曲)이니 신(新) 『듸아보로』이니 『짠발짠』이니 하는 신구 각본을 어지간히 애도 써
상연하얏스나 왼일인지 손이 적어서 매일 평균 오, 육십인밧게는 들지를 안는다. 토월회의 이 쓰린
체험은 강렬히 시기상조라는 늣김을 사긔에 이르럿슬 쑨이다.

◇ 토월회가 신인의 무리 속에서 채색을 다한 기발을 들고 이러스자, 우선 다른 젹은 극단들은 가슴
이 나려안고 마랏섯다. 그러나 그 수입성적으로는 오히려 그들에게 뒤질 째도 만핫섯다. 토월회의 주
장(主將) 박승희(朴勝喜) 군이 임의 손실을 본 이만 원 돈을 우습게 역이고도 오히려 토월회를 썰고
나아갈는지 큰 난문(難問)이며 이백수(李白水), 복혜숙(卜惠淑) 양 군이 건재한 이상 그대로 썰고는
갈 것이나 싱각할사록 앗갑은 것은 천재가 싹 터 나오랴고 하든 금성(金星)[5] 군이 극단을 써나게 된
것이다.

◇ 고한승(高漢承) 최승일(崔承日) 김영보(金永甫) 씨 등 신진들이 문인극(文人劇)을 해보랴다가 중단된 그만큼 조선에는 연극이 불행한 구덩에 싸진 것을 싱각할 째 우리들 관계자들은 가슴이 압흐다. 재래 극단 중 오직 하나밧게 남지 안이한 취성좌(聚星座) 김소랑(金小浪) 일행은 어느 곳에서 이 겨울을 지내는지 소식도 드를 길이 업스며 요사히 새로 이로워 일월 일일부터 조선극장에서 개연을 한다 하는 민립극단은 신파틱가 코를 찌르니 족히 일커를 것이 업다. 이것이 곳 오늘날 조선극계의 현상이며 그의 전부이다. 엇지 새해부터나 새 꿈이 싸어질는지.

◇ 사진설명 ◇

『상(上)』은 이백수 군『우(右)』는 복혜숙 양『좌(左)』는 석금성 양

△『상(上)』은 이백수 군『우(右)』는 복혜숙 양『좌(左)』는 석금성 양

시대 26.01.01 (3) 〈광고〉 공하신년(恭賀新年)

경성 황금정

토월회 직영

광무대

전화【본】팔팔육번

조선 26.01.01 (부록 其三 조3) 영화계의 일 년 / 일구이오년의 수입영화가 이천사백칠십여 권 중…… 명작이 사십여 편…… 조선에도 구주(歐洲)영화의 진가를 초해(稍解)[6] / 이홍원(李紅園)

지난 일년 동안의 조선 영화계에 대하야는 거번에 본보에도 대개 기록하엿스니 특별히 다시 쓸 거리는 적다. 그러나 하여간 외국영화에 대하야 멧 마듸 적어보기로 하자.

◇

일천구백이십오년도에 수입된 영화는 그 회수가 이천사백칠십여 권이니 전년도에 비하야는 확실히 이, 삼할은 증가되엇다. 우미관의 신축 락성과 조선극장의 완전 계속 등으로 이러한 결과가 나오게 되엇다. 미국영화는 어느 째에던지 수입된 영화의 구할 이상이 항상 되엇다. 그리하야 구주영화는 겨우 일백이십여 권에 지나지 못하고 남어지는 전부가 미국 것이엇다.

이런 중에도 가장 우수한 작품은 사십여 편에 지나지 못하엿다. 이 무수한 작품을 일일히 기록하기는 어려우나 그중에서 특별한 멧 편에 대한 늣김을 적어보자.

---

5) '石金星'을 지칭하는 것으로 보임.

6) 겨우 조금 이해함.

◇

『십계(十誡),「박다트의」도적, 휘장마차,「노돌담의」쏩추, 백자매(白姉妹), 우처(愚妻),「메리소라운드」, 도살자(屠殺者), 국민창생(國民創生), 암굴왕(巖窟王) 등 소위 미국식 백만 불 영화가 왓다. 그중에도 휘장마차,「노돌담의 쏩추」,「십계」 가튼 것은 헛돈을 마니 드린 영화의 대표작이라 할 수 잇다. 작품의 내용은 둘재 문제요, 꾕장한「세트」, 화려한 의상으로 관객의 눈을 어즈럽게 하는 것이 이 영화의 주안이오, 제작의 안목이다.

◇

이 미국영화에 비교하면 구주영화가 얼마나 진실한 것을 알 수 잇다. 제작자의 예술에 대한 진실한 태도라던지, 그 내용이라던지, 배우의 기술이라던가. 금년도에 수입된 독일영화「지그리후드」[7] 혹은 「칼멘」 가튼 것은 다만 결덤으로 녁이든 장면 던환의 완만, 촬영술의 유치한 늣김을 근녀로부터 부뎡함에 충분한 증명이 될 수 잇다. 이태리영화「비나메니케」 양의「어느 녀자의 수기」 일편은 쏘한 그 각색의 묘함과 내용의 신실함이 나를 놀내게 하엿다. 색조(色調)의 조합이 쓸데 업시 선명한 것만 주장한 미국영화에 비교할 것이 아니다. 가튼 리태리영화에「오규스트제니나」 씨의 감독 작품「시라노」 일편이다. 이 영화 가운데서 이태리인의 아름다운 시뎍 정조의 얼마나 예리함을 알 수 잇다. 이태리인의 결덤이 그들의 취하는 재료가 참신하지 못한 것 이태리 영화배우의 결덤인 만네리즘으로 말미암아 그 출연배우들은 퇴패뎍 열정만인 고혹미(蠱惑美)나 남배우 중의 이성을 써나 전혀 부자연한 연기와 감정만으로 충만한 동작 가운대에서 우리의 늣기는 바는 열병 들은 사람과도 갓고 악마뎍 긔분도 잇다. 남구(南歐)영화를 처음으로 대하는 사람으로서는 누구든지 그러한 늣김이 잇슬 것이다. 「짜눈치오」 씨의「배」나「프란제스카벨」 양의「독사」와 밋 이십오년도에 나온 이태리영화가 다 그러한 늣김이 잇다. 그들의 작품은「센티메타리즘」에 갓가웁다 할 수 잇다. 배우의 연기만이 아니라 그 원작부터 그러하다는 삼암웅(森岩雄) 씨의 말이 절실하다. 그러나「시라노」는 우리가 고요히 맛볼 만한 작품이엇다.

◇

작년에 수입된 영화 중에 특별히 긔록할 만한 작품 일편이 잇스니 이것은「알버트롯」영화「아볼쇼추」 씨가 감독한「키인」이다. 비록 그 내용이 참신치 못하야 볼 만한 것이 업스되 그 긔분 표현이 새로운 것이라던지, 전톄를 통하야 끗까지 관객을 긴장케 하는 수완에는 감음치 아니할 수 업다. 쓸데 업시 금전만능주의로 무엇이던지 돈의 힘만 빌랴는 미국영화에 대하야 이 영화는 두뢰로서야만 참된 영화예술은 완성할 수 잇다는 것을 증명하엿다 할 수 잇다. 술집에서「킨」의 추는 장면에 이르러 본 영화만이 처음으로 영화로서 음악뎍 표현의 새 수법(手法)을 사용하엿슴에 쏘 다시 한번 놀래엿다. 만일 미국영화라 하엿드면 이 장면을 다만 배우의 표정 동작과 미지은 쯤으로 지내첫슬는지도 몰날슬 것이다. 쏘한 사랑하는 사람 새이에 서로 생각하는 장면의「쌧팅」은 넘어도 묘하고 인상뎍으로 되엇슬 경의를 아니 표현할 수 업다. 음악표현방법으로 급속한「프랫수」만 사용한 것이 아니오, 최후

---

7) '지그후리드'의 오식으로 보임.

의 「씬」에 이르러 「킨」의 죽는 장면에 바람 부는 적막한 가을 외로운 버들나무로 나타냇고 구름 끼인 하늘 쏘는 문 압해 「킨」의 침대의 씬들은 원만한 푸렛수라 할 수 잇다. 전자는 광열(狂熱)한 「킨」 마음을, 후자는 몰락 적멸의 비애를 표현한 것이다. 너무나 여실(如實)한 넘어도 극명(克明)한 묘사다. 예술덕 감력이 씃까지 남어 잇다.

미국영화 중에 특괴할 만한 것이 업는 바는 아니다. 「세실 쎄 쩨밀」 씨가 「십계」 가운대에서 사용한 교장하고 진긔한 「세트」라던지 「쩌글랄스 패뱅스」 씨 작품 「박다트」의 도적의 환상미(幻想美) 진긔한 「토리크」 가튼 것은 훌륭히 특서대필할 것이다. 「엘스톤 루비치」 씨의 「결혼철학」 「아돌프, 맨슈」 씨의 「얼크러저가는 정화」는 다 가튼 영화예술작품으로 「킨」과 가튼 수법을 발견 사용한 것이라 할 수 잇다. 결혼철학에서 루비치 씨가 사용한 수수법[8]을 답습한 덤에 잇서서 「엉크러저가는 정화」가 추천할 만한 작품은 되지 못하나 역시 새로운 내용과 세련된 「타이틀」의 문구의 묘한 덤을 볼 쌔에 버리기 앗가운 생각이 난다.

조선 26.01.01 (부록 其三 조3) 세계적 영화 배우의 / 약력과 예풍(藝風)

쩌글래스, 패뱅스 / Douglas Fairbanks

활극계의 거성으로 그의 인긔는 세계덕이니 우리 조선에도 상당한 인긔를 가젓다. 그의 작품이던지 연기든지 전혀 락텬덕인 까닭에 항상 그는 관객에게 쾌활한 늣김을 준다. 一八八[9] 『콜로래도』주 『쩬버』에 출생하야 교육으로는 병학교(兵學校)를 마치고 『콜로래도』광산학교(鑛山學校)는 중도에 퇴학하엿스며 중앙학사원을 졸업하엿고 그의 첫무대는 一九〇二년 희가극단이요, 영화계에 나스기는 一九一五년이다. 극단에서도 명성이 놉핫스며 영화계에 출각하면서 『튜라이앵글』 회사의 영화 『애국심』(愛國心) 『이심일톄』(二心一體) 『불의 삼림』(火의 森林)을 초긔로 그 후에 『애드그래프트』 회사에 입사도 하엿다가 혹은 퇴사도. 『잇커포커』 『결합의 신』(結合의 神) 등의 쾌작품을 발표하고 미국의 삼대 인긔배우 중 한 사람이 되엿다. 계속하야 련합예술가조합(聯合藝術家組合)을 조직하고 『쩌글래스대왕』 『낫드』 『긔걸 쏘로』 『암운 흐터지고』(暗雲) 『모리곳돌』 『삼총사』 『백다트의 도적』 등의 걸작품을 발표하야 온 세계의 인긔배우가 되엿다. 최근의 작품으로는 『쏜, 큐』가 동양에 건너왓스며 현금에는 『쏼랙 파이레스』이라는 작품을 만드는 중이라 한다.

『메리, 피포드』 녀사 / Mary Picford

『픽포드』 녀사는 몃 해 전에 자긔 남편과 리혼하고 인긔배우 『쩌글래스, 패-뱅스』 씨와 결혼하고 구라파로 신혼려행을 갓다가 무쌍한 환영을 바닷스며 『메리, 픽포드』라 하면 미국의 『스윗 할트』요, 세계영화계의 녀왕이라 한다. 인긔로나 작품으로나 기술로나 쏘는 그의 아름다운 자태로나 영화배우로는 데일 위에 간다는 세계덕 덩평이 잇다. 그 연기(演技)로서 못할 것이 업고 그의 톄격은 나히 어린 아희로부터 늙은 마누라든지 쏘는 아조 하등사회의 빈천한 사람으로 황족까지 쑴이어내일 수가

---

8) '수법'의 오식으로 보임.
9) '一八八三년'의 오식으로 보임.

잇는 고로 오늘날 이러한 인긔를 엇게 하는 가장 중요한 원인이 되엿다. 一八九三년 가나다의『류란토』시에 출생하야 처음에는 무대녀배우로 잇다가 스크리[10](幕) 배우가 되야『베라스코』에서 가장 명성이 놉핫섯다. 영화계에는『바이오그람』회사에서 유명한 감독『그리피트』씨의 지도를 바다『그레모나의 바올린 제조』를 만드럿고 단편영화를 독립제작으로 발표한 후 무대로 다시 도라갓다가『페머스래스키』회사에 다시 입사하야『남국의 쩨스』(嵐國)와 그 외에도 여러 작품에 출연하야 미국 데일의 녀자『스크린』배우가 되엿다.『아드그래프트』회사에서『소공자』『소미국인』『키드소선장』(小船長) 기타 명작을 발표하엿고『펄스트내슌앨』사를 거처 一九一六년 처음으로 자기 경영의 회사를 설립하고『유나이테드 알태트』사의 발매로『팔리아나『사랑의 빗』『뒷문으로』『새ㅅ드』등이며 최근 작품으로『로지아』가 잇다. 조선에는『뒷문으로』『소공자』의 두 작품이 왓섯다. 지금『스크램스』를 제작 중이라 한다.

찰스, 참풀린 / Carlere Chaplin[11]

『참풀린』씨는 영화배우로 텬재가 풍부하니 그는 세계덕으로 희극배우인 동시에 쪼한 훌용한 비극 작가이다. 그의 손 한 번 들고 발 한 번 드듸는 것이 모다 필요치 안은 덤이 업다. 그의 그려놋는바 작품은 인생의 허무와 고독이다. 인간생활의 허위(虛僞)를 풍자한 것이다. 그의 작품을 대할 째는 말할 수 업는 쓸쓸한 맛이 우스운 가운대서 자연 중 늣기지 안을 수 업다. 一八八九년 불란서 파리에 출생하엿스나 그는 완전한 영국인의 혈통으로 그의 모친은『론돈』『게니온』극장의 녀배우. 그의 형과 가티 어려서 영국에 건너가 무대를 밟게 된 후 빈약한 배우에 지나지 못하엿다가 미국영화계의 엇던 유명한 감독이 구라파 려행 중에 그의 기술을 발견하고 미국으로 다리고 와서 희극『스크린』배우로, 세계에도 업는 중요한 사람이 되얏다. 그째 당시 작품 중에『모험』『스케-ㅅ』가튼 명작이 잇스며 자기 제작소를 설립하야 가지고『펄스트내슌앨』사의 손을 거처『개의 생활』『담총』『쩌늬싸잇』등 삼 편을 발매 후『유나의테드』사에 가맹하게 되엿다. 그의 필생의 명작이라 할 만한『키드』는 우리 조선에도 두 번이나 다녀간 것은 독자 여러분의 긔억이 아즉도 새로울 줄로 안다. 그는 최근 세계덕 비극 작가요, 감독으로 쪼한 명성을 엇게 되엿스니 一九二四년도 예술작품으로 최고덤으로 일본에서 어들 수 잇섯다. 그는 미래의 영화로 곳 영화가 예술로써 완성될 수 잇는 독특한 영화의 예술덕 표현의 중요한 방법을 발견하엿다는『파리의 녀성』일 편이다. 최근 작품으로 장편희극『꼴드, 루시』가 잇다.

에릭, 본, 시트로하임 / Eric von stroheim

거창한 장품의 감독으로 세계에 이름을 떨치게 되엿스니 그의 작품의 특색은 극명(克明)한 사실주의이다. 누구든지 그 작품을 대할 째에『네오로맨틱스트』덕 정조 가운대에서 넘어도 적라라(赤裸裸)한 내면 모사를 볼 수 잇슬 것이오, 긔교한 전률(戰慄)을 늣길 것이다.『우처』일 편은 얼마나 그의 변태인 긔교한 맛이 넘치는지 알 수 업다.

---

10) '스크린'의 오식으로 보임.
11) 'Charlie Chaplin'의 오식으로 보임.

그는 一八八〇年『오태리』백작『본 시트로하임』씨의 큰 아들로 출생하야 一九〇五年 유야랍류군대학을 졸업하고 군인이 되엇다가 다시 살벌스러운 군인생활을 바리고 신문잡지 긔자가 된 뒤에 미국으로 건너가 얼마 뒤에 극작가(劇作家)로 상당한 디위를 어덧섯다. 영화계에 나오기는 『필애스』 사엿고 트라리앵클 사의 『쏜, 에마스』씨의 배하에서 진덕한 영화계의 사람이 될 수 잇섯다. 『크리피스』씨의 『세계의 마음』에 출연한 뒤『셀트니크』사의 『쌘데아』『메리 픽포트』『쩌글라스 패-뱅스』씨의 『드러갓다 나왓다』『바이다클넙』사의 『불국을 위하야』 등 모든 작품에서 하기 어려운 역을 맛터 한 뒤에 『유니버샬』사에 입사하야 『군국을 위하야』 일 편을 제작 발표하야 성공한 뒤에 대작품 『쐘스의 바람』『악마의 열쇠』『우처』『메리, 쏘라운드』 등 제편을 제작발표하야 세계덕으로 이름을 엇게 되엇다. 그는 최근에 『메트로쏠드윈』사 각 본부에 잇다가 다시 제작을 시작하는데 넘어도 거액되는 제작비를 사용한 까닭에 『유니버샬』를 인책 퇴사하게 되엇다. 쏘한 현금에 어느 작품에 거액을 소비하야 역시 그 회사를 나왓다는 소식이 잇스나 아죽 상세한 보도는 업다. 그가 너무 만흔 제작비를 사용함으로 자본가에게 환영을 밧지 못하는 것은 결코 씨의 불명예될 것은 업슬 것이다.

알라, 나치모바 / Alla Najimova

이이는 로서아에서 나온 세계덕 녀배우이다. 그의 예풍(藝風)은 어듸로 보던지 견실한 맛이 잇다. 그는 비극에 독특한 장처가 잇스며 쌤바이아력으로도 보기 어려운 정조가 잇다. 그는 『크리미아』 반도 출생으로 『베트로글다드』의 성심학원 모스코연극학교를 졸업한 뒤에 바로 무대에 나서 『가슨』『윈나』『베드로그라드』극장에 출연하다가 一九〇六년에 미국으로 건너가 뉴욕극장에서 『인형의 집』등 『입센』의 근대극을 출연하야 큰 호평을 바덧다.

영화계는 나오기는 一九一六년이니 『하바드, 쌱레손』씨의 제공인 『셀트, 니크』 영화 『전시의 새악시』에 처음으로 나왓고 그 후에 유 사에 입사하야 『지적의 장미』『운명의 완구』『바다의 비밀』『공작부인』『죽엄보다 강하라』『십억불』『춘희』 등 대장[12] 명편을 발표하야 그의 명성이 놉핫섯다. 그 후 『유나이테드』에 가맹하야 동 사의 작품 중의 『살로메』『인형의 집』이 우리조선에도 온 일이 잇다. 최후의 작품으로 『나치모바』의 『요녀』 일편이 잇습니다.

폴라 네그리 / Pola Negri

출생한 곳은 독일 백림이나 순수한 파란[13] 사람이다. 그가 처음으로 세계덕 명감독 「엘스톤 루비치」씨 배하에서 「열정」「칼멘」「산묘 리쉬카」 등 명편을 발표하매 구주는 물론이오, 미국까지라도 그의 열정에 넘치는 연기에 아니 감복하는 사람이 업섯다. 一九一〇년에 그는 「알소, 쓰라마팀코사드리」에 입학하야 삼개년 동안에 업을 마치고 즉시 무대에 스게 되엇다. 一九一三년의 처녀출연은 「휨트맨」의 「한네거리」이엇다. 그는 처녀출연에 대성공을 하게 되매 이름이 벗적 올나가게 되엇다. 一九一九년에 비로서 무대생활을 쩌나 독일로 건너가서 영화배우가 되야 「루비치」의 감독하에 여러 개의

---

12) '대작'의 오식으로 보임.
13) 폴란드.

명작을 내엇다. 그의 텬재덕 예풍은 미국제작자들로 하여금 자국으로 쓰러가게 하엿다. 그는 一九二 ○년에 「파라나운트」 사의 초빙을 바더 미국으로 건너가 「베라, 쏜나」 「스페인의 무희」 「치-드」 「금 단의 락원」 「미라의 눈」 최근작으로 「비밀에 싸힌 녀성」 에 출연하게 되엿다. 조선에는 독일에 잇슬 째의 작품 「칼멘」 「산묘 리수카」 등과 「파라나운드」 영화 「벨라 쏜나」 「스페인의 무희」 이 편이 드러 왓다. 그의 재조는 나날이 세련되여가나 그러나 애석한 일은 그의 예술을 살려낼 만한 북구 제작자가 아니면 각본을 제공할 수가 업는 것이다. 그는 북구로 다시 도라가고자 하나 미국 자본가들은 그를 용이히 노치 안는 것이다.

릴리안, 끼쉬 / Lillian Gishe[14]

이이는 눈물 만흔 녀배우로 순진한 처녀라는 평판이 잇다. 그의 예풍에 대하여는 조선에서도 모르는 사람은 업슬 것이다. 그는 십륙, 칠 세의 처녀로 퍽으나 어리어 보이지마는 실상은 금년에 설흔세 살 이라 한다. 그가 一八九六년 십월 십사일에 미국 「오하오」 주 「스프링필드」 시에 출생하야 칠 세 되엿 슬 째부터 무대에 오르게 되엿다. 一九一二년에 그는 처음으로 영화계에 사람이 되니 그의 선생으로 는 「크리피스」 씨엇다. 처음으로 「바이터클럽」 영화에 출연하야 만흔 작품이 잇섯다. 당시 작품 중에 「세계의 마음」 일편이 가장 유명하며 「유나이테드」 에서는 「행복의 골작」 「쩌러지는 쏫」 「동도」 「람 의 고아」 등 명편 작품 중에 출연하야 그의 이름은 날로 놉하갓다. 一九二四년에 그는 「크리피쓰」 씨 를 써나 「메트로쏠드윈」 사에 드러가 「백자매」 를 제작하엿스며 최근 작품으로는 「모모라」 한 편이 잇다. 그의 취미는 독서와 편물이며 일상생활도 매우 귀치덕이라 한다.

에바, 마이 양 / Evar maei

우리 조선에는 그러케 만히 소개된 일이 업스나 一九二三년에 단성사에서 상영한 「차로메」 백작 일 편에서 그는 주인공으로 나왓다. 그는 현재 독일영화계의 화형으로 「메이 마이」 양과 한가지 미국영 화 제작에게 「루비치」, 「부고스키」 「가데」 가튼 조흔 감독을 쎄앗기고 친구 「네그리」 를 일코 다만 「애밀 싸닝스」 씨 「막스 라인펠드」 감독 「우에, 넬크로」 씨와 함쯰 독일영화계에서 활약하는 중이 다. 그의 작품으로 「편폭」 일편이 잇스나 조선에는 오지 안헛다.

루돌프, 발런틔노 / Rudolph Valentino

이이는 우리조선 키네마 핀에게도 매우 친교가 집흔 배우이다. 미남자로 유명한 그는 본 고향이 이태 리니 一九二四년[15] 오월 륙일에 「쾌스테라, 네드」 촌에서 출생하엿다. 그는 최초에 부모의 권유로 농 업학교에 입학하야 졸업한 뒤에 실업에 종사하다가 배우되기로 쯤꾸고 미국으로 건너가 여러 가지 로 고생한 뒤에 「파라마운드」 사에 입사하야 배우가 되여 여러 가지 작품을 내엇스며 조선에 수입된 최근 영화 중에 「피와 모래」 한 편이 잇다. 최근에 그는 파라마운트사에서 「유나잇테드」, 「애지스트」

---

14) 'Lillian Gish'의 오식으로 보임.
15) 루돌프 발렌티노는 1895년 5월 6일 생. 내용에 오류가 있음.

사로 도라다니엇다 한다.

째키, 쿠간 / Jacky Coogan[16]

미국 메트로회사의 스타- 아니 그는 세계의 텬재인 소년배우이다. 「차프린」의 필생의 걸작품 「씨트」 가운데에서 처음으로 영화에 출연하야 대번에 세계덕 소년배우가 되엿다. 「마이 쏘이」, 「용감한 소년」, 「오리버 스윗」, 「표박의 고아」, 「프란다스 소년」, 「서키스데이」의 명편이 잇스니 그는 금년 열 살이오, 출생디는 「칼니포니아」 주라 한다.

쩨쎄, 페기 양 / Baby Peggy

「짜키, 쿠간」은 베특로사[17]에서 소년배우로, 「쩨비 페기」는 「유니버살」 사에서 소녀배우로 다 가튼 세계덕 텬재를 가진 어린이들이다. 「페기 양」은 여러 번 유가[18] 단편의 희극 가운에[19] 나와 조선에도 소개되었다. 명작으로는 「이혼금제」「뉴욕의 총아」 이편이엇고 최근 작품으로는 「외로운 등대직이」「할아버지 덩벌」의 「푸린시풀」 사 특작 영화 이편이 잇다. 「짜키」 군의 취미는 사내다운 운동가로 테니쓰, 자동차 타기를 조화하나 「페기」 양은 「구실사탕을 조화한다 하며 금년 팔 세이오, 출생디는 「칼니포니아」라 한다.

◇ 사진설명 = 삼단 우편으로부터 『쌕키, 쿠칸』, 『채플린』, 『써-글래쓰, 페-뱅스』, 하단 우편으로부터 『메리, 픽포드』, 『폴라, 네그리』

◇ 사진설명 = 상단우편으로부터 『에릭, 본, 스트로하임』, 『쩨비-페키』, 『에바, 마이』, 하단 우편으로부터 『루돌포, 발렌티노』, 『릴릴안, 쒸쉬』, 『알라, 나틔모바』.

조선 26.01.01 (부록 其三 조3) 영화해설과 어학

일반관객에게 명화의 참 가치를 알게 하는 데에는 조선이나 일본에 잇서서는 그 명화를 설명하는 해설자의 힘이 만흔 것은 다시 말할 필요도 업다. 이것은 일반관객이 그 영화에 나오는 「타이틀」을 읽을 수 업는 까닭이다. 물론 관객들이 「타이틀」을 리해하면 되지 안는 해설을 듯는 것보다도 다맛 「오케스트라」의 음률을 마추며 가만히 눈과 귀를 활동식힐 쌔에 무엇보다도 큰 예술의 감명과 참 흥미를 늣기게 될 것이다. 그러나 불행히 우리나라에 드러오는 명화는 대개가 영어 「타이틀」이라 특수한 사람을 제한 외에는 일반은 알 수가 업다. 「타이틀」을 읽은 흥미가 얼마나 만히 관객을 깃부게 하는지 알 수 업다. 그 증거는 우리나라에서 제작된 몇 개 영화가 모든 뎜으로 보아 유치한 지경을 면치 못하면서도 그래도 우리에게 관람하랴는 흥미를 이르키게 하는 것이나 아닌가 한다. 물론 우리 것이라는 마음도 한번 보자는 뜻을 이르키지마는 만흔 경우에는 「타이틀」 읽는 자미가 큰 도움이 됨인 듯하다.

---

16) 'Jackie Coogan'의 오식으로 보임.
17) '메트로 사'의 오식으로 보임.
18) '유 사'의 오식으로 보임.
19) '가운데에'의 오식으로 보임.

이러한 고로 영어를 모르는 관객에게 서양 명화를 제공할 째에 아모조록 그 「타이틀」에 충실할 필요가 잇다. 물론 타이틀에 너무 고정되야 해설의 특별한 기술을 발휘치 말 것은 아니로되 장면과 해설이 쏙쏙 드러마져야 할 것이다. 그러나 유감이지마는 우리영화 해설계에는 영어 타이틀을 화면에 나타나는 그대로 보지 못하고 대본을 본 뒤에야 비로소 해석하게 되는 듯하다. 해설자의 어학을 해득하는 것이 무엇보다 급무이나 아닌가 한다.

조선 26.01.01 (부록 其四 조3) 〈광고〉 근하신년

경성 수은동
단성사
전화 광화문 구오구

경성 관철동
우미관
전화 광화문 삼구오

동아 26.01.02 (11) 영화게 일 년 / 이구영

(一)

조선영화게에는 적지 안은 변함이 잇섯다. 외국 영화의 자유배급제도(自由配給制度)의 류행과 조선영화 제작자의 속출과 흥행계 종업자 친목 긔관인 영화삼우회(映畵三友會)의 출현과 삼관 협됴(三舘協調)의 실현과 언론 긔관과 흥행자와의 제휴 등 이것만으로도 일천구백이십오년도의 됴선영화게는 얼마나 분주하엿던 것을 알 수 잇을 것이다. 한 가지 참된 의미로서 영화계 발던을 위하야 경하하여야 할 것이다. 이제 간단히 작년의 영화계를 회고하면서 몃 가지 늣긴 바를 적어보려 한다. 외국영화가 안이면 의지 못하는 것이 됴선영화계의 십여 년 이래의 상황이다. 해마다 수효가 늘어갈 쌴 안이라 작년도 중에는 됴선인 측에만 이천이백삼십여 권에 달하엿스며 질(質)로도 상당히 향상되엿다. 자유배급제도의 류행으로 말미암아 외국영화 중에는 남작품(濫作品)이 적어지고 질노서 우수하여질 것은 사실이다. 최근 그들 작품 영행은 대작보다도 내용으로 충실하여가는 모양이요, 인정극(人情劇)보다도 희활극(喜活劇)이 류행되는 모양 갓헛다. 작년도 수입 가운데 대부분이 희극(喜劇)이나 경쾌한 정희극(正喜劇) 혹은 활극(活劇)인 것을 보면 이러한 감이 깁허진다. 내시[20] 각 관의 외국영화 봉절률노 볼 것 갓흐면 단성사(團成社)가 필두로 일천사백칠십여 편, 조선극장(朝鮮劇場)이 팔백여 편, 우미관(優美舘)이 팔백사십여 평[21]이니 대정 십삼년도[22]에 비교할 것 갓흐면 약 三五 파센트의 증가니 이는 작년에 화재로 폐관되엿던 우미관의 신락성과 항상 비운 가운데 잇던 조선극장이 새로운 경영

---

20) '시내'의 오식으로 보임.
21) '편'의 오식.
22) 1924년.

자를 만나 완전히 개관된 까닭이다. 수입별(輸入別)노 보면 미국영화가 구[23] 파센트로 구주(歐洲)영화 일할에 비교해보면 십팔 배가 좀 넘친다. 미국영화 봉절 권수는 이천일백십여 권, 구주영화는 백이십사 권으로 미국영화의 세력은 어느 째던지 변함이 업다. 그리고 미국 각 회사별노 그 봉절률을 난호아보면 「유니바살」이 필두로 일천사백칠십여 권이요, 송죽「키네마」계로 수입된 영화가 이백륙십여 권 중 전부가 「메트로 데일 국제 쏠드윈 푸레페드」의 순서로 봉절률이 낫하낫고 다음으로 「파라몬드 ERO 메트로 쏠드윈 유나이뎃트」의 순서로 약 일천이백여 권이엿다.

시대 26.01.02 (2) 세초(歲初)의 시내 극장 / 자미잇는 것을 상연

신년을 당하야 시내 각 연극장(演劇場)에서도 첫 인사에 만흔 사람을 쓰을기 위하야 자미잇고 조흔 것으로 흥행한다는바

◇ 단성사(團成社)에서는 육탄(肉彈)과 맹투(猛鬪)의 련속사진인 천군만마(千軍萬馬)라는 것과 미국 『유니버살』사의 대표작품인 모험사진(冒險寫眞) 돌관왕(突貫王)이라는 것과 그 외에 여러 가지를 주야 흥행하며

◇ 우미관(優美舘)에서도 련속 모험사진 불견(不見)의 광선(光線)과 분류천리(奔流千里)라는 미국 『유나이듸트 아지쓰』사(社)의 작품으로서 모험활극을 상영(上映)하고

◇ 조선극장(朝鮮劇場)에서는 민립극단(民立劇團) 일동의 제일회 공연으로 의적(義賊)이란 신파연극 (新派演劇)을 역시 주야 이 회로 흥행한다고 한다.

시대 26.01.02 (7) 정주(定州)악대 내광(來光)

【광주】 평남 정주악대 일행은 금반 목포로* 내광하야 본보지국 급(及) 조선, 동아 양 지국과 광주기 독청년회, 광주여자기독청년회 후원으로 사립보통학교 대강당 내에서 구주(歐洲)대전 이외 수 종의 활동사진과 기타 각종 음악으로 연야(連夜) 개연하는 중이라 한다.

조선 26.01.02 (3) 조선의 영화제작계 / 멍텅구리를 촬영 중인 / 반도키네마 제성(諸星) / 첫 작품에 성공하랴고 노력 (一)

이필우 군 = 군은 금년 이십구 세의 청년으로 조선키네마계에 유수한 촬영기사의 한 사람이다. 군은 여덜 살 되엿슬 째에 일본 동경에 건너가서 열두 살까지 그 곳에서 소학교에 다니엿다 하며 그 뒤에는 촬영방면에 취미를 가지고 제국(帝國)기네마에 드러가서 촬영술을 여러 해 연구한 결과 그곳 영사기사가 되엿다 하며 그 뒤에 촬영기사로 승격까지 하며 그 뒤에 중국 상해로 건너가서 불란서 『파데』 회사 상해지사의 촬영기사로 잇다가 일천구백이십오년 이월에 고국으로 도라와 고려영화제작소(高麗映畵製作所)를 세우고 쌍옥루(雙玉淚)를 제작하야 조선영화계에 유수한 작품을 제공하엿스며 그 뒤에는 고려영화제작소를 나와서 다시 『반도키네마』를 세우고 첫 시험으로 본사의 련재만화

---

23) '구십'의 오식으로 보임.

멍텅구리를 촬영하게 되여 근일에는 거긔에 진력 중이다. ◇ 사진 = 리필우 군

박덕양(朴德陽) 군 = 금년 이십이 세의 청년으로 사, 오 년 동안 키네마계에 출신하야 여러 가지로 생각한 결과 반도키네마를 창립한 뒤에 그곳 고문으로 잇게 되엇다. 한데 군은 촬영기술이라 기에쑨이 아니라 특별히 촬영소 경영에 다대한 취미를 가지고 장래를 그 사업에 헌신하리라 한다. ◇ 사진 = 박덕양 군

동아 26.01.03 (7) 영화계 일 년 / 이구영

(二)

이제 흥행 가치상으로 혹은 예술작품으로 작년도 중에 우수 영화로 구미 작품을 대강 렬거하면 미국 영화로 「세실 비 쩨밀」 씨의 십계(十誡), 도살자(屠殺者), 「쩸크르스」 씨의 황마차(幌馬車), 「리리안 키쉬」 양의 백자매(白姉妹), 「시트로함임」 씨의 우처(愚妻), 「론짜니」 씨의 노돌담의 꼽추, 「짜크라스 페쌍스」 씨의 박댓트의 도적, 「아란크로스랜드」 씨의 녀성의 덕(女性의 敵), 「아돌곡멘수」 씨의 얼크러지는 정화(情火), 「에닛트 베넷」 양의 해적 「애풀짝크」, 「짝키 쿠싼」 군의 「푸란다스」의 소년, 「하롤드 로이드」 씨의 거인정복(巨人征服), 「파스타 키톤」 씨의 항무자(荒武者), 「키톤」 활게[24] 련대삼대기(滑稽 戀愛三代記), 「엘스톤투빗치」 씨의 결혼철학(結婚哲學), 「루돌프 바렌치노」 씨의 혈과 사(血과 砂), 춘희(春姬), 「일니암 랏셀」 씨의 탈영자(脫營者), 「윌니암 푸아남」 씨의 무실의 죄(無實의 罪), 「레지놀드쩨니」 씨의 대속력왕(大速力王), 「투바드 쑤리안」 씨 「시트로하임」 씨의 「메리쏘라운드」, 「짜비드왁크리피스」 씨의 국민창생(國民創生), 동 씨의 람의 고아(嵐의 孤兒)(일천구백이십사 년 십이월 이십칠일 봉절), 「세실 쎄 데밀」 씨의 아담과 이와, 「푸레페드」 사의 봄이 오면, 「아라나지모바」 부인의 인형의 가(人形의 家), 「론짜니」 씨의 맹목의 세(盲目의 誓), 「아란그로스랜드」 씨의 삼주간(三週間), 「아바노박」 양의 자장가, 「벤짜빈」 씨의 호걸(豪傑) 벤짜빈, 「막스린짜」 씨의 삼소의 사(三笑士), 「케넷트 하란」 씨의 은애의 태(恩愛의 쯉), 「리차드 달마치」 씨의 쾌한(快漢) 달마치, 이상 삼십륙 편 이외에 만흔 작품이 잇고 구주영화로는 「이완모주빈」 씨의 킨, 「나다리고반고」 부인의 천일야물어(千日夜物語), 「베드로 마뉴엘」 씨의 「로노로데벨세락」, 「우파」 사의 「지크리후드[25]」, 「비나메니켈」 양의 어느 녀자의 수긔, 「보라네구리」 양의 「칼멘」, 「엘스톤루빗치」 씨의 산묘 리슈카, 「안쌕로지오」 회사의 선(船) 등 팔 편으로 추천하고 십다. 작년 신년호 중에서 말해둔 바와 가치 작년도 흥행계는 말할 수 업는 고전 상태엿섯다. 더욱히 작년 중에는 운동경기 기타 집회, 흥행 등으로 말매암아 갓득이나 관객 업는 영화흥행계는 막대한 타격을 면치 못하엿스며 감상안(鑑賞眼)이 놉하가는 관객과 자유배급 취인으로 인한 작품 선택의 곤란과 아울러 어즈간한 백열전이 연출되엿다. 추긔에 이르러서부터 경긔는 다소간 회복되엿스나 안심할 처디가 못 되엿다.

---

24) '골계'의 오식으로 보임.
25) '지크후리드'의 오식으로 보임.

매일 26.01.03 (2) [극과 영화]

소녀가극 / 공회당에서

어엿분 자근 아씨들이 모도혀 아리땁은 노릐와 고흔 춤이며 귀여운 연극을 하야 만장한 손들의 마음을 흔드러 놋튼 내선인 소녀가극단『령란좌』에서는 긔보한 바와 갓치 이일 낫부터 시내 장곡천뎡 경성공회당에서 첫 막을 여엇섯는대 맛참 일긔가 짜뜻하야 관긱은 뎡각 젼부터 답지하얏섯는대 맛참 정월 초승이엇스며 소녀들이 출연하는 관계상 어른보다 소년소녀의 관긱이 만핫섯는대 이뎡효(伊庭孝) 씨의 희가극 깃군츌뎡(女軍出征)을 위시하야 비극『순례의 노릐』이며 역광선을 리용한『오리에 달 싼쓰』 등 취미진진하얏섯는대 특히 됴션 소녀들의 빗나는 텬재들은 관긱의 가슴에 깁흔 늣김을 쥬엇섯다.

민립극단 / 각본 검열 문뎨

일월 일일부터 됴션극장에서 첫 막을 열게 된 민립극단(民立劇團)에서 고심하야 쑤며내인 첫날 연뎨(演題)는 활비극 의적(義賊)이라는 것이엇는대 그 내용이『데아보로』에도 갓갑으며 쏘는 됴션 텬디를 뒤집든『김상옥』사건에도 근사한 덤이 잇서서 각본을 검열하든 경긔도 경찰부 보안과에서는 여러 번 삭제를 한 우에 다시 동 극단의 관게자를 불너 장리를 훈시하는 등 일장 활극이 이러나 실노히 활극 이젼의 활극(活劇 以前의 活劇)을 이로웟섯다는대 압흐로 각본검열은 더욱 엄밀하야지리라더라.

시대 26.01.03 (8) 쌃은 경험 담 / 촬영감독 이경손

모두다 일반이지만 조선영화의 *래(來)도 그 **을 치랴면 조선의 경제, 조선의 문명 등을 생각해보아야 합니다. 그곳에 제작과 흥행의 범위가 숨어 잇슴니다. 그러나 그것은 *문사(*聞社) **부(**部)와 경험 만흐신 박승필 씨 등이 말슴하시겟지요. 저는 다만 저의 전문인 기예에 대한 *서(*序) 업는 몃 말슴으로 이 책임을 벗으려 합니다. 그러나 원악 쌃은 경험임으로 한업시 부끄럽슴니다.

대개는 전주(錢主)는 무지한 대중과 타협을 하랴 하고 촬영감독은 그러한 점에는 무둔착(無頓着)[26]으로 다만 **을 묘사하야 대중을 지도하려 합니다. 그로 말미암아 널어나는 충돌 — 그것은 전 세계에 촬영감독이 가지고 잇는 기막힌 사정임니다. 그러나 조선에는 전주 중에 쯧잇는 자가 *** 만코 쏘한 저는 될 수 잇는 대로 그 비애가 안 생길 곳으로만 차자다니는 성질이니까 그 충돌의 맛은 자세히 알 수 업슴니다. 다만 영화 제작계를 논하실 분은 그것을 큰 조목으로 너허 주시기를 바랄 쑨입니다.

인제 기예에 대한 말슴을 하겟슴니다마는 그보다도 먼저 우리의 정도(程度)를 말슴하여야 하겟슴니다. 다 아시는 바와 가티 촬영기의 존재 그 **만이 현대를 **합니다. 현대의 촬영기를 가지고 아모 문명과 문화의 **을 **치 못한 우리가 무엇을 하야 보랴하니 쐐 거북합니다. 이것은 어느 혈족이든지 그의 문명 정도가 영화 창조의 **까지 못 미친 처지로서는 한결가티 늣기고야 말 비애이겟지요. 원작, 촬영, 건축, 의상, *작(*作), 그 모든 점에서 속일 수 업도록 미개의 냄새가 나는 것을 어찌합니까. 미개

---

26) 무관심, 무심함, 대범함.

라 함은 개념적 명사로 야만이라 함이 아닙니다. 사람으로써 사람에게 누가*히 그러한 소리를 할 수 잇겟습니까. 또한 서양의 율(律)만이 절대미라 함이 아닙니다. 다만 우리의 **이 『키네마』 창조에 니를 만치 지내온 *과(*過)가 업습니다. **이 업습니다. 우리의 **이 아즉 *하다 미개하다 하는 소리가 누구를 욕하고 십거나 **함에서 나오는 바가 아님을 **하야 주십시요. 영화 제작자는 『필림』의 농간으로써 우리의 전부를 현대가 이상(理想)하는 생활 안으로 인도* 하여야 합니다. 그러나 우리들 예술가 중에는 그 힘을 가진 자이 적습니다. 일명(一名)의 배우를 엇기는 퍽 어려운 일입니다. 그것은 지*자 (志*者) 역시 녕악치 못한 집단의 식구인 까닭입니다. 구극을 할 째이면 배우들이 이 과거의 율 안에서 *끌까봐 겁냅니다. 그것은 결국 배우의 관념과 감각이 현대적이면은 불필요한 겁입니다. 현대극으로 말할지라도 이 경성시가의 **한 **과 의*(衣*) — 그 얄구지기가 거의 **적(的) ***에서 매우 **치 못한 우리의 *작(*作)을 가지고 녹이고 쓸이고 삶고 비벼서라도 새 생활을 *시(*示)할 수 잇다는 배우가 몇 명이나 되겟습니까. 우리의 감각이 바르나 하면 지금 우리의 건축과 의상 등은 우리의 관념을 산란하게 만들어줄 쓴입니다. 통일할 힘이 업다 하면 **증이 생기고 말겟지요. 그것은 감각이 둔하지 아니한 까닭입니다. 원작, 건축, 의상, *작(*作) 그 안의 전부의 율들이 통일되기를 현대인들은 바라고 잇는 모양입니다. 새 시인 김동환(金東煥) 씨는 — 행인들을 씨어안고 입마추고 십다 — 하고 놀애하 얏습니다. 그러한 감각, 그러한 관념, 그러한 몸을 가진 배우들이 더러 잇다고 하면은 조선서도 감독 노릇을 해볼 만하지요. 영화 제작 삼 년간에 소위 절실히 늣것다는 저의 소*(所*)은 그것입니다.

- 어(於) **영화협회 감독실

시대 26.01.03 (8) 금언집 (二)

아리스푸라데 경
- 부모와 가티, 자식과 가티.

◇

세다·쌔라 양
- 악마는 그런 것과 가티 검은 것은 아니다.

◇

활동사진 발명자, 에지슌 씨
- 활동사진은 최선의 학교다.

◇

명감독 크리피스 씨
- 모든 영화의 최후의 가치를 주는 사람은 영화기사다.

× ×

활동사진은 **적(**的) 세계어다.

◇

보라네구리 양

- 술은 입으로서, 사랑은 눈으로서, 영화는 마음으로서.

시대 26.01.03 (8) [시대문예] 작년 일 년간의 조선영화계 / 이구영

과거 일개년 전에 우리영화계의 **, 즉 일구이오년도의 조선영화계를 문제하야, 진보 내지 변화는 어써하얏든가. 다사다망한 일구이육년도의 영화계를 마즈면서 당사자와 쓰는 ****과 한가지 과거를 회고하며 동시에 과거 성*(成*)에 *하야 세*(歲*)의 희망을 진술코저 한다.

조선영화계의 개황

일구이오년도에 니르러 조선영화계는 비롯오 ****치고 점차로 *** 보* 전(前)***의 진일보를 내여노앗다고 볼 수가 잇다. ****로, 조선배우학교의 출현과 한가지 영화에 대하야 학문적 연구를 하게 되엇슴과 백남『푸로썍슌』의 출현과 한가지 『심청전』, 『개척자』의 발표를 보앗스며, 조선『키네마』의 제이회작 『운영전』, 『신의 식』, 동아문화협회의 『흥부놀부』전, 고려영화제작소의 『쌍옥루』 등 합 육편이 발표되엇스니, 일구이사년에 비하야 배의 증가다. 쑨만 아니라 어써한 의미로 보든지 좌우간 조선영화 사업이 점차로 왕성하야지게 됨은 사실이다. 그러나 불행히도 ****로 조생모사(朝生暮死)하는 안슬픈 비극이 **하얏슴도 기억할 일이다. 백남『푸로썍슌』, 『고려키네마』 등이다. 을축년 중에 설립(조선『키네마』를 제외하고)을 보앗든 동시에 해산이 되고 말앗다. 그 외에 고려영화제작소, 선활사(鮮活社), 계림영화협회, 반도『키네마』 등이 을축년 중에 설립이 되엇다. 저윽이 **할 일이다마는 아즉도 완전한 토대를 세우지 못하고 동요(動搖)가 **는 당사자쑨만 아니라 일반이 다 가티 근본적 발전기에 대하야 일구(一究) 잇기를 바라는 바이다. 우리는 이미 제작된 육 편(六編) 영화로써 그 기*(技*) 혹은 연기를 운*(云*)할 것이 아니라 조선영화계의 장래를 위하야 절심(切深)한 노력과 충심으로 그 전도(前途)를 축복해주어야 할 것이요, 제작자로서는 비평보다도 씃까지 불굴불요(不屈不撓)하야 **한 **로써 연구하기를 절망(切望)할 쑨이다.

제작자로서 생각한 것

말을 밧구어 당사자로써 생각할 바는 그 출연법의 연구다. 사실로 지금까지 일반 관객은 활동사진에 선입(先入) 흥미를 늣겻섯다. 그러나 최근에 니르러는 적어도 영화를 감상하랴 하매 그 연출법을 보면 촬영의 *열(*劣), 각색, 감독의 수완을 보려 하는 진정한 영화팬이 잇게 되엇다. 재래의 배우로 볼 것 가트면 사실로 그 연기에 불충실한 점이 넘우도 만핫다. 이*서는 지금으로부터는 **히 사계에 작품을 발표할 수 업는 입장에 잇슴을 늣겨야 한다. 지금까지 발표된 작품을 보자. 개척자의 넘우도 **한 **이나 쌍옥루의 **한 ***나 모다 제작자로서 우리들은 아즉도 **한 **시대임을 말하는 것이며 금*(今*) 제작*자(者)로서 감히 *심(*心)의 주의와 연구가 필요함을 **하는 것이다. 무엇보다도 ***의 **하얏슴을 아니 전혀 무능력하얏슴에 반하야 금후로는 이미 어든 바 *험을 토대로 배우는 배우로, 기사는 기사로, 감독은 감독으로 다 각각 그 기술상으로 학리적 연구와 책임상으로 각자의 임무에 충실하기를 자기(自期)하자.

다음으로 생각할 문제가 잇다. 지난 일 년 중 발표된 작품이 시대영화 삼 편, 현대영화 삼 편이엇는데 흥행상으로 현대영화보다 시대영화가 성적이 나핫다. 시대영화는 경성이나 지방에서까지 널리 보아주엇다. 이에 반하야 현대극에 니르러서는 자못 그 흥행상으로 실패라 할 수 잇섯다. 이는 물론 영화가 아즉도 전국적으로 오락으로서 그 보급이 적은 까닭이다. 그러면 우리는 어찌할가. 작품의 표준을 시대극에 둘가 혹은 현대극을 취할가? 가장 고려할 문제다. 더욱이 고대소설의 영화화를 기획한다 할지라도 재래에 잇든 유명한 작품이 아니고는 능히 수지(收支) 성산이 될 만큼 일반이 보아줄 리가 업스며 혹은 대자본을 *치 안흐면 도저히 제작하기 어려운 홍길동전이나 삼국지, 수호지, 홍루몽, 임경업전 등이 남앗슬 쑨이다. 더욱이 시대에 짤하 풍속 습관이 다르다. 그런데 우리에게는 *통적(*統的)으로 *고(*考*) 만한 사료가 업다. 만일 아모려케라도 시대영화를 제작 *표하야도 금후 일반관객이 종사(從事)히 그 작품을 보아준다 할 수가 잇슬가? 보아준다 한들 망녕되이 고인(古人)의 풍속 습관이나 생활양식이 어써한지도 모르고 경솔히 착수할 수 잇슬가? 이 점에 대하야 지난 과거 중에서 절실히 늣긴 바의 하나이다.

영화와 음악과 변사의 선택

우리영화계는 또한 변사의 인격적 내지 **의 문제가 닐어나게 되엇다. 이 문제에 대하야는 일반이 다 가티 요구하는 모양 갓다. 최근 일반관객은 영화 상**을 갈 째에 변사의 설교를 들으러 가는 것이 아니요, 영화를 보러 가는 것이다 하는 말이 일반에 유행하게 되엇스니 재작년까지도 이러한 **이 족금도 업고 변사가 되도록 재미잇게 영화를 해설해 주기를 환영하얏든 것을 생각할 째에 모름직이 해설자된 이로서는 깁히 생각할 문제가 아닐가 한다. 반주악에 대하야도 또한 일반의 요구가 짤라젓스니 이 문제에 니르러서도 사계에 문제가 되어 잇슬 쑨만 아니라 사실로 음악은 다만 극에 *기(*氣)를 부티기 위하야 하는 것은 벌서 넷날이다. 영화를 보며 설명을 듯는 관객의 **력(**力)은 나날이 놉하간다. 음악이 영화에 대한 **는 설명보다도 심대한 것이다. 지금의 영화 극장에는 제일 뒤진 것이 음악이며 개선할 문제로도 *일 급한 줄 안다. 최근에 니르러 조선인 관객은 자가(自家)의 음악소리는 듯기 실타고 일본인 측 극장에 가는 관객이 늘어가는 경향은 또한 우리로 하야금 음악 개선을 부르짓지 안흘 수 업다.

기타 주요사항

금년 중 경성 시 조선인 영화 극장의 종업원 즉 해설자, 기사, 악대원 사십여 명의 *기로 친목* 목적하고 영화삼우회(三友會)가 성립되엇스며 이 반*으로 삼관 관주 간에 협동을 보게 되엇스니 관주 측으로서는 종업원 결속에 짤하 필연의 협동이엇다. 그리하야 *래에 **하든 변사, 기사, 악대의 인(*引*) 경쟁으로 닐어나는 상호간 **을 일제(一除)하게 되는 동시, 선전상 경쟁으로 닐어나는 *용(*用)의 혈비(穴費)* 막고저 이에 대한 결의를 보게 되엇스나, 중간에 니르러 이 결의* 유야무야 중 소멸이 되고 광고상으로 시내 각 신문사와 적지 안흔 **이 생기게 되엇스며 이리하야 처음으로 신문사 * 극장*에 밀접한 교섭이 닐어나며 신문사로는 신문사로서, 자사 독자 **책으로 수년 전부터 일본인 측 극장 대 일본신문과 가튼 관계를 맺게 되니 비롯오 조선의 언론기관은 극장을 이용하게 되엇스며 극장도 또한 비롯오 언론기관을 이용하야 흥행선전의 유일한 점을 엇게 되엇다. 최근에 니르러서 더욱 더욱 각 사, 각 극장 간에 삼각*적(的)으로 얽히인 경쟁으**** 간다. 어느 편으로 보*****비(費)할 바이다. 상호 간 ****** 빈다.

홍행계

금년 중의 홍행계는 어떠하**가. 일반이 작년 즉, 일구이사년보다는 재계 곤황(困況)의 여파로 자못 불(不)*의 형세엿다. 춘계(春季)보다도 하기보다도 가을이 더하얏스나 오히려 동계에 들어와 다소 *** 된 모양 가탓다. 금년 중 각 관 최고수입으로 일일 팔백 원 전후라 하니 작년과 별다른 변화가 업스되 보통 평균수입상으로 이, 삼할가량이 감소된 모양이다.

수입영화의 성적

외국영화 수입 성적에 대하야는 제한 잇는 지면에 상세한 기록은 할 수 업스되 그 수입된 영화는 실로 현재 조선영화계에 중심이 되어 잇슴은 사실이니 외국영화가 우리영화계에 어쎠한 변화와 진보를 주엇는가의 개요를 간단히 적어보자.

연속영화 수입은 금년 중에 의연(依然)히 수입되엇스니 회사별로는『유니바살』작품이 선두요, 다음으로『파데』연속 등이며『F·B·O』*단편 연속의 수입도 잇섯다. 그러니 연속영화는 저윽이 일반관객에게 실증을 밧게 되엇다. 작년이나 금년이나 의연히 연속영화의 수입을 보게 되는 것은 조선에 **이 견고하고 연속영화 제작에 세계적으로 최고율을 가지고 잇는『유니바살』회사가 잇기 때문이다. 그러나 새로운 연속 팬들이 어린이들 가운데서 여전이 생겨나는 것이 원인 아니랄 수 업다.

명화 수입이라 하면 금년가티 만흔 외국영화의 수입을 보기는 처음일는지 모른다. 작년 중에 우미관의 화재, 조선극장이 폐관되엇다가 금년에 드러서서 비롯오 이관(二館)의 완전한 흥행이 계속된 것과 경쟁상 필요한 결과로 늘어난 현상이다. 영화의 계통상으로 할 것 가트면 역시 미국영화의 전성(全盛)이요, 구주(歐洲)영화는 합 백이십여 권으로 이태리『우니오네시네마이라라』사 작품『시라노·데·벨세락』일 편이 잇고 춘기 중『비나메니켈』양 주연『어느 여자의 수기』『푸랑쎄스카·지니』양 주연『**』이태리영화『짠눈치오』씨 원작『안쌀로치오』사 작품『선(船)』『이라라』사『알민트맨스니』양 주연『사랑에 죽는 여자』등 합 오 편의 수입이 잇섯스니『시라노』를 제하고는 송죽(松竹)『키네마』수입영화로, 모다 오래된 영화엿다. 독일영화로는『보라 네구리』양의『산묘(山猫) 리슈카』와『비사맥 일대기』『인육의 시(人肉의 市)』『지구흐리도』『베니스의 상인』등 합 구 편 봉절을 보앗스며『살인광선』가튼 과학영화의 봉절도 잇섯다. 불국영화로는『이완 모쥬빈』씨 감독 작품『나다리 고벤고』양 주연『일천일야물어(一千一夜物語)』십 년 전 작품『희무정(噫無情)』등 이(二)의 봉절을 보앗고『아볼쇼푸』감독 작품『이완 모쥬빈』씨 주연『키-ㄴ』『톨얀스키』감독 작품『복면의 여(女)』『이완 무쥬빈』씨 작품『지내가는 그림자』『르네**』씨 작품『파리(巴里)』『이완 모쥬빈』씨 작품『나다리 고벤고』양의『**의 **』등 불국 명화* 편 순조선영화* 십 년 만에 다시* 섬세한 묘사, **한 기분으로써 나타날 듯하나, 입(卅)오년도 중에는 『키-ㄴ』 일 편의 봉절을 볼 쑨이엿섯다. 일구이육년 신춘에는 그 봉절을 볼 듯하다.

이상 구주영화요, 미국영화로는 일일히 그 작품을 소개하기는 지면이 불허하거니와, 이하 대강만을 약기(略記)하야 보자.

미국영화 중 사(四) 파센트는[27] 『유니바살』, 삼 파센트는 『매트로·쏠드윈』, 이 파센트는 『파라마운드』, 일 파센트는 FBO, 『퍼스트내츄낼』의 순서로 볼 수 잇스나 이상은 봉절율에 대한 것이요, 짜로이 명화 수입율에 니르러서는 『유나이데트』 합 십 편이니 『국민창생』 『삼소사(三笑士)』 『인형의 가(家)』 『박대트의 도적』, *운(雲) 개이고, 싸크라스대왕, 분류천리(奔流千里), 사록 홀무스, 남해의 정화(情火), 『모리쏫돌』 등이요, 『남(嵐)의 고아』 『동도(東道)』 『로빙푸트』 『삼총사』 등이 재삼차 봉절되엿섯다.

『유니바살』은 전년에 보지 못*든 대활약을 하게 되엿섯다. 『우처(愚妻)』 『메리·고·라운드』 『암(闇)의 여신』 『노돌담의 쏩추』 『대(大)속력왕』 『뉴육(紐育)의 총아』 『누구의 죄』 『이국기하(二國旗下)』 『천래의 용자(天來의 勇者)』 『이혼금제(禁制)』 『천양배우(千兩俳優)』 『대속력』 『남의 낭(嵐의 娘)』 『천지 쌔여저라』 『쾌한 달마지』 외 석일(昔日)의 청조(靑鳥)영화의 신판 장한가(長恨歌)가 유명하여 기타 보통 영화 수십 편, 『센추리』 희극 등의 봉절을 보앗스며 『파라몬트』 작품도 금년 중에 만흔 명화 수입을 보게 되앗스니 『여성의 적』 『*주간(週間)』 『***』 『월(月)의 속삭임』 『아담과 이브』 『십계』 『황마차(幌馬車)』 『자운의 피방(紫雲의 彼方)』 『도살자』 『아세아의 사자(獅子)』 『쩨라·쏜나』 『요마의 노래』 『혈과 사(血과 砂)』 『구시의 시가(九時의 市街)』 『하리우드』 『여성아 진실하라』 등 외 몃 작품이 잇섯스며 『폭스』 작품으로 『빈인(貧人)의 무리』 『**의 *』 『암굴왕』 『최대 급행』 『탈영자』 『강적 일축(一蹴)』 『촌(村)의 대장간』, 『매트로쏠드윈』 작품은 『**』 『남자 노(怒)하면』 『죽은쌔 편집장』 『맹목의 *』 『생(生)을 조롱하는 남자』 『탄식말아 색시들아』 『푸란다스의 소년』 『표박(漂泊)의 고아』 『도리버스**』 『처녀 십팔세 연지곤지 씩고서(허영은 꿈)』 『표박의 형제』 『화잇·씨스터』 『북극의 웅규(雄叫)』*편이 잇섯다. 쏘한 금년 중 새로이 만흔 영화의 수입을 보게 된 회사는 F·B·O 사다. 쏘한 개인 『푸롯닥슌』 작품도 잇섯스니 『모(母)의 미로』 『달마치 희활극』이 잇섯스며 『자장가』 『명투수』 『이즐 수 업는 처(妻)』 등이 F·B·O 사 작품 중 유명하얏섯다. 기타 『파데 로이드』 희극이 잇섯고 상반기까지 『푸레페드』 사 작품이 수입되다가 오월부터 수입이 끈허지니 송죽계(松竹係)의 上[28] 영화관이든 단성사가 『유니바살』의 특약관이 되기 쌔문이다. 『봄이 오면』 『사애(思愛)의 *』 등 이 편* 적으나마 유명하얏다. 『와나·쌀라더』 작품은 『결혼철학』 『얼크러지는 정화(情火)』 이 편이 잇슬 쑨이다. 미국 영화회사가 일구이오년도 중 조선 영화계에서 어쩌한 **이 잇섯든가. 말하자면 인기 만흔 회사 어느 회사엿는가. 영화로 인기 만키는 『유나이데트』 연속활극, 『유니바살』, 보통 영화* 인기 만키는 『메트로 쏠드윈』과 F·B·O, 지식계급에 환영밧기는 『파라몬트』, 구주(歐洲)영화엿다.

---

27) 퍼센트를 할의 개념으로 쓴 듯하다. 즉 사퍼센트는 40퍼센트로 이해해야 할 것으로 보임. 이하 동.
28) '上映'의 오식으로 보임.

입(卄)오년도 중의 명화

여긔서 잠간 적어보랴 하는 것은 이 만흔 작품 중에서 가장 조선에서 인기가 잇섯고 흥행성적으로나 작품의 내용으로 혹은 환영은 못 바닷슬 망정 명작으로 추천될 만한 작품을 열거해 보자. 사실로 흥행상 성적이 조흔 작품으로 보잘 것 업섯든 작품도 잇섯고 흥행상으로 성적이 불량하얏스나 작품으로 명작이엇든 것도 잇섯다.

제일 우수영화 (일구이오년도)

『화잇·씨스타』(미, 메드로 사 작품)

노돌담의 쇱추 (미, 유니바살 작품)

우처(愚妻) (미, 유니바살 작품)

시라노 (이(伊), 우니오네·시네마이나라 작품)

지구후리드 (독, 우파 작품)

십계 (미, 파라몬드·코스모린탄 작품)

국민창생 (미, 유나이데트 작품)

박대트의 도적 (미, 동(同))

선(船) (이, 안샥로지오 작품)

여성의 적 (미, 파라몬드·코스모보린탄 작품)

도살자 (미, 파라몬드 작품)

제일급 문예영화 (일구이오)

춘희 (미, 메트로 사 작품)

키-ㄴ (불, 알바트로 작품)

결혼철학 (미, 와나샥러더 사 작품)

어느 여자의 수기 (이, 이다라 사 작품)

칼멘 (독, 우파 사 작품)

혈과 사(血과 砂) (미, 파라몬드 사 작품)

봄이 오면 (미, 푸레페트 사 작품)

*주간 (미, 파라몬드 사 작품)

키-ㄴ (불, 알바트로스 사 작품)

촌의 대장간 (미, 폭스 사 작품)

제이급 우수영화

호걸 벤짜빈 (미, 유나이데트 사 작품)

거인정복 (미, 파데 사 작품)

푸란다스의 소년 (미, 메트로 사 작품)

산묘(山猫) 리슈카 (독, 우파 사 작품)

자장가 (미, F·B·O 사 작품)

모(母)의 미로 (미, 와레스리드 사 작품)

황무자(荒武者) 키톤 (미, F·B·O 사 작품)

대속력왕 (미, 유니바살 작품)

이국기하(二國旗下) (미, 유니바살 작품)

사애(思愛)의 * (미, 푸레페드 사 작품)

죽은째 편집장 (미, 메드로 사 작품)

쾌한 달마지 (미, 유니바살 작품)

삼소사(三笑士) (미, 유나이데트 사 작품)

십양(十兩) 배우 (미, 유니바살 사 작품)

팔려가는 청춘 (미, 쌰드·워크 사 작)

맹목의 * (미, 폭스 사 작품)

최대급행 (미, 폭스 사 작품)

탈영자 (미, 폭스 사 작품)

대속력 (미, 유니바살 사 작품)

흐터지는 정화(情火) (미, 와나쌕러 사 작품)

북극의 웅규(雄叫) (미, 메트로 사 작품)

이상 기록한 것은 나의 사견이니 보는 이마다 다 각각 그 정견이 다를 줄 안다.(쯧)

◇ 사진=이구영 씨

△ 이구영 씨.

시대 26.01.03 (8) ***** 소론 / **원(**園)

***** 여러 기성 예술에 비(比)**** 일모(一毫)도 손색이 업는 **한 예술이라고 시인함에는 아즉도 의논(議論)할 여지가 만흘 것이다. 그러나 금일의 정세로써 볼 것 가트면 그는 다만 질의 문제가 아닐가 한다. 소설 중에도 통속소설이 잇는 것과 가티 영화극 중에도 예술적, 통속적으로 난흘 수 잇슬*이다. 그러면 어쎄한 작품이 통속적이 될 것인가 하는 문제가 닐어난다. 여긔에는 두 가지 조건이 잇다. 하나는 연극에 잇서 그 각본이 예술적 가치가 잇서야 될 것과 가티 예술영화도 그 각본은 반듯이 문학적 가치가 잇는 원작을 근거로 하지 안흐면 아니 될 것이다.

쏘 하나는 그 원작을 사진술의 독특한 형식에 의하야 객관적으로 예술적 만족을 줄 수 잇도록 표현해야만 할 것이다. 즉 내용적 가치와 형식적 기교를 겸비하지 안흐면 아니 될 것이다.

◇

영화가 영화로써 독립하야 나아갈 수 잇는 본질은 무엇일가. 연극의 실사도 아니요, 소설의 삽화도 아닌 진정한 영화로써 자아를 표명할 수 잇는 본질은 무엇일가. 영화는 씬과 씬(장면)의 무수한 연결이다. 한 장면을 쎄어노코 보면 그는 분명한 진실이다. 그것이 아모리 조흔 풍경일지라도 아모리 조흔 무대장치와 배우의 연기가 훌륭할지라도 사진이다. 다만 움즉이는 사진이다. 여긔에는 아모런 예술적 가치를 볼 수 업다. 무대극을 사진으로 구경할 사람은 업슬 것이다. 그러타면 차라리 실물을 보고 대사를 듯는 편이 오히려 나흘 것이다. 그러나 영화극의 본질은 거긔에 잇는 것은 아니다. 극 사진이 아니다. 영화극은 스스로의 독특한 예술적 표현이 잇다. 예술 표현의 독특한 기교가 잇다. 무수한 장면은 평면화가 아니다. 부단히 변화하는 『쎈』에는 『리즘』이 잇다. 음악적이다. 거대한 옥사(屋舍)가 원경으로 보엿다가 지금에는 어느 결에 옥사 내부로 변하고 말앗다. 얼마나 무대 배경의 자유스럼이랴. 이는 영화극의 가지고 잇는 독특한 맛이다.

그리하야 영화극의 근본적 특장(特長)은 **에*는 전연 볼 수 업는 배우의 웃음을 직접으로 볼 수 잇는 *이다. 배우의 연출은 현실적이 아니다. 그들의 연기는 독특한 선율적 운동의 방칙(方則)에 의하야 그 연기는 『케트박』과 원근법의 방식에 의하야 순간적으로 구성되고 표현되는 것이다.

◇

영화는 공간을 무한으로 표현할 수 잇다. 이는 극장보다 자유롭다. 또한 시간을 자유로 취급할 수 잇다. 영화는 우리의 몽환세계를 안전(眼前)에 방불케 할 수도 잇다. 기천 년 왕고(往古)의 고인(故人)을 눈 압헤 볼 수도 잇고 기천 년 후의 상상세계를 눈 압헤 볼 수 잇다. 이와 가튼 시간 우에 성립된 우리네의 생활을 가튼 공간과 시간 우에 표현할 수도 잇는 것이다.

그리하야 영화는 자신의 진보상에 자신의 수법을 발견하얏다. 또한 발견될 것이다. 반듯이 영화에는 그의 수법에 의하야 영화시(詩)가 탄생될 것이다.

조선 26.01.03 (4) 마산지국 / 독자위안 / 삼일부터 삼 일간 / 김소랑 신극 일행

본보 마산지국에서는 금반(今般) 취성좌(聚星座) 김소랑 씨 일행 신극단이 내마(來馬)하얏슴을 기회로 하야 일월 삼일 하오 칠시부터 당지 수좌(壽座)에三서[29] 삼 일간을 본보 독자에 한하야 본지 난외(欄外)의 우대권을 지참하는 이에게 요금 반액으로 우대한다더라. (마산)

동아 26.01.04 (2) 십년을 하루갓치 (四) / 텁허놋코 대입(大入) 만원 / 일등 배당의 팔, 구십 전 / 십육 년간 무대상에 희극배우 이원규(李元奎) / 말석 배우의 십오 전 배당금도 그때의 쌀 한 되 갑이니싸요 / 도리켜 생각하니 그야말로 호랑이 담배 먹든 세월이지요

어제는 십오 년 동안을 하루가치 대서업을 한 샌님 가튼 분의 일을 소개하얏스니 오늘은 좀 호탕한 살림을 하는 배우의 일을 소개하자! 배우 중에는 어느 사람이 그중 오랜 사람이며 누가 데일 자미스러운 이약이거리를 가젓스며 말솜씨 조케 오밀조밀하게, 걸삼스럽게, 익살맛게 이약이를 하겟는가? 『내가 소개하지요. 이 분은 조선 재래 신파연극게에서 희극배우로 첫 손가락을 쑙을쑨더러 조선사람 배우로는 맨 처음 사람입니다』하고 인사동 조선극장 무대를 서슴지 안코 방금 흥행 중에 잇는 리원

---

29) '壽座에서'의 오식으로 보임.

규(李元奎)라는 분을 소개하얏다.

혁신단 임성구 처음으로 생긴 단톄

생각을 하면 참말이지 무정 세월 약류랍니다. 내가 극게에 처음 발을 드려노홀 째 즉 조선의 연극이 처음 생기든 째는 내 나이 설흔두 살, 아직 청년이라는 말을 듯든 째인데 어느듯 십륙 년이란 세월이 그야말로 극중에서 지나가는 세월가치 쯧업시 지나가고 내 나희는 마흔일곱 살이 되엿습니다 그려. 조선에 맨 처음 극단이라고 생긴 것이 림성구(林聖九)를 단장으로 한 혁신단(革新團)이요, 혁신단의 첫 무대가 지금은 일본 사람의 려관이 되엇습듸다만은 남대문 밧 어성뎡(御成町)에 잇든 남성사(南成社)이엇담니다. 그째에는 극장세가 십오 원밧게 되지 안이하고 관람료도 십 전, 이십 전, 삼십 전에 학생 소아 군인은 반액으로 하엿섯담니다. 그째는 첫 서슬이라 그랫든지 밤마다 대입만원(大入滿員)의 성황을 일우어 우리 배우들에게도 상당한 배당이 도라왓습니다. 나는 그 당시 일등 배당으로 평균 팔, 구십 전을 바덧지요마는 그다음 이, 삼, 사등 배당도 그째 돈으로는 상당햇섯지요. 뎨일 말석 배우로 사등 배당을 밧는 사람들도 십오륙 전식은 손에 들어왓는데 지금 생각하면 십오 전으로는 담배 한 갑이나 겨우 살 수 잇슬 것이나 그째는 쌀 한 되 갑이니까요.

무대에서 기절 / 칼 찬 나리까지 동정

그러나 그러케 조튼 시절도 한째엿습니다. 그 후 신파연극단톄는 작구 생기기를 시작햇습지요. 혁신단 다음에 생긴 극단이 지금 매일신보사에 잇는 리긔세(李基世) 씨가 단장으로 조직된 문수성(文秀星)이엇섯는데 윤백남(尹白南), 조일재(趙一齋) 등 제씨가 극게에 나서게 되는 째도 이째이엇섯다고 생각합니다. 그다음에 생긴 것이 지금 조선일보 인천지국에 잇는 박창한(朴昌漢) 씨가 단장으로 조직되엇든 청년파(靑年派)라는 것이지요. 그러나 그 림시는 긔위짐이 기울을 째이엇습니다. 청년파가 지금 이 조선극장의 전신인 연흥사(演興社)에서 첫 막을 열엇슬 째만 하드라도 상당한 수입을 보앗섯건마는 일조에 재게 공황이 생기자 그 단톄가 남성사에서 흥행을 할 림시에는 참으로 기맥힌 경우도 만히 당햇습니다. 엇지햇든 하로밤 입장하는 관객의 수효가 칠, 팔십 명으로 수입은 칠, 팔 원밧게 안이 되엇스니 극장 세금만 내이랴도 그 셋돈 칠, 팔 원식은 보태야 하게 되엇섯습니다. 배우들이 온종일 굶고 연극을 하다가 무대에 나가서 그대로 쓰러진 일까지도 잇섯스며 경찰에서 그리고 엇지 하느냐고 권고까지 하얏섯습니다.

고진하니 감래 / 서슬이 당당햇지요

그리하야 그동안 생기엇든 혁신단을 필두로 문수성, 청년파, 예성좌(藝星座), 문예단(文藝團) 기타 십여 단톄가 모조리 쓰러지고 말엇스며 배우들은 이리저리 해산을 하고 말자 나는 지금 고인이 된 김도산(金陶山) 밋 몇 사람과 함께 일종 야심을 가지고 구파 배우조합에 쮜어들어 가서 어물어물하다가 뜻을 일우어 개량단(改良團)이라는 것을 조직해가지고 그야말로 텬상텬하에 유아독존이라는 듯이 호젓하게 신파극게에 나서게 되엇섯습니다. 그째가 지금으로부터 아홉 해 전입니다. 신파연극의 부활긔엇섯다고 생각합니다. 다행히 째를 잘 맛나 쓰러질 경우는 면해 나가든 중 얼마 안이 되어 그 일홈을 신극좌(新劇座)라고 곳치고 김도산 군이 단장이 되어 디방 순회 공연을 하든 중 도처마다 대환영을 바덧지요. 그째가 대정 칠, 팔 년경 한창 구주 전란 덕택에 군용 지폐가 자가사리[30] 쓸 듯하든 째이엇는 고로 무엇에든지 성공을 하든 째이엇습니다.

처음 바보 장승 / 풍채는 이러햇지요

신극좌가 단성사에서 흥행을 하야 엇지나 우리말로 「이리」 수입이 만헛든지 내가 일등 배당으로 하로밤에 이십 원 내지 삼십 원의 배당을 어든 일도 잇섯담니다. 신파련쇄극이 조선에 처음 나타나기도 이 덕택이엇섯지요. 신극좌에서 련쇄극을 처음 박어 상장할 림시는 거위 한째 썩긴 째이엇섯습니다마는 연쇄극이란 새것이라는 맛에 또한 대성공을 햇섯담니다. 그러나 사오 년 전부터는 다시 경제계가 말이 못 됨에 쌀아 지금 요 모양이 되고 배우들은 내 남직 할 것 업시 종시 발을 쎄지 못하고 그저 이것을 하고 잇담니다. 내가 첫 무대에 나올 째 역은 효자효순(孝子孝順)이라는 극의 경부 역을 맛허서 출연하엿스나 그 당시에도 희극을 한 가지식 하여야 할 터인데 배우가 업서 곤난하든 중 우연히 날더러 하여보라고 한 것이 그만 붓백으로 희극배우가 되고 말은 것입니다. 첫 번 한 희극은 보시는 사진과 가치 『장승』이란 장가 못 들어 애를 쓰는 사람이 신부집 식구들을 속혀 장가를 들고자 바보 친구 한 사람을 장승가치 만들어 세우고 장승의 말로 쇡집을 자긔에게로 보내라고 말하게 하자는 것인데 장승된 바보는 치성 드리려 오는 사람들이 가지고 오는 모든 음식에 반해 약속한 것을 이저버리고 일장 희극을 연출한다는 것인데 그 희극의 장승 노릇을 하엿습니다.

염서(艶書)에 *해서? / 아이구 말도 마시오

이약이를 이로 다 할 수야 잇슴니가. 업서진 극단의 수효로만 해도 놀라지 마십시오. 한 오십 단톄나 되리라고 생각합니다. 이것을 하든 사람으로 발을 쎄 나가는 사람도 적거니와 잇다 하여도 이째껏 상당한 디위를 어든 사람이엇습니다 그려. 엇지된 세음일가요. 세상이 우리를 업수히 녁이는 경향이 잇는 까닭일가요. 그나 그쑌닛가. 이것을 하는 사람들은 대개 장수를 못 하는 모양입니다. 고수철, 한창렬, 림성구, 김도산, 박희텬, 리창규 등을 위시하야 청춘에 죽은 배우들이 그동안 십여 명이나 된답니다. 그대로 세상 사람들은 방탕한 녀자들에게 밧는 염서를 못 이저 발을 못 쏍는다고 비평을 하지요. 그런 일이 아조 업는 것은 안입니다만은 어느 잡놈이 그것으로 이 노릇을 하겟슴니가. 이야기를 하자면 한이 업스니 모다 그만 두겟습니다 하고 말끗을 매저바리엇다.

시대 26.01.04 (2) [영화소개] 파리(巴里)(전십사권) / 【우미관 상영】

도회-도회의 그늘에 숨은 폐해가 얼마나 만흘 것인가? 그리고 허영이라는 그것이 그 얼마나 사람의 압길을 굴흐털여 놋는 것일가? 우리는 이제 그와 가튼 폐해가 잇는 줄까지 알면서도 능히 벗어날 줄

---

30) 자가사리는 민물고기의 일종이다. '자가사리 끓 듯한다'는 속담이 있는데 크지도 않은 것들이 많이 모여 복작거림을 이르는 말이다.

을 몰으고 그와 가튼 아름답지 못한 마음을 가진 줄까지 알면서도 오히려 깨달을 줄을 알지 못한다. 그런데 이『파리』라는 사진이야말로『파리』를 배경으로 하고 어느 어여쌘 처녀를 주인공으로 하야 싯까지 도회가 사람에게 주는 폐해, 사람이 도회를 동경하야 스스로 몸을 그흐털이게 되는 경로 등을 로골적으로 그리어 노혼 사진으로 이미 만혼 환영을 바다오는 사진이라고 한다.

시대 26.01.04 (3) 활동사진의 뜻과 우리의 리해관계 / 이경손

세상 리치는 언제든지 올치 못한 것이 올혼 것에게 지고 마는 법이요, 새로운 것은 그여히 묵은 것을 이기게 되는 법입니다.

세상에는 안악네가 문밧을 나서다니, 녀자가 쮜며 운동을 하다니 하며 비방하는 분도 잇겟지만 그것이 올코 새로운 일이면 언제든지 왕성하야지게 되는 날이 올 것입니다. 활동사진은 우리의 생활을 새롭게 하여준다는 것과 그것을 구경다님이 올타는 증거는 *이어 말하기가 밧부도록 만습니다

◇ **올 사월**부터는 서울의 부청에서도 조선의 학생 전부를 위하야 활동사진을 맨들겟다고 하니까~ 이를테면 우리보다도 더 새로운 일을 할, 장차의 일군인 조선학생들이 활동사진이란 새 선생님을 모시게 되는 것입니다. 학생들은 활동사진으로 공부를 하며 활동사진에서 교훈을 밧는 조선이 된다는 것입니다. 그쑌만 아니라 우리가 공경하며 사랑하는 조선의 신문들이 남보다도 *즘은 **쪽이면서도 매* 활동사진에 대한 말을 쓰는 것만 보아도 그것이 얼마나 우리의 살림을 새롭게 하야주는 것임을 알 수가 잇습니다.

◇ **진실로** 활동사진은 새로운 것입니다. 그 새로움은 요지경보다도 재미잇고 환등보다도 더 재미잇다는 의미 이외에 더 깁흔 뜻을 가지고 잇습니다. 우리의 살림을 새롭게 맨들어줄 만한 뜻을 품고 잇는 것입니다. 새 멋만 아는 하이카라가 아닙니다. 그가티 데데한 것이면 지금가티 문명한 세상으로써 가만히 넘겨둘 리가 없습니다. 벌서 업서지고 마랏슬 것이겟지요.

쏘한 그 안에서 놀리는 이약이만이 새롭다는 것도 아닙니다. 그리타하면 요지경으로 놀리나, 환등으로 놀리나, 활동사진으로 놀려보거나 그 갑이 마치 한 가지가 되겟지요.

◇ **우리는** 우리 사람 사는 세상에 활동사진이란 재조가 나타난 리유에서 새 쏫을 차자 보자야[31] 합니다.

새 것 위에 쏘 새 것을 맨들어내는 발명가들은 긔차나 전화를 발명하야 내놀 째에 잠자며 쑴 쑤다가 슬그먼히 터득해낸 것이 안입니다. 쏘는 자긔의 귀신 가튼 재조자랑으로 내놋는 것도 안입니다. 그것은 우리의 인간들을 더 잘 살게 하야주기 위하야 멧 해식 애쓰고 애써서 맨들어내는 것입니다. 그럼으로 활동사진도 그것이 생겨난 것부터 귀여운 일이요, 큰 쏫을 품어 잇는 것입니다. 놀리는 재미스러운 이약이만이 활동사진으로 녁이시는 분과 그 긔술이(재조가) 나오게 된 리유에는 주의해 보시지 안는 분은 잘못 생각하신 것입니다.

◇ **거룩한** 말과 조흔 책의 고마움은 하늘이 우리에게 입을 주실 째부터, 세상에 글자가 생겨날 째부터

---

31) '보아야'의 오식으로 보임.

그 귀엽고 큰 뜻은 파무쳐 잇는 것입니다. 활동사진이 발명된 것도 그러합니다. 활동사진은 이 싸 우에 사는 모든 사람들이 형과 아우보다도 더 각가히 다정하게 살기를 위하야 ― 더 조흔 사*들이 되어서 더 잘들 살게 되기를 위하야 나온 것입니다. 그 긔계와 그 긔술은 ― 차차 말슴하겟습니다만 ― 다른 모든 긔술들에 비해 볼 째에 훨신 더 싸르고 편리하게 애초의 뜻을 실행하야 나갈 능력을 가지고 잇습니다. 나온 그째부터 그 얼굴부터 신통하게도 새 뜻을 품고 잇는 새로운 놈인 줄만 알아두십시오. 저는 오늘부터 계속하야

◇ **그 얼굴**과 그의 마음과 그의 재조를 말슴하야들이겟습니다. 세상에는 활동사진을 실혀하는 사람은 업습니다. 그러나 간혹 웃사람이 아랫사람을 인도할 째에 자긔의 동생이나 자긔의 제자가 조치 못한 곳에 싸질까 보아서 활동사진 구경을 막는 분이 잇습니다. 그것은 활동사진 안에도 역시 세상과 신문들과 가티 그 안에서 도적놈도 나와서 쒸고, 씨여안는 것도 잇고, 하다못해 사람이 사람을 죽이는 것도 잇는 까닭입니다. 그러나 그것은 막는 분이 다시 한 번 생각해보아야 할 일입니다. 신문 한 장만 읽고 나면 담박 도적놈이나 음란한 계집이 되고 말도록 길러내엇다는 어버이와 선생이 되어서는 못씁니다. 전차에 치일까봐 걱정하느니보다도 먼저 수레 단이는 길과 사람 단이는 길을 분간하도록 가르쳐 노흐[32] 그만입니다.

◇ **어린이**의 나히가 열 살이 넘도록 아름다운 것과 올치 못한 것을 분간치 못하도록 길럿다는 분을 의심할 수박게 업습니다.

활동사진관에서는 보면은 해 될 것만 갓다가 놀린다고 말하는 분도 잇습니다. 그러나 이 세계에 보아서 해 될 것을 놀리도록 허락하는 법률을 가진 나라는 업습니다. 그 말이 정말이라 하면 그 분은 법 업는 야만인종 나라에서 온 분이겟지요. 보아서 해 되는 사진은 업는 것입니다. 요컨데 우리는 더 좀 잘 *줄을 알아야 하겟습니다. 쏘한 얼는 좀 더 조코

◇ **더 놉흔** 사진을 청구할 만한 구경ㅅ군이 되어야 하겟습니다. 그럼으로 그 점을 생각한 저는 단지 여러분이 재미잇서 하시도록 만들 수는 업습니다. 그야 허리가 압하지실 이약이도 차차 나오게 되겟지요만은 간혹 성가시도록 리치를 캐는 곳이 잇드래도 그것은 앗가 말슴한 그 연고이니 그와 가티 짐작하여주시기를 미리 바라둠니다.

(미완)

동아 26.01.05 (7) [연예] 지상(紙上)영화 / 수라의 투우(修羅의 鬪牛) 전팔권

메트로쏠드윈 사 특작 / 페드로 씌콜쌔 씨 레네아드레 씨 공연(共演)

해설 「폴 그윙」 씨의 원작을 「톰 데레스」가 각색 감독한 영화로서 전편을 모다 서반아에서 출장 촬영한 영화이다. 더욱이 투우 장면은 혈과 사(血과 砂) 디상 몇 배나 긴장미가 나타난다. 악역으로 유명한 「레드로 콜드쌔」 씨요, 돌관신랑(突貫新郞)에 출연한 「레네아드레」 양이 녀역을 마터 출연하얏고 신진 배우 「마그엘 그라다더」 씨가 주역을 마터 연출한 것이다.

---

32) '노흐면'의 오식으로 보임.

경개(梗槪) 「세비라」룡긔병 대댱(龍騎兵隊長) 「카라코스」는 자긔 안해를 쌔아섯다는 혐의로 「쌔산」 후작을 깁히 원망하야 자긔 쌀 「페트라」는 충복 「쭈안」이란 사람에게 부탁하고 자긔는 산적의 두목 「쌔드레로」가 된다. 복수의 데일보로 후작의 아들 「라몬」을 쇠어내어 역시 「쭈안」의 집에다가 감금을 하얏는데 쯧밧게 그의 쌀 「페트라」와 「라몬」은 련애하기 시작하얏다. 「쌔드레로」는 쌈작 놀라 「페트로」를 협박하야 혼약을 쌔처바리게 한다. 그리자 한편으로는 그 근처에 사는 「콘짜」라는 녀자가 은근히 「라몬」을 사랑하다가 마츰내 그를 쌀하서 「세비라」로 갓다. 이째 후작은 정부의 통치자가 되엇는데 아들 「라몬」의 종적을 찻기 위하야 「카라스코」로 하야금 산악부 경찰장을 식히엇는데 그가 자긔에게 복수심을 품고 잇다는 말을 듯고 놀라지 안이치 못하엿다. 한편 「라몬」은 투우사가 되고 「콘짜」는 춤추는 녀자가 되엇다. 투우 경기가 열니는 당일에 하염업는 사랑을 갓게 된 것을 한탄하든 숏에 찰알히 「라몬」을 죽이고자 「콘짜」는 후작을 쇠이어 맹우가 피곤해지기 전에 「라몬」에게 그 소를 찔러 죽이라는 명령을 나리게 한다. 투우 사령 「라몬」에게는 실로 죽으라는 명령이엇다. 마츰내 「라몬」은 중상을 당하고 쓰러질 째에 후작은 비로소 그가 자긔 아들인 것을 알게 된다. 그리하야 원수의 아들과 쌀은 굿센 사랑의 열매를 맺게 되어 「라몬」의 상처가 낫자 두 남녀는 결혼을 하게 된다. (씃) (사진은 수라의 투우 일 장면)

동아 26.01.05 (7) [연예] 각 극장 교환 예제

조선극장 시내 인사동 조선극장(仁寺洞 朝鮮劇場)에서는 요사히 민립극단(民立劇團)이 상여[33]하* 대환영을 밧는 중** 오일부터는 예데를 교환하야 눈물의 지환(涙의 指環) 전 다섯 막 팔 장의 신각본을 상연한다는데 이 극은 조선에서는 처음 볼 것으로 모의 재판이 잇스며 애를 끗는 련애극이라 하며 쏘는 본보에 긔보한 바와 갓치 일본 전국을 놀내이던 근래의 희유한 륙혈포 강도 「피스」 건차(健次)의 사설을 각색 촬영한 히반속 순사부장(噫飯束 巡査部長)이라는 다섯 권 영화를 영사할 터이라는데 금 오일에는 본보 독자 우대 할인 흥행을 할 터인바, 란외의 활인권을 만히 리용하기 바란다더라.
우미관 시내 관텰동 우미관(貫鐵洞 優美舘)에서는 불국 「반쌀특」 회사 특작 예술영화 파리(巴里) 십사 권을 금 오일 밤부터 상영할 터이라더라.

시대 26.01.05 (2) 이백 명 조선인과 일본인 / 총검 폭탄 등으로 대혈투 / 원인은 활동사진관에서 구경을 하다가 / 피차에 언쟁이 일어난 것이 확대되어서 / 동포 삼 명 피살, 현장 완연 전장화

지나간 이일 일본 삼중현 목본정(日本 三重縣 木本町)에 잇는 명치좌(明治座)에서 활동사진을 구경하든 정민(町民)들과 조선사람 사이에 언쟁(言爭)이 닐어나 일본사람 조선사람 합하야 이십여 명이 란입 격투(亂入 格鬪)하야 부상자를 내엇는데 삼일 오후 수도공사(隧道工事)에 종사 중인 조선사람 삼십여 명도 참가하야 소동은 점점 크게 되어 정내(町內)에는 집집마다 문을 닷고 거의 통행이 끈치게 되어 일본도(日本刀)와 풀 쌕는 낫(鎌)으로 곳곳에 격투가 닐어나 오후 칠시에는 목본경찰서(木本警

---

33) '상연'의 오식.

察署), 신궁경찰서(神宮警察署) 등의 경관과 청년단(青年團), 소방조(消防組) 등이 경계하얏스나 조선 사람 측에는 인원이 이백여 명이나 되고 『다이나마이트』 폭탄 등(爆彈 等)을 준비하고 목본정민자경단(木本町民自警團)은 철포(鐵砲)로 대치(對峙)하야 싸움은 더욱 확대될 모양이며 폭탄(爆彈)으로 인하야 정민(町民) 두 명과 조선인 삼 명은 사망하얏고 그 외에 다수한 부상자가 잇는 모양인데 당국에서는 그 방면의 통행을 금지하얏다고 한다.

동아 26.01.06 (2) 〈광고〉

얼마나 고대하엿슴닛가 민립극단의 첫 공연을!

새해 원일(元日) 주간부터 오일간 주야 이회 개연합니다

처음 예제(藝題) 누탄(淚灘) 작

문제의 대활극 **의적** 전오막 칠장

주연 강성렬(姜成烈) 김조성(金肇盛) 조연 변기종(卞基鍾) 최성해(崔星海)

그 다음 예제 광파(狂波) 작

모의재판극 **누의 지환(淚의 指環)** 전육막 팔장

주연 최성해 조연 김조성, 강성렬, 이석구(李錫九), 홍상옥(洪相玉)

또 다음 예제 민립극단 원작

사회비활극(悲活劇) **설중(雪中)의 처녀** 전사막 육장

모이시랴, 새 연극을 보시려 들으시라, 민립극의 새 소리를

혁신의 무대는 민중예술의 전당

조선극장(전 광 二〇五)

일월 오일 주간부터 특선 명화 제공

△미국 나쇼날 사

실사 **호태리(濠太利)**[34] **폭포** 전일권

△미국 호후만후미유-지맨드 사

싹크 세릴 씨 주연 루스쿠리푸오-드 양 조연

연속모험활극 **불견(不見)의 광선** 전십오편 삼십일권

이회 제삼, 사편 사권 상영

△불국 쌘탈토랏쿠 회사

원작자 쎄메-르안푸 씨 감독자 루네헤-르워-르 씨

주연자 리유시안루쩨이 양 조연자 안리이쿠로-스 씨

예술영화 **파리(PARIS)** 전십사권

---

34) '오스트레일리아'의 한자 표기.

전 세계인의 몽중(夢中)에도 동경적(憧憬的)인 화도(花都) 파리? 정열과 허영에 왕국?

환락과 죄악에 대도회 파리……?

=예고=

문예영화 『연(戀)의 개가』 전팔권

동(同) 『사출(思出)』 전십이권

명화(名畵) 『지내가는 영(影)』 전십권

명화 『아-청춘』 전칠권

폭쓰 사 특약 우미관 전화 광화문 삼구오번

동아 26.01.06 (7) [연예] 희극 명우(名優) 신(新) 빠가 대장의 사(死) (一) 영화배우로 성공 / 그의 태생디는 불란서 쌜드란 곳 / 사십오 일간에 백만 푸란의 금보

「막쓰 리더」의 본명은 「루비에이유」라고 합니다. 그의 태생디는 포도주 만히 나기로 유명한 남불란서 「쌜드」라고 합니다. 그는 어렷슬 째부터 소년배우로 극게에 나서게 되엇섯는데 첫 무대로 역시 「쌜드」 어느 극장이엇섯다고 합니다. 첫 무대에 성공을 한 후 「파리」에 나와서 「암쎅그」 며 「바리에데」 등 불란서에서도 가장 일홈 놉흔 극장에 출연하야 큰 성공을 하얏섯다고 합니다. 그가 처음으로 영화배우가 되여 여러분 「판」을 대하게 되기는 지금으로부터 만 이십 년 전 그의 나히 스물한 살 째 일이엇섯는대 당초부터 그는 희극적 소질이 풍부하엿든 까닭으로 첫 번 촬영한 영화부터 적지 안이한 인긔를 어덧섯다고 합니다. 그의 희극영화를 볼 그 당시에 「판」들은 「막쓰」 이외에는 다른 희극배우가 그다지 업섯든 까닭에 덥허놋코 조와햇섯습니다. 지금은 「판」들의 눈이 놉하젓서서 그의 영화를 본다면 혹은 무엇이 엇더니, 어듸가 좀 부족하니 하고 평을 할른지도 모르겟스나 그 당시에는 열광뎍으로 환영을 하얏섯든 것은 사실임니다. 엇지햇든지 그는 영화 희극게에 선진자인 것은 사실임니다. 「막쓰」가 영화게에 발을 던진 지 십 년가량 되엇슬 째 즉 일천구백십륙년에 「아메리카」에 건너갓섯습니다. 그가 남겨놋코 죽은 재산도 루거만[35]이라는데 그 재산을 모흐게 되기도 처음 시초는 역시 「아메리카」 이엇다고 합니다. 최근 삼 년 전에 불란서에 도라왓는데 불란서에서는 영화제작협회(映畵製作協會)의 간부로 상당한 디위를 어덧다고 합니다. 최후의 그의 작품은 사십오일간에 백만 푸랜의 급료를 바덧다고 합니다. (계속)

동아 26.01.06 (7) [연예] 영화계 일 년 / 이구영

(三)

작년 중에 비롯한 일 주 이 회 내지 오 일 교환 제도는 춘긔부터 오 일 교환 혹은 일주일 교환이 되고 말엇다. 이는 사진 부족으로 할 일 업는 결과로 볼 수 잇스되 한편으로는 소위 삼관 협조의 덕택인지도 몰은다. 엇전 세음인지 작품에 「레벨」은 놉하가면서 변함 업는 것은 변사의 해설방식이요, 음악이

---

35) 누거만(累巨萬) - 여러 거만이라는 뜻으로, 썩 많은 액수(額數)를 나타내는 말.

다. 이래서는 안 되겟다고 곳처보겟다는 마음이 잇스면서 못 하는지, 실혀서 못 하는지는 몰은다. 큰 일낫다. 일본인 측 극장으로 객을 만히 쌔앗긴다. 음악, 해설이 조선인 측보다 나은 것은 사실이다. 그러면 이것도 쌔앗기는 것이 필연한 일이겟다고 생각할 덤이다. 갓초아 노흔 악긔가 그만 못한 것은 아니다. 또 영화삼우회의 출현은 무엇보다도 반가웟다. 친목 긔관이면 덩긔 례회가 잇스런만 그것도 최근에는 볼 수 업다. 최초의 의긔대로 완전한 결속이 잇서야 하겟다. 관주 협뎡을 보게 된 것도 이 긔 관 성립으로 인하야 센세춘을 일으킨 것이 아니엇는가? 말하면 일천구백이십오년도는 조선영화 제 작게 려명긔의 초다. 작품으로 흥부전(興夫傳), 신의 식(神의 飾), 개척자(開拓者), 촌의 영웅(村의 英雄), 심청전(沈淸傳), 쌍옥루(雙玉淚) 등 칠 편이 발표되고 「푸로쩍순」도 조선영화제작소, 백남(白 南)푸로쩍순, 고려「키네마」, 고려영화제작소(高麗映畵製作所), 계림영화협회(鷄林映畵協會), 선활사 (鮮活社), 조선영화예술협회(朝鮮映畵藝術協會), 반도「키네마」, 물산장려회 촬영부 등이 잇섯스나 고 려키네마가 업서지고 그중 실력 잇든 조선키네마가 해산되고 백남푸로쩍순이 쏘한 업서것다. 일군 업고 돈 업는 집안에서 엇지 한 푸로쩍순이 이러케 만히 생기는지 쓰러지기도 잘 쓰러진다. 그러나 알고 보면 갓흔 작자로서 이러저리 다니면서 사생아(私生兒)만 쌔트려 노코는 기를 줄 몰르는 자립할 능력 업는 친구들이요, 나도 그중에서 한 목을 맛하보는 친구임을 알면 수긍할 수 잇슬 것이다. 그러 면 우리 제작게는 결코 행복한 째가 안이다. 고민에서 멘궁에서 헤매이는 쓴 달님과 갓다. 다만 한 가 지 수확이 잇다. 과거 일 년 중에 우리는 시대극 영화제작이 얼마나 어려운 것과 현대영화가 얼마나 돈 벌기 어려운 것을 늣기게 된 것이다. 나는 더욱 지리하게 쓰지 안코 끗흐로 병인년의 새로운 성공 이 잇기를 바랄 짜름이다. (끗)

동아 26.01.06 (7) [연예] 속임수

작년 가을 시내 인사동 조선극장에서 십게(十誡)라는 명화를 상영하얏섯슬 째에 보신 분은 더욱 아 라듯기 쉬울 것임니다. 십게명 화면에 「모세」가 밋는 사람들을 다리고 「파라오」의 군사의 추적을 피 하고자 신통을 내여 강물을 쏜허 길을 내여 모든 이스라엘 사람들을 건너가게 한 후 다시 전과 가치 강을 련결해놋는 데가 잇섯슴니다. 그것을 볼 째에 관중들은 엇지면 강물이 갑작이 쏘개지는 것을 막 엇슬까 할 것임니다만은 그 속임수를 알고 보면 긔맥힘니다. 그는 「마쓰크」, 즉 복면촬영법으로 박은 것임니다. 첫 번에 「필림」 가운데가 아니 박여지도록 가리고 강물을 박은 후 첫재 번에는 량 엽흘 가 리고 가운데만 박어지도록 가튼 「필림」을 두 번 촬영함니다. 그리고 셋재 번에는 큰 「쌩크」들을 량 엽헤 세워놋코 그 「쌩크」로부터 물어 철철 흘러나리는 것을 박어서 물이 방금 갈러지는 모양을 만든 후 넷재 번에는 「쎄라친」의 나진 벽에 비치워 물벽 가치 뵈이게 하야 그것을 모다 맛추어가지고 영사 하는 필림을 박여내이는 것이라고 함니다.

매일 26.01.06 (2) 신춘 영화계를 빗내는 / 흥미잇는 현상투표 / 일등의 광영은 하관(何舘)에? / 세 상설관 즁에 어늬 곳이 데일 됴흔지 일등 당선자는 륙 개월간 무료로 관람

최근 전 세계의 오락계(娛樂界)를 풍비하게 된 민중의 친고 『활동사진』의 진진한 취미는 맛참내 됴선에까지 그 자최가 짓터져서 임의 시내에도 단성사 됴선극장 우미관 등 세 곳의 활동사진관이 싱겨 삼십만 부민의 흥취를 도ㅅ우고 잇는 것이다.

다만 세 곳밧게 업는 극장에서 모조리 활동사진을 영사한다는 사실만으로도 시대의 요구가 어느 곳에 잇는 것을 족히 알 수 잇는 것이니 결국 시내의 세 곳 상설관은 경영자 개인의 영리물이라는 적은 태를 버서나 삼십만 부민의 업지 못할 노리터가 되고 만 것이다. 일시 활동사진은 일종 작란거리 갓기도 하얏스나 최근 일진월보[36]되는 그 기술은 바야흐로 예술경(藝術境)에 한 자리를 덤령케 되얏스며 동양에 특유한 변사이며 화면을 마처 아뢰는 음악을 아울녀 이졔는 활동사진관에서도 충분히 고상한 예술미를 가초와 맛보기도 하게 된 것이다. 그러나 오히려 전도가 요원한 경성의 활동사진계는 ― 오히려 개량할 덤과 ― 아즉도 설비할 가지ㅅ가 남아 잇는 것이다. 이졔 본사에서는 시내 세 곳(단성사 우미관 됴선극장) 활동사진관 즁에 어느 곳이 가장 조흐냐

◇ 설비와 관긱 대우

◇ 변사의 재조

◇ 사진의 호부

* 세 가지를 아울너서 어느 활동사진관이 뎨일이 되겟는가 하는 공정* 투표를 일반독자 졔씨에게 밧아서 가장 덤수가 만흔 활동사진관은 특히 그 내용과 설비를 드러 세상에 표창을 하는 동시에 일등으로 샌로힌[37] 활동사진관이 좃타고 투표를 하신 분 즁에서 다시 일, 이, 삼등을 츄첨하야 상품을 드리기로 한 것이니 침체키 슈운 활동사진 경영게에 한 자극을 주는 동시에 일반 애활가 졔씨의 흥미를 도웁고자 하는 바이니 상품은 일등이면 일등으로 쌈힌[38] 활동사진관의 륙 개월간 통용 무료 일등 입장권을, 이등은 삼 개월, 삼등은 일 개월의 차서로 발표된 지 일쥬일 이내에 보내드일 것이니 더욱 자세한 내용은 명일 사고를 보시면 알 것이다.

시대 26.01.06 (2) 목본정(木本町) 조선인 혈투는 / 일본인 측의 잘못 / 싸움 원인은 면회 온 조선인을 / 명치좌 주인이 먼저 베인 싸닭

【진전】 지나간 이일 밤 일본 삼중현 목본정 명치좌(日本 三重縣 木本町 明治座)에서 활동사진을 구경하든 중에 언쟁이 생긴 뒤로부터 삼일에 닐으러선 일인 수백 명이 **를 닐으켜가지고 그날 밤 닐곱 시경에 닐으러는 더욱이 심하야 조선인들은 「짜이나마이트」까지 던지어 위험이 극도에 달하얏고 일부는 「**」 속으로 퇴각하얏슴으로 경관대는 즉시 「**」을 포위하고 사일 아츰에싸지 닐으는 한편 「**」 밧게 잇는 조선인까지도 발견하는 대로 검거하는 중이며 다시 목본서에서는 그 관내에 잇는 주재소 순사는 물론이요, 신궁경찰서(神宮警察署)에싸지도 응원을 청하야 수백 명 경관이 「**」 안에 잇는 **조선인들**을 검거하기 시작하얏는바 지금까지의 사망자는 선일민 각 두 명 외에 중상자가 조선인 한 명, 일본인 두 명인데 사건의 동기인즉 처음 명치좌에 조선사람 세 명이 구경을 오자 뒤밋처 다른 조

---

36) 일진월보(日進月步): 나날이 다달이 계속하여 진보·발전함.
37) '일등으로 쏀힌'의 오식으로 보임.
38) '쏀힌'의 오식으로 보임.

선사람이 그들을 면회코저 와가지고 문간에서 좌주(座主)와 두 명의 일본인과 말닷툼이 닐어나자 일본인 측이 먼저 버히어 자못 싸움이 버러지랴 할 지음 경관의 출동으로 범인 검거된 후 무사하얏섯는데 이튿날에 닐으러 쌍방이 우연히 길가에서 맛나자 다시 싸움이 시작되어 가지고 마츰내 그와 가티 된 것이라고 한다.

조선 26.01.06 (2) 소년활사(活寫) 대성황
조선소년군 경성 총본부에서는 동회(同會)의 취지를 선전하기 위하야 활동사진대를 조직하고 남조선 지방에 순회를 마치고 귀로에 거 십이월 이십육일 평택에 도착하야 평택소년회 평택체육회 후원으로 동 이십칠일에 흥행하야 성황을 이루엇다더라. (평택)

동아 26.01.07 (7) [연예] 희극 명우 신 쌔가 대장의 사(死) (二) / 결혼 생활의 암영(暗影) / 안해 사랑이 부족하다 신경 쇠약 / 자살하고자 한 것도 벌서 여러 번
「막스」가 「마드무아젤 페텔」 즉 이번에 가치 정사를 한 안해와 결혼을 하기는 삼 년 전이엇섯다고 합니다. 그때 그의 나희는 설흔아홉 살이요, 안해는 꼿이라도 그 압헤서는 무색해할 꼿다운 나희가 열여덜 살이엇섯다고 합니다. 영화배우로는 비상한 성공을 하야 루거만의 재산을 모아놋코 그 젊고 어엽분 안해까지 어덧스니 그의 깃븜은 절뎡에 일으럿섯든 것이라고 합니다. 그 깃븜도 한째로 그 후 두어 달 만에 부부간에 쓰라린 불화가 일어낫섯다고 합니다. 불화로 말하드라도 이러타 하는 무슨 구톄뎍 원인은 업는 듯하얏담니다. 그는 안해가 자기를 사랑해주지 안는다고 미든 까닭이라고 합니다. 그것은 마츰내 이번 그들이 자살을 하게 된 데일 원인이엇다고 합니다. 그는 그러케 생각하기 시작한 뒤로부터는 점점 몸이 쇠약하야지고 그것이 신경에까지 미치게 되어 슯흠과 병뎍 불안에서 헤어나지를 못하엿섯다고 합니다. 그 부부 사이에는 쌀 하나를 낫키까지 하엿지마는 그는 의연히 질겁게 넉이지를 안이하엿섯다고 합니다. 그가 안해로 더부로 죽고저 한 것이 이번뿐이 아니엇섯다고 합니다. 작년에 「세비아」에 갓슬 째에도 둘이서 려관집 우층에서 극약 자살을 하고저 한 일이 잇섯는데 그째에는 다행이 몸이 쇠약해진 것만으로 목숨은 건지엇섯다고 합니다. 그 뒤로는 그도 쏘한 자기 신경쇠약징을 곳처보랴고 여기뎌기 려행을 하야가며 얼마 동안 안해와 각거하야 그 안해는 어린 것을 다리고 작년 녀름에도 서반아에 피서를 가서 계속해서 그곳에 머물럿섯다고 합니다. (게속)

동아 26.01.07 (7) [연예] 지상영화 / 정희극 루스 승출(乘出) 전육권 / 메트로쏠드윈 사 특작 / 바이오라다나 양 주연
해설 원작은 불란서 희극으로 미국 극단에서 여러 번 상연하야 큰 호평을 바든 것이다. 「키톤」 영화 이매 「쿠칸」 영화를 감독하야 희극 영화의 명감독으로 유명한 「에드워드 크라인」 씨의 감독으로 「바이오라짜나」 양이 주연하고 맹견심판(猛犬審判)에 주연한 「레몬드마키」 씨가 그 상대역이다. 그 외에 「월드하이야스」 씨 「싸리마사」 씨 등 세상이 만히 아는 희극 명우들이 조연한 것이다.

경개(梗概) 「루스」=「바이오짜라나」 양 연(演) = 장사에 실패하고 수중에 돈 한 푼 업는 까닭에 덩처 업시 길을 써나 「악크손」이란 조고마한 도회디로 향하얏다. 도중에서 사괴인 젊은 법률가 「아란」 = 「레몬드마키」 씨 연(演) = 의 가라침을 바더 그의 아젓씨 「하버드」가 경영하는 세간장사의 집에 방을 빌려갓든바, 「하버드」는 집주인에게 쫏기어나게 되고 상덤은 파산할 디경에 일으럿는 고로 「루스」는 「하버드」에게 상덤 관리의 위임을 마터서 온 긔지(機智)를 다하야 상덤의 위험함을 만회한다. 그리고 「루스」가 온 까닭에 그 동리는 점점 활긔를 씌어 그 동리 동장을 처음으로 선거하게 되엇는데 그 선거를 하는 전날 밤에 그 후보자가 된 「하버드」를 위하야 한 큰 잔채가 버려젓섯다. 그런데 「하버드」는 족하 「아란」을 돈 만흔 사람의 쌀 「아나쌜」과 결혼케 하고 「루스」와의 사이를 멀리 할 작뎡으로 연회석상에서 「루스」를 모욕한 일이 원인으로 반대당이 일어나게 되엇다. 마침내 「하버드」는 동장을 하지 못하게 됨에 자긔의 글은 것을 쌔닷게 되어 진심으로 「루스」에게 사과를 하얏다. 「아란」을 어더 련애의 승리자가 된 「루스」는 「하버드」의 잘못을 싹싹하게 용서하야준다. (씃) = 사진은 루스 송출 일 장면 =

동아 26.01.07 (7), 26.01.08 (1), 26.01.09 (6) 〈광고〉
1월 6일자 우미관 광고와 동일

동아 26.01.07 (7), 26.01.08 (1), 26.01.09 (6), 26.01.10 (2) 〈광고〉
1월 6일자 조선극장 광고와 동일

매일 26.01.07 (2) 지금부터 쒸노는 / 애활가(愛活家)의 가슴 / 홍미잇는 현상투표 / 본사 주최의 현상투표에 만도 애활가의 인긔 비둥
『우미관 됴선극장 단성사 세 곳 활동사진관 중에 어느 곳이 뎨일 조흐냐』
이 문뎨는 아마 시내에 잇는 활동사진『판』치고 누고나 다 한 가지 늣김식은 다 가젓슬 것이다. 『단성사는 변사가 좃타』든지 『됴선극장은 집이나 설비가 좃타』던지 『우미관은 활동사진이 좃타』던지 각각 누고든지 세 관을 비교하야 비평하는 말이 업지 못하엿슬 것이니 가슴 속에만 감초와 두엇든 감정을 널니 셰상에 소리쳐 볼 째가 곳 도라온 것이다. 무엇에서 무엇까지 다 합하야 어느 활동사진관이 뎨일 조흐냐 하는 질문에 자긔 가슴은 반다시 정당한 화답을 들녀줄 것이니 그 즉시에 투표용지에 자긔가 조와서 잘 차자 다니는 활동사진관 일홈과 자긔의 주소, 씨명을 적어 자긔가 조화하는 극장에 다라노흔 투표함에 너흐면 조흘 것이다. 임의 시내 모 관에서는 그 관에 출입하는 관긱들의 후원회까지 열니겟다 하니 장차 던개될 『애활가』들의 투표 싸흠에는 불이라도 날 것이다. 자긔가 조화하는 활동사진관을 위하야 투표를 하야 일등을 밀드러노흔 후 다시 수 조흔 분은 자긔가 조화하는 활동사진관의 일등석에를 반년 동안이나 자유로 드나들게 될 것이니 실노히 자미잇지 안이한가. 투표함은 칠일 밤부터 각 관 출입구에 밤마다 다라서 구경은 드러가지 안코도 투표는 밀일 본지 란외에 박어내일 터이며 투표뎜수는 밀일 엄정히 됴사하야 그 수를 애활가 제씨에게 발표하야 관계자들의 가슴이나 시원케 하야주기로 할 것이다.

활동관 투표권 난외(欄外)에

매일 26.01.07 (2) 〈광고〉 자미잇는 현상투표 / 어느 활동사진관이 제일 조흔가 / 단성사 우미관 조선극장

시상방법 = 시내에 잇는 세 곳 활동사진관에 대한 여러분의 투표를 밧아 그즁에서 뎨일 뎜수가 만흔 활동사진관을 일등을 삼고 그 일등한 관으로 투표를 하신 이 즁에서 다시 츄첨을 하야 이, 삼등[39]을 쑵아 상을 드리겟습니다

상품 = 츄첨으로 쑵은 일, 이, 삼등 입상자에게는 일등이 된 활동사진관의 무료 일등관람을 드리겟는 대 일등은 륙 개월, 이등은 삼 개월, 삼등은 일 개월이올시다

투표방법 = 본지에 박인 투표용지에 자긔가 졷타고 싱각하는 활동사진관의 일홈과 자긔의 주소 씨명을 명긔하야 『단성사』 『우미관』 『됴선극쟝』 안에 달아노흔 투표함에 너허 주십시오

기일(期日) = 투표는 일월 십오일까지 밧아서 십팔일일부 본지에 발표를 하겟습니다

매일신보사 연예부

시대 26.01.07 (3) 시대 26.01.08 (4), 26.01.09 (3) 〈광고〉

동아일보 1월 5일자 우미관 광고와 주요 내용 동일

시대 26.01.07 (3) 〈광고〉

일월 육일부터 활극대회

유 사 작품 실사 **국제시보** 전일권

유 사 작품 희극 **증거의 버선** 전일권

유 사 작품 대희극 **이인(二人) 탐정** 전이권

유 사 대작품 인정대활극 **노발분진(怒髮奮進)** 전육권

유 사 특작 명화 대활극 **쎈-쓰** 전육권

에듸스로바-스 양 주연

유 사 최근 대작품 **연속활극 천군만마** 전십오편 삽(卅)일권 중

【제이회】 제삼편 산죽엄 이권 제사편 열화(烈火)의 * 이권 사권 상장

=예고=

노-만케리- 씨 주연

문예명화 **호접(蝴蝶)** 전팔권

유 사 백만불 대영화

*국애화(*國哀話) **애국의 나팔** 전팔권

---

39) '일, 이, 삼등'의 오식으로 보임.

동아 26.01.08 (2) [사해섬광(四海閃光)] 내외통신망(網) / 무전의 활동사진

로서아 소식에 의하면 구라파 로서아 살라토우에 사는 엇든 사람은 최근에 활동하는 물테를 무선전신으로 박어 먼 곳에 던송하는 무선뎐신 활동사진을 발명하엿는데 그 긔게는 아직 내용이 불명하나 만히 제조하게 되면 이, 삼십 원가량으로 어듸든지 수신긔를 설비할 수 잇다고.

매일 26.01.08 (2) 영화예술의 세계뎍 추세 / 지금은 민즁오락의 첫머리다

◇ 민즁오락의 첫머리에 잇스며 신흥예술 중에 가장 공명자를 만히 갓게 된 『영화예술』(映畵藝術)의 세계뎍 츄세는 누고나 부인하기 어려운 것이니 임의 동방에 젹막히 사는 경성에도 세 곳밧게 업는 극장이 모죠리 활동사진관이 되고 만 것이다.

◇ 뎡탐극에서 련속사진으로 련속사진에서 련애극으로 련애극에서 예술영화에까지 이르게 된 십유여 년의 됴선의 활동사진사를 도라볼 째에 가장 쌀븐 시긔에 가장 다수의 민즁을 교화식힌 그 공로를 누고나 발견케 되는 것이다.

◇ 교육긔관이 젹으며 배호고자 하는 싱각이 넉넉지 못한 우리에게 문명한 나라의 모든 제도와 풍습이며 가진 지식을 즉접 간접으로 씨치어준 활동사진의 공로는 참으로 됴선근대사(近代史)의 한 페-지를 허락할 수도 잇는 것이다.

◇ 물론 활동사진에서 범죄의 수단을 배웟다 하는 실례도 종종 잇스나 범인의 흐려진 의사로는 비록 활동사진을 보지 안앗다 할지라도 달니 무슨 방법이든지 퇴하얏슬 것이니 요컨대 우리에게 활동사진은 괄시키 어려운 챡한 동모가 되고 만 것이다.

◇ 이제 본사에서 시내 세 곳 됴선인 전문의 활동사진관에 대한 투표를 세상에 구하게 된 것은 오직 잘하기보다 잘못하기 쉬우며 완키보다도 불완전키 쉬운 활동사진 경영자들에게 한 경성[40]을 더하야 압흐로 자라 나아가는 민즁의 오락긔관으로 하야금 일층 더 그 사명을 빗내게 하고자 하는 데 잇는 것이다.

◇ 이번 투표의 정신은 과연 어는 활동사진관이 시민 제씨에게 가장 곱게 보히엇는가 하는 해답이며 그를 조차서 그 활동사진관은 무엇이 잘나서 그갓치 귀염을 밧게 되야는가 하는 내용을 드러 다른 관의 한 참고가 되게 하는 데 잇슬 것이니 『애활가』 제씨의 투표는 문데도 업거니와 종종 그 폐습을 보게 되는 자긔션뎐(自己宣傳)이나 자관투표(自館投票)를 업시하야 가장 공정한 결과를 보기 바라는 바이다.

매일 26.01.08 (2), 26.01.09 (2) 〈광고〉

1월 7일자 현상투표 광고와 동일

---

40) 경성(警醒): 정신을 차려 그릇된 행동을 하지 않도록 타일러 깨우침.

1월 7일자 단성사 광고와 동일

동아일보 1월 5일자 우미관 광고와 주요 내용 동일

동아 26.01.09 (5) [연예] 희극 명우 신 빠가 대장의 사(死) (三) 최후 결의와 유서 / 아조 각거하기로 결뎡하얏다가 참아 못 써러저서 독약 자살을 햇다

「막쓰」는 작년 십월 금음씌 안해가 잇는 서반아에 쏘차가서 그를 다리고 파리에 도라와서 그가 이번에 자살을 하든 「크레펠」 거리 「호텔」에 들게 되엿섯다고 합니다. 그 후 그는 다시 안해와 써러저서 이번에는 아조 파리와 인연을 쓴코 「쏠트」라는 곳에 그 어머니를 짤하가 살기로 하얏섯는데 그가 자살하든 날이 바로 그가 파리를 출발하기로 예뎡하얏든 날이엇섯다고 합니다. 그는 마침내 안해와 참아 해어질 수가 업서서 그와 가치 정사를 결심한 것이라고 생각한다고 합니다. 그는 죽긔 전에 그 어머니와 누님과 형과 장모 「페텔」 부인과 공징인과 친구들에게 보내는 편지를 써노앗고 그 안해도 어머니 「페텔」 부인에게 보내는 유서를 써노핫드라는데 「막쓰」의 어느 유서 중에는 『나의 안해는 가치 죽자고 나에게 말하얏슴니다. 나는 그를 승낙햇지요』 하는 구절이 씨어 잇드람니다. 두리서는 그 유서를 써놋코 다량의 「몰핀」을 먹은 후 「막쓰」는 안해 손동맥을 쓴허주고 그 다음에는 자기 손목에 동맥을 쓴허바린 모양이드람니다. 그런데 나중에 죽게 된 원인을 조사하니 동맥을 쓴흔 것은 그다지 치명뎍 관계를 업섯고 실상은 「몰핀」 싸닭으로 죽은 것이엇다 하는데 그 부부의 시톄는 검시를 마친 뒤에 성대히 장사하얏다고 합니다.

동아 26.01.09 (5) [연예] 미 대통령의 총애 배우, 영화 / 영화는 황마차요, 배우는 키톤이다

미국 대통령 「쿨릿지」 씨는 일국의 뎨왕이건마는 큰 영화 「판」이라고 합니다. 영화를 유일한 오락물로 생각하고 그에서 형락을 엇고자 한 최초의 인물이라고 합니다. 씨는 「화잇하우스」에 특별히 영사실을 만들어 놋코 뎡긔뎍으로 순서를 만들어두고 자기가 조와하는 영화를 구경한다고 합니다. 최근 미국 영화잡지에 「쿨릿지」 씨가 그중 칭찬하고 그중 조와하는 영화와 배우가 발표되엿다고 합니다. 그에 의지하면 씨는 대톄로 력사뎍 영화를 조와하는데 그중에서도 『황마차(幌馬車)』, 『아이안호스』, 『쌔니싱아메리칸』, 『포니엑쓰푸레쓰』 등이 그중 조타고 하얏스며 그 외에 애호하는 영화로는 『쏜큐』, 『노틀담을 쏩추』, 『로스트월드』, 『크라스메트』 등을 렬거하얏스며 그중 조와하는 배우는 「쌔스터 키톤」으로 『해녀왕 키톤』 가튼 것은 세 번이나 되푸리해 보앗다고 합니다. 그 외에 조와하는 배우는 「하롤드 로이드」, 「코린무어」, 「달마티」 자매, 「차리 촤푸린」, 「짜그라스 페쌩스」 등이라고 발표되엇다 합니다.
=사진= 근일 일본 동경에서 신춘 특별 영화로 봉절 상영 중인 「촤푸린」 『쏠드랏쉬』의 일(一) 장면임니다.

조선 26.01.09 (1) 독자위안회 / 삼 일간 대성황 / 본보 마산지국 주최

기보(旣報)=본보 마산지국 독자위안회를 거(去) 삼일부터 삼 일간 대성황리에서 개최하엿는대 조선 신파극계에 거성인 취성좌 김소랑 일행은 종종 마산에 공헌이 만흘 뿐 아니라 금반 본보를 위하야 더욱 세력이 다대하얏스며 단원 여배우 중 정현경(鄭賢卿) 여사는 음악으로 만흔 갈채를 밧앗는대 동 여사는 음악에 대하야 깁흔 취미를 가젓다더라. (마산)

조선 26.01.09 (3) 중국의 구파 연극과 매란방 / 북경에서 / K생(生)

지금 중국에서 연극을 이야기하는 째에 데일 먼저 늣기게 되는 것은 재래의 연극이 방금 서양연극을 모본하여 가는 신파연극보다 사람으로 하야금 취하게 하는 무서운 마력을 가지고 잇는 그것이다. 처음으로 중국에 오는 이는 이러한 현상을 미루어 중국 극계의 시원치 못한 것을 통탄하기에 겨를이 업지마는 이는 너무 소홀한 폐단에 쌔진 관찰이라고 하지 아니할 수 업는 것이다. 웨 그러냐 하면 신파연극에도 유명한 배우가 적지 안치마는 사람들은 이것의 잇고 업는 것을 불고하고 모든 이목을 전혀 구극 명배우에게로 집중하야 오즉 그것만의 존재를 축복하는 추세이다. 여긔에는 무론 여러 가지의 리유가 잇지마는 간단히 말하면 재료의 차이와 표현의 우렬 이 두 방면에서 막대한 관계를 발현할 수 잇나니 신파연극에서는 새로온 인생관과 새로운 사상방면을 중요한 재료로 쓰는 반면에 구극에서는 력사뎍 *생활 쏘는 대결작의 소설을 중요한 재료로 쓰고 쏘 신극의 표현은 순전한 서양화한 형식에 잇는 반면에 구극의 표현은 의연히 재래식의 그대로를 보수하고 잇는 것이엇다. 이러하니까 모든 관중은 자기가 익히 아는 력사 쏘는 소설 중의 주요한 단편을 현대 사람의 가무로 재현하게 되는 여긔에서 무한한 호긔심과 깃붐을 가지게 되는 것이오, 동시에 생소하고 신긔한 신파극에 대하야는 얼핏 의심도 생기기 쉽고 염증을 가지게 되는 것이나 이러한 데다가 더구나 신극에서는 두 번 보고 십흔 한 막을 구경할 수 업는 것은 자연히 신파연극의 배우들을 위하야 애석함을 마지아니하는 바이다. 그러치마는 구극에서는 열 번 보고 도라서도 쏘다시 보고 십흔 무서운 마취제를 속속드리 주사하는 거와 가튼 것을 감각하게 되나니 이것이야말로 아즉은 인력으로 엇지할 수 업는 한 가지 큰 세력이엇다. 그리고 이 큰 세력은 오로지 단각파(旦角派)가 호올로 가지고 잇는 듯하며 이 단각파는 쏘한 매란방(梅蘭芳) 한 사람이엇슴으로써 지금까지 중국극계의 첫자리를 차지하든 수생파(鬚生波)를 압도하고 엄연히 이 세상에는 나 한아쑨이라는 긔개를 가지는 것이다. 이쑨만 아니라 매란방 군은 쏘한 일루마(一樓麻) 목란종군(木蘭從軍) 천금일소(千金一笑) 텬녀산화(天女散花) 등의 개량신파극을 연출하야 구극계의 새 길을 개척한 선봉장이다. 매군이 년전에 일본으로부터 도라오든 도중에 우리나라를 그저 지나오게 된 것은 유감이라 하며 한번 긔회를 어더 다시 만유하기를 쯧한다 하니 우리는 실디로 매군의 놉흔 일홈과 그의 재예를 한번 볼날이 잇슬 것을 밋는다.

(사진은 매란방)

동아 26.01.10 (4) 〈광고〉

일월 십일 주간부터 주야 이회 특선 명화 공개

△ 미국 파데- 지사

실사 **주보** 전일권

△ 미국 호후만후미유-지맨드 사

연속활극 **불견(不見)의 광선** 전십오편 삼십*권

삼회 제오, 육편 사권 상영

경성 키네마계에 문제를 야기한

원작 노수현(盧壽鉉) 각색 감독 이필우

희극 **멍텅구리** 전육권

△ 미국 메도로쏠드윙 사

희활극 **여성을 희롱하는 남성** 팔권

=예고=

문예영화 『**연(戀)의 개가**』 전팔권

동(同) 『**사출(思出)**』 전십권

명화 『**지내가는 영(影)**』 전십권

명화 『**아_청춘**』 전칠권

폭쓰사 특약 **우미관**

전화 광화문 삼구오번

동아 26.01.10 (5) [연예] 희극 명우 신 빠가 대장의 사(死) (四) 솔직한 성격의 주인 / 그가 신혼 당시 박은 희극영화가 그의 이번 죽은 원인을 말한다고

「막쓰 린더」 부처의 자살 원인을 캐어보면 그가 안해의 사랑에 대한 확신을 엇지 못하얏섯든 것과 또는 그애는 이러타 하는 구테덕 원인이 업섯든 일이며 안해가 항상 정사를 하자는 데 동의하얏슬 쑨만 안이라 더욱이 이번에는 안해가 돌히어 청한 것과 두 사람은 물질덕으로 생활이 풍부하얏슨 것 등을 볼진대 그 죽엄이 무리 정사가 안이엿든 것을 알 수가 잇게 되자 그러면 엇지해 죽은 것을 알 수가 업습니다. 그러니 필경 두 사람은 피차간 사랑이 부족하얏든 것인 듯합니다. 「막스 린더」는 너모 솔직한 성격을 가젓섯는 고로 그와 가튼 최후를 지은 것이라고 추칙해도 그다지 어그러진 생각은 안이라고 생각합니다. 이태리 시인 「짜눈초」 씨의 작품 『사의 승리(死의 勝利)』 중의 주인공이 말한 것과 가치 죽은 사람은 행복이다 하는 것이 그들의 생각이엇스리라고 생각함니다. 「막스 린더」는 필경 황천에서 안해의 완전한 사랑을 어덧스리라고 생각함니다. 「막스 린더」가 미국으로부터 도라와서 새로 혼인을 한 후 처음 만는 희극영화가 『내 안해가 되어다고』라는 것이엇섯다는데 그 내용은 「마리」라는 처녀에게 장가를 가랴는데 「마리」의 아주머니와 사랑의 대적한 사람이 심통 사나운 방해를 하는 싸닭에 여러 가지 난관을 돌파하고 결혼식을 하고 그 영화의 주인공인 「막쓰」가 『인제는 내 안해이지』 하는 장면이 잇섯다는바, 지금 와서 그 사진을 보면 「막스 린더」의 모양이 씀직이 불상해 뵈인다고 합니다.(쑷)

매일 26.01.10 (2), 26.01.11 (2), 26.01.12 (1), 26.01.13 (3), 26.01.14 (1), 26.01.15 (4) 〈광고〉 [연예안내]

선전문 및 제작진 제외된 외 시대일보 1월 11일자 단성사 광고와 주요 정보 일치

매일 26.01.10 (2) 〈광고〉 [연예안내]

일월 십일(일요)부터 주야 이회 명화 공개

연속활극 **불견(不見)의 광선** 삼회 제오, 육편, 사권 상영

경성키네마계에 문제을 야기한 대영화

조선일보 연재

희극 **멍텅구리** 전육권

미국 메도로골드윙 사

희활극 **이혼환영** 전팔권

구주영화 봉절장 **우미관**

시대 26.01.10 (5) 〈광고〉

매일신보 1월 10일자 우미관 광고와 동일

조선 26.01.10 (석1), 26.01.11 (조2), 26.01.12 (석1), 26.01.13 (조3), 26.01.14 (석1), 26.01.15 (석2) 〈광고〉

선전문 및 제작진 제외된 외 시대일보 1월 11일자 단성사 광고와 주요 정보 일치

조선 26.01.10 (석1) 조선 26.01.11 (조2), 26.01.12 (석1), 26.01.13 (조3), 26.01.14 (석1), 26.01.15 (석2), 26.01.16 (석1) 〈광고〉

동아일보 1월 10일자 우미관 광고와 동일

조선 26.01.10 (석2) 〈사진〉 완성된 멍텅구리 사진

=『반도키네마』에서 박이고 잇든 활동사진『멍텅구리 헛물켜기』는 그동안 전부 완성되여 불일간 시내 극장에서 봉절 상영(封切 上映)하게 될 터인데 사진은 그 활동사진 중의 한 구절입니다. 위로부터 옥매의 인력거와 충돌된 멍텅구리, 그 다음이 윤바람에게 옥매를 보게 하여달라고 애걸하는 멍텅구리, 마즈막 구절이 한강에 나아가 자살하려는 멍텅구리입니다.

동아 26.01.11 (1), 26.01.12 (6), 26.01.13 (5), 26.01.14 (3), 26.01.15 (1), 26.01.16 (4) 〈광고〉

1월 10일자 우미관 광고와 동일

동아 26.01.11 (1) 〈광고〉

당 일월 십일(일요)부터 명화 공개

문제 중에 잇든 조선영화 공개

=특별 대흥행=

◎ 미국 파라마운트 사

희극 **여자도적** 전이권

◎ 미국 파라마운트 사 특작품

미남 우오레스리도 씨 주연

희활극 **미남만세** 전오권

◎ 대파라마운트 사 대걸작

쟉크, 홀드 씨 주연

희활극 **약자도 분기하면** 전칠권

◎ 반도키네마 노심(努心) 역작

조선일보 연재 **멍텅구리!** 전오권

각색, 촬영 이필우 씨 주연 이원규(李元奎) 씨

=예고=

민립극단 제이회 공연

예제 **운명의 노래** 전오막

조선극장 (전 광 二○五)

매일 26.01.11 (2) 각관(各舘) 투표성적

단성사 십일 一四六 **누계** 二八八

조선극장 십일 九五 **누계** 一一一

우미관 십일 四二 **누계** 五○

매일 26.01.11 (2) 〈광고〉 [연예안내]

〈이혼환영〉이 "희활극 여성을 희롱하는 남성 팔권"으로 교체된 외 동아일보 1월 10일자 우미관 광고와 동일

매일 26.01.11 (2) 동일한 사진을 / 한날한시에 두 곳에 상영

동업 됴선일보에 련재되는 만화『멍텅구리』를 활동사진 촬영기사 리필우(李弼雨) 군이 각식도 업시 감독도 업시 급사 쳔리로 다섯 권짜리 사진을 박어내자 돌연히 한 가지 사진을『됴선극쟝』과『우미관』두 곳에서 십일 낫부터 한날한시에 쏙갓치 상영한다는 진긔한 희극을 연츌케 되야 구경꾼에게 이상한 감념을 품게 하얏는대 이에 그 내용을 듯건대『고려영화졔작소』를 쮜어나온 리필우 군은 즉

시 배우지원자 『박덕양』이라는 청년과 함쇠 『멍텅구리』를 박어보자는 계획을 셰운 후 됴션일보와 상의하야 수입의 빅분지 십오를 됴션일보에 밧치기로 하고 즉시 촬영에 착수케 되자 처음에는 구두로 됴션극장주와 상의하야 됴션극장에서 『봉절』을 하기로 약조를 한 후 여러 가지 편의를 밧아 촬영이 긋나자 리필우 군은 다시 그 사진을 『활동사진 샢로카』 『하나옥싸』라는 내디인에게 흥힝권리를 파라 넘기어 바리민 『하나옥싸』 군은 즉시 우미관을 비러 봉절을 하기로 작뎡을 하얏다. 그리하야 결국은 됴션극장주와 『하나옥싸』 사히에는 말성이 이러나 승강을 하다가 결국은 종로서에까지 드러가서 최후의 일칙을 안츌하야 두 관에서 한날한시에 갓치 상영을 하기로 해결이 된 것이라더라.

매일 26.01.11 (2) 일본 활동배우의 / 고급자는 정상정부

내디의 활동사진배우의 슈입 중 데일 만흔 사람은 정상정부(井上正夫)로 믜삭 오천 원이요, 그 다음으로는 구극배우의 패왕 송지조(松之助)가 삼천륙빅 원이며, 녀배우 중의 수석은 천뎐방자(川田芳子)로 칠빅오십 원이요, 그 차석이 률도등자(栗島燈子) 영빅합자(英百合子) 주정미자(酒井米子) 등이 륙빅 원이며, 기타는 빅 원 내지 오, 륙십 원짜리가 수북하다고.

시대 26.01.11 (4) 시대 26.01.12 (2), 26.01.13 (2), 26.01.15 (1) 〈광고〉

매일신보 1월 11일자 우미관 광고와 동일

시대 26.01.11 (4) 〈광고〉

당 일월 십일(일요일) 주간부터

유 사 최근 대작품

맹투연속활극 **천군만마** 전십오편 삽권(卅卷) 중

제삼회 제오편 모-칸의 침략 이권, 제육편 과거 이권, 사권 상장

유니버-살 쥐엘 초특작품

천하에 인기아 후드 캅손 씨 대역연

거성 에도와-드세첵크 씨 대감독 작품

명화(名花) 죠-스세칙위-크 양 조연

공전의 대희활극 킵쏜 **대학생** 전칠권

명화 『야구대왕』에 주연되여 만도(滿都)의 대인기를 득(得)한 『후드 킵쏜』 씨의

출연되는 명화임니다. 금번 영화에는 엇지나 활약할는지 쏙 보서요……

유 사 대작품 **국제시보** 전일권

센취리 희극단 작품 희극 **운전수** 전이권

유 사 작품

크레다이 씨 대맹연

서부활극 **나일관**(裸一貫) 전이권

유 사 카숑 영화

원작 류캅푸순 씨 *-모-* 씨 올·케리우 양 공연(共演)

탐정활극 해양의 낭군(狼群) 전육권

예고

봉절 기일 절박

유 사 백만불 초대작품

명화 애국의 나팔 전팔권

고대하소서 불일(不日) 봉절됩니다

수은동 **단성사**

전 【광】 구오구

조선 26.01.11 (조1) 전(前) 독제(獨帝)의 필림 / 영국의 촬영금지

(『나우엔』 팔일발) 불국 영화회사 『바데-』상회의 제작인 전 독제(獨帝) 『카이젤』을 『모델』로 한 『퓌름』은 영국에서 촬영을 금지하얏더라.

조선 26.01.11 (조2) 〈광고〉

반도키네마제작소 촬영

조선일보 연재만화 『멍텅구리 헛물켜기』 전오권 십일부터 상영

시내 조선극장 우미관 양 극장에서

조선 26.01.11 (조2), 26.01.13 (조3), 26.01.14 (석1), 26.01.15 (석2), 26.01.16 (석1) 〈광고〉

일부 제작진 제외된 외 동아일보 1월 11일자 조선극장 광고와 주요 정보 일치

조선 26.01.11 (조4) 선천(宣川) 기독청년 / 농촌사업과 순회 환등대

선천기독청년회에서는 작년 겨울부터 농촌사업에 착수하야 제일착으로는 문맹한 농민의 계몽운동을 비롯하야 무한한 노력을 하여왓스며 동회(同會) 총무 계병호(桂炳鎬) 씨는 촌리(村里)마다 방문하야 야학을 설립케 하야 지금에는 성적이 매우 량호하며 신년을 당(當)하여는 동회에서 더욱 굿세게 분투하리라는바 내 십일경부터는 교육환등사진대를 조직하여 가지고 농촌을 순회하리라는데 일할(日割)은 추후 발표하리라더라. (선천)

동아 26.01.12 (5) [연예] 국제적 연극 연맹 / 파리에 국제극장을 건설

법률덕 방면, 경제덕 방면, 혹은 군사덕 방면 등으로는 국제덕 연맹이 임의 자못 만히 조직되어 잇스나 그러나 국제연극련맹(國際演劇聯盟)이라는 것은 아직 들어보지 못하얏다. 연극운동이 특히 근대에 이르러서는 전세계를 통하야 일반덕으로 치렬해저서 각본 번역 가튼 것은 각국에서 매우 성행하

는 중이건마는 실연에 대한 국제덕 리해의 필요는 아직까지 매우 등한히 역여나려왓다. 그리하야 그 문뎨는 자칫하면 형적조차 업서질 디경인바, 이는 연극에 대하야는 신중히 생각할 문뎨로 언어가 다른 나라와 나라 사이에는 반듯이 필요한 일이라고 합니다. 미국 「오쎠안」 극장 「파민 지미아」 씨는 이전부터 국제연극연맹 뎨창자이엇섯는데 작년 가을에는 독일뎨국극장의 「에스넬」 씨의 초대를 바더 그 문뎨에 대한 의견을 교환코자 백림에 갓다가 엇더한 성안을 가지고 십월 하순경에 「뉴욕」에 도라왓는데 그는 이로부터 국제덕 연극 련맹 운동에 착수하랴 한다고 합니다. 씨의 주장에는 별로 무슨 깁흔 근뎌가 잇는 것이 아니라 그저 우리들의 상식덕으로 판단할 수 잇는 리유, 다시 말하자면 금후의 연극운동에 대한 새로운 길을 개척하야 연극발달에 대한 새 희망을 부칠 만한 유일한 방법은 오직 이 국제덕 련맹에 잇다고 하는 것이 동씨의 의견인 동시에 주장이라고 합니다. (계속)

동아 26.01.12 (5) [연예] 불(佛) 수상 장남 영화배우로

전 불란서 수상 「판루페」 씨의 댱남은 이번 영화배우가 되엿다는데 나희는 금년 이십이 세로 그 재질이 비상하다 하며 배우가 된 뜻은 과학학원(科學學院)의 구차한 것을 구제하기 위함이라더라. (파리뎐보)

동아 26.01.12 (5) [연예] 미국영화계 제일 인기 미녀 / 메리 픽포드 양

미국영화계에서 년중 행사의 한 가지로 유명한 「모숀픽추어마가진」 주최의 이천오백 「쌀라」 현상의 영화배우 인긔 투표는 방금 미국 전토 「판」들의 큰 인긔를 끄는 중이라고 하는데 아직까지의 성적의 첫재가 「메리 픽포드」 양, 둘재가 「글로리아 스완손」, 셋재가 「노마 달마틔」 양의 순서로 잇다더라.

동아 26.01.12 (6), 26.01.13 (5). 26.01.14 (8), 26.01.15 (1), 26.01.16 (2) 〈광고〉

1월 11일자 조선극장 광고와 동일

매일 26.01.12 (1), 26.01.13 (3), 26.01.14 (1), 26.01.15 (4), 26.01.16 (2) 〈광고〉 [연예안내]

1월 11일자 우미관 광고와 동일

매일 26.01.12 (1), 26.01.13 (3), 26.01.14 (1), 26.01.15 (4) 〈광고〉 [연예안내]

동아일보 1월 11일자 조선극장 광고와 동일

매일 26.01.12 (2) 전불(前佛) 수상 장남의 신 활동배우 / 과학원을 구제코자 활동배우가 되얏다

전 불란서 수상(前 佛國 首相) 『쌘루베』 씨의 장남 금년 이십이 세의 청년은 이번 활동배우가 되얏는대 그 목덕은 그가 관게하는 과학학원(科學學院)의 경게의 곤난을 구제코자 하는 것이라더라. (파리뎐보)

매일 26.01.12 (2) 각관(各舘) 투표성적

단성사 十一日 一八八 **누계** 四七六

조선극장 十一日 一七 **누계** 一二八

우미관 十一日 一七 **누계** 六七

시대 26.01.12 (2), 26.01.13 (2), 26.01.15 (1) 〈광고〉
1월 11일자 단성사 광고와 동일

동아 26.01.13 (5) [연예] 국제적 연극 연맹 / 파리에 국제극장을 건설

그런데 「지」 씨의 그 운동에 대한 복안은 금년 녀름에 세계 각국으로부터 국제운동에 대한 준비 위원을 「뉴욕」 혹은 「파리」에 모하가지고 만국연극제(萬國演劇祭)를 성대히 행하야 그 긔분에 싸히여 준비회를 진행케 하야서써[41] 신속히 실제 운동에 들어가게 하고자 하는 것이라는데 그 구톄뎍 복안은 위선 연극련맹의 본부는 「파리」에 두어 그곳에다가 각국으로부터 모히는 긔부와 밋 기타로써 세 가지 극장을 건설할 터이라고 합니다. 첫재 극장은 극히 적은 규모로 건축비가 아못조록 적게 들게 하야 뎡원은 오백 명가량 될 만하게 하고 세계에서 생기는 연극의 시연댱(試演場)으로 쓰게 하고 둘째로는 일천 명가량이 들어안즐 만한 중규모의 것을 건축하고 셋재로는 뎡원이 천 명가량의 대규모로 건축할 터인데 이 셋재 것은 가극과 군중극을 중심으로 하는 것이라고 합니다. 그리하야 그 극장이 완성되면 가맹 각국의 대표뎍 극단들은 이십일까지 그 세 극장 중 어느 것이든지 마음대로 선택하야 자유로 사용할 수 잇게 될 것이라고 합니다. 각국 극단은 혹은 특뎡의 련락으로 우의뎍 결합도 하며 혹은 초대에 의지하야 「파리」까지 가서 행연할 수 잇게 할 터이라고 합니다. 그러니까 이를 밧구어 말하자면 극장세 업스니까 흥행은 아모리 해도 성공은 못하는 일이 잇슬지라도 손해는 적으리라는 것이라고 합니다. 그런데 더욱이 이 뎜에 대하야는 특별한 방법을 연구하도록 한다더라.(씃)

동아 26.01.13 (5) [연예] 영화계의 정세 (一) / 이구영

세계 영화계의 현세를 론한다 함은 미국영화의 세계 정복을 이약이함이나 다를 것이 업슬 것임니다. 세계의 지금 영화계는 전혀 미국영화가 중심이 되어 잇는 것을 보아 능히 알 수 잇슬 것임니다. 그러나 나는 생각건데 미국영화가 세계영화계를 정복식혓다 함이 그다지 큰 영예라고는 생각지 안슴니다. 이는 그들이 자본의 힘을 빌지 아니하엿드면 도저히 오날과 가튼 발전이 잇슬 수 업슬 것을 생각하는 연고임니다. 그만치 미국영화는 전혀 돈의 힘으로서밧게는 제작할 수 업다는 것을 세계 사람들에게 선전하엿슴니다. 그러나 영화의 본질(本質)이 오락(娛樂)으로나 또는 신흥예술(新興藝術)로서나 다대한 자본의 옹호(擁護)가 필요치 안타 함은 아니나 과연 영화가 자본의 힘으로서만 그 발달이 잇슬 것이겟느냐? 하는 문뎨에 이르러서는 명확한 결뎡을 짓지 못함은 부인하지 못할 사실인가 함

---

41) '하야서'의 오식으로 보임.

니다. 시대에 짜라 민중의 생활양식이 밧귀는 것이요, 시대의 관념이 달나지는 것이니 우리들의 요구하는 오락(娛樂)에 대한 취미도 또한 시대를 짜라 달나질 것은 분명한 사실인가 합니다. 과연 지금의 영화가 우리 민중이 요구하는 바의 진정한 예술이요 오락이라 할 수 잇슬가 의심치 안이치 못하겟슴니다. 최초로부터 영화는 자본가의 손으로 말미암아 근본으로부터 영화의 본질(本質)을 그릇처 노앗슴니다. 이만한 사건이면 이만큼 돈이 생기겟지 하는 전혀 영화를 상품으로 리익을 엇으랴는 것이 그들 제작자들의 목덕이요, 엇더케 하면 일반 민중에게 칭찬을 밧을가 하는 전혀 의의(意義) 업는, 아모 가치 업는 영화를 제작하는 것이 그들 제작자들의 주안(主眼)인 것 갓슴니다. 더욱히 미국영화가 이러한 경향이 롱후한 것 갓슴니다. 그러나 이 시대는 이미 그러한 가운데서 제작되는 영화가 민중의 마음 가운데로부터 멀리 쩌나갈 것은 사실임니다. 이 문뎨에 대하야는 여긔서 의론할 바가 아님으로 약함니다마는 엇지 되엿든 우리는 새로운 의의잇는 지금의 우리들의 생활을 토대 삼아 우리의 사상, 우리의 리상을 그려노흔 작품을 요구할 것임니다. 지금에 세계의 민중은 모든 것에 새 것을 요구함니다. 그리하야 영화계에도 반듯이 혁명(革命)이 올 것임니다. 긋까지 영화가 일부 자본계급의 리용물이 된다던가 그들의 위안물(慰安物)이 될 수는 결단코 업슬 것임니다. 이 의미 아래에서 지금 세계 영화계에는 새로운 혁명이 반드시 올 것을 밋슴니다. 나는 이제 이러한 영화계의 세계덕 현상을 들어 이야기하랴 합니다. (계속)

매일 26.01.13 (2) 각관(各舘) 투표성적

어는 활동관이 제일 조흔가

◇ **단성사** 십이일 一○三 **누계** 五七九

◇ **조선극장** 십이일 一五 **計累**[42] 一四三

◇ **우미관** 십이일 六 **누계** 七三

일등은 육개월 무료관람권

◇ 십오일 밤까지 ◇

동아 26.01.14 (7) [연예] 영화계의 정세 (二) / 이구영

영화게의 초긔(初期)에 잇서 찬연(燦然)한 발달이 잇섯든 것은 불란서엿스니 一九八九[43]년부터 일구일사년까지 그들의 영화게는 이윽고 문예작품을 무대연출(舞臺演出)로써 영화화(映畵化)하엿스며 파데 SCAGL 영화 등이 얼마나 우리에게 깁흔 인상을 주엇섯든가? 일구일이년경에는 이태리 영화게의 전성시대엿슴니다. 찬란을 극한 인정비극 사극, 그중에서도 『어듸로 가나?』 갓흔 종교 영화는 조선에까지도 와서 만흔 환영을 바덧든 것은 사실임니다. 불란서, 이태리 영화와 가치 발자(潑剌)한 긔운으로 이러나기는 독일영화이엇슴니다. 진실한 표현으로써 세계영화게에 엄연히 서게 되엿스니 조선에도 그들의 작품이 지금까지 인긔가 만흔 것은 또한 사실입니다. 이와 가치 구주전쟁 이전 세계

---

42) '累計'의 오식으로 보임.

43) '一八九九(1899)'의 오식으로 보임.

영화게에 중심은 구주대륙에 쑤리 깁히 박혀 잇섯습니다. 당시 미국의 영화계는 이와 반대로 극히 유치한 흑인종 전쟁극, 목동(牧童) 활극 가튼 것은 만히 제작하엿습니다. 생각하면 미국영화는 그째부터 보잘 것 업는 며급 작품이엇든 것은 사실임니다. 다만 한 가지 특별히 긔록해둘 것은 무대연출(舞臺演出)을 답습(踏襲)하고 잇는 구라파 영화에 비교하야 저윽히 그들의 작품은 이러한 연출법(演出法)을 써나 새로운 연출법에 드러가랴는 경향(傾向)이 보엿든 것임니다. 이상이 구주전쟁 이전의 세계영화게의 모양이엇습니다. 꺼칠 줄 모르는 전쟁은 멋 해 동안을 계속하다 꺼이 나니 영화계에도 일대 변천이 잇섯습니다. 그는 미국영화의 전성이엿습니다. 불란서도 리태리도 독일도 영국도 정말국도 화란도 서전국도 이제는 분명히 영화계의 패자(覇者)는 미국인 줄 알엇습니다. 이것을 늣긴 구주 각국은 새로운 노력과 용긔로써 영화 전선(戰線)에 나섯습니다. 그리하야 영화전의 전 목표(目標)는 미국으로 모혀들게 되엇습니다.

이태리는 타는 듯한 열정(熱情)과 자랑할 만한 고던 취미가 (古典趣味)가 쑥쑥 셋는 영화로서 『데오도라』 갓흔 작품으로 첫 탄환을 미국에 보냇습니다. 독일도 확호한 표현과 장엄한 무게 잇는 작품으로 미국을 향하야 탄환을 발하엿습니다. 그리하야 미국은 놀랫습니다. 이 광경에 미국의 영화계는 공포하엿습니다. 그들은 구주영화에 대하야 경계를 하지 안을 수 업섯습니다. 빈궁한 재정상태(財政狀態)에 째진 독일은 그래도 꺼가지 미국을 덕수(敵手)로 거탄(巨彈)을 진발하니, 명감독 「엘스* 루비치」 씨 작품, 「보라 네구리」의 『팻순』『情熱』한 편은 미국영화계를 처음으로 가장 큰 놀램에 째지게 하든 첫 탄환이엿습니다. 뒤를 니어 서던(瑞典)[44] 명감독 「시쓰토렘」 씨의 영혼불멸(靈魂不滅) 일편은 미국영화게에 보낸 구주영화의 둘재 번 큰 탄환이엿습니다.

동아 26.01.14 (7) [연예] 미국 신진 인기 여배우 / 노마 쎄라 양

미국 녀배우의 인긔 변환은 참으로 알 수 업다고 함니다. 작년 가을부터 새로 미국 전토서 인긔를 슬은 녀배우가 잇스니 그는 「노마 쎄라」라고 함니다. 그는 별 쮜어난 특징은 업스니 긔능이 일반덕으로 고상하다 하며 엇더케 형용해 말할 수 업는 인견력을 가지고 잇다는데 그의 작품으로 조선에 나와 유명한 것은 작년 십일월경에 우미관(優美舘)에서 상영한 일크러지는 정화(情火)라는 사진인바, 그 사진은 작년도 조선 안에서 예술영화로 추천된 「킨」, 결혼텰학(結婚哲學)과 가치 유명한 세 가지 작품 중 한 가지엇섯다더라. = 사진은 「노마 쎄라치」 양이다.

매일 26.01.14 (2) 축일(逐日)[45] 비등하는 / 애활가(愛活家)의 인긔 / 최후의 영예는 하관(何舘)에 / 어늬 관이 됴흐냐 하는 문데는 애활가의 인긔를 빗널화한다

시내 세 곳 활동사진관 줌에 어느 활동사진관이 가장 됴흐냐? 하는 본사 주최의 인긔투표는 다힝히 만도 애활가의 무슈한 찬양이 답지하야 성황리에 명 십오일노써 종결을 고한 후 공정한 한 장, 한 쟝의 투표를 헤어저 일등의 영예를 닷토으는 최후의 결산을 보게 된 것이다. 십삼일까지의 성적으로는

---

44) '스웨덴'의 한자 표기.
45) 날이 갈수록, 날마다.

『단성사』가 최우등에 처하얏고 됴선극장이 그다음이 되얏섯스나 아즉도 최후의 일뎜을 꿈꾸고 긔대하는 애활가를 가진 이쌔이라 십사, 십오 량일 즁에 쏘한 엇더한 변동을 일르킬지 참으로 남은 이틀 동안이야말노 각 활동사진관의 관계자이나 투표를 한 애활가이나 가슴을 조이고 애를 태오는 흥미진진한 시간이 지속될 것이다. 꼿갓치 어엿분 녀학싱이 자긔는 참아 못 넛코 어린 동싱을 압세워서 투표를 식히는 것도 한 구경거리이엇스며 디방에 잇는 애활가가 일부러 투표권을 우편으로 보내는 열심도 놀라왓섯다. 좌우간 절박한 최종일을 격하야 애활가들의 빅널덕 경징은 얼마나 장쾌하게 열닐는지 자미잇는 일이다.

각 관주 립회도 공정히 심사 / 투표심사는 공명히 할 터

십오일 밤까지 밧은 투표지는 십륙일 정오에 본사에서 각 관 관주의 립회를 청하야 투표수를 정사한 후 일등된 관에 투표한 분들의 투표지 즁에서 일등된 관의 관주에게 츄쳠을 청하야 예뎡과 갓치 일등은 륙 개월, 이등은 삼 개월의 무료관람권을 이십일 이내로 보내 드릴 것이다.

매일 26.01.14 (2) 각관(各舘) 투표성적
어는 활동관이 제일 조혼가
◇ **단성사** 십삼일 一○○ **누계** 六七九
◇ **조선극장** 십삼일 一四六 **計累**[46] 二八九
◇ **우미관** 십삼일 ○ **누계** 七三
일등은 육개월 무료관람권
◇ **십오일 밤까지** ◇

시대 26.01.14 (2) 취성좌의 부산 독자 우대 / 각등 반액으로

[부산] 우리 조선연극계(演劇界)에 가장 이름이 놉흔 신파련쇄극(新派連鎖劇) 취성좌 김소랑 일행(聚星座 金小浪 一行)은 지난 십일부터 십사일까지 부산(釜山)에 잇는 국제관(國際舘)에서 매우 취미잇는 예제(藝題)를 가리어서 우수(優秀)한 배우들의 출연(出演)이 잇스며 쌀하 본사 부산지국(本社 釜山支局)의 후원(後援) 알에 련일 대만원을 일우는바 특히 금일(십사일)은 본보 애독자(本報 愛讀者)를 위하야 우대권(優待券)을 발행하는 동시에 본보 독자에 한하야 입장료(入場料)를 각등 반액(各等 半額)으로 하게 된바 본보 애독자는 본보 란외(本報 欄外)에 잇는 우대권과 쏘한 부산지국에서 배부(配付)한 우대권(優待券)을 가지고 오시면 누구든지 반액으로써 입장(入場)할 수 잇다고 한다.

시대 26.01.14 (3) 〈광고〉
시대일보 독자우대

---

46) '累計'의 오식으로 보임.

시대일보 진주지국 후원

신파연쇄극 취성좌 김소랑 일행

일월 십육일부터 향(向) 칠일간 **

진주좌에서

동아 26.01.15 (5) [연예] 영화계의 정세 (三) / 이구영

이 세 작품이 비록 량으로서는 과연 미국 영화제작자로 하여금 공포 가운데서 구주영화에 대하야 비상한 경게를 하게 된 것도 무리가 아니엿습니다. 대개 미국 사람들의 제작하는 작품이 비록 맑고 유쾌하되 내용으로 취할 것이 업고 전혀 향락주의(享樂主義)라던가 갑싼 감상주의(感傷主義) 가운데서 거려낸 련애극, 인정극 마차, 자동차, 긔차, 군함 가운데서 거픔갓치 사라지는 일시덕 경이(驚異)에 지나지 못하는 활극인 까닭입니다. 무엇에던지 세계덕 일을 위주하는 그들의 국민성은 영화에까지 밋치게 되엿스니 그 작품의 내용보다도 의미 업시 과대(誇大)한 「셋트」, 멧만 명의 군중, 멧십만 원을 드린 의상 갓흔 것을 가지고 세게 사람들을 놀내며 칭찬을 밧으랴는, 말하자면 넘어도 물질덕에 갓가운 천박한 사상이엿습니다. 과연 그들의 작품은 넘어도 의의가 업습니다. 의의 업는 그 작품은 아모리 놀나울 만한 배경 건축이나 진긔한 의상이나 멧만 명의 만흔 군중이 영화에 낫하난들 무슨 가치가 잇겟습니가. 이는 다만 순간의 경리[47]에 지내지 못할 것이요, 우리들의 마음 가운데는 아모런 늣김도, 감명(感銘)도 주지 못할 것은 사실입니다. 그들의 작품은 마치 전광과 갓습니다. 아모리 만흔 작품이 제작되여도 거긔에는 아모런 자최도, 아모런 힘도 남겨노치 안습니다. 그리하야 뒤를 이어 제작되는 영화는 다만 일순간의 경이를 남겨노코 갈 쌴입니다. 또한 그네가 부르짓는 정의 인도와 자유의 건국정신(建國精神)이야말노 세게 사람의 리상인 것가치 부르지즈며 대미국주의 운동을 영화 가운데서 구상화(具象化)식히여 이것은 선뎐하랴는 경향이 넘어도 농후합니다.

매일 26.01.15 (2) 각관 투표성적

어느 활동관이 제일 조흔가

◇ **단성사** 十三日[48] 三二 **누계** 七一一

◇ **조선극장** 十三日 一七二 **計累**[49] 四六一

◇ **우미관** 十三日 四四 **누계** 一一七

일등은 육개월 무료관람권

◇ **십오일 밤까지** ◇

---

47) '경이'의 오식으로 보임.
48) 매일신보 26.01.12 (2), 26.01.13 (2), 26.01.14 (2) 〈各舘 投票成績〉 기사 등을 참고하면 '十四日'의 오식으로 보임.
49) '累計'의 오식으로 보임.

매일 26.01.15 (2) [붓방아]

각 관 인긔투표에 십삼일까지는 우세를 덤한 단성사 주인 박승필 군은 ▲ 믹일 밤 애활가 제군들이 자던거까지라도 타고 와서 투표를 하고 가는 정경을 바라보다가 감격한 싱각이 드럿는지 ▲ 저럿케 고맙게 구는 애활가 여러분 틈에서 다만 일, 이, 삼등만 쑙는 것은 너모나 미안하니 투표를 하신 분에게는 모조리 초대권이라도 보내겠다고- 쉬- 누가 드를나.

(이하 기사 생략)

조선 26.01.15 (조1) 경주 고적 영사

경주 남명(南明)학교 주최인 경주고적영사대는 거(去) 구일 신고산(新高山)청년회관 내에서 신고산 청년회 급(及) 본사 신고산 지국 후원하에 영사회를 개최하엿다더라. (신고산)

동아 26.01.16 (4) 경주 고적 영사

경주 사립 남명학교 후원회의 대표 김일성 씨는 신라 고적을 촬영한 환등으로 북조선을 순회 중 지난 십일일은 원산제이공보(第二公普)에서 영사를 하고 익일은 제일공보에서 할 예정이라 하며 순차 원산 각 학교와 사회측(社會側)을 관람케 할 예정이라는데 호평이 자자하다고. (원산)

매일 26.01.16 (2) 각관 투표성적

어느 활동관이 제일 조흔가

◇ **단성사** 十四日[50] 一五〇〇 **누계** 二二一一

◇ **조선극장** 十四日 二八一 **計累**[51] 七四二

◇ **우미관** 十四日 五五二 **누계** 六六九

일등은 육개월 무료관람권

◇ **십오일 밤까지** ◇

매일 26.01.16 (2) 최종 야(夜)를 남기고 / 투표지의 사태(沙汰) / 각관 인긔투표 백열화(白熱化) / 각 관 인긔투표는 빅널화하야 / 본사 현상계는 투표에 파뭇처

시내 각 활동사진관의 인긔투표의 최종일은 닥처왓다. 과연 각 관을 갈라 맛하 가지고 빅열덕 경징을 하는 애활가들의 암중비약은 불이 나게 되야

『투표권을 앗겨라- 마조막 날이 가장 위태하다』하든 그들의 전략은 과연 사실화하야 십사일 밤에는 모도혓는 투표권의 사태가 나서 단성사의 일쳔오빅 장을 위시하야 이째까지 보죠가 더듸든 우미관에까지 오빅오십 미가 드러와서 중간에 쳐하든 됴선극장의 디위가 위태롭게 되얏다. 본보에 인쇄하야 시내에만 발힝한 수가 이만삼쳔여 미에 달하나 본시 활동사진을 즐기는 인 중에는 여러 가지 종류

---

50) 매일신보 26.01.12 (2), 26.01.13 (2), 26.01.14 (2) 〈各舘 投票成績〉 기사 등을 참고하면 '十五日'의 오식으로 보임.
51) '累計'의 오식으로 보임.

가 잇서서 투표까지 하는 애활가는 대개 청년 학싱과 각단[52] 조화하는 분들 즁에서 대다수를 덤령하게 된 것이다. 십오일 마조막 하로밤을 남기고 비가 나리느냐? 날이 개느냐『당션』과『락션』의 사활경에서 불안한 하로밤을 지내게 되얏스니 우세를 덤한 단성사의

『아직도 못 밋겟다』

는 소리와 차덤에 잇는 극장의

『그릭도 될 말이냐!』

하며 투표함을 바라보는 희비교교한 십오일 밤- 됴션에 됴션인 젼문의 활동사진관이 싱긴 이리에 비로소 처음 보게 된 흥미잇는 인긔투표의 마조막 날은 졈졈 깁허갈 째에 세 관 관주의 가슴의 울님도 가치 쮜놀 것이다.

매일 26.01.16 (2) 〈광고〉 [연예안내]

당 일월 십육일부터 문제 명화 대공개
실사 **국제시보** 전일권
유 사 작품 대희극 **강(强)한 처** 전일권
대모험대활극 **거포(巨砲)와 갓치** 전육권
연속 **천군만마** 십오편 삼십일권 제사회 제칠, 제팔편
미국 유니버-살 회사 세계적 대작
명화 **애국의 나팔** 전팔권
예고
유 사 쥐엘 대작품
문예명화 **호접(蝴蝶)** 전팔권
단성사

당 일월 십칠일(일요)부터 차환
미국 파라마운트 사 작품
희극 **지옥의 미남자** 전이권
미국 파라마운트 사 작품
희극 **야! 독갑이다** 전이권
대파라마운트 사 특작품
명화(名花) 로이스, 월손 양 주연
가정극 **갱(更) 소년** 전칠권
대파라마운트 사 초특작품

---

52) '각관'의 오식으로 보임.

명화 아구네스, 아이아스 양 명우 후오레스도, 스단레 씨

인정극 **금단의 과실** 전팔권

예고

민립극단 제이회 공연

예제 **운명의 노래** 전오막

동(同) **이역(異域)에 혼** 삼막

조선극장

시대 26.01.16 (2) [영화소개] 애국의 나팔 (팔권)

시내 단성사에서는 오래전부터 예고만 하야오든 『유니버-살』 회사의 세계적 걸작 애국의 라팔(愛國의 喇叭)이라는 전 팔권의 명화를 금 십륙일부터 상영케 되엇다는데 사진은 일천팔백륙십구년에 불란서 천지를 뒤흔들든 대전쟁을 배경으로 하고서 그 곳에 (이하 원문파손)

조선 26.01.16 (조1) 정주악대(定州樂隊) 흥행 / 이 일간 이리에서

남선(南鮮)을 순회하던 정주악대 교육활동사진부는 거 구일 이리에 도착하야 이리소년회 후원으로 십일 십일일 양일간 흥행한 후 거 십이일 충남 조치원으로 향하엿다더라. (이리)

조선 26.01.16 (석1) 조선 26.01.17 (조3), 26.01.18 (조1), 26.01.19 (석1), 26.01.20 (석2) (광고)

매일신보 1월 16일자 단성사 광고와 동일

조선 26.01.16 (조2) 극장주에게 / 현금 천 원 사기 / 종적을 감추어 / 경찰은 찻는 중

일본 록아도현(鹿兒島縣) 출생으로 충남 대던군 대던면 춘일뎡(大田郡 大田面 春日町) 일뎡목 구십이번디 대던 어채시장(大田 魚菜市場)에 잇는 덕던필태랑(德田筆太郎)(五六)이란 자는 지난 대정 십사년 십이월 십일경에 대던에서 극장(劇場)업 하는 대던좌(大田座) 주인 소송성삼(小松省三)에게 지금 원산(元山)에서 흥행하는 가무기(歌舞妓) 서천정자(西川靜子) 일행을 일 개월 동안 대던좌로 데려다가 흥행키로 언약하엿더니 그것이 여의하게 되어 지금 거기서 돈을 가지고 오라는 던보가 왓다고 속이여 현금 륙백 원을 편취한 후 다시 고태풍길(高太豊吉)이라는 사람을 전기와 가튼 방법으로 속이여 현금 삼백 원을 편취한 후 이리저리 핑게를 하고 밀어오다가 대정 십오년 일월 십일에 돈으로 반제(返濟)키로 하엿든바 지난 일월 삼일에 일으러 전기 덕던필태랑은 어대로 종적을 감추엇슴으로 전기 소송과 고태의 두 사람은 원산으로 알어본 결과 서천가무기 일행과는 전혀 아지도 못한다 함으로 즉시 경찰에 고발하여 각디에 수배(手配)하고 톄포코저 한다더라.

조선 26.01.16 (조3) [신영화] 애국 나팔 -전팔권- / 일월 십육일 단성사에 상영

이 영화는 서력 일천팔백륙십구년 오월에 구라파에 정치뎍 소요가 일허낫슬 째에 이 전쟁디와는 짠

턴디의 늣김이 잇는『미라볼』이란 마을에 대정장인『피엘』이가『가부류』라는 처녀와 사랑하다가 조국을 위하야 전디로 출정하러 갓다가 여러 가지로 신고한 뒤에 거의 다시 맛나보지 못하리라고 절망까지 하엿든 애인을 다시 맛나보게 되엇다는 로만틱한 작품이다. 원작은 「팔레이, 푸아, 세한」과 「로버트에취, 다빗」 씨이* 「가부류」로 출연한 것은 「맛지, 베라미」 양이다.

동아 26.01.17 (2) 〈광고〉

일월 십칠일(일요) 주간부터 특선 명화 제공

△미국 호후만후미유쩨맨드 사

싹쿠 세일 씨 주연

연속활극 불견(不見)의 광선 전십오편 삼십일권

△미국 골드우웡 사

에치스로바ー드 양 알흐렛두란드 씨 공연(共演)

대활극 대북(大北)의 괴이

△불국(佛國) 알바토로스 사 초특작

원작 노문호(露文豪) 이반 쓸케네 씨 감독자 토울얀스키 씨

불란서 제일의 미인 나타리 코방코 양 주연

신비적 연애극 연(戀)의 개가 전팔권

-예고-

문예영화 『**사출(思出)**』 전십이권

폭쓰 사 특약 **우미관**

전화 광화문 삼구오번

동아 26.01.17 (2) 동아 26.01.18 (3), 26.01.19 (3), 26.01.20 (1), 26.01.21 (5), 26.01.22 (3), 26.01.23 (1) 〈광고〉

매일신보 1월 16일자 조선극장 광고와 동일

동아 26.01.17 (5) [연예] 영화계의 정세 (四) / 이구영

미국에서부터 영화가 세계덕 발전을 본 것은 사실이요, 영화극의 수법(手法)과 긔교(技巧)가 이런 가운데서 다른 나라보다 만히 진보된 것도 부인할 수 업슬 것입니다. 그네의 풍부한 자본은 아모리 훌융한 건이축나[53] 진긔한 의상이라도 자유로 만들 수 잇습니다. 필요하다 생각할 째에는 조금도 앗가운 줄 모르고 돈을 드리고 만드러 노흔 웅대한 건축도 일순간에 파괴도 하며 멋만 명의 군중을 사용한단들 그다지 어려운 줄을 모릅니다. 뒤를 니어 정교한 긔계는 발명되고 개량됩니다. 과연 찬란한

---

53) '건축이나'의 오식.

물질주의의 광채는 우맹한 니들의 눈을 어리게 하기에는 족할지 모르되 뜻잇는 이들에게는 당연코 비란 중심이 될 것은 분명한 사실이 될 것입니다. 이와 가치 미국영화는 내용으로부터 진정한 길을 밟지 못하엿고 그 본질(本質)부터 출발을 그릇처노코 말앗습니다. 그러나 영화의 진덩한 정도(正道)가 여긔에 저해됨니는[54] 만무하겟지요만은 그 발달에 대하야 해독이 클 것은 사실입니다. 그리하야 미국영화는 그 내용덕으로 구하기 어려운 길에 싸지고 말엇습니다. 세계영화계의 사람들을 위시하야 극작가 「매테린」 갓흔 이들은 미국영화를 평하여 개탄하여 가로되, 『미국영화는 내용덕으로 영원히 구원해 내일 수 업겟는가?』 하는 말까지 듯게 되엿습니다.

동아 26.01.17 (5) [연예] 삽화

짜기 구간 군에게 최근 「오스추토리아」 「판」에게서 보낸 편지가 도착하엿는데 봉토에는 주소로는 『미국』이라 썻슬 쑨이요, 그 엽헤는 성명 대신에 사진 한 장을 붓첫슬 쑨이엿다. 이만큼 짜기 구간 군은 모를 사람 업시 유명한 것이라고 한다.

매일 26.01.17 (2) 각관 인기투표 결과 발표 / 만도(滿都)의 인기는 / 단성사에 집중 / 소(所) 득점 이천팔백팔십팔 / 단성사가 필경 최우동

인긔에 인긔를 쓸들 인긔투표의 결과는 맛참내 『단성사』에게 최고덤의 영예를 주게 되얏다.

십륙일 정오에 투표수의 총결산을 본사에서 계산하야보자 천 장! 이천 장을 쒸여넘어 이천팔빅팔십팔 미에 달하니 실노히 절대의 우세를 뎜하게 된 것이다. 이에 다시 단성사로 투표를 한 이천팔빅팔십팔 매 중에서 일, 이, 삼등을 츄첨하게 되자 홍힝게의 로쟝 박승필(朴承弼) 씨는 우선 미소를 쯰우며 모도가 고마운 분들인대 누고를 골나 봅겟느냐고[55] 애식한 표정을 하며 투표함에 손을 넛코 츄첨을 시작하니 공연히 입회한 사람들까지도 신경이 긴장하얏섯는대 맛침내 일, 이, 삼등의 다복한 이는 아리와 갓치 나스게 된 것이다.

당선자 씨명

◇ 일등 = (단성사 일등 관람권 육 개월분) 원동(苑洞) 一九三 황두연
◇ 이등 = (동상(同上) 삼 개월분) 다옥정(茶屋町) 九八 최죽파(崔竹坡)
◇ 삼등 = (동상 일 개월분) 낙원동 五九 김충록(金忠錄)

매일 26.01.17 (2) 일반 투표자 / 초대 흥행 / 오는 이십삼일

일등에 당선된 단성사 관주 박승필 씨는 일반투표자 졔씨에게 감사한 쯧을 표하기 위하야 도라오는 토요일(이십삼일) 낫을 『초대일』노 뎡하야 젼부 무료관람을 허할 터인대 초대권 대신에 엽서를 발부하야 엽서를 가지고 오시는 분에게는 무료입장을 하도록 한다더라.

---

54) '저해될 리는'의 오식으로 보임.
55) '뽑겟느냐고'의 오식으로 보임.

매일 26.01.17 (2), 26.01.19 (3), 26.01.21 (2), 26.01.22 (3) 〈광고〉 [연예안내]
일부 출연 및 제작진 제외된 외 동아일보 1월 17일자 우미관 광고와 주요 정보 일치

매일 26.01.17 (2), 26.01.19 (3) 〈광고〉 [연예안내]
1월 16일자 단성사 광고와 동일

매일 26.01.17 (2), 26.01.19 (3), 26.01.21 (2), 26.01.22 (3), 26.01.23 (1) 〈광고〉 [연예안내]
1월 16일자 조선극장 광고와 동일

매일 26.01.17 (5) 평양소방대의 / 화재예방 선전 / 십오일에 삼만 매의 비라를 / 각처에 살포
평양소방조에서는 작(昨) 십오일 오후 일시(一時)부터 동조(同組)의 수관(水管)『폼푸』자동차에 비번 소방수 십여 명이 승(乘)하야 화(火)의 용심(用心), 화재주의라고 대서(大書)한 홍백 선전기 수십 류(旒)를 교립(交立)하고 악대를 압셰운 후 삼만 매의 선전문을 전 시가에 살포하얏스며 일방으로는 부내 제일관에서 활동사진으로 방화선전영화를 일반시민에게 무료관람케 하얏다더라. (평양)

시대 26.01.17 (5) 진주 독자우대 / 대만원의 성황을 정(呈)하야
[진주] 본보 진주지국에서는 지난 십사일에 삼각(三角) 활동사진의 내진(來晉)을 기회하야 독자제위에게 위안을 여(與)하랴고 동단(同團)에 교섭한 결과 본보 독자에 한하야는 계상(階上) 계하를 물(勿)*하고 보통요금의 반액으로 할인케 되어 자못 대만원의 성황을 정하얏다 한다.

시대 26.01.17 (5) 부산지국 독자우대 / 연일 성황
【부산】기보(旣報) = 취성좌 김소랑 일행은 여러 날 동안 본사 부산지국 후원하에 최신 신파 연쇄극을 부산 국제관에 개연하야 연일 대만원의 성황으로 최종일 즉 지난 십사일 야(夜)에는 본보 독자를 특히 우대하야 장내는 자못 입추의 여지가 업시 대만원을 치(致)한 바 더구나 취미잇는 예제가 상연되어 일반 관중 수천은 박수갈채리에서 환호하얏고 취성좌는 십오일 진주로 향한바 진주에서는 예정보다 일일이 연기되어 십칠일부터 진주좌에서 개연하리라 하며 쏘한 본사 진주지국 후원하에 진주에서도 대대적으로 본보 독자를 우대하게 되엇*진주 독자우대 일자는 특히 시일을 정하야 진주지국에서 각 독자에게 통지하게 되리라고 한다.

조선 26.01.17 (석2), 26.01.18 (조1), 26.01.19 (석1), 26.01.20 (석2), 26.01.21 (석1), 26.01.22 (석1), 26.01.23 (조3) 〈광고〉
예고의 〈운명의 노래〉가 〈운명의 종소래〉로 바뀐 외 매일신보 1월 16일자 조선극장 광고와 주요 내용 동일

조선 26.01.17 (조3), 26.01.18 (조1), 26.01.19 (조4), 26.01.20 (석2), 26.01.21 (석1), 26.01.22 (석1) 〈광고〉

예고에 〈아- 청춘〉, 〈지내가는 영(影)〉이 추가된 외 동아일보 1월 17일자 우미관 광고와 주요 정보 일치

동아 26.01.18 (2) 시내 각 극장 금주 상영 영화 / 모다 명화를 상영 중

우미관

시내 관텰동 우미관에서는 작 십칠일 낫부터 작년 십월 본보 연애란에 게재되엇든 련의 개가(戀의 凱歌) 여덜 권의 불란서 예술 영화와 밋 대활극 대북괴이(大北怪異) 일곱 권을 상영하는 중, 련의 개가로 말하면 세게덕으로 유명한 사진이라 매일 만원의 성황을 일우는 중이라 하며

조선극장

인사동 조선극장에서 작 십칠일 낫부터 가뎡극 갱소년(更少年) 일곱 권과 인정극 금단의 과실(禁斷의 果實) 여덜 권 등 모다 「파라마운트」 사 명화를 일시에 상연하는 외에 포복절도할 이 권짜리 희극도 두 가지나 잇다고 하며

단성사

수은동 단성사에서는 「뉴니버살」 명 영화 애국의 나팔(愛國의 喇叭) 여덜 권과 모험활극『거포(巨砲)와 가티』 여섯 권의 영화와 밋 연속사진『천군마마』를 지난 십륙일 밤부터 상영하야 대환영 중에 흥행 중이라더라.

동아 26.01.18 (3), 26.01.19 (8), 26.01.20 (2), 26.01.21 (5), 26.01.22 (3) 〈광고〉

1월 17일자 우미관 광고와 동일

동아 26.01.18 (4) 평택 독자 우대 / 거(去) 구일부터 오 일간

극계에 명성이 놉흔 신파 현성완(玄聖完) 일행이 지방 순회 중 평택에 도착한바, 당지 본보 지국에서는 애독자를 위안키 위하야 거 구일부터 입장료 반액에 할인권을 배부하고 오 일간 흥행 중 대성황으로 종료하엿다고. (평택)

매일 26.01.18 (2) [흥행계의 패왕] 영화계의 중진 / 인재 발탁과 적재적소 / 흥힝계의 로장을 두뢰로 하고서 / 모든 부문마다 인재가 모혀 잇다 / 총애 중에 자라가는 단성사 (一)

각 관의 인긔투표에『단성사』가 절대의 최고뎜으로 일등에 당션된 것은 ― 어는 곳에 그 원인이 잇겟는가. 압흐로 활동사진관을 경영코쟈 하는 이와 장차 뒤써러진 방침을 개혁코자 하는 의미에 잇서서 한번 살펴보는 것도 자미잇는 일이다.

◇

첫째 단성사에는 한결갓치 한 주인, 한 일꾼들이 계속하야 전후 칠 개년 동안을 두고 경험에 경험을 싸흐며 개혁에 개혁을 더하야 시설과 사진과 변사와 셔무와 응접이 한결갓치 통일되야 우선 단성사를 차자오는 손님네들노 하야금 다뎡한 가뎡을 찾는 듯한 회포를 일으키게 된 것이니 이에 대하냐는 오직 단성사에서 대장(大將)이라 부르는 관주 박승필(朴承弼) 씨의 노련한 경영방법이 공을 일운 것이다.

◇

박승필 씨는 거즛말과 아첨이 업시 됴선의 흥힝계에서 원로(元老)요, 패왕이라 할 수 잇는 것이니 됴선의 흥힝계에서는 가장 큰 의미와 늣김이 잇는 광무대(光武臺)를 이제로부터 십칠 년 전에 경영하야 오늘까지 일으럿스며 계속하야 단성사까지 경영하게 되니 감독으로 박뎡현(朴晶鉉) 군, 외교부의 리봉익(李鳳翼) 군 갓튼 수완가와 악장의 셔룡운(徐龍雲) 군 갓튼 인재를 어더 장안의 유수한 변사를 망라케 되니 그야말노 경성의 활동사진계의 한 권위를 갓게 된 것이다.

◇

금년으로만 하드라도 임의 신년벽두부터 눈물의 희비극『애국의 나팔』을 상영하야 만원의 성황을 보고 잇는 터이니『단성사』의 압길은 오직 양양할 쭌이라 하야도 과언이 안이라 할 것이다. (게속)
(사진은 중앙이 박뎡현 군, 올은편은 리봉익 군, 외인편은 셔룡운 군.)

매일 26.01.18 (2) 본지 독자초대회에 /『무관의 제왕』 상영 / 이천여 매 초대장 발송 / 단성사의 본지 독자초대일에 / 특히 자미잇는 사진을 선퇵해

본보 애독자 중에 특히 시내 각 관 인긔투표에 일등으로 당선된 단성사에 투표를 한 분 중에서 일, 이, 삼등의 츄첨을 하고 남은 이천여 명의 독자에게는 특히 감사한 뜻을 표하기 위하야 도라오는 이십삼일(土曜) 낮 열두 시부터 흥힝하는 낮 흥힝을『믹일신보 독자초대일』노 뎡하야 불일간 단성사로 투표를 하신 분에게는 일일이 무료안내장을 보내드릴 것이며 특히 당일에는 활동사진을 졍선하야 우선 손님이 신문 애독자이라는 덤에서 신문긔자가 주인공이 된『무관의 뎨왕』이라는 대모험 대권투극을 위시하야 비극으로는『숩 속에 부르짓는 소리』다섯 권을 특히 퇵하얏스며 인긔를 벌든 연속사진『천군만마』도 졈졈 가경에 드러가게 되야 취미가 진진하리라더라.

매일 26.01.18 (2) 〈사진〉 투표추첨

=십륙일 각 관 인긔투표에 일등된 단성사 주인 박승필 씨가 다시 본사 귀빈실에서 츄첨을 하는 관경=
(중앙에 슨 이가 박승필 씨) =작자 참조=

매일 26.01.18 (2) 〈광고〉 일등 당선 사례

금반 매일신보사 주최로 시내 각 관 인기투표한 결과 폐사가 일등에 당선된 거슨 애활계(愛活界) 제위의 항상 애호하시는 덕택이올시다

내(來) 토요일(이십삼일)에는 금반 투표하야 주신 제씨을

초대하와 활동사진를 무료공개하겟사오며 투표하야 주시온

이천팔백팔십팔 인에서 일 이 삼등에 당선자 씨명은 여좌(如左)합니다

일등

관람권 육 개월분

원동(苑洞) 一九三 황두연 씨

이등

관람권 삼 개월분

다옥정(茶屋町) 九八 최죽파(崔竹坡) 씨

삼등

관람권 일 개월분

낙원동 五九 김충록(金忠錄) 씨

단성사

동아 26.01.19 (7) [연예] 영화계의 정세 (五) / 이구영

이와 갓흔 식자(識者)의 비란의 중심이 된 미국영화는 비록 다대한 자본의 힘으로 세계영화계의 패권을 잡엇다 하나 영화의 내용덕으로는 임의 미국영화가 능히 세계 민중의 벗이 될 수는 업는 자리에 싸지고 만 것입니다. 이러한 가운데서 진정한 예술덕 양심으로 가지고 민중의 일시덕 환심을 사랴 하지 안코 견실한 보조로써 끗까지 영화의 본질덕 향상과 개선을 위하야 싸호는 작자가 잇다 할 쌔 우리는 얼마나 환희와 감격으로 마저줄 것입니까? 더구나 영리를 주안(主眼)으로 하지 안코 항상 민중의 선구(先驅)로써 민중이 갈망하는 바의 리상과 목뎍에 합치되는 정말 영화극을 제작하는 제작자가 잇다 하면 그는 영리에만 흡흡하야 눈얼임으로 금전을 착취(搾取)하는 제작자보다 그의 생명이 영구할 것이요, 신뢰가 가장 클 것입니다. 과연 독일영화 제작자는 이러합니다. 서뎐(瑞典)[56]과 이태리의 제작자들은 영화를 예술노써 참된 노력을 하엿습니다. 더욱이 전쟁 이후 그들은 새로운 영화 촬영 긔교(技巧)를 미국사람들에게 배화가지고 다 각각 자긔 나라 독특한 정조(情調)를 여실히 표현하게 되엿습니다. 지금까지 밟고 잇던 무대덕 연출을 써나 급속한 장면전환(場面轉換)에 말하면 저윽히 영화극의 본질덕 표현 형식을 밟게 되엿다는 말입니다. 이러한 가운데서 제작된 그들의 작품이 과연 영화게에 새로운 충동과 「센세춘」을 줄 수 잇섯습니다. 미국의 영화제작자나 「팬」들이 놀나게 된 것도 무리가 아닐 것입니다.

매일 26.01.19 (2) [흥행계의 패왕] 각 부문에 난호인 해설계의 군성(群星) / 조직과 설비가 일치하야 / 만도 관긔을 잇쓸고 잇다 / 총애 중에 자라가는 단성사 (二)

경영자가 노련하며 일쑨이 상당한 결과에 오늘날 『단성사』는 만도 애활가의 사랑에 싸혀 자라가는

---

56) '스웨덴'의 당대 한자 표기.

터이나 쏘 한 가지 단성사를 빗내는 원동력은 실노히 조흔 사진과 특재 잇는 변사를 망라한 데 잇는 것이다.

◇ … 목소리만 드러도 우슴이 터저 나온다는 희극 변사 최병룡(崔炳龍) 군과 입만 버리면 빅과젼서나 다름업시 력사극이든지 사회극이든지 가장 『품』 좃케 해설을 하는 사계 로장(老將) 김덕경(金德經) 군이며 아즉까지도 가장 관긱의 권위를 가지고 구경꾼으로 하야금 『아슬ᄉ』하야서 몸서리를 치게도 민드는 리병조(李丙祚), 우뎡식(禹定植) 량군과

◇ … 자도 사랑 쎄도 사랑! 사랑이 안이고는 졍신을 못 차리는 오늘날 됴선에 음성부터 애달븐 비린(悲憐)의 그것과 갓흔 김영환(金永煥) 군의 련애비극 설명에는 누고나 가슴을 쥐여쏫고 눈물을 짜아내지 안이치 못하게 되며 상당한 소양까지 잇는 청년으로 『영화』도 예술경에 발길을 듸려노핫스며 변사도 『예술가』의 긔풍을 갓지 안으면 참된 변사는 될 수가 업다는 자각을 가지고

◇ … 가뎡의 비란도 도라보지 안코 분연히 『변셜계』에 투죡을 하야 쟝차 젼도를 개척코자 하는 신인(新人) 김학근(金學根) 군이 잇는 이상 단성사에는 손님이 안이 갈 수가 업는 것이며 단성사를 자미업는 극장이라고 말이 참아 안이 나아올 것이니 참으로 관주 박승필 씨의 사람 고르는 법과 사람을 모화노흔 수완에는 탄복할 슈밧게 업는 것이다. 이 가튼 특재를 망라한 우에

◇ … 실노히 『금상쳠화』로 사진의 션틱이 시의(詩意)에 마잣스며 막대한 희싱를 앗기지 안코 일주일에 사진을 두 번식 밧고는 경제상 모험극을 연츌하야 아즉 『소탐대실』의 『레-루』에서 헤매는 옹졸한 흥힝사들의 가슴을 셔늘케 한 것도 단성사의 큰소리거리인 동시에 박승필 씨의 한 성공이라 할 수 잇는 것이다. (계속)

시대 26.01.19 (3) 정주악대 내공(來公)

[공주] 금반 정주악대 활동사진순회부가 내공하야 지난 십이일부터 당지 소년군과 동아, 본보 양지국 후원으로 당지 금강좌(錦江座)에서 삼 일간 만흔 환영을 바닷는데 다수한 기부도 잇섯다 한다. (이하 기사 생략)

동아 26.01.20 (5) [연예] 영화계의 정세 (六) / 이구영

그리하야 뒤밋처 독일의 「루빗치」 씨는 『푸아라오의 사랑』 갓흔 세계뎍 명작을 발표하자 미국은 상하를 물론하고 놀나 써들지 안을 수 업섯습니다. 이와 갓흔 내용뎍으로 신흥 예술의 나아갈 길을 개척하랴는 참된 노력을 볼 쎄 누구나 감복하지 아늘 수 업섯습니다. 그와 갓치 뎡뎡당당한 태도, 지사(志士)다운 의긔로써 영화전을 시작한 것이 구주의 이태리요, 이태리보다 독일이 더 한층 누구나 다 갓치 감복할 수 밧게 업슬 것임니다. 뎡뎡당당히 실력전(實力戰)에 나아간 독일은 과연 영화의 내용뎍으로 그릇 드러간 미국영화를 굽히기는 넘어도 용이하얏습니다. 아모리 자긔 나라를 사랑하고 자긔 나라주의를 밋는 미국의 사람들일지라도 이 새로운 영화예술의 개척자인 독일사람과 그네의 작품을 반대하고 흉 볼 수는 업섯습니다. 영화가 어느 주의(主義)나 뎡책(政策)의 선던 도구로서 쏘난 한 나라 한 디방에 한하야 볼 것이 아니요, 세계뎍으로 그 판로(販路)가 열니고 회화뎍(繪畵的) 세계

어(世界語)가 되여 잇는 오늘날에는 영화 자톄(自體)는 적어도 그 내용은 비록 자긔 나라의 정서(情緒)와 풍속을 묘사하엿슬 망뎡 항상 우리 인생 전국의 대한 문뎨를 취급하여야 할 것이외다.

매일 26.01.20 (2) [흥행계의 패왕] 사진마다 명화 / 선전 도안싸지 斬新[57] / 사진세도 다른 관보다 만히 내고 / 사진 교환도 일쥬일에 두 번식 해 / 총애 중에 자라가는 단성사

◇ … 됴선 활동사진 해설계의 패왕이 되얏든 서상호(徐相昊) 군의 아오가 되는 서상필(徐相弼) 군도 쏘한 데이의 서상호가 되고자 단성사의 무대에 나스는 터이며 가튼 련속사진 즁에도 『리병죠』군은 장쾌한 특증이 잇스며 『우뎡식』군은 『희활극』에 텬재가 잇는 터이라 다 각기 한 가지식의 특식을 가진 일곱 명의 변사를 아울너 가진 단성사의 깃붐은 곳 애활가의 깃붐이 되겟스며

◇ … 사진으로 볼지라도 국활(國活)에서 대정활영(大正活映)으로 대정 구년부터 『송쥭』회사와 『유니바살』회사의 사진을 일주일에 두 가지를 가져다가 다른 관에서는 한 주일에 한 번식 갈니는 것을 일주일에 두 번식 갈니게 되니 사진갑은 다른 관의 배를 물게 되얏스나 구경쑨의 칭찬은 한참 놉핫스며

◇ … 뒤를 이워 요사히에 상영 즁인 뎡칭비극 『애국 나팔』을 위시하야 『인형의 집』 『애산』이며 『쌔크다쓰의 도젹』 가튼 세계뎍 명화를 상연을 하니 이 가튼 실비와 인물과 사진을 겸한 단성사에는 어느 째이든지 손님이 들지 안이하야 큰일이 낫다는 걱정은 업섯든 것이엇다.

◇ … 더욱히 문필에 재조를 겸한 김학근 군의 『션뎐지』 긔안과 애활가의 질의응답에 대한 다정한 해답은 일층 단성사의 인긔와 존재를 굿세게 하얏슬 것이다. (쯧)

◇ 사진 = 우정식(禹定植) 군

◇ 사진 = 김학근(金學根) 군

◇ 사진 = 이병조(李丙祚) 군

동아 26.01.21 (5) [연예] 영화계의 정세 (七) / 이구영

쏘한 영화는 선뎐의 리용물이 된다던가 쏘는 어느 주의(主義) 가운데 국한(局限)하여서는 아니 될 것입니다. 그야말로 가장 공정하지 아느면 아니 될 것인데 일부 완미(頑迷)한 식자(識者)들의 공리주의(功利主義)에 리용이 된 것입니다. 다시 말삼하겟습니다만은 영화는 자극력(刺戟力)이 가장 만흔 관게상 영화가 발달되여감을 조차 일반 식자 간에 영화의 가치가 평가(評價)되고 싸라서 영화의 해독(害毒)이 큰 것을 리유로 털두털미 박멸을 주장하엿스나 용히히 영화가 박멸되지 안코 반대로 날로 날로 왕성하여감을 본 그들은 소극뎍(消極的) 정책에서 적극뎍(積極的) 운동에 방향을 곳치여 자극성의 강렬함을 리용하야 사상선도(思想善導), 풍속개량(風俗改良) 갓흔 데 리용함이 조켓다는 결론을 어덧습니다. 그리하야 선전영화(宣傳映畵)라는 것이 생기고 영화검열(映畵檢閱)에 대하야 가혹한 규뎡이 생기게까지 된 것입니다. 말이 잠간 싼 길에 드러간 것 갓습니다만은 영화는 여러 방면에 리용된다는 것이 조치 안타는 것은 아님니다. 학술상이나 군사상이나 영화로 말매암아 가장 큰 공덕(功

---

57) '斬新'의 오식으로 보임.

績)을 엇게 된 것도 잇고 발명도 잇섯습니다. 이것만으로도 영화는 훌융히 우리 문화 발달상 업지 못할 주요한 지위에 잇는 것은 시인하지 안을 수 업습니다. 그러나 영화는 그 이상에 중대한 의의(意義)가 잇는 것이니 지금에 일반 민중의 향락(享樂)을 위하야 데공하는 영화극이 잇슴을 이저서는 아니 됨니다. 그리하야 영화극으로서의 나아갈 길은 우에 긔록한 바와 갓흔 정도(正道)에서 압흐로는 참된 민중의 오락으로서 쏘한 신흥예술 완성 시대의 선구(先驅)로서 민중생활의 반려(伴侶)가 되여야만 하겟다는 말임니다.

매일 26.01.21 (2) 단성사 무료관람권

=본사 주최의 상설관 인긔투표의 무료관람권은 일등 당선된 단성사에서 본사의 손을 것치여 작 이십일에 각 당선자에게 증뎡하얏다. (사진은 단성사 무료관람권)

매일 26.01.21 (2) 〈광고〉 [연예안내]

당 일월 이십일일부터

유 사 작품 로이스츄와드 연(演) 쾌활극·우수영화

서부극 **성난 사자** 전이권

천재자(天才子) 역 베비- 벡키 양 주연

대희극 **벡키 캅꿔** 전이권

하바-드로-린손 씨 주연

대활극 **규암성(叫闇聲)** 전육권

대연속 **천군만마** 십오편 삼십일권 제오회 제구, 십편 사권 상장

활극계 거성 조-지라칸- 씨

대활극맹투모험 **무관제왕** 전육권

레이아드 영화 유 사 명우 총출연

예고

대활극 **모험 달마취** 칠권

문예품 **호접(蝴蝶)** 전팔권

단성사

시대 26.01.21 (4) 〈광고〉

일월 십칠일(일요) 주간부터 특선 명화 제공

미국 호후만미유쎄맨드 사 쌕크세일 씨 주연

연속활극 **불견의 광선** 전십오편 삼십일권 사회 제칠, 팔편 사권 상영

미국 골드우웡 사

에치스로-바드 양 알후렛드란드 씨 공연(共演)

대활극 **대북(大北)의 괴이** 전칠권

불국 알바토로스 사 초특작

원작 이반쓸케네- 씨 감독 토올얀스키 씨

佛蘭南[58] 제일의 미인 나타리 코방코 양 주연

신비적비련극 **연(戀)의 개가** 전팔권

전세계의 영화예술계를 경도케 한

대정 십사년도 봉절 영화 중 제일위* 추천한 대명화 *출(出)?

진실로 영화를 애호하는 인사여

차(此) **할 명작을 보지 안코 무어든지 말치 마시요?

관철동 **우미관**

전 【광】 삼구오번

조선 26.01.21 (석1), 26.01.22 (석1), 26.01.23 (조3), 26.01.24 (석2), 26.01.25 (조4) 〈광고〉
매일신보 1월 21일자 단성사 광고와 동일

동아 26.01.22 (5) [연예] 영화계의 정세 (七)[59] / 이구영

다시 이야기는 본길노 드러갑니다. 미국사람들이 구주영화에 대하야 경계를 하게는 되엿스나 사실로 독일영화는 내용덕으로 능히 미국영화를 익일 수 잇섯습니다. 미국의 팬들은 독일영화를 배척할 수가 업섯습니다. 싸라 구주영화 중에 독일영화는 무서운 세력으로 미국영화계에 세력을 펴게 되엿습니다. 그리하야 삼, 사 년 전까지 독일영화계는 일천에 갓가운 푸로썩순이 생기게까지 되엿습니다. 이것을 보고 놀낼 사람은 미국의 대자본의 옹호를 맛는 제작자들이엇습니다. 이대로만 나아간다 하면 이윽고 미국영화는 완전히 그 세력이 독일영화에게 쌔앗기고 말 것이라고 선후책을 강구하게까지 되는 가운데 폭스 회사나 유니바살, 파라몬드래스키 가튼 대회사들은 자본의 일부를 독일영화계에 데공하야 자긔네 경영으로 독일에서 쏘한 영화제작을 하게 되엿습니다. 그것뿐 아니라 일류 배급회사들은 독일영화 미국 흥행권에 대하야 격열한 쟁탈전(爭奪戰)까지도 생기게 되엿습니다. 그리하야 독일영화계는 방금 크게 발뎐되랴는 중간에 미국인의 대자본주의로 말미암아 여디업시 리익의 농단(壟斷)을 당하고 말엇습니다. 미국인들은 이것으로서는 만족지 안엇습니다. 일류 회사를 매수(買收)하야 비록 독일 사람의 손으로 제작되는 영화라도 그 리익이나 권리에 대하야는 모든 것이 미국사람의 것이 되고 말엇습니다. 쏘한 미국사람들은 구주 각 대도시마다 영화상설관을 경영하게 되엿스니 미국 유니바살이나 윌니암폭스 회사, 래스키파라몬드 회사들은 독일, 불란서, 이태리 각 대도시마다 자긔 회사 작품을 공개하는 영화극장을 경영할 쑨만 아니라 자긔네가 경영하는 구주영화를 올니게 되엿스나 그래도 그들은 안심할 수 업섯습니다. 여디업시 리익의 농단을 당하고 나중에는 유

---

58) '佛蘭西'의 오기로 보임.
59) '팔(八)'의 오식으로 보임.

명한 감독, 배우까지 미국사람에게 매수를 당하고 말게 되니 서던 명감독 「시스토템」, 정말[60] 명감독 「스엔까데」, 독일 명감독 「루밧치」, 로서아 명감독 「푸고스키」, 애란[61] 명감독 「하바드 쭈레논」, 백이의[62] 명감독 「에드워드 쪼세」, 이태리 명감독 「로바드 위니오라」, 영국 명감독 「스추와드 쌘랙톤」 제씨는 모다 미국영화게의 사람이 되야 멀니 고향을 쩌나 남의 나라 예술게에서 쯧갓지 아니한 생활을 하고 잇습니다. 물론 이 중에는 자진하야 미국으로 간 사람도 잇스나 「시스토템」 씨나 「루밧치」 씨나 「푸로스키」 씨 등은 미국 일류회사의 제휴(提携)로 간 것으로 사실임니다. 배우로도 독일의 「보라 네구리」 양, 「벳데이 푸라이스」 양 「아닐다 닐센」 양이, 이태리에서 「쌕루몬다나」 씨, 스페인에서 「안토니오 모레노」 씨 「안나 큐닐슨」 양, 서던에서 「쪼리 애리스」 양, 영국에서 「아네스트 도린스」 양, 영국 스콧틀낸드에서 「아돌푸 만슈」 씨, 불란서에서 「지구릿트 홉기스트」 씨, 서던에서 「찰스 드로슈」 씨를 매수되어 미국에 건너가게 된 것임니다.

매일 26.01.22 (3), 26.01.23 (1), 26.01.24 (2), 26.01.25 (2) 〈광고〉 [연예안내]
1월 21일자 단성사 광고와 동일

시대 26.01.22 (3) 대구 만경관(萬鏡舘) / 신춘부터 대확장 / 계하(階下)에 의자 설치
【대구】 대구에 상설 활동사진관 만경관은 현금(現今) 이제필(李濟弼), 현영건(玄泳健) 양씨(兩氏)의 경영으로 *래(來) 만흔 활동과 우량한 성적을 어더왓슴은 일반이 다 아는 바이니와 금년부터는 일층 확장할 신계획으로 대구경찰서에 인가를 어더 불원간 계하에는 의자를 설비하고 하족(下足)할 수(手)*이 업시 신은 대로 입장시키기로 결정되어 방금 준비에 분망 중이라 한다.

시대 26.01.22 (3) 진주지국 / 본보 독자우대 / 취성좌 내진(來晉)으로
【진주】 니르는 곳마다 호평과 환영을 바다오든 취성좌 김소랑 일행은 기보(旣報)와 가티 부산에서 본보 지국 후원으로 독자우대의 대흥행을 마치고 지난 십칠일에 진주에 도착하야 오 일간 예정으로 당지(當地) 진주좌에서 대흥행을 한다는데 특히 본 독자를 우대하야 계상(階上) 이십 전, 계하 십 전의 할인으로 연야(連夜) 대만원의 성황을 정(呈)하얏다 한다.

동아 26.01.23 (1) 〈광고〉
일월 이십삼일(토요)부터 명화 공개
실사 **조선진좌제일(鎭座祭日) 실황** 전일권
△ 미국 샤드우오카 영화
희극 **함의 체량(體量)** 전이권

---

60) '덴마크'의 한자 표기.
61) '아일랜드(공화국)'의 한자 표기.
62) '벨기에'의 한자표기.

△ 미국 죤니우오카 영화

명우 에듸쌘로- 씨 주연

대활극 **의용의 남(義勇의 男)** 전육권

△ 미국 호후만후미유쩨맨드 사

싹쿠 세일 씨 주연

연속활극 **불견의 광선** 전십오편 삼십일권

제오회 제구, 십편 사권 상영

△ 미국 와나섈라사-스 사

아이린 릿치 양 주연

인정극 **분류(奔流)에 사랑을 실고**

-예고-

문예영화 『**사출(思出)**』 전십이권

폭쓰 사 특약 **우미관**

전화 광화문 삼구오번

동아 26.01.23 (4) 〈광고〉

음악 연극 무도대회

일시 일월 이십삼일 오후 칠시

장소 함흥 동명(東明)극장

입장료 육십 전 사십 전 이십 전

주최 함흥 고용인 상조회

후원 조선 시대 동아 삼 지국

매일 26.01.23 (1) 〈광고〉 [연예안내]

출연진 제외된 외 동아일보 1월 23일자 우미관 광고와 주요 정보 일치

매일 26.01.23 (2) 〈광고〉 금일=본지 독자초대영화회

인기투표에 일등 당선된 단성사에서

정오 개관. 반다시 단성사의 초대장을 지참하시오

조선 26.01.23 (석1), 26.01.24 (석1), 26.01.25 (조2), 26.01.26 (석1), 26.01.27 (조4), 26.01.28 (조3), 26.01.29 (조4), 26.01.30 (조3) 〈광고〉

아래 예고 외 동아일보 1월 23일자 우미관 광고와 주요 정보 일치

예고

명화 **아 청춘** 전칠권

문예영화 **사출(思出)** 전십이권

명화 **지내가는 영(影)** 전십권

문예영화 **오세로-** 전십일권

동아 26.01.24 (2), 26.01.25 (4), 26.01.26 (2), 26.01.27 (3), 26.01.28 (5), 26.01.29 (1) 〈광고〉

1월 23일자 우미관 광고와 동일

동아 26.01.24 (5) [연예] 미(米) 여배우 인견력(引牽力) / 「달맛지」가 만뎜

최근 미국에서는 영화 애호가들과 극 경영자들의 눈으로 본 미국영화 녀배우들의 관객 인견력(引牽力)에 대하야 조사를 한바, 다음과 가치 발표하얏다더라.

성명	애호자	흥행자
노마 달맛지 양	一〇一	一〇〇
코린 무어 양	七六	八八
안나 규닐손 양	七五	六七
콘스탄스 달맛지 양	七五	六一
포린 푸레데릭 양	七五	四六
코린 크리피쓰 양	七五	四六
리아도리스쏘이 양	七一	五六
베데이 컴슨 양	六六	六六
푸리시라 데인 양	六六	五三
메이마카쏟이 양	六一	二八
메리 퓌리빈 양	五二	四六
봐지니아 봐리 양	五一	四七
자레미슨 양	四七	四七
리라리 양	四七	四九
카멜마이야스 양	四三	三五
쎈 노박 양	三二	四二

동아 26.01.24 (5) 〈광고〉

일월 이십삼일(토요)부터 민립극단 이회 공연

신각본 문의봉(文蟻蜂) 각색

비극 **운명의 종(鍾)소래** 전 삼막사장

박운파(朴雲波) 제공

희극 **이웃집** 전 이막삼장

다음 예제

비극 **불여귀(不如歸)** 전육막

=대예고=

당명황(唐明皇)의 양귀비

공개일은 언제?

조선극장(전 광 二〇五)

시대 26.01.24 (3) 〈사진〉 두 다리에 보험

미국 활동사진배우 「세실·에쌘스」는 그의 고은 다리에 십만 불(이십만 원)의 보험을 부티기로 하얏답니다.

시대 26.01.24 (3) 활동사진의 참 쯧과 우리의 리해관계 (四) / 李慶孫

(원문파손)

매일 26.01.24 (2) 한위(寒威)를 모(冒)하고 / 수천 독자 운집 / 대성황의 독자초대회 / 치위를 무릅쓰고 모혀들어 / 단성사는 인해에 싸히엿다

단성사에서 본지 독자를 초대하는 이십삼일이 왔다. 정문입구와 무대에는 본사에서 긔증한 화환(花環)이 찬란히 장식되야 독자를 고대하는 듯 ― 뎡각 전부터 츄위를 무릅쓰고 모도허드는 본지 독자 제씨의 발자쳐는 슨이지 안이하야 오정 반까지는 남녀석에서는 거의 만원의 성황을 이로윗섯는대 뎡각이 되매 본사 사원 리셔구(李瑞求) 씨가 등단하야 일장 의례사가 잇슨 후 즉시 뒤를 이워 활동사진이 시작되는 텬재소녀 『백키』 양의 어엿분 희극과 『무관의 데왕』 등 관긱석에셔는 박수갈채가 긋이 나지 안이하얏섯는대 특히 각 가뎡의 부인네가 만히 참석한 것은 특필할 만하얏섯다.

◇ 사진= 단성사의 본지 독자초대회영화[63]

매일 26.01.24 (2), 26.01.25 (2), 26.01.28 (1), 26.01.29 (1), 26.01.30 (1) 〈광고〉 [연예안내]

동아일보 1월 24일자 조선극장 광고와 동일

매일 26.01.24 (3) 〈사진〉

각 관 인긔투표에 『일등』이 된 단성사에서는 이십삼일 낫 본지 독자를 위하야 성대한 초대 흥힝을 하얏섯는대 사진은 관주 박승필 씨와 단성사의 외관이다.

---

63) '독자초대영화회'의 오식으로 보임.

조선 26.01.24 (조3) 배우학교 생도 모집

시내 동숭동(東崇洞) 백이십팔번디 조선배우학교(朝鮮俳優學校)에서는 금번 데이긔 매반(第二期 梅班) 남녀학생을 모집한다는데 학과는 무대극과(舞臺劇科)와 영화극과(映畵劇科)라고.

조선 26.01.24 (조3), 26.01.25 (조4), 26.01.26 (조3) 〈광고〉

동아일보 1월 24일자 조선극장 광고와 동일

동아 26.01.25 (3), 26.01.26 (8) 〈광고〉

1월 24일자 조선극장 광고와 동일

동아 26.01.26 (7) [연예] 「쏘비에트」 노국(露國) 영화계 (一)

일로협약(日露協約)이 톄결된 후로는 조선영화 「판」들이 「쏘비에트」 로시아의 영화도 차차 서백리 황야를 거처 수입되리라는 긔대를 가지고 잇슬 것이라. 뎨정시대(帝政時代)에 만들엇든 원판으로 「톨스토이」 작품 가튼 유명한 것을 영화화한 본토작의 영화도 수입될 것이며 현 공화정부가 제작한 새사상 선뎐영화 가튼 것도 만히 수입되리라고 긔대할 것이라고 생각합니다. 그러나 기술이 아직 진보되지 못한 그 영화계의 산물은 좀처럼 다른 나라의 작품을 싸를 수가 업는 것을 볼진대 일반의 긔대와는 매우 어그러지리라고 생각합니다. 그러나 영화배우로 방금 세계에 흐터저 활약하는 로시아의 사람들은 상당히 만흔 터이라고 합니다. 작년 세모에 우미관(優美舘)에서 상영한 『킨』의 주연을 마터 출연하야 그 일홈이 자못 놉흔 「이반 모주힌」과 「나다리 리세코」라든지 「쩌스이엡스키」 씨 명작 『죄와 벌』의 주역을 마터 출연한 「그레고리 크마라」라든지 그 밧게 「림스키」와 「니코라스 코린코 반코」 등 유명한 배우들이 잇고 감독으로는 「툴찬스키 월코프」, 「스토리 쳄스키」, 「마리코노」, 「쌕코윗스키」 등이 잇다고 합니다.

혁명 후 수년 뒤에 「쏘비에트」 정부는 국가 경제의 각 방면에 긍하야 조직뎍으로 정리하기에 착수하자 곳 활동사진을 그에 리용하기를 시작하야 그중에서도 더욱 자긔 나라 농민들에게와 밋 국외의 선뎐에 대하야 그를 장려하기로 되엿는대 그 긔관을 조직하는 관게로 세금정책에 적지 아니한 장해가 잇서서 구미 각국에 비교하면 참으로 격세의 늣김이 잇슬 만치 발달이 뒤진 것이라고 합니다.

동아 26.01.26 (7) [연예] 영화대회

시내 견지동 시텬교 소년회(堅志洞 侍天敎靑年會)에서는 창립된 긔념을 축하하기 위하야 금 이십륙일부터 삼 일간 서양에서 유명한 활동사진대회를 개최할 터이라는데 시간은 매일 밤 일곱 시부터요, 회비는 어른은 이십 전, 어린이는 십 전이라더라.

조선 26.01.26 (석1) 〈광고〉

일월 이십육일부터 명화 대공개

유니버-살 회사 주-엘 영화

영화계의 명성(明星) 로만게리 씨 대역연

연화(戀話) **호접(胡蝶)** 전칠권

유 사 센쮸리- 특작품

대희극 **천하 명의(名醫)** 전권(全卷)

유 사 특별 제공 영화

대활극 **백마의 협위(白馬의 脅威)** 전오권

서부극 명장 작크-혹시-씨 대맹투

유 사 연속영화 대연속 **천군만마**

제육회 제십일편 제십이편 사권 상장

유니버-살 명화 봉절장 **단성사**

전 광 구오구번

조선 26.01.26 (석2) [각 단체소식]

시천(侍天)소년 창립 축하

시내 견지동(堅志洞) 팔번디에 잇는 시텬교소년회(侍天敎少年會)에서는 창립축하일을 리용하야 내용을 충실히 하며 선뎐을 널리 하기 위하야 이십륙일부터 삼 일간 활동사진대회(活動寫眞大會)를 개최하리라는데 시간은 매일 하오 일곱 시부터이라 하며 입장료는 보통 이십 전, 학생 십 전식이라고. (이하 기사 생략)

동아 26.01.27 (3) 〈광고〉

당 일월 이십육일(화요)부터 민립극단 이회 공연 중

신예제 차환(差換)

비극 **불여귀(不如歸)** 전육막

다음 예제

대활극 **오호천명(嗚呼天命)** 전칠막

=대예고=

당명황(唐明皇)의 양귀비

공개일은 언제?

조선극장 (전 광 二〇五)

동아 26.01.27 (7) [연예] 자선극회

시내 금뎡(錦町)에 잇는 금뎡청년회(錦町靑年會)에서는 창립 이래 대중운동에 분투 로력하야 오든바 신년벽두에 신사업으로 무산 아동을 가르키기 위하야 야학부(夜學部)를 설치코자 그 회 간부 일동과 일반 회원 제씨들이 백방으로 준비 중이나 역시 경제가 허락지 아니함으로 일반 유지 제씨의 동정을 엇고저 금월 이십구일부터 이 일간 룡산 개성좌(龍山 開盛座)에서 신파 연극과 자미잇는 음악 무도회를 개최한다는데 사회 유지 제씨는 만히 참석하야 주기를 바란다더라.

조선 26.01.27 (조3), 26.01.28 (조3), 26.01.29 (조4), 26.01.30 (조4) 〈광고〉
동아일보 1월 27일자 조선극장 광고와 동일

조선 26.01.27 (조4), 26.01.28 (조3), 26.01.29 (석2) 〈광고〉
1월 26일자 단성사 광고와 동일

동아 26.01.28 (2), 26.01.29 (1), 26.01.30 (5) 〈광고〉
1월 27일자 조선극장 광고와 동일

동아 26.01.28 (5) [연예] 쏘비에트 노국(露國) 영화게 (二)
「모스코바」에 잇는 엇던 영화잡지는 현재 로서아의 나라 형편으로는 영화 발달을 생각할 여디가 업다고 말햇드라고 합니다. 그의 한 례로 「톰스크」에 잇는 국영예술관(藝術舘)과 밋 사영 「크로쌱스」관을 쓸어다가 써노앗드라는데 그것을 보면 활동사진관들이 방금 얼마나 세금정책에 고통을 밧는가를 알 수가 잇슬 것이라는데 그는 다음과 갓다고 합니다. 예술관은 이천[64]구백이십삼년 십월 일일부터 동 이십사년 구월 삼십일까지 통게요, 「그로쌱스」관은 개설 당일 즉 일천구백이십삼년 십일월 이십일부터 동 이십사년 구월 말일까지의 통게라고 합니다.

【예술관】

매표 총수입　二〇二,四四〇매

	류(留)	가(哥)
총수입	六八,九八四,	六三
지출부	류(留)	가(哥)
적십자사	六八四〇,	三〇
지방세	三,五五六,	九六
특허세	二,三六三,	一三
광고비	二,八五四,	二七
전등비	八,六八三,	四九
필림료	二一,二二三,	〇三
조차세(組借稅)	二,四〇〇,	〇〇

---

64) '일천'의 오식.

	류(留)	가(哥)
급료	五,七三九,	四三
보험료	七〇四,	〇三
아트락손	三,九四七,	六七
잡비	一七四,	四七
지출합계	五八,一七四,	二八

『그로쌕스관』

매표 총수입 一〇八,七三八매

	류(留)	가(哥)
총수입	四一,一四〇,	九三

지출부	류(留)	가(哥)
적십자사	五一,一八四,	六〇
지방세	七,〇八三,	六八
특허세	二,七三二,	九六
광고비	二,〇八二,	六七
전등비	三,六三六,	〇六
필림료	一七,三八〇,	三四
조차세	一,二〇〇,	〇〇
급료	三,九一七,	二九
보험료	九一七,	七八
아트락손	六四四,	五〇
잡비	三〇六,	二四
지출합계	四五,〇八八,	一二

전긔 지출은 그중에도 주요한 것으로 그 밧게도 소유세, 과료, 비품세, 수선세 등을 싸지자면 순익이라고는 거의 업슬 만하다 하며 쏘는 쏘비에트 정부의 명령에 의지하야 무료로 입장케 하는 관람자 수효는 실로 놀날 만하다는데 그 수효는 다음과 갓다고 합니다.

『예술관』

적군병사(赤軍兵士)	五,四〇〇人
직업동맹당원	四,〇六〇
원아(園兒) 학생 등	二,六〇〇

『그로쌕스관』

적군병사	三,二〇〇人
직업동맹당원	六二〇
원아 학생 등	二,二五〇

전긔 수자를 볼진대 「쏘비에트」 로서아의 활동사진관 경영이 얼마나 어렵다는 것을 짐작할 수가 잇

슬 것이라고 합니다. 그런데 전긔 두 상설관은 그중에서도 성적이 조코 큰 일이니까 그 미테 잇는 조고마한 성적 조치 못한 상설관은 더욱이 하잘것이 업다고 합니다.

동아 26.01.28 (5) [연예] 불여귀(不如歸) 극

시내 인사동 조선극장(仁寺洞 朝鮮劇場)에서는 민립극단(民立劇團)의 데이회 공연이 잇서서 밤마다 성황을 일우는 중 요사이는 일본 덕부로화(德富蘆花) 씨의 작 불여귀(不如歸)를 조선극으로 화하야 상연 중 일반의 렬광덕 환영을 밧는 중이라더라.

매일 26.01.28 (1), 26.01.29 (1), 26.01.30 (1) 〈광고〉 [연예안내]

아래 예고가 추가된 외 조선일보 1월 26일자 단성사 광고와 주요 정보 일치

예고
대활극 **모험 달마취** 칠권
명화 **파리(巴里) 여성** 전팔권

동아 26.01.29 (5) [연예] 지상(紙上)영화 / 지내가는 그림자 전십권

불국(佛國) 알바트로스 특작
이완 모주힌 씨 나다리 센코 양 주연

해설 영화 『킨』으로 말미암아 대번에 큰 명성을 어든 「이완 모주힌」 씨와 「거넬무휘쓰」 씨와 합작한 영국 영화극으로 일본에서 상영하야 일본 애활가들에게는 『이것이야말로 새로 던개될 영화이다』라고까지 칭찬을 밧든 것으로 주연 배우는 당대 불란서 명우 「이완 모주힌」 씨, 「나타리 센코」 부인, 로련 무쌍한 「안리크로스」 씨가 중심으로 촬영한 것인데 예술미 풍부한 불란서 영화 중에서도 기술이 교묘하며 표현이 능난하야 실로 고급영화 중에서도 쒸어난 영화이라고 한다.

경개(梗槪) 자연의 미를 탐하야 삼림 생활로 여생을 보내는 「쌔그레」 교수는 부인이 세상을 써난 후 아들 「루이」를 다리고 영국 「하리란드」라는 은윽한 농촌에 은퇴 생활을 하고 잇섯다. 그 까닭에 그 아들 「루이」도 쏘한 그와 가튼 질소한 교육을 바더왓스며 순진하게 자라낫다. 「루이」는 솟곱동모인 「아리스」와 쑬가튼 결혼생활을 해왓다. 그리하야 세 식구는 동리 사람들이 불어워하도록 단란한 생활을 하엿다. 어느 날 「루이」는 외조부가 갑작히 세상을 써낫다는 통지를 밧고 그 유산이 천만 「푸랜」을 차저가라는 공증인의 통지를 밧엇다. 그리하야 「루이」는 엇저하는 수 업시 「파리」를 가게 되엿다. 「파리」에 도착한 시골쒸기 「루이」는 만흔 재산이 손에 들어오자 사치스러운 도회 사람들의 생활을 부러워하게 되엿다. 그 김새를 안 괴신사 「이오네스코」 남작과 「쏜 픽크」 두 사람은 「짜크린」이라는 미인을 소개하야서 「루이」의 재산을 쌔앗고자 하엿다. 어느 날 밤 「루이」는 「이오네스코」 남작의 집에서 열니는 대무도회에 초대를 바더 갓다가 「짜크린」의 아름다운 자태에 홀니엇다. 그리하야 순진무구한 고향에 잇는 안해 「아리쓰」는 이저바리고 말엇다. 「쌔크레」 교수는 기다리다 못하야 「아

리스」를 다리고 파리에 차저왓다가 맛침 그 무도회에서 아들 「루이」를 맛나 도라가기를 권하얏다. 그러나 「짜크린」에게 취한 「루이」는 그 아버지의 말을 듯지 아니하얏다. 그 아버지는 만좌 중에서 아들의 모욕을 하고 그 재산을 전부 내노흐라고까지 하얏스나 「루이」는 전 재산을 소절수로 써서 그 아버지에게 내어주고 집에는 도라갈 수가 업다고 거절하얏다. 「짜크린」은 그 사나희다운 「루이」의 열정을 보고 감격히 생각하고 괴신사들의 부탁을 저바리고 몰내 「콜시카」라는 섬에 잇는 자긔집으로 도망해갓다. 「루이」는 그의 뒤를 싸라 그 섬에 일으러서 역 「짜크린」을 차저 맛낫다. 그 눈치를 안 괴신사들은 자동차와 비행긔를 리용하야 역시 그 섬으로 쏘차왓다. 그리하야 「루이」로 더부러 대격투가 일어나 「루이」는 마츰내 중상을 당하고 악한들은 그 동리 사람들에게 포박을 당하얏다. 「짜크린」은 한시도 써나지 안이하고 「루이」를 정성을 다해 간호하얏다. 신문을 보고 그 사실을 알게 된 그의 아버지 「쌔크레」 교수와 안해 「아리스」는 그 섬에를 차저왓다. 「짜크린」과 「아리스」 사이에는 사랑의 쟁탈전이 일어낫다. 그러나 「아리스」의 배속에는 「루이」의 어린 것이 들어 잇섯는고로 「짜크린」은 무여지는 가슴을 움켜쥐고 참아 입싯헤 나오지 안는 무정한 말을 「루이」에게 들니어 준 후 「루이」의 어린 것의 장래 행복을 위하야 자기의 사랑을 희생하고 눈물을 쑤려가며 「루이」의 세 식구가 고향으로 도라가는 것을 배웅하얏다. 그리하야 한 사람은 사랑으로 말미암어 피눈물을 한평생 흘니게 되고 두 사람은 사랑으로 말미암어 한평생 질거움을 작만하얏다.(씃)

우미관 상영

이 영화는 명 삼십일 낫부터 시내 관텰동(貫鐵洞) 우미관에서 상영하리라더라.

동아 26.01.29 (5) [연예] 간친(懇親)영화회

시내 종로 중앙긔독교청년회(鐘路 中央基督教靑年會)에서는 금 이십구일과 명 삼십일 량일간 오후 일곱 시부터 회원 간친 활동사진회(會員 懇親 活動寫眞會)를 개최할 터인데 이십구일은 소년 회원, 삼십일은 장년 회원이 참석하게 할 터이라 하며 영사할 활동사진은 다음과 갓다더라.

희활극 쾌남아 푸린톤 칠권
희극 탈선함 이권

매일 26.01.29 (2) [모임]

◇ 시내 종로 중앙긔독청년회(中央基督教靑年會)에서는 금 이십구일에 동 회관에서 회원 간친활동사진회(懇親活動寫眞會)를 개최하고 소년부 회원만 관람케 하고 명 삼십일에는 장년부 회원을 관람케 할 터인바 회원이라도 초대권 가진 자에만 입장케 한다더라.

(이하 기사 생략)

시대 26.01.29 (3) 〈광고〉

●일월 이십육일부터 명화 대공개
▲ 미국 유니버-살 회사 쥬-엘 영화

영화계의 명성(明星) 로만게리 씨 대역연

연화(戀話) **호접(蝴蝶)** 전칠권

화미(華美)만 조와하는 방종한 동생과 인자한 언니-

언니는 동생을 위하야 한번 자기의 사랑까지 희생하얏스나

동생의 마음은 눈 쓸 줄을 몰낫다

아- 애탄의 눈물 서린 연화의 일편은 엇더케나 전개되려는지?

▲ 유 사 센쑤리- 특작품

대희극 **천하 명의(名醫)** 전권(全卷)

▲ 유 사 특별 제공 영화

대활극 **백마의 협위(白馬의 脅威)** 전오권

서부극 명장 쟉크-흑시- 씨 대맹연(大猛演)

▲ 유 사 연속영화

체육회 대연속 **천군만마** 제십일편 제십이편 사권 상장

◀예고▶

▲ 유 사 대작품 명화

리챠두 달마치 씨 결사적 대역연

대활극 **모험 달마취** 전칠권

▲ 유나이듸스트 회사 특작 명화

명화 **파리 여성** 전팔권

찰-스 짜프링 씨 감독

수은동 **단성사**

전 【광】 구오구

조선 26.01.29 (조1) 동화 급(及) 환등 성황

선천(宣川)기독소년부 주최로 거 이십삼일 동(同) 회관 내에서 김경념(金敬念) 선생의 자미잇는 동화와 『소년운동에 대하야』란 제(題)로 *도원(道元) 선생의 연설이 긋난 후 아동교육에 관한 환등사진으로 성황리에 폐회하얏다더라. (선천)

조선 26.01.29 (조2) [집회]

◇ 청년회원 간친(懇親) 영화

시내 중앙긔독교청년회에서는 이십구일과 삼십일 량일 오후 일곱 시에 회원간친활동사진회(會員懇親活動寫眞會)를 연다는바 이십구일은 소년부(少年部) 삼십일은 장년부(壯年部)로 난호아 한다는데 입장자는 청첩(請牒)을 가진 회원에 한한다 하며 사진은 다음과 갓다고.

一, 쾌남아 「푸린톤」 전칠권

一, 탈선함 전이권

동아 26.01.30 (2) 〈광고〉

일월 삼십일일(토요) 주간부터 특선 명화 제공

◆미국 파데- 지사 실사 **시사주보** 전일권

◆미국 파데- 지사 하롤드 로이드 씨 주연

희극 **로이도 유산(遺産)** 전이권

◆미국 호후만미유쎄맨드 사

연속모험활극 **불견(不見)의 광선** 전십오편 삼십일권

제육회 제십일, 십이편 사권 상영

◆불국 알파토로스 사 초특작

원작자 이완 모주-힌 씨 각색자 케닐 무후오스 씨

감독 알렉싼다 톨월코후 씨

비련극 **지내가는 영(影)** 전십권

"LES OMBES OUI PASSNT"

-예고-

문예영화『**사출(思出)**』전십이권

동(同)『**오세로-**』전십일권

명화『**아- 청춘**』전칠권

폭쓰사 특약 **우미관**

전화 광화문 삼구오번

동아 26.01.30 (5) [연예] 쏘비에트 노국(露國) 영화계 (三)

다음에 영화제작에 대한 것을 볼진대 방금 로서아에서는 「쇼스키노」라고 하는 회사가 아조 유일한 제작회사인데 그 회사는 아직 설립된 지는 얼마 되지 아니하엿스며 그 전신은 「쏘비에트」교육인민위원(敎育人民委員) 부속의 활동사진부가 잇다가 일천구백이십이년에 「쇼스키노」로 조직을 곳친 후 참말 영화제작 사업에 전력을 하게 되기는 그 이듬해 즉 일천구백십[65]삼년에 「카듬뭇씨푸」 씨를 전문으로 마진 뒤에 일이라고 하는바, 그 회사의 일천구백이십사년도 촬영 「필름」 수효는 대개 다음과 갓다고 합니다.

네가씨푸

시사뉴스 二,二八○,七五

예술품 九,四二八,七四

---

65) '이십'의 오식으로 보임.

과학예술품 三,〇九一,八〇

광고용 급(及) 만화 희극 二,二一一,六五

계 二七,〇一二,一

포지틔쌴

시사뉴스 一〇〇,一〇五,七五

예술품 四〇,三六九,二〇

과학예술품 七,〇二六,一

광고용 급 만화 희극 二,二一一,六五

계 一七〇,一二九,一

전긔 수자를 보면 실로 일류 촬영회사라기에는 너머나 붓그러운 늣김이 일기를 마지안이한다고 함니다.

매일 26.01.30 (1), 26.01.31 (2), 26.02.01 (1), 26.02.02 (3), 26.02.04 (1), 26.02.05 (4), 26.02.06 (2) 〈광고〉 [연예안내]

출연진 등이 제외된 외 동아일보 1월 30일자 우미관 광고와 주요 정보 일치

시대 26.01.30 (3) 대구 만경관 / 관객을 위하야 / 애국 나팔 상연

【대구】 대구 경정(京町)에 잇는 상설 활동사진관 만경관은 근래 관람객이 일층 증가되어 매야(每夜) 대성황을 닐우는바 금반 동관(同舘)에서는 관객을 위하는 의미하에서 희생적으로 분발하야 이십구일부터 수일간 예정으로 불란서 건국애화 「애국의 나팔」을 매입 상영하게 된다는바 차(此)가 예고되자 대구의 일반인사는 적지*하 기대하고 잇는 바이라고 한다.

시대 26.01.30 (3) 〈광고〉

1월 29일자 단성사 광고와 동일

시대 26.01.30 (3), 26.02.01 (3), 26.02.02 (4), 26.02.03 (3) 〈광고〉

〈지내가는 영(影)〉에 대한 아래의 설명이 추가 된 외 동아일보 1월 30일자 우미관 광고와 동일

비련극 **지내가는 영(影)** 전십권

『킨』 영화 주연자엿든, 이완 모쥬힌 씨 주연

질박한 전원생활의 단조(單調)로부터, 화려 극치한 파리 복잡에?

갱(更)히 노도(怒濤) 암(岩)이 덥힌 콜시카 도(島)의

고성(古城)에 권기(捲起)하는 로맨틱한 연애의 -로맨스 일 편을?

동아 26.01.31 (6), 26.02.01 (3), 26.02.02 (2), 26.02.03 (5), 26.02.04 (2), 26.02.05 (5) 〈광고〉
1월 30일자 우미관 광고와 동일

동아 26.01.31 (6) 〈광고〉
일월 삼십일일(일요일)부터
민립극단 이회 공연 중 제삼회 목(目) 예제 차환(差換)
문의봉(文蟻蜂) 작 사회극 **사의 영관(死의 榮冠)** 전오막
천응욱(千應旭) 역 희비극 **고향** 전일막
다음 상연할 예제
사회극 **이역의 혼(異域의 魂)** 전오막
=대예고=
당명황(唐明皇)의 양귀비
상연일을 기대하세요
조선극장 (전 광 二○五)

매일 26.01.31 (2), 26.02.01 (1), 26.02.02 (3), 26.02.04 (1) 〈광고〉 [연예안내]
제작진 제외된 외 조선일보 1월 31일자 단성사 광고와 주요 정보 일치
동아일보 1월 31일 조선극장 광고와 동일

매일 26.01.31 (3) [일요부록] 신춘문예 / 표현파 영화에 대하야 / 곡류(曲流) 김일영(金一泳)
현금(現今) 아등(我等)은 『스크린』에서 종래에 보통 영화에 비하야 『셋트』의 구성과 배우의 표정이 괴이한 일(一) 신영화를 발견할 수 잇다. 그것은 세계전쟁 후 독일에 신흥한 표현파에 영화다. 삼각 가튼 문양, 만곡(彎曲)한 노등(路燈), 경사(傾斜)한 건물을 배경삼고 귀신가치 분장한 배우들이 심각한 표정을 연출하는 표현파 영화다.
먼저 표현파의 영화라는 것은 무엇인가 말하려 한다.
종래의 영화는 간단히 말하면 자연주의 급(及) 인상주의의 영화라고 할 수 잇다. 짜라서 종래의 영화 제작자들은 자아와 주관은 영화에 나타내지 안코 다만 자연과 인상을 그리는데 충실하얏다.
표현주의의 영화는 이것을 반대하야 이러낫다. 즉 자연주의 급 인상주의의 영화예술을 반대하야 이러낫다. 적어도 표현파 영화의 정신은 그게 잇다. 그럼으로 표현파의 영화제작자는 외계의 인상, 자연의 모방, 순객관적 태도에 이르른 자연의 재현 여게서 탈각(脫却)하야 자연과 현실을 자기의 내적 세계에서 강하게 개조하고 변형하야 영화로 표현하는 것이다.
다음은 표현파 영화의 기원을 말하려 한다.
독일의 예술은 자연주의, 신낭만주의, 신고전주의를 거쳐서 표현주의에 도달하얏다. 세계전쟁 전에는 그 존재까지도 인(認)키 어렵게 미ゝ하든 표현주의가 세계전쟁 후에는 그 세력을 전 독일에 확신

(擴伸)하게 되엿다.

세계대전은 계단의 쟁투요, 자본주에 몰락을 약속한 것과 갓치 독일인의 소위 붕괴를 기치게 되앗다. 전쟁-패육(敗衄)-혁명-전후에 절망과 곤궁-에 신산(辛酸)을 맛볼 째로 맛본 체험에서 참 예술이 나타나는 것은 당연한 일이다. 더욱 원래 이상적이오, 사색적인 독일인은 이 괴멸에서 새 미래를 건설하려고 하야 먼저 그 광명을 예술 가운데서 그려내려고 하는 가운데 어든 것이 표현파 예술이얏다.

전후에 독일은 표현파의 창작이 전성하얏다. 짜라서 그 영향은 영화예술에까지 미치얏다. 희곡과 미술은 전전(戰前)에도 근소하나마 표현파의 작품이 이섯지만 영화만은 전쟁의 증물(贈物)이라고 하고 십다.

다음은 표현파의 영화는 엇더한 형식으로 된 것인가 말하려고 한다.

먼저 말한 것과 가치 표현파의 영화는 그 제작자의 주관에서 출발한 것은 물론이다. 그럼으로 제작자는 본질적에 것만 구하고 그것을 단적으로 직접으로 표시하려고 하는 고로 무릇 보충적에 제이의적(第二義的)에 것은 앗김업시 방척(放擲)[66]된다.

표현파의 영화에 대할 째에 제일 기이하게 보이는 것은 배우의 의상 급(及) 배경의 선이다. 금일까지 자연의 재현에 대한 일 수단에 불과하든 선이 무한이 해방되야 선 그것 자체- 즉 정령(精靈)이라 할 자기의 가치를 인식하게 되얏다. 제작자는 최상의 수단으로 내면의 형상을 표현하는 정령이라 할 선의 마력을 비릿다. 그리하야 직선과 혹은 곡선에 율동적의 조합에서 그 주관의 표현을 가능케 함을 어덧다.

무대에는 색도 잇지만 아직 표현파 영화에 천연색이 나오지 안은 오날 색에 대하야 말할 필요는 업는 줄 안다.

배경-전체를 보아 경사(傾斜)한 창과 급(及) 건축에 굵은 연(緣)[67]과 간소하고 맑은 윤곽과 역강(力强)한 양식이 가하여 잇는 것은 무릇 동양(同樣)으로 제작자의 주관에서 나온 것이다.

배우의 연기(연기에는 대사가 수반하지만 영화는 무언극이니가 이것을 말할 필요는 업다)도 주관에서 출발한 동작을 하고 결코 자연에 모방은 안이한다.

금일까지 각 사에 수입된 표현파 영화를 들면 『싹터·마부스』『화석기사(化石騎士)』『캐리가리 박사』『죄와 벌』『이정(裏町)[68]에 괴노굴(怪老窟)』 가튼 것이다.

『싹터, 마부스』는 『푸릿, 링크』 씨의 주도한 주의(注意)로서 감독한 것으로 전후에 독일민중의 심리경과와 암흑 면에 인간생활의 악학(惡虐) 비참한 사실과 혹은 사회 전체에 보통적의 범죄심리와 모험을 극히 침울히 그려닌 영화엿다. 그러나 차(此) 영화는 일부 인사의 신(信)하는 바와 가치 표현파의 연출양식을 기조로 映畵한는[69] 안이지만 배경은 전부 표현파에 양식을 대(帶)하엿섯다.

『캐리가리 박사』는 표현파 영화의 거장 『쏠-레니』 씨의 작품으로 그 연출까지도 양식화한 전적으로 표현파의 수법을 용(用)한 순표현주의의 영화엿다.

---

66) 내던져 버림, 내던짐.
67) '線'의 오식으로 보임.
68) 뒷골목의 초라한 거리.
69) '映畫화한 것은'의 오식으로 보임.

『죄와 벌』은 유명한 노(露) 문호『톨스토이·에푸스키』의 원작을 전기(前記)『레니』씨가 감독한 것인대 처々에 표현파의 설계를 시(施)한 것이다.

『이정에 괴노굴』도 가튼『레니』씨의 작품으로 삼 편으로 작성되엿는대 제일편은 협박관념을 상징적으로 표현한 것이다. 살인귀『싹크』는 가책과 협박을 의미한 것이다.『캐리가리』박사와 대등할 걸작이다.

좌기(左記) 영화에 나 자신의 감상도 쓰려고 하얏지만『싹터·마부쓰』외에 좌기 영화가 조선에 봉절되엿는지 모르겟는 고로 소개는 간단히 한다.

그러나 기(其) 중에『이정에 괴노굴』에는 엇더한 표현양식이 잇섯는가를 이삼(二三) 알기 쉬웁게 말하려 한다.

제이편『퍼스트·씬』을 보면 놉고 큰 왕좌에 안진 왕자『해름』이 낫고 적은 의자에 들녀 안진 신하들하고 장기를 닷호고 잇섯다. 의자를 가지고 왕자와 신하의 권력과 지위의 차이를 표시함인 듯하다. 다음『씬』을 보면『쌍』상(商)인 남자가 염천(炎天)에 쌈을 흘니며『쌍』을 굽고 잇는대 그의 처는 봉(棒)으로 막은 적은 공혈(孔穴) 속에서 남자에게 쉬지 안코 미소와 추파를 보낫다. 그런즉 남자는 자조 그 공혈을 바라보며 원기를 내여서 노동하는 것이엿다. 이것은 인간생활의 진상(眞像)을 세밀히 심각히 해부한 것이다. 과연 세상에 남자된 자 기처(其妻)를 위하야 노력하고 스사로 위안을 어들지나 연(然)이나 처된 자 공혈에 감금된 것 갓치 자유롭지 못한 생애를 하는 것도 사실이다.

혹인(或人)은 말하대 표현파의 영화를 해득하는 자는 기 제작자샌이라고 한다. 그것은 극단의 말이지만 수다한 제작자들은 가령 동일한 방향에 잇다고 하지만 보조의 태도에 다소의 차이가 잇는 것은 사실이다.

부언코저 하는 것은 내가 재작년 겨울 조선극장에서 전기(前記)『쪽터, 마부쓰』를 본 것이다. 그때 환영을 못 받은 것은 물론이오, 사진 중편에 가서 관람석에서『거더치워라』고 야단하는 소리가 몰여나왓다. 더욱히 놀나운 것은 이 치운 날 변々치 못한 사진을 보녀드려서 미안하옵니다 운운하는 사죄하려 나온 듯한 해설자의 탄원하다십히 하는 말이엿다.

그러나 이『쪽터, 마부쓰』는 일본 모 영화잡지에 우수영화 투표에 제이위를 점령한 명화라는 것을 부기한다.

금후 표현파에 영화가 민중에게 환영을 밧고 못 밧을 것은 의문이지만 기자는 표현파 영화를 영화예술에 극치라고 감언(敢言)하는 바이다.

(일월 십팔일 동경에서)

조선 26.01.31 (조3) [신영화] 불국(佛國) 알바트로스 영화 / 지내가는 그림자 (全十卷) / 금(今) 삼십일일부터 / 우미관에서 상영

본 작품은 명화『키-ㄴ』가운데서 주역으로 나왔든 이완 모주빈 씨의 원작과 명감독 아쏠코프 씨 지도감독 아래에 완성된 흥미중심의 메로쓰라마다. 주연배우로는 역시 「킨-」에 주역이든 이완 모주빈 씨로 그가 킨- 가운데서 보혀주던 침통무비한 연기(演技)와는 전연 반대방면인 자유방분한 연출과 불란서영화만이 가질 수 잇는 기술방면의 정치교묘(精緻巧妙)함과 놀라울 만한 새로운 표현긔교(表現技巧)로써 완성된 명화이다. 이제 그 내용을 잠간 소개하여 보면 쌔구레 대학교수는 일즉 자긔 안해를 여의고 사랑하는 아들과 더부러 영국 어느 고요한 삼림 가운데서 생활하여 나아가게 되엇는데 그의 아들 루이는 애리스라는 처녀와 알게 되여 이윽고 그들은 열렬한 사랑을 늣기게 되엇다. 그리하야 그들은 즐거운 결혼생활에 드러가게 되엇다. 어느 날 그들은 해수욕장으로부터 도라오다가 쯧밧게 외조부의 부고와 함씌 이턴만 푸랑의 유산상속을 말하는 공증인(公證人)의 편지를 밧고 그는 즉시 재산을 상속하기 위하야 사랑하는 안해 두이스를 남겨두고 단독으로 파리로 건너갓다. 그리하야 번화한 파리에 간 그는 우연 짜구린이라는 악녀와 알게 되여 그의 주위를 엿보는 악인단의 음모 가운데 들게 되엇다. 그러나 그의 산아희다움에는 악녀 짜구린도 사랑을 늣기지 안을 수 업섯다. 이리하야 악인단의 음모 중에서 짜구린과 루이는 꼴시까섬으로 도망하야 불타는 사랑에 모든 것을 잇게 되엇스나 안해 루이는 이미 태긔 중에 잇슴을 알게 된 짜구린은 애인을 위하야 자긔의 사랑을 단념하고 쩌나가는 루이 부부의 행복을 눈물 가운데서 빌게 되엇다.

조선 26.01.31 (조3) 〈광고〉

당 일월 삼십일일부터

미국 유 사 특별 제공

유 사 리지마운트 특작 명화

밀톤실스 씨 주연

사회극 **이혼은 수(誰)의 죄?** 전육권

유 사 특작 대명화

윌리암 데스몬드 씨 대역연

대희활극 **적모포대(赤毛布隊)** 전육권

미국 유나이듸트 회사 세계적 대작

찰-쓰 짜프링 씨 원작 감독

운명극 **파리의 여성** 전팔권

유 사 센쭈리- 특작품

천재 자역(子役) 베비-벡키 양 주연

대활극 **벡키- 만세** 전이권

예고

유 사 백만불 대영화 모험활극 **모험 달마취** 전칠권

유 사 연속영화 대활극 **경마왕** 전편(全編)

유니버-살 명화봉절장 **단성사**

전 광 구오구번

조선 26.01.31 (조3), 26.02.01 (조2), 26.02.02 (조4), 26.02.03 (석1), 26.02.04 (조4) 〈광고〉
출연진 일부 제외된 외 동아일보 1월 30일자 우미관 광고와 동일

조선 26.01.31 (조3), 26.02.01 (조3), 26.02.02 (조4), 26.02.03 (석1) 〈광고〉
동아일보 1월 31일자 조선극장 광고와 동일

2월

동아 26.02.01 (2), 26.02.02 (2), 26.02.03 (5), 26.02.04 (2) 〈광고〉
1월 31일자 조선극장 광고와 동일

시대 26.02.01 (2) [극(劇)]
*** 속연(續演)
***지방 순회연극 **고 돌아온 토월회(土月會)에서는 그간 제반준비에 분망하든 차, 오는 이월 삼일부터 시내 황금정 사정목 광무대(光武臺) 안에서 공연(共演)을 계속하리라 한다.
극제(劇題) 「인육의 시(人肉의 市)」(전 사막) 「노코 나온 모자」 「밤손님」

민립극단 / 인사동 조선극장
다년간 사계(斯界)에 경험을 만히 싸흔 리경환(李敬煥) 변긔종(卞基鍾) 군과 (하단 우) 최성해(崔星海) *소진(*少珍) 군 등의 화형녀우(花形女優) 외에 수십 인의 집단(集團)으로서 방금 『조선극장』 안에서 ** 중인데 요사이는
극제(劇題) 사의 영관(死의 榮冠) (전 오막) 고향(전 일막)

시대 26.02.01 (2) 파리의 여성 【전팔권】 / 「삼십일일부터」(단성사)
이 사진은 세계적으로 희극계에 중진이며 배우들 중에 인격자(人格者)로서도 제일인인 「찰스·체플린」의 원작(原作)이며 쏘는 그의 감독(監督) 알에 되어 나아온 사진이니 이 사진에 특이하게 나타나서 사람들에게 경이(驚異)를 주는 것은 사람의 평범(平凡)한 생활을 그린 것인데도 그 사진을 보는 사람으로 하야금 소리 업는 울음을 울리고야 만다. 거긔에 「체플린」의 지금까지의 생활 그중에서 힘써 잡아내는 그 생(生)에 대한 의의(意義), 그것은 고대로 폭로시켜 논 것과 우리들이 상상(像想)한 파리(巴里)를 그 사진은 어쩌케 보여주는가?

시대 26.02.01 (3) 대구지국 / 월례(月例) 독자위안 / 삼십일일 주야 겸행(兼行)
【대구】 월례로 행하는 대구지국의 본보 독자위안회를 매월 이 회식 거행하든바 본월은 당지(當地) 만경관(萬鏡舘)의 형편상 부득이하야 개(開)*치 못하얏슴으로 특히 지난 삼십일일 주야를 위안일로

정하고 특별사진 「애국의 나팔」을 연기 상영하게 되엇다 하며 이월부터는 전과 가티 당월 중에 이 회 위안을 실행하겟슴으로 애독제위(愛讀諸位)는 특히 **하야 주기를 *망(望)한다고 한다.

조선 26.02.01 (조2), 26.02.02 (조4), 26.02.03 (석1), 26.02.04 (조4) 〈광고〉
1월 31일자 단성사 광고와 동일

조선 26.02.01 (조3) [신영화] 『차레스, 차푸린』 씨 작품 / 운명** 파리의 여성 (전팔권) / 삼십일 일부터 단성사에서 상영
『차레스, 차푸린』 씨는 위대한 희극배우인 동시에 그는 또한 위대한 비극작가로 세계에 명성을 떨치게 하엿스니 그는 본 작품 『파리의 녀성』을 발표한 연고이다. 그리하야 본 작품은 미래(未來)의 영화로서 영화예술의 새로운 표현기교(表現技巧), 무대연출(舞臺演出)을 써나 지금까지 영화극으로서는 보지 못하든 구조(構造)와 표정 동작을 나타낸 영화다. 본 작품이 한번 사계에 발표되자 一九二四년 중 예술영화로써 첫자리를 엇게 되엿스며 『차푸린』의 명성이 전 세계 기네마팬들로 부르짓게 하얏다 한다. 본 작품의 내용은 특수한 사건을 취급하지 안엇고 우리의 일생생활 중에서 보통 볼 수 잇는 사건을 내용으로 한 점과 인생의 운명의 작란이 얼마나 가혹한가를 극단의 풍자(諷刺)와 대비(對比) 가운데서 표현한 점에 잇서 능히 재래의 ***의 과장(誇張)과 허위(虛僞)로만 내용하든 것이 얼마나 잘못인가를 능히 증명할 수 잇슬 것이다. 그리하야 본 작품은 자막의 간단함으로도 볼 점이 만흘 것이며 설명으로 듯는 것보다도 음악 가운테서 고요히 안서서 생각해가며 랭정히 바라볼 작품이다

동아 26.02.02 (5) [연예] 영화계의 정세 (八) / 이구영
그리하야 최근의 세계영화계는 완전히 자본주의의 정복을 밧게 되얏슴니다. 더욱이 유니바살 회사는 최근 독일의 가장 큰 회사로 『푸아라오의 사랑』, 『지구리푸드』, 『짠돈』 갓흔 대작품을 발표하고 륙백 이상 특약관과 일백오십여 개소의 즉영(直營) 상설관을 가즌 「우파」 회사를 합병에 갓가운 조건으로 팔백만 원을 돌녀주는 동시에 유니바살 특작 영화를 「우파」 회사의 손으로 독일 전국에 공개하도록 계약이 성립되얏다 함니다. 이 사실은 명백히 독일영화계는 지금에 하는 수 업시 미국 사람의 세력 정복된 것을 말하는 것임니다. 그리고 지금으로부터 「우파」 영화는 유니바살이 세계 흥행권까지 쥐게 됨에는 한편으로는 독일영화의 세계덕 활약을 볼 듯하나 실상으로는 미국 유니바살 회사의 발뎐을 도음는데 지나지 못할 것임니다.

그러면 이쌔껏 적어나려온 것이 세계영화계의 현상이 아니라 미국영화에 대한 비란에 지나지 못하엿슴니다. 그러나 언제까지 영화가 자본에만 억매여 그 본질적 발달이 저해될 수는 업슬 것임니다. 이런 가운데서 독일 사람의 손으로 참된 영화를 예술노 보아 예술운동이 이러나니 표현파(表現派) 영화극이 생긴 것이요, 불란서에서 이러난 「큐쎄슴」 운동이 그것이외다. 전자는 무대예술 운동을 흉내 내엿슴에 불과하나 그 참된 노력에는 경복하지 안을 수 업겟스며 후자는 독일 표현파에 대항하야 이러난 참된 영화예술 운동으로 볼 수 잇슴니다. 그리하야 이 두 주의 운동이 영화 발달 사상(史上)에

특필할 가치가 잇슴은 물론입니다. 이 두 운동에 대한 가치와 특색에 대하야 적어보고자 하나 여기서는 다만 이것만 긋치겟습니다. 그리고 표현주의나 「큐쎄니즘」이나 진정한 영화예술의 근본적으로는 취하야 나아간 길이 아닌 것도 말해두겟습니다. 그러면 영화는 지금 예술노서는 아즉 미완성품에 잇스니 지금 세계영화게에서는 다 가치 새로운 영화의 본질의 향상과 무대극덕 표현이나 연긔(演技)로부터 써나고자 하는 일반덕 경향이 만습니다. 불란서에서 제작된 로서아 사람의 작품『킨』이나『연의 개가(戀의 凱歌)』, 독일 「루빗치」 감독이 미국에 건너가서 제작한『결혼텰학(結婚哲學)』이나 「차푸린」 씨의 원작 감독 작품『파리의 녀성(巴里의 女性)』 가튼 영화는 다 가치 미래의 영화극 즉 영화극으로서의 독닙한 극적 표현(劇的 表現)과 구조(構造)를 보혀준, 말하자면 첫 번 시험해 본 작품들임니다.『연의 개가』나『킨』이나『결혼텰학』이나 다 조선에도 작년 중에 왓스니 보신 분은 아시겟습니다만은『연의 개가』 중에서는 「쌔요린」 켜는 장면의 급속한 장면전환과 환영이나『킨』 가운데서 춤추는 장면의 급속한 장면, 영화 중에서 나타나는 찰나적 심리묘사(心理描寫)가 얼마나 분명하게 음악덕 「리즘」을 가지고 우리에게『킨』의 마*을 설명하여 주엇습니다. 쏘한 최후 죽는 장면의 넘우나 상증(象徵)적인 것에도 놀나지 안을 수 업습니다. (끗)

시대 26.02.02 (3) 본보(本報) 함흥지국에서 / ◇ 함흥독자위안회 / 한강대홍수참상사진

【함흥】 본보 함흥지국에서는 본보 독자위안 차로 본사에서 촬영한 작년 팔월 한강 대홍수의 참상과 결사대의 구호하든 사진을 금번 함흥 동명(東明)극장에서 이월 오일부터 삼 일간 영화한다는데 그 영화의 내용이 직접 우리 동포의 당한 일임으로 누구든지 한번 볼 만하다 하며 특히 김창*(金昌*), 정*부(鄭*富) 양씨는 작년에도 여러 번 본보 함흥지국 독자위안회에 사진 **와 *사(士)* 후원하든바 금번에도 무료로 후원한다는바 독자 외 일반인사도 만히 관람하기를 바란다고 한다.

시대 26.02.02 (4), 26.02.03 (3) 〈광고〉

동아일보 1월 31일자 조선극장 광고와 동일

조선 26.02.02 (조1) 정주(定州)악대 귀향

평북 정주읍내 정주악대에서는 시대의 진운(進運)을 싸라 통속교육의 필요를 일반에게 보급하며 악대의 발전을 위하여 통속교육활동사진부를 조직하야 작년 육월 십오일 출발하야 우금(于今) 팔 개월간 각지를 순회하며 도처에 환영되야 기(其) 수입에서 실비를 제한 외 반부(半部)는 해(該) 지방단체 기타 교육사업에 *하야 기(其) 우월한 특지(特志)는 저간 각 신문지를 통하야 누누(累累) 보도된 바 해(該) 악대 일행은 전선(全鮮)을 일주하고 일월 이십육일 정주 일반인사의 환영리에서 무사 귀향하얏다는데 순회 지방인사의 다대한 동정을 극구 감하(感賀)한다 하며 순회 인사의 씨명은 여좌(如左)하다더라.
홍계신(洪繼信) 김찬영(金燦永) 김의행(金義行) 박승려(朴承勵) 홍종려(洪宗勵) (정주)

조선 26.02.03 (조1) 반성좌(半星座) 의무극(義務劇) / 경산계동고(慶山啓東校)를 위하야

조선 신파극계에 거성이요, 현대사회에 공헌이 만흔 반성좌 일행은 금번 남선(南鮮)지방을 순극(巡劇)하던 중 일월 이십팔일 경서산(慶西山) 상동(上洞)에서 흥행 시 좌장 김동석(金東錫) 씨로부터 본보 경산분국과 상담한 결과 현재 경비 곤란으로 근근히 유지하야 오는 경산 사립 계동학교를 위하야 흥행키로 하고 이월 일일부터 본보 경산분국 주최하에 경산청년회 후원으로 경산, 자인(慈仁), 하양(河陽)에서 특별 대흥행한다는데 일반유지의 다수 내임(來臨)하야 물질적으로 정신적으로 만흔 동정을 바란다더라. (경산)

동아 26.02.04 (5) [연예] 「키쓰」, 나체 대금물(大禁物) / 객월(客月) 중 시내 영화 검열 상황 / 상연 영화는 삼십이만 칠천여 척 / 쓰는 척수가 오천백륙 척이다

지난 일월 중에 경성부 내에 각 활동사진상설관에서 상영된 영화의 척수는 전부 삼십이만 칠천삼백 칠십륙 척이엇섯는데 그 내역은 서양영화가 일백팔십팔 권에 십사만 구천구백십팔 척이엇고 실사가 십삼 권에 팔천이백십 권[70], 일본영화에 신파가 일백삼십삼 권에 구만 사천삼백이십 이 척이요, 구극이 일백륙 권에 칠만 사천구백 이백[71]십륙 권[72]이엇섯는데 그것 전부를 기리로 펴놋는다면 일본 리수로 이십오 리 구뎡이 이십이 간 사 척이 될 것이라 하며 그것을 다시 종별하면 교육에 관한 영화가 아홉 권에 륙천팔백오십 권[73]이요, 선뎐영화가 십이 권에 칠천사백구십 권[74]이요, 예술영화와 오락영화가 사백이십구 권에 삼십일만 삼천삼십륙 권[75]이엇섯는데 상영 금디를 당한 영화는 업섯고 공안과 풍속을 방해한다는 뎜으로 중간을 끈흔 건수가 신파에 셋, 구파에 둘, 서양영화에 열여덜 건, 도합 이십삼 건이엇섯다는바, 이제 그 공안 풍속 방해로 절단 처분된 것을 긔록하면 다음과 갓다고 합니다.

서양영화

〈해양의 낭군(狼群)〉 제오권 최종에 「키쓰」하는 장면 이 척

〈천군만마〉 제일권 초두에 남부 토인이 다무[76]에 결박되어 소사(燒死)되는 장면 삼십 척

〈애국나팔〉 제삼권 중 일(一) 병사가 전선에서 자기의 총으로 자기 발을 쏘아 자상(自傷)하는 장면 칠 척

〈거포와 여(巨砲와 如히)〉 제삼권 입옥(入獄) 중의 「화드로」 청년에게 향하야 파옥(破獄)용의 기구를 비밀이 투여(投與)하는 장면 오 척

〈노도만리(怒濤萬里)〉 제육권 초두에 해빈(海濱)에서 남녀가 「키쓰」하는 장면 구 척

〈지옥 미남자〉 제일권 중 강도가 「아씨치리」 와사(瓦斯)로 금고의 잠을쇠를 태우는 장면 십삼 척 칠 촌

---

70) '척'의 오식으로 보임.
71) 십 단위가 반복되어 오식이지만 무엇의 오식인지는 알 수 없음.
72) '척'의 오식으로 보임.
73) '척'의 오식으로 보임.
74) '척'의 오식으로 보임.
75) '척'의 오식으로 보임.
76) '나무'의 오식으로 보임.

〈다시 피는 쏫〉 제오권 중 대학생 기숙사에 여학생을 쓸어드리어 의복을 밧구어 입고 남 몰래게 「키쓰」를 하는 장면과 교장의 여자를 수색하는 장면 사십 척을 절단하고 그에 대한 자막 설명을 금지

〈저! 독가비〉 제이권 쯧혜 변장한 남녀가 「키쓰」하는 장면 십삼 척

〈금단의 과실〉 제사권 중 「메리트스데이쌕」와 「키쓰」하는 장면 오 척과 제오권 중 젊은 남녀가 「키쓰」하는 장면 일 척 삼 촌과 「스이쌕」가 타지의 침실에 잠입하야 절도질하는 장면 이십칠 척

〈무관 제왕〉 제사권 중 남녀가 포옹하고 「키쓰」하는 장면 일 척 오 촌

〈무서운 사자(獅子)〉 제일권 중 남녀의 「키쓰」하는 장면 삼 척

〈암야의 규성(暗野의 叫聲)〉 제사권 중 남녀가 「키쓰」하는 장면 칠 척 오 촌

〈불견(不見) 광선〉 제십이편 제일권 중 남녀가 「키쓰」하는 장면 삼 척과 동(同) 제이권 중 폭약에 도화선 장치의 광경 이십 척

〈로이드의 운명〉 최종에 남녀가 「키쓰」하는 장면 오 척

〈백마 위협〉 제오권 종(終)에 「쌕페스」라는 남자와 「쌜」이라는 게집애와 「키쓰」하는 장면 일 척 오 촌

〈적모포대(赤毛布隊)〉 제사권 중 남녀가 「키쓰」하는 장면 사 척

〈파리 여성〉 제일권 중 「마리」라는 여자와 「쏜」이라는 남자가 「키쓰」하는 장면 이 척과 제칠권 중 무도장 입구의 나체 장면 사십 척

〈지내가는 그림자〉 제일권 중 「루이」라는 남자와 「아리스」라는 여자가 해수욕복을 입고 반나체로 서로 씨어안고 말 한 필을 가치 타고 해수욕장을 왕복하는 장면 백이십 척과 제십 권 중 「루이」가 「짜크린」이라는 여우(女優)에게 「키쓰」를 강청(強請)하는 장면 십일 척

일본영화

〈오쓰아 살해〉 제사권 중 신조(新助)라는 사람이 청차(淸次)의 집에서 의장(衣欌) 속에서 금전을 절취하는 장면 십 척 급(及) 제육권 종(終)에서 쏘한 그와 가튼 장면 이십 척

〈풍선옥(風船玉)〉 제오권 중 소년이 모친의 귀금속을 절취하고 경관에게 잡혀가는 장면 이십사 척

〈남해의 노도(怒濤)〉 제칠권 중 자기 눈을 자상(自傷)하야 얼골 전부가 피에 젓는 장면 백삼십 척

〈어광(御光)의 진심〉 제이권 중 아버지가 쌀에게 참혹한 짓을 하는 장면 십오 척

〈국경의 혈루(血淚)〉 제사권 중 도적의 두목이 부녀를 협박하고 수식품을 강탈하는 장면 십 척

절단 총계 오천백육 척

동아 26.02.05 (5) [연예] 쏘비에트 노국(露國) 영화계 (四)

최근 로서아에서 제작된 영화를 몃 가지 들어 말하고저 할진대 「코스키노」 데삼 공장에서 제작된 『쎄비의 록크』라는 영화는 출연한 배우들이 대부분 농민들로서 로서아 영화계에서도 순전한 농민들이 삽화덕으로 출연하지 안코 전혀 주인이 되여 전편을 통하야 주역으로 출연한 것으로는 최초의 작품인데 이후의 로서아 영화계에 그 무슨 수확이 잇슬 것은 틀님 업스리라고 생각한다고 합니다. 다음에 『고생하고 벌은 돈』이라고 하는 「스비에트로」 감독 제작영화가 잇는데 이는 그의 고심 력작품이

라 하며 「코스키노」 뎨삼 「스터듸오」에서 발표한 신영화 『국민의 뎍사 모쏜』은 향촌 영화로 「에이이바노후싼」 씨가 출연 감독한 것으로 로서아 농촌 정취를 교묘히 묘사 표현한 것이라고 합니다. 다음에는 「쌀크」의 원작을 「쎄엔쌀친」이 출연 감독하야 제작한 영화 『아소푸니약크』가 잇스니 이는 사회현상과 폐결핵(肺結核)을 취급한 과학뎍 영화로서 관중의 예술뎍 감흥을 잇그는 성공한 영화이라고 합니다. 그리고 「쏘스키노」에서는 외국영화도 다수히 게약해가지고 수입을 하는 중인데 그중에는 불란서영화 『십자가의 녀자』, 「쎅톨말게리트」의 소설을 각색한 『케니희스말크』는 「피엘 쌋누아」의 소설을 영화화한 것으로 「파리」에서도 특작 영화로 다대한 인긔를 쓸든 영화도 잇스며 그 밧게는 『고성이야기』, 『일삼일삼(一三一三)』, 『아푸리가 려행』, 『탐금자(探金者) 네리』, 『동도(東道)』 등의 영화와 밋 「에야닙스」 주연 『모든 것이 돈 싸닭』, 『엔베 장군』 등이며 우수 예술영화 『적색(赤色)노래』, 『노싼』 『사랑에 빗치는 눈동자』 등이 잇다고 합니다. (계속)

동아 26.02.05 (5) 〈광고〉
당 이월 오일(금요)부터 일주간
개관 오주년 기념을 자축키 위하야 무료 대공개!
◎ 미국 파 사 구리스치- 영화
희극 에그-독갑이 전이권
◎ 미국 메도로 회사 초특작
통쾌폭소 **인술(忍術) 키-톤** 전육권
◎ 대파라마운트 사 특작 대영화
쾌남 데이로이반-스 씨 주연
통쾌통쾌대희활극 **불부의 혼(不負의 魂)** 전구권
◎ 이번 흥행은 긔렴을 자축키 위하야
입장하시는 「판」 제씨의게 무료로 입장권을
한 장식 드립니다
구(舊) 정월 일일부터 그여히 봉절
=대예고=
문제명화 **동의 호접(冬의 胡蝶)** 전구권
조선극장 (전 광 二〇五)

매일 26.02.05 (4) 〈광고〉 [연예안내]
당 이월 육일부터 신연속 대모험활극 출현
실사 **국제시보** 전일권
유 사 센츄리- 희극 **처군대노(妻君大怒)** 전일권
미국 유니버-살 회사 제공

맹투대웅편 **무관장군(無冠將軍)** 전육권

미국 유니버-살 회사 초특작품

특선명화 **주(酒)** 전팔권

미국 유니버-살 회사

연속모험활극 **경마왕** 전육편 십이권 중 제일회 제일 제이 사권 상영

예고

유 사 백만불 대영화

대활극 **모험 달마취** 전칠권

단성사

매일 26.02.05 (4), 26.02.06 (2), 26.02.07 (2), 26.02.08 (1), 26.02.11 (2) 〈광고〉 [연예안내]
동아일보 2월 5일자 조선극장 광고와 동일

조선 26.02.05 (석1) 〈광고〉
당 이월 육일(토요일) 주간부터 명화 특별 대공개

미국 유 사 최근 특작영화

연속모험활극 **경마왕** 전육편 십이권 중 제일회 사권 상장

제일편 쌔이오린 이권 제이편 공의 구(空의 廐) 이권

미국 유 사 주엘 초특작품 **주(酒)** 전팔권

미국 유 사 제공 맹투대웅편 **무관장군(無冠將軍)** 전육권

유 사 센츄리-희극 **처군대노(妻君大怒)** 전일권

실사 **국제시보** 전일권

예고

유 사 백만불 대영화

모험활극 **모험 달마취** 전칠권

유니버-살 명화 봉절장 **단성사**

전 광 구오구번

동아 26.02.06 (2) 성적(聲的), 미적, 영적, 육적 =『예술』을 탐하야 배우 생활 / 석일(昔日)은 악계(樂界) 명성(明星) 윤심덕(尹心德) 양의 행로 / 룩일 밤부터 토월회 무대에 나타나게 된다 / 첫 번 출연은 동쪽 길의 녀주인공으로 활약
일시는 조선 악단에서 일류의 녀류 성악가로 악단의 녀왕이라는 찬사까지 들어오다가 그 후 이상하고 야릇한 세평으로 악단과 인연을 쓴어버린 뒤 홀홀히 북국의 려행을 써나 「할빈」에서 쓸쓸한 객창 생활을 계속하여 가다가 다시 인연 깁흔 경성으로 돌아와서 그동안은 별로히 세상 사회와 교섭이 업

시 서대문뎡 자긔 집에 들어안저 잇는 윤심덕(尹心德) 양은 들어안저 잇든 그동안에 사상상에 엇더한 변화가 쏘 생기엿든지 돌연히 그의 몸을 조선 극단(劇壇)에 던지기로 하야 금 류일 밤부터 시내 황금뎡 광무대(光武臺) 토월회(土月會) 무대 우에 그 자태를 나타내게 되엇다 한다.

토월회 배우로 동도(東道)의 주인공

윤양이 토월회에 녀배우로 들어가게 되기는 벌서 전부터 말이 잇서왓다 하나 아조 결뎡이 되기는 지난 삼일이엇다는데 동회의 간부 배우(幹部 俳優)로 되야 지난날 악단의 녀왕으로부터 다시 조선 극단의 녀왕으로 되야 그 풍염한 자태와 쾌활한 애교로 무대예술을 위하야 진수하여 보리라 한다. 금 류일밤 윤양의 출연하는 연데는 얼마 전 시내 각 활동사진관에서 상영하야 일반의 대환영을 바덧든 미국「씨, 싸불유」회사의 걸작품인 활동사진 동쪽길(東道)를 리경손(李慶孫) 씨가 조선 사정에 맛초아 전 삼막으로 번안한 역시『동도』라는 연극인데 윤양은『동도』의 주역되는「안나」(번안에는 연실(蓮實))로 출연할 터이라 하며 당분간 예명(藝名)은 윤리다(尹理多)로 행세할 터이라 한다.

졸업하든 당시 여흥으로 출연

윤양이 무대예술에 잇서서도 상당한 소질과 기능을 가지고 잇는 것은 년 전 윤양이 동경음악학교를 졸업할 째에 졸업생 일동이 졸업 축하로 그 학교에서 연극을 한 일이 잇섯는데 그째에 동경 데국극장 지배인 되는 일본인 석상에 참례하야 연극하는 광경을 구경하다가 윤양이 녀배우로서의 유망한 소질과 그 재능을 보고 즉시 그 학교당에게『윤양을 데국극장 녀배우로 채용하고 봉급은 한 달에 일백오십 원식을 지불할 터이니 소개하여달라고』간청하야 그 학교당이 윤양에게 그 말을 뎐하며 생각이 엇더한가를 무럿스나 그째의 윤양은 단연히 이것을 거절하고 조선으로 나왓던 것이 지금 이르러는 아조 그 길로 나서게 되야 원래부터 이야기쩌리를 만히 가진 그는 쏘 빗 다른 이야기쩌리로 일반의 주목을 쓰으는 중이라 한다.

세평(世評) 각오 / 일즉부터 뜻 둔 바니 세평도 각오합니다 / 지금은 윤리다(尹理多) 양 담(談)

윤양은 자긔에 대하야『금번 내 생활의 뎐환은 새삼스럽게 지은 것도 아니요, 우연히 매저진 것도 안임니다. 일즉부터 생각하여 오든 바가 금번에 실현되엇슬 뿐임니다. 그리고 오해 만튼 과거의 내 생활을 변명하기 위하야 나선 것은 더구나 아님니다. 물론 아즉 우리 일반 사회에서는 녀자는 배워가지고 가뎡으로 드러가 현모가 되고 량처가 되 안으면 교원이 되고 산파 간호부가 되거나 사무원 가튼 것이 되기 전에야 말성 업슬 것이 어데 잇겟슴닛가. 더구나 녀자 배우라 하는 것 가튼 것은 부랑무식한 타락자가 아니면 참아 못할 것으로 알아온 이상 나의 이번 나선 길을 최후의 말로(末路)라고까지 할 줄 암니다. 물론 그러한 각오까지 가지고 나서게 되기는 오로지 힘을 다하야 새로 지으랴는 조선예술의 뎐당에 한

△ 중국 옷을 입은 윤심덕 양의 맵시

모퉁이의 무엇이라도 되려는 당돌한 발거름이 이에 이르게 된 것뿐임니다. 금후의 나가는 압길의 험로가 나로 하여금 엇더한 피로를 주고 엇더한 권태의 기분을 던저줄넌지는 아즉 아득한 바임니다』하면서 하로를 압둔 출연 배우의 무거운 역을 준비하고 잇더라.

◇ 중국 옷을 입은 윤심덕 양의 맵시

동아 26.02.06 (5) [연예] 쏘비에트 노국(露國) 영화계 (五)

「고스키노」는 최근에 『새로운 세계의 수도』를 발표할 터이라는데 그 영화는 로서아의 과학으로부터 신세게가 덤덤 정복되는 것을 보게 되는 것이라고 합니다. 동 회사에서 작년도에 제작한 「필림」은 로동자 계급의 투쟁사(鬪爭史)를 박은 것이 네 가지, 내란시대의 이약이가 다섯 가지, 혁명 삽화 여덜 가지, 력사덕 무용담을 박은 것이 다섯 가지, 혁명덕 교화에 관한 시대영화 다섯 가지 등이 잇섯는데 그중 열여섯 가지는 전혀 농민과 밋 로동자 계급을 위하야 만든 것이라고 합니다. 그런데 그 회사에 대하야 특필할 만한 것은 「쬐스키노」에 신설한 「스타듸오」는 로동 소개소 등록 실업자(勞動 紹介所 登錄 失業者)를 사용하야 방금 완성 중에 잇다고 하며 또한 가진 특장은 혁명 의의를 선던한다는 것을 어느 째든지 잇지 안는 것으로 요사히 예술게의 극히 좌경파라고 하는 구성파(構成派)들도 영화를 만듦에 당하야 반듯이 「푸로레타리아」 작가의 것을 주장으로 한다고 합니다. 다음에 북서(北西) 키노는 새로히 「스타듸오」 안에다가 수족관(水族館)의 이던 공사를 맛치고 새로히 이백오십삼 평방 「싸젠」의 것을 건축하고 신공장은 이천백 평방 「싸젠」이나 되는 것을 만들고 그 겻혜 다시 사칭 「쯤」이며 사무소 등을 건축하야 「레린그래드」에서 가장 큰 것이 되엇다고 합니다. (끗)

동아 26.02.06 (5) [연예] 특별 대공연 토월회

작년 겨울에 디방 순회를 마치고 그 후 휴연 중에 잇든 토월회(土月會)에서는 금 류일 밤부터 시내 황금뎡 광무대(黃金町 光武臺)에서 특별 대공연을 할 터이라는데 이번에는 특히 조선 악단에서 자못 그 명성이 놉흔 성악가 윤심덕(尹心德) 양이 새로히 가입해가지고 밤마다 포부를 다하야 출연할 터이라 하며 금번 예뎨는 미국 「쯰 쎠불유 크리피쓰」 씨 원작, 리경손(李慶孫) 씨 각색의 『동도(東道)』 전 세 막과 『노코나온 모자』 한 막과 『밤손님』 한 막을 상연할 터이라는데 전보다도 모든 설비도 새로히 하엿스며 배우들의 긔술도 더욱 련마되엿슴으로 매우 자미잇스리라더라.

동아 26.02.06 (5) [연예] 조선극장 긔념 흥행

시내 인사동 조선극장(仁寺洞 朝鮮劇場)에서는 작 오일 밤부터 일주일 동안을 개관 오주년 긔념 대흥행을 할 터이라는데 상영할 영화는 전부 포복절도한 희극들이라는데 그 종류는 다음과 가트며 이번 긔념 흥행에 한하야 입장 무료로, 그 뎡한 입장료를 내이고 입장하는 손님에게 입장권 한 장식 거저 줄 터이라더라.
대희극 에구 독갑이 이권
동(同) 인술(忍術) 키튼 육권

매일 26.02.06 (2) 불원간(不遠間) 실현될 / 조선의 방송국 / 설립위원 전선(全鮮)을 망라 / 됴선 방송국 창립위원은 / 거의 전선 명사를 망라해

경성『라듸오』방송국(放送局) 창립위원회에서는 얼마 견부터 전선 각디의 유력자와 밋 지사를 망라하야 발긔인으로 하기로 결뎡하고 권유 즁이더니 예긔 이상의 찬성자를 엇게 되야 발긔인이 구십구 명의 다수에 일으럿슴으로 오는 십오일 오후 네시『됴션호텔』에서 데일회 발긔인 총회를 열고 회원 모집과 자금모집 등의 실힝방법에 대하야 협의할 터이며 동시에 부내 각 신문사의 『라듸오』 담임긔자의 렬석을 청하야 의견교환을 할 터이라는대 이로써 됴션에도 불원간 방송국이 셜립되리라더라.

매일 26.02.06 (2), 26.02.07 (2), 26.02.08 (1) 〈광고〉 [연예안내]

2월 5일자 단성사 광고와 동일

조선 26.02.06 (석1), 26.02.07 (조4), 26.02.08 (조2), 26.02.09 (조4), 26.02.10 (조3) 〈광고〉

2월 5일자 단성사 광고와 동일

조선 26.02.06 (석2) 악단에서 극단으로! / 여배우된 윤심덕 양 / 녀배우를 천히 녁이는 인습에 / 반항의 긔를 들고 단연히 나서 / 토월회 대(臺) 우에 요염한 얼굴

일즉이 리화학당(梨花學堂)을 졸업하고 일본에 건너가서 음악학교를 마치고 돌아와 조선의 악단(樂壇)에서 만흔 환영과 총애를 밧다가 일시 엇더한 「로맨쓰」를 만들어 세상의 이목을 끌든 윤심덕(尹心悳) 양은 지난 삼일에 이르러 신극운동(新劇運動)의 선구 단톄인 토월회(土月會)에 녀배우(女俳優)로 입회하얏다는데 씨가 악단(樂壇)의 사람으로서 지금 극단으로 방향을 전환한 것은 아즉도 우리 조선에 잇서서는 녀자배우를 인습뎍(因襲的) 안목으로 천히 녁이여 량가(良家)의 녀자로는 이에 지원하는 사람이 업서 이번에 토월회에서 회원을 정리하고 새로 모집할 째에도 남자회원은 만엇스나 녀자회원은 지원자가 업다는 말* 듯고 윤씨는 분연(奮然)히 일어나 인습에 대한 혁명뎍(革命的) 행동으로 그가티 극단으로 들어간 것이라는데 윤씨가 배우로 무대에 나서기는 오는 륙일 밤 첫 공연(公演)에 일즉이 영화(映畵)로 시내 단성사(團成社)에서 봉졀될 째에 만도의 『팬』의 환영을 밧고 문제를 일으키는 동도(東道)라는 각본의 주역으로 련실(蓮實)이란 일홈을 가지고 나오리라 하며 남자주역은 유명한 리백수(李白水) 군이 출연하리라는데 이번 윤씨의 방향 전환에 대하야서는 각 방면으로 사회의 이목을 만히 끈다더라.

(사진은 음악가로서 돌연히 여배우가 되여 세상을 놀래이는 윤심덕 씨)

토월회 특별 대공연

◇ 이월 육일 밤브터!

◇ 악단의 여왕 윤심덕 양 신가입!!

미국, DW 그리피스 씨 원작 조선 이경손 씨 번안

동도(東道) 전삼막 원명(Way Down East)

◇ 두 가지 재미잇는 일막물

눗코 나온 모자 전일막

밤손님 전일막

토월회 직영 **광무대**에서

조선 26.02.06 (조3) 토월회 대공개 / 이월 육일 밤부터 / 광무대에서

그동안 디방 순회를 마치고 도라온 토월회에서는 륙일 밤부터 다시 시내 광무대에서 공연을 하게 되 엇는대 상연할 각본은 동도(東道) 삼막, 그 밧게 두 가지 희극이라 하며 금번에 특별히 인긔를 쓰을 것은 조선악단의 명성인 윤심덕(尹心惪) 양이 처음으로 무대에 오르게 된 것이라 한다.

동아 26.02.07 (5) [연예] 영화수필 / 남편은 감독 안해는 주연

구미영화게에는 부부가 함께 버리를 하는 명사들도 적지 안이하다고 합니다. 남편은 감독이요, 안해 는 녀배우인 내외도 적지 안이하고 부부가 모다 배우로, 남편은 남자의 주역을 맛고 안해는 여자의 주역을 맛서서 자긔네의 일상생활 그대로를 영화로, 방약무인의 태도로 로골덕으로 나타내는 내외 들도 적지 안이합니다. 그러나 남편은 감독이요, 안해는 그 감독 밋헤 잇서서 주역을 마터보는 영화 는 비교뎍 적다고 합니다. 그런 부부로 데일 유명하고 원만한 부부는 「아리스테리」와 「럽스인그램」 이라고 합니다. 그 부부가 만든 작품은 『아라쌕』, 『스카람수』 등은 일본에도 왓섯스매, 그 다음으로 조선에서 만히 아는 배우들로는 「로쌔트 레나드」와 「메 마레이」 부처라고 합니다. 그들의 공동제작 영화는 최근의 『무도왕국(舞蹈王國)』, 『심야의 광란(深夜의 狂亂)』 등 일일이 헤일 수 업시 만타고 합 니다. 그러나 그 내외는 최근에 그 원만을 쌔치고 드디어 리혼했다는 소문이 잇스니까 그들의 원만 영화(圓滿映畵)라는 것은 다시는 어더보기가 어려울 것이라고 생각합니다. 최근 일본 「이리스」 영화 부에 도착한 「메트로쏠드윈」 영화 『환락의 순(歡樂의 脣)』 「레나드」, 「마레이」 공동작의 최후 영화 일 것입니다. 그중에도 『환락의 순』은 서반아 문호 「이바네스」 씨가 「메 마레이」를 위하야 특히 써 노흔 것으로 비상한 긔대를 밧고 잇다고 합니다. 「마살니란」과 「쌘란치 스위트」와 밋 「푸레트니쌀 로」와 「이닛트쎄네트」도 유명한 부부이나 그들의 공동 작품은 별로 업다고 합니다. 「마살니란」 감 독, 「쌘란치 스위트」 주연 영화로는 『수난 테쓰』 아홉 권이 잇고 「푸레드니쌀로」 감독, 「이닛드쎄네 트」 주연의 영화로는 『홍백합(紅白合)』 여덜 권이 잇슬 쌘이라는데 모다 「이리스」 영화부 수입 데공 으로 일본에 와서 방금 적지 안은 환영을 밧든 「메트로쏠드윈」 일천구백이십오년도 특작 영화로 모다 근래에 듬을게 보는 영화라고 합니다.

동아 26.02.07 (5) [연예] 미국영화계 / 칠 세 명여우 「쎄비페키」 양 / 최근 제작 영화

금년이라야 겨우 나희는 일곱 살밧게 되지 안이하얏슴니다마는 그 일홈은 세계에 던하야지고 도처마다 입에 춤이 업시 칭찬을 밧는 명 녀배우가 잇스니 그의 일홈은 「쎄비페키」라고 하며 미국 태생으로 방금 「유니바살쎄추리」 영화부에 잇다고 합니다. 아가씨는 최근에 『적은 붉은 수건』이라는 유명한 동화를 영화로 만드는데 「피타그레」이라는 명견(名犬)과 가치 주역을 마터 출연하얏다고 합니다. =사진은 「쎄비페키」 양의 출연 교태=

동아 26.02.07 (5), 26.02.08 (2), 26.02.09 (2), 26.02.10 (3), 26.02.11 (2) 〈광고〉

2월 5일자 조선극장 광고와 동일

동아 26.02.07 (5) 〈광고〉

이월 육일(토요)부터 전부 차환

◆ 미국 파데- 지사

실사 **시사주보** 전일권

◆ 미국 이- 다불유- 몬스 사

희극 **신말대출래(新末大出來)** 전이권

◆ 미 국 바이다쿠라후 사

아리스조-이스 양 왈다-막구라일 씨 공연(共演)

연애활극 **청춘의 화(花)** 전오권

◆ 미 아스다필늼 사

조-벳드 씨 출연

대활극 **사진(砂塵)을 차고** 전칠권

-예고-

문예영화 『**사출(思出)**』 전십이권

동(同) 『**오세로-**』 전십일권

명화 『**아 청춘**』 전칠권

구주(歐洲)영화 봉절장 **우미관**

전화 광화문 삼구오번

매일 26.02.07 (2) [붓방아]

▲ 악단의 유일한 명성으로 진긔한 『로민쓰』의 챡장 데공자로 일세에 일홈이 놉는 윤심덕(尹心德) 양은 ▲ 륙일 밤부터는 황금뎡 광무대(光舞臺)에 출연을 하게 되얏다고. ▲ 쇠퇴한 됴선의 음악계에서

유일한 성악가를 극단으로 싀집을 보내게 된 것은 처소가 됴선인만큼 소문도 클 것이다. ▲ 암케나 쌀게 굴게 사러 가랴는 윤심덕 양의 향하는 곳이며 밤중에라도 광영한 예술의 쑴이 잇스랴니 월급이 격고 만흔 것이야 상관할나고.

매일 26.02.07 (2), 26.02.08 (1), 26.02.11 (2) 〈광고〉 [연예안내]
출연진 제외된 외 동아일보 2월 7일자 우미관 광고와 동일

조선 26.02.07 (조3), 26.02.08 (조2), 26.02.09 (조4), 26.02.10 (석1), 26.02.11 (조4), 26. 02.12 (석1), 26.02.13 (석1), 26.02.14 (조3) 〈광고〉
일부 출연진 제외된 외 동아일보 2월 7일자 우미관 광고와 동일

동아 26.02.08 (2), 26.02.09 (2), 26.02.10 (3), 26.02.11 (2), 26.02.12 (1), 26.02.13 (6), 26. 02.14 (5) 〈광고〉
2월 7일자 우미관 광고와 동일

동아 26.02.08 (4) 입장자로 본 대구의 관극열(觀劇熱)
작년 중 대구 각 활동사진관과 극장에 입장 인원과 입장료의 통계를 대구서(署)에서 조사한 바에 의하면 우리 측 활동 상설 만경관에서 입장인 수, 이백륙십사 일간 흥행에 구만 일천구백육십삼 명이요, 일일 평균 이백오십삼 명 약(弱)인 것인바, 이것의 입장료는 삼만 륙천칠백팔십여 원이요, 일본인 측 극장 대구좌와 활동 상설 대영(大榮), 대송(大松) 양 관을 합하야 십이만 륙천오백여 명의 입장인 수요, 입장요금 육만여 원이라고. (대구)

매일 26.02.08 (2) [붓방아]
▲ 윤심덕 양이 토월회에 입회를 하게 되자 됴선의 여론은 일시에 붓을 드러 근릭에 가장 큰 사건으로 보도를 하얏다 ▲ 그중에는 그에게 성덕(聲的) 미덕(美的) 령덕(靈的) 육덕(肉的)이라는 형용사를 붓처 흉을 본 것인지 층찬을 한 것인지 머리 둔한 분은 좀 아리숭하게 되얏다 ▲ 덕도 한두 가지나 써야 주신(主神)도 깃버며 님새라도 맛지 그럿케 사적까지나 벌녀노화서야 효자제사는 못 될가바 걱정이라고 ▲ 엇재든 그가 무대예술에 몸을 옴겨 실게 되기까지에는 어지간히 큰 고민과 어지간히 쓰린 톄험을 맛본 듯! ▲ 그러기나 하기에 무보수로 명예출연을 하지 그럿치 안코야 영화를 쑴꾸든 그에게 돈을 버리겟다는 싱각이야 드럿슬 니가 잇나.

조선 26.02.08 (조2) 〈광고〉
만원사례!!!
작야(昨夜)에는 대혼잡 중에

미안한 일이 여러 가지로

만엇슬 줄 암니다 널니

용서해주시기만 바람니다

토월회 직영 **광무대**

동아 26.02.09 (5) [연예] 비단발(非斷髮)이 신유행 (一) / 미국 영화 여우(女優) 장발당(長髮黨) / 단발이 극도로 류행하고 난 뒤엔 댱발이 다시 신류행으로 변햇다

미국에서 녀자 단발(斷髮)이 처음 류행하기 시작하든 최초에는 미국영화계의 녀배우들 사이에도 단발한다는 것이 「쎅스피어」의 희극 「하믈렛트」의 생사 문뎨보다도 한칭 더 중대 문뎨가 되엇섯다고 함니다. 그러나 원래 미국이란 나라가 무엇이든지 새 것을 조와하는 터이라 한 사람이 단발을 하기 시작하니까 우후에 죽순가치 나도너도 하고 싹기 시작하야 지금도 「하리우드」에는 부인 젊은이의 리발관이 수백 군데나 잇다고 함니다. 그리하야 단발을 하지 아니하면 녀배우가 아니라는 말까지 생기도록 류행되엿다고 함니다. 그런데 지금은 그와 가치 치열한 단발병을 반대하고 어데까지든지 긴 머리를 가지고 그 머리는 큰 자랑감으로 하겟다는 녀배우의 한 단톄가 생겻다고 함니다. 위선 그 필두로는 신진 인긔 녀우 「노마 쎄라」 양인데 「쎄라」 양의 댱발이라고 하면 「하리우드」에서 아조 명물로 녁이는 것으로 곱게 비서 노혼 숫 죠코 칠칠한 머리가 뒤로 모양 잇게 느린 모양은 실로 일종 특이한 미(美)를 더해주는 것 갓다고 함니다. 그 다음에는 「쏘쎄나랄스톤」 양이니 역시 댱발당 일원인데 「라스톤」 양이 처음 댱발을 보존하는 리유에는 동정한 덤이 잇다고 함니다. 본래는 「라스톤」 양도 「메리 픽포드」 양과 가치 단발을 하고자 하든 터인데 그가 영화회사와 출연 계약하기를 단발은 못 하기로 하엿든 까닭이라고 함니다. 그런데 지금은 아주 댱발당이 되여서 댱발을 주장하게 되엿다고 함니다.

동아 26.02.09 (5) [연예] 명우(名優) 육속(陸續) 탈퇴 / 일본 포전(蒲田)촬영소 대혼란 / 배우들의 독립 의사로 말미암은 일본영화게의 적지 안이한 우려

일본영화게에서 종래로 간부들과 반목 상태를 계속해오든 배우들은 최근 일본 「키네마」게의 시절이 조흠을 쌀하 배우 독립 의사들이 팽창해저서 작고 독립하야 자긔의 무대를 개척하게 되어나가는 중 일본의 「하리우드」라고까지 일컷는 동경 포뎐촬영소(東京 蒲田撮影所)도 상하가 모조리 큰 혼란을 일으키어 대소동을 인출하는 중이라는데 그 내용을 드르면 동소 명우 승견용태랑(勝見傭太郎)이 대곡(大谷) 사장과 밋 수상(水上) 소장들과 의견이 충돌되는 모양인 듯하며 일본의 「쌔렌치노」라고까지 일컷는 미남자로 포뎐촬영소 뎨일 인긔자인 데구십구(諸口十九)가 세게 「키네마」 게 시찰을 마치고 도라온 이래로 그와 밋 그와 간부 배우들 사이에도 항상 원만하지 못하야 문뎨는 쓴일 사이가 업는 터이라 하며 더욱 이 데구 군은 방금 촬영 중의 『도련님』이라는 영화를 양행 후의 선물로 마지막 내여놋코 오는 삼월경에는 포뎐촬영소에서 탈퇴하야 천초공원(淺草公園)에서 민중극으로 한 번 포부를 다해보기로 되엿다는데 그에는 그가 가장 친밀한 관계를 매저오든 포뎐 신진 화형 녀우 축장설자(築場雪子)도 포던에서 탈퇴하리라 하며 쏘는 일본의 애인이라고까지 일본 전국에서 가장 큰 인기를 어든 률도(栗島) 스미자와 밋 그의 남편 지던의신(池田義信)도 역시 함께 「키네마」게를 써나서 대판 우의좌(大阪 羽衣座)에서 무대배우로 출연케 되엿다 함으로 일본 「키네마」게의 패왕인 송죽「키네마」 포던촬영소는 그리하야 전멸될 넘녀가 잇슴으로 회사 측에서는 아못조록 그들을 머므르게 하기 위하야 매우 고심 중이라더라. (동경)

동아 26.02.10 (2) [휴지통]

… ▲ 몃칠 전부터 밤이면 광무대에 녀배우 된 윤심덕 양이 출연을 하게 되야 그런지 수야모야[77]라고 세평이 자자하든 녀자 멋멋은 패를 지어 밤마다 정근을 한다든가 ▲ 하기는 문데의 윤심덕 양이 출연을 하닛가 그래 그런지……

동아 26.02.10 (5) [연예] 비단발이 신유행 (二) / 미국 영화 여우 장발당 / 단발이 극도로 류행하고 난 뒤엔 댱발이 다시 신류행으로 변햇다

『가장 녀자다운 녀자』라는 뎡평이 잇는 「아이렌리치」 양은 실상 속마음으로는 그다지 짤은 것도 실코 그리 긴 것도 실허하야 그 중간되게 여라문[78] 살 된 아희들의 머리 기리만큼 단발을 할 생각이 나서, 자긔에게 도라오는 역(役)이 대개 현모양처의 역쑨인 싸닭으로 그러케 마음대로 머리를 잘[79] 수가 업서서 쑷대로는 하지 못하고 댱발당의 한 사람으로 잇섯다고 합니다. 그런데 지금 와서는 도리혀 자랑감이 되엿다고 합니다. 그리고 그 다음에 「카세린 쎄네트」 양은 본래 숫 만코 채 조흔 금빗 머리를 자랑으로 하야 「쎄네트」 양의 감독도 늘- 그는 고뎐뎍(古典的) 역을 맛기든 댱발당의 한 사람이라고 합니다. 「버진이아 쓰라운」 양은 본래부터 남이야 시대에 뒤써러젓다거니 무엇이라거니 무슨 흉을 보든지 조곰도 거리끼지 안코 댱발를 조와하든 터로 칠빗 가치 검은 머리를 두 억개에다 축 느러트리고 잇섯는 고로 새삼스럽게 댱발당이 된 것은 아니라고 하는 그는 이에 무슨 지뎍 취미를 쌔다럿다고 합니다. 그런데 지금까지도 댱발[80]이라면 구렁이나 보는 것가치 실타는 댱발당원 「메리 아스터」 양은 『녀자가 남자들과 가치 단발을 한다, 권연초를 태운다, 쌀분 구쓰를 신는다 하니 그래, 그것도 녀자냐』 하고 크게 분개를 하며 『남자들이 머리를 길다라케 녀자들의 머리가치 할 째가 잇다면 나는 그째에나 단발을 할 터이요』 하고 만장의 긔염을 토한다고 합니다.

동아 26.02.10 (5) [연예] 미국의 신화형 베틔 콘푸슨 양

녯날에는 「크리스테이」 희극단 화형 녀배우로, 지금에는 세상을 써난 명감독 「쏘지론타카」 씨 필생의 걸작 기적의 인(奇蹟의 人)이란 영화에 주인공으로 출연하야 갑작히 큰 인긔를 어더서 미국영화게에 일류 화형이 된 「베틔 콘푸슨」 양은 결백한 심정과 예민한 감각과 비인 구석이 업시 탐탁한 용모

---

77) 수야모야(誰也某也)는 '누구누구'를 의미한다.
78) '여남은'의 당대 표기로, '열이 조금 넘는 수'를 의미한다.
79) '자를'의 오식으로 보임.
80) 문맥상 '단발'의 오식으로 보임.

로 근대덕 표현 긔교에 충실한 녀배우이라고 합니다. 더욱이 「베틔」는 자랑스러운 인긔 안에서 길니우는 명우이람니다.

≡ 사진은 「베틔 콘푸슨」 양임니다.

동아 26.02.11 (7) [연예] 전 일본 현재 영화 / 사만여 중에 십오만 오천여 권 / 일일 관람수는 팔십만 인 이상

쌰로쌰로 쩨어노코 심상히 보면 그다지 자미스러울 것이 업스나 여럿을 합쳐노코 보면 자미스러운 일도 만코 기막힌 일도 만슴니다. 일본 내무성(日本 內務省)에서 작년 십이월 이십일일 현재의 활동사진 필림에 관한 일체 조사을 하엿는바, 각 부현으로부터 보고된 것을 가지고 쑴여노혼 통계를 보면 다음과 갓다고 합니다. 그런데 그 조사를 행하든 십이월 이십일일은 년말에 절박하엿고 월요일이엿스며 더욱이 일긔가 조치 못하야 날이 잔득 흐리엇섯다고 합니다. 그것을 생각하면 다른 쌔보다 입장 인원이 적엇섯슬 것은 사실일 것이니 그 조사표에 나타난 인원은 약 이 배로 싸져도 틀림 업스리라고 생각합니다. 그리고 재고 중의 필림은 정확하게 조사가 되엿슬른지 모르겟스나 이십일일 사용한 영화 조사는 대개 틀님이 업스리라고 합니다.

◇ **영업용** ▲ 일본품 일만 칠천삼백팔 종(칠만 칠천사백육십팔 권) 천칠백구십일만 칠천육백오십칠 미돌(米突) ▲ 서양품 일만 삼천이백팔십 종(사만 삼천칠백구십삼 권) 천오십만 팔천팔백오 미돌 합계 삼만 오백팔십팔 종(십이만 천이백육십일 권) 이천팔백사십이만 육천사백육십 이 미돌 이상 소유자 백구십삼 인

◇ **공익용** ▲ 일본품 사천구백육 종(오천백구십오 권) 이백삼십이만 오천팔백입(卄)삼 미돌 ▲ 서양품 육백칠십칠 종(오천십구 권) 이십사만 천사백칠십오 미돌 합계 오천오백팔십삼 종 (일만 이백오십사 권) 이백오십육만 칠천이백구십팔 미돌 소유자 오백칠십팔 인

◇ **유료 흥행 조사**

개설장 수 일천백칠십사 관, 입장인원 사십사만 육천삼백십사 인

상영 일본영화 삼천오백삼 종(일만 육천백십칠 권) 사백오십삼만 구천구백육십사 미돌

상영 서양영화 일천육백팔십오 종(육천사백팔십오 권) 백오십일만 팔천오십구 미돌 합계 오천백팔십팔 종(일만 이천육백삼십육 권) 육백오만 팔천이십삼 미돌

◇ **무료 흥행 조사**

개설장 수 백삼십칠 관, 입장인원 팔만 이천구십팔 인

상영 일본영화 이십일 종(일천이백육십오 권) 사십삼만 이천사백구십이 미돌

상영 서양영화 구십오 종(백구십사 권) 오만 이백이 미돌

합계 백십육 종(천사백오십구 권) 사십팔만 이천육백구십사 미돌

이상 합계 현재 일본 내지에 잇는 영화가

일본품 이만 오천칠백삼십칠 종(십만 사천칠십오 권) 이천오백이십일만 오천팔백삼십육 미돌

서양품 일만 오천칠백삼십칠 종(오만 일천오백삼십오 권) 천사백육십사만 사천삼백육십사 미돌로,

총 합계 사만 천사백칠십사 종(오십만 오천육백십 권) 삼천구백팔십육만 이백 미돌이라고 하는데 실제 재고품은 차(此) 이상 훨신 만흘 것이며 입장인원은 유료, 무료를 합하면 일일 관람자가 오십이만 팔천사백십이 인인데 차역(此亦) 연말의 조사인 고로 신년에는 삼, 사 배 되엿을 것임으로 평균 최소 한도로도 팔십만 인은 되리라더라.

매일 26.02.11 (2), 26.02.16 (2) 〈광고〉 [연예안내]
출연진 및 설명이 제외된 외 조선일보 2월 11일자 단성사 광고와 주요 내용 동일

조선 26.02.11 (석1) 〈광고〉
구(舊) 정월 일일부터 사일간 주야 공개
명화 특별 대공개
모험왕 리차-도달마취 씨 백열적(白熱的) 맹투극(猛鬪劇)
대모험활극출현 **모험 달마취** 전칠권
미국 유니버-살 회사 작
명화(名花) 마가렛트란씨스 양 조연
특선 명화들
미국 유니버-살 회사 최근 특작영화
활극왕 비리사리반 씨 육탄맹투
연속모험활극 **경마왕** 전육편 이십권 중
제이회 제삼 사편 사권 상장
명감독 에드와-드심물 씨 필생의 대(大)노력품
예고
미국 유 사 청조(靑鳥)영화
명화(名花) 바이오렛드마세로 양 주연
정화(情話) **자연의 처녀** 전육권
오-에-씨-룬드 씨 감독 작품
보-진바겟트 양 헨리-마독크 씨 주연
대희극 **고공(高空)결혼** 전이권
유니버-살 명화 봉절장 **단성사**
光 電[81] 구오구번

---

81) '電 光'의 오식으로 보임.

조선 26.02.11 (석2) 단성사의 / 지방 순회 흥행 / 십일에 발뎡

시내 단성사(團成社)에서는 금번 음력 명절을 긔회로 조선영화 쌍옥루(雙玉淚)와 희극배우로 유명한 「로이드」주연 작품 거인정복, 두 영화를 가지고 북선 디방에 출장하게 되엇다 함은 이미 보도한 바와 가티 금월 십일에 일행은 청진 기타 주요 디방을 향하야 발뎡하엿더라.

조선 26.02.11 (석2), 26.02.12 (석1) 〈광고〉

동아일보 2월 5일자 조선극장 광고와 동일

동아 26.02.12 (1) 〈광고〉

선전문 및 변사진 명단 제외된 외 조선일보 2월 13일자 조선극장 광고와 동일

동아 26.02.12 (5) [연예] 일본 각본 사용료 / 일막극이 일일 삼십 원 내지 구십 원 / 삼막극 일일 오십 원 내지 백오십 원

우리 조선에는 이러타고 내여노흘 만한 극단도 아즉 보지 못하엿거니와 극작가(劇作家)도 아즉 이러타고 할 만한 사람이 업스며 하다못해 일본에 소위 마각(馬脚) 각본 가튼 것이나마 만들어 놋는 극작가가 아즉 뵈이지 안은 모양이니 이러니저러니 말할 것도 업지마는 이는 비단 극작에다 유의하는 분만 아니라 원고로 생활을 하련다거나 기타 글을 써서 답배갑이라도 엇고자 하는 분들의 부러운 마음도 충분히 일으킬 것이요, 잠시 원고, 단행책 원고를 물론하고 원고라면 거저 어들 것이요, 작자는 굼고라도 쓸 수 잇슬 줄 아는 우리 조선의 출판업들이나 혹은 흥행업자들에게 한낫 참고 재료가 될 듯함으로 이에 소개합니다. 일본 동경에 잇는 일본 문사들은 최근에 자긔네들의 친목, 공제, 복리 증진 등의 목뎍으로 문예협회라는 것을 조직하엿다는데 그 회원 중 극작가부에서는 각본 사용료를 다음과 가치 뎡하고 빌리어주기로 하엿다고 하는데 이것이 무슨 도에 넘게 매인 것도 아니요, 세를 보아 일뎡하게만 하자는 뜻으로 뎡한 것이닛가 함부로 빗싸게 뎡한 것도 아니라 합니다. 이것을 보면 일본의 연극계의 수입은 대개 엇더타는 것까지도 대강 드려다볼 수가 잇다고 합니다.

일막극(일일 삼십 원 내지 구십 원, 일 흥행 삼백 원 내지 구백 원) 이막극(일일 사십 원 내지 백이십 원, 일 흥행 사백 원 내지 천이백 원) 삼막극(일일 오십 원 내지 백오십 원, 일 흥행 오십 원 내지 일천오백 원)

조선 26.02.12 (조1) 반성좌(半星座) 순회극 / 도처 환영과 연금(捐金) 답지

조선극 반성좌 일행은 현재 경비 곤란으로 근근히 유지하야 오는 경산사립계동학교(慶山私立啓東學校)를 위하야 본보 경산분국 주최로 거(去) 일일부터 경산 자인(慈仁), 하양(河陽) 삼개소에서 흥행한다 함은 기보(旣報)한 바 경산읍내에서는 일일부터 양일간, 자인에서는 사일부터 삼 일간 흥행하고, 하양은 **말을 인하야 흥행을 중지하얏는데 도처 의연(義捐)이 답지하얏다더라. (경산)

조선 26.02.12 (석1), 26.02.13 (석1), 26.02.14 (석2), 26.02.15 (조4), 26.02.16 (석1) 〈광고〉
2월 11일자 단성사 광고와 동일

조선 26.02.12 (석2) 〈광고〉
토월회 특별 대공연
세계 명작 가극 발췌 주간
남구(南歐)에서 탄생한 명(名) 문호
메리메 선생의 일대의 결작!
칼멘 전이막
배역의 일부
카르멘……윤리다(尹理多) 호-제……이백수(李白水)
루카스……양로건(梁路鍵) 중위……서영관(徐永琯)
통쾌 임리(淋漓)한 대가극!
신(新) 데이아보르 전이막
배역의 일부
데이아보로……이백수(李白水) 체로리나……김수련(金睡蓮)
로-렌소……이소연(李素然)
로서아에서 탄생한 문호
체코푸 선생의 원작
곰(熊) 전일막
이월 십이일부터 오일간
구(舊) 정월 이일부터 사 일간 주야 이회 공개
토월회 직영 **광무대**

동아 26.02.13 (5) [연예] 지상(紙上)영화 / 문예극 복면의 녀(女) 전구권
불국 알쌔트로스 영화
소투울짠스키타 감독
나다리 코쌩코 부인 주연
해설 이 영화는 불란서 「알쌔트로스」 회사의 특작품으로 「소툴짠스키」 씨가 각색 감독하엿스며 련의 개가(戀의 凱歌)의 주역으로 큰 인긔를 끈 로서아 태생의 유명한 녀배우 「나다리 코쌩코」 부인이 주역으로 「니코라스 코린」 씨와 「루네 모푸레」 「실이오두페리렐리」 씨 등이 조연한 영화이다.
경개(梗概) 사나운 숙모 「더스」의 집에 부처 잇는 고아 「에레누」는 온 집안 식구들에게 막심한 구박을 바더가며 사나 오직 그 숙부 「미지엘」에게 동정을 밧는 까닭에 그 집에서 그대로 지내갓다. 그러자 숙모는 「에레누」에게 막대한 유산이 도라올 것을 알고 그 아들 「짠」과 사랑 업는 결혼을 강제로

하게 하얏다. 「싼」의 친구 「찌라알」은 「에레누」가 자긔에게 마음을 두는 것을 긔화로 가장무도 밤에 위안인 「키쓰」를 요구하고 「에레누」가 「찌라알」에게 보내는 편지가 들어 잇는 주머니를 쌔아섯다. 「찌라알」은 본래 사회 암흑면에 숨어 사는 악한이엇섯다. 너머나 놀란 긋헤 정당방위로 「에레누」는 륙혈포를 쏘아 「찌라알」을 살해하얏다. 그것을 본 사람은 중국인 「리」이엇섯다. 「리」는 「에레누」의 미색에 반하야 그를 자긔 손아귀에 놋코 여러 가지로 쐬이고 협박하얏다. 마수에 걸니여 쏘 다시 범죄를 하게 되는 위험한 경우에 일으럿슬 지음에 그의 숙부 「미지엘」과 경관이 나타나서 그 악한들을 전부 톄포하얏다. 「찌라알」의 검시가 시작되엿슬 지음에 「에레누」는 경관 눈을 교묘히 피하야 오직 하나밧게 업는 증거품이든 「찌라알」의 품속에 들어 잇는 편지를 도로 쌔아서버리엇다. 그리하야 재판이 열니엿스나 「에레누」는 무죄로 선고되엇다. 그리하야 자비심 만흔 숙부로 더부러 연고 업시 집에 도라왓다. (긋)

우미관 상영. 이 사진은 음력 정초에 특별 흥행으로 금 십사일 밤부터 시내 관텰동(貫鐵洞) 우미관에서 상영할 터이라더라.

동아 26.02.13 (5) [연예] 구(舊) 정초(正初) 흥행

시내 각 극장의 구정초 흥행 연뎨는 다음과 갓다더라.

조선극장 (일일 야(夜)부터)

파라마운트 사 특작 영화

인정극 삼십분 전육권

윌리암폭쓰 사 특작 영화

대활극 의분(義憤)의 쾌한 전칠권

대희극 아 내 사위 전이권

희활극 아 위험하다 전이권

토월회 광무대 (이일 야부터)

세계 명작 가극 긔화(技華) 주간

메리메 원작 카르멘 이막 윤리다(尹理多) 주연

통쾌한 남성적 가극

신 데아보로 이막 김수련(金睡連) 주연

체호프 원작 곰(熊) 이막

『칼멘』은 윤심덕(尹心悳) 양 득의의 노래가 만히 잇서서 윤양의 녀배우로서의 기능을 여긔서 볼 수가 잇슬 듯십다.

동아 26.02.13 (6), 26.02.14 (5), 26.02.15 (2), 26.02.16 (5), 26.02.17 (2) 〈광고〉

2월 12일자 조선극장 광고와 동일

매일 26.02.13 (3) 전남의 면작(棉作) 시설 선전 / 활동사진으로

전남 면작조합연합회에서는 도내에 면작 시설을 일반 도민에게 선전키 위하야 구일부터 목포 조면 (繰棉)공장 제유(製油)회사 직포공장 현물판매소 영산포(榮山浦) 나주 등지의 면화 공동판매소 상황 을 활동사진으로 영사하야 각 군의 면작조합원과 일반에게 관람케 하야 면화에 대한 신지식을 발달 케 하고저 대선전한다더라. (광주)

조선 26.02.13 (1) 〈광고〉 신춘활동사진대회

◇**일시** 이월 십삼, 사 양일간(음 정월 일, 이일) 매일 오후 칠시 반

◇**장소** 인천 빈정(濱町) 가무기좌

◇**종목** 장화홍련전, 명마(名馬)의 눈물, 기타 수종(數種) 매일 교환 영사

◇**회비** 백권 사십 전, 청권 삼십 전, 학생 이십 전

◇**주최** 인천화평청년단

◇**후원** 조선일보 인천지국

조선 26.02.13 (석1), 26.02.14 (조3), 26.02.15 (조4), 26.02.16 (조3), 26.02.17 (석1), 26. 02.18 (석1), 26.02.19 (석2) 〈광고〉

2월 12일자 광무대 광고와 동일

조선 26.02.13 (석1) 〈광고〉

당 이월 십삼일 토요부터 특별 차환

구(舊) 정월 초 일일부터 주야 이회 공개

미국 파라마운트 사 제공 조-록구 씨 주연

희극 **야— 내 사위** 전이권

위리암폭스 사 제공 산샤잉

희활극 **야— 위험** 전이권

미국 파라마운트 사 특작품 명화(名花) 톨시 달톤 양 주연

인정극 **삼십분** 전오권

위리암폭스 사 초특작품 쾌한 나스뎅, 후아남 씨 대역연

열혈대활극 **의분의 쾌한** 전칠권

예고

대파라마운트 사 초특작

문예극 **동의 호접(冬의 蝴蝶)** 전구권

삼가 새해를 축하하오며, 전배(前倍)의 사랑을 비나이다

해설자 박응면(朴應冕) 김파영(金波影) 함득구(咸得球) 성동호 김조성

경성부 인사동 **조선극장**

전 광 二〇五 번

조선 26.02.13 (조2) 인천 화청(華靑) 주최 / 신정활사(活寫)대회 / 우리의 설인 정월을 / 마지하면서 이 일간

인천 화평청년단(仁川 華平靑年團)에서는 음 정월을 마지하는 첫날부터 이 일간(양 이월 십삼일부터 이 일간)을 두고 본보 인천지국(本報 仁川支局) 후원 아래에 매일 오후 칠시 반부터 빈덩(濱町) 가무기좌에서 활동사진대회(活動寫眞大會)를 개회하기로 되엿는바 당일 밤 영사할 사진은 경성 단성사(團成社)의 촬영(撮影)으로 대환영을 밧든 비극『장화홍련전(薔花紅蓮傳)』팔 권과 인정극『명마(名馬)의 눈물』여섯 권과『짜부림』의 희극을 영사한 후에는 다년간 로서아에 가서 이십사 종의『짠쓰』를 배워가지고 조선에 도라온 모 청년의 활발한『짠쓰』로 더욱 관중의 위안을 준다는데 참으로 조선사람의 설인 이 날임으로 대만원의 성황을 일우리라 하며 입장료는 백권(白券) 사십 전, 청권(靑券) 삼십 전, 학생 이십 전이라는데 만원 되기 전에 입장하기를 바란다더라. (인천)

동아 26.02.14 (4) 구(舊) 정초를 이용하야 독자위안영사회 / 본보 왜관지국에서

본보 왜관지국에서는 구력(舊曆) 신정을 기하야 일반 독자 제씨에게 위안을 드리고저 내(來) 십사, 오일 양일간 야택(野澤)순업활동사진반에 교섭하야 당지 홍광순좌(洪廣巡座)에서 독자위안 영사회를 개최한다더라. (왜관)

동아 26.02.14 (5) [연예] 지상(紙上)영화 / 대희극 하야의 몽(夏夜의 夢) 전구권

독일 노이만 사 영화

톨스피아[82] 원작

테오드아쎄카 씨 루드위야 양 주연

해설 독일서 새로히 제작된 영화이다. 영국 문호「쉑스피아」의 유명한 작품을「한스 쎄렌트」씨「한스 노이만」씨가 각색하고「그이드시쌔」씨,「라이마그쎄」씨가 촬영하고「한스 노이만」씨가 감독한 영화로서 세계덕으로 유명한 희극을 영화화한 것이니까 실로 자미잇슬 것은 틀님업스리라고 한다.

경개「아테네」왕「시시아스」는 녀인국 녀왕「히포리타」를 포로로 잡어가지고 도라와서 자긔 안해를 삼고자 하얏다. 그째에 그 나라 늙은 신하「이지아스」의 외쌀「하미야」는「라이산드」와 련애에 싸젓스나 국법을 범할 수가 업는 까닭에「씌메트리아스」와 결혼을 하지 안이치 못하게 되엇는 고로 두 사람은 엇더한 산속으로 도망을 하얏다. 그 뒤에「씌메트리아스」와「라이산드」의 비전 련인인「혜렌」이 역시 그 산속으로 도망을 하얏다. 그째에「아테네」관리들로 조직된 연극단「유다쎄」구락부에서는「시시아스」태공의 결혼식을 축하하는 연극을 하기로 되엇다. 그런데 그 산에 잇는 산신(山神)들

---

82) '쉑스피아'의 오식으로 보임.

은 사람의 무리들이 산 속에 들어왔다고 큰 소동을 일으키어서 여러 가지 요술로 사람들 못살게 굴은 까닭에 삼복 중의 더운 날 밤에 그 산속에는 기괴하기 짝이 업는 대희극이 연출된다. 그리하야 그 밤이 밝으매 마술에 씨엇든 것은 모다 벗기어저서 모든 것이 이전과 가치 회복되었다. 두 패의 남녀 련애도 본래 정하얏든 것과 가치 원만히 얼너붓게 되었다. 그리하자 「시시아시」 왕이 부하를 거나리고 나타나 네 사람을 다리고 「아테네」에 도라왔다. 그리하야 진긔 무쌍한 연극 「희마스」와 「시스쎄」의 대호평이 일어나면서 세 패의 부부는 원만하게 된다고 하는 것이다. (끗)

동아 26.02.14 (5) [연예] 일본영화 명여우(名女優) 오월신자(五月信子) 내경(來京) / 금월 하순경에

일본영화게에서 가장 육감덕(肉感的) 녀배우로 탕녀(蕩女), 요부(妖婦) 역을 잘 하기로 데 일인자요, 엇더한 역에 들어서든지 표정이 특출하야 송죽(松竹) 회사로부터 데국(帝國)키네마로 너머갈 쌔에 일만 원의 선금을 밧고 너머갓다는 말까지 잇는 일본영화게의 녀왕(女王) 오월신자(五月信子)는 작년 봄부터 영화게를 써나 무대배우가 되어 지금에는 그 남편 되는 고교의신(高橋義信)과 근대좌(近代座)라는 극단에 잇는 중인데 이달 하순경에는 구주(歐洲)를 거처 조선에 와서 흥행을 하고 만주로 건너가서 북경(北京), 상해(上海), 대만(臺灣) 등디에 순회 공연을 할 터이라더라.

매일 26.02.14 (2) 정초 흥행

부내 됴선인 측의 세 활동사진 상설관에서는 구력 정월 명절의 특별영화를 상연하고 정월 초하로날부터 삼 일 내지 오 일간을 주야 이 회식 상영한다는대 각 관의 상영하는 특별영화는 다음과 갓더라.

◇ 단성사

단성사에서는 음력 정월 초하로날부터 오 일간 보통 관람료로 주야 이 회식 특별영화를 한다는데 그 중 『자연의 처녀』(自然의 處女)라는 사진은 『도로아-스』라는 처녀와 『그로스쌔-』라는 청년 사이에 일어난 청춘남녀의 적은 가슴을 태우게 된 연애극 여섯 권과 『모험 달마취』라는 일곱 권짜리 대모험의 명화와 련속 『경마왕(競馬王)을 위시하야 여러 가치의[83] 자미잇는 사진을 상영한다더라.

◇ 조선극장

됴션극장에서도 보통 료금으로 정월 초하로날부터 삼 일간 주야 이 회식 특별상영을 하는데 그중 『의분의 쾌한』(義憤의 快漢)이라는 사진은 쾌걸 『다스데잉, 후아남』 씨의 쥬연과 명화 『메리-, 사망』 양의 조연인 대활극 칠 권짜리인대 그 경개(梗槪)는 엇던 광산을 중심으로 하고 용감스러운 『부리안』이란 쾌한과 『도라비-스』라는 악한 사이에 일어난 쟝쾌한 활극이며 또 『삼십분』(三十分)이라는 오직 삼십 분간의 인싱일셰를 거려내인 긔상덕 인정극 여섯 권짜리 사진 이외에 여러 가지의 아름다운 사진이 잇다더라.

---

83) '가지의'의 오식으로 보임.

◇우미관

우미관에서는 각등 십 전식을 올리여 구력 정월 일일부터 오 일간 주야 이 회식 특별상영을 하는데 그중에 『복면의 녀』(覆面의 女)란 열 권짜리 사진은 불란서 『알파도로스』 회사에서 대걸작으로 만든 것인대 그 경개는 『토-스』란 녀자가 그 족하되는 고아 『에레에누』의 재산을 쌔앗고져 자기 쌀 『잔』이란 녀자와 무리의 결혼을 강청한 것이 동긔로 되야 여러 악당의 악착한 활동과 『에레에누』의 숙부 『미지엘』의 쟈비한 마음과 민활한 활동으로 일어난 인정대활극이라 하며 그 밧게 『동부의 호걸』(東部의 豪傑)이란 여섯 권짜리 희극 외 명화가 만타더라.

조선 26.02.14 (조3), 26.02.15 (조4), 26.02.16 (석1), 26.02.17 (석1) 〈광고〉
2월 13일자 조선극장 광고와 동일

동아 26.02.15 (2) 무전으로 룬돈(倫敦) 구경 / 무뎐으로 활동사진도 보고 백림에서 론돈 구경도 한다 / 경탄할 무뎐의 대발명

독일 테신성(遞信省)과 「텔레푼켄」 회사 측으로부터 들은 바에 의하면 최근 독일에서는 경제생활에 큰 관계가 잇는 기술상의 일대 혁명이 이러나려는 중이라는데 이것은 물리학 박사 「날쓰」 씨가 발명한 뎐신고속도등사법(電信高速度謄寫法)으로 그 발명은 목하 전긔 「텔레푼켄」 회사에서 시현 중이라는바 이 발명은 유선(有線)과 무선(無線)에 의하야 보통 문자와 뎐문은 물론이요, 신문긔자와 그림과 지문(指紋) 긔타를 겨우 일 분 동안에 독일 백림(伯林)으로부터 원본 긔타 각디로 아조 선명하게 뎐송할 수가 잇다는 것이라는데 사진뎐송(寫眞電送)은 이전부터 하여온 일이지마는 시간은 넘우 오래 걸리엿슴으로 실제에 그리 큰 가치가 업서왓스나 이 발명에 의하면 겨오 일 초 동안이란 놀나운 속도로 뎐송을 할 수가 잇다는데 이 신발명의 리용법으로는 「라디오」로 먼 곳을 볼 수가 잇다는바 「텔레푼켄」 회사에서는 지금도 영국 론돈을 볼 수가 잇다 하며 장래는 활동사진도 「라디오」로 방송하게 되여 여러 사람이 자기 집에서 활동사진을 볼 수가 잇게 되리라더라. (백림 뎐보)

동아 26.02.15 (2) 〈광고〉
이월 십삼일(토요)부터 명화 제공
구(舊) 정월 일일부터 주야 오 일간 공개
미국 와-나브라사스 사
종-로-쇼 씨 비바리- 양 공연(共演)
정희극 **동부(東部)의 호걸** 전육권
불국 알파트로스 사
토울 얀스키 씨 감독 나타리 코방코 양 출연 니코라스 코린 씨 조연
명화 **복면의 녀(女)** 전십권
나타리 코방코 양은 미(美)의 「시쏠」[84]이다

니코라스 코린 씨의 인간미 설치는

연기 다시 교묘한 토울 얀스키의 표현

복면의 녀는 파란 만혼 사회의 인생의 축도

-예고-

문예영화 『**사출(思出)**』 전십이권

동(同) 『**오세로-**』 전십일권

명화 『**아- 청춘**』 전칠권

구주영화 봉절장 **우미관**

전화 광화문 삼구오 번

동아 26.02.15 (4) 영미(嶺美) 교육 활사

경의선 영미역전(嶺美驛前) 영미학교에서는 본보 영미지국 후원으로 지방을 발전하며 교육사상을 선전키 위하야 내(來) 십삼일이나 십사일에 동 학원 내에서 활동사진을 영사하리라더라. (영미)

매일 26.02.15 (1) 과학과 발명 / 『라듸오』로 사진 회화를 전송 / 백림(伯林)서 조선까지 일 초간 / 신문기사 등도 전송된다

독일체신성 급(及) 『데레훈겐』 회사로부터 문(聞)한 바에 의하면 목하 독일에서는 경제생활에 대관계를 유(有)한 기술상 일대혁명이 기(起)하게 되얏다. 시(是)는 물리학 박사 『날*』 씨 발명한 전신고속도등사법이니 목하 『데레훈겐』 회사에서 시험발명 중이다. 차(此) 발명은 유선 급 무선에 의하야 보통의 문자와 전문은 물론이오, 신문기사와 회화 만화 날인 지문 등은 근(僅) 일 초간에 더구나 선명히 백림에서 일본 조선 기타 모든 곳에 전송할 수가 잇다 한다. 사진전송은 이전부터 행하얏스나 장시간을 요하야 실제의 가치가 업섯다. 『카로루스』 박사의 발명에 의하면 일 초라 하는 가경(可驚)할 속도로 전송이 가능하다 한즉 신발명의 장치는 발신기로 『오도에제크도와수스엔』, 수신기로 『리히도시도이엘와레』가 잇다. 차(此) 발명의 이용법으로는 『라듸오부이조시』 즉 『나듸오』로 원방(遠方)을 견(見)할 수 잇는 것이다. 『데레훈겐』 회사에서는 현(現)에 륜돈(倫敦)[85]을 견하게 되얏다 하며 장래에는 활동사진을 『라듸오』로 방송하야 『키네마후안』은 자가(自家)에 재(在)하여서 사진을 견할 수 잇게 되리라더라. (백림 전)

조선 26.02.15 (조4), 26.02.16 (조3), 26.02.17 (조3), 26.02.18 (석1), 26.02.19 (석2), 26.02.20 (조4) 〈광고〉

〈복면의 녀〉 선전문 외에 동아일보 2월 15일자 우미관 광고와 동일

---

84) '심볼(symbol)'의 오식으로 보임.
85) 런던의 음역어.

동아 26.02.16 (2) [휴지통]

▲ 재작 십사일 밤 토월회 광무대 부인석에서는 트레머리에 녀학생 비슷이 차린 엇던 녀자 한 사람과 머리 쪽진 엇던 새악시 한 사람 사이에 서로 일장 격투가 이러나 머리채를 잡고『죽여라 살려라』하며 한참 야단법석을 한 일이 잇서 ▲ 무대 우의 연극보다도 이 자미잇는 활극에 광무대 안에 겹을 처 노흔 듯이 빽빽 드러차든 관중들은 부인석을 처다보며『으아으아』하고 긔세를 도치어주어 일시는 장내가 굉장히 소란하엿겟다 ▲ 한참 싸호던 녀학생 비슷한 녀자는 그만 패전을 당하엿는지『싹금나으리』를 다려온다고 나가더니 쇠리를 감초고 말엇는데 그 싸흠한 원인은 자리가 넘우 좁아서 자리 다툼으로 그 가튼 활극을 연출한 것이라고 ▲ 연극을 잘 해서 관객을 만히 쓰는 한편으로는 관객의 좌석도 충분히 준비하야 이와 가튼 불상사가 업도록 하는 것이 엇덜는지 ▲ 토월회에서는 미안한 생각이 업는가.

동아 26.02.16 (5) [연예] 독불(獨佛) 영화계 현상 / 표현파와 구성파 영화의 큰 세력 / 미국영화게에 쫏기는 구주영화

독일영화게(獨逸映畵界)의 최근 경향은 표현파(表現派) 양식의 것이라든지 구성파(構成派) 양식의 영화들이 결단코 일시뎍으로 잠간 생겻다 업서질 것이 안이요, 그 가치가 더욱더욱 만허지리라고 합니다. 그리하야 방금 독일영화게에서는 그러한 영화를 더욱 만히 제작하는 중이거니와 이 뒤로는 전혀 그 종류의 영화만이 일반 판들에게 환영을 밧게 될른지도 몰으겟다고 합니다. 그리고 그러한 영화에서 나타나는 것은 대개 긔게(機械)의 긋업는 침략(侵略), 다시 말하면 긋칠 줄 몰으는 과학 진보로 말미암어 우리 인류 생존이 큰 위협을 밧으리라는 등이 암시하야 엇더케 무엇으로든지 인류 생애를 게발하고자 노력하는 것이 표현된다고 합니다. 최근의 작품『메트로포리스』가튼 영화는 명료하게 그러한 공포를 표현한 것이라고 합니다. 그리고 요사이 불란서에서는 — 이는 독일도 갓지마는 — 미국영화가 큰 세력을 잡고 영국영화 가튼 것은 거의 볼 수가 업다고 해도 과언이 안일 것 갓다고 합니다.「파라마운트」「메트로꼴드윈」「러느트[86] 나튜낼」등 미국 각 회사가 전심전력으로 대선던을 하는 고로 일본의 현상보다도 한층 더 미국영화 까닭에 자긔 나라 영화는 세력을 쌔앗기고 말엇다고 합니다. 그중에도「뉴니버살」회사가 독일에서는 가장 큰 회사인「우파」영화사에 대하 자본을 집어느어 노흔 것 가튼 것은 한칭 더 이 뒤의 구주 영화게를 미국화하야 장래에 구라파와 미국의 영화는 모다 분별이 업서지고 만국뎍으로 영화가 함께 발뎐될 데 일보인지 몰으겟다고 합니다.

동아 26.02.16 (5) 〈사진〉 사 형제의 희극 명배우

미국 뉴욕에서 근래에 가장 성공한 희극『코코어넛』이라는 연극에「맑스」란 사람의 사 형뎨가 모다 그 중심 배우로 출연하얏다는데 다 각각 독특한 긔교를 가젓다고 합니다.

---

86) '퍼스트'의 오식으로 보임.

동아 26.02.16 (5), 26.02.17 (5), 26.02.18 (2), 26.02.19 (3), 26.02.20 (3) 〈광고〉
2월 15일자 우미관 광고와 동일

매일 26.02.16 (2), 26.02.17 (2) 〈광고〉 [연예안내]
출연진 제외된 외 조선일보 2월 13일자 조선극장 광고와 동일

매일 26.02.16 (2), 26.02.18 (2), 26.02.19 (2), 26.02.20 (3) 〈광고〉 [연예안내]
출연진 및 선전문이 제외된 외 2월 15일 동아일보 우미관 광고와 주요 내용 동일

동아 26.02.17 (5) [연예] 나체의 삼천 남녀 / 도하(渡河)하는 미국 신영화 / 「파라마운트」 회사에서 제작 중

최근 미국 「파라마운트」 회사로부터 온 통신에 의지하면 방금 동 회사에서 촬영 중에 잇는 「라올 월슈」 씨 감독 「에룬스트 트렌」 씨, 「그레타 닛센」 양, 「루이스 파센더」 양 출연의 「하렘」의 녀편네라는 영화에는 삼천 인의 남녀 수영가(水泳家)가 출연한다고 합니다. 말이나 소가 쎼를 지어 물을 건너가는 영화는 그 동안에도 만히 볼 수가 잇섯스나 이번 『「하렘」의 녀편네』라는 영화와 가치 삼천의 남녀가 일시에 물을 건너가는 사진은 처음 보게 되리라고 합니다. 이 싸닭에 그 선뎐도 굉장하다고 합니다. 「월리암 코리엘」 씨가 분장한 잔학한 잉금 「살탄」의 손을 버서나고자 삼천여의 백성들이 목숨을 내여놋코 큰 강을 건너간다는 것인데 감독 「월슈」 씨는 그 영화를 제작하기 위하야 남부 「칼니포니아」에 잇는 유명한 수영가들을 막대한 돈을 가지고 모집해드리는 중이라고 합니다. 그러나 그 삼천의 남녀가 물을 건늘 쌔에 의복을 입은 채 건는다면 별 문뎨가 업겟스나 만일 벌거벗고 건는다면 우리 조선에는 와 볼 생각도 못 하게 되리라고 생각합니다. 해수욕복을 입은 녀자만 만히 나와도 그 장면을 싣는 터인데 벌거버슨 남녀가 물 속에서 한바탕 대혼잡을 일울 터이니 그 영화가 오기인들 바랄 수가 잇겟습니까? 그런데 벌거벗고 건느는 것을 촬영한다는 소문입니다.

동아 26.02.17 (5) [연예] 미 영화배우 미국서 인긔

미국 「크리식크」 잡지사 주최로 행한 미국 영화배우들의 인긔투표 결과는 다음과 갓다고 합니다.
1 메리 픽포도 2 글로리아 스완손 3 노마 탈마치 4 루들푸 바렌치노 5 유쎈 오푸라이엔 6 코린 무어 7 쌘 라이온 8 로이드 휴스 9 리차드 쎅스 10 라몬 노바로 11 쫀 씬쌔더 12 포라 네그리 13 리리안 씻쉬 14 하롤드 로이드 15 노마 쎄라 16 메이마레이 17 리차드 쌔셀메스

매일 26.02.17 (2), 26.02.18 (2), 26.02.19 (2), 26.02.20 (3) 〈광고〉 [연예안내]
조선일보 2월 17일자 단성사 광고와 주요 정보 일치

조선 26.02.17 (석1) 〈광고〉

특별 명화 대모험 활극 출현

정월 초(初) 오일 주간부터 공개

미국 유니버-살 회사 최근 특작 영화

연속모험활극 **경마왕** 전육편 십이권에서 최종

제오편 특제 헛쩍 이권, 제육편 신생(新生)으로 이권, 사권 상영

미국 유니버-살 회사 최근 특작

대희활극 **뇌전(雷電) 컷드** 전칠권

유 사 특작영화

대활극 **시의 광영(屍의 光榮)** 전육권

유 사 센츄리- 희극

一. **선전남(宣傳男)** 전일권

一. **코자랑** 전일권

실사 **국제시보** 전일권

유니버-살 명화 봉절장 **단성사**

전 광 구오구번

조선 26.02.17 (석2) 세계 명승(名勝)의 환동 / 강연할 째에는 두 청년의 / 박은 환동도 영사할 작정 / 경성 도착은 십팔일

인도 청년 두 명은 십오일 장호원(長湖院)에 도착하야 그곳의 본사 지국장(本社 支局長) 집에 숙박한 후 십륙일 리천(利川)을 향하야는데 경성에는 십팔일에 도착하야 사 일간 톄재할 예정이며 본사 주최의 강연도 쾌락한바 시일과 장소는 경성에 도착한 후 결뎡될 터이며 강연할 째에는 두 청년이 세계를 만류하며 명승고적을 맛날 적마다 긔념으로 박혀둔 사진의 환동도 잇슬 터이오, 경성 각디의 안내는 본사와 긔독교중앙청년회에서 담당하기로 되엇는데 두 청년은 원로에 피로한 긔색도 업시 매우 건강하더라. (장호원지국 발 뎐)

(사진은 인도청년)

동아 26.02.18 (2) [사해섬광(四海閃光)] 내외통신망 / 미인 거주는 금지

미국 「칼리포니아」의 녀왕(女王)이라고까지 써들고 아름다운 얼골과 애교 잇는 자태로 전 세계에 일홈을 날리든 녀배우 「쌔라하·라·말」은 요사히 엇던 산중에 은거를 하다가 죽엇다는데 그는 작년 구월 「로스안젤스」에 살고저 갓든바, 그곳 재판소에서는 얼골이 너무 어엿부어 이곳에 살지 못한다는 리유로 퇴거 명령을 바덧다. 그는 스스로 『아름다운 것이 무슨 죄일가?』 하고 물엇다 한다.

131

동아 26.02.18 (2) 〈광고〉

당 이월 십팔일(목요)부터 차환

고대하시든 문예 명화 특별 공개

◎ 미국 파라마운트 사 초특작품

명편『유-모레스구』자매편

누(淚)의 가인(佳人), 코-린 무-아 양 주연

문예영화 **동의 호접(冬의 蝴蝶)** 전구권

부대 보시라, 이 보옥(寶玉)의 명편을

대파라마운트 특작 영화

조셉, 헤나베리- 씨 감독

대대활극 **호의 조(虎의 爪)** 전육권

쾌한 쟉크, 홀드 씨 대역연

파 사 구리스치- 영화

대희극 **엄청난 노파** 전이권

파 사 구리스치- 영화

대활극 **여자 수병** 전이권

=대예고=

DW, 크리피스- 씨 조심누골(彫心鏤骨)의 명작

세계적명화 **연의 마신(戀의 魔神)** 압혜 전칠권

대(大) 동도(東道) 이상, 크리피스 씨의 정력을 다한 이 명편!

조선극장(전 광 二○五)

동아 26.02.18 (5) [연예] 요부 역의 명여우 사(死) / 미국영화게의 일류 독부 역으로 / 신경통으로 마츰내 세상을 써나

「나우엔」 던보에 의지하면 덕부 역으로 유명한 영화 녀배우 「쌔바라 라말」 양은 수개월래 신경통(神經痛)으로 고통을 밧다가 지난 일월 삼십일일에 드디어 사망하얏다고 합니다. 원톄 미국영화계란 선던술이 능란한 터이라 혹시 인긔를 새롭게 하기 위하야 그와 가튼 소문을 만들어내엇는지는 몰르겟스나 사실이라면 매우 앗가운 일일 것이람니다. 「라말」은 일천구백구십팔[87]년에 「버지니아」 주 「릿지몬드」 태생으로 일곱 살 째부터 춤추는 게집아희로 무대에 올랏섯는데 「짜그라스 페쌩스」의 「낫트」 삼총사(三銃士) 등을 데일보로 영화게에 쒸어들어 『마음 업는 녀성』에 주연을 한 후로 그 명성이 일시에 놉하저서 「니다날쒸어」와 가치 요부(妖婦) 역을 마터서 자기 긔능을 발휘하게 되엇다고 함니다. 그의 출연 영화는 긔위 일본을 거처서 조선에 온 것들도 만커니와 아직 일본에까지 수입되지 안

---

87) '일천팔백구십팔(1898)'의 오식으로 보임.

터이라 합니다. 그럼으로 그의 몸은 죽엇스나 아직 얼마 동안은 검은 머리, 푸른 눈, 윤택한 입술, 남성을 잡어쓰는 그의 매력 만흔 자태를 볼 수가 잇슬 것이라 합니다. 던하는 말을 들으면 그가 열네 살인가 다섯 살 째에 첫 결혼을 해가지고 그 후 남편을 가러드리기를 륙, 칠 회나 하얏다 하며 마지막에는 남편이라면 머리ㅅ살이 압허저서 남편 업시 어듸서 게집아희 하나를 어더다 길으며 그게다가 사랑을 붓처가지고 지내엇다고 합니다. 그의 성격은 실로 영화면에 나타나는 그의 득의 역과 달음이 업섯다고 합니다. (사진은 「쌔바라 라말」 양)

동아 26.02.18 (5) [연예] 명우 오월신자(五月信子) / 금조 입경(今朝 入京) 금야(今夜) 상연

긔보 = 일본극게의 녀왕 오월신자(五月信子)와 밋 그 남편 고교의신(高橋義信)의 근대좌(近代座) 일행 칠십여 명의 대극단은 예뎡과 가치 금 십팔일 아츰 차로 입경하야 동일 밤부터 시내 수뎡 경성극장(壽頂 京城劇場)에서 개연할 터이라는데 이번 예데는 다음과 갓다더라.

대삼치설(大森痴雪) 씨 작 연출 천야(淺野) 씨

무대의장(舞臺意匠) 중촌기원(中村紀元) 씨

봉안의일(峯岸義一) (시장 미술사(市場 美術社))

제일 수행승 일막 이장

호야인구랑(虎野仁九郎) 씨 개작 태전웅광(太田雄光) 씨 무대장치

제이 약열의 연(灼熱의 戀)(카루멘) 일막

산본유삼(山本有三) 씨 연출 천야(淺野) 씨 무대제치(舞臺製置) 봉안의일 씨

제삼 영아살(嬰兒殺) 일막

고일구웅(古日久雄) 씨 작 이등청우(伊藤晴雨) 씨 무대고증

제사 고교어전(高橋御傳) 이막 삼장

매일 26.02.18 (2), 26.02.19 (2), 26.02.20 (3), 26.02.22 (3), 26.02.25 (4) 〈광고〉 [연예안내]

출연진 및 선전문 제외된 외 동아일보 2월 18일자 조선극장 광고와 주요 정보 일치

조선 26.02.18 (석1), 26.02.19 (조4), 26.02.20 (조4) 〈광고〉

2월 17일자 단성사 광고와 동일

조선 26.02.18 (석1) 〈광고〉

출연진 제외된 외 동아일보 2월 18일자 조선극장 광고와 주요 정보 일치

동아 26.02.19 (3), 26.05.20 (3), 26.02.21 (6), 26.02.22 (3), 26.02.23 (2), 26.02.24 (5) 〈광고〉

2월 18일자 조선극장 광고와 동일

동아 26.02.19 (5) [연예] 토월희 분규 폭로 / 이백수 윤리다 이소연 탈퇴 / 금후 계속 흥행도 의문이다

조선극게는 신문지상에 소개할 만한 재료조차 업슬 만치 한산한 중 그중에도 새로운 극운동을 건전히 해오든 것은 토월회(土月會)로 지금은 상당한 디반을 닥어노앗다 할 만치 되어 상당한 신각본도 만히 상연하고 더욱이 금월 상순에 다시 광무대에서 공연할 째에는 이럿틋저럿튼 조선악게에서 화형으로 역이든 윤심덕(尹心悳) 양이 입회를 하야 한칭 더 이채를 씌워서 일반 사게 유지들은 적지 안이한 긔대를 가지고 잇든 중 쯧밧게 작 십팔일 아츰에 회원들 간에 암투가 생기어 회원 중 중심이 되어 잇는 김을한(金乙漢), 리백수(李白水), 리소연(李素然), 윤심덕(尹心悳), 박제항(朴齊香) 등 다섯 사람이 탈퇴를 하고 당일 밤 흥행도 엇지 될른지도 몰을 지경에 일으고 회원 간에는 대단히 음산한 긔분이 써돌앗섯더라.

극운동에 불충실 / 경영자의 불친절 / 탈퇴 간부 김을한 씨 담(談)

이에 대하야 탈퇴를 선언하고 나온 회원 중 김을한(金乙漢) 씨의 말을 듯건대 이번 이 분규는 비로소 생긴 것이 안이요 오래전부터 은근히 게속 해오든 것이 이번에 폭발된 것입니다. 분규의 리유는 첫재, 경영자들이 돈에만 안목을 두고 신극운동에는 힘을 쓰지 안는 것 둘재로는 간부들은 희생덕으로 노력을 해오는데 경영자들은 대우를 소홀히 하며 모든 사무를 독단덕으로 해나가는 것 등이람니다. 우리 탈퇴할 사람들은 토월회를 나와서 우리들이 스사로 다시 신극운동을 충실히 해보겟다는 생각입니다.

동아 26.02.19 (5) [연예] 지상(紙上)영화 / 인정극 비밀 전팔권

퍼스트나투낼 사 작품

노마달마치 양 유진오푸라이엔 씨 공연(共演)

해설 「루들후쎄사」 씨와 「메이에친트」 녀사의 원작으로 「프란셋쓰 마리온」 녀사가 각색한 것을 「푸랭크흐제지」 씨가 감독하고 「로마 탈맛치」 양과 「유진오플라이엔」 씨가 주연한 영화이다.

경개 늙은 「쏜칼톤」의 병은 중하엿다. 병실 문 박게는 오십오 년 동안 고락을 가치한 「메리」가 울고 잇섯다. 그 녀자는 눈물겨운 녯날 일이 모조리 머리 속에 써도랏다. 그는 「마로」라는 명문에서 깁히 숨기여 길니운 처녀이엿섯는데 그 아버지의 서긔로 잇는 「쏜칼톤」과 남 모르게 련애에 싸젓다. 그 일이 아버지의 귀에 들어가매 그는 한 방안에 감금되고 그의 애인은 해고를 당하여버리엿다. 그 후로 두 사람의 신상에는 주으림과 치움이 맵살스럽게도 닥처와서 쓰라린 생활을 하게 되엿다. 그리하야 그의 마음은 무여지고 눈에는 눈물 마를 사이가 업섯다. 인생의 고통이란 엇지하야 이다지도 심하엿슬가…… 그는 쌈작 놀내여 잠을 쌔니 병실노부터 남편의 부르는 소리가 들니엿다.(쯧)

매일 26.02.19 (2) 생전 영예가- / 사후에 닛는[88] **대장의(大葬儀) / 화환행렬만 십정(十町)에 연락(連絡) / 화환행렬만 십여 뎡에 달하야 / 생전의 영예를 자랑하는 듯해 / 고 이완용 후(侯)의 장의**

(상략)

이후 장의를 / 영화로 제작 / 사회과에셔

총독부 사회과에서는 이번 리완용 씨의 장의시종을 전부 활동사진에 박여 사회교화(社會敎化)의 재료를 삼는다더라.

매일 26.02.19 (2) 명여우 환영연(宴) / 오는 이십일에 / 화월식당에셔

동경 근대좌(近代座)의 주뢰자 오월신자(五月信子)의 환영다화회는 됴션예술영화연구회의 주최로 오는 이십일 하오 두 시부터 시내 황금뎡 일본싱명(日本生命)쎌딍 이층 화월식당(花月食堂)에서 개최한다는대 누고든지 회비 이 원만 당일에 가지고 가면 참예할 수 잇스며 석상에서는 오월신자의 사진에 자서(自署)한 것을 배부하리라더라.

매일 26.02.19 (3) [지방집회] 광양만(廣梁灣) 기념활사회

용강군(龍岡郡) 광양만 시민 신흥동락회(新興同樂會)에서는 동시(同市) 창립 십칠주년 기념회를 기회로 하야 신년의 개시신흥(開市新興)과 시민의 동락을 목적으로 동 시내 유력한 청년 제씨의 발기로 지난 십오일부터 내(來) 이십사일까지(음陰) 정월 삼일부터 동 십삼일까지 십 일간) 동 시내 광장에서 매일 주야 이회식 활동사진, 신파연극, 축시신흥제(祝市新興祭)를 무료 공개로 개연한다는데 원근(遠近) 인사는 다수 내람(來覽)을 바란다더라. (진남포)

조선 26.02.19 (조2) 토월회원 오씨(五氏) / 돌연히 탈퇴 / 불평이 잇섯다가 / 폭발된 모양인 듯

지금으로부터 사 년 전에 일본 동경에 류학하고 돌아온 청년들로 조직되야 첫 공연(公演)을 인사동 조선극장에서 개막하야 만도의 인긔와 상찬을 쓰을든 토월회(土月會)는 광무대(光武臺)를 빌어가지고 반년 동안이나 공연을 계속하야 조선신극운동(新劇運動)에 만흔 공헌이 잇섯든 중 겸하야 얼마 전에 새로히 악단(樂壇)의 「스타」요, 문예의 초뎜인 윤심덕(尹心悳) 씨를 배우로 마저 만흔 「팬」들의 귀염을 밧든 중 십팔일 오전에 일으러 김을한(金乙漢) 리백수(李白水) 리소연(李素然) 박제행(朴齊行) 윤심덕(尹心悳) 등 제씨가 돌연히 탈퇴(脫退)를 선언하엿다는데 그들이 탈퇴케 된 동긔는 일시의 감정으로 그리한 것이 아니라 본래부터 간부 중 모씨가 배우와 기타 간부를 대함에 전횡덕(專橫的) 행동이 만타하야 불평이 잇섯든바 지금에 일으러 엇더한 리유에 폭발된 것이라더라.

『박승희(朴勝喜) 씨에게 / 넘우나 미안합니다』

이에 대하야 동 회 뎐무(專務)로 잇다가 이번에 탈퇴한 김을한 씨는 말하되

---

88) '잇는'의 오식으로 보임.

135

원인과 동긔는 토월회 자톄나 엇던 개인에게 영향이 잇슬가 하야 그것만은 회피코저 합니다. 엇잿든 이번 일에 대하야는 첫재 사회에 대하야 면목이 업고 토월회에 미안하며 이째까지 정신이나 물질로 성력 잇게 공헌한 박승희(朴勝喜) 씨에게는 넘우도 미안하야 엇더타 말할 수 업습니다. 이번 일은 전혀 박승희 씨와는 조금도 감정덕 무슨 관계가 업고 우의(友誼)에 대하야는 일층 더 공고한 늣김이 업지 안습니다

하며 뭇는 말을 회피코저 하더라.

『예술을 위하야 출각하얏든 것』

이에 대하야 윤심덕 씨는 말하되 나는 토월회에 입회한 지도 얼마 아니되는 터로 금번에 탈퇴하는 멧 분 중의 또 한아로 씨우게 되는데 대하야 세상에서는 엇더케 관측하는지 알 수 업습니다마는 처음에 내가 토월회에 입회하야 배우로의 몸을 내노키는 물질의 무엇을 바라서 그런 것도 아니오, 쌀하 일종의 호긔심으로 그런 것도 아닙니다. 예술연구의 진지(眞摯)한 생각으로 묵은 인습에 대한 반항덕 행동을 취한 것입니다. 그럼으로 내가 토월회에 입회하기도 토월회란 한 단톄만을 위하야 입회한 것이 아니오, 우리 예술계에에 한 도움이 잇슬가 하야 그리한 것이니까 이번에 토월회에서는 탈퇴를 하얏다 하여도 다시 예술을 위하야 몸을 바친다 하면 조곰도 거릿김이 업슬 줄로 생각합니다. 그러나 이번에 우리가 탈퇴케 된 동긔나 원인은 아직 말할 수가 업습니다 하더라.

조선 26.02.19 (석2), 26.02.20 (조4), 26.02.21 (석1), 26.02.23 (석2), 26.02.24 (조4) 〈광고〉
예고가 생략된 외 2월 18일자 조선극장 광고와 동일

매일 26.02.20 (2) 토월회에 우(又) 풍파 / 개장은 힛스나 개연 불능 / 즁요 배우가 등장치 안이하야 / 맛참내 표를 도로 거슬너 주어
간부배우의 돌연 탈퇴로 토월회(土月會) 직영의 광무대(光武臺)에서는 긱에게는 표는 파라놋코 개연을 못하야 결국 관긱들은 욕설을 하며 입장료를 도로 물너달나고 야단이 나서 결국 연극도 못하고 일대 분요가 이러낫섯다. 이제 그 자셰한 내용을 듯건대 본시 토월회는 박승희(朴勝喜) 군의 돈과 간부배우들의 긔능으로써 합자경영이든바 박군의 자본가의 오만한 태도가 결국 예술싱애를 쑴꾸든 배우들의 가슴에 부다처 이 가튼 파렬을 보게 된 것으로 임의 탈퇴를 한 배우로는 토월회의 무대를 가장 힘 잇게 직히고 오는

▲ 이백수 ▲ 이소연 ▲ 박제행 등 세 명과 사무소에 재근하든 김을한(金乙漢) 등 네 사람인대 박승희 일파에서는 그들의 불평이 이갓치 급작히 폭발할 줄을 모르고 십팔일 밤에도 표는 파라놋코 결국은 개막을 못하게 되매 응급칙으로『우리극단』이라는 빈약한 극단을 써러다가 관긱을 긔만코자 하얏스나 관긱들은 토월회 배우의 연극을 보러 왓지 우리극단의 배우들의 연극을 보러 온 것은 안이라고 전부 이러서 표를 물너달나고 하야 맛참내 표를 물너주고 관긱을 그대로 돌녀 보내게 되얏다더라.

동아 26.02.20 (5) [연예] 염려무비(艷麗無比)도 일시 춘몽 / 명여우의 말로 / 화류조로(花柳朝露) 가튼 여우의 인기 / 일 주간 사천 원의 급료는 일 개월 륙십 원으로 나려

꼿이 이우러가는 것은 꼿 자신으로도 어느 째나 이울 것을 알지 못할 것이며 겻헤서 보는 사람쏫차 알 길이 업는 것과 가치 미인의 한째의 자랑스러운 자태도 어느 째에 쇠잔할는지 미인 자신도 몰를 것이며 겻헤서 그의 미색을 찬양하는 사람들도 칭량할 길이 업슬 것이다. 그가 주연 촬영한 영화가 조선에도 다수히 수입되엿섯고 일본에는 아즉까지도 그가 출연한 영화가 만히 남어 잇다 하니 영화 「판」들은 오히려 긔억이 새로울 것이다. 「크라라킹풀양그」 양은 후리후리한 키에 찬란한 육톄의 미와 고흔 곡선이며 큼직한 고흔 눈ㅅ지와 어엽분 코며 부드러운 입맵시, 어듸로 보든지 긔부인의 자태의 소유자라는 것은 아직도 이쳐지지 못할 것이다. 그런데 최근 미국 뉴욕 연예신문을 읽건대 그에 대한 칙은한 정경이 보도되엿다. 그가 미국 활동사진이 한창 세계뎍으로 독보 노릇을 하는 구주대전 시절까지도 일대의 일류 화형 녀우로 그 일흠이 세계에 썰치엇섯다. 그 당시 일대 명우 「하버트 추리」 경과 함께 『모델장사』라는 영화에 「튜리」 경은 「스펜가리」의 역을 맛고 「크라라」 양은 녀주인공 「트렐쎄」로 연출하야 도처마다 영화 「판」들을 미치게 하얏섯다. 그러나 지금은 그의 나희가 사십에 귀가 달니고 귀 밋헤는 백발이 듬은듬은 석기게 되엿다. 지금 그는 호의호식은커냥 입에 풀칠을 하기에 곤난하야 뉴욕 어느 「쏜드쎌」 — 갑싼 연극장 — 의 한낫 일흠 업는 춤추는 게집으로 한 달에 겨우 삼십 「쌀라」 — 략 륙십 원 — 의 급료를 바더가지고 창이 난 구두에 다 썰어진 모자에 누덕누덕이 목도리를 두르고 날마다 시외의 어느 구죄죄한 려관집에 묵으면서 극장 출입을 하는 중이라고 합니다. 지금의 그가 녯날 일주일에 이천 「쌀라」 — 약 사천 원 — 의 급료도 오히려 부족하게 역이고 한시도 집에 잇슬 틈이 업시 연회로, 방문으로, 려행으로 못 갈 데가 업시 사랑하는 남자들을 차저단이며 음탕하고 사치한 생활을 하든 째의 일을 한번 되집허 생각한다면 지금의 어둠침침한 갑싼 려관집 째어진 창문으로 흘러들어오는 달빗인들 얼마나 차고 쓸쓸하고 눈물겨웁게 그의 눈에 비칠 것인가? 더욱이 극게서는 화형들의 운명가치 바람 압헤 촛불 가튼 것은 쏘다시 업슬 것이라고 생각된다.

동아 26.02.20 (5) [연예] 「쿠간」 군 주연 / 신작 영화

「짜키 쿠간」이라면 세계뎍 소년 명우라는 것은 우리 조선의 어린 판들조차 익히 아는 터입니다. 「쿠간」 군이 「촤푸린」의 손에서 비로소 영화게에 발을 드려노아가지고 그 신긔한 기교를 담박에 세상 사람들이 인뎡하게 되엇습니다. 「쿠간」 군이 첫 번으로 인긔를 어든 영화는 일반 판들의 거의 다 아는 바이지마는 그 후 게속하야 다수한 영화를 제작하야 다른 영화로는 억개를 견줄 만한 것조차 업슬 만치 모다 걸작입니다. 『키트』 다음에 제작한 영화 중에서도 유명한 것은 『임금님 만세』, 『푸란더스의 소년』, 『소년 소빈손』 등으로 모다 「쿠간」 군 독특한 긔교를 뵈이엇섯습니다. 그런데 재작년에 그는 구주에 려행을 하고 도라와서 첫 번 제작한 것이 「메트로쏠드원」 영화 『넉마장사 대장』, 원명 『락그만』은 「쿠간」 군이 다시 『키트』 시대의 태도로 도라가서 촬영한, 『키트』를 능가하는 우슴과 눈물의 명작 희극이라고 합니다. 『넉마장사 대장』은 유명한 극작가 「위이라드막크」 씨가 특히 「쿠간」 소년을 위하야 써노흔 것으로 희극영화의 명감독으로 덩평이 잇는 「에쯱크라인」 씨가 감독한 것이라 합니다. 『넉마장사 대장』은 이리스 영화부의 수입으로 일본에 왓다는바 불원간 봉절되리라고 합니다. (사진은 「짜키 쿠간」 군)

매일 26.02.20 (2) 진퇴유계(進退維谿)의 / 윤심덕 양도 탈퇴할 결심

새 인긔를 끌고 잇는 녀류 성악가 『윤심덕』 양도 아즉 탈퇴는 하지 아니하얏스나 처음 그가 토월회에 입회할 쌔에 경영자 격으로 잇는 박승희 군에게

◇ 첫재 무슨 일에든지 자긔의 긔분에 맛쳐줄 일

◇ 둘재, 연극도 자긔의 뜻에 맛지 안는 배우에는 절대 불응을 하야도 조흘 것

◇ 세재, 각본은 적어도 개연 일쥬일 전에 련습을 식혀 주어서 신극운동의 참된 일쑨이 되게 할 일

◇ 네재, 이 갓흔 조건만 직혀주면 무대 우에서는 쥭기로써 무대의 약속을 직힐 일

등 네 가지 약조를 두고 출연은 하얏스나 도모지 한 가지 약속을 시힝한 일은 업시 각본 련습도 당일에야 겨오 시작을 하며 하기 실타는 연극도 억지로 식히는 등 일종 『흥힝업자』의 태도로 대하게 됨으로 필경 윤양도 박승희 군이 태도를 곳치지 안는 이상 토월회에는 오릭 잇지 못할 것이며 임의 탈퇴를 한 간부배우들은 목하 새 극단을 조직코자 분주 중이라더라.

매일 26.02.20 (2) [붓방아]

△이러니 져러니 신문에 말성 만흔 윤심덕 양이 ▲ 요사이 쏘 토월회에서 탈퇴를 하얏느니 안이 하얏느니 각 신문이 제각기 써들게 되얏다. ▲ 십구일 아참 각 신문을 들고 안졋는 윤양은 기가 막히는지 다시 우스며 ▲ 이러케 남의 속도 모르고 아모 소리나 하는 신문이 만흐닛가 ▲ 일개 윤심덕이도 신문을 무섭게 녁이게 된다고 한식을 한다. 그러키나 하게 『하루빈』에서 쏘 경성을 차자왓지.

조선 26.02.20 (조1) 활동사진대회 / 개성중앙회관에서

개성기독교사일(四日)기도회 자선부 주최는 이월 십구, 이십 양일 오후 칠시 반부터 개성중앙회관 강당에서 활동사진대회를 개최하리라는데 당야(當夜) 영사할 사진은 이태리 문호 시엔쿠잇지 작 어듸로 가나? 이외 수종이라 하며 입장료는 백권 일 원, 청권 오십 전, 학생권 삼십 전 등이라더라. (개성)

조선 26.02.20 (조2) 인천 애관(愛舘) 혁신

인천부 외리(仁川府 外里)에 잇는 애관(愛舘)에서는 금일까지 인천에 우리 조선사람의 활동사진 상설관(常設舘)이 한아도 업다 함은 인천사회 톄면상 큰 유감이라 하야 강성렬(康成烈) 군과 경성 단성사(團成社) 리봉익(李鳳翼) 박정현(朴晶鉉) 량군의 협력한 결과로 이십이일 오후 일곱 시 개관 당일부터 내용을 일신 개혁하는 동시에 재래에 업든 이채(異彩)를 내이며 첫재 민중을 본위로 하고 신흥예술운동(藝術運動)을 주지(主旨)로 하야 나갈 터이라더라. (인천)

조선 26.02.20 (조3) [신영화]『파라마운트, 코스모포리탄』작 / 문예명화 동의 호접(冬의 蝴蝶) (전구권) / 이월 십팔일부터 조선극장에서 상영

이 영화는『파라마운트, 코스모포리탄』영화인대『파아니, 하스트』녀사의 원작이오,『마리본』이 각색한 것이다. 주연배우는『코린 무아』양이다. 그 사진의 경개로 말하면- 엇더한 백화상덤에서 일 보는 여자 사무원『싸라, 쭈크』는『스미스』란 사무원과 사랑하는 사이엇다. 그러나 그는 병신인 까닭에 다른 덤원 녀자들은 다른 남자를 엇도록 유혹하엿다. 그리하야 엇던 째에는 그를 싸라 다른 돈 만코 인물 조흔 남자들과 한자리에서 노라도 보앗다. 그러치만 녀사무원은 돈도 업고 병신이고 성격도 음울한『스미드』를 바릴 수는 업섯다. 이러하는 동안에 그들은 여러 가지로 고초를 당하고 무서운 시험을 바든 뒤에 그들에게는 자유로운 새 세계가 던개되야 남편의 병도 전쾌되야 행복스러운 생활을 엇게 되엇다는 것이다.

조선 26.02.20 (조3) 〈광고〉

이월 십구일 밤부터

토월회 제사십일회 대공연!

농속에 든 새 후편 전사막

희극 **월요일** 전일막

소극 **국교단절** 전일막

(매야 하오 칠시 반부터 개연)

토월회는 어드까지 여러분의 토월회올시다

힘을 다하지 못할 사람은 다 물너가고 새로히

조선극단을 위하야 피와 눈물의 역사를

맨들 사람은 여긔에 모여옵니다

토월회 직영 **광무대**

동아 26.02.21 (4) 함청(咸青) 활사 성황

경남 함안(咸安)청년회에서는 구(舊) 신년의 한가함을 이용하야 산업선전 급(及) 문화선전을 목적으로 활동사진으로써 거(去) 십오일 밤부터 십육일 밤까지 무료 공개를 하얏다 하며 관중에게 막대한 유익을 주엇다더라. (함안)

동아 26.02.21 (5) [연예] 페야쌩스의 쾌작 / 전편(全篇) 천연색 모험 연애극 /『썽큐』의 다음으로 최근 촬영한 대영화 해적 이약이『흑의해적』

미국 비평가들 간에는「싸그라스 페아쌩스」는 장사에 능란한 사람이라고 하는 뎡평이 잇다고 합니다. 사실상 그 평판은 뎍중한 것으로『로빈훗드』『싸그닷드의 도적』『썽큐』등 박는 그저 큰 작품들쑨인 데다가 더욱이 발표하는 대로 큰 성공을 하게 되엇습니다. 그런데 그는 한 작품을 발표하야 어든 돈 전부 그 다음 영화 제작에 들인다고 합니다. 그만큼 「페아쌩스」는 자긔 작품에 대하야 강한 자신을 가젓스며 그만큼 대담한 짓을 한다고 합니다. 만일 그 인긔가 엇지하야 쑥 써러진다면 갑작히 비렁뱅이가 되고 말 것이건마는 그런 생각은 넘두에 올리지도 안는다고 합니다. 『쌔드닷드 도적』과 『썽큐』다음으로 최근에 촬영한 영화는 해적(海賊)의 이약이를 중심으로 한 것인데 일홈을 『흑의해덕(黑衣海賊)』이라고 하야 그의 전 재산의 반 이상을 내어가지고 제작한 것으로 영화 전편을 기스것 찬란한 텬연색으로 만들어서 관중으로 하야금 입을 싹 버리도록 맨드러놋켓다고 비용은 도라보지 안이하고 제작하얏담니다. 이 싸닭에 「페아쌩스」는 장사에 능난하다는 것입니다. 영화의 내용은, 무참이 죽은 아버지의 복수를 하기 위하야 해적단에 몸을 던진 「페아쌩스」의 사랑과 모험을 골자로 한 것으로, 장쾌무쌍한 창금의 혈전과 해상 해적선의 화염 충텬한 중에서 대활극을 일우는, 아름다운 정서와 모험으로 싸아논 영화이람니다. 그의 상대역 녀배우로는 「페아쌩스」 자신이 「쎄리써버」 양을 선택하얏다는데 미구에 일본에 수입되리라 합니다.

동아 26.02.21 (6) 〈광고〉
이월 십구일부터 사진 전부 차환
인수(引受) 일주년 기념 무료 공개
▲ 미국 유니써-살 사
희활극 **비(鼻)의 위력** 전이권
▲ 영국 토란스도아 드란작쿠 사
교훈극 **소년의용단** 전구권
▲ 미국 푸아스드나쇼날 사
쟉키- 쿠-캉 군 주연
누(涙)의 희극 **하치옥의 소승(鍛治屋의 小僧)** 전육권
-예고-
문예영화 『**사출(思出)**』 전십이권
동(同) 『**오세로-**』 전십일권
명화 『**아 청춘**』 전칠권
구주영화 봉절장 **우미관**
전화 광화문 삼구오번

조선 26.02.21 (석1), 26.02.23 (조4), 26.02.24 (조3), 26.02.25 (조4), 26.02.26 (석1), 26.02.27 (조3) 〈광고〉
동아일보 2월 21일자 우미관 광고와 동일

조선 26.02.21 (조3) 〈광고〉

이월 이십일일 주간부터 오 일간 홍소(哄笑) 희활극 주간

실사 **국제시보** 전일권

유 사 센츄리 코메데이

희극 **물품배치** 전이권

활극 **경분(驚奔)** 전이권

명화(名花) 로랑푸렌톤 양 주연

유 사 칼레물 씨 제공 특작품

연속활극 **미의 기수(謎의 騎手)** 전십오편 삼십권

제일편 발단, 제이편 분수(粉粹)의 운명

월니암 쩨스몬드 씨 아이린 세드윅 양 주연

유 사 초 쑤엘 특작품

레지놀드 쎄니 씨 로라라푸랜톤 양

대탈선 홍소희활극

홍소연발 **우주돌파** 전팔권

유니버-살 명화 봉절장 **단성사**

전 광 구오구번

조선 26.02.21 (조4), 26.02.22 (조2) 〈광고〉

2월 20일자 광무대 광고와 동일

동아 26.02.22 (3), 26.02.23 (2), 26.02.24 (5), 26.02.25 (2), 26.02.27 (1) 〈광고〉

2월 21일자 우미관 광고와 동일

매일 26.02.22 (2) [붓방아]

▲ 재작 이십일 밤에 시내 됴션극장 우층에서는 모 젼문학교 학싱과 신사 한 분과 일장 싸흠이 이러낫다. ▲ 그 리유는 젼문학교 학싱이 부인석에 가 안저셔 신사의 부인에게 담배 연긔를 내쑴으면서 눈을 맛치다가 녀자가 자긔 남편에게 말을 한 까닭이라나. ▲ 학싱의 신분으로 이와 갓튼 루츄한 힝동을 보는 일반 관긱은 누구나 크게 분개하얏다고. ▲ 그중에 더욱 가증한 것은 이와 갓흔 연극장에 녀자를 더리고[89] 오면 으례히 그럴 줄 알지 하면서 긔셰등등하드라고.

---

89) '데리고'의 오식으로 보임.

매일 26.02.22 (3), 26.02.25 (4) 〈광고〉 [연예안내]
출연진 등 제외된 외 조선일보 2월 21일자 단성사 광고와 주요 정보 일치

매일 26.02.22 (3), 26.02.25 (4), 26.02.26 (1), 26.02.27 (1) 〈광고〉 [연예안내]
동아일보 2월 21일자 우미관 광고와 동일

조선 26.02.22 (조2), 26.02.23 (조4), 26.02.24 (조3), 26.02.25 (조3) 〈광고〉
2월 21일자 단성사 광고와 동일

조선 26.02.22 (조4) 전(全) 강원에 / 순회영화 계획 / 봉명교(鳳鳴校)와 청년회의 기금을 구(求)코저
철원청년회에서는 거(去) 십구일 본사 철원지국 내에서 집행위원회를 개(開)하고 회(會)의 기본을 입(立)할 쑨 아니라 철원면 율리리(栗梨里)에 잇는 봉명교 비운(悲運)에 대하야 자본을 구코저 각지에 순회영화키로 하고 좌(左)와 여(如)히 결의하얏다더라.
◇ 결의
一, 철원에 활동사진 상설기관을 둘 것
一, 철원 십면(十面)을 순회 후 전 강원을 순회할 것
一, 먼저 철원에서 사일간 흥행할 것
一, 지방순회대를 조직하야 먼저 인근을 순회할 것
一, 지방단체에게 후원을 엇기 위하야 공문을 발송할 것
一, 각 사무 분담에 건
◇ 구역과 일할(日割)
금성(金城) 본월 이십오 육 양일간
금화(金化) 본월 이십칠 팔 양일간
평강(平康) 삼월 일 이 양일간
복계(福溪) 삼월 삼일 일일간
(철원)

동아 26.02.23 (2) 난맥의 일본교육계 / 여고 사년생 십칠 명이 활동 남우와 관계 / 음락으로 날을 보내다 발각 / 교육계에 중대 문제
목하 일본 신호시회(神戸市會)에서 개최 중인 예산위원회(豫算委員會) 석상에서 돌연히 신호시립데일고등녀학교(神戸市立第一高等女學校)의 분규 문뎨가 폭로되어 예산위원 일동을 놀나게 한 일이 잇섯다. 그 내용은 신호시립데일고등녀학교 생도 사년생 중 열일곱 명은 작년 이래 경도 동아키네마 촬영소(京都 東亞키네마 撮影所)에 출장하야 남자배우들과 비루한 관계를 매스고 여러 번 염서(艶書)를 교환한 사*이라는데 처음에는 학생 이, 삼 명이 그곳 남자배우와 관계를 매젓스나 차차 배우들의 쇠

임을 바다 여러 학생들이 풍속을 문란하게 하는 일이 만흘 뿐 아니라 그 녀학생들은 자긔집에서 학교에 가는 모양으로 나와가지고는 곳 전긔 촬영소의 남자배우와 맛나 추한 관계를 맺는 등 실로 말하기 어려운 행동이 만헛스나 감독의 책임을 가진 동교 암좌교댱(岩佐校長)은 이 사건을 최근까지 몰으고 잇섯다는바, 당국에서 이십일부터 사건의 진상에 대하야 조사를 하는 중이라 하며 이 사건은 교육계의 큰 문뎨이라더라. (신호뎐보)

동아 26.02.23 (5) [연예] 「론쩨니」 씨 신영화 『마인(魔人)』

명화 『카리가리 박사(博士)』는 비단 표현파 영화라고 해서만 유명한 것이 안이요, 그 내용은 씀직이 괴괴한 덕으로도 전 세게 영화게를 써들석하게 하얏든바, 『카리가리 박사』를 한칭 알기 쉬웁게 통속 덕으로 쏘는 희극화한 것이 이번 일본 「이리스」 영화부에 수입된 「메트로쏠드윈」 영화 『마인(魔人)』이라고 합니다. 『카리가리 박사』와 가치 『마인』은 뎐광병원(癲狂病院)에서 일어난 괴괴막측한 이약이로 「카리가리」 박사와 비슷한 광인 외과의사 「지스카」 박사를 중심으로 그 주위에 잇는 인물들 사이에 생기는 수수격기를 모도아서 쑤민 것으로 「지스카」 박사로는 판들이 익히 아는 「론쩨니」 씨가 분장 출연하얏다고 합니다. 『마인』은 「크렌윌쌔」 씨의 원작 무대극인데 미국서 여러 번 상연하야 번번히 큰 환영을 밧고 미국극단에서 상당한 호평극으로 추천된 것인데 『소년 로빈손』, 『넉마장사 대장』 등 「싸키 쿠간」 영화의 원작자로 유명한 「윌라드막크」 씨가 그것을 각색하고 「로란드웨스트」 씨가 감독하얏스며 공연자로는 근래 새로히 큰 인긔를 어든 신진 미인 녀배우 「싸틀윌움스테스」 양과 「쏘니아사」 씨가 출연하는데 「론쩨니」 씨는 『노틀쌈 쏩사동이』라든지 『오페라 괴인』들에 출연할 째와 가치 특별** 긔교는 업스나마 그의 독특한 노정은 여전하고 더욱이 영화는 듬직이 힘을 다하야 출연하얏다고 「론쩨니」 씨가 자신이 말한 것과 가치 특별한 괴인긔에 어리라고 일본서는 발서부터 평이 놉다더라. (사진은 악역으로 세게덕 명배우 「론쩨니」 씨 마인)

조선 26.02.23 (석2) [자명종]

▲ 일전에 관훈동(寬勳洞) 넷날 『청석골』 골목에서는 일대 활극이 일어낫섯는데 등장인물(登場人物)인즉 송현동 모 정문학교 학생 삼, 사 인과 엇던 양복청년 한아와 트레머리에 분홍저고리 입은 녀자 한 아이엇다. ▲ 그런데 그 학생들이 덤비여 양복청년을 진쌍에 메여치고 분홍저고리싸리를 밀어 잡바트리여 『란투극』이 연출되엇섯다. ▲ 싸흠의 원인은 조선극장에 활동사진 구경을 갓다가 그 학생들이 담배 연긔를 녀자에게 쑴은 것이 원인이라고. ▲ 남의 집 녀자에게 무례히 구는 것은 학생들로서 큰 실수! 그것 좀 그랫다고 강싸를 하는 것은 그 청년의 신경이 너무 예민.

조선 26.02.23 (석2) 〈광고〉

이월 이십삼일부터
토월회 제사십이회 특별 대공연!
만천하 인사의 재연(再演)을 청하심으로

이십여 일간 대만원을 이루던

춘향전 제십막

매야 칠시부터 개연

하로 밤에 다 올니겟슴니다

다시 이소연 씨는 모든 파란을 허치고

그리운 토월회 무대에 다시 나오게 되엿슴니다

만히 사랑하여주십시오

토월회 직영 **광무대**

조선 26.02.23 (석2) 〈광고〉 근고(謹告)

그동안 신문지의 오보와 세간의 와전과

쏘는 회원 간의 오해와 일 이 악의자(惡意者)의 중상(中傷)으로

부득이 퇴회(退會)케 되엿든 전(前) 동인 이소연 씨는

금반에 당인(當人)이 모든 파란과 곤난을 격파하고

다시 복회를 천명한 동시에 본회에서도 복회를 인락(認諾)하얏슴니다

사해첨언(四海僉彦)은 흉격(胸隔)을 열어 다시금 특별한

사랑을 주시기를 비나이다

천구백이십육년 이월 이십이일

토월회 동인 이사(理事) 일동

동아 26.02.24 (5) [연예] 영화와 배우 / 계림영화 이규설(李圭卨)(一)

활동사진 배우로는 전속배우(專屬俳優)와 극장부배우(劇場付俳優)가 쏘는 림시고용배우(臨時雇用俳優) 등이 잇슴니다. 그중에 활동사진 촬영에 가장 필요하고 쏘는 중요시하는 배우는 전속배우입니다. 활동사진을 한 가지 촬영하자면 일반 출연 배우들이 몹시 밧부어집니다. 그런고로 시간상으로 극장배우로는 도뎌히 할 수가 업스며 쏘는 사진에 특별히 필요한 기능을 위하야서도 반드시 전속배우가 필요합니다. 전속배우로 능란한 사람은 실제 촬영된 영화상으로 보아도 훌융한 극장배우들보다 우수함니다. 이 까닭에 영화회사마다 전속배우를 만히 두게 됩니다. 활동사진을 보통 무대극 이상의 자유형(自由形)과 독장을 존중히 하고 쏘는 대사(大寫) 부분이 만흔 까닭으로 배우 선택에 관한 것도 무대극 배우보다 가리는 것이 만슴니다. 가령 십팔 세의 녀자를 촬영하자면 반드시 그 나삿세의 녀자를 사용하고 륙십 세의 로인이라면 륙십 세의 노인, 한 로인을 선택하야 촬영하지 안으면 안 되게 됩니다. 가령 십팔, 구 세의 젊은 사람이 륙, 칠십의 로인으로 분장한다면 제아모리 분장술이 능란하드라도 그 얼골이나 쏘는 그 수족 등이 대사에는 로인의 태도를 일코 말어바립니다. 무대극에서는 십팔 세의 배우가 륙십 로인으로 분장하고 무대에 나타나도 로인과 쏙가치 일반 관람객에게 뵈일 수가 잇슴니다. 그는 관객과 무대 간에 상당한 거리가 잇는 까닭에 화장술에 의지하야 관객의 눈을 속일 수

가 잇습니다마는 활동사진에는 그러케 속일 수가 업습니다. (계속)

매일 26.02.24 (2) 과학계의 경이! / 발성활동영화 출래(出來) / 입(卄)칠 팔 양일 경성에 공개 / 화면이 움작이는 대로 언어는 물론이요 / 주위 만상에서 발하는 음향이 모다 들녀

됴선에 말하는 활동사진이 드러왓다. 본사 주최하에 경성에서 공개케 된 것이다. 발명계의 권위 미국의 『에디손』 씨가 말하는 활동사진을 발명한 지 임의 오릭이엇스며 수년 전 됴선에서도 그 실연을 하야보일이[90] 잇섯스나 결국은 보통 활동사진과 유성긔를 교묘히 연결한 것으로 도저히 그림과 음성이 잘 맛지 못하며 제작하는 데 수고가 비상한 관계로 결국 중단되고 마랏섯는대 최근 무션뎐신뎐화에 사용하는 삼극구(三極球)를 발명하야 명성이 놉흔 미국의 『도훠레-』 박사의 신발명에 의한 『발성활동사진』은 가장 완전한 조건이 구비하야 연설이고 음악이고 배우들의 대화이고 전부가 조금도 틀님업시 화면에서 흘너 나아오는 놀나울 만한 발명이니 실노히 과학계의 한 경이라고 볼 수도 잇는 것이다. 이 가튼 진긔한 활동사진을 공개할 날자는 금월 이십칠일 이십팔일 량일이요, 처소는 공회당(公會堂)인대 입장료는 이 원, 일 원의 두 가지요, 학싱 단톄에는 할인을 할 터이라더라.

매일 26.02.24 (2) [붓방아]

▲ 신호(神戶)[91]에서는 녀학싱[92]들이 활동사진배우에게 반해서 허덕지덕한다고 큰 문뎨가 되잇다고,
▲ 신호 녀학싱들이 경성에 오면 무시험으로 불량긔싱 자격은 상당히 잇겟지. ▲ 긔싱 말이 낫스니 말이지 변사에게 잘 반하든 『리상홍』 미인은 또 다리 낫느니 단발을 하얏느니 야단이다. ▲ 에- 도모지 절문 계집 철업시 날뛰는 꼴은 보는 수가 업셔. (이하 기사 생략)

조선 26.02.24 (조3) 독자우대

방금 조선극장에서 특별흥행 중인
『동호접(冬蝴蝶)』은 호평을 밧는 중인대 특별히 본보 독자를 위하야 이십사일에 우대하게
되엿습니다
우대권은 란외에 잇습니다.

조선 26.02.24 (조4), 26.02.25 (석2), 26.02.26 (조3), 26.02.27 (석1) 〈광고〉

2월 23일자 광무대 광고와 동일

동아 26.02.25 (2) 〈광고〉

당 이월 이십오일부터 전부 차환

---

90) '하야본 일이'의 오식으로 보임.
91) 일본 고베.
92) 녀학싱의 오식으로 보임.

금회는 대활극대회!

◎ 대윌리암폭스 사 초특작

천하무적의 대활극

맹투모험 **완명육약(腕鳴肉躍)** 전팔권

쾌남아 톰믹크 씨 맹연

암투 연발! 맹진 돌진! 대분신(大奮迅)!

대폭발! 위난급급! 활극 중 활극

명견 명마의 경이적 대활약!

◎ 폭스 사 특작품

인정활극 **은애의 인(恩愛의 刃)** 전칠권

맹한 윌리암 화남 씨 대역연

분연히 돌기(突起)하는 괴이한 대복수전!

◎ 폭스 회사 영화

대희극 **황금세상** 전이권

=대예고=

DW, 크리피스- 씨 조심누골(彫心鏤骨)의 명작

동도 이상, 「크리피-스」 명작

대명화 **연(戀)의 마신 압혜** 八卷

조선극장 (전 광 二〇五)

동아 26.02.25 (5) [연예] 수염 - 영화계 유행 / 미국영화계 남배우들이 수염 길르기를 질겨 한다

본래 배우 생활이란 인긔로 사는 것이라 그 몸치장에도 별별 짓을 다 합니다. 그 까닭에 그들에게는 남녀 배우를 물론하고 류행이 만습니다. 만혼 류행이 더욱이 장시일을 류행하는 일조차 업시 춘하추동 사시로 달르다고 합니다. 그럼으로 구라파 각국과 밋 미국의 신류행은 대개 배우에게서 생긴다고 합니다. 우리 조선에는 아직 배우가 만치 못한 까닭으로 그 대신 기생이 대개 류행을 만들어내게 되는 터이지마는 미구에 극계가 번창해짐에 짤하 배우들이 만하지고 그들의 주머니가 든든해지면 역시 구미와 가틀 것이라고 생각합니다. 요사히 미국 남배우 간에는 수염을 길르는 것이 슴직이 류행되기 시작하얏다 합니다. 원래 수염을 길르는 데는 불란서가 본바닥인데 최근 미국영화의 「라부씬」 — 련애 장면 — 을 보면 보통 「키쓰」로마는 충분한 긔분을 나타내일 수가 업는지 매우 변태덕(變態的) 「키쓰」를 하야 표정을 하는 경향이 잇다고 합니다. 그런데 그 리유는 불란서 사람의 수염을 길으는 래력을 배워서 남배우들이 그와 가치 수염 길르는 것이 류행된다고 합니다. 「짜그라스 페야쌩스」, 「스아들프메주」, 「콘랏드 네겔」, 「노만 게리」, 「루이즈스둔」, 「로날드 루만」, 「쩩코 홀트」 등이 수염 길으는 류행의 선진자들이라고 합니다.

동아 26.02.25 (5) [연예] 영화와 배우 / 계림영화 이규설(二)

활동사진은 부분덕으로 대사(大寫)가 만흠으로 화장술로도 속일 수가 절대로 업습니다. 그럼으로 사진에는 소년 역에는 소년 배우라야 되고 로인 역에는 로인 배우라야 됩니다. 그러나 지금 영화게로서는 기술 관게로 하는 수 업시 십팔, 구세의 배우가 륙, 칠십 로인으로도 분장을 하는 수도 잇습니다. 쏘 한 가지 영화배우로 가장 곤난한 덤이 잇스니 그는 배경을 무대배우는 만들어 노흔 것을 가지고 출연합니다만은 영화배우는 실제의 모든 것을 실경 속에서 출연하게 됩니다. 가령 큰 바다 압헤서 연극을 한다 하면 영화배우는 참말 큰 바다에서 동작을 하는 것입니다. 영화배우는 실제와 닷토지 안으면 안됩니다. 활동사진 배우가 마술(魔術), 자동차, 운던, 수영(水泳), 목등(木登)을 비롯하야 온갓 기능을 갓추어야 한다는 것은 비단 활극을 촬영하기 위하야 쑨이 안임니다. 무대극에서는 가령 큰 홍수를 맛난다 하야도 헤염칠 필요가 업고 큰 호랑이나 큰 사자를 맛난다 하드라도 그 맹수에게 상할 념려가 업습니다. 그러나 활동사진 배우는 전부 실물을 접하는 까닭으로 큰 홍수를 맛나면 배우가 수영이며 선박의 조종도 하여야 하며 일반 운동긔와 밋 긔게 조종 가튼 것도 알어야 되는 것입니다. 이러한 것은 오히려 알기 쉬운 것이지마는 이외에도 남이 알 수 업는 덤으로도 무대배우와 달은 것이 여간치 안슴니다. (계속)

동아 26.02.25 (5) 장한몽 촬영 중 대목(大木) 도괴(倒壞)로 중상 / 게림 영화배우

영화「푸로덕순」 계림영화협회(鷄林映畵協會)에서는 소설 댱한몽(長恨夢)을 활동사진으로 만들기 위하야 큰 불난 당면을 촬영하다가 큰 나무가 너머지는 동시에 그 주역(主役) 주삼선(朱三線)[93]과 라운규(羅雲圭) 량군은 치료 약 이 개월의 중상을 당하고 목하 입원 치료 중이라더라.

매일 26.02.25 (2) 과학계의 신기원 / 말하는 활동영화 / 필림이 도라가는 대로 음선도 싸라 돌며 소리가 나온다

활동사진 『필림』이 도는 순서를 싸라셔 『필림』 엽헤 잇는 음선(音線)도 싸라서 돌며 동시에 소리까지 나온다는 진긔한 발명을 본사 쥬최로 소개하게 되얏다 함은 긔보한 바와 갓거니와 이번 발성 활동사진은 오직 한 오락품이나 진긔한 구경꺼리가 될 쑨 안이라 실로 무서읍게 발달되여가는 과학계의 새로운 자랑꺼리로 각 학교에 잇는 교원 싱도 제씨에게는 조흔 교재(敎材)와 훌륭한 교외학과(校外學科)가 되기도 할 것이라 특히 각 학교 단톄관람자에게 특별한 활인을 하겟스니 미리 본사로 신입하는 하는 것이 죳켓스며 일반 구경꾼과 공부삼아 오는 학싱과 석겨서는 피차에 자미업겟다 하야 이십칠일에 오후 한 시부터는 학싱 단톄의 관람으로 뎡하고 보통 관람은 오후 여섯 시부터 개최하겟스며 이십팔일 낫에도 역시 오전 열 시 반과 오후 두 시의 두 번에는 학싱을 위하야 개최하고 져녁 여섯 시부터 일반을 위하야 공개하겟는대 공회당에는 뎡원이 잇는 터이라 임의 예뎡인수에 만원이 되면 유감이지만 부득이 사절을 하게 될 것이다.

---

93) '주삼손(朱三孫)'의 오식으로 보임.

조선 26.02.25 (석2), 26.02.26 (석1), 26.02.27 (조3), 26.02.28 (조4), 26.03.02 (조3), 26.03.03 (석1) 〈광고〉

선전문 일부 제외된 외 동아일보 2월 25일자 조선극장 광고와 주요 정보 일치

동아 26.02.26 (4) 유치원 경비를 엇고저 활사대회 개최 / 기부 모집원도 제출 / 신천면청(信川勉靑) 주최, 본 지국 후원

황해도 신천유치원은 예수교회의 경영으로 창립 이래 사, 오 개 성상을 경과하는 동안 실로 파란층절(波瀾層節)이 만흔 중에서 오즉 이를 경영하는 교회 간부 제씨의 슨임업는 열성으로 혹은 사회 혹은 교회에 호소하야 유지 제씨의 온후한 동정을 입어가며 금일까지 근근 유지하는 동안 실로 신천 소년 소녀의 천진난만한 독무대로 적지 안은 공헌을 싸어왓스나 원래 튼튼한 토대가 업시 경영하는 사업이라 오즉 유지의 동정만으로는 엇지할 수가 업서 신천 사회의 적지 안은 문제가 되여 잇는 중에 당지 예수교 면려(勉勵)청년회의 주최로 이를 일층 쇄신식히자는 의미에서 기부금을 모집하기 위하야 당국에 인가원까지 일전에 제출하엿스며 싸라서 동 면려회의 주최와 본보 지국 후원으로 경성 잇는 활동사진대를 초래하야 내 이십육, 칠 양일간 활동사진대회를 개최하고 수입금은 전부 동 유치원에 기부할 예정이라는데 야(夜)에는 유치원 생도 오십여 명의 가극환영대까지 출연할 예정이라는바, 일반 유지 제씨는 이세(二世) 국민인 소년소녀의 교육 무대를 위하는 쯧으로 다수 내참(來參)하기를 바란다더라. (신천)

동아 26.02.26 (5) [연예] 신극운동『백조회(白鳥會)』조직 / 토월회 탈퇴 간부가 사게 유지를 망라해

지난 번에 토월회(土月會)에서 탈퇴한 김을한(金乙漢), 리백수(李白水), 윤심덕(尹心悳), 박제행(朴齊行) 등 씨의 알선으로 전에 토월회에 관계를 매젓다가 중간에 탈퇴한 신극운동의 선구자들을 망라해 가지고 새로히 리상덕 신극운동을 해보겟다는 쯧으로 백조회(白鳥會)를 조직해가지고 지난 이십사일 밤에 시내 종로 중앙긔독교청년회 식당에서 이십여 명의 동지들이 모히어 발회식을 거행하얏다는데 그 부서는 다음과 갓다 하며 그들의 계획은 순전한 희생덕으로 충실한 신극운동을 할 터로, 한 달에 한, 두 번식 덩긔공연을 할 터이라더라 합니다. 각본부 - 김기진(金基鎭), 연학년(延鶴年), 이성해(李星海), 김동환(金東煥)

출연부 - 이백수, 윤심덕, 박제행, 홍범기(洪範基), 이용구(李用求), 권영덕(權寧德), 차윤호(車潤鎬), 이진원(李晋遠), 송기연(宋基演), 김세영(金世英)

무대장치부 - 김복진(金復鎭), 안석영(安夕影), 이승만(李承萬)

음악부 - 윤심덕, 박철희(朴哲熙)

전무 - 김을한

기타 고문으로 사계 유지 십칠인

= 사진은 백조의 발회식 광경 =

동아 26.02.26 (5) [연예] 배우 겸 감독 「쿠네오」 씨 자살 / 가뎡 불화로

「쎄자쌔라」 양의 『크레오파트라』 등에 출연하야 영화배우 겸 감독으로 유명한 「레스타」 씨는 자긔 집 서재를 안으로 잔득 잠거놋코 륙혈포로 자살을 해바리엇다는데 그 원인은 년전에 『알푸스의 폭풍 우』에 주연한 「코만씨리아쎄린트」 양과 사이에는 어린 아히까지 둘이나 낫코 살건마는 엇지한 일인 지 의가 조치 못하야 늘 가뎡이 불화하더니 최근에 일으러서는 더욱 좃치 못하야 마츰내 법뎡에서까 지 다투게 되엿는 고로 그것을 비관하고 자살한 것인 듯하다더라.

동아 26.02.26 (5) [연예] 영화와 배우 / 계림영화 이규설(三)

영화배우로서는 먼저 말슴한 바와 가튼 긔예를 갓추어야 합니다. 만일 그러치 못하면 영화배우는 될 수가 업습니다. 지금 우리 동양의 배우들은 넘우나 용긔가 업고 기술이 부족합니다. 배우라면 다만 무대 우에서 대사(臺詞)나 외우면 다행으로 생각하는 모양입니다. 우리 동양의 배우들을 보면 맛치 련약한 녀자와 가튼 남자라 하야도 과언이 아닐 것입니다. 동양에서는 좀 심한 생각일는지 몰으겟습 니다마는 동양 배우들은 확실한 신념과 테력과 용긔가 업슴으로 영화극 중에 조곰이라도 운동 긔예 에 관한 것이 잇스면 잘 되지 아니합니다. 영화배우는 첫재로 극히 친밀한 머리를 가져야 합니다. 미 미한 뎜에도 친밀한 근육 표정이 필요합니다. 둘재로는 육톄가 우수하여야 하며 일반 운동경기에 조 곰식이라도 단련이 잇서야 합니다. 다음에는 용맹스러운 성격이 잇서야 합니다. 활동사진은 압헤도 말슴한 바와 가치 실물(實物)과 싸호게 됩니다. 무대극 모양으로 벽에 붓친 그림 배경을 접하지 아니 합니다. 그러타고 활동사진 배우는 반드시 곡마사라야 되는 것은 아닙니다. 다만 일반 운동에 관한 상식의 포부가 잇서야 한다는 것입니다. 이와 가튼 소질을 가진 사람이라야 가치 잇는 영화배우라 할 것입니다. (끗)

매일 26.02.26 (1), 26.02.27 (1), 26.03.01 (3), 26.03.02 (3) 〈광고〉 [연예안내]

선전문 및 제작진 제외된 외 조선일보 2월 26일자 단성사 광고와 주요 정보 일치

매일 26.02.26 (1), 26.02.27 (1), 26.03.01 (3), 26.03.02 (3), 26.03.03 (4) 〈광고〉 [연예안내]

선전문 제외된 외 동아일보 2월 25일자 조선극장 광고와 주요 정보 일치

매일 26.02.26 (2) 신인을 망라한 / 극단 『백조회』 조직 / 불원간 제일회 공연! / 신인문사의 힘 을 모도아 / 극단 빅조회를 새로 조직

토월회(土月會) 경영자 박승희(朴勝喜) 군과 그의 부하로 잇는 홍사용(洪思容)에게 대한 불만을 가지 고 토월회를 탈퇴한 리빅수(李白水) 박졔힝(李齊行[94]) 김을한(金乙漢) 일파는 새로운 극단톄를 조직 키에 분주 즁이든바 토월회의 새로운 인긔를 일신에 실고 잇든 성악가 윤심덕(尹心悳) 양까지 이십사

---

94) '朴齊行'의 오식으로 보임.

일에 불합리한 억제에 견대지 못하야 토월회를 바리고 리빅수 일파에 가담케 되니 일동은 한 긔세를 엇어 이십사일 밤 시내 중앙긔독교청년회에 모도혀 새로운 극단의 창설회를 열게 되얏섯다. 본시 토월회는 이제로부터 삼 년 전에 동경에서 조직된 회로 당시 동인으로는 김긔진(金基鎭) 김복진(金復鎭) 연학년(延鶴年) 리서구(李瑞求) 박승희(朴勝喜) 등 칠팔 명에 달하얏스나 차차 경영권을 갓게 된 박승희 군과 반감이 싱겨 탈퇴를 하고 오직 박승희만 홀노 남게 된 것이라 임의 탈퇴를 한 동인들도 새로운 극단의 창설을 보게 되매 결국 이에 찬동케 되야 이십사일 밤 청년회 식당에는 이십여 인의 신인이 모도혀 빅조회(白鳥會)라는 일흠으로 불일간 데일회 공연을 하기로 하고 산회하얏는대 림시 사무소는 관텰동(貫鐵洞) 일빅팔십이번디에 덩하게 되얏다더라.

매일 26.02.26 (2) 토월회는 / 대(遂) 해산 / 직영튼 광무대도 이십사일에 폐문

토월회를 써난 배우들과 임의 탈퇴를 하얏든 동인 일동이 모도혀 새로은 극단테 빅조회를 창립하든 이십사일 밤 토월회에서는 다시 공연을 계속 할 여디가 업시 되얏슴으로 림시해산식(臨時解散式)을 거힝하고 직영하든 광무대도 당분간 문을 닷치게 되얏다더라.

매일 26.02.26 (2) 발성활사회에 / 단체 신입(申込) 답지 / 입(廿)칠일 주간부는 만원 / 단톄 신입 이 답지하야 / 이십칠일 주간부 만원

이십세기 과학문명의 극치라고 세계가 챤탄하는 말하는 활동사진을 경성에서 공개할 날도 압흐로 하로밧게 남지 안이하얏다. 각처에서 답지하는 단톄관람 신입은 차차 빅열화하야 임의 이십칠일 낫에 개최할 학싱관람석은 만원을 고하얏스며 이십팔일 낫에 두 번 개최할 학싱관남석이 차차 만원에 갓가워가는 즁이라 특히 입장료도 공부 삼아보는 학싱 졔군에게는 편의를 보와

◇ 통학교[95]이면 매명 이십 전

◇ 남녀중학교이면 미명 삼십 전

◇ 전문학교이면 미명 오십 전

이라는 파격의 안가[96]로 단톄관람권을 데공하는 터이며 일반관람은 이십칠, 팔 량일 오후 여섯 시부터 개최할 터인대 이 원 권에는 좌석번호가 잇서 덩각에 오시어도 자리가 남겟스나 일 원을 가지신 분은 아모조록 속히 참석하시기를 바라는 바이며 당일 밤의 프로크람은

▲ 미국대통령 연설 ▲ 대가극단의 노리 ▲ 막쓰로-젠씨의 쌔이요린 독주 ▲ 에쌔, 데오니 양의 독창

▲ 로자-, 울후관현악단의 주악 ▲ 와싱톤에 열닌 공화당의 시위운동 ▲ 마크, 스트대드 양의 지휘 하에 잇는 미인군의『항가리』짠쓰

등인대 공화당의 시위운동은 수십만 군중이 써드는 소리 부리짓는 소리 쥬먹질하는 소리가 다 들니며『항가리』짠쓰에는 발 쩨는 소리와 비단치마가 서로 쓸니는 소리까지 섬세히 들니는 것이더라.

(사진은 동 사진 발명자『도휘레』박사)

---

95) '보통학교'에서 '보'가 지워진 것으로 보임.
96) 안가(安價): 값이 쌈. 또는 싼값.

매일 26.02.26 (2) 〈광고〉 세계적 경이 = 발성활동사진

입(卄)칠 팔 양일 주간 단체 관람

　　　　　　야간 보통 관람 **어(於) 공회당**

시간 = 이십육일 주간은 오후 일시(一時)부터 야간은 오후 육시(六時)부터

　　　　이십칠일 주간 오전 십시 반 오후 이시 이 회, 야간 동상(同上)

주최 매일신보사 경성일보사

조선 26.02.26 (조2) 모험 비행 중의 추락 / 비행긔는 써러저 타버리고 / 탓던 사람은 무참히 죽엇다 / 활동사진 촬영 중의 참극

불란서의 륙군 비행긔 한 척은 『파리』의 유명한 『엣펠』탑(塔)의 기둥 사이를 지나가는 모험 비행을 하다가 무선뎐화의 『앤테나』에 충돌되야 추락 소실(墜落 燒失)되엿스며 탑승자(搭乘者)는 즉사하엿다는데 그째 목격한 사람의 말을 듯건대 탑승자는 『카로-』씨로서 씨는 모 외국활동사진회사의 『필름』 촬영(撮影)을 계약하고 『엣펠』탑의 기둥 사이로 쌔저나가는 비행을 한 것인데 데이회에 일으러 『엣펠』탑의 이층에서 락하산(落下傘)을 타고 다른 사람 한 명이 쒸여나리여 그것을 촬영할 예정이엇섯는데 그와 가티 참사가 발생하자 락하산으로 쒸여나릴 역할(役割)을 마텃든 촬영기수는 어대로인지 종적을 감추엇슴으로 방금 그 종적을 수색하는 중이라더라. (파리뎐보)

조선 26.02.26 (조3) 백조회 발회식 / 신극운동을 위하야

금번 토월회에서 갈녀나온 김을환(金乙煥)[97] 리백수(李白水) 윤심덕(尹心悳) 제씨는 다시 백조회(白鳥會)를 조직하야 조선극계(劇界)의 신극운동(新劇運動)을 이르키기 위하야 이월 이십사일 하오 팔시에 시내 중앙긔독교청년회 식당에서 발회식을 열고 사계에 유지한 제씨를 고문으로 청하야 백조회의 장래 방침에 대하야 상의하고 동 열 시 반에 폐회하엿는데 동인 일동은 조선극계에 시대뎍 활동을 시작하리라고.

◇ 백조회의 발회식 광경 (중앙긔독청년회관 식당에서)

조선 26.02.26 (조3) 엡윗청년회의 / 음악회 개최 / 이십륙일 밤 중앙례배당에

종로중앙엡윗청년회(中央懿法靑年會) 주최로 오는 이십륙일(금요) 하오 칠시 반에 종로 리문중앙례배당에서 음악회를 연다는데 순서는 다음과 갓고 입장료는 보통 삼십 전, 학생 이십 전이라더라.

◇ 순서

피아노	리 양(孃) 라인 양
쌔요링	홍재유(洪載裕) 군 백남진(白南鎭) 군 김*봉(金*鳳) 군
독창	반버스커 박사 배의례 양 김덕진(金德眞) 양

---

97) 김을한(金乙漢)의 오기인 듯함.

합창   중앙남녀찬양대 중앙사범코러쓰대
합주   중앙현악단
환등   조선 금강산 영국풍경

조선 26.02.26 (조3) 〈광고〉
자미잇는 영화주간
이십육일부터 삼월 이일까지
1 국제시보 전일권
2 유 사 특선 센추리 희극
센추리 미인단(美人團) 총출연
완더, 호리 양 주연 작품
홍소연발 **삼각연애** 전이권
3 유 사 특작 영화
쌕혹시 씨 주연극
분투맥진(奮鬪驀進) **마제신뢰(馬蹄迅雷)** 전육권
4 유 사 특선 제공 쌔손 영화
애사(哀史) **여적의 반생(女賊의 半生)** 전육권
그는 여적이엿다, 그러나 그에게도 눈물이 잇섯다, 의분에 타는
여성의 타는 혈조(血潮) 여성으로서, 아니 인간으로서에 자기완성에까지……
5 연속 **미의 기수(謎의 騎手)** 삼 사편 사권
낸맨쌘은 기적적으로 생명이 구조되엿스나, 흉악한 악인의 간계는
층일층 그의 생명을 저주하엿다
미의 기수는 천길 단애(斷崖)* 써러젓다 위기일발
유니버-살 명화 봉절장 **단성사**
전 광 구오구번

동아 26.02.27 (1), 26.02.28 (6), 26.03.01 (1), 26.03.02 (2), 26.03.03 (1) 〈광고〉
2월 25일자 조선극장 광고와 동일

매일 26.02.27 (2) 〈광고〉 세계적 경이=발성활동사진
2월 26일자 광고와 동일

매일 26.02.27 (2) 실물의 음향을 / 오만 배로 확대 / 인기 공전(空前)의 발성영화 / 관람 신청이 련속 답지하야 / 임의 만원의 성황을 일우어

『발성활동사진』에 대한 시내의 인긔는 실노히 예상 이상으로 불등되야 압흘 닷호와 이르는 단톄 신입의 뒤를 이워 이십오일까지 신입한 중 임의 이십칠일 낮에 참관할 학교는

▲ 경성제일고등보통학교 ▲ 경기도사범학교 ▲ 농업학교 ▲ 중앙전화국 ▲ 배화(培花)여학교 ▲ 창신여학교

등이며 어는 학교에서는

『정말 쏙『필림』속에서 소리가 흘노나오느냐』

고 다짐을 두고 신입을 하는 등 너모나 사실이 진긔한 그만콤 일반 도로혀

『그럴 수가 잇나』

하는 의혹까지 이릇키도록 — 그만콤 이번『발성활동사진』은 세계덕으로 사람을 놀내며 과학의 위대함을 말하는 것이 잇섯다. 개연 일자는 긔보한 바와 갓치

◇ 이십칠일 오전은 학생 오후 육시부터는 일반

◇ 이십팔일 오전은 학생 오후 육시부터는 일반

이 되겟스며 보통 관람에는 이 원권을 사시는 이에게는 표에 번호가 잇섯셔 늦게 오시든지 아니오시든지 한 자리는 숏까지 남겨 두리라는데 본시 이 발성사진긔의 음량은 이십팔만 배나 확대하야 사리 사방에나 들니게 할 수 잇는 것이나 공회당에서는 실내임으로 특히 오만 배만 확대하기로 하게 된 것이다.

(사진은 미국 유명한 성악가『레오니』양의 화면)

조선 26.02.27 (석1), 26.02.28 (조4), 26.03.01 (조4), 26.03.02 (조3) 〈광고〉

2월 26일자 단성사 광고와 동일

조선 26.02.27 (조3) [연예] 말하는 사진 / 삼월 일 이 량일에 / 우미관에서 영사

활동사진이 돌아가는 동시에 말까지 하는 신긔하고 자미잇는 사진이 경성에 왔습니다. 그 사진 중에는 미국대통령의 련설도 잇고 가극과 무도도 잇고 기타 여러 가지 자미잇는 것이 잇는대 조선에서 처음 보는 사진을 삼월 일일, 이일 이틀 동안 우미관에서 주야로 영사하고 입장료 이 원, 일 원을 본보 독자에 한하야 일 원과 오십 전으로 입장하도록 교섭 중입니다. 말하는 사진 참 신긔한 것이 아님닛가.

동아 26.02.28 (1) 〈광고〉

이월 이십육일부터 전부 차환

교육영화교환사 희극 **병대(兵隊)여 하나 둘** 전이권

◆ 미국 메도로 사

바-바라라스돈 양 주연

153

연화(戀話) **쎄레나의 정화(情火)** 전구권

◆미국 호후민이유제맨드 사

싹크세일 씨 맹연

연속활극 **불견(不見)의 광선** 전십오편 삼십일권

종편 십삼, 사, 오편 육권

◇ 예고 ◇

삼월 일일 이일 양일간 공개

무선전화 완성자 토·휴어레- 박사

말하는 발성 활동사진 제공(십육종)

구주영화 봉절장 **우미관**

전 광 삼구오번

동아 26.02.28 (5) [연예] 신영화『장한몽』/ 계림영화협회 제일회 작품 / 조선영화로는 처음 보는 걸작품 / 구천 원을 드려 박은 일곱 권 영화

시내 황금뎡(黃金町) 일뎡목 일백팔십일번디 게림영화협회(鷄林映畵協會)는 조일재(趙一齋) 씨의 주재로 지금 영화계에서 지명한 배우들을 망라하야 조선영화 제작에 노력 중 데일회 작품으로는 일본 미긔홍엽(尾崎紅葉) 씨의 원작 금색야차(金色夜叉)를 조일재 씨가 번안한 장한몽(長恨夢)을 영화화한 것인데 각색과 감독은 방금 사계의 데일인자의 칭찬을 밧는 리경손(李慶孫) 씨가 하엿스며 주삼손(朱三孫) 군, 김정숙(金靜淑) 양이 주연하고 정긔탁(鄭基鐸), 강홍식(姜弘植), 라윤규(羅雲奎), 남궁운(南宮雲), 리규설(李圭卨) 군 등과 김명순(金明淳) 양 등이 조연을 하엿스며 서천수양(西川秀洋) 군이 촬영 제화하엿다는데 이 영화는 배우들의 기술로라든지 감독, 촬영 등이 작년도에 촬영한 명화쑨이

아니라 미공개된 작품들과는 비교도 할 수 업슬 만치 쏘는 일본서 제작한 일본영화보다도 못하지 안이하게 팔천여 원, 근 구천 원을 경비 드려가지고 대규모로 촬영 전후 일곱 권의 영화이라고 합니다. 이 영화는 삼 개월의 장시일을 두고 촬영한 것인바, 방금 최후의 종막을 촬영키 위하야 회원들이 평양에 출장 중인데 륙, 칠일 후에는 경성서 먼저 봉절 공개하리라 합니다.

= 사진 =

장한몽 일 장면 리수일(申泰植 扮)[98]과 심순애(김정숙 분)

△ 장한몽 일 장면 리수일(申泰植 扮)과 심순애(金靜淑 扮)

---

98) 리수일 역의 배우가 처음에 주삼손이엇다가 나중에 신태식으로 바뀐 것으로 보인다.

동아 26.02.28 (5) [연예] 말하는 활동사진 / 관털동 우미관에서 처음 상영 / 본보 독자 우대 반액 할인

시내 관털동 우미관(貫鐵洞 優美舘)에서는 오는 삼월 일일과 이일 주야로 「라듸오」 완성자인 「드 포레」 박사의 신발명으로 작년 일 년 동안 긔계력으로 선뎐되든 말하는 활동사진을 상영할 터이라는데 이 활동사진은 작년에 긔위 그 구조된 내용까지 소개하엿슴으로 이에는 다시 말하지 안켓스나 전에 유성긔를 사용하든 말하는 활동사진과는 전연 달은 것으로 참말 그림으로부터 육성이 울어나오는 것인데 이번에 이것이 처음 조선에서는 상영되는 것입니다. 이번에 온 것은 모다 십륙 종을 「오케스트라」도 잇고 독창과 합창 등 음악도 잇는데 그 사진 외에 여덜 권의 설명하는 사진이 잇슬 터이라 함니다. 그런데 이번 이 흥행은 조선서 처음 되는 것이며 누구든지 취미를 써나서 연구라든지 또는 상식을 위하야서라도 한 번 볼 필요가 잇다고 하야 본 동아일보 독자에게는 우대 입장을 하게 하기로 되어 리웃칭 보통 이 원을 일 원으로, 학생 일 원을 륙십 전으로, 아래칭 보통 일 원을 오십 전으로, 학생 륙십 전을 사십 전으로 입장케 할 터이라는바, 우대권은 명일 본지 란외에 너을 터이라더라.

조선 26.02.28 (석1), 26.03.01 (조4), 26.03.02 (조3), 26.03.03 (조3), 26.03.04 (조3) 〈광고〉
동아일보 2월 28일자 우미관 광고와 동일

조선 26.02.28 (조3) 〈광고〉
이월 이십칠일부터
토월회 제사십삼회 공연!
이내 말삼 드러보시오 전일막
간난이에 설음 전이막
비극(悲劇) **(스산나)** 전이막
(매야(每夜) 칠시 반부터 개연)
『미안함니다 본회의 내부를 혁청(革淸)키 위하야
삼 일 동안이나 공연을 중지하엿슴은 무어라 사과의
말삼을 드려야 올흘는지 모르겟습니다
압흐로 더욱 사랑해주시기를 바라나이다』
토월회 직영 **광무대**

3월

동아 26.03.01 (2) 〈광고〉

우미관에 말하는 영화

본보 독자 우대 할인권

난외에

삼월 일일 금일 주야 통용

2월 28일자 우미관 광고와 동일

매일 26.03.01 (2) 〈사진〉

경이에 침묵한 대중 (발성영화회 데이일 광경)

매일 26.03.01 (2) 화면에 전개되는 / 위대한 경이 세계 / 만당(滿堂) 관중 무불(無不) 감격 / 화면에 던개되는 경이세계에 / 만당 관즁은 감격에 넘치엿다

이십칠일 낫부터 공개하기 시작하야 예긔 이상의 성황을 일우운 본사 주최 말하는 활동사진은 동일 야간 영사에 이르러 인스긔는 거의 절뎡에 달하야 『필림』에 영사된 음파의 문의에 던류가 부듸치여 실물과 갓치 명료한 음향 『씨쓰』에 약동하는 화면으로부터 흘너나올 쌔마다 만당 관즁은 과학의 위대한 힘에 부듸치여 경이 눈동자를 굴니면서 귀를 기우리엿다. 위선 개회 벽두에 일본사람이 화면에 낫타나며 일본말로 『말하는 활동사진』의 발명된 유릭를 설명하는 것이 인스긔를 쩌럿고 뒤를 니여 구미 각국의 일홈 잇는 음악과 무도가 나타나 쟝릭에는 감격의 긔분이 넘치엿다. 이갓치 하야 데이일은 예긔 이상의 대성황으로 막을 닷치엿다.

매일 26.03.01 (2) 최종일은 대혼잡 / 회장 문젼(門前)은 인산인해 / 최종일은 밤낫을 물론하고 / 공회당 부근에는 인산인해

말하는 활동사진회 데이일인 작 이십팔일에도 미리부터 참가신청을 하고 손을 곱아가며 날을 기다리는 각 단톄에서는 뎡각 젼부터 길길이 퍼친 십여의 힝렬대로 회장 부근 일대는 누비질한 것처럼 되얏스며 정문젼은 쳔여의 군즁이 위집하야 대복잡을 이루엇는대 동일 오젼 십시에 개회하야 말하는 사진을 영사하기 전에 먼져 비교하는 의미로 희극 몃 막을 한 후 비로소 일본말로 말하는 활동사진의 유례를 역시 말하는 활동사진으로 설명하게 되매 과학의 위력을 늣기여 탄복하는 일변으로 넘우도 신긔함에 눌닌[99] 관중은 다만 당목(瞠目)[100]할 뿐으로 정신을 가다듬는 숨소리만 오르고 나릴 뿐으로 장내는 죽은 듯이 고요하얏다. 설명이 긋나고 사진에 나타나는 미국 명배우들의 실연(實演) 갓튼 춤에 마쥬는 소리와 소리에 마쥬는 춤에 렬광덕 박수로 오젼회는 마치엇다고. 개인관람시인 동일 오후 륙시에도 역시 너도나도 하고 모여드는 군즁으로 회장은 물론이요, 정문 압까지 인산인해를 이루엇스며 동 십시 반에 박슈 갈채가 진동하는 가운대서 폐회되야 실로히 셩황 이상의 셩황을 이루엇다.

매일 26.03.01 (2) [못방아]

▲ 활동사진에서 말소리까지 들닌다! 이 놀나온 사실을 대하고자 ▲ 시내 각 남녀학교 학싱들은 공회당으로 몰녀왓셧다. ▲ 그째에 맛침 차례가 밀녀셔 문 압헤 셧든 뎡신녀학교 학싱들에게 모 남학교 싱도들이 음담패셜을 하는 소리를 드럿다. ▲ 특히 그 학교의 일홈은 숨기나 션싱이 짜라다니는데도 이 갓틀 째에 홋홋이 맛낫드면 큰 일 내일 번힛지. ▲ 오늘이 삼월 일일! 각 경찰셔에서는 특별경계를 하는 모양. ▲ 민중은 이즌『삼일긔념일』을 경관이 도로혀 일쌔어주는 격이나 안일가.

매일 26.03.01 (3) 〈광고〉 [연예안내]

이월 이십육일부터 전부 차환
교육영화교환사 희극 **병대(兵隊)여 하나돌** 전이권
미국 메도로 사
바-바라라스돈 양 주연
연화(戀話) **쌔레니-의 정화(情火)** 전구권
미국 호후만미유쩨민드 사
짝쿠세일 씨 맹연
연속활극 **불견(不見)의 광선** 십오편 삼십일권
종편 제십삼, 십사, 십오편 육권
예고
문예영화 **사출(思出)** 전십이권
동(同) **오세로-** 전십일권
명화 **아 청춘** 전칠권
우미관

조선 26.03.01 (조3) [신영화] 계림영화협회 조일제(趙一齋) 작 / 장한몽(전구권) / 불일(不日) 단
성사에서 상영할 터

이 영화의 원작은 일본의 소설 금색야차(金色夜叉)를 조선말로 번안한 가뎡소설 장한몽(長恨夢)을
각색 촬영한 것인바 계림영화협회의 처녀작으로 불일간 시내 단성사에서 상영되리라 하며 동 협회
일행은 방금 대동강 부벽루 등이 잇는 평양에 출장하야 촬영하는 중이며 주역배우는 심순애에는 김
정숙, 리수일에는 신태식, 김중배에는 뎡긔택이라고.

조선 26.03.01 (조3) 독자우대

우미관의 말하는 활동사진 보는 독자우대 반액권은 란 외에 잇습니다.

동아 26.03.02 (4) 청년 활사(活寫) 성황

철원 사립 봉명(鳳鳴)학교의 기금을 구코자 철원청년회 주최로 거 이십삼일부터 활동사진을 개최하
엿든바 연일 만원의 대성황을 이루엇다 하며 이십육일에는 철원 각 단체 소속 회원은 무료 입장을 식
히엿다는데 동회(同會)에 의연(義捐)한 금액과 씨명은 여좌(如左)하다더라. (철원) (이하 의연 명부는
생략)

동아 26.03.02 (5) [연예] 신영화 『기독일생』 / 독일 「노이만」 영화회사 작 / 취미덕으로도 볼만
하다고

가튼 재료를 가지고도 감독 기타의 관계자의 기술에 싸라 그 내용과 표현이 씀직이 달러지는 것이라
고 합니다. 전에 야소(耶蘇)의 일생은 여러 번 영화로 되여 세상에 나타낫섯스나 모다 종교 선던 이외
에 흥미나 예술미를 가한 것을 거의 보지를 못하엿다고 하는 것은 사실이라고 합니다. 대개 성자 「크
리스도」에게 너모 억매여서 영화극으로서는 하나도 쓸만한 것이 업섯다고 합니다. 그런데 일천구백
이십삼년 봄에 독일영화게의 거장으로 세계덕 명성이 잇는 『죄와 벌』, 『쎄니네』, 『카리가리 박사』
등을 감독한 「로벨트 위네」 씨가 새로운 의미를 가지고 「크리스도」던을, 영화 계획을 세워가지고 역
시 그와 가튼 뜻을 가지고 오래동안 조흔 각색을 구하든 「노이만」 영화회사와 협의해가지고 각색에
착수하야 성자(聖者)의 생애를 통하야 가장 파란 만헛든 시대를 극덕 색채와 흥미를 느어 제작한 것
으로 무취미해지기 쉬운 종교영화를 취미로도 볼 수 잇도록 만들어노흔 영화이라고 합니다. 이 영화
에 출연자도 독일극단과 및 영화게를 통하야 가장 일류 배우들을 망라하얏다고 합니다. 주역 「크리
스도」는 이전 「모스코바」 예술좌원으로 일즉이 『영원의 수수격기』와 및 『죄와 벌』에 주연을 하야 만
흔 인긔를 어든 「쏘레쏘리 크바라」 씨가 분장하야 *전한 기술을 뵈이고 그 외에 『녀하므렛트』, 『깃붐
업는 거리』, 『백치(白痴)』 등에 주연한 「아스타 닐젠」 양이 「막쌀라」의 「마리아」로, 『쯰세쏜손』 『유
납(維納)의 꿈』 등의 주역을 한 「헨니테쏜룬」 양이 성모 「마리아」로, 『카리가리 박사』 『행랑 뒤골 괴
인굴』에 주연한 명우 「웰넬 크라우스」 씨가 공연하엿다고 합니다. 이 영화는 방금 경성에 도착되여
벌서 일본인 측 청년회 주최로는 지난 이십칠, 팔 량일간 태평통 일본긔독청년회관에서 영사하엿다

고 합니다.

동아 26.03.02 (5) [연예] 「촤푸린」 군 심장병 우심(尤甚) / 의사는 휴양을 선고

「차리스 촤푸린」 씨는 영화제작에 대하야 남 류달른 노력을 하는 까닭으로 근래에는 심장이 매우 약하야젓다는데 요지음에는 더욱 심하야저서 그의 단골 의사는 『심장이 몹시 약하야젓스니 오래동안 노력을 하지 말고 정양을 할 필요가 잇다』고 충고하였다 합니다. 그러나 「촤푸린」의 영화제작은 그로 하야금 쉬이게 하지 안이하엿다고 합니다. 그리하야 최근 제작 중의 곡마단(曲馬團)이란 영화는 쉬지 안코 제작을 마치엿다고 합니다. 그 까닭으로 그의 사랑하는 안해 「나이코린」 부인과도 자연 사이 좃치 못한 중이라고 합니다.

동아 26.03.02 (5) [연예] 생명보험 금액 백만 원의 명견 / 거짓말 가튼 정말

미국 「위나」 회사의 대간부 배우 「린썬썬」이란 명배우는 다대한 급료를 밧는 터로 「위나」 사에 입사한 이래로 명영화를 속속 촬영 발표하는 중이라는데 최근 『전선을 횡행하며』라는, 원명 『쎄로제션』 영화를 발표하엿다고 합니다. 아름다운 련애 이야기를 중심으로 대활약을 하엿다는데 이 명배우는 쇠리가 달닌 신사 즉 명견(名犬)이라고 합니다. 그런데 자미잇는 이야기는 그 영화를 촬영하는데 회사 측에서는 그 명견이 활약을 하다가 혹시 목숨에 위태한 일이 잇지 안을까 하는 념려로 오십만 딸라 즉 조선돈 푸리로 백만 원의 생명보험을 붓치엇섯다고 합니다.

동아 26.03.02 (6) 〈광고〉

당 삼월 일일부터 이 일간 주야 흥행

세계 최신 대발명 특별 공개

라디오 완성자 도부오레 박사

『말하는 활동대사진』

● 말하는 활동사진 순서

一, 설명적 화면은 (일본어)

二, 사기메후온 독주

三, 독창 (무-루레온 양)

四. 무용 (보우에루 양)

五, 무답(舞踏) (에지부도 단스)

六, 삭스 반도

七, 독창 (아바레오니- 양)

八, 반지오- 독주

九, 무답 (고스모보인단 극장 전속 로오레라이겟로라 양)

十, 활가(活家) 유레이간다 씨

十一, 무답 (마-구스도란도 무용단)

十二, 목금(木琴) (유-모레스구)

十三, 대통령 쿨릿지 씨의 연설

十四, 관현합주

十五, 바요링 독주

十六, 무답 (하-긴 세레나도)

절대로 축음기를 사용치 아니함

구주영화 봉절장 **우미관**

전 광 삼구오번

매일 26.03.02 (3), 26.03.03 (4), 26.03.04 (4) 〈광고〉 [연예안내]

3월 1일자 우미관 광고와 동일

조선 26.03.02 (조1) 원산 본사 지국 / 『멍텅구리』 영화 / 독자에게 우대권

본보 연재의 『멍텅구리』 활동사진이 마참 내원(來元)함을 기회하야 원산지국에서 전시(全市) 애독가의 위안을 들일 목적으로 본월 이일 하오 칠시 동락좌(同樂座)에 개연할 터이라는데 요금은 독자에 한하야 일반의 반할(半割)(사십 전)로 제공할 터이며 독자우대권은 이일부(附) 본보에 삽재(揷載)하얏사오니 차(此)를 할취(割取)하야 지래(持來)함을 요구한다더라. (원산)

조선 26.03.02 (조1) 〈광고〉 멍텅구리 영화 독자우대권

우대일 동락좌	삼월 이일 하오 칠시
	일매 일인 통용
입장료	일반의 반액

본사 원산지국

조선 26.03.02 (석1) 〈광고〉

2월 28일자 광무대 광고와 동일

동아 26.03.03 (2) [휴지통]

▲ 음력 정월 보름날에 황해도 사리원리(沙里院里) 연극댱 욱좌(旭座)에서는 김중배와 심순애가 웃노리를 하던 댱한몽(長恨夢) 첫 막이 닷치자 변소 어구에서는 일댱 희극을 실연하얏섯더라나 ▲ 라는 것이, 아니 그 극댱에 구경을 갓던 녀학생 모가 변소로 들어가는데 그 곳혜 안젓던 동양척식회사(東拓) 사리원 사무원 리모가 달녀들어 그 녀학생 입을 맛추엇슴으로 그가치 야단이 낫섯다고 ▲ 그야말로 연극은 착실히 본 작자의 행동이지! 그런 행세를 하는 자야 치지도외로 말할 것도 업지만 점잔은

녀학생이 그런 극당으로 가기가 처음부터 잘못.

동아 26.03.03 (4) 산업 선전 환등

함남(咸南) 이원권업사(利原勸業社)에서는 동 지방에서는 양잠업의 유치(幼稚)함을 유감(遺憾)으로 사(思)하고 도청으로부터 환등기를 대입(貸入)하야 각 지방을 순회하면서 잠업에 대한 개량 선전을 한다는데 기보한 바와 여(如)히 전일(前日)에는 대오(大吾)에 행하야 선전하고 수일 내로 남면(南面) 염분(鹽盆) 방면으로 출발하리라 하며 동사(同社)에서는 하(何) 지방에서던지 희망하는 곳이면 하시(何時)를 불구하고 순회 영사하리라더라. (이원)

동아 26.03.03 (5) [연예] 만고(萬古) 광휘 불타(佛陀)의 일생 / 대영화 아세아광(亞細亞光) / 젼 구라파를 써들어 노흔 석가모니 불일생의 영화

해설 최근 독일 백림(獨 伯林[101])에서 최초로 봉절 공개하야 전 구라파 사람들에게 백열덕 환영을 바든 일대 장편의 종교영화가 잇섯다고 합니다. 그 영화는 아세아의 광(亞細亞의 光)이라는 것으로 그 일홈의 뜻과 가치 세게 십륙억 인류의 생명이요, 광명이라고 하는 불타(佛陀) 석가모니(釋迦牟尼)의 칠십구 년이나 되는 긴 일생을 전 인도에 쌀니어 잇는 성적(聖跡)을 배경으로 하야 제작된 장엄 화려한 일대 웅편의 영화로 력사덕 사실을 엄하게 직히여서 그에다 연극덕 기교를 가한 뎜은 그 작자 「니란짜쌀」 씨의 고심이 나타나는 것이라고 합니다. 그 영화를 제작하기를 씌히의 대동아(大東亞) 「미유니희」의 「에멜카」라고 하는 이대 영화회사가 협력하야 삼백만 원의 거액을 드리어 일 년 반 이상의 적지 아는 시일을 허비하고 제작한 것으로 불타(佛陀)로는 시성(詩聖) 「타고아」의 사랑하는 데자인 「히만라이스」 씨가 분하고 그 비 「야스타라(耶蘇陀羅)」로는 인도인 왕녀 「시타쩨비스」라고 하는 방녀[102] 열다섯 살의 묘령 처녀가 분장하고 총 등장 인원은 백수십 명에 달하엿다 합니다.

경개(梗槪) 내용은 인도 항하(恒河) 상류 「히마라야」 산과 련하야 써더 잇는 람비니(籃毘尼)에서 왕비 마야(摩耶)의 모태(母胎)로부터 왕자 실달다(悉達多)가 탄생하는 것으로부터 그의 련애와 결혼과 출성입산(出城入山)과 고행자각(苦行自覺)과 뎐법유화(轉法遊化) 등 천변만화를 거듭하다가 마츰내 균시나성(均尸那城)의 사라쌍수(沙羅雙樹)의 입멸열반(入滅涅槃)하는 데로써 긋을 막는 것인데 그 중간에 인도 총독의 호의로 어더내온 석존 시대의 긔물 등을 틈틈이 교묘히 석거 느어서 박엿다 하며 촬영 중에는 그 모든 진보(珍寶)를 분실할까 바서 다수한 호위병의 파견을 청하야 엄중한 호위 속에서 무사히 촬영을 맛친 것이라고 합니다. 이 영화는 방금 일본에 건너와서 고남(高楠) 목촌(木村) 도변(渡邊) 등 모든 학박사가 해설을 마터서 공개하기로 하엿다고 합니다.

동아 26.03.03 (5) [연예] 「싸그라스」 부처(夫妻) 금춘(今春) 도일(渡日) / 됴선에도 올 듯

「싸그라스 폐야쌩스」 씨와 그의 안해 「메리 픽포드」 부인은 작년 봄에도 일본에 온다고 하드니 소문

---

101) '베를린'의 한자 표기.
102) '방년'의 오식으로 보임.

쑌이엇섯스나 금년 사월경에는 긔어코 일본에 려행하기로 작정하엿다는데 일본을 거처서는 조선에
도 올 듯십다더라.

동아 26.03.03 (5) [연예] 「촤푸린」 씨 전처(前妻) 「하리스」 양 득남 / 의학사와 결혼하야
「차리스 촤푸린」 씨의 전처 「밀드레드 하이스」 부인은 「촤푸린」 씨와 리혼을 한 후 모 의학사와 결혼
을 하야 금슬 조흔 가정을 일우어가는 중이라는데 작년 년말에는 그들 사이에는 사랑의 열매로 한낫
옥동을 나엇스며 그로 인하야 부부의 사이는 씀직이 좃타고 합니다.

매일 26.03.03 (4) 〈광고〉 [연예안내]
희활극 주간 삼월 삼일부터
실사 **국제시보** 전일권
유 사 독특한 센츄리
희극 **죽다 사라나** 전이권
유 사 제공 영화
열한천리(熱汗千里) 남성적 복수극
통쾌임리(淋漓[103]) **남자사명(男子使命)** 전육권
유 사 특선 레바드 영화
제이세 달마치 출세 작품
맹투천리 **전광(電光) 로맨스** 전육권
유 사 초특작 연속극
제삼회 **미의 기수(謎의 騎手)** 오 육편 사권
장면은 익(益)ㅅ 백열화(白熱化)
예고
달마치 씨의 **맹호 노하면** 전육권
맹투극 **쟁투** 전구권
단성사

조선 26.03.03 (석1) 〈광고〉
희활극 주간 삼월 삼일부터
1 **국제시보** 전일권
2 유 사 독특한 센추리 희극
죽다 사라나 전이권

---

103) 피, 땀, 물 따위의 액체가 흘러 흥건한 모양.

부량자 한 분이 녀자 뒤만 밧치다가

나중에는 진무류(珍無類)의 대희극을 연출

3 유 사 제공 월-손 영화

통쾌임리(淋漓) **남자사명(使命)** 전육권

유 사 특선 제공 레야드 영화

4 맹투천리 **전광 로맨스** 전육권

5 유 사 초특작 연속극

제삼회 **미(謎)의 기수** 오 육편 사권

유니버-살 명화 봉절장 **단성사**

전 광 구오구번

삼월 삼일부터!

△토월회 제사십사회 공연

애사(哀史)(짠발짠) 전일막

추풍감별곡(秋風感別曲) 전삼막

(매일 오후 칠시 반부터 개연)

토월회 직영 **광무대**

(전화 본국 구사번)

조선 26.03.03 (조2) 연극장의 풍파 / 청년이 모르는 녀자의 / 손목을 잡엇다고 야단

경의선 사리원(京義線 沙里院)에서는 지난 이십팔일에 당디 욱좌(旭座)에서 대풍파가 일어낫다는데 그 전말을 들은 즉 당디 소인극단(素人劇團)이 욱좌에서 연극을 개시하자 구경왓던 남자가 아지도 못하는 녀자에게 욕을 뵌 것이라는바, 그 녀자는 미곡장사를 하야 조선 각 디방과 국경방면(國境方面)으로 다니며 수입 수출을 하든 중 사리원 디방 역시 상업상 관계로 들러게 되야 해동려관(海東旅舘)에 류숙하든 중 소인극이 잇다 하야 구경하러 갓든바 몃 막을 구경하다가 변소(便所)에 가든 길에 당디 동택지뎜원(東拓支店員) 리창률(李昌律)이란 청년남자가 취중인지는 모르거니와 그 녀자의 손을 잡엇다 하야 녀자가 당석에서 젊은 남자가 녀자의 손목을 잡엇다고 하며 여러 사람 잇는 데서 욕설을 하게 되매 구경 좌석이 일시에 수라장이 되얏섯다더라. (사리원)

조선 26.03.03 (조3) [상의] 말하는 활동사진이 잇다니 참말입닛가

『문』 근일에 말하는 활동사진이 왓다고 써드니 참으로 활동사진 「스크린」에 나타난 인물이 사람이 말하드시 말을 합닛가. 엇더케 합닛가. 엇더한 리치로 말을 하게 됩닛가. (일독자)

『답』 물론 영화막 우에 나타난 그림 자신이 말을 하는 것이 아니라 무선뎐화의 장치로 무선뎐화가 말을 하게 되는 것입니다. 옛날에는 축음긔를 리용하야 말하게 한 일도 잇스나 이것은 벌서 시대에 뒤진 것이요, 지금에 와서 광파(光波)를 뎐파(電波)로 변화를 식히는 장치가 잇서서 「스크린」으로 광선이 가는 동시에 뎐파를 함씌 이르켜 그 뎐파로 말미아마 무선뎐화 확성긔가 말을 하게 되는 것입니다. 자세한 것은 작년 칠월 본보 학예란에 여러 차례를 두고 자세히 소개하엿스니 그것을 참조하여 보시면 대강 아실 듯합니다. 좁은 지면으로 자세한 원리는 소개할 수 업습니다. (일긔자)

동아 26.03.04 (2) 〈광고〉

당 삼월 사일(목요)부터 전부 교환

금회는 특히 보통 요금으로 제공

◎ 폭쓰 사 특작

실사 **폭쓰시보** 전일권

싯도 스미스 씨 주연

희활극 **아연(俄然)탐정** 전이권

◎ 대 메도로 회사 특작 영화 구스 인크라함 씨 감독

사회극 **정복의 력(力)** 전칠권

명우 루돌푸 바-렌치노 주연

◎ 대윌리암폭쓰 사 초특작

명화『씩』의 자매편

인정연애활극 **아라비아의 추장** 전육권

=대예고=

크리피스- 씨 동도 이상 감독품

대명화 **연(戀)의 마신 압헤** 팔권

조선극장 (전 광 二○五)

동아 26.03.04 (4) 활사회(活寫會) 성황

황해도 신천(信川)유치원의 유지난(難) 현상을 위하야 당지 면려(勉勵)청년회 주최와 본보 신천지국 후원으로 활동사진대회를 공보교(公普校) 내에서 영사한다 함은 기보(旣報)한 바어니와 시일과 사정 관계로 예정일 이십육일인 것을 닥어서 이십오일 하오 팔시 반부터 개연하엿는데 원래 단순한 오락적 영사가 아니고 우리 제이세의 소년소녀의 무대를 위한 자선사업이기 째문에 사방에서 운집하는 관중은 정각 전부터 대회장인 수십 간(間) 대강실(大講室)에 입추의 여지가 업시 만원으로 대성황리에 동 십이시경에 무사 폐회하엿다는데 당야(當夜)에는 시내 각 유지 인사들의 동정금도 불소(不少)하며 입장 수입금도 수백 원에 달하는 중 동정 제씨 방명은 여좌(如左)하더라. (신천) (이하 동정금 방명록은 생략)

동아 26.03.04 (5) [연예] 국무대신 하기보다도 어려운 화형(花形) 여우(女優) / 유 사 사장 첩이 된「록크」양 / 여자 십만 명 중에 한 사람의 비례 / 화형이 된 후에도 가지가지 고통

「하리우드」근방을 위시하야 미국 전토에 멧 십만이나 되는 활동 녀배우 지원자 중에서 영화 한 가지 촬영하는데 한낫「에키스트라」로라도 참례하야「하리우드」긔분에 저저보기만이라도 하는 사람은 실로 여자 십만 명 중에 한 사람가량이라고 합니다. 그러한 까닭에 한 회사에 전속 스타로까지 출세하자면 그야말로 국무대신이나 하나 하는 것보다도 어렵다고 합니다. 그런데 한 번 스타가 된다드라도 형형색색의 온갓 장애에 부댁기어 생각대로 역(役)도 어더마틀 수가 업다고 하며 그리고 조고만하면 녀성 독특한 육덕 수단도 써야 된다고 합니다. 최근의 통신을 의지하건대「드라록크」양이「유니버살」회사 사장의 첩이 되어 영화를 마음껏 누리는 중 모든 녀성들에게 적지 안은 선망을 밧는다고 합니다.「록크」양은 긔위 판들이 만히 아시는 바이거니와 조선영화게에서도 적지 안이한 인긔를 가지고 잇습니다. 그는 어듸로 보든지 정 붓는 녀배우입니다. 미국 녀배우의 생활도 역시 녀성다운 순결은 보전하지 못하는 모양이라고 합니다.

동아 26.03.04 (5) [연예] 지상(紙上)영화 / 연애극 남자개가(凱歌) 전편(全篇)

에리나그린 여사 원작 / 메트로쏠드윈 영화

쏜 씰버드 씨 아이린 푸린글 양 공연

「에리나그린」여사라고 하면 연애소설 작가로 세계적 명성이 잇는 녀류 문호이다. 그의 작품 삼주간(三週間)은 일본문으로도 번역되여 잇다. 동 녀사가 자긔가 쓴 소설을 자긔 손으로 영화극을 만들어 노흔 것이 이「메트로쏠드윈」영화 남자개가(男子凱歌)로 이번에 일본「이리스」영화부에서 수입하엿다고 한다.

남자개가의 내용은 녀자가 혁명 전 로도[104]에 톄재하면서 집필한 것으로 당시 음탕하기 짝이 업는 로국 귀족사회의 진상을 로골덕으로, 조곰도 긔탄함이 업시 대담하게 쓴 이야기라고 한다. 그 소설 중에 나오는 모든 인물은 방금 살어 잇는 유명한 인물들을「모델」로 하엿스며 영화에 나타나는 더택이며 기타 모든「쎄트」도 조곰도 틀림업시 그 당시의 것을 모작한 것이라고 한다. 술, 계집, 도박, 결투 등 온갓 음탕무쌍한 공긔를 배경으로 그림가치 어엽분 미남미녀의 죽엄보다도 굿세인 사랑을 가지고 전편을 싸어노흔 일대 명편이라고 한다. 감독은「킹 쎄짜」씨요, 주연은 미국영화계의 금년도 인긔 배우로 미국 전토의 데일인자라고까지 평판을 밧는「쏜 씰버트」씨요 의[105] 상대에 녀배우는「에리나그린」녀사가 세계일의 미인이라고 쏩아내인「아이린 푸린글」양이라고 한다. 그 녀배우는 남자개가에 출연하야 성공한 후 일약하야 대스타의 명성을 엇게 되엿다고 한다.「킹 쎄짜」씨의「데리케트」한 감독과「씰버트」씨와 밋「푸린글」양의 란숙한 기예로 말미암아 이 영화는 비길데 업는 관능덕 흥미가 풍부한 걸작품이 되엿다고 한다.

---

104) '로국(러시아) 도시'라는 의미로 보임.
105) '그의'의 오식임.

동아 26.03.04 (5) [연예] 〈사진설명〉 장한몽 일 장면

계림영화 작『이 늙은 놈의 잘못이니 그저 수일이 한 번
만 보게 해주섯스면』

백낙관(白樂觀) = 강홍식 분 순애 부친 = 이규설 분

△ 장한몽 일 장면

**매일 26.03.04 (2) 경성방송국 / 정동(貞洞)에 건설 /
방송국을 뎡동에 세우고자 / 부지 칠백 평 매수 계약**

급속히 셜립코자 모든 준비를 급속히 진힝 중인 경성방
송국(京城放送局)은 이일 오후에 식산은힝(殖産銀行) 안에 상임위원회(常任委員會)를 개최하고 자금
과 사원 모집에 대한 협의를 하고 삼월 십일부터 오월 삼십일일까지 모집사무를 맛치고 자금은 류월
말일까지에 불입을 맛치게 하기로 결뎡하얏는대 방송국의 부디는 이젼부터 부내의 덕당한 곳을 션
퇴한 결과 뎡동(貞洞)에 건설하기로 결뎡하고 부디 칠빅오십 평의 미미계약까지 톄결하얏다는바 건
축은 식산은힝의 즁촌기사(中村技師)가 담당하기로 되얏슴으로 동 기사는 불일내로 동경, 대판, 명고
옥 등의 각 디에 츌장하야 각 방송국을 실디 시찰하기로 하얏스며 죵차 이후로 매주 일요일에는 식산
은힝 안에서 상임위원회를 개최하기로 하얏다더라.

매일 26.03.04 (4), 26.03.05 (2), 26.03.06 (3) 〈광고〉 [연예안내]

3월 3일자 단성사 광고와 동일

매일 26.03.04 (4), 26.03.05 (2), 26.03.06 (3), 26.03.09 (2) 〈광고〉 [연예안내]

일부 출연진 및 선전문 제외된 외 동아일보 3월 4일자 조선극장 광고와 주요 정보 일치

조선 26.03.04 (조3), 26.03.05 (조4), 26.03.06 (조3) 〈광고〉

3월 3일자 단성사 광고와 동일

조선 26.03.04 (조3), 26.03.05 (조4), 26.03.06 (조3), 26.03.07 (석2) 〈광고〉

3월 3일자 광무대 광고와 동일

**조선 26.03.04 (조3), 26.03.05 (조3), 26.03.06 (조4), 26.03.07 (조4), 26.03.08 (조1),
26.03.09 (석1) 〈광고〉**

일부 출연진 제외된 외 동아일보 3월 4일자 조선극장 광고와 주요 정보 일치

동아 26.03.05 (2) 〈광고〉

삼월 사일(목요)부터 대공개

중국 동양 산청화(山淸華) 일행 내연(來演)

마기술(魔奇術) 각종

◇ 미국 푸아스드나쇼날 사

싹키-쿠-캉 군 주연

누(淚)의희극 **거리운 손자(孫子)여** 전오권

-예고-

문예영화『**사출(思出)**』전십이권

동(同)『**오세로-**』전십일권

명화『**아- 청춘**』전칠권

구주영화 봉절장 **우미관**

전 광 삼구오번

동아 26.03.05 (5) [연예] 객월(客月) 중 검열 영화 / 경기도 영화 검열 상황 / 총 삼십륙만 칠천 오십일 척 / 절단 쳐분된 것이 이십삼 건

지난 이월 중의 경기도 경찰부 보안과에서는 검열한 「필림」 통계와 밋 그 상황을 보건대 서양영화가 이백사십구 권 이십일만 오천삼백칠 척이요, 희극이 이십삼 권 일만륙천구백 척, 실사가 이십팔 권 일만오천륙십 척, 일본 신파가 일백십사 권 사만 이천칠백삼십칠 권,[106] 일본구극이 일백륙 권 칠만 칠천사십칠 권[107] 합계 오백이십팔 권 삼십륙만 칠천오십일 척인데 그중에서 공안 풍속 방해로 절단된 건수가 신파에 한 건, 구극에 두 건, 서양극에 열아홉 건, 희극에 한 건, 합계 이십삼 건이 잇섯스며 설명상 주의를 식힌 것이 서양극에 한 건이 잇섯다는바 이제 전긔 총 척수를 리뎡(里程)으로 환산하면 이십팔 리 십일 뎡 삼십오 간 일척이라 하며 그것을 다시 교육(敎育), 예술(藝術), 선뎐(宣傳), 오락(娛樂) 등 종별로 난호면 교육에 관한 것이 십삼 권, 이백 척이 잇고 예술영화는 업섯스며 선뎐에 관한 것은 사십 권, 이만 팔천오백륙십오 척이요 오락에 관한 것이 사백칠십오 권, 삼십사만 칠천륙백 팔십륙 척이엇섯다고 합니다. 그런데 절단된 것의 내용을 보면 다음과 갓슴니다.

서양영화

【불부(不負)의 혼】 전팔권 제팔권 종(終)에 남녀 「키쓰」하는 장면 이 척

【명마철제(名馬鐵蹄)】 전칠권 제칠권 중 경마 결승 후 남녀 「키쓰」하는 장면 육 척 급(及) 동(同) 말미에 마상(馬上)에서 「키쓰」하는 장면 이 척

【청춘의 화(花)】 전오권 제오권 종 「에르나」 양과 「테스로도」 남자가 어느 병실에서 「키쓰」하는 장면 사 척

【모험 탈마치】 전육권 제육권 종에 선내에서 남녀 「키쓰」하는 장면 사 척

---

106) '척'의 오식으로 보임.
107) '척'의 오식으로 보임.

【경마왕】 전사권 제사권 종 경마장에서 남녀 「키쓰」하는 장면 일 척

【자연의 낭(娘)】 전오권 제일권 중 야외에서 남녀 「키쓰」하는 장면 팔 척

【대전화(大戰禍)】 전오권 제오권 선조의 미적(美跡)에 지도되어 이 대군(大軍)은 성립되엇다고 불으지즈며 미국기를 휘둘르는 장면 백 척

【뇌전(雷電) 키트】 전육권 제오권, 제육권 중 남녀 「키쓰」하는 장면 각 이 척

【십번의 여(十番의 女)】 전육권 제일권 중 남녀 「키쓰」하는 장면 이개소 이 척 이 촌 급(及) 제육권 「키쓰」장면 삼 척

【복면의 여】 전구권 제오권 중 「키쓰」 장면 사 척 급(及) 제팔권 종 「키쓰」장면 사 척 오 촌

【성의 선(性의 善)】 전이권 제이권 중 「하딍」 집에 「월톤날」 도적이 침입하야 맛쇠질을 해서 금고를 열고 금품을 절취하는 장면 이십일 척

【소년의용단】 전팔권 제육권 중 자막 제구(第九) 「씸시」가 자기 한을 풀기 위하야 우양간에 방화하는 장면 육십 척 급(及) 제팔권 제이의 후(後) 「씸시」가 신생명을 바더 석회 인부로 변장 침입하여 작업 중 석회에 폭탄을 혼입하는 장면 이십오 척

【미의 기수(謎의 騎手)】 전사권 제이편 이 권 중 폭탄 장치 사용의 장면 팔십오 척

【우주돌파】 전칠권 제삼권 중 남녀 「키쓰」하는 장면 삼 척

【완명육약(腕鳴肉躍)】 전칠권 제이권 중 「싼카」 우편국에서 강도질을 하는 장면 이십 척

【피레닌의 정화(情火)】 전구권 제팔권 남녀 「키쓰」하는 장면 오개 처 오십일 척 육 촌 급(及) 제구권 중 동(同) 「키쓰」하는 장면 삼 척 팔 촌

【미의 기수】 제이회 제일권 초 석유 굴착 중 기중기에 「싸이나마이트」를 사용하야 폭파케 하는 장면 이 척 오 촌 급(及) 그에 당(當)한 자막 이십오 척

【여적의 반생(女賊의 半生)】 전오권 제사권에 남녀 「키쓰」하는 장면 이 척 오 촌

【은애의 인(恩愛의 刃)】 전육권 제이권 중 남녀 「키쓰」하는 장면으로부터 남자를 사살하야 매몰하는 데까지의 장면 급(及) 그에 당한 자막 계 팔십 척

【불견광선(不見光線)】 육권 제육권 중 종 남녀 「키쓰」하는 장면 오 척

일본 신파 급(及) 구극

【운명의 소구(小鳩)】 전육권 제육권 자막 「이」로부터 관일(寬一)의 유도(柔道)의 적수 운운한 것 구 척

【공작의 광(孔雀의 光)】 전칠권 제삼권 종에 「어절(御節)」이란 여자에게 마취제를 사용하는 장면 십오 척 급 제사권 중 중강신태랑(中岡愼太郎)이 다전원좌위문(多田源左衛門)의 두발에 불을 지르는 장면 구 척 급 그에 당 자막 십삼 척 오 촌

【수라팔황(修羅八荒)】 전육권 제삼권 중 진장(津場) 일행이 금장원(金藏院)에서 흉기를 가진 강도질을 하는 장면 팔십 척

동아 26.03.05 (5) [연예] 지상영화 / 대활극 마티스테 지옥정벌 전팔권

이태리 필타 사 특작품

쌔틀메오쌔카 씨 에레니쌍그로 양 공연(共演)

「마티스테」의 집 이웃은 텬진란만한 「그라지라」라는 처녀가 살엇다. 디옥의 염라대왕은 수업시 그 부하를 인간 세상에 보내여 악한 짓을 하랴고 하엿스나 「마티스테」의 괴력으로 말미아마 번번히 실패를 하엿다. 그리하야 나종에는 그의 첫재 부하 「쌜쌔리지아」를 인간 세상에 보내엿다. 그는 다행이 쯧과 가치 그 처녀를 쇠여내여서 엇더한 부자 청년과 교정을 하야 임신을 하게 하엿다. 그리고 더욱이 그가 나은 어린 아해까지 엇다가 감추어놋코 내어주지 아니하는 고로 「마티스테」는 너마나 분이 나서 디옥의 악마들을 정벌하러 나섯다. 불바다, 불 골짝이, 온갓 험디에서 대분투를 하야 번번이 승리를 하엿스나 미인 악마에게 홀니어서 「마티스테」도 악마의 무리에 쮜어들엇다. 그리하든 중 「쌜쌔지나」가 염라대왕을 반역한 싸닭으로 「마티스테」는 그를 정벌하고 공노로 인간 세상에 한 번 다시 도라오게 되엿다. 그러나 미인 악마의 유혹은 버서날 수가 업서서 다시금 악마의 무리에 쮜여들엇다. 그리하야 온갓 활극이 나는 중 눈이 만히 오는 어느 「크리쓰마스」 날 밤에 「마티스테」의 힘으로 부자 청년에게 다시 도라온 「그라지아」와 그의 어린 아희의 정성스러운 기도의 힘으로 말미아마 「마티스테」는 무사히 인간 세상에 다시 도라왓다 하는 것이다. (끗)

동아 26.03.05 (5), 26.03.06 (1) 〈광고〉

3월 4일자 조선극장 광고와 동일

매일 26.03.05 (2), 26.03.06 (3), 26.03.09 (2) 〈광고〉[연예안내]

동아일보 3월 5일자 우미관 광고와 동일

조선 26.03.05 (석2) 백조회 공연 / 금월 중순경에

시내 종로(鍾路) 삼뎡목 구십일번디에 사무소를 둔 신극운동(新劇運動) 단톄인 백조회(白鳥會)에서는 데일회 공연을 하기 위하야 그동안 만흔 준비에 로력하든 중 제반준비가 완성되엿슴으로 금월 중순경에는 『입센』의 명작 인형의 가(人形의 家)라는 각본(脚本)을 일즉이 극계에 일홈이 놉흔 리백수 (李白水) 윤심덕(尹心悳) 량씨의 주연(主演)으로 개연(開演)하리라더라.

조선 26.03.05 (조4), 26.03.06 (조3), 26.03.07 (조4), 26.03.08 (조3), 26.03.17 (조4), 26.03.18 (조4) 〈광고〉

동아일보 3월 5일자 우미관 광고와 동일

동아 26.03.06 (2) 〈광고〉

3월 5일자 우미관 광고와 동일

동아 26.03.06 (5) [연예] 파우스트 / 독일 최대 영화 / 독일 「우라」[108] 사 최근 특작 중 / 독일영화게 거장 「얀닝그」 씨와 미국 화형 「리리안 씻쉬」 양 공연

오래동안 독일 「우파」 회사의 계획이든 「쐬테」의 「파우스트」를 영화한 것이 드듸어 실현되게 되엿다고 합니다. 그 계획을 처음 「우파」 사에서 발표하기는 작년 봄이엇섯다고 합니다. 그러나 「우파」 사는 경제상 문데로 엇지하는 수 업시 일시 중지를 하지 아니치 못하게 되엿섯는데 미국 「유니버살」 회사가 「우파」 회사 영화의 미국 배급권을 엇게 된 것을 긔회로 「파우스트」 영화의 문데가 부활된 것이라고 합니다. 「유」 사 사당 「칼란멜」 씨는 「파우스트」 촬영을 완성하기까지 「우파」 사에 대하야 경제덕 원조를 하기로 약속하엿다고 합니다. 그리하야 「우파」 사는 전력을 다하야 촬영을 시작한 것이라고 합니다. 위선 그 영화 감독으로는 최근 일본에서 봉절 상영되여 큰 환영을 밧는 최후의 인(最後의 人)을 감독한 「물노」 씨가 쏩히엇고 「메리스트페레스로」는 독일영화계의 일대 보물이라고 하는 「에밀 얀닝그스」 씨가 선택되고 「맑스리트」로는 「리리안 씻쉬」 양이 「우파」 사로부터 초빙을 바덧다고 합니다. 엇지하엿든 이 영화는 문예영화만을 주장삼아 촬영하는 독일영화계에서도 가장 가치 잇는 예술영화가 될 것이라고 합니다.

동아 26.03.06 (5) [연예] 「스완손」 양의 사 시대(四 時代) 변장 / 최근 대력작 영화

「그로리아 스완손」 양의 영화라면 그저 긔ㅅ것 화려하게만 박은 영화로 「스완손」 양의 긔술이 엇더한 것은 그 영화로부터서는 좀처럼 알어볼 수가 업시 모든 장면이 다만 휘황찬란한 의복들만 이러케 저러케 갈어입는 것으로 판을 차리고 말고 아모 내용이 업다고 「스완손」 양의 영화는 그저 의복 장사의 광고 그림에 지나지 못한다는 험구객의 비평을 밧는다고 합니다. 그러나 최근에 완성된 『듸코스트오프포리』라는 영화에는 「스완손」 양이 잇는 긔예를 긔ㅅ것 발휘하엿다고 합니다. 소녀시대로부터 로련시대까지 네 시대의 녀자를 교묘하게 분장 출연하엿다고 합니다. 사진의 중앙 얼골 장면만은 그 영화의 주요한 역(役) 「쪼이스」로의 「스완손」 양이요, 그 우에 타원형은 「메리 픽포드」식의 처녀 「포리야나」로의 「스완손」 양이요, 오른편 아레는 「쪼이스」의 어머니로의 「스완손」 양이요, 외인편은 어머니가 젊엇슬 째의 「스완손」 양이라 합니다.

조선 26.03.06 (조1) 금산(錦山)청년 영화

◇ 금산청년회에서는 거 이월 이십사일부터 오일간 금산청년회관 내에서 활동사진을 성대히 영사하엿는데 즉석에서 의연금이 답지하엿다고. (금산)

매일 26.03.07 (2) 영화검열 통일 / 사월 일일에 실시 결정 / 세 곳의 검열은 페지하고 / 경성 한 곳에서 검열 방침

지난 대정 십삼년 구월부터 신의주(新義州) 경성(京城) 부산(釜山)의 세 곳에서 검렬하든 활동사진

---

108) '우파'의 오식임.

『필림』은 실시 전에 비교하야 예긔 이상의 됴흔 셩젹을 내이는 즁이나 최톄상[109] 통일을 일어가사 경성에서 허가한 『필림』이 디방에 검지를 당하는 례가 왕왕히 발싱하야 각 영업자로부터 비난하는 소리가 놉하감으로 경무당국은 이 뎜에 대하야 오리동안 고려한 결과 이 폐단을 일소하고 됴션에서 가장 귀위[110]잇는 검열제도를 실시키 위하야 십오년도 예산에 삼만여 원의 경비를 계상하고 오난 사월 일일부터 신의주와 경성 부산 등 세 곳에 검열을 폐지하고 젼속 검열관을 두어 총독부에서 직졉으로 검열키로 하고 동시에 취톄규칙을 동일케 하기 위하야 한번 총독부에서 검열한 사진은 젼선 엇던 곳에셔든지 자유로 상영하기로 하얏다더라.

조선 26.03.07 (석2) 〈광고〉

달마치 영화 돌연 공개!

유 사 특선 쌔손 영화

맹습난투(猛襲亂鬪) **맹호 노(怒)하면** 전육권

유 사 특작영화

인생비극 **성금부인(成金夫人)** 전육권

유 사 초특작 연속극

제사회 **미의 기수(謎의 騎手)** 칠팔편 사권

유 사 독특 서부활극 **귀족** 전이권

유 사 독특 단편희극

진묘기묘 **세상은 정반대**

포복절도 **갑판소제(甲板掃除)**

국제시보 전일권

예고

△유 사 쑤월 초특작영화

분류천리(奔流千里) **쟁투** 전구권

△독일 유니온 사 초특작영화

대모험 **호용(豪勇) 벨치니** 전칠권

유니버-살 명화 봉절장 **단성사**

光 電[111] 구오구번

조선 26.03.07 (조1) 활영취체규칙 통일

종래 각 도에서 행하던 검열을 십삼년 구월부터 신의주, 경성, 부산의 삼개소에서 집행하게 된 활동

---

109) '취톄상'의 오식으로 보임.
110) '권위'의 오식으로 보임.
111) '電 光'의 오식으로 보임.

영화는 각 도마다 각각 집행하던 당시에 비하면 예기(豫期) 이상의 통일을 도(圖)하게 되엿스나 그래도 종래의 예에 *하면 오히려 취체의 불충분과 통일상의 결함을 면치 못하야 경성에서 허가한 영화가 지방에서는 상영금지가 되고 지방에서 상영한 것이 경성에서는 불허가로 되는 등의 예가 종종 잇서서 당국자 상호의 모순과 차(此)에 대한 비난의 성(聲)이 다(多)하다 하야 경무국에서는 숙려한 결과 차등의 폐를 일소하며 권위 잇는 검열을 행한다는 계획하에서 십오년도 예산에 삼만여 원을 계상하엿다 한다. 써러서 사월 일일부터는 신의주, 부산의 검열을 금지하고 신(新)이 전임(專任) 검열관을 상치(常置)하야 총독부가 직접 검열을 실행하는 동시에 취체규칙도 통일할 터이라는데 일차 차 처(此處)의 검열을 경(經)한 영화는 전선(全鮮) 하처(何處)의 활동사진관에서던지 상영이 자유로 되리라더라.

매일 26.03.08 (3) 대화(大和)의 환등대회

강원도 평창군청에서는 금회 환등기계 일식 구입함을 기하야 대화시장에서 삼월 일, 이 양일간에 긍(亘)하야 산업선전강연회 급(及) 환등대회를 개최하얏는대 도변(渡邊) 서무주임과 한대화(韓大和) 공보교장의 열렬한 강연과 송(宋) 군속(郡屬)의 친절한 설명은 일반 청중과 관중에게 비상한 감흥을 여(與)하얏고 연일 다수의 관중으로 파(頗)히 대성황을 정(呈)하얏더라. (대화)

조선 26.03.08 (조1), 26.03.09 (조3), 26.03.10 (조4), 26.03.11 (조3), 26.03.12 (조4) 〈광고〉

3월 7일자 단성사 광고와 동일

조선 26.03.08 (조2) 본사 평양지국 / 애독자위안회 / 인도청년의 독창도 잇서

일기가 차차 화창한 봄철이 잡어들음을 싸러 일반독자에게 흥미 잇고 취미 잇는 것으로 위안을 드리는 것이 더욱 필요함을 늣기고 본사 평양지국(平壤支局)에서는 팔일 오후 일곱 시 반부터 평양 텬도교당(平壤 天道敎堂)에서 독자위안회(讀者慰安會)를 열 터인바 당야의 순서를 대개 소개하면 세계를 일주하고 고국으로 도라가는 길에 조선을 통과하는 인도청년(印度靑年)이 가지고 온 세계명승 환등(世界名勝 幻燈)과 인도청년의 유량하고 애연한 독창과 무도(舞蹈)가 잇슬 터이며 기타 평양 일류 음악가의 음악 등 흥미진진한 여러 가지 순서로 일반독자의 위안에 만분의 일이라도 되도록 할 터인데 일반 독자께는 특별히 우대하는 뜻으로 본지 란 외에 게재된 독자우대권(讀者優待券)을 사용하야 무료입장을 하도록 할 터이오, 기타 일반에게는 입장료 십 전, 학생, 소아에게는 반액으로 입장케 할 터인데 이번 모임은 실로 전에 보고 듯지 못하든 진긔한 모임이 되리라더라. (평양)

조선 26.03.08 (조3) 〈광고〉

삼월 칠일부터!
토월회 제사십오회 공연!
경성 시민의 열열한 재청으로 다시 상연하게 되엿습니다
오라! 형제여! 자매여! 만고불멸의 향토예술인

춘향전 전십막

보라! 우리 흰 옷 입은 사람으로는 반드시 아니 볼 수 업는 것이다

매일 오후 칠시부터 개연

하로 밤에 전부 상연

토월회 직영 **광무대**

(전화 본국 구사번)

조선 26.03.08 (조4) 독자위안 영화 / 본사 군산지국에서

본사 군산지국에서는 거 삼일 당지 군산좌에서 대구 만경관 순업부를 청하야 본보 독자위안영화를 시(示)하얏던바 여실(如實)한 환경(幻境)에 기발한 성역(聲譯)은 군항(群港) 초유의 찬상(讚賞)을 박(博)하얏다 하며 동 순업부는 육일까지 흥행을 필한 후 대전 진주 등지를 경(經)하야 귀관(歸舘)할 예정인데 이후로는 매월 일 회식 정기 순업을 행하리라더라. (군산)

매일 26.03.09 (2) 삽(卅)팔개국- 육백여 명 / 부호단(富豪團) 제일반 입성 / 진객(珍客) 마지에 활기 쮜운 경성 시 / 젼고에 듯지 못하든 대관광단의 진긱을 / 마지하고자 경성 시즁은 활긔를 쮜엇다

긔보한 바와 갓치 세게덕 평화의 동산이요, 이천 년 동안을 야소의 복음 아릭서 부드러이 자라는 북미합즁국(北米合衆國)의 진긱(珍客) 륙빅사십 명으로 조직된 세게일주단(世界一週團)의 일*는 작 팔일 정오에 인천(仁川)에 입항하야 동일 오후 세 시 사십이 분에 특별렬차로 경성역에 도착하야 자동차와 인력거로 처녀의 손결 갓튼 경성의 어린 봄볏에 휩싸여서 전시를 편답하며 삼십만 부민과 쌋뜻한 얼골을 대하게 되얏다.

본사 내청각(來靑閣)에서 / 기생 가무 관람 / 숙소는 보세선(保稅線) 침대차 / 본사 래청각에서 기싱 가무와 / 됴선풍경의 활동사진을 관람

관광의 순서는 인원의 다수로 인하야 이반으로 나누고 쏘 반에는 빅죠 적조로 나노아 두 대는 작 팔일, 두 대는 금 구일에 텰도국 자동차와 인력거로 시내를 관광할 터인대 팔일 오후 세 시 삼십이 분에는 먼저 일반이 입경하야 약 한 시 이십 분 동안에 남대문통(南大門通) 대평통(太平通) 경복궁(景福宮)을 관람하고 됴선『호텔』에 드러가셔 약 한 시 이십 분 동안 휴식한 후 즉시 본사 리청각(來靑閣)에서 됴션 기싱의 무도와 됴션 풍속의 활동사진을 구경하고 동 구시 오 분에 경성역을 출발하야 인천으로 향할 터이며 인천에서는 십시 삼십 분경에 『란치』에 분승하야 귀션할 터인바 이 대원 중 일부는 됴션『호텔』과 경성역 구내 보세선(保稅線) 침대차 내에 투숙할 예뎡이며 그 다음 두 대는 금 구일 오젼 십시 사십오 분에 경성역에 도착하야 역시 자동차와 인력거로 남대문 표삼도(表泰道) 왜성대(倭城臺) 영락뎡(永樂町) 본뎡을 관람하고 됴션호텔에 드러가 잠시 동안 휴식한 후 다시 무교뎡(武橋町) 종로(路鍾)[112] 견지동(堅志洞) 창덕궁 비원(昌德宮 秘苑) 홍화문(弘化門) 약초뎡(若草町) 황금뎡(黃金町)을 거처 동일 오후 사시 오 분에 인천으로 향하게 되얏는대 순서는 젼긔와 갓치 하리라더라.

매일 26.03.09 (2) 〈광고〉 [연예안내]
예고에서 〈호용 벨치니〉가 제외된 외 조선일보 3월 7일자 단성사 광고와 주요 정보 일치

매일 26.03.09 (3) 지방개량 傳宣[113]
전북에서는 오일부터 이십팔일까지 좌기(左記) 군 모범 부락에 지방개량의 활동사진회 급(及) 강연회를 개최한다는대 출장원은 삼포(三浦) 촉탁과 이(李) 고원(雇員)이라더라. (전주)
임실 남원 진안 장수 무주 금산 순창

조선 26.03.09 (석1), 26.03.10 (조4), 26.03.11 (조4), 26.03.13 (조3), 26.03.14 (석1) 〈광고〉
3월 8일자 광무대 광고와 동일

조선 26.03.09 (조3) 인천 상설 애관 / 련일 대성황 / 일요일에도 상연
경성의 다음이라 할 만한 인천(仁川) 상설관(常設館)이 업습을 유감으로 생각하고 경성 단성사(團成社) 직영으로 외리 애관(外里 愛舘)에 활동사진 상설관을 설치하엿다 함은 이미 보도한 바어니와 동 흥행주의 방침은 입장인원이 만흐나 적으나 매일 규측덕으로 일주일에 한 번식 사진을 교환하야 상연할 쑨 아니라 특별히 일요일에는 낫에도 영사하야 상설이란 그 본지를 다하며 사진도 일반에게 환영밧는 것으로만 선택하야 영사함으로 인천사회의 위안을 주는 동시에 매일 밤 대만원의 성황을 일운다는바 불일간 경성 단성사에서 대환영을 밧든 미국『유니버-살』회사의 특제 백만 원 현상인 조인(鳥人)『리차드』씨의 주연(主演)인 모험(危險)『달마취』전 칠막[114]을 공연한다고. (인천)

매일 26.03.10 (3) 영화 여우(女優) 모집
영화 여우 이명(二名)을 좌기(左記) 조건으로 채용함
一, 연령 십팔 才로 이십 才까지
一, 국어을 해(解)하난 자
一, 생활의 안정(安定)한 자
희망자는 십일로 십이일까지 좌기에 오후 육시부터 팔시까지의 간에 내담(來談)할 사(事)
본정(本町) 일정(一丁) 오십일번지
선만(鮮滿)활동사진상회

조선 26.03.10 (조2) 독자위안 / 환등음악회 / 성황리에 종료
긔보한바 본보 평양지국에서는 지난 팔일 오후 팔시에 부내 텬도교당에서 독자위안환등음악회(幻燈

---

112) '鍾路'의 오식으로 보임.
113) '宣傳'의 오식으로 보임.
114) '칠권'의 오식으로 보임.

音樂會)를 개최하얏는대 뎡각 전부터 몰려드는 관중은 무려 천여 명을 초과하얏는데 본보 대동분국 장 김유선(大同分局長 金有善) 씨의 사회하에 순서를 짜라 류창한 음악과 아름다운 소녀의 어엽쌘 성악과 세계명승 환등이며 성악가 김유선(金有善) 씨의 창가로 폐회되엿는바 만장의 우슴소래와 박수 성은 교당이 문허지는 듯 평양에 드문 대성황을 이루엇섯더라. (평양)

매일 26.03.11 (2) 명미(明媚)한 풍광에 / 출범 일일 연기 / 미국 관광단 재차 입성 / 명미한 풍광에 출범을 연긔

(상략)

일행의 선중(船中)에서 / 조선 풍경 활사(活寫) / 명미한 풍광을 친탄

미국 관광단을 환영하며 일변으로는 됴선 사정을 소개하기 위하야 본사 릭청각(來靑閣)에서 됴선 기 싱무도와 됴선 사정 소개 활동사진을 영사하기로 하얏섯는대 시간관계로 인하야 기싱가무는 예뎡과 갓치 마치고 됴선 사정 활동사진만은 영사하지를 못하얏슴으로 작일 밤에 일힝이 타고 온 배『라고 니아』 선중에서 젼긔 사진을 영사하얏는데 일동은 활동사진 막 면에 나타나는 됴선의 풍경에 감탄하 기를 마지 안이하얏더라.

조선 26.03.11 (조4), 26.03.12 (조4), 26.03.13 (조4), 26.03.14 (석1), 26.03.15 (조4), 26. 03.16 (석1) 〈광고〉

출연진 제외된 외 매일신보 3월 13일자 조선극장 광고와 주요 정보 일치

조선 26.03.12 (석2) 우미관 개관

시내 관텰동(貫鐵洞)에 잇는 우미관(優美舘)은 그동안 전 경영자와 관계를 끈코 오는 십삼일부터 관 원 일동(舘員 一同)의 공동경영으로 흥행하리라는데 사진도 일층 고상한 것으로 정선하야 영사하리 라고.

조선 26.03.12 (조2) 계약 위반이라고 / 설유원을 뎨출하여

시내 인사동(仁寺洞)에 잇는 조선극장(朝鮮劇場) 주인 일인 조천증태랑(早川增太郎)은 경북 대구부 수뎡(大邱府 壽町) 일백이번디에 사는 한정묵(韓正默)을 상대로 십일에 시내 종로경찰서에 설유원을 뎨출하얏는데 이제 그 내용을 듯건대 젼긔 조천은 한정묵과 지난 이월 십삼일에 영화(映畵) 춘향전 (春香傳) 구 권과 비련의 곡(悲戀의 曲) 륙 권과 밋 영화긔계 기타 부속품 일식을 삼백 원에 일개월 동 안 빌리기로 계약을 체결하얏는데 피차 부대조건으로 그 영화를 조선 내디에서만 영사(映寫)하기로 하얏든바 일전에 그와 가티 가저간 일본극장(日本劇場) 고용인 류인복(劉仁福)(二三)의 엽서(葉書)를 바더 본즉 일본 대판(大阪) 굴강우편국(堀江郵便局)의 소인(消印)이 찍히엿슴으로 그 영화를 조선에 서만 영사키로 약속한 것을 일본으로 가저다가 영사하얏는가 하야 그리한 모양이라더라.

조선 26.03.12 (조3) 백조회의 / 녀배우 모집 / 자격은 녀고보 졸업 뎡도

종로 삼뎡목 구십일번디에 사무소를 둔 백조회(白鳥會)에서는 압호로 녀배우를 상당히 모집할 모양이라는데 자격은 녀자고등보통학교 졸업생으로 신극(新劇)의 배우될 만한 소질이 잇는 사람이면 된다 하며 절차는 백조회 직접 책임자를 맛나본 후에 그의 지휘를 싸라 행할 것이라는바 자세한 일은 그 사무소로 당자가 친히 와서 무러주기를 바란다고.

매일 26.03.13 (1) 〈광고〉 [연예안내]

폭스 특선 영화주간

삼월 십삼일부터 삼월 십칠일까지

월리암, 폭스 특작품

입지미담(立志美談) **남아(男兒) 입지** 전육권

쾌남아 월리암, 럿셀 씨 열연

대월리암, 폭스 초특작품

복수극 **우자(愚者)의 복수** 전칠권

명우 월리암, 쏘커 씨 열연

대월리암, 폭스 초특작품

대활극 **주마등** 전팔권

쾌남아 쪼지월쉬 씨 쾌연

예고

맹투극 **쟁투** 전구권

대비극 **장한몽**

단성사

당 십일일 목요부터 사진 전부 교환(금주 보통 흥행)

파라마운트 사 제공

짐미, 오부레 씨 주연

희극 **베스도 판매** 전이권

파라마운트 사 특작품

우에루시-락구루스 씨 감독 아구네스, 에이아-스 씨 주연

정희극 **도심자(盜心者)** 전칠권

와나-부라사-스 사 명작품

우이리아무포-데인 씨 감독 롯구리푸후에로-스 씨 주연

탐정대활극 **여적의 기문(女賊의 奇聞)** 전칠권

예고

세계적대명편 **연(戀)의 마신 압혜** 전팔권

(기대하서요)

조선극장

조선 26.03.13 (석1) 〈광고〉

삼월 십삼일 주간부터

월리암, 폭스 초특작품

입지미담(立志美談) **남아(男兒) 입지** 전육권

월리암, 폭스 초특작품

복수운명비극 **우자(愚者)의 복수** 전칠권

월리암, 폭스 초특작품

대활극 **주마등** 전팔권

예고

계림영화 제일회 초특작 영화

대비극 **장한몽** 전십권

유 사 쓔월 초특작 영화

분류천리(奔流千里) **쟁투** 전구권

유 사 초쭈엘 입(卄)오년도 특작품

명화 **쎄데의 무녀(舞女)** 전구권

독일 페퍼스 쾌작품(快作品)

대모험 **호용(豪勇) 앨지니** 전칠권

유니버-살 명화 봉절장 **단성사**

전 광 구오구번

조선 26.03.13 (석2) 활동사진 설명 중 / 변사 돌연 검속(檢束) / 오백 군중이 고함을 처 / 장내가 대소란을 이뤄

대구 만경관 활동사진 순업단(大邱 萬鏡舘 活動寫眞 巡業團)이 지난 팔일 진주에 도착하야 련일 만원의 성황을 이루엇는데 십일 밤 영사하는 사진, 암흑의 시(暗黑市)에 설명 변사 김성두(金成斗) 군이 동 영화 중에 나타나는 주인공이 빈한한 사람을 위하야 일하다가 결국 감옥생활을 하게 되고 전긔의 판결을 담임한 판사의 아들이 역시 법망에 걸리는 경로를 설명하면서 현대사회 조직이 불합리할 쑌 아니라 법률이 업서도 리상적 사회를 건설할 수 잇다는 설명을 마치자 곳 임석경관이 검속을 식히고 다음 사진도 못하게 하매 오백여 군중이 리류를 설명하라고 고함을 처 장내는 대소란을 이르켓는데 활동사진 설명까지 가혹히 취톄함은 처음 일이며 진주경찰서의 근래 언론취톄는 너무 가혹하다 하야 일반의 비난이 자자하다더라. (진주)

조선 26.03.13 (조3) [이야기거리]

구주대전(歐洲大戰)에 몰락된 전 중구 대제국(中歐 大帝國)『오스토리야』의 황실『하쌥스부르그』가(家)의 전 황후『지이나』는 전쟁이 그친 뒤 서반아(西班牙)에 은퇴하여 잇더니 최근 아메리가 엇던 활동사진 녀배우가 되야『하쌥스부르그』가(家)의 황정비사(皇廷秘史)를 촬영하엿다 한다. 부군(夫君)을 위하야 왕조(王朝) 부활 음모를 하다가 마츰내 성공치 못하고 빈곤과 굴욕을 바드며 사랑하는 여덜 자녀를 다리고 가진 고생을 다하고 잇든『지이나』전 황후가 오날날 활동사진 녀배우가 되엿스니 자기 가슴에 사모친 그 슬픔을 품고 그대로 비극의 녀주인공이 될 것이다. 하여간 활동사진으로 보아서는 성공이겟지.

매일 26.03.14 (2) 갈사록 적막한 / 조선의 흥행계 / 무대예술의 경영난과 / 활동상설관 경영의 고통

예술에 업는 나라는 옷 업는 동산과 갓다. 됴션에도 신흥예술이 싹터 나가기 시작하야 시단(詩壇)도 주츄는 셧스며 문인(文人)들도 각파에 난호혀 자미잇는 론젼에 옷도 피는 모양이나 아즉까지도 민즁과 가장 갓갑은 무대예술(舞臺藝術)에 대하야는 물질덕으로 소비가 태과한 그 만큼 발달을 보기 어려워 토월회(土月會)의 가엽슨 몰락과 빅조회(白鳥會)의 란산(難産)이 무엇보다도 무대예술에 종사하는 사람들의 비애를 말하는 것이며 싸라서 극장 경영자의 낫에는 일시도 수식이 쩌나지 안는다는 사실을 반증하는 것이다. 토월회 영작 후의 광무대의 형편은 듯기에도 가여운 일이나 손해가 심하야 수일간 폐관까지 한 우미관의 형편이며 긱석에서 찬바람이 도는 됴션극장의 전도를 예상할 째에 실노히 경성의 흥힝게는 패멸긔에 박도하얏고나 하는 싱각이 업지 못할 것이며 아즉까지 가장 관긱이 만타하는 단성사에서도 그다지 큰 리익은 업는 모양이니 삼십만 경성에 활동사진관 세 곳이 오히려 만흔가? 경영자의 슈단이 시의에 합지 안은가 한 연구재료도 삼을 만하겟는대 이졔 각 관의 지난 일월 일일과 이월 이십오일 량일의 입쟝 인원수를 보면

우미관 = 일월 일일 二一四人

　　　　　이월 하순 二〇四人

조선극장 = 일월 일일 五二九人

　　　　　　이월 하순 一一八人

단성사 = 일월 일일 九二〇人

　　　　　이월 하순 二二五人

정월 초하로날 밤 특별흥힝에나 쏘는 이월 하순 보통 흥힝에나 겨오 단성사가 돈냥이나 남겻슬 쑨이요, 됴션극장 우미관은 가을바람이 문젼락엽을 날니는 경이다.

상설관의 부진은 / 입장료의 관계 / 박리다매가 데일

흥힝게의 쯧밧게 몰락에 대하야 종로서 죽지웅(竹之熊) 보안계 주임에 의견을 무르니

『결코 극장 셋이 만커나 단성사가 유복한 것은 안이요, 오직 단성사는 비교덕 력사가 오릭고 변사가

고로 모힌 관계로 관긱이 만히 가는 모양인데 다힝히 우미관은 다시 개업을 한다 하며 됴선극장에서
도 셰움이 안 되면 문을 닷겟다는 말을 드럿소이다. 좌우간 사진을 조금 더 고르고 입장권을 싸게 파
라서 박리다민주의를 삼는 것이 현명할 것이외다
하더라.

매일 26.03.14 (2), 26.03.15 (3), 26.03.16 (2), 26.03.17 (2) 〈광고〉 [연예안내]
3월 13일자 단성사 광고와 동일

매일 26.03.14 (2), 26.03.15 (3), 26.03.16 (2) 〈광고〉 [연예안내]
3월 13일자 조선극장 광고와 동일

조선 26.03.14 (석1), 26.03.15 (조4), 26.03.16 (석1), 26.03.17 (조4) 〈광고〉
3월 13일자 단성사 광고와 동일

조선 26.03.14 (조2) 인천지국의 / 독자우대 / 상설 애관에서 달마취 상영 중
십일일 밤 일곱 시 반부터 인천(仁川) 외리(外里) 활동사진 상설 애관(愛舘)에서는 경성 단성사에서
대환영을 밧든 모험『달마취』전 칠 권을 상연하게 된다 함은 이미 보도한 바어니와 이 긔회를 리용
하야 본보 인천지국은 십삼, 십사, 십오 삼 일간을 두고 독자우대권을 본지에 게재하야 원 료금 륙십
전을 오십 전으로, 사십 전을 삼십 전으로, 학생에 대하야는 사십 전을 삼십 전으로, 삼십 전을 이십
전으로 각등을 감액하야 영사하기로 하얏더라. (인천)

조선 26.03.14 (조3) [신영화] 삼월 십삼일부터 단성사에 상영 / 주마등 (전팔권) / 윌리암폭스
초특작 영화
본 영화는 윌리암 포스[115] 작년도 초특작 영화로 주연자는 일홈 놉흔 쏘지 월수 씨, 각색, 채광, 배경,
기타, 남을알 곳 업는 명화다. 누구던지 본 작품을 대하면 씃까지 본능덕 전율(戰慄) 긔이한 호긔* 공
포(恐怖) 긴장한 늣김 뎐환 무*한 인생의 운명 쏘한 물욕과 투쟁으로 가득한 추악한 인간의 반면 그리
고 곱게 피여나는 청춘* 사랑* 얼마나 즐겁고 순진하며 아름다운가를 늣길 것이라 한다. 단성사에서
상영하게 되엿다.

조선 26.03.15 (조4) 〈광고〉
토월회 사십육회 공연
여러분이 고대하시던

---

115) '폭스'의 오식으로 보임.

인육의 시(人肉의 市) 전사막

정희극 **십오분간** 전일막

삼월 십사일부터 칠시 반 개연

토월회 직영 **광무대**

(전화 본국 구사번)

조선 26.03.16 (조4), 26.03.17 (조4), 26.03.18 (조4), 26.03.19 (조4), 26.03.20 (조3) 〈광고〉

3월 15일자 광무대 광고와 동일

매일 26.03.17 (2) 〈광고〉 [연예안내]

당 십칠일 수요부터 사진 전부 교환

특별 대흥행

파라마운트 사 희극 **집세 밧기 곤란** 전이권

파라마운트 사 특작품 월리암, 부라잉 씨 대역연

산림(山林)활극 **석양의 산로(山路)** 전칠권

오국(墺國) 우이다영화회사 특별작품

시도니, 가릿구 씨 원작 아레기산다, 콜다 씨 감독

대사극 **삼손과 델리라** 전팔권

현실과 고전!

조선극장

조선 26.03.17 (석2) 옥좌(旭座) 전소(全燒) / 손해가 이만 원 / 평양에도 화재

십륙일 오전 여덜 시경에 평양부 옥뎡(平壤府 旭町)에 잇는 극장 옥좌(旭座)에서 발화하야 긔구와 건물 전부를 소실하고 동 아홉 시 반에야 겨우 진화하얏다는데 원인은 루뎐인 듯하다 하며 손해는 이만 원인바 보험액이 이만 원이라더라. (평양 뎐보)

조선 26.03.17 (조3) [신영화] 오국(墺國)『우이리』영화회 특별작품 /「삼손」데리라 (전팔권) / 십칠일부터 조선극장에 상영

이 작품은 성서(聖書)에서 재료를 취한 것인대 리태리 고도에 유명한 배우「쥬리에, 소렐」을 중심으로 하야 이러나는 여러 가지의 련애의 갈등을 그려내인 것인대 소위 유한계급의 퇴패한 생활, 녀자의 순진한 사랑, 남성의 녀성의 사랑에 대한 열렬한 집착! 사랑을 어드랴는 로력, 모든 인생의 갈등을 이 작품에서 볼 수 잇다. 엇잿든 벳날「쌈손」은 녀자로 말미아마 정복을 당하고 말엇스나 현대의 남성은 거지로써 녀성을 정복하엿다는 것을 뵈인 것이다.

이 작품에 잇서서 모든 뎜이 구주영화의 특색을 발휘하는 동시에「세트」도 웅장하기가 아메리카 그것에 조곰도 손색이 업는 조선 금춘영화계에 어더볼 수 업는 큰 작품의 한아라고 할 수 잇다.

조선 26.03.17 (조3) 독자우대
이 『삼손』과 『데리라』를 상영하는 일주일 동안은 우리 조선일보 독자에게는 특별히 우대하게 되엇습니다. 우대권은 란외에 잇습니다.

조선 26.03.17 (조4), 26.03.18 (조4), 26.03.19 (석2), 26.03.20 (석1), 26.03.21 (석2), 26.03.22 (조3), 26.03.23 (석2) 〈광고〉
매일신보 3월 17일자 조선극장 광고와 동일

조선 26.03.18 (조3) [이야기거리]
▲ 「월드, 알마나크」의 최근 통계에 의하면 목하 「아메리카」에는 활동사진 상설관이 이만 이상에 넘으며 일년 동안에 활동사진이 새로 나오는 것은 칠백 이상이 된다 한다. ▲ 그리고 「필림」 제작 척수는 한 달에 륙천오백만 척이오, 이것을 마일수로 환산하면 일 년에 십오만 마일이나 된다 한다. ▲ 일주일 동안의 활동사진 관객 인원수는 일억삼천만인바 미국 인구는 일억이천만이라 한다. ▲ 이 통계로 보면 미국사람은 남녀로소를 물론하고 일주일동안에 활동사진 구경은 한 번식 하는 모양. ▲ 이것도 일반의 생활여에유가[116] 잇는 것을 증명한다.

조선 26.03.18 (조3) 계림영화 처녀작 / 장한몽 상영
그간 황금덩 계림영화협회에서 촬영 중이던 비극 장한몽은 몃칠 전에 평양에서 촬영을 마치고 이번 십팔일 밤부터 시내 단성사에서 공절[117] 상영하게 되엇더라.

조선 26.03.18 (조3) 〈광고〉
◇ 초특별 대흥행
삼월 십팔일부터 삼월 입(卄)이일까지
계림영화 제일회 초특작 영화
대비극 **장한몽** 전구권
장한몽! 장한몽! 누구나 모를 니
업는 비극소설이요 누구나 우지 안는 이
업는 연애소설은 드대여 활동사진으로
낫하나 또다시 만도의 인사를 울리랴 한다
오라! 그대는 울 것이다

---

116) '생활에 여유가'의 오식으로 보임.
117) '봉절'의 오식으로 보임.

싯업시 울지 안코는 못 잇슬 것이다

유 사 초쮸웰 특작 영화

고원광야에 전개되는 대활극

분류천리(奔流千里) **쟁투** 전구권

유 사 초특작 연속

제오회 **미의 기수(謎의 騎手)** 구, 십편 사권

국제시보 전권

유니버-살 명화 봉절장 **단성사**

전 광 구오구번

매일 26.03.19 (2) 〈광고〉 [연예안내]

초특특 대흥행

삼월 십팔일부터 삼월 입(卅)이일까지

계림영화 제일회 특작품

조선명화 대비극 **장한몽** 전구권

유 사 초쮸웰 특작품

고원광야에 전개되는 대활극

분류천리(奔流千里) **쟁투** 전구권

제이 동도(東道) 출현!

유 사 초특작 연속극

제오회 **미의 기수** 구, 십편 사권

국제시보 전일권

예고

명화 **쎄데의 무녀(舞女)** 전구권

대모험 **호용(豪勇) 엘지니** 전구권

단성사

매일 26.03.19 (2), 26.03.22 (3), 26.03.23 (1) 〈광고〉 [연예안내]

3월 17일자 조선극장 광고와 동일

매일 26.03.20 (2) 영화화한 / 장한몽 / 첫날부터 대만원

계림영화협회에서 고심 력작한 데일회 작품 본지 련재소셜 장한몽(長恨夢)(칠권)의 영화는 십팔일 밤부터 시내 단성사(團成社)에서 일주일 동안 상영케 되얏는대 첫날밤에는 개연 전부터 만원이 되야 나중에는 단성사 문 압헤 관긱이 밀녀서 한참 혼잡하얏섯다더라.

매일 26.03.20 (2) 부영(府營) 활사반(活寫班)의 경비난(難) / 긔계를 사고 보니 / 남는 것이 업다고

경성부 대정 십오년도 예산에 사회교화비로 일만 일천이십오 원을 뎡하고 그중 사천사빅팔십 원을 활동사진반으로비로[118] 하얏는대 그 경비 중 영사긔계를 이천삼빅 원을 주고 난즉『필림』에 쓸 돈이 부족함으로『필림』은 총독부의 것을 빌어서 할 터이며 전용 변사를 두면 월급을 주어야 할 터인대 그 역시 돈이 업슴으로 경성부 각 과장이 변사가 되야 납세에 대한 것은 셰무과장이 해설을 하고 위싱에 관한 것은 위싱과장이 해설을 하기로 하얏는대 이에 대하야 장미 내무과장(長尾 內務課長)은 말하되 우리의 리상으로 말하면 부영 활동사진관은 못하드라도 시민관(市民舘)이라든지 공민관(公民舘) 갓튼 것이라도 하얏스면 좃켓스나 당분간은 경비 문뎨가 되야 엇지할 수 업다 하며 금년은 화절(花節)부터 영사를 개시할 터인대 특히 금년은 모든 준비도 미급이요, 쏘한 처음임으로 위싱이나 교육이나 사회교화를 목뎍하는 것보다도 자미잇는『필림』을 구하야 부민 위안을 할 예뎡이라더라.

조선 26.03.20 (석2) 〈광고〉

삼월 이십일 토요부터 전부 차환

미국 활동영화주간

미국 바이다쿠라후 사

희극 **돌관(突貫) 라리-** 전이권

미국 바이다쿠라후 사

맹투활극 **한번 노하면** 전칠권

미국 대 메도로골드윙 사

희활극 **처녀는 사랑치 안어** 전칠권

구주영화 봉졀장 **우미관**

전 광 삼구오번

조선 26.03.20 (조1) 학부형 위안 영화

평양부 신양리(新陽里) 신흥학원에서는 거 십이일 당지(當地) 제일관에서 그동안 다수의 학생을 양성한 감사의 예를 표코저 동 학원에서 학부형 위안 활동사진회를 개최하야 대성황을 이루엇다고. (평양)

조선 26.03.20 (조3), 26.03.21 (조3), 26.03.22 (조3), 26.03.23 (석2)[119] 〈광고〉

3월 18일자 단성사 광고와 동일

---

118) '경비로'의 오식으로 보임.
119) 3월 23일자 (석2) 광고에는 '長恨夢은 一日 延期 二十三日' 이 추가되어 있음.

매일 26.03.21 (2) 계림영화의 장한몽 / 됴선에서 첫 성공

장한몽! 장한몽!

계림영화협회에서 활동사진으로 박어노흔 현대비극『장한몽』을 단성사에서 보게 된 것을 우리는 깃버하지 아니치 못할 것이니 그것은 십여 년ㅅ재 돈 업는 청년을 울니며

◇ 허영…에 도취된 녀성을 가슴 압흐게 하는 장한몽의 가치를 새로히 보게 되얏다는 것이 아니라 영화예술(映畵藝術)에 한거름 갓갑은 됴선의 활동사진을 보게 된 깃붐일 것이다.

◇ 물론… 냉평(冷評)을 하자면 가장 즁요한 주인공 리수일(李守一) 한 사람의 배역을 신태식(申泰植)과 주삼손(朱三孫) 량군이 갈나 맛하 가지고 출연한 것이라든지 자막(字幕)이 너모나 기러셔 도져히 일일히 일글 수 업다는 것이며 리수일의

◇ 표정… 더군다나 병원에서 심퇴(沈澤)이가 차저왓슬 째에 이불을 쓴 리수일의 눈에셔는 꼭 눈물이 흐르러니 하얏스나 꿋ㅅ내 흐르지 안코 말아 관긱의 섭ㅅ한 감회를 사는 등 여러 가지도 잇셧스나 그러나 그동안

◇ 뒤를 이워 이러나든 됴션사람들의『푸로닥숀』의 수만흔 작품들 즁에셔는 엇어보기 어려운 침착한 뎜이 잇셧스며 일편에 흐르는 정취(情趣)가 굿세엇셧든 것이다.

◇ 상당…한 금력의 후원이 잇는 우에 됴일재(趙一齊) 씨의 주재하는 바가 된 계림영화에서 특히 활동사진 배우로서의 존재가 깁허가는 김정숙(金靜淑) 양이며 예술을 리해하는 신태식(申泰植) 군을 엇엇스니 쟝한몽을 제작한 뒤로 쌔다른

◇ 결함…은 어렵지 안케 곳처 갈 수도 잇는 것이라 할 수 잇겟다. 요컨대 이번 장한몽 활동사진은 아즉 서투른 됴션사람들의 솜씨로는 데일 실된 사진이라고 할 수 잇는 것이다. 그러고 이번 쟝한몽에서

◇ 발견…하는 미흡한 뎜과 불비한 주의는 반다시 감독자가 주의만 거듭하면 곳치지 못할 문데는 안이니 이번 쟝한몽으로써 좀 더 경험만 싸흐면 됴션사람으로도 활동사진다운 활동사진을 믿들 수 잇다는 큰소리거리가 되게 한 것을 깃버하는 것이다. (사진은 신태식 군의 리수일과 김정숙 양의 심순애)

매일 26.03.22 (3), 26.03.23 (1) 〈광고〉 [연예안내]

3월 19일자 단성사 광고와 동일

조선 26.03.22 (조2) 〈광고〉

삼월 卅日[120] 화요부터 특선명화 공개

미국 파데-지사

실사 **시사주보** 전일권

라리시-몬 씨 주연

희활극 **돌관(突貫) 라리**- 전이권

---

120) '三月 二十三日'의 오식으로 보임(조선일보 1926년 3월 23일자, 3월 24일자, 3월 25일자 우미관 광고에는 三月 二十三日로 되어 있음).

제국키네마 회사

이견명(里見明) 택란자(澤蘭子) 공연(共演)

(예술에는 국경이 업습니다)

비련곡 **농 속의 든 새** 전육권

미국 메도로골드윙 사 초특작

메리나-쏜-드만 양 주연 명견(名犬) 쎼-다-대제 특연(特演)

명견활극 **맹견심판** 전팔권

구주영화 봉절장 **우미관**

전 광 삼구오번

조선 26.03.22 (조3) 〈광고〉

삼월 이십일일부터!

토월회 제사십팔회 공연

쑤리아의 운명 전이막

농 속에 든 새 전편(前編) 전삼막

(매야 칠시부터 개연)

대예고!

누의 흔(淚의 痕) 전사막

양심의 가책 전일막

십오분간 전일막

불일간 상연하겠습니다

기대하십시요!

토월회 직영 **광무대**

(전화 본국 구사번)

조선 26.03.23 (석2), 26.03.24 (석2), 26.03.25 (석1) 〈광고〉

3월 22일자 우미관 광고와 동일

3월 22일자 광무대 광고와 동일

조선 26.03.23 (조3) 인천 애관(愛館) 독자우대

인천 애관에서는 조선영화 해의 비곡(海의 悲曲)을 이십삼일 밤부터 상영한다는데 특히 본보 독자에게는 우대하게 되엿더라.

조선 26.03.23 (조3) 독자우대

단성사에서 상영 중인『장한몽』과 조선극장에서 상영 중인『삼손과 데리라』의 독자우대권이 란 외에 잇습니다.

매일 26.03.24 (3), 26.03.25 (2), 26.03.27 (4), 26.03.28 (5) 〈광고〉 [연예안내]

예고 일부 제외된 외 3월 24일 조선일보 단성사 광고와 주요 정보 일치

매일 26.03.24 (3) 〈광고〉 [연예안내]

당 삼월 입(廿)사일 수요부터 특별 공개

춘기 특선 이대 명화대회!

셰누쓰, 닛구 회사 특작품

원작 로바드, 나치안바-스 씨

감독 죠-지, 아싱보- 씨 각색 에도와드, J 몬다구네 씨

명화 **자유결혼** 전팔권

대파라마운트 사 초특 명작

명화(名花) 구로리아, 스반슨 양 주연

대명화 **무회 싸자** 전팔권

여러분, 이러한 명화를 보신 적이 잇슴닛가?

이 이대 명편이야말노, 실로이, 청춘으로서는

안이보지 못할 명화입니다, 더구나, 피쓸는 사랑에

가삼을 읍조리는 니는 꼭 하번[121] 보십시오

조선극장

조선 26.03.24 (석1) 〈광고〉

명화주간

삼월 이십사일부터 삼월 이십팔일까지

국제시보 전일권

유 사 초특작 영화

대활극 **맹렬한 남아(男兒)** 전육권

유 사 특센추리 작품

희극 **명론탁설(名論卓說)** 전일권

유 사 초쮸웰 특작영화

---

121) '한번'의 오식으로 보임.

명화 **쎄테의 무녀(舞女)** 전구권

유 사 특작품

연속 **미의 기수(謎의 騎手)** 전사권 십일, 십이편

예고

유 사 *시대적 대웅편

오페라의 괴인 전십이권

명화 **현대인의 처(妻)** 전팔권

사막정담(情談) **사막의 성영(星影)** 전칠권

조선키네마 특작품

해의 비곡 전오권

대모험 **호용(豪勇) 엘지니** 전칠권

유 사 폭스 영화 **단성사**

전 광 구오구번

조선 26.03.24 (석2) 독자우대 요금 변경

단성사(團成社)에서 상영 중인 장한몽 관람하는 독자우대로 입장료는 다시 단성사와 교섭한 결과 아래와 가티 되엇습니다.

보통 이층 육십 전 하층 삼십 전

학생 이층 삼십 전 하층 이십 전

조선 26.03.24 (조3) [신영화] 명견(名犬) 활극 맹견심판 -전육권- / 메트로, 꼴드윈 사 작품 / 이십삼일부터 우미관에서 상영

이 영화는 「메트로, 꼴드윈」 회사의 작년도 작품으로 「팬」의 만흔 환영을 바더오든 작품인대 그 내용으로 말하면 「바라라」와 「싸크」는 서로 사랑하는 사이엇스나 「바라라」의 아버지는 그것을 허락지 아니함으로 할 수 업시 두 사람은 도망하야 결혼하기로 상의하엿다. 그날 밤에 「바라라」의 사랑을 어드랴고 이전부터 뒤를 싸라다니든 「필」이란 남자가 「바라라」의 방으로 몰내 드러왓다가 「바라라」의 아버지에게 들키어 참아 못 당할 모욕을 보고 분김에 살해하게 되엇다. 이쌔에 마츰 거긔에 당도한 「싸크」가 살인의 혐의를 입고 감옥에 드러가게 되엇다. 이쌔에 그의 충견 「비타-」가 자긔 주인의 애매히 범인으로 붓들린 것을 구해가지고 진범인 「필」과 「바라라」의 뒤를 싸라가서 크게 격투한 뒤에 자긔 주인의 무죄한 것을 변명하여 주엇다는 것이다. 주인공 되는 개가 어리석은 사람보다 더 영리하게 활동하는 것은 근래 볼 수 업는 장쾌한 영화라 할 수 잇다.

조선 26.03.24 (조3), 26.03.25 (조4), 26.03.26 (석2), 26.03.27 (조3), 26.03.28 (석1), 26.
03.29 (조3), 26.03.30 (석1) 〈광고〉[122]

선전문을 제외한 외 매일신보 3월 24일자 조선극장 광고와 주요 정보 일치

매일 26.03.25 (2), 26.03.27 (4), 26.03.28 (5), 26.03.29 (2), 26.03.30 (3) 〈광고〉 [연예안내]

3월 24일자 조선극장 광고와 동일

조선 26.03.25 (조4), 26.03.26 (석2), 26.03.27 (조3) 〈광고〉

3월 24일자 단성사 광고와 동일

매일 26.03.26 (2) 수도(囚徒)의 교화에 / 활동사진 이용 / 서대문형무소 첫 시험 / 만일 성적이 량호하면 / 젼선 각 형무소에 실시

셰상을 등지고 텰창 속에서 회개 싱활을 하는 죄수의 교화(敎化)에 활동사진을 리용함은 임의 실시 되야 예기 이상의 됴흔 성젹을 낫타내고 잇는 줌인대 됴션에서도 이젼부터 당국자 사히에 문뎨가 되야왓스나 다만 경비 문뎨로 실현이 되지 못하얏섯는바 이번 경성 서대문 형무소에서 이것을 실시하기로 하고 그에 드는 경비도 구쳐[123]가 되야 임의 영사긔계와 긔타 부속품 젼부를 사드리여 목하 급속히 장치에 챡수하얏다는대 상영할 『필림』은 특별히 엄밀히 선퇵하야 소위 권선징악(勸善懲惡)을 극도로 표현한 것을 쓰고자 영화검열 관계관서와 교심 줌인대 동 형무소에서 시험한 *젹에 의하야 얼마 안이되야 젼 됴션 열다섯 곳의 형무소에도 졈차로 셜비할 방침이라더라.

매일 26.03.26 (2) [붓방아]

▲ 서대문형무소에셔는 최근 죄수들에게 셜교보다도 취미 잇고 교훈 줄 만한 활동사진을 보이고자 ▲ 임의 긔계장치까지 긋낫슴으로 압흐로 틈 잇는 대로 일반죄수들에게는 교화(敎化)될 만한 됴흔 활동사진을 보힌다고. ▲ 부자유한 몸이라 박수는 자유롭지 못하겟스나 엇지 하얏든 털창 하* 신음하는 그들에게는 다시 업는 깃분 소식일 것이다. ▲ 이 가튼 됴흔 일은 오직 셔대문형무소에만 긋치지 말고 널니 젼션에 보급되기를 희망.

조선 26.03.26 (석2) 〈광고〉

삼월 이십사일부터!
토월회 제사십구회 광무대 직영 일주년 기념 준비흥행!
양심의 가책 전일막 (일명 밤손님)
시드른 망초 전삼막

---

122) 조선일보 1926년 3월 26일자, 3월 27일자 단성사 광고에는 '예고'가 생략되어 있음.
123) 변통하여 처리함. 또는 그런 방법.

십오분간 전일막

기념흥행으로 누(涙)의 흔(痕)(일명 인육의 시(市))를

개수(改修) 상연하려 하겟스나

아모래도 불허가임으로 상연치 못하고

『시드른 방초』를 하게 되었습니다

(준비흥행에 입장하시는 분의게는 기념흥행에 입장하실

입장권 일매식 진정하겟습니다)

(매야 칠시 반부터 개연)

예고

기념일에는 춘원 작

개척자 전육막

토월회 직영 **광무대**

(전화 본국 구사번)

조선 26.03.26 (조4) 〈광고〉

삼월 이십삼일 화요부터 명화 공개

미국 파데-지사

실사 **시사주보** 전일권

라리시-몬 씨 주연

희활극 **돌관(突貫) 라리**- 전이권

미국 메도로회사 초특작

거성 조-니 하임 씨 주연

대모험희활극 **쾌남 후린드** 전육권

미국 메도로골드윙 사 초특작

메리나-쏜-드만 양 주연 명견 쎄-다- 대제(大帝) 특연(特演)

명견활극 **맹견심판** 전팔권

구주영화 봉절장 **우미관**

전 광 삼구오번

매일 26.03.27 (2) 영화를 이용하야 / 신구충돌 완화 / 부(府)의 활사반 금년 계획 / 활동사진을 리용하야 / 신구사상 충돌을 완화

경성부에서 시민교화사업으로 활동사진반을 조직하야 신년도부터 영사하기로 하얏다 함은 긔보한 바어니와 요지음에 와서는 일자도 절박하야감으로 부에서는 이에 대한 구톄안을 협뎡하는 중인대 특히 이 활동사진은 됴선인을 즁심으로 할 예뎡으로 일 년 동안에 영사회수를 총 오십 회로 하고 그

중 삼십사 회는 됴션인에게 하고 십 회는 내디인에게 하고 기타 필요로 인하는 경우에 륙 회를 하기로 하얏스며 긔계는 임의 사드렷스나 『필림』은 돈도 업슬 샏 안이라 다액을 주고 사드려도 몃 번 쓰고 버리는 것은 불경졔임으로 언으 시긔까지는 세를 내어 쓰기로 하얏는대 『필림』의 종류는 시민위안 재료를 만이하야 가령 싱활난으로 세상을 비관하고 자살코자 하는 자라든지, 청년남녀가 런애의 고민으로 자살을 하랴고 하는 것이라든지, 쏘는 부부불화(婦夫不和), 부자불목(父子不睦) 갓튼 신식 녀자와 구식 남자나 구식 녀자와 신식 남자나 구식 모와 신지식 배운 아들 사이에 이러나는 모든 불평의 동긔와 원인을 사진 막면(幕面)에 나타나게 하서 서로 서로 리해를 충분히 하도록 함과 동시에 쏘한 서로ᄉ 양보를 하도록 하야 비관하는 자는 도리혀 용진하도록 하고 불평한 가뎡은 평화토록 하는 것을 채용하리라는바 장소는 각 학교 교실을 사용하리라더라.

조선 26.03.27 (석1), 26.03.28 (석1), 26.03.29 (조3), 26.03.30 (석1), 26.03.31 (석2) 〈광고〉
3월 26일자 광무대 광고와 동일

조선 26.03.27 (조3), 26.03.28 (석1) 〈광고〉
3월 26일자 우미관 광고와 동일

매일 26.03.28 (2) 文省部[124]에 필림 대하(貸下) 신청 / 불원간 도착될 터
『필림』의 내용을 젼항에 말한 바와 갓치 하기 위하야 경성부에서는 총독부 것만 빌어 하지 안이하고 젼국을 동하야 젼긔 조항에 필요한 『필림』을 광구하는 중이며 쏘 일젼에는 문부성(文部省)에 젼긔 사실을 타합하얏는대 불일간 문부성으로부터는 그 죠항에 덕합한 『필림』목록을 선퇴하야 경성부로 보내게 될 터이며 쏘 다른 각 회사나 개인에게로부터도 만은 『필림』을 경성부로 보내게 되리라더라.

조선 26.03.28 (석1) 〈광고〉
삼월 이십팔일 주간부터 영화 공개
폭스 시보 전일권
천하무적 폭스 사 썬싸인 희극
기상천외 **사랑의 자전거 경주** 전이권
대윌니암폭스 특작 영화
대활극 **무뢰한(無賴漢) 캐트** 전육권
윌니암폭스 초특작 영화
사막정화(情話) **사막의 성영(星影)** 전칠권
원작은 『씩』의 원작자 EM 팔 여사

---

124) '文部省'의 오식으로 보임.

감독은『용호상박』의 감독 쎈보 씨

朝鮮話기네마[125] 제일회 특작영화

◇ 南海精大悲曲[126] **해의 비곡** 전육권

예고

▲ 유 사 *시대적 대웅편

예술영화 **오페라의 괴인** 전십이권

▲ 유 사 특선 CCB 특작품

명화 **현대인의 처(妻)** 전팔권

▲ 유 사 쮸웰 초특작 영화

발명의 영관(榮冠) 전구권

유 사 폭스 영화 **단성사**

광 전 구오구번

매일 26.03.29 (2) 〈광고〉 [연예안내]

돌연 특선 명화 공개

삼월 이십팔일 주간부터

폭스 시보 전일권

천하무적 폭스 사 썬싸인 희극

기상천외 **사랑의 자전거 경주** 전이권

대월니암폭스 특작 영화

대활극 **무뢰한(無賴漢) 캐트** 전육권

바지니아비앤수 양 대활약

대월니암폭스 초특작 영화

사막정화 **사막의 성영(星影)** 전칠권

조선키네마 특작품

남해정화 **해의 비곡** 전육권

이월화, 이채전, 안종화 주연

고대 중의 조선명화는 수(遂)히 봉절?

예고

예술영화 **오페라의 괴인** 전십이권

명화 **현대인의 처(妻)** 전팔권

단성사

---

125) '朝鮮기네마'의 오식으로 보임.
126) '南海精話大悲曲'의 오식으로 보임.

조선 26.03.29 (조2) 〈광고〉

삼월 삼십일 화요부터 명화 대봉절

공전절후 당당한 신진용!

차(此) 대쾌거를 견(見)하시라

미국 파데-지사

실사 **시사주보** 전일권

미국 파데-지사 역작

힐-로-시-씨 주연 세계 일(一) 명마 푸랭쿠 특작

대활극 **황마왕(荒馬王)** 전오권

미국 대 메도로골드윙 사 초특작

문예영화 **로모라** 전십사권

영화예술의 극치!! 대규모로 촬영한 흥미진진한 천하명편!!

로모라는 인류사 이래의 대(大)시대 루네쌍스 시대의 대 로-맨스이다

십오세기 문예부흥기를 배경한 대비장시극(大悲壯詩劇)!!

예술의 가치!!! 흥행의 가치!!!

구주영화 봉절장 **우미관**

전 광 삼구오번

조선 26.03.29 (조2), 26.03.30 (석2), 26.03.31 (석2) 〈광고〉[127]

3월 28일자 단성사 광고와 동일

조선 26.03.29 (조4) 간도 실상 영사회

함남(咸南) 단천(端川)에는 거 이십사일 오후 팔시에 당지 천도교당 내에서 북간도에 잇는 사립 명동(明東)학교 후원회 주최로 본보 단천지국 후원하에 간도 실상 영사대회를 개최하고 사진으로 설명으로 육십 년간의 간도의 사정과 우리 동포들의 지내는 형편을 잘 아는 동시에 무슨 말 못할 큰 늣김을 주엇다. 그러나 단천사회로부터 후(厚)한 동정이 잇지 못한 것을 단천 유지들은 크게 유감으로 사(思)한다더라. (단천)

조선 26.03.30 (석2), 26.03.31 (석1) 〈광고〉

3월 29일자 우미관 광고와 동일

---

127) 조선일보 1926년 3월 29일자, 3월 30일자, 3월 31일자 단성사 광고에는 '예고'가 생략되어 있음.

매일 26.03.30 (2) 조선 소개의 영화대회 / 대성황을 일우어

지난 이십칠일 오후 여섯 시부터 동경 인형뎡통(東京 人形町通) 일선회관(日鮮會舘)에 됴선사정 소개의 영화대회(映畵大會)가 개최되얏는대 개회 전부터 장내는 립츄의 여디가 업시 대만원을 일우엇는대 총독부의 진촌 속(津村 屬)의 해설로 됴선산업과 풍속 습관과 종교 등에 관한 『필림』 이십권을 상영하야 일반관즁에게 됴선내디를 려힝하는 것 갓흔 감상을 주고 동 열 시에 폐회하얏다더라. (동경뎐보)

매일 26.03.30 (3), 26.03.31 (3), 26.04.01 (1) 〈광고〉 [연예안내]

3월 29일자 단성사 광고와 동일

조선 26.03.30 (조3) [신영화] 메트로쌀드윈 사 초특작 / 로모라 (전십사권) / 삼십일부터 우미관에 상영

이 영화는 십오세긔 「루데쌍스」 시대의 이태리 「프로뎬쓰」에 일어난 련애 이약이를 주제로 한 작품인대 작년도에 일본에 수입한 영화 중에 가장 호평을 바든 것이며 미국영화계에서 명성이 놉흔 「리리안, 키쉬」 「도로쉬 키쉬」 형제가 출연하엿스며 원작은 「쪼지메리오튼」 녀성의 붓으로 되고 감독은 「헨리, 컹크」가 하엿다.

매일 26.03.31 (3) 〈광고〉 [연예안내]

삼월 삼십일부터 명화 공개

경이적 초특별 흥행

파라마운트 사 제공

기상천외희활극 **진묘(珍妙)한 렛트** 이권

희극왕 쟈리-마레 씨 주연

대동(大東)키네마 제일회 공전의 대작품

조선에서 처음 보난 중국 대영화

양자강 전설 맹투활극 **환(幻)의 범선** 전십권

남경 북경을 배경으로 촬영한 세계적 대웅도(大雄圖)?

간단(間斷) 업시 공포와 전율

대메트로 사 대표적 쾌심의 작품

천재아 쟉키 구캉 군 필사적 노력편

세계일 (一)의 대영화 **소년 로빈손** 십권

공전절후의 모험과 통쾌무비한

누(淚)의 희극 천고불멸의 명편은 과연 본편의 한함

조선극장

조선 26.03.31 (석2) 〈광고〉

삼월 삼십일부터 명화 공개

경이적 초특별 흥행

파라마운트 사 제공

기상천외희활극 **진묘(珍妙) 함렛트** 전이권

대동(大東)키네마 제일회 공전의 대작품

조선에서 처음 보는 중국 대영화

양자강 전설 맹투활극 **환(幻)의 범선** 전십권

대메트로 사 대표적 쾌심의 작품

세계 일(一)의 대영화 **소년 로빈손** 전십권

예고

명편 **그리운 뉴육(紐育)** 전십일권

마리온, 데비스 양의 주연

경성부 인사동 **조선극장**

전 광 二〇五番

조선 26.03.31 (조1) 오일간 대영화(大映畵) / 보성(普成)강습을 구제코저

경남 울산군 동면 일산리(日山里) 사립 보성강습소는 우수한 성적으로도 유지가 극히 곤란한 바 방어진(方魚津) 노동친목회의 간부 제씨와 강습회 당국자는 지방 유지와 합하야 후원회를 조직하고 거 입(卅)육일부터 오일간 예정으로 방어진 활동사진관을 이백오십 원에 가매(假買)하야 입장권 삼천 매까지 방매(放賣)할 예정으로 인근 각 동에 행매(行賣)한다 하며 노동친목회 간부 제씨는 본 지방이 자기네들의 본 향토가 안인 그만큼 외부에서는 그들의 교육열을 찬양한다더라. (울산)

조선 26.03.31 (조3) 백조회 / 신극운동의 첫거름 / 초(初)공연은 『인형의 가(家)』 / 불일(不日) 조선극장에서

요전에 토월회를 탈퇴한 사람들과 또한 사계와 유지들로써 조직한 신극운동단톄(新劇運動團體) 백조회(白鳥會)에서는 그동안 제일회 공연을 준비 중이더니 이에 모든 준비가 착착 진행되야 불원간에 시내 인사동 조선극장(朝鮮劇場)에서 제일회 공연을 하리라는대 이번에 상장할 것은 일즉이 근대극운동의 선구, 「입센」의 「인형의 집」 삼막싸리와 통쾌한 가극 「데아블로」 이막싸리라 한다. 이 「인형의 집」은 부인해방문데(婦人解放問題)에 큰 「힌트」를 준 그것만큼 오늘까지 문데거리의 각본으로 일반의 기대가 큰 까닭에 동 극단 동인 일동도 열심을 다하야 성공을 하랴고 맹렬히 연습 중이라 하며 이번에 출연할 사람들은 일즉히 우리극계에 명성이 자자하던 사람들이며 그들 중에는 꼿가티 아름다운 김수련(金水蓮), 주경애(朱敬愛) 두 녀배우가 새로 참가하엿고 그동안 문데의 녀성으로 잇던 윤심덕(尹心悳) 양은 「인형의 집」의 녀주인공 「노라」로 출연할 모양이며 주인공 「헤머」에는 리백수(李

白水) 군이 출연하리라는대 동인 일동은 이번 공연을 우리 조선에 잇서서 신극운동의 첫거름으로 삼고 진실한 보조를 극계에 공헌하기로 단단히 결심한 모양이며 악단에서 극단으로 옴기어온 윤심덕 양은 연극이란 것이 우리 조선에 잇서서 재래에 류행하든 것과 다른 것을 일반에게 보이겟다고 결심이 단단한 모양이라고.

사진 = 윤심덕 양 사진 = 이백수 군.

매일 26.04.01 (1), 26.04.02 (3), 26.04.03 (1), 26.04.04 (2), 26.04.05 (3) 〈광고〉 [연예안내]
3월 31일자 조선극장 광고와 동일

매일 26.04.01 (2) 청년회에 / 고대(古代) 명화(名畵) / 사월 일일부터 / 이 일간 상영해
종로 중앙긔독교청년회에서는 오는 사월 일일부터 량일간 믹일 하오 여덜 시부터 태셔 명화대사극(史劇)『삼손과 들닐나』라는 장편의 활동사진대회를 개최한다는대 이 영화는 사천 년 젼의『이스라엘』민족의 력사 즁 가장 일흠 놉고 장쾌한 장사『삼손』이가 간사한 요녀(妖女)『들닐나』의 간악한 계교에 싸지여 비장한 최후를 일우우는 장절비절한 영화로 성경을 영구[128]하는 이나『이스라엘』민족의 력사를 연구하는 이는 반다시 한번 보아 둘 필요가 잇다는대 입장료는 보통 오십 젼, 학싱 삼십 젼이요, 이십 명 이상 단톄관람에는 믹명 삼십 젼식 밧기로 하얏다더라.

매일 26.04.02 (2) 연도 초부터 / 감하된 각종 세(稅) / 경성부의 새 살림사리 / 사회졍칙상 됴치 못한 것은 / 영단을 나리여 세금을 감하
작 일일까지로 대졍 십사년도 경성부 살림사리 긋을 막고 십오년도 신계획에 챡수하는 첫날이 되얏다. 여러 가지 방면에 각종 신긔 사업은 한둘로 말할 것이 아이나 젼 시민의 주머니를 쓸느게 되는 경성부의 세제(稅制)에 대하야는 동 시민의 졍상을 짜라 근본뎍 졍리를 하얏다 함은 본지에 루차 보도한 바어니와 이졔 그 졍리에 대한 기대를 들으면 대개가 수입이 빈약한 영업을 하는 자나 극빈자가 되야 세금을 납입할 여디가 업게 된 자에게는 혹은 감세도 하고 면제도 하얏스며 또 그 영업자톄가 성질상 세금부가에 뎍당치 못한 것은 셰를 폐지하게 되얏는바 그 조항은 아릭와 갓다.

각력(角力)과 배우
◇ 폐세(廢稅) = 잡종세(雜種稅) 즁 유예사쟝(遊藝師匠) 씨름군 배우(俳優) 직공(職工)과 갓튼 데 대한 과세는 젼부 폐셰를 하얏스며 또 게졀세(季節稅) 즁에 한녀름에 시즁을 도라다니며 어름이나『아이쓰크림』을 파는 자에게도 세금을 안 밧기로 하얏스며

---

128) 연구의 오식으로 보임.

극장과 여관

◇ 면세최저액 인상 = 종리 영업세 중에 세탁업(洗濯業) 사진업(寫眞業) 대석업(貸席業) 리발업(理髮業) 유희장업(遊戲場業) 려인숙업(旅人宿業) 음식덤업(飲食店業) 하숙업(下宿業) 인쇄업(印刷業)과 갓튼 것은 그 영업상태를 보아 년 이빅 원 이상의 수입이 잇는 자에게는 영업세를 밧는다 하는 것을 년 오빅 원 이상의 수입이 잇는 자에게 세금을 부가하기로 곳치엿스며

◇ (감세) = 작년도에 잡종세 중에 일등 포창기(一等 疱娼妓)에게 삼 원 오십 견식 밧든 것을 이 원으로, 이등 포창기에게 이 원 밧든 것을 일 원으로, 삼등 포창기에게 일 원 밧든 것을 오십 전으로 세금을 감하하얏섯는데 그 영업은 다른 영업과 달나서 재계의 호불호를 쌀아 수입이 증축하는 것이며 쏘 불상한 창기들에게 세금을 만히 밧는 것은 그 마굴로부터 속히 쌔져나오지 못하게 하는 것임으로 각각 덕당히 감하하기로 확*하엿고 또 여긔에 대하야 조흥세(助興稅) 중에 한 시간에 팔 견 밧든 것을 칠 견으로 감하하얏다. (이하 기사 생략)

매일 26.04.02 (3) 〈광고〉 [연예안내]

유 사 창립 이십주년 기념 흥행

사월 이일부터

국제시보 전일권

유 사 특작영화

광원(曠原)대난투극 **무력의 정(掟)** 전육권

유 특선 C,C,B 초특작품

명화 **현대인의 처(妻)** 전팔권

결혼이란 무엇을 의미한 것이냐?

결혼생활의 파탄과 비극이 이러나게

됨은 엇진 까닭이냐?를 묘사한 일대 명편

보라 그대는 보아야 한다

유 사 특작 연속

종편(終編) **미의 기수** 십삼, 십사, 십오 전육권

예고

예술영화 **오페라의 괴인** 전십이권

명편 **발명의 영관(榮冠)** 전구권

기상천외의 희활극 **오오 선생님** 팔권

연속 **권투왕** 전편(全編)

단성사

매일 26.04.03 (1), 26.04.04 (2), 26.04.05 (3), 26.04.06 (2) 〈광고〉 [연예안내]

4월 2일자 단성사 광고와 동일

매일 26.04.04 (2) 라듸오로 영화 방송 / 독일에서 발명한 / 전신고속도등사(謄寫)

◇ … 목하 독일(獨逸)『데레훈켈』회사에서는 뎐신고속도등사법(電信高速度謄寫法)을 시험하는 즁이라는대 이 발명은 유선뎐신과 또는 무선뎐신으로써

◇ … 뎐문(電文)은 물론이고 보통 글자(文字)와 신문긔사며 그림(繪畫)과 지문(指紋) 등을 불과 일초 동안에 독일 빅림(伯林)으로부터

◇ … 일본과 기타 각 쳐에 뎐긔로써 션명히 보낼 수 잇다는 것인대 사진뎐송(寫眞電送)은 벌셔 이전부터 실힝하여 오나 시간이 너무 오릭 걸리기 째문에 실졔상 가치가 젹엇섯스나

◇ … 이번에 발명한 것은 다만 일 초 동안이라는 놀릴 만한 최속도로써 전 디구상에 뎐송할 수 잇다 하며 이 발명의 리용법은 결긔『라듸오』로써 먼 곳을 보게 되는 것인대 젼긔『데레훈켈』회사에서는

◇ … 목하 빅림에서 영국 론돈(倫敦)이 션명히 뵈인다는바 장릭에는『라듸오』로 활동사진을 방송하되 그 광선이『스쿠린』에 빗치우기까지에 요하는 시간은 겨우 십 분 일 초밧게 걸리지 안이하리라더라.

매일 26.04.04 (3) [영화소설] 삼림에 섭언(森林에 囁言)(一) / 강호 일영생(江戶 一泳生)

조선 26.04.04 (조2) 겸이포(兼二浦) 영화회 / 성황리에 마추엇다

황해도 겸이포(兼二浦) 류학생학우회(留學生學友會)에서는 금반 춘긔 방학의 시긔를 리용하야 지난달 삼십일일부터 본월 일일까지 겸이포좌(兼二浦座)에서 본사 겸이포지국의 후원으로 고대소설(古代小說) 장화홍련전(薔花紅蓮傳)의 활동사진으로 영화회(映畫會)를 개최하엿는데 학우회장 강정현(姜貞顯) 씨의 사회로 막이 열리자 만장 관객의 박수소리를 짜라 수백 년내 소설에 전하여 오던 장화홍련의 비참한 연혁(沿革)을 눈으로 보게 된 군중은 우슴과 눈물을 석거 무한한 감상을 일으켓스며 이틀 동안 만장의 대성황을 일우웟는데 사회의 긔관이 업는 당디에서 본 학우회를 위하야 동정한 유지의 씨명은 아래와 갓더라. (겸이포)

(이하 기사 생략)

조선 26.04.04 (조2) [휘파람]

▲ 겸이포(兼二浦) 류학생학우회에서 주최한 장화홍련전의 영화회는 참으로 성황이엿섯는데 ▲ 그것은 장화홍련보다 학우회를 사랑하는 일반의 찬성이엿다. 그 가운대 엇던 관서(官署)에 사무원으로 잇는 친구 한 분은 ▲ 사람이 복잡한 가운대서 표를 사다가 남에게 주는 거스른 돈(加錢) 칠십 전을 가로채여 가지고 갓는대 표 팔든 학생은 할 수 업시 거스른 돈을 두 번 주게 되엿다고. ▲ 그 자의 일흠은 두러내지 안치만 그 자의 장래가 가석.

매일 26.04.06 (2) 〈광고〉 [연예안내]

당 사월 육일(화요)부터

향기 품기는 봄철에 꼿송이 갓흔 기생 연예?

(한남권번) **춘기온습(溫習)대회**

조선가무 일백삼십팔 종 중에서

특선하야 예기(藝妓) 오십여 명 전부 총출연

예고

세계 일(一)의 명편 **그리운 뉴축(紐丑)** 전십이권

대파라마운트 사 공전의 대작품

모험기담 **쎄다쌴** 전십일권

공전의 대모험 탐정대활극

신연속 **운명의 재보(財寶)** 전이십사권

조선극장

매일 26.04.07 (3) 간도 실상 / 환등영사단 / 북청(北青)으로부터 남하

북간도 명동(明東)에 잇는 명동학교후원회에서는 기미년 참변과 재작년 흉작으로 인하야 다 걱구러진 학교를 다시금 중등교로 변경하야 간도지대에서는 가장 급무(急務)라 할 만한 농업학교로 부흥하랴고 두만강을 건너서 고국동포의 따뜻한 동정을 구하고자 하야 간도실상 환등영사단을 조직하야거 삼일에 함경북도를 거처서 북청읍에 도착하야 북청ㄔ년회 연합회관에서 동회(同會)와 북청노동연합회, 북청소년회연합회, 노덕(老德)청년회 급(及) 조선, 동아 양 지국 후원으로 환등을 영사하얏는대 일반관중의게 다대(多大)한 늣김을 주고 익일에 써나서 남으로 나갓다더라. (북청)

매일 26.04.08 (2) 〈광고〉 [연예안내]

초특별 대흥행 (사월 팔일부터 사월 십이일까지)

실사 **국제시보** 전일권

유 사 센츄리 독특희극

기상천외 **웃는 얼골** 전이권

유 사 특작 단속극(單續劇)(중편)

대희활극 **제사(第四) 권투왕** 십구, 입(卄)편 사권

유 사 전노력 경주 대노력 작품

론쳬니 씨 대역연

명화 **오페라의 괴인** 전십이권

단성사

매일 26.04.08 (2), 26.04.09 (2), 26.04.10 (2) 〈광고〉 [연예안내]
4월 6일자 조선극장 광고와 동일

조선 26.04.08 (석1) 〈광고〉
매일신보 4월 6일자 조선극장 광고와 동일

조선 26.04.08 (조1) 간도영사단 내령(來靈)
함남(咸南) 영무(靈武)시에는 거 사월 육일에 북간도에서 우리의 시설로 가장 오란 역사를 가진 사립 명동학교가 작년 한재(旱災)로 인하야 폐문케 되얏슴으로 차(此)를 부흥키 위하야 동교(同校) 후원회에서는 간도실상영사단을 조직하고 위원을 고국에 순회케 한 바 각지를 순회하야 고국 동포의 만흔 동정하에 무사히 영무시에 도착되얏는바 영무청년회, 시대, 본보 양사 지국 후원으로 영사를 준비 중이라는데 실로 우리 오십만 동포가 현재 거주하는 간도 육십여 년간 비풍참우(悲風慘雨)의 사위(事爲)와 과거 수천 년간 우리 선조의 활무대(活舞臺)이든 왕적(往蹟)을 일일히 소개하리라더라. (영무)

조선 26.04.08 (조1) 간도 실상 영화 / 북청에서 대성황
북간도 명동학교후원회 주최 고국 순회 간도실상영사단은 거 삼일 북청에 도착하야 육 개 단체 후원으로 북청청년회관에서 간도실상영사회를 개최하야 다대한 환영을 박(博)하얏다고. (북청)

조선 26.04.08 (조2) 점점 발양(發揚)되는 / 라듸오의 위력 / 글이나 그림을 / 십 분 동안에 방송
무선뎐신(無線電信)이 한층 더 발달되야 문서(文書)와 그림도 수 초(秒) 간에 멀리까지 방송(放送)하는 것은 그리 이상히 역일 것도 업는바 뎐신물상(電信物像)은 일천팔백사십일년에 독일 백림(伯林)과 「보쓰담」 사이에 털선(鐵線)을 늘이고 처음으로 시험하얏고 그 후에는 일천팔백사십삼년에 영국인 「페인」 씨의 발명과 다시 영국인 「베큐엘」 씨의 개량으로 되얏섯는데 근년에 「고룬」 박사가 무선뎐신을 리용하야 발명한 방법은 널리 세상에 알려 잇는 것과 가티 기술상(技術上)으로 성공한 것이나 다만 방송하는 시간이 너무 오래 걸림으로 비용이 대단히 만하저서 실용상으로는 덕당치 못한 결덤이 잇섯는데 데일천구백이십사년 류월 이십구일에 등록(登錄)된 「라이푸지히」 시의 「카롤스」 씨의 특허(特許)는 한층 더 진보된 것으로 목하 사방 십 「쎈치메돌-」가량의 글이나 혹은 그림은 십 분 일 초 동안에 맘대로 방송하게 되얏슴으로 머지 아니하야 먼 거리에 영화(映畫)가 나타나게 되리라 하며 그러케 되면 편지도 싼 료금(料金)으로 육필(肉筆)이 저편 짝(對手方)에 던달되리라더라.

매일 26.04.09 (2), 26.04.10 (2), 26.04.10 (2) 〈광고〉 [연예안내]
4월 8일자 단성사 광고와 동일

조선 26.04.09 (조2) 〈광고〉

사월 삼일 토요 주간부터 활극대회

미국 파데- 지사

실사 **시사주보** 전일권

미국 메도로 사

희극 **엉터리의 실패** 전이권

독일 푸에-부스 회사 대역작

대활극 **호용(豪勇) 엘지니** 전칠권

미국 월니암폭쓰 회사 초특작

대모험활극 **맥진열차(驀進列車)** 전팔권

구주영화 봉절장 **우미관**

전 광 삼구오번

4월

조선 26.04.09 (조2) 〈광고〉 단성사 지방 순업대와 / 조고약(趙膏藥) 천일영신환(天一靈神丸) 애용가 우대

고대 갈망하든 연애극『장한몽』은

이제 단성사로부터 각지에 순회영사

하기로 되엇습니다 째는 정(政)히 조흔 봄!!

한번 구경은 기필코 여러분으로 하야금

쾌재를 절규하실 줄 자신하야 마지안습니다

상영될 사진

◆ 연애극 **장한몽**

◆ 모험극 **철의 인(鐵의 人)**

기타 명화 다수

순회지

군산 전주 이리 광주 목포 여수 통영 진주

마산 동래 부산 대구 태전(太田) 수원 기타

◆ **대할인!!**

그런데『조고약』『천일영신환』애용가에게는

각등 병(並) 십 전 할인

단, 입장권 판매구에 조고약이나

천일영신환 빈 포지(包紙) 일매만 제출합시오

내외 약종(藥種) 무역판매 **천일약방**

경성 예지동(禮智洞) 일칠구 전 (광) 칠오구 진체(振替) 경성 三〇七七

매일 26.04.11 (3) [영화소설] 삼림에 섭언(森林에 囁言)(二) / 강호일영생(江戸一泳生)

조선 26.04.11 (석2) 〈광고〉
사월 십일 토요부터 전부 교환
미국 파데- 지사 연속활극대회
할룰드 로이드 씨 출연
희극 **관힐(鑵詰)직공** 전이권
미국 데이스토리쎄유토아 회사
해렌 홀무스 양 짐스-톤 씨 공연(共演)
연속활극 **호의 조(虎의 爪)** 십오편 삼십권
자(自) 제일편 지(至) 제팔권 전십육권 상영
구주영화 봉절장 **우미관**
전 광 삼구오번

**매일 26.04.12 (2) 여우(女優)에게 홀니여 / 자살코자 음독 / 돈이 업서 살 수가 업서 / 싱각다 못
해 자살하랴**
시내 어성뎡(御成町) 삼십사번디 오동환(吳東煥)(二九)은 지난 팔일 오후 구시경에 자긔집에서 자살
을 하고자 쥐 잡는 약을 먹고 신음하는 것을 집사람들이 발견하고 즉시 부근『세부란쓰』병원에 다리
고 가서 응급치료를 한 결과 재작 십일에는 무사히 퇴원을 하게 되얏다는대 이제 그 원인을 들은즉
오동환은 재작년부터 황금뎡(黃金町) 일뎡목 녀우(女優) 최성해(崔星海)와 정이 드러 오날까지 나려
오든 터인대 요지음에 와서는 싱활곤란으로 두 남녀가 갓치 살 슈 업게 되얏슴으로 세상을 비관하야
그와 갓치 자살을 하고자 한 것이라더라.

매일 26.04.12 (2) 〈광고〉 [연예안내]
당 사월 십일일(일요)부터 차환
기대하시던 특별명화 공개
미국 파라마운트 사 특작품
월리암, 에스하- 씨 주연
사회극 **단장의 기적(斷腸의 氣笛)** 전육권
불국 파데- 회사 발매 파라마운트 사 제공
신연속대활극 **운명의 재보(財寶)** 전이십사권
혜렌, 홀무스 양 대역연
메토로, 콜드윙 사 초특작품
명화(名花) 마리온, 데븨-스 양 주연

대명화 **그리운 뉴축(紐丑)** 전십일권

예고

명화 **황금광 시대** 전십권

조선극장

매일 26.04.13 (2) 〈광고〉 [연예안내]

돌연 조선 명화 대공개

사월 십삼일부터 사월 십칠일까지

고려영화제작소 특작영화

대비극 **쌍옥루(雙玉淚)** 전후편 십육권

쌍옥루! 쌍옥루! 그 누가 이 소설를 읽은 이로서 울지 안은 이

잇스며 그 누가 이 영화를 환영하지 아는 이가 잇섯는가?

됴선영화 중의 일품이요 걸작인 본편은 또 다시 만도의 인사를 마음것 울니랴 한다

오십시요 꼭 보십시요!

유 사 독특 센츄리 대희극

진묘기묘 **먹고 쌩손이** 전이권

예고

대홍소극 **오오 선생님** 전팔권

대모험극 **대적분쇄(大敵粉碎)** 전칠권

단성사

매일 26.04.13 (2), 26.04.14 (2) 〈광고〉 [연예안내]

4월 12일자 조선극장 광고와 동일

조선 26.04.13 (석1), 26.04.14 (조3), 26.04.15 (석2), 26.04.16 (석1) 〈광고〉

4월 11일자 우미관 광고와 동일

조선 26.04.13 (석1) 〈광고〉

돌연 조선명화 대공개

사월 십삼일부터 사월 십칠일까지

◎ 고려영화제작소 특작영화

대비극 **쌍옥루(雙玉淚)** 전후편 십육권

쌍옥루! 쌍옥루! 그 누가 이 소설을 읽은 이로서 울지 안은 이

잇스며 그 누가 이 영화를 환영하지 아는 이가 잇섯는가?

조선영화 중의 일품이요 걸작인 본편은 또 다시 만도의 인사를 마음껏 울니라 한다
오십시요 꼭 보십시요!
◎ 유 사 독특 센추리 대희극
진묘기묘 **먹고 쌩손이** 전이권
엉터리 두 분이 남의 집 악아씨를 사랑하는데 돈 업다고 쪼겨난 엉터리는
궁니 끗헤 음식장사를 버리고 별별 진책을 다하야 돈버리를 하는데
포복절도의 대희극
유 사 푸스¹²⁹⁾ 영화 **단성사**
전 광 구오구번

조선 26.04.13 (석2) 〈광고〉
4월 9일자, 단성사 지방 순업대와 조고약 천일영신환 애용가 우대 광고와 동일

조선 26.04.13 (조4), 26.04.14 (조3), 26.04.15 (조1), 26.04.16 (석1) 〈광고〉
매일신보 4월 12일자 조선극장 광고와 주요 정보 일치

조선 26.04.13 (조4) 〈광고〉
사월 구일부터!
토월회 제오십일회 공연(희극대회)
박승희(朴勝喜) 편(編) **엉터리들** 전일막
박승희 편 **백만장자** 전삼막
로데릭크, 베니덱쓰 원작 효원(曉園) 유중영(柳重永) 역
전쟁의 사(賜) 전일막
(매야(每夜) 칠시 반부터 개연)
토월회 직영 **광무대**
(전화 본국 구사번)
육시 개관 칠시 개연

매일 26.04.14 (2) 〈광고〉 [연예안내]
4월13일자 단성사 광고와 동일

---

129) 폭스의 오식으로 보임.

조선 26.04.14 (조3) 인천 애관에서 「오페라인」 상영

시내 단성사에서 일반관객에게 만흔 환영을 밧던 영화 「오페라 괴인」은 불원간 인천 애관(愛舘)에서 상영하게 된다고.

조선 26.04.14 (조3), 26.04.15 (석2) 〈광고〉

4월 13일자 광무대 광고와 동일

조선 26.04.14 (조3), 26.04.15 (조3) 〈광고〉

4월 13일자 단성사 광고와 동일

조선 26.04.16 (석1), 26.04.19 (조4) 〈광고〉

선전문 제외된 외 매일신보 4월 17일자 단성사 광고와 동일

매일 26.04.17 (2) 〈광고〉[연예안내]

사월 십육일부터 우수영화 경연주간

유 사 **국제시보** 전일권

유 사 센츄리, 코메데이

분소(噴笑)폭소 **호혈(虎穴)에서** 전이권

유 사 특작 서부대활극

통절쾌절 **귀신도 썰니게** 전오권

쌕기, 혹시 씨 쾌연

종사(從事)의 서부극과는 전연 그 취의(趣意)를

달니한 작품인 것은 보시면 아실 듯

유 사 쭈월 특작영화

명화 **연독의 도(煙毒의 都)** 전팔권

전편(全編)을 통하야 현대 결혼 전후에

남녀의 생활을 풍자 묘사한 명편

전일(前日) 봉절된 『현대인의 처(妻)』 이상의 걸작

유 사 쭈월 특작 연속

대회활극 **제사(第四) 권투왕** 입(卄)일 입이 전사권

단성사

매일 26.04.17 (2), 26.04.18 (2), 26.04.19 (1), 26.04.20 (2), 26.04.21 (2) 〈광고〉[연예안내]

예고에서 〈피-타반〉 〈해저왕 키-톤〉이 제외된 외 조선일보 4월 19일자 조선극장 광고와 동일

매일 26.04.18 (2), 26.04.19 (1), 26.04.20 (2) 〈광고〉[연예안내]

4월 17일자 단성사 광고와 동일

매일 26.04.18 (3) [영화소설] 삼림에 섭언(森林에 囁言)(二)[130] / 강호일영생(江戸一泳生)

조선 26.04.19 (조3) 〈광고〉

당 사월 십칠일 토요부터 전부 교환

해렌, 홀무스 양 주연

연속활극 **운명의 재보(財寶)** 전십이편 이십사권

제이회 이, 삼편 사권 상영

파라마운트 사 특작품 명성(名星) 톰무아 씨 주연

사회활극 **오-형님** 전팔권

파라마운트 사 작 희극 **부친 혼소(魂消)** 전이권

파라마운트 사 작 희극 **입부니** 전이권

-예고-

명화 **피-타반** 전십권

모험 **해저왕 키-톤** 전팔권

명화 **황금광 시대** 전십권

잡푸린 씨 주연 원명(콜드루쉬)

경성부 인사동 **조선극장**

전 광 二〇五番

조선 26.04.19 (조4) 〈광고〉

사월 십칠일(토요) 주간부터 공개

주야 이 회 이 일간

미국 데이스토리쎄유로아 회사

해렌 홀무스 양 맹연

연속활극 **호의 조(虎의 爪)** 십오편 삼십권

이회 종편 자(自) 제구편 지(至) 제십오편 사십권 상영

경성 조선신문사 고심 작품

전선(全鮮)을 배경으로 한 영화

바보와 썽정이 이인(二人)의 희극

---

130) 연재 순서를 볼 때 (三)의 오식으로 보임.

실사 **조선 만주 일주** 전십권

장내 정리키 위하야

입장료 십 전 균일

구주영화 봉절장 **우미관**

전 광 삼구오번

조선 26.04.20 (조2) 청진(清津)극장에 일 풍파 / 순사의 사과로 무사 해결

십륙일 밤 십이시경에 함북 청진(清津) 신암동에 잇는 공락관(共樂舘)에서는 취성좌(聚星座) 일행이 흥행을 하는 중에 림검하엿든 순사와 관람자 간에 약 한 시간 동안이나 일대풍파가 잇섯다는데 원인은 시간이 지낫다고 순사가 부지불각에 호각을 부는 고로 영문을 모르는 흥행하든 단중에서는 엇절 수 업시 막을 다덧다. 관람하든 중 한 사람은 이 광경을 보고 단중에 대하야 무슨 일로 흥행 중에 막을 닷느냐고 질문을 하는대 림검하엿든 박순사는 그 사람한태 달려들어 너는 일반군중에게다 선동을 식히는 자가 아니냐고 폭행을 함으로 관람하든

일반은 자긔의 실책은 생각지 안코 질문하는 사람에게다 무례히 한다고 일반군중들은 흥분되어 분쟁을 이르키엿다는대 군중은 다시 연극을 계속하든가 그 순사가 일반에게 사과를 하라고 풍파를 이르킴으로 단중 일행은 그 순사에게 시간의 여유를 달라 하엿스나 공무를 위반하면 명치 텬황의 명영을 위반하는 것임으로 될 수 업다고 하며 무대에 올라서 일반에게 머리를 숙여 잘못하엿스니 용서하여 달라고 사과를 함으로 일반은 해산하엿다더라. (청진)

동아 26.04.21 (7) [연예] 지상영화 / 성하(盛夏)의 쑴 전팔권

독일 노이만 사 특작

쇅스피어 옹 원작

월낼크라우스 씨 루트와이아 양 공연(共演)

독일 「노이만」 회사의 특작 영화 성하의 쑴(盛夏의 夢) 아홉 권이 이번에 일본 「이리스」 영화부의 데공으로 일본에 왓슴으로 미구에 조선에도 올 터이라는데 이 영화는 「쇅스피어」 옹의 작품 중 둘도 업는 환상뎍(幻想的) 희극으로 세계에서 몰을 이가 업슬 만치 유명한 것이라 하며 독일 명감독 「노이만」 씨가 근대뎍 두뇌로써 유쾌한 현대뎍 희극을 만들어노흔 것이라 한다. 그리고도 극을 현대극으로 곳치어노앗스나 원작 쑷에는 조곰도 상처를 내이지 안이하고 충실하게 각색햇다고 한다. 「아데네」의 귀족의 련애와 삼림의 정령(精靈)들의 대소동과 「아데네」의 소인극단(素人劇壇)의 포복절도할 연극으로 짜서 「아데네」의 영주가 결혼을 하기에까지 긔상텬외의 희극이 처음부터 쑷까지 계속되는 중 영화의 주요 부분을 차지한 삼림의 정령이며 선녀, 마인 등의 출연과 공회[131]에서는 들을 수 잇는 괴상하기 짝이 업는 영화이라고 한다. 출연 배우는 「웰낼크라우스」 씨, 「루트와이아」 양 등의 명우를

---

131) '동화'의 오식으로 보임.

위시하야 「테오드아쎄카」 씨, 「월타 쌴란트」 씨와 밋 기타 명우들의 총출연을 하엿고 동화극으로든지 문예덕으로 보든지 실로 갑 잇는 진영화이라고 하며 일본 문부성에서도 우수영화로 추천된 것이라고 한다. (사진은 성하의 쑴의 일 장면)

매일 26.04.21 (2), 26.04.24 (1), 26.04.25 (2), 26.04.26 (3) 〈광고〉 [연예안내]

예고 및 일부 선전문 제외된 외 시대일보 4월 23일자 단성사 광고와 주요 정보 일치

조선 26.04.21 (석1), 26.04.24 (조3) 〈광고〉

일부 선전문 제외된 외 시대일보 4월 23일자 단성사 광고와 주요 정보 일치

조선 26.04.21 (조1) 취성좌 간도 출장

취성좌 김소랑 일행은 청진에 도착하야 거 십사일부터 공락관(共樂舘)에서 흥행을 하엿는데 예제는 청진사회에 유익함으로 *하는 충의도(忠義道) 해조곡(海鳥曲) 등으로 특히 부패한 여자계(女子界)에 비익(神益)이 불소하얏다 하며 금번에 쏘 북간도 대성학교를 위하며 출장한다더라. (청진)

동아 26.04.22 (5) [연예] 고려 말의 사실담(事實談) 『적건적(赤巾賊)』을 영화화 / 게림영화협회에서 제작 중으로 리백수 군이 주연으로 출연한다

시내 황금뎡(黃金町) 일뎡목 게림영화협회(鷄林映畵協會)에서는 데일회 작품으로 장한몽(長恨夢)을 촬영하야 지난 삼월 상순에 공개한 후 뒤를 이어 데이회 작품으로 산채왕(山寨王)이라는 영화를 제작 중이라는데 이 영화는 고려(高麗) 말에 잇섯든 사실을 가지고 만든 것으로 적건적(赤巾賊)이라는 산적의 무리가 신출괴몰한 수단으로 각디에 출몰하며 인민을 괴롭게 하든 것을 용감한 사람이 천신만고로 모다 잡어서 퇴치하얏다는 사실을 가지고 조일재(趙一齋) 씨가 원안을 만들어서 리경손(李慶孫) 씨가 각색을 한 것인데 촬영감독은 역시 리경손 씨가 맛헛스며 출연 배우는 방금 조선배우게에서는 가장 큰 인긔를 가지고 잇는 리백수(李白水) 군이 주연을 하고 장한몽에 출연을 하야 적지 안이한 인긔를 썰은 강홍식(姜弘植), 정긔탁(鄭基鐸) 군 등과 녀배우로는 역시 장한몽에 심순애로 출연하얏든 김정숙(金靜淑) 양이 주역으로 출연한다 하며 촬영은 시외 성북동(城北洞)을 중심 촬영디로 지난 오일부터 촬영을 개시하야 방금 밤낫을 *게 하고 촬영하는 중으로 금년 하순경에는 슷을 내이리라는데 조선서는 이와 가튼 활극을 촬영하기는 처음이요, 규모의 크기도 처음이라 하며 전편 여덜 권의 영화가 될 터이라더라.

동아 26.04.22 (5) [연예] 활극게 신 「스타」와 애마 「백은왕(白銀王)」 / 활극 굉굉한 텰뎨와 애마의 공명 두 영화

작년 겨울부터 시작하야 지금에 일으기까지 미국영화 활극게의 패권을 잡고 대활약을 하는 화형 배우는 「푸레드 톰손」 씨와 그의 애마(愛馬) 백은왕(白銀王)이란 명마이엇섯다고 합니다. 「푸레드 톰

손」씨의 인긔는 방금 하늘을 쑤를 쑷한 형세로 「리차드 탈마치」라든 「톱 미크」를 몇 갑절 압두고 잇다고 한다. 「푸레드 톰손」씨는 전부터 「쏀이스카우트」에 비상한 흥미를 가지고 방금까지도 「네쌔타」주의 「쏀이스카우트」 단장으로 잇스며 북미에서 유명한 명긔사(名騎士)라고 한다. 그리고 한동안은 「올림픽(陸上競起)」의 선수로 잇섯든 싸닭에 온갓 운동경긔에 란숙하다고 한다. 그의 란숙한 긔능은 실로 놀나울 만하야 그가 출연한 굉굉한 텰데(轟轟한 鐵蹄)라는 영화 중 투우장(鬪牛場) 장면에서는 계속하야 이십 「피트」 이상의 폭도(幅跳)를 하얏스며 쏘는 그와 가튼 놉히를 그와 가튼 재조를 전문으로 하는 광대 이상으로 「차이안트스위윙그」를 하얏다고 한다. 더욱이 그는 활극 배우에게서는 어더 보기 어려울 만치 미남자로서 방금 서부활극게의 신 태양으로 전미 극 전문이들의 선망의 중심이 되어 잇다고 한다. 그의 애마 백은왕은 그 일홈과 가치 흰 털을 가진 백마인데 신장은 오 「피트」 반이나 되는 위대한 용자를 가지고 잇다고 한다. 새 배우와 새 명마의 활약긔를 긔다리는 이째를 당하얏슴으로 활극영화게의 인긔는 「푸레드 톰손」씨와 그의 명마가 독덤하고 말게 되리라고 한다. 그런데 「톰손」씨 영화는 「에푸쎄오우」사가 금년 벽두부터 발매하기를 시작한바 일본에는 「이리스」 영화부의 데공으로 『굉굉한 텰데』와 『애마의 공명(愛馬의 功名)』 각각 류 권씩의 영화 두 가지가 처음으로 수입되어 미구에 조선에도 건너오게 되리라 한다. = 사진은 톰손 씨

동아 26.04.22 (6), 26.04.23 (4), 26.04.24 (6), 26.04.25 (3), 26.04.26 (3), 26.04.28 (3) 〈광고〉
예고가 제외된 외 조선일보 4월 22일자 조선극장 광고와 동일

조선 26.04.22 (조3) 〈광고〉
당 사월 이십이일(목요)부터 제공
경천동지의 이대 명화 대공개
신춘 초특별 대흥행!!!
콜드윙 사 초특작품
바스다, 키톤 씨 평생의 일대 걸작품
해양대희활극 **해저왕 키-톤** 전팔권
유나이뎃트 사 초특작품
감독 주연 챠리 챠푸링 씨
대희활극 **황금광 시대** 전십권 원명(콜드루쉬)
키-톤 씨가 최초의 시험으로 촬영
해양대모험과 감독 주연으로
챠푸링 씨 일세의 일대 걸작품인 대희활극!
본 영화를 못 보시면 영원이 한이 되실 것임니다
부대부대 쏙 오서요!

-예고-
대파라마운트 사 특작품
명화 **피-타-반** 전십권
경성부 인사동 **조선극장**
전 광 二〇五번

동아 26.04.23 (5) [연예] 일본 예복은 미(米) 여우(女優) 침의(寢衣)

「하리우드」의 최근 소식을 듯건대 영화 녀배우들 간에는 일본 옷을 조와하는 류행이 생기엇다고 합니다. 그런데 그곳에 잇는 일본녀자들은 그와 전 반대로 일본옷이라면 죽기보다도 입기를 실혀하고 양복만 입고 산다고 합니다. 그 래력은 중류 이상의 녀배우들은 일본옷 중에도 례복으로 쓰는 하오리와 밋 옷자락 끗혜 수나 문의 노흔 옷을 만히 만들어다가 그것을 잠옷(寢衣)으로 쓰는 까닭이라고 합니다. 그 잠옷을 만히 가진 것을 한 자랑으로 역이는 터이라 밤마다 싼 것을 갈아입고 쏘는 남자를 대하는 경우가 잇으면 그것을 자랑삼아 잠옷으로 썰처 입고 나선다고 합니다.

동아 26.04.23 (5) [연예] 세계 일(一)의 영화 판 / 팔 년 동안을 하로도 쌔지 안코 영화 구경

미국 「에드워드 무어」라고 하는 사람의 부부는 팔 년 동안을 밤마다 하로도 쌔지 안코 활동사진 상설관에 단이엇다고 한다. 그런데 남편의 나희는 금년에 칠십사 세요, 안해는 륙십삼 세라 하며 두 사람이 모다 조와하는 영화배우는 「차리소 촤푸린」, 「하롤드 로이드」, 「밀톤 시루스」, 「글로리아 스완손」, 「메리 픽포드」 등이라고 한다더라.

시대 26.04.23 (4) 〈광고〉

유 사장 칼레무레
유 사 창립 이십주년 기념 흥행
사월 이십일일부터 상영
대폭소 희활극 주간
유 사 **국제시보** 전일권
유 사 특작 센추리 희극
작란쑨대실패 **구직(求職)** 전이권
유 사 특선 FBO 특작 영화
통쾌 무류(無類) 대모험 달맛치 씨 작품
대희활극 **대적분쇄(大敵粉碎)** 전칠권
리차드 달맛치!! 여러분은 쏙
유 사 초쮸웰 특작 영화
레지몬드 데니 씨 진무류(珍無類) 대탈선

기상천외대홍소극 **오오 선생님!!** 전팔권

유 사 쓔웰 특작 연속

최종편 **제사(第四) 권투왕** 입(卄)삼, 입사편 전사권

예고

유 사 특선 푸린시팰 특작 영화

대희극 **눈물의 외로운 등대직이** 전팔권

베비 베기 소녀 주연

대월리암폭쓰 초특작 영화

명화 **협웅(俠雄)컬비** 전팔권

수은동 **단성사**

전 【광】 구오구

조선 26.04.23 (조1) 안성(安城)영화 / 동정으로 성황 / 안청(安靑)학원을 위하야

경기도 안성청년회에서 경영하는 안청학원의 경비를 구코저 안성소년회 주최와 수원소년군 후원으로 거 십팔일부터 동 이십일까지 안성읍내 명월관(明月舘)에서 활동사진을 상영하엿다는데 총수입이 일백사십사 원 이십 전으로 기부 방명은 좌(左)하다고. (안성) (이하 기사 생략)

조선 26.04.23 (석2), 26.04.24 (조3), 26.04.25 (석1) 〈광고〉

4월 22일자 조선극장 광고와 동일

동아 26.04.24 (4) 대구지국 주최 독자 위안 활사 / 입(卄)사일 야(夜) 조양관(朝陽館)에서

본보 대구지국에서는 저간 정간 중 독자 여러분으로부터 깁히 동정하여 속간을 고대하든 사랑에 감격됨을 마지아니하고 쏘한 오래동안 독자와 지국 사이의 조격됨을 죄송해 넉여오든바 째도 쏘한 춘풍태탕(春風駘蕩)한 화진(花辰)임으로 아래와 가치 독자위안회를 열고 정성이나마 살펴주심을 입을싸 하는바, 사진은 일반 인기가 쓸는 물결 갓흔 『약탈자』와 『황무자(荒武者) 키-톤』이란 고급 작품이요 이십사일 오후 칠시 반부터 조양회관에서 개최한다는데 본보 독자에만 한하야 무료입장인바 금일 본지 난외에 박힌 독자위안회 입장권을 반드시 씌여 가기를 바란다더라. (대구)

동아 26.04.24 (4) 〈광고〉 대구지국 주최 독자 위안 영화회

◇ 금 이십사일 오후 칠시 반부터

◇ 조양회관 상층에서

◇ 사진은 고상, 장쾌, 그래서 신비한 상징이 보이는

『약탈자』 오권, 『키-톤』 칠권

◇ 독자에만 한하야 무료 공개인바 반다시 본일 본지 난외 입장권을 씌여 오실 일

동아 26.04.24 (5) [연예] 로이드 안경(眼鏡) 내력 / 심리학뎍 연구 / 우숨의 고취책

「하롤드 로이드」 군이 어느 째든지 대모테 안경을 쓰고 출연하는 데 대하야는 여러 가지 이야기가 만타. 그리하야 대모테 안경이면 아조 「로이드」 군의 전매특허품으로 알게까지 되고 대모테 안경 일홈을 「로이드」 안경이라고까지 하게 되엇다. 그런데 그가 그 안경을 쓰게 된 래력은 결단코 우연한 것도 안이며 무의미한 것도 안이라고 한다. 「로이드」 군이 대모테 안경을 쓰게 된 리유는 심리학뎍 연구의 결과로 어든 생각이엇섯다고 한다. 우숨과 인생! 이것은 실로 씬흐랴 해도 씬을 수 업는 큰 관계를 가지고 잇다고 한다. 이는 사람은 우숨 업시는 살 수가 업는 까닭이다. 그런데 사람이 엇더한 것을 볼 째에 그중 잘 웃는가 하면 위엄 잇는 사람이 그 위엄을 일케 되는 것을 볼 째 가치 우수운 째는 업다고 한다. 그의 갓가운 례를 들진대 맷고 씬은 듯한 엄숙하게 생긴 점잔은 신사가 거러가다가 「쌔나나」 껍질 가튼 것을 밟고 믹그러저 잡바지는 것 가튼 것을 볼 째는 누구나 웃지 안코는 견딜 수가 업다고 한다. 쏘는 전문가가 란숙한 자긔 동작의 실패를 연출하는 것 가튼 째, 다시 말하자면 숙달한 료리뎜 쏜이가 조바심을 하며 료리 가저오기를 기다리고 잇는 손님 압혜 료리를 가지고 와서 업질러 놋는 것 가튼 것을 보는 째라고 한다. 이러한 뎜을 잡어가지고 「로이드」 군은 대모테 안경은 학교 교사들이 만히들 쓰며 위엄 만흔 사람들이 만히 쓰는 것을 보고 성미 쌀금한 과학자 모양 차리고 실패를 만히 하야 사람을 웃기자는 쯧으로 대모테 안경을 쓰게 된 것이라더라.

시대 26.04.24 (3) 〈광고〉

4월 23일자 단성사 광고와 동일

매일 26.04.24 (1), 26.04.25 (2), 26.04.26 (3), 26.04.28 (2) 〈광고〉 [연예안내]

조선일보 4월 22일자 조선극장 광고와 동일

동아 26.04.25 (5) [연예] 미국의 일 영화 제작비는 조선의 일 은행 총자본금 / 일본서는 삼만 원 드린 것이 최고 / 조선서는 구천 원이 최고이라고

영화제작비를 얼마나 만히식 드린다는 것은 전자에도 한 번 소개한 일도 잇섯거니와 활동사진을 보러다니는 사람은 누구나 다 아는 바이지만은 그중에서도 미국영화의 경비는 하도 긔맥히게 만히 드리는 일이 만흔바, 그것을 일본, 조선에 비교하면 참말 입이 버러지고 다처지지 안을 터이다. 미국에서는 지금도 작구 영화제작 비용이 만허가는 중이라 하며 지금까지의 제작된 영화의 경비 총액을 들으면 십여 권 영화 한 가지에 갑이 보통 조선의 큰 은행회사 등의 총 자본금 이상이 된다고 한다. 실로 긔맥힐 다름이다. 다음에 긔록한, 유명한 영화 제작에 드러간 경비를 보면 대개 짐작이나 설 것인바, 일본서는 아직까지도 삼만 원 이상을 너머가 본 일이 업섯스며 만일 오만 원을 드려서 영화 한 가지를 박는다 하면 제 아모리 환영 대환영을 밧는다 해도 그 미천을 쎅을 수가 업다 하며 조선서는 최근 게림영화협회에서 촬영한 당한몽(長恨夢)이 팔천여 원, 근 구천 원의 경비를 드려 박은 것이 최고로, 이 미천을 쎅을 수가 업겟다고 한다. 그의 차이가 과연 얼마나 되는 것을 보라. 참으로 놀라지 안을 수 잇겟는가.

▲「크리피스」영화『국민창생』(일천구백십오년 작) 이백만 원『신신의 낭(神神의 娘)』(동 십육년 작) 백칠십만 원『쎄자운이스트』(동 이십년 작) 백육십만 원

▲「쌔래치노」영화『묵시록의 사기사(四騎士)』(동 이십일년 작) 이백만 원

▲「짜그라스」영화『로빈푸드』(동 이십이년 작) 이백사십만 원

▲「파라마운트」영화『황마차(幌馬車)』(동 입삼년 작) 백칠십이만 원

▲「스트로하임」영화『그리도』(동 이십사년 작) 백오십오만 원

▲「리리안 씻시」영화『로모라』(동 이십사년 작) 삼백사십만 원

▲「쯱미레」영화『십계』(동 이십사년 작) 삼백육십만 원

▲「에프나소낼」영화『씨혹』(동 이십오년 작) 백육십오만 원

▲「짜그라스」영화『쌔그짜트의 도적』(동 입오년 작) 삼백오십만 원

▲「메트로쏠드윈」영화『쌘파』일천이백만 원이라더라.

동아 26.04.25 (5) [연예] 영화평 / 오오 선생님! / 이경손

『특작』이니『명화』이니 선던하는 영화거든 모조리 평을 쓰라는 부탁을 바덧다. 그러면 한 가지를 가지고 사흘 동안만 걸린다 하여도 나는 이 란에서 매일 엇접지 안은 소리를 하여야 될 모양이다. 나에게 아는 것은 아주 업스나 나의 정성만 바더달래고 할 수 박게 업다. 위선 이번 단성사 상영의『오오 선생님』은 데목부터 내 생각에는 재미 적엇지만 역시 영화라 하는 쓰라는 바람에 붓을 잡는다.

「유니버살」이「레지놀드 데니」를 사년 게약으로 쓰러다노코 밤낮 주먹다짐의, 소위 대활극만 백일 수가 업스니까 이번에는 (「에비쏘트」이상의) 희극도 만드러 (써먹어) 보고자 한 게약이 그 극에서 보인다. 원악「레지놀드 데니」의 체격과 긔예가 극의 작란감 노리보다는 듬직하지만- 밤낮 그러한 짓으로만 게약 동안을 써먹자고 들다가는「톰 믹쓰」나「로이도」의 족하님 소리박게 못 듯게 맨들고 말 것이니 게약도 게약이지만 불상한 것은「데니」다. 원작자는 자긔의 하고 십흔 소리를 부르지저보고 십헛든 것이 안이라「데니」를 리용해서 돈 벌 것을 하나 맨드러보게 한 사장의 명령을 순종한 듯한 작품이다.

—『병으로 골골하든 청년이 게집애에게서 용긔를 어더서 대모험가가 되엿다』더라—.

그 원작은「썬주리」희극단의 하류 배우가「로이도」극『용진 로이도』등을 흉내냇느니보다도 어색하다. 그것이 넘우나 단조하니까 사히사히마다 질-질 싸라단이며 희극을 이리키랴고 드는 정신병자 비슷한 투긔 업자 세 명을 너허노앗다. 그 외는 전부가「로이도」씨에게 벌금을 바처도 올흘 일이다. 원작자의 쇠는 이러하엿다. — 청년의 어리광(?)과 세 로인의 버르쟁이로써 관객을 마음대로 웃기면서 자동차와 집웅 위 올나가는 것으로써 관객의 간을 졸여볼랴고드럿다. 그러나「로이도」와 그의 작품들은 안직 사러 잇다.「유니버살」이「달맛치」를 가지고『괴인』에서「다그라스」의『쏠로』를 훔처온 이만치 더 영악스럽게 또 더러운 짓이 되엿다. 그 원인은 원작자가 만흔 구속 안에서(이기 때문에) 개념덕(槪念的) 물건을 가지고 장사를 하여볼랴고 든 곳에 잇다. (미완)

213

매일 26.04.25 (2) 경성부 활사반 / 교화 영화 / 이십륙일부터 / 공개하기 시작

대정 십오년도 신사업으로 경성부에서는 부민의 교화를 위하야 활동사진반(活動寫眞班)을 신설하얏다 함은 긔보한 바어니와 오는 이십륙일에는 수송동보통학교(壽松洞普通學校)에서 이십칠일은 룡산 원덩소학교(龍山 元町小學校)에서 오월 삼일은 장층단(獎忠壇)에서 동 사일은 남대문소학교(南大門小學校)에서 각 오후 칠시 반부터 활동사진회를 개최하기로 하얏다는대 금번은 특히 총독부(總督府) 경성부(京城府) 공동주최로 한다더라.

매일 26.04.25 (3) [영화소설] 삼림에 섭언(森林에 囁言)(三)[132] / 강호일영생(江戶一泳生)

시대 26.04.26 (3) 연예연구생 모집

【대구】 경성 토월회에서 퇴회(退會)한 ***, 서월영 양씨는 대구 연예계를 위하야 다음과 가튼 취지로 달성회(達成會)라는 연예연구생을 모집하는 중인바 일반 희망자는 본보 대구지국 내 동회(同會) 임시사무실에 **하심을 바란다고

회명*	달성회
목적	무대예술의 보급
연구생 인원	무도반(舞蹈班) 남자 십명 여자 십명
	연극반 남자 십명 여자 십명
자격	무도반은 특별 자격 구요(求要)
	연극반 보통학교 졸업 정도

시대 26.04.26 (4) 〈광고〉

폭스영화주간 사월 이십육일부터 사월 삼십일까지

◉ 폭스 썬쉰 초특작 희극

진무류(珍無類)대희극 **무답(舞踏)경쟁** 전이권

◉ 폭스 특작영화

사막활극 **개척 마차대** 전오권

쩌스틘, 퐘넘 씨 주연

◉ 폭스 독특 서부대활극

맹투활극 **내 한번 노하면** 전육권

윌니암, 퐘넘 씨 주연

◉ 폭스 초특작영화

미국 문호 쌕스타, 키톤 씨 원작

---

132) 연재 순서를 볼 때 (四)의 오식으로 보임.

희곡 낭만파 작품 중의 일품
북미극단에서 불후의 명작으로 아즉까지
모를니 업는 대희곡을 영화화한
정화(情話) **협한(俠漢) 킬비** 전팔권
죤, 씰쌔드 씨 열연
-예고-
유 사 채드윅 초특작품
대비곡 **女夜城**[133]**의 여성** 전팔권
유 사 초 쥐엘 이오년도 특작품
대비곡 **아조(鵞鳥)**[134] **기르는 여성** 전십권
수은동 **단성사**
전 【광】 구오구

매일 26.04.27 (2) 애수(哀愁)에 정숙한 시중(市中) / 전부 철시, 음곡(音曲) 정지 / 가무를 폐하고 전부 털시하야 / 경성 시중은 죽은 듯 고요하다

창덕궁 리왕뎐하의 환후가 돌연히 일변하시어 위독하시다는 소문이 시내에 퍼지자 종로 일대(鍾路一帶)의 됴션인 상뎜은 일시에 문을 닷고 근신의 뜻을 표시한다 함은 작지에 보도하얏거니와 수운이 어리운 오날 놀날 만한 뎐하 승하의 비보를 다시 접한 시민들은 황황망조하야 엇지할 바를 모르는 듯 하며 그나마 몃 군대 반씀 열엇든 적은 상뎜도 전부 문을 구지 닷고 조의를 표하는 중임으로 광화문 동에서 종로통에 이르기까지 비창한 빗과 구슬픈 긔운이 가득하며 더욱이 단성사 됴션극장 우미관 등의 시내 극장에서도 가무 음악을 뎡지하얏슴은 물론이요, 어졔 밤부터는 당분간 극장 문을 닷고 몃 칠간 휴업을 단힝하얏슴으로 낫과 밤을 통하야 경성 시내는 실로 근심과 비탄이 가득하게 되엿다.

매일 26.04.27 (2) 부(府) 활사반 중지 / 근신키 위하야

리왕뎐하(李王殿下)씌옵서 결국 승하하시엿슴으로 경성부에서도 근신의 이미를 표하기 위하야 활동 사진대회(活動寫眞大會)도 즁지하얏다더라.

매일 26.04.27 (3) 〈광고〉

근표(謹表) 애도 지성(至誠)
단성사

---

133) '不夜城'의 오식으로 보임.
134) 거위.

215

시대 26.04.27 (4) 〈광고〉

4월 26일자 단성사 광고와 동일

매일 26.04.28 (2) 〈광고〉 [연예안내]

일부 출연진 제외된 외 시대일보 4월 26일자 단성사 광고와 동일

시대 26.04.28 (2) 기생=요리점=극장

전하의 승하와 시내 각 남녀학교(男女學校)의 국상 봉도는 엇더한지? 아즉 학무 당국의 일정한 지시가 업슴으로 각각 학교 당국자에 쌀하 다음과 가티 일치한 절차는 업섯다고.

기생까지 상복 준비 / 조선대정은 빔의복을 입고 / 다른 권번도 복 입을 준비 중 / 돈화문 전(前)에 작반(作班) 통곡

승하 발표가 되자 시내에 잇는 각 료리점과 극장은 즉시 문을 닷치고 휴업을 하얏다는데 휴업은 혹은 사흘 혹은 이틀 동안식 문을 닷치리라 하며 모모 료리집에서는 문만 닷치고 그 속에서는 여전히 료리와 술을 팔고 기생까지 불러다준 료리집이 잇다 하야 일반시민은 분개한다고.

◇ 각 요리점 이십칠일부터 전부 휴업

◇ 각 극장 = 이십칠일부터 전부 휴업하얏다는데 이에 대하야 (이하 기사 생략)

조선 26.04.29 (석1), 26.04.30 (석2) 〈광고〉

〈협한 킬비〉 선전문 제외된 외 시대일보 4월 26일자 단성사 광고와 동일

조선 26.04.29 (조2) 극단 변사가 / 예기(藝妓)와 도주 / 포주는 현상수색

인천부 룡리(仁川府 龍里) 예기권번(藝妓券番)의 송죽(松竹)(二一)이란 기생은 원적 경성부 무교뎡(京城府 武橋町) 백삼번디 리영원(李永元)의 장녀로 지난 이십륙일 새벽 다섯 시경에 인천 애관(仁川 愛舘) 변사(辯士) 강성렬(康成烈)(二八)이란 정남과 한가지 손을 이끌고 포주 최성인(崔聖仁)의 눈을 피여 어대로 종적을 감추고 말엇슴으로 최성인은 급히 각처로 수색을 하는 중 현상까지 하얏다는데 전긔 강성렬은 얼마 전에 신민극단(新民劇團) 배우로 도라단일 째에도 최성인의 집 기생 모와 달아난 일이 잇섯슴으로 포주 최성인은 더욱 분개 중이라더라. (인천)

동아 26.04.30 (5) [휴지통]

▲ 인천 외리(仁川 外里)에 애관(愛舘)이라는 활동사진상설관에 변사로 잇는 강성렬(姜成烈)이라는 서방님은 ▲ 동관에서 돈을 오, 륙백 원이나 횡령하여 가지고는 당디 룡인권반 예기 송죽(松竹)이라는 앗시와 아모도 몰내 쌩소니를 햇다고 ▲ 다러난 것은 물론 두 사람이 사랑을 하는데 하지만 사정이 허락치 아니하는 까닭이라고 ▲ 기생이 반한 것도 무리는 아닌 것이 무엇이냐 하면 상대자가 상대

자인데다가 집 일흠조차 『사랑하는 집』(愛舘) ▲ 두 분이 그리 되엿스니 밤마다 영화막 밋헤서 남의 이약이만 해주든 것을 현실화한 셈이로군 ▲ 기왕 그러한 말이 낫스니 어느 험구의 말 한마듸를 소개하면 『기생은 사, 수(士, 手)에 망한다』고 ▲ 그러나저러나 간에 이러한 일이야 하필 두 남녀뿐만이 아니겟지.

동아 26.04.30 (6) 〈광고〉

사월 삼십일(금요)부터 초특선 명화 주간
파라마운트 사 구리스치- 영화
기상천외대희극 ? 전이권
F.B.O사 초특작 대영화
대모험활극 **살인맹견(猛犬)** 상하 합 전십권 (원명 백아(白牙))
명견 스도론구 · 하-도 군 대쾌연
대파라마운트 회사 고금 명작 영화
실로 이천만불의 대예술영화!
원작 영(英) 문호 제 · 엠 · 바-리스 경
모험기담 **피-타판** 전십권
신진 명화(名花) 베듸 · 부론손 양 주연
◇ 예고 ◇
과연 세계에 자랑할 제왕편
명화 **환락의 불야성** 전십일권
조선극장 (전 광 二〇五)

조선 26.04.30 (석2), 26.05.01 (조3), 26.05.02 (조4), 26.05.03 (조3), 26.05.04 (조4), 26.05.05 (석1), 26.05.06 (조4), 26.05.07 (석1) 〈광고〉

동아일보 4월 30일자 조선극장 광고와 동일

동아 26.05.01 (6), 26.05.03 (3) 〈광고〉
4월 30일자 조선극장 광고와 동일

조선 26.05.01 (조3) 〈광고〉
대희활극 주간(오월 일일부터 오월 오일까지)
유 사 **국제시보** 전일권
유 사 독특 센츄리 희극
홍소폭소 **수병(水兵)만세** 전이권
유 사 특작 썹손푸로쩍슌 영화
진무류희활극 **서부정복** 전칠권
유 사 특선 래앳 초특작 자동차 경주극
댈마지 이세 레드호 씨 쾌연품
대모험난투극 **최대속력** 전칠권
유 사 특작 애드벤추어 영화
미의 기수(謎의 騎手) 중 냇맷댄으로 출연하든
아리린 톄드윅 양 대활약
대연속극 **창공맹자(猛者)** 십팔편 삼십육권 중 일 이편 전사권
유 사 푸스 영화 **단성사**
전 광 구오구번

매일 26.05.02 (2) 〈광고〉 [연예안내]
대희활극 주간 오월 일일부터 오월 오일까지
유 사 **국제시보** 전일권
유 사 센츄리 희극
홍소폭발 **수병만세** 전이권
유 사 특작 쌉손푸로쩍슌 영화

진무류희활극 **서부정복** 전칠권

유 사 리앳 초특작 자동차 경주

대모험난투극 **최대속력** 전칠권

유 사 특작 애드벤츄어 영화

대연속극 **창공맹자** 십팔편 삼십육권 중 일 이편 전사권

예고

비극 **불야성의 여성** 전팔권

인생비극 **아조(鷔鳥) 기르는 여성** 전십권

명화 **발명영관(發明榮冠)** 전구권

명화 **거성찬연(巨星燦然)** 전칠권

단성사

당 사월 삼십일(금요)부터 초특선 명화 주간

파라마운트 사 구리스치- 영화

기상천외대희극 **?** 전이권

F,B,C 사 초특작 대영화

대모험활극 **살인맹견** 상하 합 전십권 ［원명 백아(白牙)］

웅대 강건, 통쾌 심각한 교묘한 모험활극

명견 스도론구, 하-도 군 대쾌연

대파라마운트 사 고금의 명작 영화

실노 일천만불의 대예술영화!

원작 영 문호 제, 엡, 바-리스 경

모험기담 **피-타-판** 전십권

신진 명화(名花) 베듸, 부론손 양 주연

우리는 이 영화로 지상에 안저서 천국을 볼 수 잇다

강엄불발(剛嚴不拔)의 정신을 가진 어린이에 자유국! 그중에서

이러나는 해양만리에 대암투!

보시라! 의분에 쓸난 혈육의 싸흠

조선극장

매일 26.05.02 (3) [영화소설] 삼림에 섭언(森林에 囁言)(五) / 강호일영생(江戶一泳生)

조선 26.05.02 (조3), 26.05.03 (조4), 26.05.04 (석1), 26.05.05 (석1) 〈광고〉

5월 1일자 단성사 광고와 동일

매일 26.05.03 (1), 26.05.04 (3), 26.05.05 (1) 〈광고〉 [연예안내]

5월 2일자 단성사 광고와 동일

매일 26.05.03 (1), 26.05.04 (3), 26.05.05 (1), 26.05.06 (1), 26.05.07 (3) 〈광고〉 [연예안내]

5월 2일자 조선극장 광고와 동일

매일 26.05.03 (3) 명우 『싸그라쓰』 / 흑친당(黑襯黨)에 참가

희극과 고뎐극(古典劇)을 잘하기로 유명하고 우리 됴션 『판』들과도 미오 친히 아는 미국활동사진배우 『다그라쓰 폐야방크쓰』 씨는 이번에 이태리 국수당(伊太利 粹國黨)[135]인 흑친단(黑黨襯)[136]에 가입하얏다더라. (나우엔던)

시대 26.05.03 (1) 미 유명배우 / 이(伊) 흑삼당(黑衫黨) 가입

【「나우엔」 이십구일 전】 미국에 유명한 활동배우 『싸그라스, *쌍크스』 씨는 이태리 흑삼당에 가입하얏다고.

시대 26.05.03 (1), 26.05.04 (3), 26.05.05 (1) 〈광고〉

매일신보 5월 2일자 단성사 광고와 주요 정보 일치

동아 26.05.04 (5) [연예] 지상영화 / 몽환극 피터팬 전십권

파라마운트 사 초특작 / 문호 쌤스피리 경 원작

쎄틔 쌴론손 양 주연 / 기타 명우 구인(九人) 조연

해설 『피터팬』 영화가 재작년 십이월에 미국과 「카나타」 이백오십팔 개 상설관에서 처음으로 일제히 상영되엿슬 째 상영한 지 일주일 만에 입장 상황 보고를 모아노코 보니 관객 수효가 백팔십이만 오천이백륙십 인이엿고 그 입장료금 수입이 이백십오만 오천삼백사십륙 불, 조선돈으로 환산하면 사백삼십만 륙백구십 원가량이엿섯다고 합니다. 이 영화는 영국 문호 「쎔스 리리」 경의 원작으로 「위리스 쏠드윙」 씨 각색으로 「하쌔트 쌴레논」 씨가 감독장이 되고 출연 배우들은 「쎄틔 쌴론손」 양이 주연, 「아네스트 트렌」 씨 「시릴 차드윅」 씨 「버진이아 쓰라운페아」 양 「안나 메이원」 양 「에스타릴스톤」 양 「쪼지 아리」 씨 「메리 쌴라이안」 양 「필립 쭈라세」 군 「쌱크 마피」 군 등 명우가 이 조연을 한 것으로 순동화극이라고 합니다. 『쌔그짜드 도적』 이상의 환상뎍 영화로 사람으로서는 참말 할 수 업는 짓을 고심에 고심을 거듭하야 경비는 도라보지 안코 만드러노흔 영화이라고 합니다.

경개(梗槪) 「피터팬」은 「네바네바랜드」라는 꿈나라에서 사는, 어느 째까지든지 늙지도 안는 소년이

---

135) '國粹黨'의 오식으로 보임.
136) '黑襯黨'의 오식으로 보임.

엇습니다. 그 꿈나라에는 여러 어린이들이 잇스니 이는 모다 아이 보아주는 사람이 정신 업시 잇는 동안에 동차(動車)로부터 써러저서 사람의 세상을 써나 꿈나라로 온 까닭에 아버지 어머니가 업습니다. 그러나 날마다 퍽 자미잇게 지냄니다. 괴상한 꿈나라에 사는 「피터팬」은 엇더한 날 공중으로 날러서 사람의 세상에 왓습니다. 그래서 「썰링」이라는 사람의 집에 일으럿습니다. 「썰링」이란 사람은 성미가 매우 거북한 사람이엇섯는 고로 하인들도 업섯습니다. 그래서 그 집의 어린이들의 유모 노릇을 하기는 「나나」라고 하는 개가 하나 잇슬 뿐이엇습니다. 그 개마저 주인의 역정을 사게 되어 뒤것으로 쫏기여낫습니다. 마침 이째 「피터팬」이 왓습니다. 그는 이, 삼 일 전에도 이 집에 놀다가 도라간 일이 잇섯는데 그째에 자기 그림자를 써러터리고 간 까닭으로 그것을 차지랴고 다시 왓습니다. 이번에는 조고만 빗의 구슬이라는 「턴카쎌」 다리고 왓습니다. 「썰링」 부부는 동리집 잔치에 가고 업섯습니다. 「피터판」은 「텐카벨」과 가치 그림자를 차저서 입으랴고 하야 여기저기 돌아단이며 보앗스나 차질 수가 업섯습니다. 그리하는 동안에 그 집 아이들이 잠을 쌔엇습니다. 그래서 그중 큰 누이 「벤쓰」가 친절하게 「피터팬」의 그림자를 차저서 쑤여매 입혀주엇습니다. 「피터팬」은 너머나 깃버서 그 고마운 갑으로 「쌘쓰」와 그 동생 「마이켈」과 「쫀」에게 공중으로 날러단이는 법을 가르처주어 가지고 세 아이를 다리고 「네바네바랜드」로 다리고 갓습니다. (계속)

동아 26.05.04 (5) [연예] 영화평 / 황금광시대 / 이경손

『오 선생님』은 국상 관계로 한동안 중단되엇고 쏘는 실상 평할 자리도 업는 영화이엇섯스니 그만 내버려두고 이것을 써보고자 한다.

-조선극장 상연-

「촤푸린」이 「멘타이틀」에서 『드람마틱 코메디』라고 함과 가치 이것은 훌륭한 극이요 쏘한 우슴써리다. 돈 업고 사랑 업시 어느덧 중늙으니가 되여가는 주인공으로 객의 동정을 쓰러노코 그의 욕망이 엄청나게 큰 것과 그곳에서 이러나는 「에피소트」로 객을 우킨다.

상편, 하편이라고 하여도 조흘 만치 상반은 전혀 돈과 밥의 고민을 보여주고 하반은 사랑과 인정에 대한 것을 그리여노앗다. 우리도 상편에서 돈 째문에 밥을 굴문 사람을 보앗스며 밥 째문에 동무를 잡아서 삶아 먹으려는 자를 보앗다. 우리는 하반에 넘어서 고국을 생각하며 인정을 그리여 우는 무리들을 보앗스며 사랑에 취하야 밋치랴는 젊으니를 보앗다.

이편 저편 모두가 극단으로 그리여보고자 한 원작자의 욕망이 드려다보인다. 그 모든 것을 자연스럽게 운반하기 위하야 「아라스카」라는 배경이 선택된 것이다. 원작자는 그들을 「아라스카」로 쓸고 와서 안팍을 벌거벗겨노코 그들의 거짓 업는 애원들 중에서 인간이란 동물의 욕망이 품고 잇는 영원한 형상을 그리여보고 십헛든 것이다.

소극(笑劇)을 위한 과장과 흥행 정책인 몃 가지가 더러 보히엇지만 그것은 원 줄기의 원악 쓰거움에 녹아 화해버린 듯한 감이 잇다. 그쑌 아니라 우리에게 가다가다 그만한 우슴이 업섯슨들 그 극을 바다드리기에 우리의 량심과 우리의 신경은 넘어 피곤하여 못 견듸엇슬 것이다. (미완)

5월

동아 26.05.04 (5) [연예] 영화 각본 현상 모집

문부성에서는 교육영화 각본(敎育映畵 脚本)의 현상 모집을 한다는데 각본의 데목은 마음대로 할 것이며 그 내용은 공동생활에 대한 자치, 협동, 책임 등의 정신 쏘는 가정생활에 대한 순정(純情) 쏘는 남녀 청년 향상 진취의 의긔 등 그 어느 것이든지 선명히 하야 다섯 권 이내의 영화 일편이 됨직한 것 사백 자드리 원고 편지 오십 매 이내로 할 것이라는데 상금은 일등 일천오백 원, 이등 이 편 이백 원식, 삼등 삼 편 백 원식이라 하며 마감 긔일은 오는 오월 이십일이라 하며 응모자는 주소 성명을 명긔하야 문부성 보통 학무국 사회교육과(文部省 普通 學務局 社會敎育課) 뎐으로 보내라더라.

매일 26.05.04 (3) 미국 명우 / 라마 법왕(法王)에게 / 접견하기를 간청

『아메리카』의 유명한 활동사진 배우『다그라쓰 파방쓰』씨는 이태리 려힝 중 국수당(國粹黨)에 가입한 후 다시 그의 안해되는 화형녀우(花形女優)『메리 쎅포-드』와 로마의 상류사회에 교제를 하기 위하야 그 첫번 시험으로『로-마 법왕(法王)』의게 면회를 청하엿스나 결국 거절을 당하엿다더라. (나우엔던)

시대 26.05.04 (2) 성복(成服) 후의 시황(市況) / 봉도(奉悼) 긔분 거익(去益) 가신(如新)

순종황제의 승하와 삼십만 시민의 봉도근신의 태도는 어쩌한가? 성복까지 지난 작금의 시내는 여전히 애수에 잠기어 개시는 하얏스나 거리거리 넘치는 애통의 흔적은 마르지를 아니하야 오즉 근신 중에 잇는 모양인바 이로써 왕실에 대한 조선민중의 열성이 그 어쩌함을 밀우어 생각할 수 잇스며 이에 성복 후의 경성 시내의 경황을 적으면

극장은 아동 대반(大半) / 역시 경황업다

극장으로는 문을 열기 시작한 이후 관람객이 종전에 비하야 약간 감소된 늣김이 잇스나 그러나 별로이 현저한 차이가 업다는바 그래도 지식계급에 속하는 사람들은 드물고 거의 아이들이 만타고. (이하 기사 생략)

시대 26.05.04 (2) 평양 극장 실화 / 손해 이천여 원

【평양】 방금 신축 중에 잇서 불원간에 준공하게 된 평양 수정(壽町)에 잇는 일본인 극장 금천대좌(金千代座)에서는 지난 일일 오전 다섯 시경에 내부에서 불이 나서 무대 전면과 이층 좌석 일부를 태우고 겨우 진화되엿는데 손해액은 약 이천백 원이라 하며 원인은 전일 밤에 직공들이 쓰든 화로를 그대로 두엇든 곳에서 실화되엇든 모양이라고.

시대 26.05.04 (3) 간도 실사 환등 / 고국 각지 순회

【원산】 간도 명동학교후원회서는 동교(同校)에 실업과를 설치하기 위하야 간도의 고적 급(及) 도시, 교육기관 등을 실사한 환등을 가지고 고국 각지를 순회하면서 일반동포에게 외지 사정을 소개하

는 동시에 유지 제씨의 의연을 밧는다는데 지난 사월 이십이일에 원산에 도착하야 조선해원동맹(朝鮮海員同盟), 원산노동연합회, 원산**청년회, 원산청년회, 원산어민상조회, 본보, 동아, 조선 각 지국 등 후원하에 삼 일간 상영하고 동 이십칠일에 출발하야 안변(安邊)에 갓다는바 일반동포는 만히 동정하야 주기를 바란다고.

시대 26.05.04 (4) 〈광고〉 기네마의 판 / 명여우 연(戀)의 자서전 필독하시오

월광에 피는 꼿과 가티 요염과 심각한 연출로 요부 역으로 유명한 △△△기네마의 *자(子) 양이 자서전을 쓴다는 것은 매우 그 판에서는 센세-숀을 이르키엇더니 최근에 겨우 탈고하야 출판자에게 원고를 보내엇다. 물(勿)*하랴, 도색(桃色)의 원고 약 팔백 매 당당한 일대 자서전이다. 발매만 되면 비상한 호평을 박득(博得)하겟다고 발서 낙양에 지가가 글노 인하야 고승(高勝)한다고 기중(其中)에도 다시 물*할 일은 차 자서전 중에 오십육개소에 *에 『도쓰가빈』의 사(事)* 써 잇슴으로 일층 평판이 놉하진다더라.

조선 26.05.04 (조2) 신(新) 극장의 화재 / 손해 이천여 원 / 원인은 됴사 중

그간 준공을 밧비 재촉하든 평양부 수뎡(壽町) 일인 경영의 대극장 금천대좌(金千代座)는 지난 일일 오후 다섯 시경에 돌연히 불이 내부에서 이러낫섯든바 부근민과 박구리(磚九里) 소방대의 노력으로 곳 진화되엇는데 손해는 약 이천오백 원이라 하며 원인은 방금 됴사 중이나 듯건대 걸인들이 자다가 새벽 치위를 못 익여 대패밥 가튼 것에 불을 피워 노핫든 곳에서 그와 가티 된 것인 듯하다더라. (평양)

동아 26.05.05 (5) [연예] 지상영화 / 몽환극 피터팬 전십권

파라마운트 사 초특작 / 문호 쌤 스피리 경 원작

쎄틔 쌴론손 양 주연 / 기타 명우 구인 조연

「네바네바란드」의 여러 아희들은 그 삼 형데가 온 것을 심직히 깃부게 마저서 어머니 아버지가 업서서 그리워하든 끗헤 「베틔」를 어머니로 「피터팬」을 아버지로 선거하얏슴니다. 여러 아희들은 아버지 어머니를 어든 깃붐에 바다에 가서 이어[137]들과 놀기도 하고 나무 열매도 싸먹고 여호잡이도 하며 질겁게 지냇슴니다. 그러나 그 질거움은 그다지 길지 못하얏슴니다. 삼남매는 그만 자긔네들의 참말 어머니를 그리우게 되엇슴니다. 그리고 「나나」도 그리워서 집에 가고 십흔 생각이 불 닐 듯하얏슴니다. 그래서 마침내 삼남매는 사람의 세상에 도라가겟다고 햇슴니다. 그리자 마침 그곳에 해적의 쎼가 처들어오게 되엇슴니다. 해적의 두목 「훅」 선장은 전에 「피터팬」에게 한쪽 팔을 잘니워서 그것을 악어가 맛이 잇게 먹은 일이 잇슴니다. 악어는 그것이 퍽 맛이 잇엇다고 「훅」 선장을 쌀어갓슴니다. 「훅」 선장은 무서워서 잠 새우는 시게 하나를 악어에게 던저주엇슴니다. 악어는 그것을 그대로 바더 삼켯드니 그 시게가 배ㅅ속에 들어가서 댁걱거리고 가는 까닭에 퍽 고생을 햇슴니다. 친절한 「피터

---

137) '인어'의 오식으로 보임.

팬」은 그 시계를 쓰내주엇습니다. 그런 일이 잇섯든 까닭으로 「훅」 선장은 「피터팬」을 몹시 원망하든 끗혜 「네바네바란드」를 처드러왓습니다. 「네바네바란드」는 흑인종들이 살엇습니다. 그 흑인종들의 녀왕님인 「타이리거리」는 「피터팬」의 친구이엇섯는 고로 구원을 청해 싸호게 햇드니 그만 흑인종들이 젓습니다. 해적들은 흑인종을 익이고 그의 북을 쌔앗아 둥둥 울린 까닭에 아이들은 그것을 구경하러 갓다가 모다 잡히엇습니다. 그래서 「벤틔」 「마이켈」 「쏜」도 잡히엇습니다. 해적들은 그 어린 포로들을 잡어다 배에다 가두어노앗습니다. 홀로 잡히지 안코 남어 잇는 「피터팬」은 조고만 빗의 구술 「팅카쎌」을 다리고 해적선에 홀로 드러가서 가처 잇는 이들을 모다 노아주엇습니다. 그래서 아이들과 해적 사이에는 큰 싸홈이 일어낫습니다. 그러나 승리는 아이들에게 잇섯습니다. 「훅」 선장은 긔어코 바다에 쌔저 악어의 밥이 되고 말엇습니다. 그래서 삼남매는 「피터팬」의 전송을 바더 「쩰리」의 집에 도라왓습니다. 아이들을 일허바리고 야단법석이 낫든 「쌀링」의 집 어머니는 엇지나 깃벗든지 「벤틔」 「마이켈」 「쏜」을 한거번에 끼어 안엇습니다. 그러나 창 미테 서서 그 광경을 보고 잇든 「피터팬」은 매우 적적한 빗이 얼골에 가득이 쩌돌앗습니다. 그리하야 「네바네바란드」로부터 도라온 여러 아이들이 모다 「쌀링」의 양자가 되야 학교에 단이고 나중에는 조흔 사람이 된다고 퍽들 깃버햇스나 「피터팬」은 아모리 권해도 『나는 학교에 단이고 십지 안어요. 크다래서 훌륭한 사람이 되고 십지도 안어요. 나는요 언제든지 언제든지 이대로 어린이가 되어 잇고 십허요』하며 모도 작별을 고하고 혼자서 「네바네바란드」로 도라갓습니다. 「쌀링」 집 어머니는 「피터팬」이 불상해서 일 년에 한 번식은 아이들을 「네바네바란드」로 놀러보내겟다고 약속햇습니다. 끗

동아 26.05.05 (5) [연예] 영화평 / 황금광시대(二) / 이경손

원작이 「촤푸린」의 것이닛가 말할 것 업거니와 각색이 「촤푸린」이 성격과 긔예를 위해주며 써나간 것이 보인다. 그리고 이번은 『파리의 녀성』과는 쌴판으로 흥행 정책이란 것을 두뇌에 넛코 쓴 덤이 보인다. 그것은 사건의 발전을 불자연하게 운반하엿다 함이 아니라 더 적절한 장면을 쑤미여보랴 하지 안은 덤이 보입니다. 각색한 시간의 여유도 『파리의 녀성』보다는 엄청나게 적엇든 모양이다. 그러한 덤 째문에 「촤푸린」은 이번에 칭찬 못 밧든 일이 더러 잇다. 「크리쓰마쓰」 날 밤에 「쌴스홀」과 「촤푸린」 방과의 장면 전환은 예사로 쓰는 법이지만 이 사진에서는 큰 힘을 가지고 잇섯다. 밥 굶은 장면에 각색가의 붓은 미덤이 굿고 용맹스러왓다. 남이 보기에는 통속이라고 하는 그 보편성을 우리로써 눈물과 우슴으로 보도록 미화식키임에는 「촤푸린」의 인격의 놉고 깁흔 배경이 잇슴이엿다. 쌴스 장면에서 「촤푸린」의 희극이 우리의 우슴을 일단, 이단, 삼단, 사단으로 놉혀주는 것을 볼 째에 그것은 대가들의 수단이 아니고는…… 하면서 긔공에 놀내이엿다.

우리는 유쾌하게 우스며 우리의 번성이 개쏭만도 못한 것을 보앗다. 우리는 우리가 항상 자긔의 조흔 종자를 냄기기 위하야 이성 압헤 얼마나 애씀인지를 보앗다. 이번에 『황금광시대』도 시로 치면 민요와 가치 알기 조흔 작품이다. 그것이 「촤푸린」의 특색이다. 그는 듯기 쉬운 말로 남녀로소에게 숩편화월이 말한 ―『자네는 자네의 가치를 질거히 역이고 십거든 자네는 먼저 이 세계에다가 가치를 부처노코 나서……』라는 철리를 퍽 유쾌하고 알기 쉽게 번역해준다. 그리고 그의 작품은 은제든지 한

가지로 이번에도 웅대한 오케스토라가 안이요 『날라리』 소리다. 그것이 쏘한 촤푸린의 특색이다. (미완)

매일 26.05.05 (3) 영화 각본의 / 현상모집 / 문부성에서

사회교화사업으로 경성부에서 활동사진반을 죠직하야 금년 봄부터 실힝하기로 하얏다 함은 긔보한 바어니와 지금까지는 긔게만 구입하얏고 『필림』은 당분간 총독부의 것을 빌기로 하얏는바 요지음 문부성(文部省)에서 교육영화극 각본현상모집(敎育映畵劇 脚本懸賞募集)을 개시하얏는대 이것이 오월 이십일까지 끗이 나고 끗나는 즉시로 문부성에서 『필림』을 직성하면 그것을 경성부에서도 사용하기로 하얏다는바 그 현상모집 규뎡은 경성부에 뭇는 것이 죳켓다더라.

동아 26.05.06 (5) [연예] 여우 - 신진 스타 / 동양 취미에 맛는 독일 신진 녀배우

최근 미국에서 점차 인긔를 쓸어나가는 「리아씌 푸지」 양은 수만흔 독일영화 녀배우들 중에서도 가장 동양 사람들의 취미에 맛게 된 녀배우라고 합니다. 조고마하고 아기자기하게 아름답게 생긴 데다가 아름다운 육테와 토실토실한 두 쌤과 사랑이 가득한 두 눈동자, 실로 어엽분 녀배우입니다. 그가 출연한 영화는 『황금광란(黃金狂亂)』이라는 사진과 『판돔』이라는 사진이 일본에 건너와 도라단이는 중이라 합니다. 그는 남 「오수토라리」 「트리에스트」의 긔사로 세상이 알만한 「풋치」 남작의 영양으로 태어나서 꼿이라도 무색해할 그의 나희 이팔에 「헝가리아」의 젊은 귀족에게 출가를 하얏섯는데 불힝히 세계대전의 혁명으로 말미암어 그는 가엽게도 방랑의 생활을 하지 안을 수 업시 되엿섯다. 그리하야 그가 개가를 하게 되니 둘째 남편과 독일 백림에서 지낼 지음 영화게의 유명한 「요마이」 씨에게 녀배우 될 만한 소질이 잇는 것을 뵈인 바 되여 처음 출연을 한 결과 그의 재능은 대번에 적지 안은 신뢰를 밧게 되여서 마즘내 적지 안은 영화게의 세력을 잡고 스타의 한 목을 보게 되엿다. 「푸지」 양의 출연 영화 중에서도 우수한 영화는 『씩크푸레트』의 맹우 「폰슈페트」 씨가 주연한 「페쌱스」 영화 『말바』라는 영화라고 한다. 이 영화는 일명 『신 카르멘』이라는 영화로 연초공장에 잇든 「카르멘」이 평화로운 「세트빅」 촌 백성 집에 다시 태어난 것가치 쾌활하고 사랑 만흔 처녀 「말바」는 마츰내 「덩호제」와 가치 쌱쌱한 「타시로」 중위와 억개 끼고 양성을 가진 젊은 밀수업자와 풀 수 업는 애정에 쓸리어 온갖 파란이 이러나는 것을 주데로 남국의 쓰거운 사랑과 복잡한 여러 가지 사실로 「로맨틱」한 「에비소트」를 가지고 짜어노흔 영화라고 한다. = 사진은 『말바』의 일 장면과 「푸지」 양

동아 26.05.06 (5) [연예] 아메리가 영화 통신

「촤푸린」은 지금 곡마단을 배경으로 하야 「썩케스」를 제작 중인데 그의 줄타기로 요즈음에 아조 능란하게 되엿다고 하며 그의 상대역은 「밀나게네씌」 양이 맛헛다고. ▲ 「짜그라스 페쌍스」와 「메리 픽포드」의 부처는 구라파에 갈 준비를 하는 중인데 「짜그라스」 씨의 신작 영화 해적(海賊)은 텬연색으로 『쌔크다드의 도적』 이상으로 대작품이라고 하며 구라파에서 도라오는 길에는 동양을 들러 가겟다고 한다. 이번에는 조선에도 들러 갈 모양인지.

매일 26.05.06 (1), 26.05.07 (3), 26.05.08 (3), 26.05.09 (2), 26.05.10 (3), 26.05.11 (3)
〈광고〉[연예안내]
예고 및 일부 출연진, 시영 시간 등이 제외된 외 시대일보 5월 6일자 단성사 광고와 주요 정보 일치

시대 26.05.06 (4) 〈광고〉
우수영화 주간 오월 육일부터 오월 십일까지
▲ 팔시 시영(始映)
유 사 **국제시보** 전일권
▲ 팔시 십삼 분부터 쎈추리 희극
천하의대진사(大珍事) **화수분** 전이권
닭이 알 마니 낫는 약품 발명
부자 되고 십흔 분은 모다 모다 한번식 단성사로-
▲ 팔시 삼십오 분부터 유 사 희활극
육십노파실연(失戀)비극 **개선장군** 전육권
활극 맹우 잭베린 씨 대탈선(大脫線)-
▲ 구시 삼십 분부터 유 사 명화 시연
인성(人性)비곡 **불야성의 여성** 전팔권
명화(名花) 리라리 양 열연
감격의 눈물 업시는 보지 못할 채드윅 영화
▲ 십시 사십 분부터 연속극 시영
대연속극 **창공맹자** 삼 사편 전사권
▲ 고원(高原) 광야(曠野)에 대활극은 금주부터
-(예고)-
1 명화 **거성찬연(巨星燦然)** 전칠권
2 명화 **발명영관(發明榮冠)** 전구권
3 대비극 **아조(鵞鳥) 기르는 여성** 전십권
수은동 **단성사**
전 [광] 구오구

조선 26.05.06 (조4), 26.05.07 (석1), 26.05.08 (석1), 26.05.09 (조4), 26.05.10 (조1) 〈광고〉
예고, 출연진, 선전문 등이 제외된 외 시대일보 5월 6일자 단성사 광고와 주요 정보 일치

동아 26.05.07 (5) [연예] 영화평 / 황금광 시대(三) / 이경손
이번 작품은 쎕내는 이가 밋그러 넘어젓다는 소극의 종류와는 다르다. 인간이면 다 가치 가지고 잇는

인간의 약덤을 폭로식히여 가지고 웃키는 것이다. 그럼으로 주연하는 최푸린의 긔예에도 그만한 긴장과 성의를 요구하는 작품이다. 주연이요 감독인 최푸린의 그 정성은 구절마다 진(眞)을 탐구하는 데에 바치엇다. 모두가 자연주의의 극치이다, 참으로 극치이다. 그의 주연과 감독술은 류행하는 새 학설들에 조금도 헤매는 빗이 안이 보인다. 그러타고 물론 자연의 모방이 안이다. 그의 긔예와 그의 감독술 뒤에는 구든 미덤이 잇다. 그것은 인간의 번성을 숍펜화월과 가치 보는 것이며 쏘 그곳에서 인간이 창조한 숭고한 인간으로 구하여야만 쓴다는 미덤이다. 그 미덤이 이번 작품의 모든 심각한 장면의 난문데를 해결해준 것이다. 자연의 모방은 안이다. 자연을 측량해논 것도 안이다. 최푸린을 통하야 다시 산출된 자연이 다 가다가다 희극뎍으로 미화식한 것은 최푸린이 한 상증뎍 표현일 싸름이다. 그 내면의 증거로는 『파리의 녀성』이란 그의 작품이 말하여준다.

그럼으로 잘 리해하지 못하는 — 리해가 깁지 못한 자일수록 이 작품에서 소위 고상치 못하다는 장면을 남보다 더 만히 골나낼는지도 모른다. 그러나 그것은 보는 그이의 눈이 얏흔 싸닭이다. 그전에나 이번이나 그의 동작은 과거의 약속을 직히는 바가 업섯다. 그 최푸린에 비하면 조연자들 중에는 그의 고심을 싸러갈 만한 출연인이 적엇다. — 그리고 그 사실은 우리들로 하야금 그의 여위여가는 량 쌤을 더 한층 동정과 숭배하는 마음으로 바라보게 하여준다. 그는 고생 만히 한 조흔 사람이다.

조극(朝劇)에 재상영
이 사진은 시내 인사동 조선극장(仁寺洞 朝鮮劇場)에서 국장으로 말미암아 예뎡과 가치 상영을 못 한 싸닭으로 금 칠일 밤부터 재차 상영할 터이라더라.

동아 26.05.07 (5) [연예] 미국 「파테」 사 단편 희극 부활
미국 「파테」 회사의 「할 로치」 씨는 본래부터 영화게에 유명한 「스타」를 단편 희극에 출연케 하야 「스타」 희극이라는 일홈을 부처서 발표하는 일이 만헛섯는데 이번에 오래간만에 일직이 희극영화게의 녀왕이엇섯든 「메쌜 노만드」 양과 게약을 하야가지고 단편 희극에 출연을 식히기로 되엿다는데 「로치」 씨는 「노만드」 양 외에도 「세쌰쌔라」 양 「라이오쌔넬리무어」 「에셀 크레톤」 양 등 「스타」를 희극에 출연케 하야 미국영화게를 한 번 쌈작 놀내어노흐리라고 하는바, 「노마드」 양의 감독자는 「리차드 월레스」 씨로 확뎡되엇다더라.

동아 26.05.07 (5) [연예] 〈사진〉
일직이 미국 뉴욕의 「포리스」의 화형으로 지금은 영화게의 신진 「스타」 「사리렁」 양의 자연미이다.

시대 26.05.07 (3), 26.05.08 (3) 〈광고〉
5월 6일자 단성사 광고와 동일

동아 26.05.08 (2) 〈광고〉

당 오월 칠일(금요)부터 전부 차환

-금주 보통 요금-

△ 파라마운트 사 작

기상천외대희활극 **기언기행(奇言奇行)** 전이권

△ 파라마운트 사 명작품

남해정화(情話) **야자엽영(椰子葉影)** 전팔권

주연 배데이콤프슨 양

△ 천하무적의 대모험편

대유나이뎃트 사 공전의 대작품

차푸링 씨 일세의 대비약

경이경이 **황금광시대** 전십권

만도(滿都) 인사의 백열적(白熱的) 환영을 밧든

본편은 제현(諸賢) 갈망에 싸여 재차 상영

재득(再得)키 여러운 시기를 놋치지 마시고

장대무비(壯大無比)의 요절통절할 대폭소극을 그여히 보십소서

◇ 대예고 ◇

영화계에 일대 기문(奇聞)

천하일품 **환락의 불야성** 전십일권

공개일 절박

조선극장(전 광 二〇五)

동아 26.05.08 (5) [연예] 여우 쌘네트 양 / 아버지는 장님 / 십오 세에 해산

최근 일본에서 봉절될리라는 명화『스테라 짜라스』라는 모성애(母性愛)로 싸은 비극에 주역으로 출연한 「쎌 쌘네트」 양은 그 출연을 한 이래로 명 성격 녀배우로 세상에서 적지 안은 인긔를 부치게 되엇는데 「쌘네트」 양이 그만치 성공하게 되기까지의 반생은 실로 「스테라 짜라스」의 그것과 가치 눈물겨운 비극이엇섯다고 한다. 원래 배우란 영화배우만 그러한 것이 안이라 찬란한 무대 생활을 하는 녀배우들의 반면에는 형형색색의 비극이 숨어 잇는 것이다. 그러나 「쌘네트」 양의 반생 가치 애절처절한 것은 다시 업스리라고 한다. 「쌘네트」의 아버지는 「쌘네트」가 어렷을 째에는 뉴욕 극단에서 유수한 명배우의 명성을 어덧다가 그 인긔가 아조 절뎡에 이르럿슬 지음에 가튼 배우들 사이에 질투가 생기어 엇던 사람의 간게로 말미암아 압흘 못 보는 사람이 되고 말엇다고 한다. 그리하야 「쌘네트」의 비극의 막은 비로소 열니기 시작하야 그 후 「쌘네트」는 불행한 병신 아버지로 더부러 극단을 써나 「이오와」주 어는 깁흔 촌에 들어가 은둔 생활을 하얏다. 그러나 한 번 극단에 발을 드려노흔 그 아버지는 눈은 머러 잇고 먹을 것은 업는 탓으로 배운 재조를 바리지 못하야 이곳저곳으로 써도라 다니며

재조를 팔아먹기 시작을 하얏는데 「쎈네트」도 역시 그 아버지를 싸러다니는 까닭에 배우 노릇도 하고 아버지의 뒤치닥거리도 해가며 지내왓다. 그러게 도라단이는 중 어느듯 어느 극단의 젊은 배우와 첫사랑에 쌔져 아들을 하나 낫케 되엇다. 그러나 운명은 어디까지 그의 일생을 녀주하얏다. 그 아이는 나은 지 이십륙 일 만에 세상을 써나바리엇스며 그와 동시에 그의 사랑하는 사람도 그를 내어바리고 어듸로인지 종적을 감추고 말엇다. 그째에 「쎈네트」의 나희는 겨우 열다섯 살이엇섯다. 그리하야 「쎈네트」는 눈물로 세월을 보내는 중 엇더한 째 우연히 영화 도시 「하리우드」에 발을 드려놋케 되엇다. 지금은 페지되엇지만은 그 당시에 잇든 「트라앙글」이란 회사에 들게 되니 그것이 첫 출세이엇섯다. 그째에 「쎈네트」의 봉급은 일주일에 칠십오 불이엇섯다고 한다. 그 후 차차로히 그의 명성이 미국영화게에 알게 됨을 쌀하 그의 전 남편은 이로 말할 수 업는 압박과 위협을 하얏스나 그는 모든 고통을 무릅쓰고 오직 예술에 충실하얏든 까닭에 년 전에 「유나이뎃트」 사에 입사하게 된 이래로 지금의 세계덕 명성을 엇게 된 것이라고 한다.

동아 26.05.08 (5) [연예] 〈사진〉

게림영화협회(鷄林映畵協會)에서 방금 제작 중에 잇는 고려(高麗) 째의 사실담을 각색한 산채왕(山寨王)의 일 장면 금투 광경.

매일 26.05.08 (3) 인천 독자 위안 / 표관을 무료 공개

본사 인천지국(本社 仁川支局)에서는 칠일부터 삼 일간 인천 신뎡(新町) 활동사진 상설 표관(樂舘[138])을 무료공개하야 독자위안 활동사진회(讀者慰安 活動寫眞會)를 개최하는 즁인바 일반독자에게 무료권(無料券)을 일일히 배부할 터이라는바 상영사진은 다음과 갓흔 명편이라더라.

활극 『팔녀가는 혼(魂)』 팔권

희극 『크로스워-드』 오권

활극 『쾌남아 갓치』 육권

매일 26.05.08 (3) 광무대에 / 구파 부활 / 칠일 밤부터

광무대 주인 박승필(朴承弼) 씨는 오릭 전에 광무대(光武臺)를 토월회(土月會)에 일 년 동안 신극을 흥힝하야온 관계상 됴선 고대의 가무를 드를 긔회가 업더니 이번에 토월회가 흥힝을 즁지하자 다시 박씨가 인연 깁흔 광무대에 도라와 이번 됴선박람회(朝鮮博覽會)를 긔회하야 대대덕 흥힝을 하는대 일류 명창 리동빅(李東伯) 씨를 비롯하야 김츄월(金秋月) 신금홍(申錦紅)의 명기 명창을 망라하야 작 칠일 밤부터 매야 칠시에 개관한다는대 일노부터 오릭 못 듯던 고대가무가 다시 『쓰테-지』 우희 부활하리라더라.

---

138) '瓢舘'의 오식으로 보임.

매일 26.05.08 (3), 26.05.09 (2), 26.05.10 (3), 26.05.11 (3), 26.05.12 (3) 〈광고〉 [연예안내]
예고가 제외된 외 동아일보 5월 8일자 조선극장 광고와 동일

조선 26.05.08 (석1), 26.05.09 (조4), 26.05.10 (조1), 26.05.11 (조3), 26.05.12 (조3) 〈광고〉
〈황금광시대〉 선전문이 제외된 외 동아일보 5월 8일자 조선극장 광고와 동일

동아 26.05.09 (1), 26.05.10 (1), 26.05.11 (2), 26.05.12 (3), 26.05.14 (2) 〈광고〉
5월 8일자 조선극장 광고와 동일

동아 26.05.09 (5) [연예] 영화배우 / 오십 세가 되면(一) / 젊음의 미를 팔어먹는 / 미국 남여우 장래 이상
사람의 나희 오십이면 무슨 직업을 가진 사람이든지 그 직업에 충실할 수가 업는 동시에 세상은 그를 바리게 되여 자연 도태를 당하게 된다는데 오직 젊음의 미를 팔어먹는 배우들이 오십 세가 된다면 엇더할 것인가. 항용 그런 사람들이 늙어지면 비참한 경우에 싸지기 쉽다는 것은 의례사로 세상 사람들은 인정하는 바이다. 이제 미국영화계의 젊은 남녀「스타」들의 오십 세가 되면 하는 리상이 잇스니 다음과 갓다.
◇ 루들프 쌔렌치노 내가 나희 오십이 되는 째에는 상당한 가뎡의 주인이 되고 십습니다. 나는 농사 지어 먹고 사는 사람이 되기를 희망함니다. 참말이지 나는 농업에 대한 학문을 배윗습니다. 거짓말인 줄은 알지 마십시요. 정말임니다. 나는 이태리 왕립농과대학(伊太利 王立農科大學)의 학위를 가젓슴니다. 그 대학은 특수한 교수법이 잇다고 세상에서는 큰 평판이 잇습니다. 그러타고 영화계에서는 아조 발을 쌔는 것도 안임니다. 나는 스사로 열정가를 생각하는 터이닛가요. 내가 오십 세가 되는 째에는 영화배우는 못 할 것이나 나는 감독이나 작가가 되려함니다. 나는 어렷슬 째부터 계을은 것을 극히 실혀하는 성질이닛가 어느 째든지 가만히 잇슬 수는 업슬 것임니다. 내 리상은 지금 말슴한 바와 가치 오십 세가 된대도 지금과 다를 것 업슬 것임니다.
◇ 글로리아 스완손 내가 오십 세가 된다면 그저 바랄 것은 충분한 여가를 잇고 십습니다. 어린이들의 뒤바라지 가튼 것이나 해주며 넘우 밧부지 안은 가뎡에 들어 살고 십습니다. 나는 지금 영화 녀배우로 매우 밧부게 지내는 다른 녀자들과 가치 질기지를 못 해보앗습니다. 나는 음악과 문학을 가장 깁히 연구하고 십습니다. 그리고 다른 녀자들과 가치 남편과 가치 좀 만히 려행도 단니고 십습니다. 나는 이로부터 압혜 말슴한 바 리상을 실현할 준비로 녀배우들이라면 아조 알지도 못하는 부인네들에게 여러 가지를 배우랴 함니다. 그저 만히 배워두는 것이 내게는 필요하닛가요. 이것이 내 리상임니다.

매일 26.05.09 (2) 대성황을 정(呈)하는 / 인천독자위안회 / 정각 전부터 만원을 고(告) / 표관(瓢館) 개방의 제일일

칠일부터 삼 일간 인천 신정(新町) 활동사진 상설 표관 開을 放하야[139] 본보 인천지국에서 독자위안활동사진회를 개최 중이라 함은 기보한 바어니와 제일일인 칠일은 정각 전부터 운집하는 관중으로 정각까지에는 계상(階上) 계하가 전부 만원을 고하야 근시(近時) 인천의 영화계로는 초유의 성황을 정(呈)하얏는바 금회 상영 『필림』 중의 초점인 『쏠드·위』사의 특작 영화 『팔녀가는 혼』 전팔권은 명화 『우처(愚妻)』에 출연하야 성명(聲名)을 천하에 양(揚)한 명배우 『스트롱하임』, 유명한 『하례쓰·차푸린』 등 『로쓰·엔젤스』의 『하리우드』 전부의 주요 명배우 삼십오 명이 출연한 명편일 쑨 안이라 『리메바·스덴톤』 양이 『스갓타-』란 남자에게 연애하야 혼례식을 거행코자 급행열차로 『로스·엔젤쓰』로 향하는 도중에 애인의 무성의를 각지(覺知)하고 사막에 피신하야 생사의 경(境)에 처한 것을 활동사진 촬영대에게 구조되야 활동 여배우에 투신하야 명성을 전하게 되얏슬 제에 악사(惡事)가 노현(露現)되야 애급(埃及)[140]에 도망하얏든 『스갓타-』 재차 귀래하야 동첩(同捷)을 박(迫)하다가 불성(不成)하고 애인을 대신하야 비행기의 『푸로페라』에 부상되야 사망하얏다는 문예영화는 관중에게 불소(不少)한 홍미를 인(引)케 하얏스며 『스케일』*대함과 촬영대에 대화재가 기(起)한 동시에 폭풍우가 대작(大作)하는 최고조의 장면은 근일에 듬을게 보는 대작이엇스며 기외(其外)에 희극 『크로스 워-드』오 권과 기타 연속영화 등도 우수한 명화쑨으로 갈채를 박(博)하얏는대 팔, 구일 양일간에도 만원의 성황을 정(呈)하리라 추측되더라.

매일 26.05.09 (3) [영화소설] 삼림에 섭언(森林에 囁言)(六) / 강호일영생(江戶一泳生)

매일 26.05.09 (5) 경성부에서도 / 촬영 개시 / 사회교화사업

경성부에서는 사회교화를 하자는 취의로 활동사진반을 두기로 되얏는대 그 경비는 매년 사천 원이며 불원간 활동사진 촬영긔계를 사드리는 동시에 총독부에서 활동사진긔사 촉탁으로 잇는 산명선릭(山名善來) 진촌용(津村勇)의 량씨를 경성부에서 인용하리라더라.

조선 26.05.09 (석2) 휴수(携手)[141] 도주햇든 / 기생과 변사 / 결국 잡혀서 / 쏘다시 농 속에 든 새

인천 룡동 예기권번(龍洞 藝妓券番) 기생 리송죽(李松竹)(二一)과 인천 애관 변사(愛館 辯士) 강성렬(康成烈)(二五) 두 청춘남녀가 손에 손을 마조 잇글고 어대로인지 종적을 감추고 마럿다 함은 긔보한 바와 갓거니와 그동안 부자유한 쌍을 써나 소식이 묘연(杳然)하든 그들은 경성부 룡산 대도뎡(京城 龍山 大島町) 전긔 강성렬의 어느 친족(親族)의 집에 잠복하야 장차 수륙 십만리(水陸 十萬里) 산 설고 물 서른 북국의 자유롭은 방랑의 길을 쑴꾸고 잇슬 지음에 행인지 불행인지! 포주 최성인(崔聖仁)은

---

139) '開放을 하야'의 오식으로 보임.
140) 이집트.
141) 손을 마주 잡는다는 뜻으로, 함께 감을 이르는 말.

강성렬의 부친 강홍주(康洪周)와 한가지로 두 남녀의 숨어 잇는 거처를 발견하고 그곳에 나타낫스니 청년의 벽력이 써러진 듯한 그들은 할일 업시 운명을 탄식하고 사디(死地)로 쓸려 가는 불상한 어린 양(羊)과 가티 참아 써러지지 안는 발을 씨워 다시 부자유한 농조(籠鳥)의 생활을 면치 못하게 되엿 더라. (인천)

조선 26.05.09 (석2) 〈광고〉 기네마의 빤 / 명여우 연애 자서전 읽지 마시오
월광에 픠는 꼿과 갓튼 요염과 심각한 연출로써 요부 역으로 유명한 △△△『기네마』의 정자(貞子)씨가 자서전을 쓴다는 것은 어지간히『빤』간에 착각* 야기하엿스나, 최근에 겨우 탈고하야 판원(版元)에 원고를 송부하엿, 물(勿)*하랴, 도색의 원고 약 팔백 매 당당한 일대 자서전이라, 발매되는 날에는 굉장한 호평을 박득(博得)하리라고 발서부터 낙양의 지가가 고승(高勝)하다 한다, 그런데 한층 더 놀날 것은 이 자서전 중에, 오십육개소에 예(例)의『도쓰가빈』이야기가 씨여 잇는 고로 일층 평판이 심(甚)하리라고.

조선 26.05.09 (조2) 관극(觀劇) 중에 도난 / 왕십리 야채장사가
팔일 오후 여덜 시경에 시내 인사동(仁寺洞) 조선극장(朝鮮劇場)에서 구경하던 부외 상왕십리(上往十里) 일백구번디 야채상(野菜商)하는 표룡학(表龍學)(二三)의 주머니 속에 드른 지갑을 엇더한『소매치기』가 훔처갓다 하야 극장은 일시 대소동을 이르키엿는데 피해액은 현금 십칠 원과 액면 백여 원의 약속수형(約束手形) 등이라더라.

조선 26.05.09 (조3) [영화인상]
새로 영화인상란(印像欄)을 설시하고 여러 활동사진『파』[142]의 영화에 대한 단평을 모집하오니 시내각 상설관의 상영한 영화와 영화해설에 대한 단평을 만히 보내주십시오. 그것의 평을 채택하는 것은 편집자에게 맛겨두시오. 원고는 반환하지 안슴니다. 한 영화에 대하야 평을 십사자 이십행 이내로써, 보내주십시오. 지상 발표는 익명으로 합니다.

X

『페터팬』의 쑴과 가티 아름다운 영화를 낫케 한 그들의 나라는 행복스럽다. 이만한 아름다운 이약이를 쑷고 보는 이는 쏘한 행복스럽겟다. 늙지 안는 어린이의 세계, 꼿칠 줄 모르는 탄희, 희망, 고귀한 신화적 쑴의 나라! 자유! 팅커는 만일 어린아이들이 작은 신선을 밋어주신다고만 하실 것 가트면 쏘다시 사라날 줄 생각합니다. 당신은 밋슴니가? 오오! 얼는 밋는다는 것을 말삼해주세요. 만일 당신씨서 밋을실 것 가트면 자아 이러케 당신네들의 손을 두다려 주세요. 팅커쎌을 죽지 안케 해주세요. 더더…… 이것 보세요. 더 두다려주세요. 네. 그러케 올습니다. 자아 팅커쎌은 아조 낫케 되엿습니다. 아

---

142) 판의 오식으로 보임.

아! 곰압습니다. 자아 인제는 팅커쎌을 구하러 감니다.

이가티 직접으로 관객에게 요구하는 씨인은 새로운 시험인 동시에 완전히 성공하얏다. 군중은 그의 요구를 드러주엇다. 박수! 쏘 박수. 그리하야 본 영화만이 가질 수 잇는 매력은 관객을 마음것 취케 한다.

어린아이들이 해적선에서 해적들과 싸호는 씨인의 얼마나 자유롭은 그들의 세계일가? 오오 그들의 나라는 참으로 행복스럽다』하는 늣김이 마음에 가득하게 한다.

나의 나라, 나는 너희의 나라.

자유의 싸여! 조흔 나라여!

하고 그들이 노래하면서 미국국기를 해적선 기(旗)대에 다는 씨인-

아조 나는 울고 말엇다. 가삼이 억색할 만큼 환희에 드러갓다. 쩨틔 쌰로손 양 이하 제우(諸優)는 아조 복역(復役) 연기도 자유로웟다. (H생)

동아 26.05.11 (5) 유치장에 활변(活辯) / 서상호의 말로

재작년까지도 활동사진 변사로 경향에서 그 일홈을 몰을 사람이 업슬 만하든 서상호(徐相昊)는 모루히네 주사를 시작하야 중독자가 된 이래 변사 노릇을 하지 못하고 자기집에 잇든 세간집물까지 모조리 팔어먹고 이제는 할 길이 업서 절도질을 한다고 각 경찰의 류치장 잠을 자게 되엿다는데 지난 사월 십일경에는 시내 황금뎡(黃金町) 삼덩목 이번디 서천여(徐千汝)의 집에 잇는 리세출(李世出)의 외투 하나를 도적해갓다는 사실로 종로서에서 잡고자 하든 중 지난 팔일에 경기도 양평군 양서면 진목리(楊平郡 陽西面 眞木里)에 가 잇는 것을 그곳 경찰에 의뢰, 톄포하야 종로서로 다리여다가 방금 취조 중이라더라.

동아 26.05.11 (5) [연예] 영화배우 / 오십 세가 되면(二) / 젊음의 미를 팔어먹는 / 미국 남여우 장래 이상

◇ 리케아드 쏠쓰 나는 오십 살이 되면 위선 은퇴를 할 것이요, 그리고 홀로 세게 만유를 하고 도라올 터임니다. 한 오륙 년 동안은 한가한 겨를이 잇서야 하겟슴니다. 봄과 여름에 힘써 지어노흔 농사로 가을에는 무엇이든지 하고 십흔 대로 실컷 하고 나서 겨울에는 들어안젓서야지요. 나는 그 까닭에 오십 세가 되기까지 이러케 힘썻 벌어 모흠니다.

◇ 포라 네그리 연극을 써나서는 존재가 업는 것이 곳 내 생활임니다. 나는 어느 째든지 자기 희망을 생각한 일이 업슴니다. 나의 어머니는 지금 내가 확장을 하라고 하는 폴란드의 우리 고아원에서 열심으로 흥미를 부처서 질겁게 일을 함니다. 내 나희 오십이 되는 째에는 지금 삼십오 명의 어린 쌈순들은 남자는 *** 어른들이 될 것이요, 녀자는 어엽분 부인이 될 것임니다. ** 그째나 지금이나 나의 길은 **이다. = 네그리 양의 *****은 매우 리상뎍이다. ****자기 경영의 고아원 유지*** *이라도 더 만들어노흔 ***** 전력을 다하는 터이다.

◇ 크립푸 록크 ****** 제작지인지 쏘는 ******* 나로서도 알 수가 업슴니다. ** 내 나희가 오십 세에

**** 무엇을 햇는지 알 수가 ****니다. 지금 내 생각은 ****과 가트니까요. 이후 십오, 륙 년 내에는 나는 훌륭한 촬영사업에 발을 들여놋코자 생각함니다. 그러나 그도 역시 그째를 당하야보아야 알지요. 혹은 영화극의 촬영긔 렌즈 압헤서는 내가 그째는 무대의 각광(脚光)을 질머지고 살게 될는지도 몰을 것이니까요. 무대극 배우는 안심이 됨니다. 그 까닭은 무대서는 늙은 배우도 쓰는 일이 만흐니까요.

◇ 푸로렌스 쎄짜(女) 나는 나희 먹는 것을 생각하면 꼭 죽겟슴니다. 내 나희 오십이 되는 째에는 려행이나 만히 하라고 생각함니다. 려행가치 나에게 위안이 되는 것은 다시 업슬 것이니까요. 려행* 참으로 모든 물정이 다른 곳에를 가보고 십습니다.

조선 26.05.11 (조2) 극장 내의 활극 / 중국인과 조선인이 / 사소한 일로 대격투

안동현 칠도구 삼번통(安東縣 七道溝 三番通)에 잇는 중국극장(中國劇場)에서는 조선 내디로부터 리창순(李昌淳) 일행이 와서 이래 사오 일간을 계속하야 연예를 흥행하던 중 지난 륙일 오후 구시경에는 각기 몽둥이를 가진 중국인 삼십여 명과 조선인 관람객과의 일대 격투가 일어나서 극장은 수라장화하야 한참 동안은 대혼잡을 이루엇다는대 이제 그 원인을 알아보면 어썬 중국인 한아가 남몰래 변소간으로 기여 들어오는 것을 전긔 일행 중 한 사람이 보고 내여쫏츠려고 한즉 그자는 도리혀 강경하게 반항하며 처음부터 욕설을 함으로 여러 사람이 달려가서 싸리게 되자 그는 매마즌 것을 분히 넉이여 곳 자긔의 동무 삼십여 명의 응원을 어더가지고 와서 이와 가티 복수전으로 격투가 일어낫섯스나 그 압 경관 파출소 순사 수 명이 달려와서 제지한 결과 다행히 큰 일은 업시 무사히 되고 흥행은 곳 계속되엿는데 량방 간에는 별로 피해는 업섯다더라. (안동현)

조선 26.05.11 (조3) [영화인상]

◇ 황금광 시대! 전편(全篇)을 통하야 혼미, 착란, 환희, 분노, 훤소(喧騷),[143] 애상 등 전혀 그의 극치를 보혓다. 차푸링은 천재다. 퍼스트 씨인의 절실한 인간의 비참한 모양이여! 닛기 어려운 감명을 준다. 그의 작품은 레벨이 과연 얏다. 그러나 예술적 감명은 파리 여성과 가티 크다. 몬드카로의 대회일(大晦日)[144] 밤의 축연회! 쌍을 가지고 짠스하는 째의 그의 얼골을 보닛가 눈물이 난다. 외로히 여러 사람의 춤추는 것을 바라보는 참된 의미의 고독! 아니다. 모도가 전편(全篇)이 인생의 외로운 모양이다. 쓸쓸하다. 정면으로부터 박도(迫到)하는 이 외로움! 울고야 만다. 참지 못하고 울고야 만다. 울게 하는 영화도 만엇지만 본편가티 나를 늣겨가며 참된 우름을 울린 영화는 업다. 걸작이다. 영화다. (쎄 생)

조선 26.05.11 (조3) 〈광고〉

특선영화 주간(오월 십일일부터 오월 십오일까지)

◇ 팔시 개영(開映) 폭스 특작 대활극

실업자의 애화(哀話) **격분충천(激憤衝天)** 전오권

---

143) 왁자하게 마구 떠들어서 소란스러움.
144) 섣달 그믐. 12월 31일.

◇ 팔시 오십오 분부터 폭스 희극 시영(始映)

배파산주의! **기대리는**[145] **난쟁이** 전이권

키대리는 칠 척 난쟁이는 이 척 오 촌

소인도(小人島)희가극단 총출(總出) 대탈선(大脫線)!

◇ 구시 이십오 분부터 폭스 대활극

혈열임리(淋漓) **죽엄도 불사(不辭)** 전육권

첫 번부터 끗까지 투쟁모험의 연속

◇ 십시 이십삼 분부터 초특작 명화

청춘비극 **영원의 탄식** 전칠권

유 사 푸스 영화 **단성사**

광 전 구오구번

매일 26.05.12 (2) [동서남북]

진남포

당지 후포리(厚浦里)에 신설된 극장에는 매일 밤마다 오, 육백 명의 관중이 운집하야 장내 외에는 입추의 여지가 업다고 한다.

그럿치만 이런 데는 좀 절약하고 저- 배『腹』급하서 슬피 부르짓는 형제의게 죽 일시(一匙)라도 선심 공덕이 엇대-『남무아미타불』(이하 기사 생략)

매일 26.05.12 (3) 〈광고〉 [연예안내]

특선영화 주간 오월 십일일부터 오월 십오일까지

팔시 개영 폭스 특작 대활극

실업자의 애화(哀話) **격분충천** 전오권

팔시 오십오 분부터 폭스 희극

배파산주의! **키대리 난쟁이** 전이권

구시 이십오 분부터 폭스 대활극

혈열임리 **죽엄도 불사** 전육권

십시 이십삼 분부터 폭스 초특작

청춘비극 **영원의 탄식** 전칠권

결혼 전야의 남녀는 볼 사진 오라!

홍루비탄의 영원한 우름 젊은 그들의

청춘을 불살넛다! 아아 청춘!

---

145) '키대리(키다리)는'의 오식으로 보임.

예고

인생비극 **아조(鵞鳥) 기르는 여성** 전십권

명화 **발명영관(發明榮冠)** 전구권

단성사

조선 26.05.12 (석2), 26.05.14 (조3) 〈광고〉

5월11일자 단성사 광고와 동일

조선 26.05.12 (조3) 〈광고〉

십삼일부터 신사진 공개

실사 **산과 수(水)** 전일권

희극 **마도와지부** 전이권

미국 바이다 회사 특작품 잘쓰-레이 씨 주연

대활극 **변새영웅(邊塞英雄)** 전육권

미국 푸링쓰애루 회사 대명화

누(淚)의희극 **고독한 등대직** 전팔권

오코쓰토라 대주악

구주영화 봉절장 **우미관**

전 광 삼구오번

동아 26.05.13 (5) [연예] 영화배우 / 오십 세가 되면(三) / 젊음의 미를 팔어먹는 / 미국 남여우 장래 이상

◇ 유쌘 오쌕린 덩영코 나는 오십 세까지는 못 살 줄 압니다. 나는 이를 의심치 안이함니다. 그러나 혹시 그째까지 사는 일이 잇다면....... 나는 본래 건축가가 안이면 소설가가 되기를 조와하얏습니다. 배우가 된다면 영화배우가 되는 것을 바랏드랍니다. 그것도 너절한 것은 말고요. 나는 큰 부자가 되고 십흔 생각은 꿈에도 업습니다. 그저 확실한 수입이 잇서서 죽을 째까지 남에게 신세지지 안으면 그만이지요. 물론 내가 오십 세까지 산다면 오직 유쾌한 일이겟슴니싸만은 다는 뎡령 설흔다섯 살밧게 못 살 것 갓습니다.

◇ 루이스 파젠짜 나는 나희 오십이 되는 째에는 무엇을 하게 되는지 몰으겟습니다. 녀자는 나희를 먹으면 밧게 나오지도 말어야 할 것이니까요. 그러나 나는 그째 엇더케 무엇을 햇스면 좃켓다는 생각을 해본 일이 잇습니다. 그 후 나는 어머니께 『내만나ㅅ세에는 이런 것을 한다』 『내만나ㅅ세에는 저런 것은 못 한다』 하는 말을 만히 들엇습니다. 그 말씀이 이째것 내 생각에서 써나지 안이함니다. 나는 헤염치기와 춤추기와 자동자 운전하기를 조와함니다. 내 나희 오십이 되드라도 춤과 해수욕과 자동차 운뎐은 커냥 무엇이든지 할 수가 잇슬 것입니다. 그째에는 비행긔 조종까지도 하게 될 것입니

다. 나는 일하기도 조와함니다. 오십 세가 된대도 역시 일하기를 조와할 것입니다. 그째에는 쾌활한 어머니가 되어 영화에 나타나겟지요. 살이 퉁퉁이 쩌서 쾌활해지지 못하게 된다면 나는 아모것도 다 단념하고 말겟습니다. 내 나희 오십이 된다면 무슨 사무소 가른 데서 일을 하게 되거나 그러치 안으면 모자뎜이나 료리뎜 「레스트란」 문간에 「파제싸」라는 내 문패가 걸녀 잇는 것을 보실 수가 잇겟지요. 이것이 내가 오십 살이 된 뒤에 독립 생활을 할 희망과 계획입니다. 그리고 그런 영업을 시작하기 전에 려행을 좀 하고 십습니다. 「스핑쓰」— 아푸리가에 잇는 고적으로 상반신은 사람이요 하반신은 사자로되 조각상— 는 한 번 쯕 보고야 말 터임니다.

동아 26.05.13 (5) [연예] 천승(天勝) 일행 경극(京劇) 흥행

일본 송욱재텬승(松旭齋天勝) 일행은 금 십삼일 밤부터 시내 수뎡(壽町) 경성극장(京城劇場)에서 행연한다는데 작년에 동 일행이 미국에 가서 순연을 하야 적지 안이한 환영도 바덧스며 더욱이 그 순연 중에 여러 가지 새로운 긔마술 재료와 밋 연극 각본 등도 만히 어덧스며 미국인 녀자 세 명과 남자 일곱 명을 동 단에 가입식히어 가지고 음악은 순전히 미국인들이 마터 하게 되엇스며 동 미국 녀자 중에서는 짠스 혹은 독창으로 미국에서도 상당한 인긔를 가진 사람도 잇다 하며 조선 녀자 배구자(裵龜子)는 더 기술이 더욱 늘어서 미국 가서도 큰 환영을 밧고 도라온 터이라 재작년에 왓든 텬승 일행과는 훨신 달너젓다는데 경성극장 흥행은 열흘 동안인바, 그 흥행을 마치고는 조선사람 관객 중심으로 북촌에 와서도 흥행을 하랴고 한다더라.

매일 26.05.13 (3) 수해복흥(復興) 박(博) / 십오일에 개최

룡산역전(龍山驛前)에 개최되는 수해복흥긔념박람회(水害復興記念博覽會)는 만반의 준비가 완성되야 오난 십오일에 개장할 터인바 본관(本舘)을 비롯하야 톄신관(遞信舘) 륙군관(陸軍舘) 텰도관(鐵道舘) 『싸노라마』관 수족관(水族舘) 연예관(演藝舘) 등으로 그 외에 경마, 야구, 자뎐거 경기의 운동장 등 여러 가지 설비가 잇고 더욱이 채를 발하는 것은 『싸노라마』관에는 작년 여름내 수해의 광경을 여실히 보혀 노앗슴으로 일반의 츄억을 끌 터이며 개회하는 십오일 오후 일시에는 관민 유지자 빅여 명을 초대하야 성대한 식을 거힝하리라더라.

매일 26.05.13 (3), 26.05.14 (3) 〈광고〉 [연예안내]

5월 12일자 단성사 광고와 동일

매일 26.05.13 (3) 〈광고〉 [연예안내]

당 십삼일(목요)부터 위풍당〻한 명화 주간
공전의 특별 흥행
대파라마운트 회사 특작 영화
인정대활극 **농무(濃霧)**를 쏠코 전팔권

명화(名花) 도로시-달톤 양 주연

부친의 복수를 하기 위하야 농무를 쭐코 결사적 활약을 하는 일 여성!

쾌장! 통렬! 선풍(旋風) 갓흔 활극과 모험 로민스

대메트로골드윙 사 초특작 대영화

절대의 미인 아니다 · 스튜와-드 양 주연

대명화 **환락의 불야성** 전십일권

화려 무극(無極)한 예술영화의 본위(本位)!

환락, 영예, 경마, 춤, 백열련(白熱戀)의 쟁투

국제적 대권투, 전편(全編)을 통하야 힘과 열과 흥분의 천란무곡(天亂舞曲),

누가 보시고 상찬(賞讚)을 안이하겟슴니가

조선극장

조선 26.05.13 (석2), 26.05.14 (조3), 26.05.15 (석1), 26.05.16 (조3), 26.05.17 (조3) 〈광고〉
5월 12일자 우미관 광고와 동일

동아 26.05.14 (5) [연예] 영화배우 / 오십 세가 되면(四) / 젊음의 미를 팔어먹는 / 미국 남여우 장래 이상

◇ 쎄틔 콤푸손 양 오십 살이 되면 엇지할가 하는 것은 이째까지 한 번도 생각해본 일이 업슴니다. 그저 「이 다음에는」 하는 것은 생각해보앗슴니다. 나는 나희를 먹는다는 데에 대하야 아모러케도 생각지 안슴니다. 늙으면 늙음의 미가 쏘 잇스니까요. 오직 바라는 것은 아름다웁게 늙기만 바랄 다름입니다. 그리고 무슨 신통한 것을 좀 구경햇으면 하는 생각을 가젓슴니다.

◇ 콘스탄스 탈마치 양 내 일생의 일은 오직 영화 사업에 잇슬 짜름입니다. 나는 오십 살이 되든지 백 살이 되든지 이백 살이 되든지 역시 배우 생활을 바리지 아니할 것입니다. 인긔는 잇고 업고 간에 일로부터 오십 년 후에라도 여러분은 내 얼골을 영화 속에서 보시게 될 것입니다. 가령 거름을 못 걸어 의자를 타고 단일달 지라도 내 몸은 무대 우에서 늘 써나지 아니할 것입니다. 「콘스탄스 탈마치」의 일생은 영화게에 맛기고 말엇스니까요.

◇ 월타 히아스 씨 나는 오십 살이 되어 영화게에 잇슬 수가 업다 하면 무대에 나타나지요. 그것도 역시 한 자미잇는 연극이니까요. 그래서 나는 무대 우에서 죽을 터입니다.

◇ 짝크 홀트 씨 나는 오십이 되거든 나의 리상에 맛는 집을 짓고 넓직한 「페란다」에 가만히 안저서 압헤 잇는 농장과 목장이나 내려다보고 잇고 십슴니다. 내의 오십 살까지의 사업은 스크린입니다.

◇ 레몬드 크립스 씨 사람이란 백 살까지 넉넉히 살 수 잇슬 줄로 생각함니다. 나는 적어도 구십 살까지 살 수 잇슬 것이니까 어느새 인생관을 이약이는 하고도 십지 안습니다. 가을이 온다면 그째에는 성격극을 그만두고 좀 「유모아」긔가 잇는 것을 해보고자 합니다.

동아 26.05.14 (5) [연예] 영화통신

◇ 일전에 본지에 소개한 독일「우파」회사의 녀배우「리야쯰푸치」양은 미국「페머스푸레어라스키」사와 당기 영화 출연 계약을 톄결해가지고 지난 삼월경에 미국에 건너가기로 되엿섯다. 그런데 그보다 먼저 그가 백림서 제작한 영화『쌔라이에치』를 미국「파라마운트」「메트로쏠드윈」「우파」등 세 회사에서 련맹으로 사드려가지고 미국에서 공개하엿다고 한다.

◇「아메리카」백장미(白薔薇) 등의 걸작품을 미국영화계에 발표한「그리피스」감독은「파라마운트」사에 입사하야 데일회 작품으로『지트로일썰』을 감독 제작 중이라더라.

매일 26.05.14 (3), 26.05.17 (3), 26.05.18 (3), 26.05.19 (3) 〈광고〉 [연예안내]

5월 13일자 조선극장 광고와 동일

조선 26.05.14 (조3) [조선녀성이 가진 여러 직업] 직업부인으로 그들의 속임 업는 설음과 깃붐 / (六) 녀배우

영화녀배우 김정숙 담 / 녀배우에 대하야는 세상이 너무나 리해가 적다

『예술은 생명이다』— 이것은 물론 예술을 생명과 가티 아는 예술가 자신이 부르짓는 말이요, 일반뎍으로 보아서는 경제의 여유가 잇기 전에는 완전한 발뎐을 보기 어려운 것이다. 서양 각국에서는 생활상태가 우리보다 매우 풍족한 탓으로 일반뎍 예술계의 발뎐이 역시 상당하야 녀류음악가, 녀류문장가, 녀배우 등이 직업만으로 하야도 상당한

디위와 상당한 성가를 가지고 잇지마는 무엇이나 몰락과 파멸의 경계선 상에 선 우리조선 사회에서는 예술이라는 것이 모다 몃재 문데로 되여바리고 마럿다. 짤하서 다른 나라 가트면 당연히 대접을 바더야 할 녀배우들로써 모다 불우(不遇)한 경우에 잇는 것은 참으로 깁히 동정할 여디가 잇는 줄 안다. 그뿐만 아니라 조선에서는 아즉 녀배우라는 데 리해를 가지지 못하야 학생시대나 처녀시대에 부정한 행위를 가지고 이곳저곳으로 굴러 단이다가 할 수 업시 배우가 되엿고 현재도 쏘한 그러한

생활을 계속하는 줄로 짐작하는 이가 만타. 그럼으로 활동사진배우, 연극배우를 통트러야 다못 몃치 못 되는 선진자 그들이 현재 얼마나 중한 책임을 가젓스며 쏘한 압흐로 원대한 뜻을 품고 구든 결심 아래 만흔 로력을 하지 아느면 안 되겟다는 털저한 각오를 가저야 하겟다. 자격으로는 조선에 아즉 녀배우를 양성하는 긔관이 업슴으로 외국에 나가서 배호지 아니하면 상당한 학식이 잇고 선턴뎍으로 여긔 대한 소질이 잇스며 겸하야 취미를 가진 녀성으로 실디 련습에 충분하면 그만일 것이요. 특별히 연극배우는 목소리, 활동사진배우는

표정을 자유로 할 수 잇서야 할 것이다. 계림영화(鷄林映畵)에 잇는 활동사진배우 김정숙(金 靜淑) 씨는 일즉이 개척자(開拓者)의 김정순으로, 심청전(沈淸傳)의 곱단이로 세상의 만흔 인긔를 끌엇고 장한몽(長恨夢)의 주인공 심순애로 수만 관람자의 환영을 바덧스니 그에게 배우생활로써 속임 업는 설흠과 깃붐의 진상을 드러보자. 그가 활동사진배우로 나타나기는 이제로부터 만 일 년 전 일이니 남편과 함씌 처음으로 영화계에 몸을 던질 째에 원래 여긔 대한 만흔 수양이 업섯는지라 오로지

행동과 표정으로만 만사를 하여 나가야 되는 이 첫 일에 넘우나 어려워서 온몸에 쌈이 흐르고 중도에 그만두고 십헛든 생각까지도 잇섯다 한다. 더구나 배우를 만히 사용하지 못하는 탓으로 한 사람이 여러 번 변장을 하고 여러 사람의 목을 하게 되는 터인즉 익숙지 못한 몸으로 가진 고생을 다 격것스되 그도 이제는 넷쑴에 도라가고 지금은 얼마큼 모든 표정을 순조로 하여 나갈 수 잇스며 점점 여기 대한 취미와 녀배우의 사명을 깨닷게 되드라 한다. 그리고 자긔의 온갓

정력을 다 기우려 만드러 노혼 것이 활동사진으로 비취워질 째 일변 표정의 결핍과 기타 모든 흠점을 스사로 찻고 홀로 주의하며 잘된 점을 발견할 째마다 깃거운 마음을 익이지 못하야 제절로 우슴이 나올 쓴 아니라 일반관람자의 흥이 도도하여질 째에는 녀배우된 자긔의 참 깃붐을 여기서 맛볼 수 잇다고 생각하엿다 한다. 그는 사회에서 녀배우에 대한 리해가 좀더 깁허지기를 바라는 동시에 자긔의 생활이 일반사회에 큰 공헌이 미치기를 희망한다고 말하더라.

사진 = 영화녀배우 김정숙 씨

△ 영화녀배우 김정숙 씨

조선 26.05.14 (조3) 〈광고〉

매일신보 5월 13일자 조선극장 광고와 동일[146]

동아 26.05.15 (2), 26.05.16 (2), 26.05.17 (3), 26.05.18 (3) 〈광고〉

매일신보 5월 13일자 조선극장 광고와 동일

동아 26.05.15 (5) [연예] 지상영화 / 연애극 말바 전구권

독일 에추에푸스 영화 / 로쌔트씌네제 씨 감독

아쌀바트 폰 수레투 조연 / 리아씌 푸지 양 주연

「칼멘」의 나라 서반아(西班牙) 국경 근처 산속에 「말바」라고 하는 어엽분 처녀가 잇섯다. 순라대에 중위로 잇는 「타시로」라고 하는 청년과 피차간 쑬가튼 사랑을 부처지내든 중 엇던 날 밤에 「말바」는 그 근방에 잇는 밀수업자 「타지오」를 숨겨주엇다가 그 죄로 경찰에 잡히게 되엿는데 공교하게도 그의 애인 「타시로」의 손으로 잡어다가 구류하지 안으면 안 될 경우를 당하엿다. 그러나 「타시로」는 직무상 엇지할 수 업시 사랑하는 「말바」를 잡어 가두엇다. 「말바」가 가처 잇는 것을 알은 「타지오」는 「말바」로 하야금 파옥을 식혀서 산 속에 잇는 자긔의 비밀한 집으로 「말바」를 다려다 감추어두고 피차 정까지 통하고 지내게 되엿다. 「타시로」는 사랑하는 사람을 일허버린 뒤로 밋칠 듯하야 차저단이다가 산 속에서 맛나가지고 자긔와 가치 다른 곳에 가서 숨어 살자고 청하엿스나 귀위 몸을 「타지오」에게 허락한 「말바」는 참아 이즐 수 업는 「타시로」의 청을 거절하고 말엇다. 그리자 「타지오」는 밀수

---

146) 단, 〈농무를 쑐코〉의 원제를 Fog Bound, 〈환락의 불야성〉 원제를 THE GREAT WHITE WAY로 표기하는 문구가 추가되었음.

업 죄로 경관의 손에 잡히여 갓치게 되니 「말바」는 산 속에서 홀로 지내지 아니치 못하게 된 중 「타지오」의 친구 「그리고리」의 악게에 싸저 산가를 버리고 「타시로」에게로 가버리엇다. 그리하자 「말바」를 사랑하는 마음에도 쏘한 파옥을 하고 나와서 산가를 향하고 가다가 추격하는 경관의 총에 마저서 죽게 되엿다. 그러나 그는 사랑하는 「말바」의 품에 안기여서 『나는 너를 참으로 사랑하엿드란다』 하는 말을 남녀놋코 눈을 감어버리엇다.

동아 26.05.15 (5) 간도 동명교 유지 / 고국 순영단(巡映團) 내경(來京) / 력사 만흔 동명학교를 유지하려고 간도 실상 영사단을 조직하야 순회

간도(間島)에 잇는 조선 동포의 시설인, 가장 력사가 오랜 교육긔관인 동명학교(東明學校)는 그동안 경영난과 여러 가지 파란으로 막대한 곤난 중에 잇슴으로 그 학교 후원회에서 조선 내디에 간도 실상 영사단(間島 實狀 映寫團)을 파견하야 전 조선 각디를 순회하야 유지의 동정을 구하려한다는데 오는 십륙, 십칠 양일간에는 시내에서 (장소 미뎡) 환등을 영사할 터이라더라.

◇ 영사 종목

제일, 간도 육십여 년간 사정

간도의 지세(地勢), 개척 급(及) 명칭, 조청간(朝淸間) 경계, 관청 시설, 교육기관, 사회의 현상, 도시의 실상, 교통기관, 산물

제이, 반만년 북강(北疆) 형세

단군 통일 시대, 부여시대, 고구려의 시대, 발해의 시대, 여진의 시대, 금국(金國)의 시대, 만주 사국(四國)의 시대, 기외(其外) 고적

조선 26.05.15 (석1), 26.05.16 (조4), 26.05.17 (조3), 26.05.19 (조4) 〈광고〉

5월 14일자 조선극장 광고와 동일

조선 26.05.15 (석2), 26.05.16 (조4), 26.05.17 (조1), 26.05.18 (석2), 26.05.19 (조4) 〈광고〉

선전문 및 일부 예고 제외된 외 시대일보 5월 17일자 단성사 광고와 주요 정보 일치

동아 26.05.16 (5) [연예] 독일 신(新) 문화영화 / 대규모의 톄육 장려 영화

작년 삼월에 독일 우파 회사에서 문화영화(文化映畵)라고 발표하야 세상을 놀내인 영화가 잇섯다고 한다. 그 영화는 일홈을 『미(美)와 힘(力)의 길』이란 전 륙 편 십 권의 영화로 백림(伯林)의 학게의 태두 「니코라스코프만」 씨가 전톄를 구상, 지도한 것으로 전편으로 톄육의 황금긔(體育의 黃金期)에 잇든 녯날 희랍(希臘) 사람의 톄육 상태를 뵈이고 다음에 현대의 불행한 사람들의 육톄를 뵈어 그를 비교하야 육톄가 얼마나 중요한가를 부르지저 노앗스며 그 다음 다섯 편은 위생덕 톄육, 률동톄조(律動體操), 무도, 운동경긔, 호외 유희(戶外 遊戱) 등 편이 밧괴임을 짤하 어린애로부터 차차 커가서 성년에 일으기까지의 긔본덕 운동을 뵈이며 다음에는 운동의 예술화하는 것으로 다시 자유로운 형식에

발던되는 무도 경기 등에 갈니우게 되엇다. 최후로는 형식뎍(形式的) 구성을 써나 태양대긔수(太陽大氣水) 편에 일으러서 호외에서 질겁게 쮜노는 사람들을 뵈이어 잇다고 한다. 전편을 통하야 독일사람의 솜씨인 마치 조직이 치밀 교묘하고 설명이 과학뎍으로 정확한데는 놀라지 안을 수가 업는 영화라고 한다. 각 세부의 지도는 학술, 미술, 건축 각 방면에 사게 권위들을 모앗고 쏘는 각 편 출연자들은 모다 세게 일류의 명인들이라고 한다. 례를 들면 운동게로는 「쌔쏠스」 씨, 「헬렌 윌스」 양, 무도게로는 「칼싸비나」 양, 「인페코펜」 양, 일본의 무도가 석정막(石井漠) 씨와 그의 누이까지 집어넛다고 한다. 하여간 이 영화가 독일에서 봉절되엿슬 쌔 그 형세는 자못 맹렬하엿섯다고 한다. 전국 몃백만의 도시 군부가 일시에 상영하엿고 교육 당국자도 보통 영화 구경을 금하는 터이엇스나 이 영화는 소학교 아동까지 구경하도록 권햇섯스며 그로 인하야 동디의 톄육부도 경기게에 준 경향도 매우 위대햇다고 한다.

동아 26.05.16 (5) [연예] 원앙전(傳)

◇ 「노마 탈마치」 양의 남편은 「쪼씨프 쌔크」 씨인데 씨가 경영하는 「스터듸오」 안에 「노마」 양과 그의 아우 남편 「쌔스타 키톤」 군도 함께 잇다고 한다. 그런데 「키톤」 군의 영화는 「메트로쏠드윈」 사에서 발매하고 「노마」 양의 영화는 「유나뎃드아치스트」 사에 발매한다고 한다.

◇ 「씨그필드포리스」의 명 무도가로 미국 뉴욕 무도게에서 그 일홈이 굉장하게 훗날려 잇는 「미마레」 양은 영화게에서도 춤으로써 큰 인긔를 어덧는데 최근 「시트로하임」 씨 감독하에 「메트로쏠드윈」 사에서 「메리위드」 = 결혼 = 하얏다는데 그 남편은 역시 리원(梨園) = 극게 = 에 잇는 「로쌔트 레오나드」 군이라는데 최근 파리에서 리혼을 하느니 안이 하느니 큰 문데가 되엇섯다는데 그동안 리혼을 햇슬른지도 몰으겟다고 한다.

매일 26.05.16 (2), 26.05.17 (3), 26.05.18 (3), 26.05.19 (3) 〈광고〉 [연예안내]

조선일보 5월 15일자 광고와 동일

매일 26.05.16 (3) [영화소설] 삼림에 섭언(森林에 囁言)(七) / 강호일영생(江戶一泳生)

매일 26.05.16 (7) 연애도 허영도 녹음(綠陰)에 싸여서 / 주점 여른 『월화』 양 / 경회루가에 양식뎜 / 그 주인은 리월화 양

◇ … 일즉히 토월회(土月會)의 녀배우가 되야 『하이덴베루히』의 『케데이』도 되며 『부활』의 『카츄샤』 『사랑과 죽음』의 『케데이』도 되야 녀배우로서의 요연한 텬분과 녀셩으로서의 가련한 특재를 마음것 긔껏 발휘하는 리월화(李月華) 양이 한참 곳이 업서젓나.

◇ … 새 싱각을 가진 졀문이들 사히에서는 『리월화가 어듸를 갓노』 하는 이도 잇스며 『애인과 손을 잡고 상해로 갓다든가』 하든 분도 잇섯스나 경성의 인긔를 몸에 실고 『리월화』가 출연을 하지 안으면 구경갈 자미도 업다 하든 어엿분 녀배우 리월화 양은 경성에 낫하낫다.

◇ … 그가 그동안 누고와 어듸로 엇덧케 도라온 것은 자최 업는 바람에 날니는 락화(洛花)와 갓하야 아라볼 길도 업거니와 머리는 싹가 곱게 지져 붓치고 빗 고흔 『본넷트』에 실신한 양장을 하고 절문이의 가슴에 숨여나 들다시 다정히 쓰는 그 동자는 지금 볏도읍 한양의 신록(新綠)이 무르녹아 가는 경복궁 안 경회루(慶會樓) 큰 연못 셔편 언덕 숑림 속에 빗나고 잇는 것이다.

◇ … 경복궁 안에는 한참 됴션박람회의 구경거리가 란만히 버러졋다. 일긔는 좃켓다. 째는 한가하겟다. 경복궁으로 경복궁으로 모도혀 드는 구경꾼들을 위하야 가진 음식덤이 버러진 곳에 경회루 연못 셔편 곳 숑림 사히에는 션명한 『싸락크』 양식덤이 숑문(松門) 속으로 별녀 잇고

◇ … 그 우흐로는 대흥관(大興舘)이라 쓴 간판이 붓고 그 밋흐로는 리월화이라는 석자가 금빗으로 그려 잇다. 황금을 쑴꾸는 녀성- 새로은 흥미에 주린 녀성! 작란 잘하고 수선 잘 피고 쌀쌀한 체 잘하는 당대의 인긔녀배우 리월화 양은 맛참내 젹은 양식덤 주인이 되야 공진회 안에 낫하난 것이다.

◇ … 무대를 격하야 혼자 애를 대오든 청년들이야 『사이다』 한 병만 사 먹어도 어엿분 배우 리월화 양과 경회루를 배경으로 숑림을 무대 삼고 태양으로 투조긔를 삼아 한판 련애극도 쑴꿀 수 잇다 하야 — 모도혀 든다! 모도혀 든다! 음식덤 디대에 드러스며부터 고개를 두르는 친고들은 너나 할 것 업시 『대흥관!』

을 찻는 모양이니 리월화의 인긔는 아즉도 죽지 안은 듯……

◇ …『참 조흔 장샤를 시작하시엿구려』 무럿드니 그는 여전히 젹은 입에 애교 잇는 우슴을 실고 『물건이나 좀 가라주서요』 한다 — 사랑도 무대도 명예도 이져바리고 오직 돈버리 길노 내다른 리월화 양의 좁은 가슴에는 무슨 싱각이 잇섯든가 — 뭇고자 하나 대답이 업스려니…… 뭇는 것도 어리석엇다.

조선 26.05.16 (조3) [영화인상]

◇『불야성의 여성』 리라리 양의 언제든지 식지 안는 열성에 대하야는 그를 찬미하지 안을 수 업다. 그는 언제든지 여긔에 대하야 매양 연구를 게을리 하지 안는다. (리생)

◇『환락의 불야성』 선전할 만한 명화는 아니다, 화려한 그것쑨, 후반 최후의 「씨인」이 업섯드면 객이 하품을 할 번햇다. (경운동인)

◇『영원의 탄식』 진실한 맛이 잇는 작품. 그러나 일반이 환영할 사진은 아니엿다. 패시매몬드 씨는 언제 보아도 마음에 드는 배우다. 폭스 사진의 결점인 음울한 염조색(染調色)은 이 작품에서도 일향(一向) 마찬가지엿다. (왕십리 사람)

◇ 라이오넬 바리모어 씨의 작품이 왓다. 괄목하야 그의 연기를 보고저 한다. (P, H생)

영화인상란 투고규정

一, 일 영화에 대하야 평은 십사자 일행 오행 이내로 합니다

一, 특히 조선관객을 본위로 한 상설관에서 상영한 영화를 환영합니다

一, 영화해설에 대하여도 우(右)의 규정에 준합니다

一, 투고자 씨명은 지상에는 익명으로도 발표할 수 잇슴니다
一, 원고는 조선일보사 학예부로 보내시오

시대 26.05.17 (3) 〈광고〉
특선명화 돌연 봉절 (오월 십오일부터 오 일간)
● 유 사 **국제시보** 전일권
● 유 사 독특 쎈추리 희극
중풍환자 걱정마라 **늙은이 고통** 전이권
중풍병 곳치는 법 신발명-
인제는 약장사 밥 굼기기 십상팔구야
● 유 사 특선 채드윅 영화
대사회극 **거성찬연(巨星燦然)** 전칠권
영화극단의 명성(明星) 리어오넬바라모어
득의 단상의 대열혈극 보라!
● 유 사 쓔엘 초특작 이오년도 작품
명화 **발명영관** 전구권
수일간 선전 중에 잇든 대과학극은 드대어 봉절,
눈물 잇고 사랑 잇고, 로맨스가 잇는 명화,
사진전화 장면의 초인간적 크라이막스는 오즉 경이
=(예고)=
연속 제삼회
청공의 맹자(青空의 猛者)[147] 오 육편 사권
모성비극 **아조 기르는 여성** 전십권
댈마치 영화 대모험 **철벽돌파** 전육권
수은동 **단성사**
전 [광] 구오구

시대 26.05.17 (3) 시대 26.05.18 (3) 〈광고〉
5월 12일 조선일보 우미관 광고와 동일

동아 26.05.18 (5) [연예] 수수걱기 신영화 / 상영되기까지는 일테 몰라
최근 일본에 수입된 미국영화 중에 봉절 상영하기까지는 무슨 사진이며 누구들이 출연하엿다는 것

---

147) 시대일보 5월 3일자(1), 5월 6일자(4) 등 단성사 광고에는 '蒼空猛者'로 되어 있음.

을 도모지 알 수 업다는 영화가 수입되엿다는 것은 새 소식이 아니니까 아는 판들도 만을 것이다. 그런데 그 영화에는 미국에서 유명한 일류「스타」열두 명이 공연을 하엿다는데 그것이 누구누구인지는 물론 몰으는 것이요, 영화에 나오는 인물들의 역명조차 일테 알 수 업스며 쏘는 원감독자 각색자도 알 수 업고 쏘는 그 영화를 촬영하기에 노력한 사람들조차 한 사람도 알 수가 업다고 한다. 다만 알 수 잇는 것은 살인광선(殺人光線)과 마인(魔人) 두 영화를 지은 「로란드 휘스트」씨가 그 영화 권리 보지자이라는 것과 원작자는 「메리도버트라인핫」녀사와 「아쎄리호풋트」씨의 합작이라는 것을 알 수 잇스며 무대에서 대환영을 밧든 극을 「쑤리아스쏜손」씨가 각색햇다는 것과 영화 일홈은 『쌔트』 — 편충 — 라고 하는 것을 알 수 잇슬 쑨이요 그 밧게는 전부 상영되여야 비로소 알게 될 수 잇다고 한다.

동아 26.05.18 (5) [연예] 원앙전(傳)
형 되는 「리리안 씻시」와 함께 명 감독 「크리피스」의 감독하에 『세계의 마음(世界心)』에 출연하야 경쾌한 기예로 큰 명성을 어든 「쪼로시 씻시」양의 남편은 「쌤스 레늬」라는 사람이라는데 방금 리혼을 하고 잇다는 소문도 잇다고 한다.

동아 26.05.18 (5) [연예] 로이드 희극 『제발 덕분에』 / 새로 된 로이드 영화
「하롤드 로이드」군의 그중 새로운 장편 희극은 『제발 덕분』이라는 영화라고 한다. 흉악한 악한의 무리를 솜씨 잇게 물니치고 사랑스러운 처녀와 결혼을 한다는 것인데 단련된 감독 「프래드 뉴메아」씨의 수완과 더욱 신묘한 디경에 들어가는 「로이드」군의 신 기예가 만히 잇는 영화라고 한다. 사진은 저녁 찬미가를 부르는 고요한 교회당이라고 한다.

시대 26.05.18 (1), 26.05.19 (1) 〈광고〉
5월 17일자 단성사 광고와 동일

동아 26.05.19 (5) [연예] 신기루 출현 원리로 발명된 혁신기발한 물리 응용 연예 / 금일부터 명치뎡에서 행연할 터
수일 사이 업시 발달되여나가는 인지에 쌀하 진보되는 과학은 지금에는 실로 신묘한 디경에 이르럿다고 할 만치 되엿다. 실물 그대로를 그리여놋는 사진이 생기여 그것이 다시 자유자재로 움직일 수 잇는 활동사진이 되고 움직일 수밧게 업는 그림이 말까지 할 수 잇시 되여 말하는 활동사진이라는 것이 생기게 되엿스며 그 밧게 새록새록이 발명되는 긔계들은 일우 헤일 수 업는 중 이번에 쏘 한 가지 우리의 눈에 새로운 것이 잇스니 그는 신긔루(蜃氣樓)의 출현 리치를 쌀하 던긔와 굴곡광선(屈曲光線)을 응용하야 온갖 물톄를 마음대로 물 가운데든지 불 가운데든지 쏘는 아모 데다가든지 나타내일 수 잇다는 「뉴늬쌔스시치」라는 긔계로 이 긔계가 발명된 지는 오래고 구미 각국에서는 긔위 실용화하야 광고등에까지도 리용하는 중이나 긔계의 갑이 빗사고 긔계의 조종에도 상당한 긔술이 필요한 까닭으로 이제까지 동양에서는 그를 가저올 수가 업섯다는데 그 긔계 장치는 무대 밋헤다가 하고 역시 무대 밋헤서 연극 무도 등을 하면 그것이 무대 위에 나타나게 되는데 무대 우에 나타나는 것도 그림가치 나타나는 것이 아니요, 무대 밋헤 잇는 실물 그대로가 무대 우에 나타나서 춤추는 미인의 손을 무대 우에서 잡어 끌면 무대 압헤까지 나오게 되기까지 한다 하며 쏘는 불 속이나 물속 가튼 데서 춤추는 것을 나타내일 수가 잇스니 그는 한편에는 불이나 물을 놋코 쏜 한편에서 사람이 춤을 추면 그것이 광선작용으로 함께 어우러저서 무대 우에 나타나는 고로 활활 붓는 불 속이나 용용한 물 속에서 춤 추는 것을 볼 수가 잇게 된다고 한다. 이 긔계를 이번에 몃 사람의 출자로 사드려가지고 명치뎡(明治町) 주식취인소 압 공디에다가 가설극장을 세우고 금 십구일부터 일반에게 관람케 할 터인바, 동경으로부터 남녀 배우 십륙, 칠 명을 다려왓스며 조선 기생 중에서도 춤 잘 추는 기생들을 다려다가 연극과 무도 등을 연출할 터이라 한다.

동아 26.05.19 (5) [연예] 원앙전(傳)

◇ 녀류 명화 작가로 그 일홈이 세계에 썰처 잇는 「투네아드레」 양의 남편은 경쾌한 기예를 가지고 일홈을 어든 「톱 무어」 군이라는데 그는 영국 귀족의 역을 썩 잘 한다고 한다.

◇ 무대에서와 가치 영화에서도 「밤파이아」(妖婦) 역으로는 텬하일품이라는 「씨짜쌔짜」 양은 영화게에서 몸을 쌔처서 사랑하는 남편과 은퇴 생활을 한 지가 수년인데 지금도 일반 판들은 그가 다시 나오기를 고대하는 중이라는바 그 남편이라는 사람은 「찰스 필리핀」 씨라고 한다.

매일 26.05.19 (3) 우슴 속에 눈물 실고 / 복혜숙 양의 / 극적(劇的) 주식회l사(酒食膾舍) / 상무취테는 석돌이요 / 지배인은 입분이라고

토월회(土月會)의 『비로-도』 막(幕)이 고요히 열니인 곳에 광무대(光武臺) 『스테지』 우에 아릿다운 자태를 낫타내여 만도의 『판』으로 하야금 잠시도 잇지 못하게 하던 화형배우 복혜숙(卜惠淑) 양은 토월회가 한번 공연(公演)을 즁지한 이후로

◇―◇

그 형적을 감츄고 만 것이니 그를 그리는 이들은 져윽히 답々하여 하든 바이엇슬 것이다. 츈향전(春香傳)의 녀쥬인공으로 쏘 『이내 말삼 드러보시요』의 주역으로 가지々의 동서양극에 개개히 주역으로 츌연하던 복혜숙 양! 그가 아니면 토월회의 녀배우가 업다고 할 만큼 일좌의 인긔를 등지고 잇던 그는 과연 엇더한 곳에서 무엇을 하는가?

◇―◇

토월회의 예젼 공연에 역시 복혜숙 양 모양으로 빗열의 환영을 밧던 리월화(李月華) 양이 됴선박람회 데이 회장 속에서 양식뎜을 버리엇다 함은 수일 전에 보도하엿거니와 이제 그 리월화 양의 경영하는 대흥관(大興舘) 아릭 아릭집 경복궁 녯 대궐 경회루(慶會樓) 연못가 셔쪽으로 민-낏헤 극덕주식회사(劇的酒食膾舍)라는 익살스러운 일홈을 가진 주뎜 하나이 잇다.

◇―◇

이 주덤에 등식(藤色) 비단져고리, 쌈언 스카트『비로도』만도를 엽헤 걸처 노흔 양장한 미인이 팔둑 시게 걸은 옥 갓흔 손으로 술주전자를 들고 한잔ㅅ 짜르고 잇는 사람이 곳 우리가 찻는 복혜숙! 그 사람이다. 약주 한 잔과 고기 한 덤에 오젼! 게다가『스테지』우헤셔 만흔 사랑과 환영을 밧던 복혜숙 양이 손수 술을 짜른다지 ― 이곳에 사람이 아니 모히고 어이하랴.

◇ ― ◇

아참부터 져녁 째까지 이곳을 지나가는 사람이나 이곳을 차저오는 사람이 몰녀들고 몰녀들어 실로 대성황 대번샵을 이로운바 괴로운 줄도 잇고 허리 압흔 줄도 모르고 공손히 주전자를 들고 셔셔 오즉 돈 모는 자미에 뜻을 붓치고 잇는 그에게는 예젼의 영화를 쑴갓치 보고 지나간 과거의 온갖 괴로운 신셰를 싱각하면셔 남모를 배포를 품고 잇는지?

◇ ― ◇

한 잔 두 잔 술 짜르는 소리 속에 아지 못할 인싱의 숙명과 노력이 잠기인 것 갓하얏다. 쒸는 이 우에 는 나는 패가 잇다더니 월화 양의 양식덤을 덥허 누르고 덤두에 나셔셔 손수 술을 짜르는 대담한 복 혜숙 양의 오늘이여! 힝이냐! 불힝이냐! 지배인은 입분(持盃人 立分)이요, 상무(床務)는 석돌(石乭)이 라는 것도 우습거니와

◇ ― ◇

한 겹 우슴 속에 남모르는 눈물이 잠겨 잇는 줄이야 아는 이가 누고 이겟느냐! 현대 녀셩의 위태한 압 길이여 ― 길게 복 잇거라.

◇ 사진은 복혜숙 양◇

매일 26.05.19 (3) 부청(府廳)에셔 시사대회 / 공회당에셔

경성부에셔는 부민의 풍긔확청과 사상완화를 목뎍으로 사회교화사업에 배뎐 노력을 하며 그리하기 위하야 활동사진반을 신셜하얏다 함은 긔보한 바어니와 요지음까지는 총독부의『필림』을 빌어다가 예젼에 잇든 헌 긔계로 하얏스나 그것만으로는 완전하다고 할 수가 업슴으로 지금으로 약 일주일 젼 에 시내 욱뎡(旭町) 이뎡목 만션활동사진상회(滿鮮活動寫眞商會) 궁쳔(宮川) 씨에게 의뢰하야 됴션에 셔는 아즉 처음인 미국졔(米國制)『홈쓰』긔계를 구입하기로 하야 금 십구일에는 긔계가 경성부까지 도착되게 되얏슴으로 불일간 그 긔계로 야외시사대회(野外試寫大會)를 개최하기로 하얏셧는데 요지 음은 고 리왕뎐하(故 李王殿下) 국장 젼임으로 근신하는 뜻을 표하기 위하야 야외 시사는 뎡지하고 공회당(公會堂)에셔 부 공직자 급 신문긔자단 긔타 일반 유지를 초대하야 실내 시사대회를 개최하기 로 하얏스며 장릭는 문부성(文部省)에셔 현상모집 중인 각본 중 당션되는 것을 박힌『필림』을 사용하 리라더라.

시대 26.05.19 (1) 〈광고〉

당 십구일(수요)부터 명화 공개
독일 우논 사 대작

대사극 **씌셥슨** 전십권

영왕(英王) 헨리 팔세를 중심으로 애(愛)와 운명에 기복(起伏)된 애화(哀話)-

결구(結構) 웅대하고 배경 장미(莊美)를 극(極)함

연속활극 **호의 조(虎의 爪)** 최종편 사권

실사 **동물원** 전이권

희극 **느리광이 아버지** 전이권

이상

관철동 **우미관**

전 [광] 삼구오번

조선 26.05.19 (조4), 26.05.20 (석2), 26.05.21 (조4), 26.05.22 (조4), 26.05.23 (조3), 26.05.24 (조4), 26.05.25 (조4) 〈광고〉

시대일보 5월 19일자 우미관 광고와 동일

동아 26.05.20 (2) 〈광고〉

◎ 이십일(목요)부터 특별 흥행

천하의 인기를 독점한 명편 봉절

△ 파라마운트 사 구리스치 대희극

폭소극 **소아사용(小兒使用)** 전이권

몬듸- 반크스 씨 주연

통쾌무비대대활극 **지옥의 맹화(猛火)** 칠권

맹장 앤토니오 모레노 씨 주연

자동차경주 **말성 만흔 신랑** 이권

희극왕 싯트 스미스 씨 쾌연

◇ 절세 연애 대명편 ◇

모험비곡 **영원의 세계** 전팔권

일세미남 고(故) 우오레스 리도 씨 연

＝ 대예고 ＝

절대한 호평을 박득(博得)한 대명편

건국사 **북위 삼십육도** 십일권

조선극장 (전 광 二〇五)

동아 26.05.20 (5) [연예] 신감각파 영화 / 세계 영화계의 큰 세력을 차지한 불란서의 신감각파 주의의 영화

구주 대전란 이후로 퇴폐한 전 구라파에 불란서로부터 머리를 들기 시작한 신감각파(新感覺派)주의의 예술운동이 대홍수와 가튼 세력으로 퍼지게 되어 아메리가에 와서도 또한 큰 환영을 밧게 되엇다. 먼저 그 김새를 안 「파라마운트」 회사가 신감각파의 화형인 「폴모란」 씨 원작의 『밤 밝을 째』라는 각본을 어더다가 영화를 만들어서는 미국의 인긔를 비등케 하야 큰 성공을 하얏다. 그러나 이 영화는 일본에서는 상영을 금지하얏는 고로 우리는 물론 볼 수가 업슬 것이라고 한다. 그 영화는 그만치 현대인의 사조를 뒤흔들어 노앗스나 실제는 비예술뎍 미국인의 솜씨로서는 완전한 것을 나을 수가 업섯든지 그 작품의 줄기만 손쉽게 추려놋코자 하고 표현형식에 충분한 주의를 하지 안이하얏든 까닭으로 그 영화는 현실파와 감각파의 퇴긔가 되어바리고 말게 되엇다고 한다. 그런데 불란서 본 바닥에 최초로 제작된 영화 『사람 안인 계집』이 잇스니 그는 불란서 젊은 예술가들이 각자 자긔 전문의 소임을 마터서 각색과 밋 촬영감독은 「말세레쩨」 씨가 맛고 객실 설계는 「마레스 틔반」 씨가 맛고 실험실 설게는 「펠난레쩨」 씨가 맛고 긔구 등속의 의장은 「피엘샤로」 씨가 맛고 의상은 「폴파레」 씨가 맛터 제각기 전력을 다하야 제작한 것이라고 한다. 더욱이 주연 녀배우는 상징 시인 「매테림」 씨의 부인이요, 탐뎡소설의 대가 「모리스 투부란」 씨의 누이인 「쏠쩨트 투부란」 부인이 출연하얏고 그 상대역은 미남자로 유명한 「쩩크 카트란」 씨가 출연하얏다고 하는데 이 영화가 한 번 상연된 이래로 방금 영국과 불란서에서는 「쏠쩨트」 부인이 입고 출연하얏든 의복의 의장을 본써 만든 의복이 크게 류행된다고 한다. 이것만으로 보아도 신감각파의 영화가 얼마나 현대인에게 큰 인상을 주는가를 알 수가 잇다고 한다.

동아 26.05.20 (5) [연예] 〈사진〉

독일 「에멜카」 영화 『쾌락의 원(快樂의 園)』에 출연한 화형배우 「카메리타 쌔라쎅」 양인데 이 영화에 출연한 사람들은 세계에서 그중 그 역에 적합한 명우들을 골라다가 출연케 한바, 카 양은 미국으로부터 선발되어 간 배우라고 한다.

매일 26.05.20 (3), 26.05.21 (3), 26.05.24 (3) 〈광고〉 [연예안내]

〈기마대의 명예〉 상영정보, 선전문, 예고 등이 제외된 외 시대일보 5월 20일자 단성사 광고와 주요 내용 일치

매일 26.05.20 (3) 〈광고〉 [연예안내]

당 이십일(목요)부터 특별 흥행
파라마운트 구리스치 대희극
폭소극 **소아사용(小兒使用)** 전이권
몬듸-반크스 씨 주연

대파라마운트 사 특작영화

통쾌무비대々활극 **지옥의 맹견** 칠권

맹장 앤토니오-모레노 씨 주연

파라마운트 사 구리스치 대희활극

자동차경주 **말성만은 신랑** 전이권

희극왕 싯트-스미스 씨 쾌연

대파라마운트 사 고심에 대걸작품

모험비곡 **영원의 세계** 전팔권

일세의 미남 고(故) 우오레스-리도 씨 전생(全生)의 노력편

일편은 보옥가치 고은 사랑의 시

일편은 피빗가치 붉은 열정의 시

조선극장

시대 26.05.20 (4) 〈광고〉

공전에 대활극 주간 오월 이십일부터 오 일간

1 ▲ 유 사 **국제시보** 전일권

2 ▲ 유 사 독특 센추리 대희극

금강석반지씨고 **옥여자(玉輿子) 타면** 전이권

금강석 반지 씨고 옥여자 타면 마마님 노릇하긴 퍽 쉬운 게야……

3 ▲ 유 사 특선 탈마지 영화

천지분쇄적대모험활극 **철벽돌파** 전육권

철두철미의 전율! 모험! 홍소!

재래의 작품도 본편 압혜는 아동배(兒童輩)

4 ▲ 유 사 특작 쩨스몬드 영화

삼림대난투극 **기마대의 명예** 전육권

경천동지적 대태풍극!

쾌남아 쩨스몬드 씨의 면목약여(面目躍如)[148]……

5 ▲ 유 사 특작 대연속

제사회 **창공맹자** 칠, 팔편 사권

=(예고)=

모성비극 **아조 기르는 여성** 전십권

이세 탈마지 특작품

---

148) 세상의 평가나 지위에 걸맞게 활약하는 모양.

自車車[149]경주극 **스핕드 킹** 전육권

수은동 **단성사**

전 [광] 구오구

시대 26.05.20 (4), 26.05.22 (3), 26.05.23 (5), 26.05.24 (4), 26.05.25 (4) 〈광고〉
5월 19일자 우미관 광고와 동일

조선 26.05.20 (석1), 26.05.21 (석1), 26.05.22 (조4), 26.05.23 (조3), 26.05.24 (조4), 26.05.25 (조4), 26.05.26 (석1) 〈광고〉
출연진 제외된 외 동아일보 5월 20일자 조선극장 광고와 주요 내용 일치

조선 26.05.20 (조2) 멍텅구리 활사대 도구(到邱)와 / 본보 독자 우대 / 이십일 독자에 한하야 반액
본보 대구지국(本報 大邱支局)에서는 이십일부터 본보에 긔재된 만화 멍텅구리 활동사진대가 대구에 옴을 긔회로 본보 독자에 한하야 각등 반액으로 독자우대를 한다는바 독자할인권은 이십일 본 지국에서 발부하리라더라. (대구)

조선 26.05.20 (조3), 26.05.22 (조4), 26.05.23 (조3), 26.05.24 (조4), 26.05.25 (조4) 〈광고〉
예고와 선전문이 제외된 외 시대일보 5월 20일자 단성사 광고와 주요 내용 일치

동아 26.05.21 (6), 26.05.22 (5), 26.05.23 (3), 26.05.24 (2), 26.05.25 (3), 26.05.26 (2) 〈광고〉
5월 20일자 조선극장 광고와 동일

매일 26.05.21 (3) 제극(帝劇) 여우(女優) / 불원(不遠) 내선(來鮮)
동경연극계(東京演劇界)의 중진인 뎨국극장(帝國劇場)에셔는 산본전무(山本專務)가 전부터 계획하든 해외흥힝(京外興行)의 뎨일보로 맛침 만텰 본사(滿鐵 本社)에서 사원의 가족위안을 위하야 초빙한 것을 긔회로 전속남녀배우(專屬男女俳優)들이 오난 륙월 흥행(六月 興行)을 맛치고 됴션을 몬져 것쳐 만주로 향할 터인바 남자배우로 유명한 수뎐감미(守田勘彌)와 종십랑(宗十郞) 외 십여 명이요, 녀배우로는 촌뎐가구자(村田嘉久子) 강원군자(江原君子) 동일츌자(東日出子) 등으로 산본삼구랑(山本三九郞) 씨가 지배인이 되야 갈 터인대 연츌종목(演出種目)은 십륙야정신(十六夜精神) 이인도상사(二人道常寺) 외 수종으로 륙월 하순에 동경을 출발하야 부산에서 최초의 공연을 하고 다음 경성 평양 안동 대련 려순 봉텬 합이빈 북경 상해 등디를 순회하면서 공연하고 구월 중순에 귀경할 예뎡이라더라.

---

149) '自動車'의 오식으로 보임.

251

(동경뎐)

매일 26.05.21 (3), 26.05.24 (3) 〈광고〉 [연예안내]
5월 20일자 조선극장 광고와 동일

시대 26.05.21 (2) 〈광고〉 인산(因山)광경 / 시대일보 / 활동사진반 근사(謹寫)
구한국의 최후 황상이신 룡희황제(隆熙皇帝)께서 승하하신 후 지극한 애통이 삼천리에 가득한 중에
인산에 대한 만반 준비도 유루가 업게 하고자 일반이 지성으로 진행하는바 본사에서는 궁내의 절차
와 민중의 봉도와 인산광경을 영구히 보존하고 인산에 참배치 못하야 유감으로 생각하는 방방곡곡
에 알이기 위하야 삼가 활동사진(活動寫眞)을 근사코자 교섭 중이든바 특별한 쯧으로 내락을 어더 즉
시 착수하게 되얏기 위선 독자 제위께 발표하는 바입니다.

**동아 26.05.22 (5) [연예] 구미영화계 암투 / 미국 자본에 쏘들니는 구주영화게 / 독일 이태리 불
란서 련합의 대회사**
불국 영화녀배우로 가장 세계덕 큰 명성을 어든 로서아 태생의 「나다리 코방코」 부인은 연의 개가(戀
의 凱歌) 밋 기타 불국 영화로 말미암아 우리 조선의 판들도 매우 친숙해것다. 부인은 이번에 그 남편
되는 「위체슬라우 툴얀스키」 씨와 함께 미국의 대 영화회사 「메트로쏠드윈」에 팔니여 불원간 미국
으로 건너가게 되엿다고 한다. 그 갑은 얼마라고 적확히는 알 수 업스나 씀직이 만흔 돈을 밧고 간다
는데 이로 인하야 불란서 모 잡지에는 돈 타령을 한바탕 하고 돈이란 위대한 힘을 가진 마물이 구라
파의 아름다운 배우들을 모조리 쓸어 간다고 우는 소리를 햇다고 한다. 그나 그쑨인가. 실상 아메리
가의 대자본은 구라파 영화계의 큰 세력을 차지하게 된 것을 생각할진대 우는 소리만 하고 잇슬 쌔가
안일 것이다. 미국 자본은 소자본의 구주 상설관들도 도저히 경영할 수가 업게 만들고도 오히려 그
세력을 펴는 중이라고 한다.
　◇
불란서와 이태리와 독일 세 나라의 자본가들이 대합동을 해가지고 구라파 대영화회사(歐羅巴 大映畵
會社)라는 것을 새로히 세워서 미국 영화회사의 자본의 세력을 대뎍해보고자 한다. 그리하야 첫 사업
으로 데일회 작품으로는 불국 문호 「에밀소라」 씨의 『쎌미날』을 영화화한다고 한다. 감독은 이태리
로부터 「쭈씻페폴치」 씨가 출동할 터이라 하며 촬영 장소를 파리를 중심으로 할 터이라더라.

**동아 26.05.22 (5) [연예] 일본 제극(帝劇) 전속 전촌가구자(田村嘉久子)[150] 일행 / 내월 하순 내경
(來京)**
동경 뎨국극장(東京 帝國劇場)에서는 산본 전무(山本 專務)가 일직이 계획 중이든 해외 흥행을 데일

---

150) 본문과 기타 기사를 참고할 때 村田嘉久子의 오식으로 보임.

보로 맛침 만털(滿鐵) 본사로부터 동 사원 가족을 위안하기 위하야 초빙한 것을 조흔 긔회로 동 극장 전속 남녀 배우들이 류월 흥행을 맛친 뒤에 직시 출발하야 부산(釜山)에 일으러 첫 흥행을 하고 경성(京城)에 들어와서 데이회로 흥행을 한 후 평양(平壤)을 거처서 안동현(安東縣), 대련(大連), 려순(旅順), 봉텬(奉天), 합이빈(哈爾賓), 북경(北京), 상해(上海) 등디를 순회 행연할 터이라는데 동경에 도라가기는 구월 중순경으로 오십 일간을 순회할 터이라 하며 일행은 남녀 배우로 수뎐감미(守田勘彌), 개십랑(介十郞)을 위시하야 십여 명으로 녀배우로는 촌뎐가구자(村田嘉久子)를 위시하야 동일출자(東日出子), 강원군자(江原君子) 외 이십여 명, 합 사십여 명이라 하며 산본삼구랑(山本三九郞)이 지배인이 되어서 다리고 올 터인데 그들이 가지고 올 각본은 씨저진 일력(破裂된 日曆), 십륙야정신(十六夜精神), 련사자(連獅子), 이인도상사(二人道常寺), 신뎐제(神田祭), 평판(坪坂) 등 이는 그들이 그중 잘하는 것들이라고 한다.

시대 26.05.22 (3), 26.05.23 (5), 26.05.24 (3), 26.05.25 (4) 〈광고〉
5월 20일자 단성사 광고와 동일

동아 26.05.23 (5) [연예] 미 영화배우 미신 / 코린무어 양만은 례외라고
조선에는 아즉 이럿타 하는 배우들이 나타나지 아니한 까닭에 하다못해 이러한 이야기거리도 업지마는 직업을 가진 사람 중 배우라는 직업을 가진 사람들처럼 미신 만흔 사람이 업다고 한다. 세계 어느 나라를 물론하고 배우들은 별별 것에다가 다 미신을 붓친다고 한다. 이제 미국영화게의 화형배우들 사이에 굿게 직히는 미신 하나이 잇스니 그는 별다른 것이 아니요, 한 번 분장해서 인긔를 어드면 언제든지 그러케 분장을 해야지 그러치 안으면 인긔를 써러치기 쉬웁다는 것이다. 가령 남배우가 수염이 잇는 역을 맛허서 수염을 붓치고 출연을 하야 인긔를 어덧스면 그 배우는 엇더한 경우에든지 수염을 붓치고 출연을 해야지 만일 그러치 아니하면 인긔를 써러친다는 것이며 쏘 녀배우가 한 번 독부의 태도로 분장을 하야 인긔를 어덧스면 어느 째든지 독부로 분장을 해야지 만일 그럿치 아니하면 인긔를 써러치게 된다는 것이다. 그리하야 자기에게 상당한 조흔 역이 차레로 도라와서 자긔도 자신이 잇드라도 그 역을 내어노코 독부 역을 맛허서 첫 번 인긔 어든 그 분장을 하라고 한다는 우수운 미신이라고 한다. 그런데 미국 영화배우게에서 한낫 이적으로 아는 것이 잇스니 그는 「코린무어」 양에 한하야는 차한에 부재한[151]는 평판이다. 「코린 무어」 양은 영화배우가 된 이래로 지금에 일으기까지 별별 역을 다 맛허서 도라오는 역대로 마터 출연하얏스나 새로운 역을 마터서 다른 분장을 할 쌔마다 비상한 기술을 뵈이어 인긔를 써러치긴커냥은 맹렬한 인긔를 어더왓다고 하는 까닭이다. 그리하야 「무어」 양의 말은 『비범한 예술 밋헤야 그런 것이 다 어듸 잇단 말이냐』고 한다고 한다. 그러나 그런 것을 보고 그 말을 들으면서도 가튼 배우들은 오히려 용긔를 내이지 못하고 겁을 벌벌 내인다고 한다.

---

151) '해당되지 않는다'는 의미.

동아 26.05.23 (5) [연예] 〈사진〉

영국의 유명한 희극 녀배우 「아리스 모이드」 양이 지난 삼월에 미국 「하리우드」를 가서 「촤푸린」을 면회하고 그 긔념으로 촬영한 것이다. 「촤푸린」 군의 본 얼골은 이러하다고.

시대 26.05.23 (3) 부인풍속평 (2) XYZ

항용 활동사진을 허술하게 녀기어 거긔에 대한 시비가 적은 조선이지만 요사이 길에 나가보면 더욱이 미국 활동사진의 영향이 퍽 큰 것을 알아낼 수가 잇다. 녀학생들의 귀를 덥는 머리, 살 빗최는 양말— 생각하면 생각할사록 입 막고 우슬 일이 한두 가지가 아니다. 그리고 그중에도 제일 웃기에 허리가 압흔 양장부인들입니다. 이 사진에 만도를 둘르신 부인은 왼쪽 외투 입으신 부인보다 톄격이나 신관이 훨신 미뎍(美的)이요, 또는 거름거리라는지 전부의 태도가 어울리어 보이나 그러나 왼쪽의 부인은 별안간에 쑤미고 나선 해외관광단 중의 한 분 가틉니다. 그러치만 버서 버리시면 그만입니가 락심하실 것은 업슬 듯합니다.

시대 26.05.23 (4) 발명영관(發明榮冠)을 보고

이구영

감독계에 잇서 성가(聲價)가 놉다는 『애드와드, 슬로멘』 씨의 작품이니만큼 전편(全篇)에 구(構)*한 발랄한 기분과 상당한 스피리트를 보여준 작품이다. 후반 크라이막스에 좀 더 심각한 멋이 적엇슴에는 필경 원작 각색으로부터 본편의 결점이 잇섯든 것이 분명하다. 원작이 북미 극단의 이름 잇는 작가 『오윈·째뵈스』이니 무대극으로서 보지 못한 나로서는 그 원작을 운위(云謂)할 수는 업스되 그러트래도 크라이막스의 부족을 늣기게 된 것은 사실이다. 『배지니아·배리』는 조역, 페기 역을 마튼 『푸리실라·모랜』 소녀는 애국나팔에서 비롯오 찻게 된 천재 소녀로 본편의 전반(前半)은 페기가 살린 점이 만핫다. 『오-마·케-얌』의 시집을 가지고 고 『씨-ㄴ』의 정경을 표현하랴든 기교는 *심(心)할 것은 업스되 본편에서만은 이 기교가 가장 큰 효과를 나타냇다. 어쨋든 현대인의 심리를 잘 포착하얏고 사진전화를 중심하고 이만한 줄거리를 엇게 된 것은 잘 되엇다고 일반이 깃버할 만한 작품이다.

각색자의 성공 / 이경손

일본 총지사(總支社)가 제국호텔인가 어대서 명사를 초대 공개한 『버살』의 『주웰』이다.

식(食), 색(色), 명예의 만족을 어덧다고 생각하는 인간이 다시 창조적 생활은 *견(見)치 못하고- 욕망의 종점에나 다달은 듯이 탈선하는 버릇과 그 경우를 당한 주부된 몸이 남편을 향하야 취할 반항, 충고, 이별. 세 방책 중에서 『발명의 영관』식인 식, 색, 명예의 **압수로 ****식을 실행한 것이 묘사되어 잇다-는 것을 **할 째에 우리는 그 각색의 모순 업는 인과와 항상 **사건을 묘(妙)하게 미화시킬 수완을 발견할 수 잇다.

미국에는 지금 이 종류의 『에피쏘-드』를 영화화시키는 것이 유행되는 듯하다. 그러나 그중에도 이 작품은 비교적 인간성을 건드려 본 것이다.

그러나 또한 이 **을 『챠푸린』이나 『스도롬하임』에게 맛기엿드면…… 하고 십흐니 만치 『미국』 『**』 『*인(人)』 **품(品)이란 냄새가 난다. 그럴스록 각색 기교의 묘함이 더 발견되어진다 — 원악이 무대극 이라 하니 그 사진전화는 흥행상 쏘는 소위 무대효과로 아낙네들의 흥미를 무섭게 끌엇슬 것이다. 요 컨대 각색이 제일 낫다.

매력 잇는 작품 / 심대섭(沈大燮)

무대극을 『시나리오』화한 것이라 하나 과학문명의 **이 현대인의 영혼을 좀 쓸어 **할 만한 전(全)*의 파탄을 보히려 함에 표현파 희곡 『인조인간』의 집피와 *성 깁흔 암시를 겨누어 볼 수는 업지만 천편 일률로 보기에도 진력이 나는 『양키』의 작품으로는 근래에 드물게 어더 보는 양명(陽明)하고도 규모 가 쌔여 퍽 양*한 영화다. 기이한 사건의 **과 열(例)의 **한 배경이나 어느 배우 일 개인의 이름을 팔 어서 『스크린』와 **적 효과를 어드라고 들지 안코 평범한 『줄기』를 붓들어 가지고 맹목적인 사랑과 질투를 벗어나 여성의 차고도 싸쯧한 **적 성격미도 양념하고 약간의 **적 **를 겻드럿슴에 불과하것 만 전 구 권이나 되는 긴 『필림』이 돌아가는 동안에 관중을 씃까지 긴장식혀 잠시도 한눈을 팔지 못 하게 한 곳에 각색의 묘와 감독의 고심이 역력히 보인다. 주역인 『버지니아·아베리』 양의 표정과 동 작은 조각과 가튼 쪽쪽한 인상을 주기에 넉넉하얏고 『베기』 역을 마튼 『푸리실라 모랜』 소녀는 간지 럽고도 귀엽은 일종의 매력으로 어근버근 틈이 벌기 쉬운 영화의 니스매를 얽어매기에 성공한 것 가 티 보앗다.

배경과 광선 / 발명영관에 대하야 / 안석영

『배경』과 『광선』에 잇서서는 전편(全篇)을 통하야 두 곳밧게는 눈에 씌운 것이 업다. 기(其) 일은 『새 지니아』의 유모의 집에 『*』이 쮜여들어갈 쌔에 비추인 그 장면이나 애닯은 정서가 그윽히 서리어 잇 는 그 배경과 장치에 무엇인지 깃븐 소식을 기대리는 듯하며 그 우에 광선이 은은하게 흐르는 것이 다. 그리고 『*』의 집에 연회가 잇슬 쌔 무용이 잇섯슬 그 장면은 그 배경이나 의상(여자의 것만은) 명 화 쏫틔쎌리의 그림을 보는 것 갓다. 그리하야 그 여자의 춤추는 대로 아련한 옷 속에 움즉이는 그 아 지랭이 가튼 곡선과 방향(芳香)- 그리고 그 우에 쌍바닥을 뭉클허게 찐 듯한 광선 — 졸음 오는 그 배 경 — 은 마치 쏫틔쎌리의 『봄』이라는 그림을 보는 듯하다. 여긔에 그것을 **로 하야 모르는 두 청춘 을 부지불식간에 하나를 맨드는데 각색가와 감독에 잇서서 한쪽으로만 성공이라 해도 망발은 아 닐 것 갓다. 그 외에는 보잘 것 업섯다.

◇ 환락의 불야성에 대하야

이 사진에는 그러케 눈에 얼는 씌는 곳이 업섯다. 광선은 군대군대 차저보면 씌는 곳이 잇섯지만 그* 배(背)이 빈약하야서 아무러한 효과가 낫타나지 안흔 것 갓다. 그중에 제일 힘들인 듯한 연극* 무대와 그 무용은 지난번 조선에 나왓든 『지나가는 그림자』의 그것과 비슷한데 퍽 무력해 보이고 넘으나 황 막하얏다. 그러나 무도 연습하는 그 무대가 돌이어 전자(前者)보담은 별달리 실*을 주는 듯 하얏다.

255

이 사진은 그저 어썬 신문사의 광고의 목적인지 모르니까 더 말할 필요가 업슬 것 갓다. 어쨋든 미국 사진으로는 힘찬 것을 보지 못한 것이 유감이다.

시대 26.05.23 (5) 만경관(萬鏡舘) 확장 / 본보 독자 우대 / 십 전 균일

【대구】 경정(京町)에 잇는 상설 활동사진관 만경관은 유일한 조선인 소유로 작년 춘계부터 현(玄), 이 양씨가 경영에 착수한 후로 성적이 매우 양호하든 중 수일 전부터 근 십 년간 대구은행 지배인이든 이제필(李濟弼) 씨가 단독 경영하게 되엇다는데 금반에는 일층 대확장하야 관내 객석을 의자식으로 개량하고 부족히 불편이 업게 하는 동시에 무대를 전부 일신 개선하고 사진도 더욱 고급으로써 제공한다는바 월례로 거행하든 본보 대구지국 독자 우대에 대하야 더욱 열성으로 후원한다는데 금후로는 독자에 한하야 대 소인을 물론하고 계상 계하 십 전 균일로 개*하야 오월 중 독자 우대는 지난 칠일에 제일회를 흥행하고 제이회는 만경관 개선공사 기공 전인 금월 중으로 성대히 **할 예정이라고

동아 26.05.25 (5) [연예] 독일 우 사(社) 미 차관(借欵) / 파, 메, 뉴 삼 회사의 게약 내용과 / 칠백 오십만 쌀라를 엇든 우파 사

세계대전 이후 독일 돈의 시세가 써러저서 재게의 대혼란을 칠으고 난 독일영화게는 돈 시세의 안뎡을 어든 지금에도 오히려 그 상처가 다 낫지 못하야 휴업 상태에 잇는 회사가 여간 만치 안타는 것은 루루히 보도한 바와 갓거니와 독일에서도 오직 하나만 남엇다 일컷든 「우파」 회사도 쏘한 그 영향으로 말미암어 자본 고갈을 당하야 경영을 못 할 경우에 잇섯스나 그래도 질질 끌고 나가기는 백림에 잇든 「또이체」 은행으로부터 자금 융통을 할 수가 잇섯든 것이다. 그러나 빗은 조금조금 모힌 것이 백만 「쌔운드」를 돌파하고 갑허나가는 힘 죽어가는 사람의 입 긔운만 하니 은행의 호의도 작년 가을부터는 옴치러지고 보* 금융의 핍박은 극도에 일으니 동 회사의 중심 촬영소는 모다 쓸쓸해지고 말어 파산날이 압흐로 머지 안이하얏슬 즈음에 미국 「뉴니버살」 회사 사람이 「우파」 회사와 오래동안 협의를 한 결과 차용금을 다 갑흘 째까지 매년 열 개의 사진을 유 사 전속 상설관에서 봉절 상영할 권리를 주기로 한 후 삼만 오천 「쌀라」를 쑤어주엇스며 일방으로 「우파」 사는 역시 미국 「파라마운트」와 밋 「메트로쏠드윈」 량 사와 십 년 동안 리자는 년 칠부 반으로 사백만 원을 차용하얏는데 그 부대조건으로는 「유」 사보다 열 권식을 더, 각 이십 권식을 전속 상설관에 흥행권을 빌닐 것이며 쏘는 「파라마운트」 사와 「메트로쏠드윈」 사와 「우파」 사 등 세 회사가 합자를 하되 「우파」 사가 오십 「퍼센트」, 「파」 사, 「메트로」 사가 각 이십오 「퍼센트」의 자금을 내어가지고 공동제작소를 조직하야 그에서 제작되는 사진은 전부 미국으로 보내게 한다는 조문 부처 게약을 한 후 사백만 「쌀라」를 쑤어준 까닭으로 「우파」 사는 그 돈을 가지고 은행 빗을 갑고 나머지로써 영화제작을 시작하야 게속하게 되엇다더라.

동아 26.05.25 (5) [연예] 영화통신

「뉴나이텟드」 회사에서는 이번에 새로히 「놀마 탈마치」 양, 「쏜 쌔리무니」 씨 「쌔스타 키톤」 등 거성

이 동 회사와 계약을 톄결하엿다는 것을 발표하엿다. 그리고 금년도 동 회사가 발표할 작품은 모다 열다섯 가지로 귀위 완성한 것과 착수한 것을 들면 「픽포드」 양 주연의 『소작(小雀)』, 「촤푸린」의 『써커스』, 「짜그라스」의 『해적(海賊)』, 「쌔련치노」의 『추당(酋長)의 아들』, 「탈마치」 양의 『사신원(邪神園)』이라 하며 동 사 「사미률 쏠드윈」 씨의 작품은 임의 일본에까지 수입된 『세테라 다라스』와 밋 불원간 일본에 도착할 『박쥐(蝙蝠)』, 『미녀와 수성(美女와 獸性)』, 『쌔라워스의 승리(勝利)』 등이라고 한다.

조선 26.05.25 (조3) [영화인상]

◇「씌셉손」- 이 영화도 전톄를 통하야 그 분위긔가 영길리[152] 국민을 로하게 할 만한 독일작품이다. 모든 배우의 과장에 갓가운 심각한 표정은 몸서리 씌칠 째가 만핫다. 심문자가 「스밀튼」을 속여 심문을 바더가지고 다시 그의 목을 매고 황후를 무고하는 그 광경, 인간의 가장 큰 죄악사의 한 페지를 엿보는 늣김이 잇다. 그러한 실례를 소위 인권을 존중하는 오늘에도 날마다 당하는 무쌍한 민중의 한아로서는 주먹이 쥐여진다.

조선 26.05.26 (조4) 〈광고〉

폭스 영화 주간 오월 이십육일부터 오월 이십구일까지

폭스시보 전일권

카나다 앨푸스 탐험 전일권

폭스 특작 영화 월암설셀 작품

정희극 **시(時)는 변천** 전오권

폭스 특작영화 쏘지월슈 작품

대지나극(大支那劇) **저주의 십칠일** 전오권

폭스 특작영화

인정극 **암아(暗夜)의 신호** 전육권

예고

모성비극 **아조 기르는 여성** 전십권

이세(二世) 달맛지의 **스피트, 킹** 전육권

명화 **번지(蕃地)[153]의 로레인** 전구권

명화 **요소의 항(擾騷의 巷)** 전팔권

명화 **청춘의 일전(一戰)** 전팔권

유 사 폭스 영화 **단성사**

광 전 구오구번

---

152) 영국.
153) 오랑캐가 사는 땅, 혹은 미개(未開)한 땅.

조선 26.05.26 (조4) 〈광고〉

당 이십사일 일요부터 신사진 공개

활극 **맹수의 나라** 전칠권

교육사진 **각국 운동** 전일권

희극 **막쓰의 항해** 전이권

조선권번 예기 무용

정희극 **폐물상 두목** 전팔권

◇ 십분 휴식

구주영화 봉절장 **우미관**

전 광 삼구오번

동아 26.05.27 (5) 〈광고〉

이십칠일(목요)부터 명화 봉절

공중 대모험편 출현

대파라마운트 사 공전에 대걸작품

장절쾌절 **천국의 죄인** 전구권

맹우 리챠드·덱크스 씨 대활약

공중으로 해륙(海陸)으로 한담(寒膽) 통렬한 활극은

만리전운(萬里戰雲)가치 전개!!

대메트로 영화 초특작품

파후(波吼)할 절해 고도에 로맨스

눈물사랑 **해(海)의 신비** 전팔권

요염 아라·나지모바 부인 주연

파라마운트 사 제공

포복절도 **문내(門內)의 바보** 전이권

짐미·오푸리- 씨 쾌연

전무후무한 기상천외 대희활극!

＝ 대예고 ＝

절대한 호평을 박득(博得)한 대명편

건국사 **북위 삼십육도** 십일권

조선극장 (전 광 二〇五)

매일 26.05.27 (3) [이약이거리]

긔부시(岐阜市)에 잇는 금산제사공장(金山製絲工場)에서는 녀직공(女職工)들을 위안하고자 활동사진을 영사하는대 이층이 문허져서 오십여 명의 직공이 그대로 써러져 십칠 명의 중경상을 내엿다더라. (이하 기사 생략)

매일 26.05.27 (4) 〈광고〉 [연예안내]
〈암야의 신호〉에 대해 "일편을 전화교환국 여러분 압헤 밧치나이다, 누가 이 작품을 감격 업시 볼 수 잇슬가?"라는 선전 문구가 추가되고, 예고 일부 영화가 제외된 외 조선일보 5월 26일자 단성사 광고와 동일

당 이십육일(목요)부터 명화 봉절
돌연히 경이에 환성을 외여칠 공중대모험편 출현
대파라마운트 사 공전에 대걸작품
장절쾌절 **천국의 죄인** 전구권
공중을 해륙(海陸)으로 한담통렬한 활극은 만리 전운가치 전개
대메트로 영화 초특작품
파후(波吼)할 절해고도에 로민스
눈물사랑 **해(海)의 신비** 전팔권
요염 아라! 나지모바 부인 주연
보옥 가튼 이 일편을 보시고 애(愛)의 세례를 바드시라
파라운트[154] 사 제공
포복절도 **내문(門內)의 바보** 전이권
짐미, 오푸리- 씨 쾌연
전무후무한 기상천외 대희활극
대예고
미국개척자사 **북위 삼십육도** 전십권
조선극장

시대 26.05.27 (3) 〈광고〉
〈저주의 십칠일〉이 〈저주의 왕〉으로 표기된 외 조선일보 5월 26일자 단성사 광고와 주요 내용 일치

시대 26.05.27 (4) 〈광고〉
당 입(卄)사일(일요)부터 신사진 공개
一, 활극 **맹수의 나라** 전칠권

---

154) '파라마운트'의 오식으로 보임.

二, 교육사진 **각국 운동** 전일권

三, 희극 **막쓰의 항해** 전이권

四, **조선권번 예기무용**

십분휴식

五, 정희극 **폐물상 두목** 전팔권

작키, 꾸싼 주연

◇ 십분휴식

관철동 **우미관**

전 [광] 삼구오번

조선 26.05.27 (석1), 26.05.28 (석2), 26.05.29 (석2) 〈광고〉

5월 26일자 우미관 광고와 동일

조선 26.05.27 (조4), 26.05.28 (석1) 〈광고〉

5월 26일자 단성사 광고와 동일

조선 26.05.27 (조4), 26.05.28 (조4), 26.05.29 (석2), 26.05.30 (석1), 26.05.31 (조1), 26. 06.01 (조3), 26.06.02 (석2) 〈광고〉

선전문 제외된 외 매일신보 5월 27일자 조선극장 광고와 동일

동아 26.05.28 (5), 26.05.29 (3), 26.05.30 (5), 26.05.31 (2), 26.06.01 (5), 26.06.02 (2) 〈광고〉

5월 27일자 조선극장 광고와 동일

시대 26.05.28 (3) 대구지국 / 독자위대(慰待) 개정 / 종래 폐해를 막고자

【대구】 본보 대구지국에서는 작년 육월 이후로 매월 당지 만경관 활동사진으로써 독자우대를 ***행한다 함은 누보(屢報)한 바어니와 항상 우대권 *발로 도리혀 폐해와 불평이 ****하야 우대 당일은 인산인해로 곤란이 만엇슴으로 금후로는 이하와 가티 개정하고 지난 이십칠일로 독자우대일 예정하야 금회부터 실시하얏다는데 금반 우대일에는 **으로 대구기생조합 일등 예기 수십 명의 사교무도가 개연되엇다고.

一, 전일(前日) 독자우대권에 하족료 십 전을 요하든 것은 무료로 함

一, 본보 독자우대권은 대 소인 계상(階上) 계하를 물론하고 일 인 일 매에 대하야 십 전 균일로 입장료를 정함

一, 독자우대권은 일 매는 집금원(集金員)이 진정(進呈)하고 일 매는 우대 당일 본보 제일면 *자란(*字

欄)(時代日報)에 날인한 인형(印形)으로써 절취 사용케 하야 차(此)를 진정함

一, 형편상 금후로는 독자 일 인에 대하야 매월 우대권 이 매 이상은 단연코 진정치 아니함

一, 우대 당일에 본보를 청구하시는 신 독자의게는 형편상 당일은 우대권을 진정치 아니함

단 본보 일개월 대금 중 삼십 전 이상 선금으로 본보를 청구하실 시는 우대 당일이라도 우대권을 진정함

一, 독자우대일에 하등 통지서가 업슬지라도 본보 제일면에 우대권이란 인장이 날인된 당일은 즉 독자우대일로 정함

一, 부내(府內) 경정(京町) 일정목 이십번지 재전당서포(在田堂書鋪)(만경관 월편(越便) 북방 전화 일일오육번)에 본보 *******함

시대 26.05.28 (3) 평양지국 독자 특대(特待) / 이십팔일부터 오 일간

【평양전】 본보 평양지국에서는 **가 *일 **됨을 쌀하 일반독자를 특대 위안코자 금 이십팔일부터 오 일간 당지 수옥리(水玉里) 제일관에서 각종 고급의 활동사진을 영사한다.

동아 26.05.29 (5) [연예] 판의 상식

◇「마리언 써비스」 양은 아즉까지도 독신자로 잇다고 한다. 구혼자는 그 수효가 얼마나 만흘 것은 그의 인긔를 보아 짐작할 수 잇는 일이다.

◇「코린 그리피스」 양은 두 번재나 남편을 갈아드린 맹렬한 녀자라고 한다. 첫재 남편은 「위푸스타 칸썰쎌」 씨요 둘재 남편은 「월타 모로스코」 씨라고 한다. 남자들은 첩도 엇는데 녀자기로서니 밧구는 것이야 무슨 관계 잇나. 더군다나 미국녀자로서도 현대 녀자인데 누가 무엇이라겟는가.

◇「월레스 피아리」 씨는 판들도 긔위 잘 아는 터와 가치 산데미 가튼 남자이다. 요사이 「알마 루쎄스」 양과 결혼을 하기로 되엿다고 한다. 신부도 우연만치라도 쑹쑹햇드라면 마젓슬 걸 그랫다.

◇「포라 네그리」 양은 다색 큼직한 눈을 가지고 함부로 미력을 펴는 화형 녀배우이다. 그의 나희는 금년 이십팔 세로 아조 녀자로서는 한창인 재에 잇다고 한다.

◇「푸리시라썬」 양은 키가 오 피트 사 인치요, 몸의 톄중은 백이십 근이나 되는 큰, 유명히 큰 녀자라고 한다.

◇「쎄티 푸론손」 양은 그보다 훨신 톄소하야 신장은 오 피트, 근량은 백 근가량이라고 하며 나히는 겨우 열아홉 살로 방금 혼처를 구하는 중이라고 한다.

동아 26.05.29 (5) [연예] 배우 일인(一人)에 염서(艶書) 천통

이, 삼 년 이래로 일본영화계가 감독의 긔능이며 촬영술이며 배우들의 긔술들, 어데로 보든지 비상히 진보되엿스며 그에 쌀하 일본영화 「판」들도 매우 향상되엿는바 — 조선영화계는 아직도 참담한 디경에 잇는 터이니까 이러한 이약이는 생겨날 여디도 업스나 — 일본의 각 영화촬영소 소원 이외에는 출입을 금한 이래로 일반 판들은 배우들의 태도를 사진 이외에는 볼 수가 업시 되엿슴으로 근래에 와서

는 남녀 배우들에게 염서(艷書)를 보내는 사람이 벗석 늘어서 「스타」들에게는 삼 개월간 모힌 「러부 래터」가 평균 천 통식은 된다고 하며 「스타」 안인 배우들에게도 한 달에 백여 통식은 온다고 한다.

매일 26.05.29 (3), 26.05.31 (3), 26.06.01 (3), 26.06.02 (2) 〈광고〉 [연예안내]

선전문 제외된 외 시대일보 5월 29일자 단성사 광고와 주요 정보 일치

5월 27일자 조선극장 광고와 동일

시대 26.05.29 (1) 〈광고〉

돌연 특선 영화 공개 오월 이십구일 낫부터

▲ 유 사 **국제시보** 전일권

▲ 유 사 특선 레앳 특작영화

모성애화(哀話) **역의 도(力의 導)** 전오권

▲ 신문기자 유니바아살 시 구경

스타의 도회 **유니바아살 촬영** 전이권

세계 제일 큰 유니바아살 회사 구경을 안저서 볼 수 잇습니다

수십 리 주위(周圍)되는 시가 수천의 옥사(屋舍) 수백 명우(名優)

▲ 유니바이살 쓔엘 초대특작 명편

대비극 **아조 기르는 여성** 전십권

인종(忍從)의 비시(悲詩)로 열루방타(熱淚滂沱)하는

변태적 모성애를 묘사한 일대 걸작영화

=해설 김덕경, 김영환=

▲ 유 사 대연속극

제오회 **창공맹자** 구, 십편 전사권

=예고=

이세 달맛치의 **스피트, 킹** 전육권

이세 달맛치의 **청춘의 일전(一戰)** 전칠권

명화 **번지(蕃地)의 로레인** 전구권

수은동 **단성사**

전 [광] 구오구

시대 26.05.29 (3) 고청(固靑) 활동 영사 / 회관을 건축하고자

【고성】 경남 고성여성각성회에서는 지난 이십오일 오후 구시부터 회관을 건축키 위하야 고성청년 회관 내에서 활동사진을 영사케 되엇는바 **에 만장(滿場)을 일우어 동정금도 만핫다고.

시대 26.05.29 (4) 〈광고〉
5월 27일자 우미관 광고와 동일

조선 26.05.29 (석2), 26.05.30 (조4), 26.05.31 (조3), 26.06.01 (조3), 26.06.02 (조4) 〈광고〉
시대일보 5월 29일자 단성사 광고와 동일

조선 26.05.29 (조2) 여성각성회 주최 / 활동사진 영사 / 조흔 성적을 어덧다
경남 고성(慶南 固城)에서 녀성각성회(女性覺醒會)가 창립됨 뒤로 회관이 업서서 일반 회원은 큰 유감으로 생각하든바 회관 건축책을 강구하든바 마츰 고성에 잇는 활동사진을 교섭하여 지난 이십오일에 고성청년회관에서 영사하게 되엿는데 일반사회에서는 환영과 동정의 뜻으로 정각 전부터 몰려드는 군중은 무려 수백 명에 달하엿스며 사방에서 동정금이 답지하야 매우 조흔 성적을 어덧다더라. (고성)

동아 26.05.30 (5) [연예] 씻시 자매 출세 내력 / 과부의 쌀로서 룩 세에 첫 무대
미국서는 금년도 영화녀배우 인긔 투표에 데칠위를 차지햇다고 하나 조선과 일본에서는 그 인긔가 조금도 썰어지지 안이하고 데일위 혹은 이위를 차지하는 녀배우는 「리리안 씻시」로 활동사진 구경은 일 년에 한 번식 갓가스로 하는 사람들도 그 일홈은 몰을 사람이 업다. 「리리안」은 그만치 동양 사람에게 사랑을 밧는 터이다. 그 사랑이 울어난 근원은 쓸쓸한 표정과 애수에 저진, 말할 수 업는 가련한 표정과 경쾌하고 텬진스러운 표정으로부터 일어나는 것이다. 「리리안」을 생각할 째에는 반듯이 그 아우 「또로시」를 생각하게 된다. 그는 「리리안」과 정반대로 새틋하고 명쾌한, 재롱스러운 표정으로 말미암아 「리리안」에 지지 안는 인긔를 어든 것이다. 이제 그 형데의 어렷슬 째의 이약이를 듯건대 「씻시」라는 아버지는 어린 쌀 둘과 젊은 안해를 두고 세상을 써낫다고 한다. 그 부인은 얼마 되지 아니하는 유산을 가지고는 두 쌀을 능히 길을 수가 업서서 세계를 무대로 부평초와 가치 써도라다니지 안으면 입에 풀칠을 하기에도 어려운 디경에 일으럿슴으로 부인은 하는 수 업시 무경험한 무대 우에 올게 되엿섯다고 한다. 그리하자 극장 주인은 부인의 어엽분 쌀 「리리안」과 「또로시」 형데를 탐내게 되여 맛츰내 「리리안」의 나희 여섯 살 째에 형데는 첫 무대에 올르게 된 것이라고 한다. 그 당시에는 그들 형데가 참으로 불상하게 뵈이엇섯스나 실상은 그들에게는 다행한 일이엇섯다고 한다. 그 후 「리리안」의 장래 명우의 소질이 잇는 것을 사람마다 인덩하자 그는 무도학교에 입학케 되여 공부를 하든 중 맛츰 세계덕 명 무도가 「사라벨날」 부인이 미국에 순유를 할 즈음에 그의 데자가 되여 드듸여 뉴욕에서 무도의 전 과를 맛치게 되엿섯다고 한다. (계속)

동아 26.05.30 (5) [연예] 〈사진〉
석가모니불 일대기 『아세아의 광(光)』 일 장면

시대 26.05.30 (6), 26.05.31 (3) 〈광고〉
5월 29일자 단성사 광고와 동일

시대 26.05.30 (6) 〈광고〉
오월 이십구일부터 사진 전부 차환
一 실사 **대판(大阪) 시립 동물원** 전일권
▲ 미국 파데 회사 작품
二 희극 **부지의 화재(化材)** 전이권
독을(獨乙) 우아영화회사 특작품
마가렛트 양 주연
대비활극 **재크후린트 후편**
쿠림희루트 복수 전십사권
관철동 **우미관**
전 [광] 삼구오번

조선 26.05.30 (조3) [신영화] 유 사 **쓔웰** 초특작품 / 모성비극 아조(鵝鳥) 기르는 여성 (전십권)
/ 단성사에서 상영 중

요지음에 이르러 유 사 영화는 전에 보지 못하든 내용의 충실한 작품을 발표하야 비상한 인긔를 잇끄는 모양인데 유 사가 재래에 취하야 나려오든 오락 본위(娛樂 本位)주의를 근본뎍으로 향상을 도모하는 한편으로 연구뎍에 갓가운 문뎨에 작품을 발표하는 것 갓다.
이 작품으로 말하면 허잘 것 업는 모주 로파가 어느 한적한 촌구석에서 오리를 기르며 오즉 독한 술로 세월을 보내나 그가 이십 년 전 뉴욕극단의 명성으로 만인에게 흠양을 밧든 여자인 줄이야 그 누가 알 것이랴? 그러나 그가 이러틋한 명예로운 지위를 헌신 버리듯 한 것은 오즉 그의 사랑하는 아들을 위하여섯든 것이엿다.
그는 이러한 황금시대를 버린 지 오랫스나 과거의 추억은 굿세인 집착으로 이윽고 아들에 대한 증오로 변하엿다. 여긔에 파란 만흔 사건 가운데 변태뎍 모성애(母性愛)의 애상 절절한 장면이 전개된다? 그리고 본 작품 가운데 아홉 가지 새로운 표현양식(表現樣式)은 가장 볼 점이 잇슬 줄 안다.

조선 26.05.30 (조3) [영화인상]
□ 각 극장에 요구한다. 됴흔 사진도 됴치만 음악, 해설도 이에 상반하지 아느면 안 된다. 왜? 아모리 됴흔 사진이라도 음악, 해설이 됴치 못하면 보잘 것이 업게 되닛가. (수송동 B생)
□ 아라 나치모바 녀사의 연기는 그전 가튼 메역(魅力)이 업는 것 갓다. 물논 명우론 명우이지만. (박영○(朴永○)

조선 26.05.30 (조3), 26.06.01 (석2), 26.06.02 (조3), 26.06.04 (석1), 26.06.05 (조4), 26.06.06 (석1) 〈광고〉

시대일보 5월 30일자 우미관 광고와 동일

시대 26.05.31 (1), 26.06.03 (3), 26.06.04 (3), 26.06.05 (3) 〈광고〉

5월 30일자 우미관 광고와 동일

조선 26.05.31 (조3) [영화인상]

□ 국상 중이라고 단성사는 매야 문전 주악을 아니한다고. 본래부터 옥상주악은 시대에 뒤진 일이다. 국상 중쑌만 아니라 각 극장도 다 가티 이러한 것은 그만두는 것이 엇덜는지? (김○○)

□ 여보시오, 나는 구경을 퍽 됴화하야 극장에를 가지만 과자장수들 써드는 통에 구경을 자미잇게 할 수 업습니다. 귀사 지면을 빌어 각 극장에 요구합니다. 좀 특별히 잘 단속을 해주시오. (김용이)

6월

동아 26.06.03 (5), 26.06.04 (5), 26.06.05 (1), 26.06.06 (3), 26.06.07 (3), 26.06.08 (3), 26.06.09 (5) 〈광고〉

선전문 및 일부 예고가 제외된 외 매일신보 6월 3일자 조선극장 광고와 주요 정보 일치

매일 26.06.03 (3), 26.06.04 (2), 26.06.05 (3), 26.06.06 (5), 26.06.07 (3), 26.06.08 (3), 26.06.09 (1), 26.06.10 (5) 〈광고〉 [연예안내]

일부 예고가 제외된 외 시대일보 6월 3일자 단성사 광고와 동일

매일 26.06.03 (3) 〈광고〉 [연예안내]

당 육월 삼일(목요)부터

돌연! 마지스데! 영화 봉절

영화계 일대 기문(奇聞) 기이 교묘한 명편

이태리 피타두카 회사 특작영화

장대무비(無比)영웅편 **마지스데- 지옥정벌** 십권

기괴가 천만이요 변화가 무극(無極)한 지옥왕국에 기천만

악귀를 상대로 하고 마지스데- 열혈용맹과 전율할 괴력을

썰치는 곳에 천지가 동명(動鳴)할 활극에 막은 열닌다

대메트로 사 초특작

요염 아라 나지모바- 부인 주연

홍련애화(紅戀哀話) **아귀랑(餓鬼娘)** 전팔권

대파천 구리스치- 희극

우슴과속력 **누이동싱이릭야** 전이권

대예고

개척사 **북위 삼십육도** 전십권

대전란 **세계의 심(心)** 전십삼권

조선극장

시대 26.06.03 (2) 변사 서상호 군 소식 / 서북 조선과 간도 순회

조선영화 흥행계의 해설자(解說者)의 이름 잇든 서상호(徐相昊) 군은 그동안 아편을 먹고 세상에 이 약이거 서리를 전파하고 잇섯는데 금번에 다시 근신한 생활을 하기 시작하야 그 첫 거름으로 일시 전 조선의 [판]들의 인기를 집중하얏든 연속사진 명금(名金)과 현 문단의 선진 춘원 리광수(春園 李光洙) 씨의 명저 개척자(開拓者)의 두 가지의 활동사진을 가지고 금명간 경성을 출발하야 북선(北鮮) 지방 을 순회하고 간도(間島)까지 가리라고 전한다.

시대 26.06.03 (3) 〈광고〉

대난투 활극 間[155] 육월 삼일부터 육월 칠일까지

▲ 유 사 **국제시보** 전일권

▲ 유 사 센추리 대희극

진묘무류(無類) **걱정마라** 전이권

▲ 유 사 특선 래앳 특작 기자 로맨스

난투활극 **맹자(猛者)궐기** 장척 오권

신문기자의 로맨스니, 쪼지 레에킨 씨 주연으로 통쾌한 활극 영화

▲ 유 사 특작 쌕키, 혹시 서부극

맹투천리 **의협의 열혈** 전육권

보기 드문 난투극으로 전편(全編)에 창일한 통쾌미는 서부극 중의 일품

▲ 유 사 특작 대연속극

제육회 **창공맹자** 십일, 십이 전사권

= (예고) =

신곡(神曲) **탄체 지옥편** 대웅편

명화 **번지의 로레인** 전구권

탈마지 이세의 **스프트, 킹**

조선명화 **농중조** 전편(前篇)

수은동 **단성사**

전(광) 구오구

조선 26.06.03 (석1), 26.06.04 (석1), 26.06.05 (조4), 26.06.06 (석2), 26.06.07 (조1), 26.06.08 (조4), 26.06.09 (석1) 〈광고〉

선전문 및 예고가 제외된 외 시대일보 6월 3일자 단성사 광고와 동일

---

155) '週間'의 오식으로 보임.

조선 26.06.03 (석1), 26.06.04 (석1), 26.06.05 (조4), 26.06.06 (석1), 26.06.07 (조2), 26. 06.08 (조4), 26.06.09 (석2), 26.06.10 (조4) 〈광고〉

매일신보 6월 3일자 조선극장 광고와 동일

조선 26.06.03 (조3) [상의] 순사가 될가요 활동사진배우가 될가요

『문』 나는 스물한 살 된 남자인데 순사나 활동사진배우로 성공을 하랴 함니다. 엇던 편이 성공하기에 용이하겟슴닛가. 학력은 보통학교 륙년을 졸업하고 시내 엇던 고등보통학교 이년에 중도퇴학을 하 엿슴니다. (김○배)

『답』 기술은 그 사람의 소질을 싸러 각각 다른 것이매 당신이 엇더한 분인지 한 번도 뵈옵지 못한 나 로써는 무에라고 단언하야 대답할 수 업슴니다. 그러나 순사와 배우 — 이 두 가지는 전전 짠 길을 밟 는 것인데 한 사람으로써 이 두 길 중에 한아를 택하려 한다는 것은 좀 모순된 일이 아닌가 함니다. 하 여간 이 두 길은 한 번 가면 일생의 직업을 정하는 것이 되는 것이니 깁히 생각하여 하시기 바람니다. (일긔자)

조선 26.06.03 (조3) [연예] 마치스테 영화 대공개 / 인천 애관(愛舘)에서

인천에 오즉 한아인 조선인 측 영화극장 애관(愛舘)에서는 금번 일반 부민에 대하야 사은의 쯧을 표 하기 위하야 세계덕 력사(力士)로 이태리 영화계뿐 아니라 조선사람으로도 모를 이 업는 마치스테 씨가 전쟁 이후 본국인 이태리에 도라가 제일회 작품『마치스테』디옥정벌(地獄征伐)을 오는 초사일 부터 대대덕으로 공개하리라는데 근래에 보기 드문 유명한 작품이라 하며 입장요는 대인 삼십 전, 학 생 이십 전이라더라.

조선 26.06.03 (조3) [영화인상]

◇ 크림필드의 복수. 응- 얼마나 훌륭한 명편이냐! 오즉 감격할 짜름이다. (백사생(白沙生))

◇ 거위 기르는 여성. 참으로 훌륭한 작품인 줄 안다. 더욱이 주역을 마튼 루이스 테레서 양의 묘기와 쌕픽포드 씨의 원숙한 액팅은 가장 볼 점이 만엇다. (R, P생)

◇ 본란 긔자에게 뭇슴니다. 변사계에서 원로라 하든 서상호 군이 아편중독으로 죽엇다는 말이 들리 니 이것이 정말임닛가?

◇ 아니올시다. 죽엇다는 것은 헛소리이오. 군은 지금 아편을 싇코 다시 변사계에 복귀를 결심하는 동시에 누구나 몰을 리 업는 유니바아살 련속영화 명금과 조선영화 개척자를 가지고 북선(北鮮)지방 에 흥행을 목덕하고 써나갓다는 말을 그의 계씨 되는 이는 긔자에게 말하엿슴니다.

◇ 단성사에 탄째 지옥편이 나온다고 한다. 한 가지 주문은 이 조흔 작품을 살릴 만한 악곡을 잘 선택 하여 주기를 바라는 바이다. (오생(吳生))

동아 26.06.04 (5) [연예] 씻시 자매 출세 내력 / 픽포드 소개로 영화계에 투족

「씻시」 자매로 하야금 영화계에 처음 발을 드려놋케 한 사람은 가튼 미국영화계에서 큰 인긔를 가지고 세계의 애인이라고까지 하는 「메리 픽포드」, 「짜그라스 페쨍스」 군의 부인이엇섯다고 한다. 「픽포드」는 그 일홈을 「그라씌스 스미스」라고 하든 그째부터 절친한 동모로 가튼 무대에 올으기도 하엿섯다고 한다. 어느 날 밤에 「씻시」 부인이 쌀 형데를 다리고 영화 구경을 갓섯더니 「픽포드」가, 「스크린」에 「픽포드」가 나타나서 관객들의 비쌀치듯 하는 박수와 갈채를 밧는 것을 보고 부러워하기를 마지 아니하엿다고 한다. 그리하야 그로부터 몃칠 지나서 「씻시」 형데를 다리고 「픽포드」를 차저보고 자긔 쌀도 역시 영화계에 나갓스면 좃켓는 희망을 말하엿다고 한다. 「픽포드」는 넷날 동무의 일이라 씀직이 깃분 생각에 아못조록 가치 하도록 진력하겟

△ (좌) 또로시 씻시 (우) 리리안 씻시

다는 것을 승락하엿다. 그리하야 그 승락은 마츰내 실현을 하게 된 것이라고 한다. 『선량한 적은 악마』라는 연극이 긋나기를 기다려서 「픽포드」는 「씻시」 형데와 밋 그의 어머니를 다리고 약속한대로 「쌔이오글럽」 촬영소에 일으러서 응접실까지 안내하엿다. 그리하자 그 응접실 압흐로 한 남자가 지나가며 넌즛이 방 안을 드려다 보앗스니 그는 세계뎍 명 감독 「씌써불유 크리피쓰」 씨이엇섯다. 「크리피쓰」 씨는 눈결에 지나처 보듯이 잠간 보앗스나 자긔 마음에 합당한 장래 훌륭한 배우가 될 것을 알어보게 되엿섯다고 한다. (게속)

＝〈사진〉 (좌) 또로시 씻시 (우) 리리안 씻시

동아 26.06.04 (5) [연예] 영화 검열증 위조 취체 엄중 / 일로부터 엄중

경긔도 경찰부 보안과(保安課)에서는 미구에 경무국 도서과(警務局 圖書課)에 넘길 영화검열 사무를 정리하기에 매우 분망 중이라는데 종래는 비교뎍 경시하야 오든 영화검열증(映畵檢閱證) 위조, 변조 등의 사실에 대한 취톄를 경시하야 오든 터이나 이제로부터는 엄밀히 할 작정으로 관할 각 서에 통달하야 후환을 제거하고자 로력 중이라는데 그러한 행위는 대부분 디방에서 만히 생기는바, 이는 시간과 토디 관계상 하는 수 업시 검열증을 위조하야 일시 눈을 속혀오든 것으로 사실은 그다지 중대한 문데가 아니엇스나 법규상 그대로 지나처서 볼 수 업는 일임으로 이로부터는 용서 업시 형법 백오십팔 조에 빗처서 처벌할 방침이라더라.

매일 26.06.04 (2), 26.06.05 (3), 26.06.06 (5), 26.06.07 (3), 26.06.08 (3), 26.06.09 (1), 26.06.10 (5) 〈광고〉 [연예안내]

6월 3일자 조선극장 광고와 동일

매일 26.06.04 (3) 동물의 모성애 / 활동사진이 된다

문부성(文部省)에서는 전에 모성애(母性愛)라 하는 활동사진을 작성하야 대호평을 밧앗는바 금번에는 동물의 모성애를 촬영하기로 되야 최근 상야동물월(上野動物園)에서 식기를 나흔 락타(駱駝)의 어미를 촬영하엿고 리월에는 사자(獅子)도 해산을 할 터임으로 이것도 박일 터이요, 기타 곤충(昆蟲)과 코끼리와 새와 그 외의 포유동물(哺乳動物)들의 식기 나흘 째를 『필림』 속에 느흘 터임으로 작성은 곤란하겟지만은 완성만 되면 매오 훌융한 영화가 되리라더라. (동경전)

시대 26.06.04 (2) 마치스테 영화 대공개

인천에는 조선 사람측 영화 극장으로 오즉 하나인 애관(愛舘)에서는 금번 일반 부민에 대한 사은의 뜻을 표하기 위하야 세계적 역사(力士)로 이태라 영화계뿐만 아니라 조선사람으로도 모를 이 업는 마치스테 씨가 전쟁 이후 본국 영화계에 복귀 후 제일회 작품인 마치스테 지옥정벌(地獄征伐)을 금 사일 날부터 대대적 공개하리라는데 근래에 보기 드문 유명한 작품이라 하며 입장료는 대인 삼십 전, 학생 이십 전이라고.

시대 26.06.04 (3), 26.06.05 (3), 26.06.07 (3), 26.06.09 (4) 〈광고〉

6월 3일자 단성사 광고와 동일

조선 26.06.05 (조3) [신영화] 순(純)중국극 삼국연의(三國演義) / 연환계(連環計) (전사권) / 육월 칠일부터 우미관에 상영

우리 조선에서 삼국지는 일반이 흥미 잇게 보는 소설이다 그러나 이것을 연극으로 보는 것은 조선구극의 화룡도 가튼 일종의 가극에 지나지 못하엿더니 금번에 이것이 활동사진으로 영사되야 륙월 칠일부터 우미관에서 상영하게 되엿다. 영화의 내용은 야심만만하던 동탁(董卓)에게 초선(貂蟬)을 보내여 미인계를 쓰든 것을 여실하게 그려낸 것이다.

(사진은 던환계의 한 장면)

동아 26.06.06 (5) 사진 촬영 장소 / 장소 외 촬영은 일테로 금지한다고

경긔도 경찰국 보안과에서는 인산 당일에 인산 행렬을 촬영코저 하는 사람들에게 미리 신청서를 바더가지고 승인증을 교부하야 그것을 가진 사람에게 한하야 촬영을 허락한다는 것은 긔보와 갓거니와 다시 촬영소는 다음과 가치 구분하야 발표하였더라.

창덕궁 입구, 종로 교차점, 관수교, 약초정 정류장, 황금정 사정목 교차점, 식장(式場) 입구, 동대문, 동묘 파출소 부근, 청량리 전차 종점 부근

이외에 청량리를 지나서부터는 인가가 조밀하지 안은 곳에서는 경비 기타 취테 지장이 업는 경우에는 수의로 촬영할 수가 잇슬 터이라더라.

동아 26.06.06 (5) 천승(天勝) 일행의 화형(花形) 배구자 양의 탈퇴 입경(入京) / 은인이며 양모인 텬승을 저바리고 / 평양 흥행을 마치고 승야 도주로 입경

조선의 미인으로 일본 마술게의 최고 권위도 쏘는 신극게에서도 상당한 권위가 잇는 송욱재텬승(松旭齋天勝)에 잇서서 일행 중에서도 가장 화형으로 일행 중에서도 홀 인긔를 쓸든 배구자(裵龜子)는 지난 달 중순에 일행과 함께 경성에 와서 이주일 동안이나 흥행을 하야 관객의 미흡한 마음을 저바리고 일행과 가치 평양에 가서 흥행을 하다가 동 흥행의 최후 막을 닷치고 중국으로 향하고자 하든 지난 사일 오전 세 시경에 모든 사람은 잠들어 잇는 틈을 타고 가만히 려관을 나와 동 네 시 오 분에 평양을 써나는 남행 렬차를 타고 구자의 뎐보를 밧고 황주(黃州)까지 마종을 가든, 그 숙모되는 배뎡자(裵貞子)로 더부러 동 아홉 시에 경성에 도착하야 직시 전긔 배뎡자가 잇는 시외 성북동(城北洞)에 일으러서 잠간 쉬여가지고 숙모로 더부러 시내에 들어와 조선호텔에 일으러 그곳에 머물러 잇는 일군(一郡)이란 청도(靑島)에 잇는 일본인 실업가를 방문하야 무슨 타협이 잇슨 후 다시 성북동으로 도라가 방금 그곳에 머물러 잇는 중이라는데 배구자는 일곱 살 째에 텬승 일행에 들어가서 우금 십일 년 동안을 잇서가지고 텬승의 손에 길니워나고 쏘는 그 손에 모든 긔예를 배웟스며 텬승의 양녀로 잇스니만큼 내용은 엇더했는지 몰으겟스나 적지 안은 총애를 밧고 잇는 터인데 지금에 갑작이 은인이라고도 할 만하고 쏘는 선생으로라도 그를 저바리지 업슬 것이 그와 가치 승야[156) 도주의 상태로 일행에서 째저나온 데는 그 무슨 리면 내용이 잇슬 것은 틀님업스리라고 한다.

시대 26.06.06 (4) 금주에 평할 영화 / 아조 기르는 여성 (단성사 봉절) 그림필드의 복수 (우미관 봉절) / 감상 이삼(二三) / 이구영

먼저 누구든지 본편을 대할 째 제작자의 순정한 제작 태도를 찬미하게 될 것이다. 더욱히 짜나리즘으로서 유일한 본위(本位)를 삼고 잇는 미국영화를 생각할 째에 더 한층 그 예술적 양심을 찬미하여주고 십다고 말할 것이다. 근래에 이이르러 저*시(低*視) 되는 유 사 영화 중에 이러한 작품을 **하게 된 것은 저윽히 유 사를 위하야 *하고 십다 하면 유 사에 대하야는 적지 안은 모욕이 될지도 몰으겟다만은 하여간 이러하얏든 것도 사실이거니와 지*에 제작 태도가 일(一)*하야진 것도 사실이다. 전일(前日) 공개한 발명영관이나 본편이나 다 가티 제작자로서 가장 훌륭한 태도를 보여주엇다고 생각한다. 첫재로 볼 점은 각색의 묘미엿다. 원작이 본래 영화극으로서 제작하기에는 넘어도 줄거리가 단순하얏고 단순하얏스니만큼 굴곡이 적은 메로쏘라마다. 이것을 생각할 째 마치 기계가 마저드러가듯 하나 버릴 것 업는 세련된 각색과 긔억할 만한 주역 루이스도데서 양의 연기 견실한 감독술, **엄는 크래식한 닐곱 가지 표현 기교! 감독 쌀라운 씨 작품을 대하야본 적이 업는 나이지만 그의 작품을 다시 한 번 대하야 볼 기회를 긔다리고저 한다. 결점은 넘어 길어젓다는 것 가튼 말을 하고 십흐나 순정한 극적 묘미를 찬미하기로 하고 십다. 최종, 본편에 시험해 본 사실적 수법에 대한 나의 감상은 이후 다시 논하야볼가 한다.

---

156) 乘夜, 밤중을 틈탐.

마가렛트 세엔을 찬미하라

『헤켄트로니에여! 네가 혈족의 손에 아첨하고도 또한 신의 오명 알에 숨으랴 하며 혹은 세계의 슷까지 네 몸을 피하려 할지라도 오오 하켄트로니에여! 너는 나의 복수의 손 가운데서 써나갈 수는 업슬 것이다.』

지크후리드의 안해 그림필드는 이러케 부르지즈며 춘풍추우(春風秋雨) 수개 성상을 오즉 남편의 복수를 위하야 째를 기다렷다. 전편(前篇) 슷흐로 넘우도 깁흔 인상을 밧고 나는 항상 이 말이 내 입 속에서 외이다십히 하얏다. *연(然) 보앗다. 그림필드의 복수의 화신으로서의 얼마나 냉혹 무도한가를. 그리하야 더 한층이나 마가렛트 세엔을 찬미할 기회를 어든 것 갓다. 여기에는 마가렛가 업고 그림 필드가 움즉일 쑨이다. 그가 마가렛이 아니라고까지 생각하도록 그 가운데 그려논 인물을 누구나 한 사람 남을할 수 업다. 오즉 무상한 인생, 참을 수 업는 애수와 고독을 슷까지 늣길 쑨이다. 나는 슈렛트나 루돌우의 훌륭한 연기, 세밀한 부분에까지 버릴 곳 업는 셋트의 주의하든지 독일영화 중에서도 *견(見)의 채광을 주의 깁히 바라보앗다. 그러나 더욱이 마가렛드의 악마와 가티 불타는 눈동자야말로 가장 잇기 어려우리만큼 *부(部)에 숨여든다. 그리하야 본편은 최초로부터 슷까지 전혀 극적 흥미 이상의 진실한 감이 잇다. 독일영화가 넘어도 쌧쌧하고 감칠맛이 적은 고로 이것을 결점으로 내여 세우려 하는 통(通)*가 잇는 모양이나 이는 독일인의 국민성의 특색이라고만 볼 수밧게 업다. 좌우간 본 편이 전(前)*에서 임이 어더 노흔 호평이 슷까지 헛되지 안케 된 것을 깃버한다.

볼만한 장면 / ASC

이 영화에서 볼만한 점은 첫재 거위 기르는 여자의 집과 쏠의 미구(未久)에 과거의 역사를 놓이혀 본채로 허무러질 것가티 보이는 그 집과 그리고 그 모든 것을 파무더버릴 듯한 거위의 발로 헤처노흔 뜰. 이와 가튼 여긔에서 짜아내는 냉퇴(冷退)한 분위기일 것이다. 그리고 그 외에는 살인장(殺人場)이니 거긔에는 망령들이 불시에 나올 듯한 광선이고 그 다음에는 검사국(檢事局)이다. 여긔에는 광선이거나 배경이거나 배치이거나 모든 점에 잇서서 각색가나 감독의 명(明)한 혈투(血鬪)를 부러워할 만한 것이다. 그 가운데서 *초(招)밧는 그 미약한 청년보다도 *를 둘러싼 모든 물체와 그것들의 색쌀과 그림자들의 *격(洛)에게 *박(迫)하는 맛이다. 더욱이 형사의 돈 소리 내는 것, 수도(水道)에서 물 새는 소리 등이다.

그림필드 촌언(寸言)

미국제를 배척하는 의미에서 구라파의 것은 물론 **이 잇다고 말할 수 업다. 대체로 이 영화에서든 그 배경이나 무엇이나 지긋지긋하도록 관객의 신경을 **시켜놋는다. 그리고 자연 배경을 만히 쓴 것도 될 수 잇는 대로 고대의 기분과 쏘는 그 영화를 나*로 삼고 고대의 시적(時的) 생활을 추상(追想)하도록 힘쓴 효과는 그 영화**이 나타내고 잇다. 그러나 넘우 배경이 무거워서 그중에 선 인물들의 동작과 표정이 신기하게 보이지 안는 것이 한 결점인 것 갓다.

동아 26.06.07 (2) 시내에 모 계획? / 운동 자금 모집과 동지 규합 / 활동사진 배우도 관련?

별항 사건(괴청년 사건의 유력한 피의자? / 작일(昨日) 종로서에 피착(被捉)) 외에 쏘한 동 게에서는 역시 그날 아츰 시내 광화문통 부근으로 활동을 개시하야 도염동(都染洞)에서 리종수(李鍾洙)라는 청년과 쏘 당주동(唐珠洞)에서 김모(金某)라는 청년을 검거하는 동시에 쏘한 평양(平壤) 경찰서로 『평양에 원적을 두고 그동안 경성에 와서 게림(鷄林)영화주식회사에 활동사진 배우로 잇던 강홍식(姜泓植)이란 청년이 지금 평양에 나려가 잇스니 곳 검거하야 호송하야 달라』고 뎐보로 치급[157] 조회를 하는 한편 쏘 사리(沙里院)으로 모 청년을 잡어달라는 지급 조회를 한 모양인데 이 사건은 전긔한 사건과는 별개의 관게로 역시 그 내용에 대하여는 절대 비밀에 부치나 이것은 지금 째를 타서 무삼 큰 계획을 하여보고자 여러 동지들과 연락을 매즌 후 거긔에 사용할 운동자금 모집과 그 밧게 동지들 규합에 활동하든 것이라 한다. 전긔 강홍식에 대하여는 톄포하여다 자세히 취조하여 보지 안코는 사건의 관게된 여부를 아즉 확실히 알 수 업다하나 지금 동 게에서는 그가 평양 방면으로 자금 모집과 동지들을 규합할 목뎍으로 나려가지나 안엇나 하고 극히 중대시 하는 모양이라더라.

동아 26.06.07 (4) 공회장 수리와 극장 신설 계획 / 안주(安州)청년회

안주청년회관을 공회장으로, 층계까지 만들어서 제반 집회와 연극, 활사(活寫) 등까지에도 사용하도록 방금 설비 중이라 한 바는 기보(旣報)하엿거니와 이와 갓치 되면 임의 임시극장으로 사용하든 홍우주(洪禹疇) 씨의 양철제 창고는 무용의 건물이 되겟슴으로 전 극장주 홍씨는 상당한 재산가이라 기허(幾許)의 비용을 소입(消入)할지라도 안주청년회관 설비보다 못지안케 할 예측이라 함으로 안주 시내에 완전한 극장 한 곳 될 것은 면치 못할 사실이라 하나 청년회 대 홍우주 간의 문제는 문제가 문제인지라 매우 주목된다더라. (안주)

시대 26.06.07 (3) 〈광고〉

● 내 칠일(월요)부터 성탄(聖嘆[158]) 대작

지나(支那)사극 **삼국지 미인계편**

이 명화는 순 지나 배우가 연출한 영화로 지나영화가

조선에 수입되기는 이번이 효시인가 합니다

● 유-나이데트 사 특작

명화 **바쓰닷드의 도적** 전십권

풍운아 짜그라스 씨 맹연

● 특선 공개할 이대 명화 ●

관철동 **우미관**

전(광) 삼구오번

---

157) '지급'의 오식으로 보임.
158) 본명은 김인서(金人瑞), 성탄(聖嘆)은 호. 중국 명말(明末) 청초(淸初)의 문학비평가.

조선 26.06.07 (조1), 26.06.08 (조4), 26.06.09 (조3), 26.06.10 (조3), 26.06.12 (석1), 26. 06.13 (석2), 26.06.14 (조2), 26.06.15 (석1), 26.06.16 (조4), 26.06.17 (석1) 〈광고〉

시대일보 6월 7일자 우미관 광고와 동일

조선 26.06.07 (조3) [학예] 연극잡담(一) / 김을한

근래에 와서 신극운동이라는 소리를 만히 듯게 되엿습니다. 적어도 수삼 년 전까지는 드르랴야 드러 볼 수도 업든 것이 근래에 와서는 여기저기서 신극운동이라는 술어를 아주 쉬웁게 흔히 듯게 되엿습 니다. 그들이 진실한 뜻으로 신극운동이라는 술어의 의미를 알고 그러하는 것인지 또는 아무러한 주 견도 근거도 업시 다만 유행적으로 자기의 박식함과 신극통인 것을 표현하기 위하야 쓰는 말인지는 모르겟습니다만은 하여간 근일에 와서는 일반이 흐미하게나마 신극운동이 엇더한 것이라든지 또는 신극운동이 얼마나 인생생활에 잇서- 업지 못할 가장 중요한 요소의 한아인 것을 알게 된 것은 매우 깃불 만한 현상이 안인가 합니다.

◇

여러 가지로 남의 비난도 만엇고 결점도 업지 안엇지만은 엇잿든지 우리나라 신극운동에 누가 제일 만히 노력을 하엿스며 희생을 하엿느냐? 하면 장래는 모르겟지만 현재에 잇서서는 토월회라구 헐 수 밧게 업슬 것입니다.

누가 무어라 하든지 또 누가 무슨 소리를 허든지 엇잿든 토월회가 조선신극운동선상에 남기여논 공 적과 희생은 찬란히 빗나서 영원히 사러지지 안을 것입니다.

토월회에 대해서 일부 사회(소위 식자계급)에서는 토월회는 신극운동을 하는 것이 아니다, 신파운동 을 하는 것이라고 비난하고 냉소한다는 말을 나는 각금 듯습니다.

그러나 그들의 비평은 남의 사정은 호말(毫末)도 도라보지 안는 그야말로 비평을 하기 위한 비평이 라구 볼 수밧게 업는 것입니다. 조선에 잇서서 무슨 운동인들 그리 용이하겟습니까만은 그중에서도 더욱히 신극운동처럼 사면팔고(四面八苦)의 어려운 노릇은 업슬 것 갓습니다.

◇

다른 모든 예술 중에는 비교적 경제를 써나서 연구도 할 수 잇스며 또한 실현도 할 수가 잇습니다. 그 러나 극예술만은 단 하루인들 경제와 교섭 업시는 존재할 수 업는 것이며 싸러서 도저히 실현할 수도 업는 것입니다. 그러니까 무엇이 어쎠니 어쎠니 하야도 제일 필요불가결한 것은 돈일 것입니다.

그런데 우리는 일반이 가난합니다.

누구누구 헐 것 업시 공통으로 가난하니까 결국 문제는 예(例)에 의하야 『돈』에 잇습니다. 돈이 업는 싸닭에 무대장치를 완전히 헐 수가 업습니다. 의상을 각본에 맛도록 충실이 할 수가 업습니다. 배우 들의 생활의 보장을 해줄 수가 업습니다. 거긔다가 또 극장이 업습니다. 한번 공연을 하려면 남의 소 유한 극장을 세를 내여야 합니다. 그러나 그들 이(利)에 밝은 흥행사들은 제법 조선의 신극운동의 곤 란을 생각해서 결코 싸게 집을 빌리려고 하지 안습니다. 싸게는커냥 도리여 호기물실(好機勿失)이라 고 시세 이상으로 배를 불립니다. 그들이 청구하는 요금을 주고 극장을 빌어서 공연을 하려면 더더군다나 주판이 맛지를 안코 그 사람들의 극장을 쓰지 안으려니 아니 쓸 수 업고 그러라고 조그마나마 집을 한아 지엿스면? 허지만 그것도 역시 돈이 문제라 엇절 수 업시 울며 게자 먹기로 그들의 극장을 비러서 공연을 하게 됨니다. 그러니 이는 둘째이고 이러케 해서야 어찌 수지가 상반될 도리가 잇겟슴니까—

◇

더욱히 지금의 조선에는 완전한 제작가 가구는 전무하대도 가한 형편임니다. 이러한 황무지 가튼 짜에서 각본을 엇는다는 것도 여간 힘이 드는 노릇이 안임니다.

그러나 각본을 엇는다는 것보다도 더한층 어려운 것이 잇슴니다. 그것은 각본의 선택임니다. 조금 그야말로 신극운동의 본령의 부합될 만한 각본은 일반민중이 이해치 못함니다. 마치 활동사진에 『파라마운트』나 『유나이테드』의 작품인 비교적 고급영화보다도 『유니버살』 회사의 서부극 가튼 그야말로 천지분쇄극?이라는 것 가튼 대대활극영화? 환영하드시 조금만 레벨이 놉하지면 『아-하 졸리여』 『……』 『이것도 연극인가- 아-함』 『무슨 소리인지 도모지 모르겟구면』이라는 소리가 여기저기서나 일반관객은 한아식 둘식 다- 나가서 처음에는 제법 만원이든 객석도 중간쯤 되면 반은 텅 븨이게 됨니다. 이래서 하는 수 업시 좀 레벨을 나추워서 통속극을 상연하면 일반관객들은 깁버함니다만은 그 대신에 극을 이해하신다는 좀 고급관객?들은 불평만만임니다. 이것이 신극운동이야, 신파운동이지! 하면서 코우숨을 치며 비난을 함니다.

이것이 아주 현금의 조선에 잇서 신극운동자들의 가장 큰 두통거리임니다.

*이 두통을 명명하야 나는 관객표준난 두통이라는 거룩한 명칭을 부치엿슴니다.

또 당국의 각본검열이 비상히 엄밀하여서 그들의 신경과민으로 인하야 부득이 상연을 못하게 되는 적이 여간 만치 안슴니다. 다른 출판물과 가티 눈을 지나서 밧는 감흥보다도 무대에서 직접 동작과 언어로 주는 감흥이 더한층 심각함을 아는 그들이 각본검열을 다른 출판물보다 중대시하는 것은 그리 무리는 아니라 하겟스나 모-든 준비를 다-하야 노왓다가 고만 『파스』가 못 되여서 전력을 경주한 노력이 수포로 도라갈 째에는 사랑하는 자식이 죽은 것이나 다름업는 침통한 기분을 맛보게 되는 것임니다.

여기에 조선신극운동자의 숨은 *애(哀)와 고통이 잠재한 것임니다.

조선 26.06.07 (조3) [영화인상]

◇ 『나지모바』는 얼골은 말씀이 아니나 기예는 참 훌륭하다. 어엽분 까닭으로 스타가 되는 미국배우에 비하면 「나지모바」는 정말 배우다운 사람이다.

◇ 「크림필드」 복수는 참 훌륭한 작품임니다. 나는 무조건하고 이 작품을 다시 몇 번이라도 보고 십슴니다.

◇ 「크레스카나도」 소식을 알 수 업슬가요? (기지구레팬)

◇ 참 어려운 주문이심니다. 그는 지금 다시 「유니바아살」 회사에 입사하야 연속영화를 박기 시작햇다 함니다. 그러나 사진 일흠은 자세히 알 수 업슴니다.

◇ 영화와 음악에 대한 관계는 변사 이상으로 깁흔 관계가 잇는데 조선사람극장 음악이란 추악망측 해 못 듯겟다. 정신 차리자. (박생)

시대 26.06.08 (4), 26.06.09 (4), 26.06.10 (4), 26.06.12 (3), 26.06.13 (5), 26.06.17 (3) 〈광고〉
6월 7일자 우미관 광고와 동일

조선 26.06.08 (조3) [학예] 연극잡담(二) / 김을한

아직도 극을 감상하는데 세련이 못된 까닭이겟지마는 관객의 대부분은 극을 귀로 감상할 줄은 모르 고 눈으로만 보랴는 경향이 잇습니다.

이 까닭에 대사가 좀 길면 얼골을 찡그리고 지리하다는 듯이 하품을 연발하다가도 우당퉁탕하는 그야말로 대활극(소위 집어치는 것)이 나오면 잘한다는 소리가 쉰일 새 업시 나옵니다. 이럴 째에는 마치 극을 보러온 것이 아니라 무슨 씨름판에 구경온 갓 가튼 기분이 일허남니다. 이러한 관객을 상 대로 무슨 효과를 어더보겟다는 것은 여간 큰 문제가 아닐가 함니다.

그러기에 각금 이러한 배우들의 불평을 듯슴니다.

관객들이 엇지나 유치한지 무대에서는 슯흠이 가득하야 울고불고 야단인데 관객들은 오히려 쌀쌀 우슴치며 무대에서는 요절을 할 만큼 우스운 대화가 교환되는데 관객들은 웬 영문을 몰라서 우둑허 니 안젓다고 ― 즉 조선의 관객들은 우슬 만한 장면에 우슬 줄을 모르고 울어야만 할 장면에 울 줄을 모른다는 것임니다.

그러나 울 만한 장면에 울지 안코 우슬 만한 장면에 울지[159] 안는 것이 다만 관객에만 죄가 잇슬까요. 관객에게보다도 나는 배우들에게 이러케 뭇고 십습니다.

관객도 관객이려니와 그대들은 과연 관객들이 울 만하게 쏘는 우슬 만하게 연출을 하엿는가 ― 이라 고요.

아까 나는 관객의 열등을 말하엿습니다. 그러나 이제는 배우의 열등을 말하지 안흐면 아니되겟습니 다. 걸핏하면 관객을 처드는 그들은 과연 엇더하겟슴니까.

입으로는 신극운동을 부르짓고 극예술을 고*하며 관객의 열등을 비난하는 그들도 그들이 비난하고 냉소하는 관객만 못지안케 열등(물론 그중에는 상당한 사람도 잇지만)한데는 놀라지 안을 수가 업슴 니다.

무대예술이 엇더하다든지 신극운동은 엇더한 것이라든지 기타의 다른 것은 다- 고만두고 그들이 무 대에 나와서 써드는 각본에 대해서도- 원작자의 정신이라든가 극의 골자라든가 쏘는 극중 인물의 성 격이라든가는 전혀 모르고 다만 기계적으로 자기가 책임마튼 대사만 무슨 글이나 외드시 지꺼리고 드러와서는 무슨 큰 성공이나 한 드시 관객이 열등해서 극을 볼 줄을 모르니 어쩌느니 하는 데는 참 코우슴이 나와서 견딜 수가 업슴니다 등대 밋이 어둡다는 격으로 관객의 열등은 아러도 자기

---

159) '웃지'의 오식으로 보임.

들의 열등은 조금도 고려치 안는 모양임니다.

이것을 미루워 보면 돈보다도, 『각본』보다도, 『검열』보다도, 『관객』보다도, 배우의 수보다도 실로히 걱정되는 것은 배우의 질이 문제임니다.

아무리 돈을 만히 듸리고 아무리 조흔 각본을 가지고라도 근본적 요소인 배우가 연출을 그릇하면 그야말로 청보에게 개똥을 싸는 격이 아니되겟슴니까. 실로히 배우의 질이 문제가 무엇보다도 제일 큰 문제일 것임니다.

조선 26.06.08 (조3) [영화인상]

◇ 『마지스테』 지옥정벌 내용은 넘어도 턱이 업지만 보기에는 자미잇는 영화다. (마지스테팬)

◇ 언제 보아도 『쩩, 호시』 군은 통쾌한 산아이다. 이번 단성사에서 하는 용협열혈(勇俠熱血)은 아마 근래 보기 드믄 『혹시』의 서부극으로서는 일품인 듯 십다. 또한 이동촬영(移動撮影)의 멋잇는 품은 충분이 활극효과를 발휘하엿다고 생각한다. (혹시 당(黨))

조선 26.06.09 (조3) [학예] 연극잡담(三) / 김을한

◇

사면초가 중에 고군분투하든 토월회도 인제는 기진역진(氣盡力盡)하야 제오십일회를 최후의 공연으로 아직 중단의 상태에 잇고 무슨 신기축을 내일까 하야 일반이 기대하든 신흥 백조회도 후원자의 무성의로 인하야 이 또한 기식이 엄엄하니 실로 조선의 신극운동도 현금의 상태로서는 아주 참담한 고경(苦境)에 싸지고 말엇다 해도 가하겟슴니다.

◇

신극운동이 사회에 잇서서나 민족에 잇서서나 엇지하야 필요하다는 것은 여기에 다시 노노(呶呶)히 말하지 안켓슴니다만은 이 압흐로도 토월회가 아니라도 백조회가 아니라도 반듯이 굿세인 신극운동이 이러나야 할 것이며 또 누구의 손을 거치든지 반듯이 일어날 것을 미더서 의심치 안슴니다. 그러나 엇더한 이의 손으로 이르키든지 우리의 쓰라린 경험을 회고하야 아래의 조건을 이저서는 실패를 되푸리할 것이라는 것을 말하야둠니다.

◇ 신극운동에 필요한 자금으로 최소한도로 금 오만 원을 적립할 일

◇ 배우양성소를 설치하야 만 이개년 이상을 수업기한으로 하고 남녀배우를 근본적으로 양성할 일

◇ 배우양성소 제일기생이 졸업하야 등장인물은 이만하면 충분하다고 인정할 째까지는 절대로 공연을 하지 안을 일

◇ 공연을 하려거던 반드시 『싸라크』 가튼 것일망정 자기 소유의 소극장을 건설한 후에 할 일

* 이상에 말한 거와 가티 이 압흐로 신극운동을 하려면은 근본적으로 배우양성으로부터 극장 건축까지 마친 뒤래야 비로소 완전한 기초가 슬 것이며 싸러서 참다운 신극운동의 효과가 잇스리라고 생각하는 바임니다.

-(일구이육년 오월 십구일)-

매일 26.06.10 (6) 경북 활사 순영(巡映)

【대구】 경상북도 지방과에서는 매년 활동사진을 휴대하고 도내 각 부, 군, 도(島)를 순회하며 교육, 산업, 민풍작흥 등의 문화선전에 노력하는바 개최 시에는 원근 각지로부터 다수의 관람자가 운집하야 작년 중 개최회수 육십삼회에 십오만여의 회중(會衆)에 달한 성황을 정(呈)하얏는대 본 연도에는 거 오월 중부터 순회할 예정이든바 고 이왕 전하 국장으로 연기되야 내 십사일부터 십월 이십육일까지 사회에 긍(亘)하야 도내를 일순하며 문화선전 활동사진 영사, 강연 급 선전『쎄라』를 살포야 하 대々적으로 선전할 계획이라더라.

시대 26.06.10 (2) 인산(因山)과 시대일보 / 준비 중의 본사 활동사진 / 금일부터 근사(謹寫) 개시**

독자에게 제공할 인산광경

일반 민중의 애통 중에 인산도 박도하얏다. 본사에서 이미 기보한 바와 가티 최후 황상이신 순종황제의 인산광경을 활동사진으로 배사하야 영구히 보존하는 동시에 배관치 못한 사람을 **하야 각지에서 순차로 공개하야 삼가 봉도의 뜻을 표코자 당국* **섭하야 촬영을 개시하얏는바 습의 광경을 비롯하야 인산 절** 연도(沿道) 상황을 일일이 배사하게 되엇사온바 인산 후에 *시로 공개 장소와 시일을 발표하야 독자 제씨의 편의를 도웁고* 합니다

시대 26.06.10 (4) 〈광고〉

공전에 특별 대흥행

육월 십일일부터 육월 십오일

▲ 대월니암폭스 센쿼 대희극

기발기발 **원숭이 연애극** 전이권

원숭이가 사람 흉내 - 아들 낫코

쌀 낫코 손주까지 본다며 아조 상팔자

▲ 대월니암폭스 특작 대활극

복수활극 **서부혼** 전오권

명우 쏜 길바드 씨 쾌연

▲ 윌니암폭스 특작 영화

대육탄난투극 **맹호광분(猛虎狂奮)** 전팔권

공전에 대난투극! 쾌재통재를 연호할 대육탄극

맹우 쌕쏜스 씨 쾌연

▲ 대 폭스 초대작 최고 예술 제왕편

신곡 **짠테 지옥편** 대응편

대시성(大詩聖) 짠테의 걸작인 지옥편으로

줄거리 삼고 이러나는 천고불멸의 경세적 명편!

비참의 현완무비(絢緩無比)! 초열지옥에 고난밧는 수천의 나체 남녀!

오오 보라! 참경(慘景) 신곡

예고

조선명화 **농중조** 전편(前篇)

본일 작품 완성 불일(不日) 봉절

수은동 **단성사**

전(광) 구오구

조선 26.06.10 (조3) [신영화] 조선키네마 특작품 / 농중조 전편(前篇) / 근일 중 단성사에서 공개될 터

이 농중조(농 속에 든 새)는 토월회에서 무대극으로 상연한 일도 잇섯다. 이번에 새로 설시된『조선키네마프로덕순』에서 영화화식한 것이다. 내용은 청년남녀의 련애를 제재로 취급한 것이다. 개작 각색에 리규설, 감독에 진수수일(津守秀一)이며 배우는 계림영화에서 만흔 환영을 밧든 리규설, 라운규 군과 토월회의『스타-』복혜숙 양이라는대 불원간 시내 단성사에서 봉절하게 되리라더라.

조선 26.06.10 (조3) [영화인상]

◇ 매우 반갑습니다. 명금의 기찌구레가 다시 유니바아살에 드려와서 연속영화를 박기 시작햇다지요. 그러나 섭섭한 것은 푸란시스포어드(후레데릭) 씨와 에데이포로 씨의 소식을 모르는 일입니다. 좀 알 도리가 업슬가요. (호생(昊生))

조선 26.06.10 (조4), 26.06.12 (석1), 26.06.13 (석2), 26.06.14 (조3), 26.06.15 (석1) 〈광고〉

선전문, 출연진 등이 제외된 외 시대일보 6월 10일자 단성사 광고와 주요 정보 일치.

동아 26.06.11 (3) 〈광고〉

십일일 (금요)부터 명화 봉절

오래동안 예고로만 쓰러오든

대파라마운트 사 초초특 거작품

개척사 **북위 삼십육도** 전십권

맹우 쌕크 홀드 씨 열연

답파만리(踏破萬里)에 혈한(血汗)이 용출(湧出)하는 개척자의

참된 건국의 혈성(血誠)이 쓸난 의분에 용사를 보라!! 오직 감격쑨?

암투 연발! 무비(無比) 통렬!

결사적모험극 **최후에 일인까지** 팔권

쾌남아 리챠-드 딕크 씨 활약

질풍신뢰(迅雷)와 갓흔 활극은 간담이

서늘하게 다음으로 다음까지 간단 업시 전개!

모험전율 **즉시모생약(卽時毛生藥)** 전이권

희극왕 몬듸 반크스 씨 주연

=대예고=

현대 유일에 문제인 대명화!

대전(大戰)참화 **세계의 심(心)** 전십삼권

불일 내로 공개

조선극장(전 광 二○五)

동아 26.06.11 (5) 탄망(彈望)한 장림(長林)에 백의(白衣)의 단장민(斷腸民) / 철시, 음곡(音曲) 정지

작 십일은 인산날이엇슴으로 온 경성의 상민들은 전부 텰시를 하얏스며 됴리뎜은 재작 구일 밤부터 삼 일간 휴업을 하엿고 긔생들도 노름에 불니지 안이하고 휴업을 하엿다고. 극장도 작 십일은 전부 휴업하엿고 그 외에도 가무 음곡을 뎡지하엿다더라.

매일 26.06.11 (3), 26.06.12 (2), 26.06.14 (4), 26.06.15 (2) 〈광고〉 [연예안내]

일부 출연진 제외된 외 시대일보 6월 10일자 단성사 광고와 동일

출연진 제외된 외 동아일보 6월 11일자 조선극장 광고와 주요 정보 일치

동아 26.06.12 (2), 26.06.13 (6), 26.06.14 (4), 26.06.15 (5), 26.06.16 (5), 26.06.17 (5) 〈광고〉

6월 11일자 조선극장 광고와 동일

시대 26.06.12 (3), 26.06.13 (5), 26.06.14 (1) 〈광고〉

6월 10일자 단성사 광고와 동일

조선 26.06.12 (석1), 26.06.13 (석2), 26.06.14 (조3), 26.06.15 (석1), 26.06.16 (조4), 26.06.17 (석1) 〈광고〉

선전문 제외된 외 동아일보 6월 11일자 조선극장 광고와 동일

조선 26.06.12 (조1) 산미증식과 생활개선 선전 / 활동사진으로

평북(平北) 자성군(慈城郡) 농회(農會)에서 권업상 일층 확대를 위하야 동 군수 장문화(張文華) 씨 주최로 지방 유력자의 기부 일천오백 원을 득하야 활동사진을 구입하야 각 면, 각 동을 일 년에 춘추 이 차식 순행하며 농민에게 산업증식과 생활개선의 방침을 영사하리라고.

조선 26.06.12 (조3) [신영화] 윌리암폭스 초특작품 / 짠테 신곡 지옥편 / 십일일부터 단성사에 상영

본편은 시성 짠테 신곡 중 디옥편(전 삼십사곡)을 줄거리 삼고 디옥이 반드시 저 세상에만 잇는 것이 아니요, 우리가 살고 잇는 이 세상의 환란질고를 격고 지냄도 역시 디옥이라는 동양사상을 근본하야 그려논 작품이니 극중 디옥장면은 「도레 명화 디옥」을 완전이 모방하야 만드럿스며 수천의 라테 남녀들이 초열디옥에서 곤난밧는 비절참절한 정경은 본편이 자랑할 수 잇는 가장 볼 만한 장면일 것이다. 쪼한 사자들이 죄수를 형벌하는 무서운 광경과 제마무전 혹은 회심곡을 눈으로 보는 듯한 늣김을 주는 짠테가 디옥순회가 나타나는 것은 짠테의 작품을 본 이쑨 아니라 저생 구경하고 십다는 부인들이 아마 마니 보려할 사진일 것이다.

조선 26.06.12 (조3) [영화인상]

◇ 정 그러시다면 대답해 드리지요. 푸란시쓰포어드 씨는 지금 역시 유니바아살 회사 감독이 되여 『절해의 위난(絶海의 危難)』이란 대연속사진을 감독 발표하엿스며 에데이포로 씨는 지금 정처 업는 나그네 생활을 한다 합니다.

◇ 새로 생긴 조선키네마푸로썩순에 희망한다. 이왕 작품을 내려거든 재래의 모든 경험을 토대로 무슨 점으로던지 쒸여난 것을 보혀다오. (** 김○*)

◇ 농 속에 든 새를 조선키네마푸로썩순에서 박는다지요. 왜 하필 그짜위 저급한 쎄마를 선택하엿는지 알 수 업습니다. 이래가지고는 조선영화의 참된 향상 발달은 업슬 것입니다. 영화제작가들아 결코 저속취미로 대중을 최면에 씨우려 하지마라. (WY생)

◇ 짜크라스 퐤쌩스, 참 통쾌한 산아이다. 박대트의 도력을 네 번* 보앗건만 그래도 실증이 아니 난다. 사진도 썩 자미잇다. (성생(成生))

◇ 짠테 지옥편은 언제나 공개됩니까. 음악곡목 선택이 제일 중요한 줄 안다. 나는 작년 정월에 일본에서 구경한 일이 잇기로 한마듸 말해둔다. (운*생(雲*生))

매일 26.06.13 (3) 위기에 임한 / 조선영화계 / 성아(星兒)

극을 갓지 아니한 국민(그것은 실제로 잇슬 수 업는 것이나)을 예상할 쌔에 곳 문화를 갓지 아니한 종족, 오락을 모르고[160] 국민이라고 말할 수가 잇다. 문명국은 문명국인 만큼 미개국은 쏘 미개국인 만큼 다 각각 그 국민성의 반영인 연극을 소유하고 잇는 것이다. 그러나 우리 조선인은 그럿타고 할 만한 무엇도 하나 못 가젓단 말이다. 오즉 선조는 우리 민중에게 극이란 것을 殘役[161]으로 알고 반듯이 하류계급이 하는 것이라는 *통적(*統的)으로 극이란 것을 殘役視[162]하는 관념 외에는 아모런 형식에서나 내용에서나 남겨준 게 업다. 그리하야 우리는 현재와 갓흔 지위에 쩌러지고 말앗다. 더구나 어

---

160) '모르는'의 오식으로 보임.
161) 의미상 '賤役'의 오식으로 보임.
162) 의미상 '賤役視'의 오식으로 보임.

느 외국인은 조선은 문학이 업고 극을 안 가진 국민이냐고까지 말한 일이 잇다. 얼마나 북그러운 일이냐. 그러나 상고시대엔 우리의 조상은 찬연한 문화를 가젓엇고 극과 갓흔 종류의 무엇을 가젓섯든 형적(形跡)이 잇다. (묵은 기록 등에서 보면 삼국시대에 전승기념 갓흔 것이 궁중에서 거행될 째엔 전쟁하든 모양을 극히 예술적 교기를 가하야 가지고 쏘 장군 개(個)의 『로민쓰』 갓흔 것을 삽입하야 궁중 광장에서 행힛다는 형적이 잇다. 물론 일반민중 전체를 목적으로 하는 것은 안이지만 그것이 극의 형식을 *힛고 쏘한 극의 원시적 요소를 함유한 것만은 사실이다) 이런 것은 물론 너무나 오린 일임으로 명확하다고는 할 수 업스나 요만한 것도 계통적으로 발전을 하얏다면 상당한 효과가 *슬 것이나 그만 것도 우리의 선조는 전해주지를 안코 갓다. 선조의 행적은 넘우나 쓸々하얏다. 그리하야 우리는 현재와 갓흔 경우에 이르럿다. 여기에 우에 한 말은 본래에 논의가 創[163]안이고 영화이엇스나 영화와 극은 써날 수가 업는 관계를 가진 까닭으로 잠간 말해 둔 것이다.

그러고 근일에 어듸서든지 성행하는 영화 즉 활동사진을 요 말하면 발명연대도 퍽 간갑고[164] 하나 그의 특장인 종래 연극갓치 배우가 일일히 도라다니지 안이하면 볼 수가 업는 연기를 아모런 데서라도 가만히 안저서 볼 수가 잇는 것 즉 장소의 초월, 쏘한 후세에까지 전할 수가 업는 연극(순간적 생명을 가진 연출자의 예술)을 언늬 시대 사람이나 다 볼 수 잇게 하는 시간의 초월, 한 번에 여러 본식(本式) 제작을 하야 일반민중의 요구에 응케 하는 것 등 여러 가지 의미로 민중오락적 성질에 잇서々 연극보다 훨신 보급성이 풍부함으로 그의 발달 보급의 급속한 것은 실노 경악할 만한 사실이다.

요컨대 누구이고 현대인으로서 영화를 모른다면 그보다 더 큰 무지는 업슬 것이다. 즉 이럴 만치 활동사진은 무서웁게까지 널니 보급된 것이다. 그러고 민중오락으로서 민중예술로서 사회교화 기관이란 데서 쏘는 지어(至於) 선전광고 모든 학술연구 기관으로서 현재에 활동사진만치 광범 중대한 사명을 가지고 싸라서 다대한 효과를 내이는 것은 업고 쏘 다시 업슬 것이다.

말하자면 활동사진은 현대인의 생활요소로부터 절대로 제거할 수 업게 된 오락으로서 예술로서 쏘기타 여러 가지 의미에서 영화는 우리의 생활에 일종의 양(糧)의 되여 잇다는 것이다.

여긔에 우리 조선인의 눈에 영화가 낫하나기는 십 년이 넘어 된 일일 것이다. 그러나 이 외국영화도 지금과는 아주 그이말노 천양지판(天壤之判)이 잇섯슬 것이다. 그러나 현재에 와서는 활동사진은 고급예술품으로 일반민중에게 다대한 인상과 감명에 주는 것이 되고 말앗다.

지금 여긔에서 말하고자 하는 것은 우에 말한 외국 작에 대한 것이 아니라 조선인의 손에서 제작되는 조선물의 과거와 쏘는 장래에 대하야 말을 하는 것이다.

최초로 조선에서 조선의 인정 풍물을 느어 노흔(실사물은 제하고) 흥행목적으로 박은 사진은 사, 오 년 전의 조선영화의 최초기라고 할 만한 연쇄극의 전성시대에 삽입 목적으로 한 『필님』 제작이 그 효시일 것이다. 그째 연쇄극에 사용된 『필님』은 지금에다 대이면 극히 유치한 것이나 엇재든 서양물만 보든 관객은 처음 조선영화 순 영화극은 아니나에[165] 대하얏슴으로 당시에는 흥행성적이 매양 조왓

---

163) '劇'의 오식으로 보임.
164) '갓갑고'의 오식으로 보임.
165) '조선영화(순 영화극은 아니나)에'의 오식으로 보임.

든 모양이다.

그러다가 연쇄극이 차々 일반관객의 애호를 써서나 바리자 그만 흐지부지 자취를 감츄고 수년을 조선영화의 제작이라고는 중단이 되얏섯다.

시대 26.06.13 (2) 역력(歷歷)한 인산(因山) 광경, 활사로 재현! / 본사 주최 활사 대성황 / 정숙한 중에 무사 종료

이천만의 애잣는 부르지즘을 등지고 마지막으로 회포 김흔 한양을 써나시는 순종 효황제 인산 광경을 눈물에 저즌 조선사람의 마음속에 일부러

김흔 인상을 주고자 하는 쯧으로서 보도의 지위에 잇는 본사에서는 련일 활동사진반을 *동 시키어 인산 광경을 근사하얏든바 하루라도 속히 일반에게 보여들이고자 밤을 새어 노력한 결과 이미 완성된 필림 제일편은 인산 익일 즉 십일일 밤 두 회에 난후어 시내 종로긔독교청년회관에서 공개하얏는데 급작히 하는 일으로 충분히 그 쯧을 일반 독자에 전달치 못하얏건만 정각 전부터 파도가티 몰려드는 군중으로 회장 상하층은 립추의 여지가 업시 차고 넘치엇는바 문 밧그로 돌아간 사람이 더 만흔 듯하며 서막이 열리자 승하하신 선제의 어진(御眞)이 나타나시매 자리에 착석하얏든 수천 군중은 어느새 일제히 일어나서 머리를 숙으려 잠간 동안 추모의 쯧을 표하얏스며 그 다음으로 수운(愁雲)이 중첩한 창덕궁 전정을 비롯하야 비장한 인산 항렬이 력력히

나타날 째 장내는 몹시 엄숙한 가운대 숨소리만 들릴 쑌으로 자연히 슯운 공긔가 써돌앗섯다. 이리하야 추도와 긴장과 비애가 휩싸는 일종 감상적 공긔 속에 오후 열한 시에 무사히 마치엇다.

십이일 야(夜)에 제이회 / 처소는 역시 종로청년회

본사에서 촬영한 인산광경 활동사진(因山光景 活動寫眞)은 십일일 밤 이 회 공개에 대성황을 닐우엇다 함은 별항과 갓거니와 십이일 밤에도 역시 종로긔독교청년회관에서 공개할 터인바 시간도 제일회는 오후 여덜 시 반부터, 제이회는 오후 아홉 시 반부터 이 회에 난후어 할 터이며 입장은 무료인데 특히 본보 독자에게는 란외에 우대권을 발행하얏다.

동아 26.06.14 (2) 간도 실상 영사 고국 순회단 입경(入京) / 위선 금일부터 경성서 연다

중국 북간도 사립 명동학교(中國 北間島 私立 明東學校)는 지금 십팔 년 전에 창립된 이래 다수한 어린 동포들을 가려처 적지 안은 인재를 나어노앗는데 삼일 운동 째에 적지 안은 해를 입고 다시 한재로 말미암어 폐교를 안이치 못하얏든바, 그를 유감으로 생각하는 간도 유지들의 발긔로 간도 개척 륙십여 년간의 비풍참우의 실황과 반만년의 북부 고정 등을 촬영한 영화를 가지고 고국에 와서 함남, 북 각처로 순회 흥행을 하다가 경성에 들어와서 다음과 가튼 일시 장소에서 흥행을 할 터인바, 수입은 전부 명동학교 부흥에 쓰기로 하는 터이니 일반은 아못조록 다수히 와 구경하기를 바란다더라.

주최 간도 사립 명동학교후원회

후원 조선교육협회

장소 중앙청년회관

일시 유월 십사, 십오일 오후 팔시 반

입장료 특등 오십 전 보통 삼십 전 학생 이십 전

매일 26.06.14 (3) 단성사에 싼테 지옥편

세계의 삼대 시성(三大 詩聖)으로 하나를 치는『이태리』『싼테』의 일성의 대결작인 신곡(新曲) 삼부 중에 가장 심각하고 가쟝 인간의 오뇌(懊惱)를 표현하엿다는 지옥편(地獄篇)이 활동사진으로 되여 시내 단성사(團成社)에서 지난 십일일부터 상영되엿다. 인간세계의 알고 모르는 사히에 범한 모-든 죄악(罪惡)이 지옥 속에 가셔는 온갓 인과관게(因果關係)를 가지고 참담한 벌과 증오를 밧는다는 것을 가장 대미려한 시(詩)의 션률(旋律)로써 그리인 것이니 곳 시성『싼테』가 현실에서 맛보는 온갓 고 노와 회의를 시의 나라 창작(創作)의 세계에서 톄험(體驗)한 것이요. 싸라서 후세 억만 년까지라도 이 일편을 대하는 자는 무한한 시취와 아울너 인간의 죄악이 심중한 것을 직감하게 되는 것이다. 이 대 웅편을『월리암폭쓰』사에셔 영화로 한 것이니 장면へ의 심각 쳐참함은 지옥을 여실히 보는 것 갓다 =사진의 검은 의복은 지옥을 구경하는『싼테』

시대 26.06.14 (2) 본사 인산(因山) 활동사진 공개 제이일 / 관중 만여 명 돌파! / 물밀 듯하는 독 자로 쟝내 쟝외는 인산인해! / 전차길싸지 넘치는 군중으로 경찰싸지 출동 / 종로서 경관 총출동

본사에서 촬영한 인산광경 활동사진(因山光景 活動寫眞)을 공개하는 제이일(십이일)은 첫날 보다 멋 갑절의 대성황을 일우엇는바 일회는 여덜 시 밤부터 이회는 아홉 시 반부터 하루ㅅ밤에 두 회로 공개 할 예정이엿는데 열*한 관중은 정각보다 서너 시간 전부터 본보 란외의 우대권을 오려가지고 종로 청년회관 압뒤 문으로 들이*럿는데 첫 번은 어느 틈에 만장이 되어 왓든 사람의

십분의 일밧게 수용 못 하얏고 남아지 수천 군중은 문 밧게서 종로 전차길 엽까지 쌕쌕히 들어서서 이 회 입장을 고대하얏스나 이회에도 압헤 섯든 사람만 들어가고 뒤에 남은 사람 멋천 명은 아죽도 문 밧게 멈으르며 일대 혼잡을 일우엇섯는바 이회가 긋나고 보니 밤도 퍽 깁허젓스나 열광한 수천 관중 은 문 밧게 멈으르며 돌아가지 아니 함으로 이미 하룻밤 두 번만 하기로 예정이든 사진을 다시 한 번* 아 세 번이나 하얏스나 세 번만에도 못 들어온 관중이 오히려 만하얏스며 당야 삼 회를 통하야 회장 내외의 관중은

무려 만여 명을 돌파하얏는데 시절이 시절인 이째에 사람 모이는 것을 극히 주의하는 소할 종로서(鐘 路署)에서는 삼륜 고등계 주임(三輪 高等係 主任) 이하 정사복 경관 수십 명이 림장하야 정리에 로력 하얏다.

활사에는 감격! / 「라디오」에는 경탄 / 긴장된 속에서 마친 관중

그와 가티 립추의 여지가 업시 쌕쌕 들어찬 쟝내 공긔는 첫날과 가티 몹시 긴장하고 엄숙하얏는데 개 회 벽두에 본보 사원으로부터 「라디오」로 개회사를 방송한 후 필림을 펴ㅅ는데 간간이 해내 해외의

「뉴-쓰」와 밋 「라디오」에 대한 학리적 설명도 「라디오」로써 보내주엇슴으로 거룩한 사진 장면에 감격을 늣기는 관중은 물질문명의 신비로움을 함께 늣기엇다고.

시대 26.06.14 (3) 경주 고적 순회 영사대 / 북청(北青)지국 주최

(북청) 북청청년회연합회와 본사 북청지국 주최로 경주 고적과 세계 명소와 위생에 관한 환등 영화 *****이 북청 전군(全郡)에 잇는 각 공사립 학교를 기준하야 순회하기로 하고 기외(其外)에도 요구가 잇스면 영사하기로 되엇는데 경주 고적은 우리로 하야금 고조선 고대의 문물을 다시금 유억(遺憶)할 만한 역사적 참고 재료가 될 것이며 순회 대원은 좌(左)와 여(如)하리라고.
김유백(金裕伯), 최태규(崔泰奎)

조선 26.06.14 (조2) 〈광고〉 금일 인천에서 / 조선일보사 근사(謹寫) / 인산 활동사진 근(謹) 상영

십사일 야 팔시, 구시 반 이 회
무료공개(입장권은 난외에)
장소는 추후 인천 시내 요처(要處)에 게시
조선일보사

동아 26.06.15 (2) 인산 실황 본사 근사(謹寫) 활동사진 / 제일회 경성, 대구, 함흥, 평양, 인천서 공개

순종 효황뎨의 승하는 우리 조선사람 된 이의 가슴에 골고로 슯흠의 큰 못을 박은 일입니다. 이는 진실로 니저버리지 못할 설음의, 니저버렷든 것을 다시 한 번 쌔단하야 우리의 총명과 량심이 무되고 말지 아니한 표적을 내이게 한 긔회이엇습니다. 우리는 미상불 이번의 국흉에서 다시 한 번 큰 감분(感奮)과 각성(覺省)을 어더서 눈물에 빗최는 장래의 광명을 내다보지 아니한 것도 아니지마는 그럴수록 이번의 이 일을 가장 실감뎍(實感的)으로 우리의 긔억에 멈을음은 간절한 감모성(感慕誠)의 말려도 말 수 업는 일입니다. 본사에서는 일즉부터 조선 민중의 이 성심을 부즈럽시 안케 하기 위하야 활동사진 촬영반을 두 패나 설비하야서 가장 엄숙한 태도와 주밀한 주의로써 여러 날 고심 노력할 결과로 애오라지 애쓴 보람 잇는 영화(映畵)를 이제 완성하옵고 본보 애독 제씨를 위하야 뎨일회 공개로 오늘 경성, 대구, 함흥 등 세 곳에서 봉지를 쪠이기로 하얏사오니 다수히 래참하시와 다시 한 번 성덕을 추모하는 긔회를 삼으시옵소서. 사진은 인산 당일의 실황을 근사한 삼천오백이천 척이 넘는 댱편입니다.

◇시내 독자 관람 요항(要項) ◇
一, **시간** 시간은 십오, 십륙 양일간 오후 일곱 시부터 시작하야 다음과 가치 이 회로 합니다.
가, 팔시부터 구시까지
나, 구시 삼십 분부터 십시 삼십 분

一, **입장** 입장은 본보 십오, 십륙 량일부 신문 란외에 잇는 독자권을 사용할 일. 한 장에 두 사람식 입장을 할 수 잇습니다.

一, 시간은 아못조록 일회마다 약 삼십 분가량식 먼저 와서 기다리시다가 본사 사원의 안내를 짤어 입장해주실 일인데 장내 정돈상 공중을 위하야 아모조록 사원의 안내를 잘 복종해주서야 하겟습니다. (단 지방은 차한(此限)에 부재(不在)합니다)

경성

시일 십오 십육 양일 오후 칠시부터

장소 장곡천정(長谷川町) 공회당

입장료 무료

대구

시일 십오 십육 양일 오후 칠시부터

장소 신정(新町) 조양회관(朝陽會舘) 내

입장료 미정 = 독자 반액

함흥

시일 십오 십육 양일 오후 칠시부터

장소 동명극장

입장료 미정 = 독자 반액

동아 26.06.15 (5) 근화(槿花)후원회의 납량 연극 / 오난 십팔일 청년회에 / 배구자 리월화 양 출연

시내 안국동에 잇는 근화녀학교(槿花女學校)는 설립된 이후 교황(校況)이 날로 발뎐되는 중인바 그 학교 학부형들과 기타 유지가 합하야 지난 사월에 근화녀학교후원회(槿花女學校後援會)를 조직하야 동교의 긔본 재산(基本 財産)을 만들고저 만흔 방면으로 로력하든 중 오난 십팔, 십구 량일간 종로 중앙청년회관에서 납량 연극대회(納凉 演劇大會)를 개최한다는데 이제 그 출연할 분은 뎐문(專門) 학생으로 조직된 연예단원(演藝團員) 일동과 일즉이 조선 녀우(女優)게에 일홈이 놉흔 리월화(李月華) 양과 최성해(崔星海) 양이 주연이 될 터이며 쏘 특별히 텬승(天勝) 일행의 화형(花形)으로 동서양 각국에서 만흔 총애를 밧다가 이번 텬승 일행을 써나 귀국한 배구자(裵龜子) 양도 특별 출연하야 그 독특한 긔능을 우리 압헤 나타내리라 하며 중앙 유치사범과와 근화학교의 코러쓰도 나온다더라.

시대 26.06.15 (2) 인산영화 신천(信川)서도 공개 / 시일은 추후 발표

(신천) 본사에서 가장 먼저 근사한 인산광경 활동사진(因山光景 活動寫眞)은 각처로 순회하며 만흔 감격을 주는 중인데 본사 신천지국(信川支局)에서는 본사와 타협한 결과 신천 애독자를 위하야 일일이라도 속히 신천 읍내에서 공개하게 될 터인데 시일과 장소는 추후 발표하게 되었다고.

조선 26.06.15 (석2) 〈광고〉 경성·인천에서 / 조선일보사 근사(謹寫) / 인산 활동사진 근(謹) 상영

◇ 인천 = 십오일 정오 십이시, 오후 사시 이 회

(인천 외리(外理) 애관(愛舘)에서)

◇ 경성 = 십오일 오후 팔시, 구시 반, 십시 반 삼 회

(종로 청년회관에서)

무료공개(입장권은 난외에)

조선일보사

조선 26.06.15 (석2) 영사막에 나타나는 / 최후 인산의 역사적 광경 / 마즈막 황데의 마즈막 인산날 광경을 / 활동사진으로 또다시 배관할 수 잇다 / 본사의 인산 근사(謹寫), 각지에서 근영(謹映)

조선의 마즈막 황데이신 순종효황데(純宗孝皇帝)의 인산은 이천삼백만 민중의 지극한 애통 중에 봉행되엿는데 본사에서는 이 눈물겨운 마즈막 인산의 력사뎍 광경(歷史的 光景)을 독자 제씨와 함께 영구히 기억(記憶)하고저 인산전후의 광경을 근사(謹寫)한 활동사진을 십오일부터 각처에서 근영(謹映) 공개키로 되엿다. 『스크린』에 나타나는 그날의 모든 광경은 그날의 실디 인산을 배관한 이나 배관치 못한 이나를 물론하고 반드시 보아

감개무량한 바 잇슬 것인데 그 상영할 일자와 장소는 다음과 가트며 독자의 무료입장권은 그날그날의 신문 란외에 인쇄하여 너흘 것임으로 그것을 오려가지고 오시는 독자에게는 무료입장케 될 것이다. 조선 마즈막 황데의 마즈막 인산광경이 완연히 『스크린』에 낫타나는 것이니 독자 제씨는 와서 보라! 의미 깁흔 그 력사뎍 광경이 뎐개될 것이다.

◇ 인천

제일회 = 십오일 정오

인천 애관에서

제이회 = 십오일 오후 사시

인천 애관에서

◇ 경성

제일회 = 십오일 오후 팔시

종로청년회관에서

제이회 = 십오일 後[166] 구시

종로청년회관에서

제삼회 = 십오일 後[167] 십시 반

종로청년회관에서

◇ 개성

---

166) '午後'의 오식으로 보임.
167) '午後'의 오식으로 보임.

십육일 야(夜) (장소 시간 기타 상세 추후 발표)

조선 26.06.15 (조2) 본사에서 근사(謹寫)한 인산 영화 / 작야(昨夜) 양 극장에서 봉절 시사 / 인산 당일의 긔억이 아즉도 사러지지 안은 / 일반관중은 그 사진 배관에 심취하엿섯다 / 금 십오일에는 본보 독자 압헤 상영

석간에 발표한 바와 가티 본사에서는 조선의 마즈막 황데의 마즈막 의식(儀式)을 짓는 이번 인산의 력사덕 광경(歷史的 光景)을 근사(謹寫)하야 이를 십오일부터 경성과 인천에서 정식으로 공개키로 되엿는데 십사일 밤에는 이것을 시사(試寫)하는 의미로 본사 촬영의 인산광경 활동사진을 부내 우미관(優美舘)과 단성사(團成社)에서 봉절 상영(封切 上映)하야 일반관중의 적지 안은 상찬(賞讚)을 바덧다. 십사일 밤 아홉 시경에 먼저 그 사진이 우미관 영사막(映寫幕)에 나타나자 몃칠 전 긔억이 아즉도 사러지지 아니한 일반관중은 인산 당일을 쏘다시 만난 듯 그 사진 배관에 심취하엿고 단성사에서도 역시 그와 가티 비상한 환영을 바덧슴으로 드듸여 정식으로 십오일부터는 경성과 인천에서 이를 독자 제씨 압헤 상영키로 되엿는데 독자 제씨의 무료입장권과 시간 장소 등은 석간에 자세히 발표하엿슴으로 그를 참조하심이 조켓더라.

조선 26.06.15 (조3) 근화후원회의 / 납량연극대회 / 본월 십팔, 구 량일 / 중앙청년회관에서

시내 안국동에 잇는 근화녀학교의 발뎐을 위하야 그 학교 학부형과 기타 유지로 조직한 근화녀학교 후원회(槿花女學校後援會)에서는 긔본 재산을 만들기 위하야 본월 십팔, 구 량일간을 종로 중앙청년회관에서 납량연극대회(納凉演劇大會)를 열게 되엇다는데 출연자들은 전문학생으로 조직한 연예단원(演藝團員) 일동과 녀배우로는 리월화(李月華) 최성해(崔星海) 량인이며 이번에 텬승 일행에서 탈퇴한 배귀자(裵龜子) 양도 출연하리라 하며 중앙유치원사범과(中央幼稚園師範科) 학생과 근화녀학교의 「코러스」도 잇스리라 하며 입장권은 미리 예매함으로 시간 전에 일즉이 오기를 바란다더라.

동아 26.06.16 (2) 역사적 사실의 역사적 영화 / 본사 근사(謹寫) 인산 활사 / 전후 삼천 척에 갓가운 조직뎍 작품 / 시속 사진과는 모든 것이 크게 달러

이번에 인산은 녯날의 위의를 뵈올 수 잇는 거의 마즈막의 긔회로 여러 가지 늣기운 생각을 자어내는 력사적 큰 긔념이 되는 것임니다. 이 다시 업슬 긔회를 헛되게 아니하고 어제까지든지 그 실경(實景)과 실감(實感)을 전해갈 만한 방법을 강구함은 진실로 우리가 후인에게 질머지지 아니치 못할 큰 의무로 생각하고 본사는 진작부터 여러 가지 필요한 준비를 하는 중에 활동사진 맨드는 것 한아를 너엇슴니다.

◇

이는 무론 한째의 호긔심(好奇心)을 만족하자거나 긔타 일시덕(一時的) 충동(衝動)으로 하는 일이 아니라 한아는 승하하오신 순종 황데의 마즈막 일에 대한 우리의 성의를 표하옵고 한아는 오랜 뎐뎐의 그림자를 엄서짐으로부터 붓잡어서 영원히 멈을러 잇게 하고 쏘 한아는 조선민중이 그 국권(國權)의 표상(表象)이든 이 어른의 가심에 대하야 엇더케 지극하고 미묘한 정성을 들엇는지 오래오래히 그 실디를 전하기 위한 의미 깁흔 계획이엿습니다.

◇

그리하야 우리의 안중에는 완전한 영화(映畵)를 맨들 것만이 유일한 목뎍이엇고 이 재문에 심력이 얼마 씨우든지 경비가 얼마 들든지 시일을 얼마 잡든지 도모지 불계하엿습니다. 다만 성의와 동정이 업는 관계 관텽이 우스운 규덩과 넘려에 구애하야 우리의 활동을 구속함이 컷섯기 재문에 하고 십흔 것을 하지 못한 것도 만코 해논 것을 발표치 못한 것도 적지 안코 쯧과 갓지 못한 것이 한두 가지도 아니엿지마는 그래도 만흔 설비와 큰 노력의 갑시 잇서 비교뎍(比較的) 자신(自信) 잇는 이만한 영화(映畵)를 맨들 수 잇게 된 것은 그런대로 큰 다행이라고 생각합니다.

이번 인산에 활동사진을 박은 것이 공사(公私) 량방을 통하야 여러 벌입니다마는 척수(尺數)가 길어서 내용이 풍부하고 재료가 엄정하고 질서가 정제하고 배치(配置)의 교묘와 설명의 진실한 등사로 아모것보담 특출한 디위를 가질 것이 우리 동아일보사 촬영의 영화임을 공언할 수 잇슴을 스스로 만족하게 암니다. 우리의 계획은 무론 훨신 더 완전한 작품을 맨들음에 잇섯지오마는 이만 하야도 이 력사뎍 사실을 방불히 전후할 력사뎍 영화일 만함은 보시는 여러분도 승인하실 줄 밋습니다.

◇

이것저것을 주어 모아 맨든 오륙백 척 내외에 그치는, 세간에 보통 다니는 영화에 비하야 가장 조직뎍(組織的) 내용을 가진 삼천 척(三千尺) 갓가운 우리의 필름이 어쩌케 만흔 특색을 가진지는 실물에 나아가서 삷혀주시기를 간절히 바랍니다.

대구 연기 / 금 십륙일 공개

작일 사고와 가치 작 십오일 밤부터 본사 활동사진 촬영반이 근사한 순종 효황데 인산 활동사진은 경성(京城), 대구(大邱), 함흥(咸興) 세 곳에서 가튼 날 일시에 공개하기로 되엿섯는데 원래 사진은 가튼 것을 네 벌을 만들어가지고 네 곳에서 공개키로 된 것이라 그에 짤아 당국의 검열도 네 벌을 전부 일일이 검열하야 허가를 밧는 관게상 경성과 함흥은 예정과 가치 되엇고 대구는 십오일 오전 차로 영화를 보내고자 한 것인데 렬차 시간까지에 검열이 씃이 나지 못하야 부득이 하로 동안을 연긔하야 금 십륙일부터 긔위 발표한 시간과 장소에서 상영하기로 되엿습니다.

매일 26.06.16 (3) 근화여학교 위해 / 배구자 양 출연 / 십팔 십구 량일 밤에 / 종로청년회 안에서

시내 안국동에 잇는 근화녀학교(槿花女學校)는 설립된 이후 교황(校況)이 날로 발전되는 즁인바 그 학교 학부형들과 기타 유지가 합하야 지난 사월에 근화녀학교 후원회(槿花女學校 後援會)를 조직하야 동 교의 긔본재산(基本財產)을 만들고져 만흔 방면으로 로력하는 즁 오난 십팔, 십구 량일간 종로 즁앙청년회관에서 납량연극대회(納涼演劇大會)를 개최한다대 이졔 그 출연할 분으로 전문(專門) 학싱으로 죠직된 연예단원(演藝團員) 일동과 일즉이 조선녀우(女優)계에 일흠이 놉흔 리월화(李月華) 양과 최성해(崔星海) 양이 주연이 될 터이며 쏘 특별히 텬승(天勝) 일힝의 화형(花形)으로 동서양 각국에서 만흔 총애를 밧다가 이번 텬승 일힝을 써나 귀국한 배구자(裵龜子) 양도 특별츌연 하* 그 독특한 기능을 우리 압헤 나타내리라 하며 중앙유치사범과 근화학교의 코러쓰도 나온다더라.

시대 26.06.16 (1) 〈광고〉

특작 희활극 주간 (육월 십육일부터)

◆ 유 사 **국제시보** 전일권

◆ 유 사 독특 센추리 희극

배상금을 준비하고 자동차 탄다

재바른 여자 전이권

배상금을 준비하고 자동차 타면 열백 번 사람 쳐도 상관은 업다는

대흥소극

◆ 유 사 독특 쎄스몬드 영화

대희활극 **어느 산적의 이약이** 장척 오권

그 멍텅구리? 약혼자는 모험가를 숭배!!

야단야단!! 맹연 분기(奮起)! 서부 전선에 번득이는 *상한 산적?

◆ 유 사 독특 탈마치 이세 영화

대열혈극 **스피트 킹** 전육권

자동차 회사 사이에 이러나는 암투

분연히 정의의 칼을 든 쾌남아

우리 탈마치 이세 레드호스!! 쾌재!!

◆ 유 사 대연속극

제칠회 **창공맹자** 십삼, 십사편 전사권

수은동 **단성사**

전(광) 구오구

조선 26.06.16 (석1), 26.06.17 (석1), 26.06.18 (조2) 〈광고〉

선전문이 제외되고, 아래의 예고가 추가된 외 시대일보 6월 16일자 단성사 광고와 주요 정보 일치

목전에 임박할 이대명편

조선명화학창연화(學窓戀話) **농중조** 전편(前篇)

표류만리 **번지(蕃地)의 로레인** 전구권

조선 26.06.16 (조2) 최후 인산의 역사적 광경을 / 엄숙히 배관(拜觀)한 오천 관중 / 십오일 오후 여덜 시부터 청년회관에서 / 마즈막 황뎨의 인산광경을 영사하얏다 / 본사 근사(謹寫)의 인산 영화 공개회

수일 전부터 예고(豫告)하여온 바인 본사 근사(謹寫) 인산활동사진(因山活動寫眞)의 공개는 예뎡대로 십오일 오후 여덜 시부터 종로중앙청년회관에서 일반 독자 압해 상영케 되엿다. 이날의 사진을 꼭 한번 보랴고『독자무료입장권』을 가지고 오는 시내 각 방면의 독자들은 뎡각 전부터 회장으로! 회장으로! 드리 밀리여 뎡각인 여덜 시경에는 회장인 청년회관 대강당이 비인 틈이 업시 군중으로 가득히 찻섯다. 뎡각 여덜 시가 되자 본사 편집국장(編輯局長) 민태원(閔泰瑗) 씨가 단에 올러 간단히 개회하는 인사를 한 후 즉시 사진영사를 시작하야『인산습의』로부터 정말 인산의 광경까지가 력력히『스크린』우에 나타나매 이 력사뎍 광경을 보는 일반 회중은 엄숙한 긔분 속에서 긋까지 조용히 이를 배관하얏섯다. 이리하야 약 사십 분에 데일회 영사가 긋이 나고 배관 독자 졔씨가 밧구인 후 데이회, 데삼회를 연해 공개하야 긋내 대성황 중에 이를 마치니 째는 오후 열두 시경이엇스며 전후 사회를 통하야 이를 배관한 독자가 약 오천으로 헤아리게 되엿고 더욱이 독자 졔씨의 비상한 호평(好評)까지 밧게 되엿슴으로 본사에서는 무한한 만족으로 원만히 이 회를 마치게 되엿다.

조선 26.06.16 (조2) 인천서도 대성황 / 예뎡 이외 한 회를 더 해 / 배관 독자 무려 삼천 명 / 본사 인산 영화반 근영(謹映)

본사에서 근사(謹寫)한 순종효황뎨 인산영화를 지난 십오일에 인천 외리 애관(仁川 外里 愛舘)에서 본보 독자를 위하야 전후 이회를 무료 공개하고 배관권 지참한 독자에 한하야 입장케 하얏는데 뎡오 뎡각 전부터 물밀듯이 쇄도하는 독자는 어느덧 립추의 여디가 업시 대만원의 성황을 일우웟다. 뎡각이 되매 본보 인천지국장 박창한(朴昌漢) 씨의 개회사와 특히 인천독자를 위하야 본사에서 파젼한 본사원 리익상(李益相) 씨의 설명으로 인산영화를 근영케 되엿스니 감개무량한 긔분은 실로 장내를 소리 업시 흔드럿다. 이리하야 데일회를 무사히 마치고 다시 오후 네 시에 데이회를 열게 되엿는데 역시 뎡각 전 삼십 분에 벌서 만원의 대성황을 이루우고 오히려 장외에까지 인산인해를 이루엇다. 이와 가티 되매 배관치 못한 독자도 다수임으로 총총한 시간이나 부득이 한 회를 더 공개하기로 하고 데이회를 또 무사히 마치고 다시 데삼회를 공개하야 런 삼회를 모다 대성황으로 마치엇스니 째는 오후 세 시경이엇스며 전후 입장독자는 삼천을 돌파하야 광고 미증유의 대성황을 일우엇다. (인천)

매일 26.06.17 (3) 부민(府民) 본위의 부정(府政) / 활동사진으로 공개

경성부는 삼십삼만 부민의 경성부 일과 동시에 경성부의 산림사리와 산림사리 비용도 삼십삼만 부민이 부담을 하는 터인대 지금까지 부의 사업의 실적을 일부 특수계급에 잇는 부민을 졔한 외에는 자긔가 돈은 내엿지만은 부에서 엇더한 일을 하는지 알 수가 업스며 동시에 부에 대한 성의가 적어져 가는 폐가 잇슴으로 될 수 잇는 되로 일반 부민이 경성부에서 사업을 엇지하야 가는 것을 보도록 하얏스면 좃켓스나 또한 다수한 부민이 몰녀오게 된다면 사업진힝상 복잡을 면치 못하겟슴으로 이에 .

△ 조선일보사 주최의 인산활동사진영사회

대하야 벌셔부터 션후칙* 강구하야 오든 결과 경성부의 사업 즉 수도(水道), 세무과원(稅務課員)의 활동상황, 위싱과(衛生課) 오예물[168] 쳐분 광경(汚物處分 光景), 도로공사 광경, 긔타 일반부 쳥원의 활동광경을 활동사진을 박혀가지고 일반부민에게 공개하기로 하얏는데 사진촬영긔는 총독부 것을 빌녀서 할 터인바 방금 촬영순셔를 정리하는 즁인즉 불일내로 공사에 착수하리라더라.

조선 26.06.17 (석2) 인산 영화 / 개성에서도 공개 / 본보 독자를 위하여 두 번 공개할 터이다 / 십칠일 중앙청년회관에서

본사에서 조선의 마즈막 군왕인 순종효황뎨(純宗孝皇帝) 인산의 력사뎍 광경을 근사(謹寫)하야 이를 십오일부터 경성과 인천에서 본보 독자에게 공개한 이후로 수만 군중의 배관자에게 대호평을 바다왓다 함은 이미 본보에 보도한 바어니와 이제 쏘다시 개성(開城)에서 십칠일 오후 여덜 시부터 아홉 시 반까지 이 회로 나누어 당디 중앙청년회관(中央青年會館)에서 본보 독자를 위하야 삼가 영사할 터인대 배관원은 본보 난외에 잇는 것을 비여 가지고 옴이 조켓더라.

조선 26.06.17 (석2) 〈사진〉

본사 주최의 인산활동사진영사회(십오일 밤 청년회관에서)

조선 26.06.17 (조3) 『라디오』극연구회를 새로 발기

근대문명의 리긔 가운데에 가장 자랑할 만한 것은 무선뎐화이다. 경성에서도 금년 구월부터 방송국이 설립되리라는 이 지음에 방송하는 여러 가지 종목 중의 한아인 『라듸오』극을 연구하기 위하야

---

168) '오물'의 오식으로 보임.

『라듸오』 연구회를 최승일(崔承一) 리경손(李慶孫) 외 이, 삼 인의 발긔로 창립하야 사무소를 톄부동 일백삼십칠번디에 두엇다더라.

동아 26.06.18 (2) 〈광고〉
십팔일(금요)부터 신명화 주간
세계에 거성 D.W.구리피-스 씨
불국 대위 픽토리아·마리아 씨 역(譯)
대전비시(大戰悲詩) **세계의 심(心)** 전십삼권
리리안·킷쉬 양 자매 연(演)
여러분의 간절하신 희망에 싸여 세계 대전란 참화『세계의 심』은
다시 상영케 되엿습니다 물실(勿失) 차기(此期)!
책임해설 성동호 김조성
파라마운트 사 특작 영화
로스코-·아-반클 씨 주연
정희극 **외교원(外交員)** 전육권
오래간만에 쑹쑹이「데-부」군의 귀염성스럽고도
가장 자미잇는 정희극을 보시게 되엿습니다
파라마운트 사 제공
함부로 대탈선, 활극
신묘진기 **백팔편(百八遍)** 전이권
희극왕 짐미·오프리 씨가 마음 가는 데까지
활약을 한 이상적 대희활극
조선극장 (전 광 二〇五)

동아 26.06.18 (2) 본사 근사(謹寫) 인산 영화 제이일 / 조수(潮水)로 변한 배관(拜觀)의 성심(誠心) / 정각 삼시간 전부터 / 물밀 듯한 관중은 뎡각 한시 전에 대만원 / 한 번에 이천 명식 수용하고도 오히려 부족 / 삼천 척에 연쇄된 오백 년 최후 막
본사 활동사진 촬영반(本社 活動寫眞 撮影班) 근사의 순종 효황뎨 인산 영화(純宗 孝皇帝 因山 映畵) 경성 공개 데이일은 긔뎡과 가치 십륙일 밤이엇섯는바, 초일과 가치 역시 댱곡천뎡 공회당(長谷川町 公會堂)에서 여덜 시부터 개최되엇섯는데 초일인 전날 밤보다도 이 날은 관중이 더욱 만어서 당일은 아못조록 남보다 시간을 일직이 와서 입장하기에 불편한 일이 업도록 하겟다는 생각으로 개연을 여덜 시부터이엇스나 뎡각보다 세 시간 전 다섯 시경부터 군중이 모혀들기 시작하야 여섯 시경에도 발서 장내에는 오륙백 명의 관중이 들어 안젓섯스며 동 삼십 분경에는 발서 장내는 만원을 일우고 오히려 회장이 터지도록 밀어들어 일곱 시경에는 부득이 더 입장하는 것을 거절하고 데이회를 기다리도

록 하얏든바 여덜 시 반경에 일으러서는 회장문 밧게도 천여 명의 군중이 물밀 듯하야 서로 억개 싸홈을 해가면서 데이회가 시작되기를 기다리는 등으로 공회당으로부터 그 근방 일대는 열 시 삼십 분경 데사회 입장이 개시될 째까지 적지 안이한 혼잡을 일우어 당일 입장한 관중은 실로 륙천에 달하얏섯스며 구경을 하지 못하고 그대로 도라간 사람의 수효도 수천에 달하는 모양이엇더라.

역시 삼차 / 그래도 부족

장내는 원톄 만흔 군중을 한 사람이라도 더 들이고저 하야 뎡원의 갑절이나 입장을 하얏든 까닭으로서 서로 좌석을 좁히어 실로 송곳 하나 세울 만한 여디가 업섯는데 아모조록 오래 기다린 관중을 위하야 뎡각 전에 개연하고저 하얏스나 날이 채 어둡지 아니하야 광선 관게로 뜻과 가치 못하고 겨우 뎡각보다 십분을 일쎄야 다소간 광선 관게로 사진이 흐리기는 할지라도 넘어 오래동안 기다린 군중을 위하야 박수 갈채성 리에 첫 막을 연 이래 한 시 삼십 분식 사이를 두어 열한 시 삼십 분까지에 대성황 리에서 데삼회의 영사를 한 후 원만히 경성의 공개는 씃을 막고 말엇더라.

미안막심(未安莫甚)

당일 밤에는 별항과 가치 처음 날보다도 관중의 수효가 만엇는바, 본뎡 경찰서에서는 경관 삼십여 명을 파견하야 잡담을 정돈하고 장내를 취톄하얏는바, 그중 순사 몃 사람은 여러 가지로 독자 여러분에게 무례한 거동을 한 일이 잇섯든 모양이온대 이에 대하야 본사에서 아모리 경찰이 스사로 한 일이오나 미안한 말삼을 드리고자 하오며 쏘는 혼잡 중에 맛침내 입장을 하지 못하고 도라가신 분에게와 쏘는 입장과 퇴장 시에 신발 모자 등속을 분실 혹은 파손하신 분에 대하야는 본사로서 미안한 말씀을 드리고자 합니다. 그리고 겸하야 그가치 다수 와주서서 대성황을 일운 것은 감사합니다.

동아 26.06.18 (5) [연예] 금야(今夜) 청년회 납량극

긔보 = 근화녀학교 후원회(槿花女學校 後援會) 주최로 열니는 납량연극대회(納凉演劇大會)는 긔뎡한 바와 가치 금 십팔일과 밋 명 십구일 량일간 종로 중앙청년회관(鐘路中央靑年會舘)에서 개최할 터이라는데 이번 연극은 오래 극계에 잇든 사람들과 녀학생 기타가 련합하야 할 터이라는데 출연할 예뎨와 쏘 출연할 사람은 다음과 갓다 하며 입장권은 보통 백권 일 원, 청권 오십 전, 학생 삼십 전이오 시간은 밤마다 일곱 시 반부터 개연할 터이라더라.

제일부

一, 코러쓰 봄바다 근화합창대

一, 단소 양금(洋琴) 합주 춘파(春坡), 난형(蘭馨)

一, 독창 내가 엇지할가? 배구자 양

제이부

현대극 나라가는 공작(孔雀) 전 삼막 오장

출연자 호운(湖雲), 월화(月華), 해성(星海), 만월(滿月), 부남(富男), 난사(蘭史), 소청(素靑), 고영(孤

影), 유안(溜岸), 월화(月華), 호운(湖雲), 삼심초(三心草)
독창 고소(古巢)에 도라오는 소조(小鳥) 배구자 양

동아 26.06.18 (5) [연예] 간도 실상 영화 제이회 영사회

간도 명동학교(間島 明東學校) 부흥비 보충의 간도 실상 영사단 고국 순회 행연은 긔보와 갓치 지난 십사일에 데일회를 하고 데이회는 회장 관계상 개최치 못하엿섯는데 오는 이십일일에 종로 중앙긔독교청년회관에서 개최할 터이라더라.

시대 26.06.18 (3) 〈광고〉

다음 예고가 첨가된 외 6월 16일자 단성사 광고와 동일

목전에 임박한 이대 명편
조선명화학창연화(學窓戀話) **농중조** 전편(前篇)
표류만리 **번지의 로레인** 전구권

시대 26.06.18 (4) 〈광고〉

당 십육일(수요)부터 대공개
● 챠트위크 사 대역작
희활극 **소국(笑國)만세** 전칠권
라리- 시몬 씨 감독 로쌔-트, 스씌-븐 씨 미술감독
원저 푸랭크 봄 씨 작 오쓰의 마법사를 번안
● 파쎄- 영화
희극 **사자 먹은 견(犬)** 전이권
● 쏠드윈 사 작
대활극 **거상(巨象)이 노(怒)하면** 전육권
고 **민비(閔妃) 천봉식(遷奉[169]式) 실황**
◎ *영화 상영 ◎
관철동 **우미관**
전(광) 삼구오번

---

169) 왕실의 묘를 이장하는 일.

조선 26.06.18 (조1), 26.06.19 (조4), 26.06.20 (조4), 26.06.21 (조4), 26.06.22 (조3), 26. 06.23 (조3), 26.06.24 (조4), 26.06.25 (조4) 〈광고〉
일부 선전문 등이 제외된 외 동아일보 6월 18일자 조선극장 광고와 주요 정보 일치

조선 26.06.18 (조1), 26.06.19 (석1), 26.06.20 (석2), 26.06.21 (조4), 26.06.22 (조4), 26. 06.23 (조3), 26.06.24 (조4) 〈광고〉
시대일보 6월 18일자 우미관 광고와 동일

동아 26.06.19 (2) 〈광고〉
본사 근사(謹寫) 인산 영화
금 십구일은 안성서 공개

동아 26.06.19 (6), 26.06.20 (2), 26.06.21 (2), 26.06.22 (3), 26.06.23 (2), 26.06.24 (2) 〈광고〉
6월 18일자 조선극장 광고와 동일

시대 26.06.19 (3) 본사 근사(謹寫) 인산 실경 / 대구에 배관(拜觀) 성황 / 이 일간 인산인해를 이루어
(대구) 본사 근사 인산 실경 활동사진은 지난 십사일부터 본보 대구지국 독자에게 무료 공개키 위하야 ** 만경관에서 공개한 바 제일일은 일반 독자가 입장하얏섯고 제이일은 각 학교 학생이 입장하얏 섯는데 초일 정오부터 오후 오시까지 경정(京町) 일정목과 만경관 전(前)에는 인산인해를 니루어 입 장 못하고 도라간 관중도 다수이엇섯는데 이는 만경관 ** 중 계하(階下)를 사용치 못한 싸닭에 그 가 티 *난이 되엇는바 이에 대하야는 지국원 일동과 만경관원 일동이 미안함을 마지안는 바이라 하며 특 히 변사 김상*(金相*) 군의 유창한 열변은 일반 관중의 늣김이 만핫다고. (이하 배관학교 명단 기사는 생략)

시대 26.06.19 (3), 26.06.20 (5), 26.06.21 (4), 26.06.22 (3), 26.06.23 (4), 26.06.24 (1) 〈광고〉
6월 18일자 우미관 광고와 동일

시대 26.06.19 (3) 〈광고〉
조선명화 유 사 명작 공개주간(십구일 낫부터)
◆ 조선키네마 푸로
학창애화(哀話) **농중조**
조선극단의 명성(明星) 복혜숙 양 열연
로맨스가 잇고, 눈물이 잇고

활극이 잇는 과연 조선영화 중의 일품

◆ 유 사 쓰엘 이십오년 초특작 영화

명편 **번지(藩地)의 로레인** 전구권

◆ 유 사 독특 센추리 희극

다지노미리발영업 **상업번창** 전이권

◆ 유 사 특작 대연속극

제팔회 **창공맹자** 십오, 십육편 전사권

- (예고) -

** 명편 **천하의 총아** 전팔권

초대*대대활극 **진천동지(震天動地)** 전팔권

수은동 **단성사**

전(광) 구오구

조선 26.06.19 (석2), 26.06.20 (석2), 26.06.21 (조1), 26.06.22 (조4), 26.06.23 (조3), 26.06.24 (조4), 26.06.25 (조4) 〈광고〉
예고가 제외된 외 시대일보 6월 19일자 단성사 광고와 동일

조선 26.06.19 (조2) 인산 광경 영화 / 신막(新幕)에서 근(謹) 상영 / 십구, 이십의 량일 저녁마다 / 본사지국 주최로
순종효황뎨 인산(因山) 광경을 본사 활동사진반에서 근사(謹寫)하야 이래 경성, 인천, 개성 등 각디에서 일반 동포 사이에 상영 공개한 결과 이 력사뎍(歷史的) 최종의 장중삼엄한 그림을 바라보며 새삼스러히 망극한 애통에 목 메이는 군중이 도처에서 수천 수만으로 헤일 수 잇는 공전의 성황을 이룬다 함은 련일 본지상에 보도되는 바어니와 이제 인산광경의 영화는 다시 십구, 이십 량일 저녁 여덜 시부터 신막 본사지국(新幕 本社支局) 주최로 신막 시내에서 일반 본지 독자에게 공개되야 조선에 잇서 최후의 고순종효황뎨 인산을 신막 인사의 사이에 기리 긔념하게 될 모양인바 이 영화 배관(拜觀)은 무료로 본지에 입장권을 인쇄하얏슨즉 배관코자 하는 독자제위는 이 입장권을 오려가지고 오심이 조켓더라.

조선 26.06.19 (조2) 개성의 인산 영화 / 시종을 엄숙히 / 배관한 수천 군중
본사에서 근사(謹寫)한 순종효황뎨의 인산영화는 예정대로 지난 십칠일 오후 여덜 시 반부터 당디 개성좌(開城座)에서 본보 독자를 위하야 전후 이 회를 상영하얏는데 뎡각 삼십 분 전부터 모혀드는 배관자는 립추의 여디가 업시 대만원을 이루엇다. 뎡각이 되매 본보 지국장 허용(許鏞) 씨가 단에 올라 간단한 개회사로 사진영사를 시작하니 배관자는 엄숙한 긔분 속에서 긋까지 배관하얏다. 이어서 삼십 분 후에 쏘다시 데이회 근영(謹映)을 시작하자 문간에 쌈을 흘리며 모혀 섯든 군중은 회장 내로

드러오기 시작하야 이십 분이 못 되여 또다시 만원의 성황을 이루어 긋긋내 대성황 중에 긋을 마치니 째는 열 시 사십 분이엿스며 전후 이 회를 통하야 배관자가 무려 이천에 달한 대성황으로 가장 호평을 밧게 되엿는데 본보지국에서는 무한한 만족을 늣기는 동시에 멀리 오섯다 배관치 못하고 도라간 인사에게는 미안을 늣기는 바이다.

동아 26.06.20 (2) 〈광고〉

본사 근사(謹寫) 인산 영화
입(卄)일, 이 양일은 평양서 공개

동아 26.06.20 (2) 명야(明夜) 명동학교 영화 음악 무도

긔보 북간도 명동학교(北間島 明東學校) 부흥 후원회 영화 음악 무도대회는 서울 청년회 후원하에 예정과 갓치 명 이십일일에 종로 청년회관에서 개최한다는데 음악 무도는 경성에서 유수한 명성이 잇는 악사들이 출연하리라는대 그 순서는 다음과 갓다더라.

▲ 이부 합창, 유희, 독창, 쌔오린, 영사 간도 반만년 북부 강역(疆域), 창가유희, 피아노 독주, 하모니가 독주, 무도

▲ 일부 합창, 하모니가 독주, 독창, 무도, 영사 간도 육십여 년간 사정, 합창, 유희, 독창, 무도

동아 26.06.20 (5) 본사 근사(謹寫) 인산 영화 / 대구 / 비통한 침묵으로 배관 / 대구 공전의 성황으로 영사

동아일보사에서 근사한 순종 효황뎨 인산 활동사진을 대구에서도 본부 대구지국 주최로 십오일부터 사흘 동안 신정(新町) 조양회관(朝陽會舘) 상층에서 삼가 상영하엿는대 원래 력사뎍으로 최후 인산 광경을 박힌 것이요, 민족적으로 가장 늣김이 만흔 바를 영화로 나타낸 것이라 하로 저녁 한 번만 상영한다면 원악 만흔 배관자에 영화만으로도 이 최후 비장한 광경을 배관치 못할 유감이 생길 것임으로 일반의 요망을 좃차 하로 저녁에 세 번식을 거듭하기로 하야 데일회는 여덜 시부터 아홉 시까지, 데이회는 아홉 시부터 열 시까지, 데삼회는 열 시부터 열한 시까지 이와 갓치 사흘 동안을 상영하엿는바, 밤마다 회마다 뎡각 전부터 몰녀드는 군중으로 조양회관 입구와 부근 도로는 남녀로소의 사람의 바다, 사람의 산을 이루엇스며 서로 압흘 닷토아 몬저 입장코저 하야 그 혼잡을 이루어 여기서도 흰 옷 입은 사람들의 애젓는 정성의 일단을 낫하내엇섯다. 그리하야 매야 무려 이천여 명의 배관자가 쇄도하야 사흘 동안 합 칠천여 명이라는 대구 공전의 성관을 뎡하얏는바 구석구석이 뜻깁흔 장면이 도라가는 필림을 짜라 전개될 째마다 만장은 숨소리도 업시 감개무량 침묵에 잠기고 마랏다가 무심한 초목만 욱어저 잇는 창경원의 화면으로써 사진이 긋남에 관중은 거긔에도 엇더한 늣김을 새롭게 하는 듯이 자리를 써나지 안코 뎡하고 안자 잇섯다. 그런데 본사 대구지국에서는 부내의 천여 명 독자에게 무료 공개를 하엿스며 상영이 긋난 일일에도 뎐화로 혹은 직접 몃 날을 더 계속하지 안느냐는 희망이 쓴임업시 왓스나 다른 디방 상영상의 관계로 부득이 일반에 유루업시 배관케 하는 만족을 주

지 못한 유감을 남기게 하엿더라. (대구)

관중 이천 / 대성황을 이루어 / 평강(平康) 근사 광경

순종 효황데의 인산실황을 근사한 본사 특별 순회 활동사진은 예정대로 지난 십칠일 밤에 평강에서 다시금 슬픔의 막을 열게 되엿다. 주선한 본보 평강지국에서도 배관자사 다수할 것을 미리부터 예상하고 평강청년회관 안뜰에다 넓은 장소를 뎡하엿섯다. 당초에 예정은 되도록 무료 공개로 우리 민족에게 다수 공남을 하랴하얏스나 모든 비용문제 또는 장내 정돈문제로 부득이 독자에게만 무료로 입장케 하고 일반은 입장료는 사용하게 되엿섯다. 정각 전부터 밀물갓치 몰녀드는 관중으로 평강청년회 부근은 일대 대혼잡을 이루어 평강 유사 이래 처음되는 장관을 이루엇다. 정각이 되자 본보 지국댱 전정국(全禎國) 씨의 간단한 개회사로 삼천여 척에 긴 필늼이 다 풀니도록 넓은 마당에 안즌 관중은 근엄한 태도로 고요히 배관하야 장내는 인산 당일에 배관 당시를 다시 보는 듯한 슬픔의 긔분이 가득하엿스며 인산 실사가 긋나자 나중에 다른 사진을 좀 더 너을가 하다가 뎐기의 고장으로 동 열한 시경에 폐회하얏는데 당일 관중은 장소 관게로 무료 입장자가 태반이 넘어 무려 이천에 달하엿다. (평강)

매일 26.06.20 (2) 〈광고〉 [연예안내]

조선명화 유 사 명작 공개 주 십구일 낮부터
조선키네마푸로싹슌 처녀작
학창애화 **농중조(농에 든 새)** 전편(前編)
조선극단의 명성 복혜숙 양 열연
로민스가 잇고 눈물이 잇고 활극이 잇는
과연 됴션영화 즁의 일품
유 사 쑤엘 이오년도 초특작 영화
명편 번지의 로레인 전구권
노민케리 씨 배시루스미라 양 경연(競演)
이만큼 조촐하고 남을할 곳 업시
자미잇는 영화 누가 됴화하지 안으랴
유 사 독특 센츄리 희극
다지노미리발영업 **상업번창** 전이권
유 사 대연속극
제팔회 **창공맹자** 십오, 십육 전사권
단성사

매일 26.06.20 (2), 26.06.21 (3), 26.06.23 (3), 26.06.24 (3) 〈광고〉 [연예안내]

동아일보 6월 18일자 조선극장 광고와 주요 정보 일치

매일 26.06.20 (3) 위기에 임한 조선영화계 / 성아(星兒)

이럿케 한 이 년이 지닌 뒤 일본인 조천고주(早川孤舟)가 조선극장을 시작하고 동아문화협회란 명목 하에 영화제작에 호기심을 가지고 잇는 해설자와 기생을 사용하야 가지고 뒤죽박죽 믿드러 내인 것 이 반만년 문화의 정화라고 써들든 춘향전의 출생이다.

이것의 양부(良否)는 말할 것 업시 하여튼 순 조선영화극의 초생(初生)이다. 그러나 이것은 말할 수 업는 큰 결함과 모순이 중첩한 괴작이 되고 말앗다.

이후로 비로서 이 춘향전의 영향을 바다가지고 현금에 이르기까지 여러 개의 작품이 여러 조선영화 에 취미를 둔 사람들의 손에서부터 산출이 되고 문학청년의 일부에선 순 영화극 제작에 대한 취미와 열*을 갓게 되얏다. 지금 여기에 발표된 수 개의 작품에서 어든 일반적 감상을 말하면 먼저 무엇보다 도 이 발생기에 잇는 과도기에 처한 빈약하고 미미한 영화계이지만 이 시기가 장래의 조선영화계를 싸아 노흘 기초임을 싱각할 졔 지금 조선에서 영화 한 개를 제작하는 게 여간 중대한 일이라는 것을 다시 말할 필요도 업슬 것이다.

즉 말하자면 일종의 호기심으로나 영리목적으로 무단히 제작에 착수를 한다는 것을 용서한다는 말 이다. 어듸까지든지 연구적으로 신중한 태도로 (만일 시대극이면 엄밀하고 정확한 조사 감독하에서) 제작을 싱각한 뒤에 흥행가치나 효과 등을 싱각할 것이다. 그리고 현대 조선민중은 『스키린』에 무엇 을 요구하는가를 싱각하야 할 것이다.

만일 그럿치 못한 태도로 일종의 호기심과 영리적 심정으로 조선영화라면 관객을 흡수하기가 쉬웁 다는 뜻으로 경홀히 제작을 한다면 물론 하등의 가치효과라도 업슬 것은 물론이오, 더욱 중대한 것은 장래 건전한 양호한 조선영화를 산출할 기초를 착란식히는 조선영화의 위험시대를 연출할 것이 분 명하다.

지금까지 발표된 제 작품을 볼 졔 그 반수가 넘어 시대극이고 쏘 비교적 시대극이 더 만흔 인기를 쓸 엇든 것이 사실이다. 이 현상은 과연 무엇을 의미할가-

제일 먼저 싱각나는 것은 그들 제작자가 제일 먼저 착상한 데가 흥행가치란 것이 분명하다. 그것은 춘향전이나 고래부터 일반에게 널니 알닌 작품을 영화화식힌 것 즉 통속물은 박으면 흥행성적이 양 호하다고 싱각한 까닭이다.

둘재는 현대극은 시대극만치 널니 알닌 대본이 드믄 게 원인인 것이다. 이런 점에서 비교적 널니 알 닌 장한몽이 전일(前日) 영화화된 것일 것이다.

그 다음에는 시대극은 현대극보다 관중을 기만하기가 용이한 것이다. 그러면 時代劇[170]보다 촬영하 기가 쉬웁게 되는 까닭이다.

---

170) '現代劇'의 오식으로 보임.

이리하야 그들은 갓흔 노력를 들이고 갓흔 비용을 쓴다면 현대극보다 흥행가치가 놉흔 시대극을 만히 제작한 것이다. (물론 불연(不然)한 제작자도 잇섯슬 것이다)

그러나 이것은 조선영화의 장래를 염려하는 인사는 누구나 묵인할 슈 업는 용서할 슈 업는 죄악일 것이다. 더구나 시대극은 현대극과 달나 의상, 자옥(字屋), 배경, 인정, 풍속 그 지기에[171] 싸러 표정에까지 시대를 싸라 특이한 것임을 도라보지 안고 심원한 고려도 정확한 조사도 업시 흥행효과와 경비 감약(減約)만을 위하야 민중을 속이는 행동을 하는 것은 용서할 수 업는 것이다.

그리고 우리 조선영화의 지위로 말해도 말할 수 업시 비참한 경우에 처한 것이다. 다시 말하면 내용이나 모든 것에 빈약한 조선영화를 가지고는 날노 왕성하야 가는 일본이나 구미영화와 競爭커냥은[172] 한 자리에 서도 못할 형편이란 말이다. 오히려 이런 것은 당연한 일일 것이다. 단소(短小)한 역사와 미능(未能)한 기술자와 연출자를 써가지고 만은[173] 것임으로 이런 여러 가지 방면으로 보아 현재 조선영화 제작자처럼 불행한 사람은 다시 업슬 것이다. 배신적(拜神的)으로 밧는 곤란 이외에 경비조달에 곤란으로 말미아마 일정한 Studieo[174]를 점유치 못하게[175] 치명적 고통이다. 말할 것도 업시 전부가 『로켓손』으로 제작한다는 것이다. 사실로 이런 일은 무리할 것.[176] 그러나 엇지할 수가 업시 지금 조선에 제작자는 곳 이 방법을 취하고 잇다. 그리고 촬영기사의 기술 부족, 『로켓손』으로 모두를 촬영함으로 사진의 생명인 명암을 완전히 할 수 업는 것, 또 영화극에 이해를 가진 작가의 全無 等 함으로[177] 조선갓치 영화제작이 곤란한 나라는 세계에 또 업슬 것이다.

이런 여러 점은 관객인 우리도 동정을 표하고 경의를 표하는 바이다.

그러나 초기에 잇는 조선영화계를 위하야만 하는 면전(面前)엔 이만한 각오는 필요할 줄 밋는다. 그리고 즉 장래에 올 조선영화에 건전한 양호를 학(學)하는 거룩한 정신으로(일 년에 하나도 좃코 둘이 리도 좃타) 막아준다면 조선영화의 장래는 가히 염려할 여지가 업슬 것이다.

싯흐로 이 우론자(愚論者)는 현재 제작자 즉 장래 조선영화에 양부(良否)를 쥐고 잇는 제현(諸賢)이 이런 작품을 내주엇스면 좃켓다는 말을 한데 지내지 안는다.

-싯- 二六, 五,

매일 26.06.20 (5) 복양(卜孃) 주연의 / 『농중조』 상영

푸른 하날 아릭 신션한 대긔 속에 자유로 노릭하고 자유로 날너 단이든 어엿분 젹은 새가 좁고은 농 속에 갓치여 목매인 소릭와 거북한 퍼덕대임으로 한 만흔 싱활을 하는 『농 속에 든 새』와 갓치 한 쩔기 곱게 피인 장미화도 갓흔 슌진한 쳐녀와 청춘의 피가 끌는 대학싱과의 사히에는 사회의 제재와 부모의 압박에 못 익이여 다스한 첫사랑을 영원히 일우지 못하기는커녕 자유스러운 포옹과 쏘삭대임

---

171) '시기에'의 오식으로 보임.
172) '競爭은커냥'의 오식으로 보임.
173) '만든'의 오식으로 보임.
174) 'studio'의 오식으로 보임.
175) '못하게 된 것은'의 오식으로 보임.
176) '것이다'의 오식으로 보임.
177) '全無함 等으로'의 오식으로 보임.

을 못하는 눈물과 정렬과 피가 슳는 학창애화(學窓哀話) 롱중조(籠中鳥)는 죠선키네마프러덕순의 져작으로 그 전편(前編)을 십구일 밤부터 일쥬일간을 시내 단성사(團成社)에서 상영한다.
(사진은 농 속에 새를 만지는 복혜숙 양)

시대 26.06.20 (2) [영화소개] 농중조 봉절

수만의 팬들이 기다리고 기다리든 조선(朝鮮) 「키네마프로쎅순」의 특장 영화 학창애담 롱중조(學窓哀談 籠中鳥) (일명 롱 속에 든 새)는 ***** ** 봉절되었다는데 원작은 일본에서 속요(俗謠)의 영화를 시험하야 대성공을 한 것이며 조선프로쎅순에서는 리규설(李奎卨) 씨의 개작 각색으로 ****라는데 주연은 복혜숙(卜惠淑), 라운규(羅雲奎) ****(이하 기사는 파손되어 보이지 않음)

시대 26.06.20 (5) 경주에도 인산 영화 근사(謹寫) / 시일과 장소는 추후 발표

(경주) 경북 경주에 본보 지국이 신설되어 일반 **의 편익을 도(圖)하랴고 백방으로 활약한다 함은 기보한 바어니와 이제 다시 일반 독자를 위하야 무엇으로든지 위안의 재료를 강구 중이든바 금번 본사에서 근사한 인산활동사진을 청하야 본보 독자에게 무료로 배관케 하랴고 본사와 협의 중인바 시일과 장소는 추후 발표한다고.

시대 26.06.20 (5), 26.06.21 (4), 26.06.22 (3), 26.06.23 (4), 26.06.24 (1), 26.06.25 (1) ⟨광고⟩

6월 19일자 단성사 광고와 동일

조선 26.06.20 (석2) 부내(府內) 서양인에게 / 본사 근사 인산 영화 공개 / 작일(昨日) 밤 『모리쓰·홀』에서

본사에서 근사한 인산 활동사진을 십팔일(금요) 밤에 부내 뎡동(貞洞) 『모리쓰·홀』에서 영사하엿는데 당일 밤에 모힌 사람들은 부내에 잇는 각국 령사들을 비롯하야 전부 서양 각국인들의 가족이엇는바 력력히 보히는 인산 당일의 광경을 배관하는 그들의 감탄성이 끈치지 아어[178] 성황 중에 이를 마첫다.

동아 26.06.21 (2) 인산 영화 평양 공개 입장권의 일자 정정

작지 사고와 갓치 금 이십일일과 명 이십이일 밤에 평양시 본사 근사 인산영화를 할 터인바 작지 란외에 삽입한 독자 입장권의 날ㅅ자가 이십일, 이십일일로 되엿섯스나 그는 이십일일과 이십이일의 오식이엿슴으로 이에 정뎡합니다.

---

178) '안어'의 오식으로 보임.

동아 26.06.21 (3) 고적 순회 영사 / 북청청련에서

북청청년회연합회에서는 일반 문화를 선전키 위하야 경주 고적 환등 영사대를 조직하야 군내 공사립학교 급(及) 기타 촌락을 순회하리라는대 대원은 김유백(金裕伯), 최태규(崔泰奎) 씨로 정하고 내(來) 이십삼일경에 출발하리라더라. (북청)

매일 26.06.21 (2) [동서남북]

◇청주◇

지난 십사일 야(夜)에는 청주 앵좌(櫻座)에서 고 이왕 전하 국장의(國葬儀) 실황사진을 공개하얏다.

◇

희극 멍텅구리 전오권이 긋나자

고 이왕전하의 존영이 비취엿슬 째 관람 군중에서 박장(拍掌)을 하얏다나.

◇

아- 박장이라니 아직도 생존하신 듯 깁쑴에 넘침인가, 불연(不然)이면 신식 봉도(奉悼)의 박장이던가. (이하 기사 생략)

매일 26.06.21 (3) 영화검열 전선(全鮮) 통일 / 팔월 위시(爲始)

영화검열(映畵檢閱)의 사무도 오는 팔월부터 결국 총독부 도서과(總督府 圖書課)에서 맛터 하게 되야 검열관으로 고안언(高安彦) 씨가 신임되얏는대 재작 십구일 오후 두 시경에 근등 도서과장(近藤 圖書課長)과 동 검열관은 경기도 보안과(保安課)에 가서 작년 일월 일일 이리 절취한 영화를 영사하야 참고로 관람하얏다더라.

매일 26.06.21 (3), 26.06.23 (3), 26.06.24 (3) 〈광고〉 [연예안내]

6월 20일자 단성사 광고와 동일

시대 26.06.21 (2) 정숙 명열(鳴咽) 중에 인산 활사 근영 / 수원지국에서

(수원) 지난 십구일에 본보 수원지국(水原支局)에서는 독자를 위하야 본사에서 삼가 촬영한 순종황제 인산광경 활동사진(因山光景活動寫眞)을 수원극장(水原劇場)에서 근영(謹映)하엿든바 정각 전부터 몰려드는 관중은 립추의 여지가 업도록 만원이 되어 두 회(二回)로 난후어 수천 관중에게 무한한 늣김과 긔념을 주어 전에 업든 성황으로 정숙 오렬한 가운데에 긋을 맛게 되엇다고.

동아 26.06.22 (5) 〈광고〉

본사 근사 인산 영화

이십이일 평양에서 공개

매일 26.06.22 (3) 일동(日東)의 두 명화(名花) / 반도 악단의 희소식 / 윤성덕 양은 양행을 하고 / 윤심덕 양은 라듸오 방송

녀류 성악가 윤심덕(尹心德) 씨와 그 동싱되는 녀류 피아니스트 윤성덕(尹聖德) 양은 사히 죠흔 자미로 심덕 씨는 성악, 성덕 씨는 피아노로 각기 악단의 명성으로 일동축음긔회사(日東 蓄音器會社)에 묘곡을 너허 악단으로 극단으로 그들의 일흠이 놉흔 것이엿다. 그런대 이제 이 자매의게 새소식을 듯게 되엿스니 심덕 씨는『라듸오』극연구회에 참가하야 최승일(崔承一) 리경손(李慶孫) 량씨와 재작 이십일에 파멸(破滅)이라는 극을 방송하야 쟝안의 라듸오『판』의 다대한 환영을 밧엇고 성덕 양은 리화전문(梨花專門)의 교비싱(校費生)으로 오난 팔월 중순에 횡빈(橫濱)을 써나 미국으로 음악을 연구하러 써나리라 한다. 심덕 씨는 압흐로도『라듸오』연극방송에 대하야 만흔 연구를 하야 오락이 적은 죠선 가정에『라듸오』의 취미를 길고자 하며 성덕 양은 압흐로 수개년 동안 피아노를 연구하고 도라오는 날에는 리화전문에서 교편을 잡으리라 하니 그들의 압길은 실로 다망하고 찬란하고 더욱 심덕 씨는 동싱을 젼송할 겸 횡빈까지 가는 길에 대판(大阪)에 드러셔 일동축음긔회사에서 죠션속요(朝鮮俗謠[179])를 축음긔에 느어 그의 예술을 한층 더 민즁에게 발양한다 하니 가지〳〵로 그들의 압길은 일이 만흐고 희망에 빗나것는이다[180].

◇ 사진 =『우』는 윤성덕 양,『좌』가 윤심덕 양

시대 26.06.22 (3) 경주에도 인산 활사 영화 / 기자단 주최로

(경주) 경북 경주지방에서 인산 배관(拜觀)을 못하야 누구나 유감으로 생각하든 중 각 신문사에서 활사한 활동사진이라도 배관키로 남녀노소 할 것 업시 기대 중이든바 금번 *인(人) 영리적으로 인산 활사를 가지고 내경(來慶)하얏슴으로 경주 기자단에서는 이것을 교섭하여 기자단 주최로 이십, 이십일일 양일간 동군(東郡)여관 *장(場)에서 영사한바 배관자는 무려 수천에 달하야 대성황을 일우엇다고.

조선 26.06.22 (조1) 인산 영사 중지

본사 안성지국에서 본사 근사인 순종효황제 인산 실경 활동사진을 이십일일에 상영코자 제반 준비에 분망 중이든바 당지 형편에 의하야 당분간 중지한다고. (안성)

조선 26.06.22 (조3) 영화잡지 발행 / 칠월부터 발행

우리나라에 영화(映畵)가 드러와 일반뎍으로 날마다 보급되어가는 터이나 이에 대한 상당한 잡지가 한아도 업든바 영화계에 이름이 놉흔 리귀영(李龜永) 씨의 알선으로 금번 영화(映畵)란 잡지를 월간으로 발행하게 되야 원고를 검열 중이더니 허가가 되야 인쇄 중임으로 칠월 일일에는 창간호가 나올 터이라더라.

---

179) '俗謠'의 오식으로 보임.
180) '빗나는 것이다'의 오식으로 보임.

동아 26.06.23 (4) [지방단평]

◇ 함흥 함흥경찰은 극장에서 야지[181]한다고 검속을 한다나. 시골 극장을 벙어리만 구경하여야 되겟군!

동아 26.06.23 (5) 본사 근사 인산 영화 함흥 공개 / 공전 성황리에

본사 활동사진 촬영반 근사의 순종 효황데(純宗 孝皇帝) 인산영화(因山映畵)를 함흥에서도 본보 함흥 지국 주최로 지난 십오일부터 십칠일까지 사흘 동안 시내 수뎡 동명극장(市內 壽町 東明劇場)에서 일반 시민에게 공개하엿는대 원래 다른 영리 회사에 박힌 영화와는 달라 오백년 최후의 인산 실경을 력사뎍으로 박힌 것이오, 민족뎍으로 인상이 만흔 영화인만큼 사, 오 일 전 당디 수개소 활동상설관에서 타회사에서 박힌 영화를 하엿슴에도 불구하고 사흘 동안 저녁마다 배관하려는 관중은 물밀듯한 성심으로 뎡각 전에 벌서 만원을 이루고도 입장 못한 관중이 칠, 팔백 명에 이른 것은 주최자 측에서 심히 유감으로 생각하는 바이며 밤마다 배관한 군중이 구백여 명으로 사흘 동안 삼천여 명에 달하야 함흥으로서는 처음 보는 대성황이엇섯는바 원래 뎡원의 배가 넘도록 입장한 관게로 장내가 터질 듯이 혼잡한 가운데도 한 번 필림 소리가 나면 장내는 아조 슯흠의 긔운에 싸이어 감개무량한 침묵으로 배관을 맛치고 배관자들은 헤여젓는데 장소의 협착으로 인하야 입장하신 이에게도 주도한 주선을 하여드리지 못한 것과 더욱이 입장 못한 이도 잇서서 미안하기 짝이 업게 생각하는 바이다. (함흥)

안성 성황 / 미증유의 셩황

순종 효황데 인산 실경을 본사에서 근사하야 만텬하 백의 동포에게 공개하야오든 중 지난 십구, 이십 량일에는 경긔도 안성(安城)에서 공개하야 매일 천 명에 갓가운 입장자가 잇서서 전에 보지 못하든 성황을 이루엇는데 도라가는 필름을 따라 군중을 짜릿한 비애에 잠기어 말 한마듸 사람이 업섯스며 긋까지 근엄한 태도로 이 최후의 인산 광경을 배관하엿더라. (안성)

관중 수천 / 영일(迎日)서도 공개

본사에서 근사한 순종 효황데의 인산(因山) 영화는 지난 십구, 이십 량일간 당디 영일 읍내 영일좌(迎日座)에서 상영하엿는데 뎡각 전부터 모혀드는 수천의 배관 군중은 시종이 여일토록 엄숙한 태도로 배관하엿스며 더욱 본지 지국원의 영화에 대한 해설로 일층 엄숙한 태도와 한 만코 서름 속에서 긋을 맛치게 되엿다. (포항)

매일 26.06.23 (3) 북극탐험 영화 / 본사 후원하에 불원 영사 / 특히 학생에게는 대활인

인류의 발길이 밋치지 못하야 만고의 비경(秘境)이라 일컷는 북극(北極)의 비밀이 우리의 눈 압해 견개되엿다 력사가 잇슨 이릭 수천 명의 희싱자를 내고 아직싸 북극에 진상을 아지 못하든 긋에 맛참내 이태리(伊太利) 용사(勇士)『아문젠』 대좌의 북극탐험비힝대는 츄위와 바람과 밍연히 닷호와

가며 영국을 써난 일힝은 북극을 가로 건너 무고히『아라스카』에 도착한 것이다. 한번 아문제 대좌의 북극탐험비힝이 성공되엿다는 소식이 세계에 전파되자 이십셰긔 문화에 한 자랑거리라 하야 도처에 환호의 소리가 놉핫스며 용사의 젼도를 위해 축배를 기우리는 즁 다힝히 동 비힝대에는『화스트나소날』 회사의 활동사진촬영대가 잇서서 혹은 비힝선 우에서 혹은 어름벌판에서 결사적으로 북극의 진긔한 가진 현상을『카메라』에 담아다가 활동사진을 쑤며 내노흐니 실노히 세계의 대즁은 이 활동사진으로 인하여 안저서 북극을 보게 되엿스니 실노히 지리연구자는 물론이어니와 적어도 학창에 잇는 이며 세계를 알고자 하는 이는 한번 보암즉한 유리한 사진이라. 이에 미국으로부터 최대속도로 죠션에 도착한 북극탐험비힝의 활동사진을 연극활동사진연구단톄인 경성의 월파회(月波會)에서 본사 후원하에 ******

입(廿)육, 칠 양일 낫에 / 본사 내청각(來靑閣)에서 / 학생 중심의 공연

공개할 날자는 특히 각 학교 학싱 제씨의 특별 참관의 편의를 보아 도라오는 이십륙일 칠일 잇흘 동안 낫에 본샤 릭청각(來靑閣)에서 공개를 하고 학싱과 교원(學生 教員) 제씨에게는 특히 본샤에서 활인을 하게 되얏는바 그 규정은 아리와 갓흐며 아모죠록 미리 신입을 하기 바란다더라.

◇학생 참관 규정◇

(一) 학생은 단체로 쳐서 매 일인에 십 전식에 입장케 합니다.
(二) 참관코자하시는 학교에서는 인수(人數)를 정하시와 엽서이나 전화 광화문 구오구 월파회 임시 사무소 우(又)는 매일신보 사회부로 이십오일까지 신입(申込)하시압.
(三) 개회일이 토요일 하오와 일요일이라 학생 제씨가 참관키에 맛당하겟스며 단체 입장권의 인수를 좃차 각각 발행키로 함으로 집합하야 오지 안으시어도 좃켓습니다.

매일 26.06.23 (3) 애독자 우대

일반독자 제씨에게는 보통 입장료 대인 삼십 전을 이십 전에, 소인 이십 전을 십오 전에 활인을 하겟스며 독자할인권은 이십오일 륙일 본자에 넛켓습니다.

시대 26.06.23 (3) 인산영화 근사(謹寫) / 울산에서 성황

(울산) 금산(金錦)**은 일반 사회의 편익을 도하야 다대한 비용을 드려 상경하야 *장(葬) 행렬과 기타를 영사하야 가지고 지난 십구일 본 군에 내착(來着)하야 조선, 시대 신문사 기자와 옥교동사(玉僑洞舍) 야학생에게는 무료 입장케 하고 기외(其外)는 입장료 대인 삼십 전, 소아 이십 전을 바다 비용에 반분이라도 충당하얏다는데 당지 청년회관 내에서 오후 팔시로부터 구시 반까지 일회를 개(開)하고 구시 반으로부터 십일시까지 이회를 개하얏든바 *차 기(其)히 만장(滿場)의 대성황을 니루엇다고.

동아 26.06.24 (5) 〈광고〉
본사 근사 인산 영화
입(廿)사일 인천, 황주(黃州)서 공개

매일 26.06.24 (3) 여우(女優) 이채전(李彩田) 씨 / 남국(南國)에 방황 / 쓸쓸한 그의 생애
리화 꼿동산에서 고희ㅅ 길니워나서 조선극단으로 발을 드려노아 고결한 싱애와 종교적 식채를 씌운 예술을 보혀쥬던 리채전(李彩田) 녀사! 그는 일측 예술협회(藝術協會)의 녀왕으로 개쳑자(開拓者)의 성순(性淳)의 역에는 그가 안이면 할 사람 업섯고 다시 굴너서 죠선키네마로 드러가『스크린』의 사람이 된 후는『해의 비곡』(海의 悲曲)의 녀쥬인공으로 가지ㅅ의 성격을 표현한 죠선 유일의 교양이 잇고 연구가 깁흔 녀배우엿스니 예술협회가 불운의 비경 아리 해산을 하고『조선키네마』역시 유야무야 간에 문을 닷친 이후로 리채전 씨의 싱애도 불운한 죠선극단 그것과 한가지로 불운한 배우의 선구자의 한 사람이 되고 만 것이올시다.

◇

녀사는 방금 석류꼿 피는 남쪽 죠선 부산(釜山)부의 교외에서 그의 가장되는 박승호 씨와 갓치 소박 질소한 싱애를 하여 가는 즁이니 박씨는 ********** 채리고 녀사 역시 순박한 의상으로 넷날의 무대의 번화한 쑴을 잇고 오즉 착실하고 쌔꿋한 전원싱활을 하는 것임니다. 리해 업는 조선사회에셔 더구나 학대 밧는 죠션의 **********고 자긔 싱명의 약동(躍動)과 죠화하려던 그에게 샤회에셔 준 보수는 오즉 의식까지도 곤궁하다는 것쑨이니 조선극단과 조선배우를 싱각할사록 ******

◇

그에게 혹 누구나『다시 한번 무대에셔 쏫을 피여보고 십지 안슴니가?』하고 무러나 보시오. 그의 대답은 반드시
『조선사회와 죠션극단에 만공의 리해와 겸하야 든든한 자본을 가진 인격자가 나오지 안이하는 이상 무대싱활에 나갈 용긔가 업슴니다』할 것이올시다.
무대가 실혀진 것이 안이오, 녀배우가 실증난 것이 안이라 젼 싱애와 젼 명예 인격을 밧치고자 하되 밧어주지 못하는 죠선샤회를 보고 한숨 짓고 하소연하는 한 녀배우 리채전 녀사의 말이 결코 우연한 것이 안인 것을 쌔닷는 동시에 학대밧는 선구배우의 압길에 다시 광명과 희망이 잇기만을 빌 쑨임니다.
=사진은『해의 비곡』에 나 (사진* 리채전 녀사)

△ 리채전 녀사

조선 26.06.24 (조2) 울산에서도 / 인산 활사 / 량 지국 후원으로 / 관중이 무려 천 명
지난 십구일 오후 아홉 시부터 울산청년회관에서 두 번에 난흐어 시대 조선(時代 朝鮮) 량 지국 후원으로 국장의식절차 광경의 활동사진을 상영하엿는데 량 지국 독자에게는 무료로 배관케 하여 일반

배관 인사는 무려 일천 명에 달하엿다고. (울산)

동아 26.06.25 (5) 본사 근사 인산 영화 / 평양 성황 / 량일간 대황성

금번 본사 촬영반(撮影班)에서 근사한 고 순종 효황데 국장 사진을 지난 이십일일, 이십이일 량일간 평양 데일관(平壤 第一舘)에서 근사한다 함은 수차 보도하엿거니와 데일일인 지난 이십일일은 오후 여덜 시부터 데일관에서 사진을 영사하엿는데 덩각 전부터 부슬부슬 나리는 비를 마즈면서 사진을 배관코저 모혀드는 관중은 만장의 성황을 일우엇는데 특히 국장 사진을 영사할 째에는 일반 관중이 정성스럽고 정숙하게 배관하엿스며 데이일인 이십이일 저녁에는 시내 일반 독자들이 덩각인 여덜 시 전부터 다수히 모혀들기 시작하야 국장 사진을 영사하기 전에 데일관이 터질드시 다수히 입장이 되여 부득이 남아 잇는 관중에게는 입장을 사절하엿는데 각각으로 모혀드는 관중이 데일관 압헤 인 해를 일우어 국장 사진을 배관코저 정성스럽게 모혀드는 일반 관중에게 미안하기 짝이 업서 인산 사 진만은 열 시 반부터 데이회로 공개케 되엿는데 일기가 더웁고 각자 분망함을 불고하고 인산 사진을 배관코저 평양 독자 여러분이 다수히 모히여 시종이 여일하게 성황 중에 무사히 종료함은 독자 제위 에게 감사하는 바이며 장소가 좁고 설비가 완전치 못하야 여러 관람 제위에게 불편을 만히 씨처 미안 하기 짝이 업는 중 특히 어린 아히를 다리고 왓든 부인들쎄 미안하기 한량 업습니다.

동아 26.06.25 (5) 〈광고〉

이십오일(금요)부터 세계적 인기 명화 주간

파라마운트 영화사 특작

윌리암·듀밀- 씨 감독

연애극 노래하는 여성의 연(戀) 칠권

원명 "AFTER THE SHOW"

잭크·홀드 씨, 라이라·리 양 공연(共演)

대유나이듸트 회사 초특작 영화

명편 로시타 전구권 ROSITA

세계적 명화(名花) 메리·픽포드 양 주연

파라마운트 사 제공 조록크 사 특작

공전이요 절후의 기묘한 대희활극

기상천외 바크다드의 괴변(怪變) 전편(全篇)

원명 "IN BAD IN BAGDAD"

희극왕 조-·록크 씨 주연

◇ 대예고 ◇

아직 발포치 못하는 문제 명화?

조선극장 (전 광 二〇五)

매일 26.06.25 (3) 북극 비행 영화는 / 일종(一種) 산 지리교과서 / 각 학교의 신입이 답지 중

활동사진연극연구긔관 월파회(月波會) 쥬최와 본사의 후원(後援)으로 오는 이십륙일 칠일 량일 낫에 본사 리청각에서 개최하는 이십세긔 말엽의 이채를 발하는 『아문젠』대좌의 북극탐험비힝의 실사영화으로 대회는 각 학교의 찬동을 엇어 칙만 배호든 북극의 이약이- 흰 곰이 어럼 우에서 춤을 츄고 어름 속에 수정궁을 이로워 오채가 빗나는 인간미답의 세계는 실노히 산 교과서이며 한번 보암즉한 터이라 임의

▲ 정동제이(貞洞第二)고등여학교 ▲ 휘문고등보통학교 ▲ 중앙고등보통학교 ▲ 동덕여자고등보통학교 ▲ 공옥(攻玉)학교 ▲ 정신(貞信)여학교

는 학싱들에게 유리한 사진을 보히기 위하야 활인권을 학싱들에게 배부하기로 자정되얏다.

소활극(笑活劇)도 추가 상영 / 고상한 것만

『아문젠』대좌의 북극탐험비힝의 사진만 네 권이나 되나 특히 극쟝 갓튼 데는 자유로 드나들지 못하는 학싱들을 위하야 비힝사진긔에 다시 『급하거든 도라가라』는 포복절도할 희극과 우슬ᄼ한 대활극 한 가지를 더하야 취미를 도읍게 되얏다.

시대 26.06.25 (1) 〈광고〉

본일부터 상영 세계적 대명화

▲ 독일 바-리아 회사 초특작 영화

흐-마- 불후의 명편 이리앗도을 영화화한

아수라왕국 전이편 십사권

에데이, 달클아 양 쯔안나, 날푸 양

칼노, 알쩌니 씨 가-루, 폭도 씨

알, 벨트시유다임릿큐 씨 주연

제일편 헤레나의 약탈 제이편 드로이의 몰락

요염한 미녀의 정열, 장쾌한 고대의 전투

상상(爽爽)[182]한 영웅의 위풍, 영롱한 희유(稀有)의 미모

희극 **눈에서 춤추는 곰** 전이권

관철동 **우미관**

전(광) 삼구오번

조선 26.06.25 (조1) 인산 영사 성황

경남 김해청년회에서는 거 이십, 이십일일 양일간 광명점(廣明店) 광장에서 인산 영화대회를 개최하

---

182) 시원스러운 모양, 시원시원.

얏다는데 매야(每夜) 인산인해의 대성황을 이루엇다고. (김해)

조선 26.06.25 (조4), 26.06.26 (조4), 26.06.27 (조4), 26.06.28 (조1), 26.06.29 (조3), 26.06.30 (석1), 26.07.01 (석1), 26.07.03 (조4) 〈광고〉
시대일보 6월 25일자 우미관 광고와 동일

동아 26.06.26 (2), 26.06.27 (3), 26.06.28 (1), 26.06.29 (3), 26.07.01 (5), 26.07.02 (5) 〈광고〉
6월 25일자 조선극장 광고와 동일

매일 26.06.26 (1) 노서아인의 노서아를 선전코져 / 망명 중의 『세』장군이 / 활동사진 경영에 착수

망명 중의 『세미요노푸』 장군은 활동사진 경영에 착수하기로 결심하고 이십사일에 장군은 귀족원 회원 석*영(石*英*) 씨를 방문하고 이 시간여에 긍(亘)하야 대기염을 토하얏는바 씨가 금회 『키네마』계에 입(入)한 것은 기(其) 지론인 노서아인의 노서아를 재흥(再興)식히고자 함이라 한다. 즉 씨의 소설(所說)에 의하면 노농(勞農)노서아는 소위 노농주의의 노서아요, 결코 노서아인의 노서아가 안일 뿐 안이라 노농노서아는 기(其) 주의 상으로 시설경영을 하야 각 방면에 실(悉)히 실패를 초치(招致)하얏다. 그러나 기(其) 혁명은 기 규모와 영향이 상당 광범하얏고 동시에 기 반동도 파(頗)히 대규모이엇슴으로 노농노서아 내부에는 차(此) 반동사상이 *연(然)하야 차제 하등의 기회만 잇스면 대폭발을 할 형세에 잇는 고로 씨는 금회 『키네마』계에 투신하야 전혀 노서아인의 노서아을 건설하야써 혁명의 실패를 세계에 선전하고자 함이라더라. (동경전)

매일 26.06.26 (3) 광무대에 성립극단(星立劇團) / 명성(名星) 최순자(崔順子) 양[183]

◇ 자최 좃차 흐려가든 죠선의 신극계(新劇界)에는 오직 토월회(土月會)가 잇서서 한긋 세인 존재를 보혀왓스나 그도 쏘한 불여의 한 운명의 져희에 싸져 일죠에 해산의 비운에 싸지니
◇ 이로 인하야 죠선의 극계는 거의 고성략일의 락막을 하소케 되고 만 것이다. 새 사람을 모도와 새로은 연극운동을 이릇키든 토월회의 쏫다온 녀배우들 줌에도 가장 가련한 자태로써 관긱의 애호를 밧든
◇ 김순자(金順子)(一六) 양은 최근에 쏘 다시 넷 회포가 새로은 광무대(光武臺) 무대 우에 다시 낫하나게 되얏다.
◇ 순자의 귀여운 아양을 다시 마저 드린 광무대에서는 요사히 극계에 공헌이 크든 리영식(李泳植) 리원규(李元奎) 정국산(鄭菊山) 서병호(徐丙*) 김도일(金都一) 김정락(金丁樂) 김광희(金光熙) 등 제

---

183) 제목에는 최순자, 본문에는 김순자라 표기되어 있다.

군의 새로운 노력으로 새로히 긔를 들게 된 성립극단(星立劇團)이 매일 밤마다 신극을 상연 중이다.

◇ 적막한 극계에 새로운 일흠을 날리는 성립극단의 꼿다운 녀배우 김순자 양은 임의 토월회에서 개척자(開拓者)에 츌연하야 그 자라나는 텬재를 빗내든 터이엇스며 극계에는 빅전로쟝의 수완을 가진 배우들노 이로은 성립극단의 젼도는 실노히 동지들의 가슴을 태우는 것이다.

=사진은 김순자 양=

매일 26.06.26 (3) 〈광고〉

본사 내청각(來靑閣)에서 입(卄)육, 칠 양일 주간

금일! 북극탐험비행영화대회

본보 독자 우대 할인권은 난외

우천 연기

매일 26.06.26 (3), 26.06.27 (5), 26.06.29 (3), 26.06.30 (2) 〈광고〉 [연예안내]

일부 선전문 제외된 외 시대일보 6월 26일자 단성사 광고와 주요 정보 일치

매일 26.06.26 (3) 〈광고〉 [연예안내]

당 이십오일(금요)부터 세계적 인기 명화 주간

파라마운트 영화사 특작

연애극 **노릭하는 여성의 연(戀)** 칠권

쨕크 홀드 씨, 라이라리 양 공연(共演)

대유나니딋트 회사 초특작 영화

명편 **로시타** 전구권

세계적 인기 명화(名花) 메 픽포트 양 주연

인기미남 쪼지 왈시 씨 조연

파라마운트 제공 죠록크 회사 특작

공전이요 절후에 기묘한 대희활극

기상천외 **바크다드의 괴변(怪變)** 전편(全編)

바크다드에 일대 괴변 신기한 마법 이걸노

줄거리를 삼아 파천황(破天荒)의 대희활극은 전개

조선극장

시대 26.06.26 (2) 신천(信川)과 인산 활사 / 이십륙부터 양일간

본사 인산활동사진(因山活動寫眞)은 본사 신천지국(信川支局) 주최로 당지에서 이십륙일부터 이십일일 량일간 신천 독자를 위하야 공판할 터인바 상세는 동 지국에 문의하기를 바란다고.

시대 26.06.26 (3), 26.06.27 (5), 26.06.29 (3), 26.07.02 (3), 26.07.03 (3) 〈광고〉
6월 25일자 우미관 광고와 동일

시대 26.06.26 (3) 〈광고〉
대폭스 초특작품 모험편과 세계적 경이인 북극 영화
입(卄)육일 낫부터
▲ 폭스 특작 썬쉰 희극
멀정한거짓말 멀건 라도가게[184] 전이권
참 거진말 멀정한 거짓말 보면
볼사록 허리가 쓰너지게 우슴나는 사진
▲ 폭스 특작 쾌남아 톰 믹스 씨 작품
맹격난투 **쾌재(快哉) 쪼니** 전육권
▲ 폭스 초대작 차레스, 쫀스 씨 작
공전의대활극 **진천동지(震天動地)** 전팔권
참으로 진천동의 대활극! 해저에서
선중(船中)에서 고공에서 단애(斷崖)에서!
▲ 대 퍼스트 내추낼 특별 제공
인류사상에 찬연히 빗날
아뭇센씨 **북극탐험비행** 오천척
세계 대도시 일제 봉절! 기억하라
일구이육년 오월 십오일 오후 이시이난**용사
아뭇센 씨가 별천(別天)의 *업(業)을 완성하든 날
인류미답의 북극을 정복하든 시간
본편은 씨의 신고(辛苦)의 대실사 영화
수은동 **단성사**
전(광) 구오구

조선 26.06.26 (조1) 위생전람회

충북 음성군 금왕면(金旺面) 무극(無極)공립보통학교에서는 본월 이십오, 육 양일 도 위생과 주최로
위생전람회를 개최한다는대 매일 오전 팔시부터 오후 오시까지 위생에 대한 모형전람과 강화가 유
(有)하고 여흥으로 이십육일 오후 팔시부터는 활동사진이 유하리라더라.

---

184) 6월 26일 광고에는 '라도가게'로 되어 있으나 '도라가게'의 오식으로 보이며 27일부터는 '도라가게'로 변경됨.

조선 26.06.26 (조3), 26.06.27 (조4), 26.06.28 (조3), 26.06.29 (조3), 26.06.30 (석1) 〈광고〉

선전문 제외된 외 시대일보 6월 26일자 단성사 광고와 주요 정보 일치

조선 26.06.26 (조4), 26.06.27 (조4), 26.06.28 (조3), 26.06.29 (석1), 26.06.30 (석1), 26.07.01 (석1) 〈광고〉

매일신보 6월 26일자 조선극장 광고와 주요 정보 일치

동아 26.06.27 (3) 「세미요놉」 장군의 족하 쌀이 녀배우로 / 긔괴한 운명에 붓잡힌 / 삼촌의 창작에 출연

일본 가마꾸라에 깁히 숨어 망명의 생활을 하는 세미요놉 장군(將軍)은 동양의 문명을 세계에 소개한다는 목덕으로 아지아라는 책을 썻는데 그것이 이번에 활동사진으로 나타나게 되엿다고 합니다. 이 활동사진의 녀주인공이 될 녀배우는 장군의 족하쌀 트바, 실바라 하는 방년 이십세의 아릿다운 처녀임니다. (사진은 트바, 실바- 양)

동아 26.06.27 (5) [연예] 영화평 『농중조』 / 조선기네마 작품

댱한몽(長恨夢) 이상의 모방영화(模倣映畵)이다. 자본부터 일본의 것이니까 그런지 모르겟지만 번안 아니라 거의 직역인 것이 적지 안은 유감이다. 년전에 일본 뎨국키네마에서 제작한 거와 동일하고 다만 다른 것은 해수욕하는 장면 대신에 산록을 리용한 데 불과하다. 각색도 군대군대 틈 버려진 데가 만코 「필림」을 절약하는라구 그랫는지 장면과 장면 사이에 너무나 간격이 커서 리해치 못할 데가 만타. 그중에도 데일 큰 것이 「라스트 씬」이니 안식(安植)이가 무엇을 가지고 화숙(花淑)이가 강물에 쌔젓다고 생각하게 되는지 도모지 모호하다. 복혜숙(卜惠淑) 양의 얼골은 영화배우로서는 너무나 거리가 멀다. 얼골보다는 긔예가 나흐나 그 올망졸망한 얼골은 효과에 잇서- 너무나 손상이 크다. 리규설(李圭卨) 군의 열정은 충분히 인뎡하겟스나 달콤한 사랑에 나오는 주역으로는 덕재가 안이라고 생각한다. 전편을 통하야 카페에 안식과 진삼(眞三)이가 술잔을 들고 노래를 부르는 장면은 가장 우수한 장면이라 하겟스며 진삼이가 길에서 자뎐거에 부듸치며 지나가는 사람과 마조치는 장면은 가장 유모어한 재미잇는 장면이라 하겟다. 처음부터 긋까지 흐리멍텅한 중에 라운규(羅雲奎) 군의 힘 잇는 선 굴근 연출만이 홀로히 쒸어나서 단조로운 스토리를 잘 조화하여서 각금 웃키는 것이 저윽이 성공이라 하겟다. 이 일편만으로서도 라군이 얼마나 영화배우로서의 소질을 풍부히 가지고 잇다는 것을 알 수가 잇다. 긋흐로 나는 이러한 모작 영화보다 조선혼에서 울어난 진실한 창작 오기를 바란다. — (영화동호회 김을한)

◇

전테로 보아 지금까지 된 영화, 조선사람 배우로 된 영화 중에서 그중 우수한 듯하다. 각색이 일본 것의 번역 그대로라든지 요 다음에는 더 조흔 놈이 나온다든지 하는 문데는 위선 별 문데로 하고…… 이 영화 중에 나는 세 가지 대불만을 가지고 잇다. 세세한 결덤은 물론 문데도 안이 삼는다마는…… 첫재

313

진삼(眞三)이를 쎄여놋코는 모다 조금도 자연스러운 동작태도가 업서서 암만하야도 자연한 실감을 주지 못한다. 그들의 표정은 너무나 부자연하다. 더구나 화장술이 낫버서 악감을 이르키게 한다.

둘재ㅅ장 수창(秀昌)과 화숙의 관계가 엇더하얏든 것인지 이 영화는 우리에게 조곰도 아리켜주지를 안는다. 화숙이가 안식이를 몹시 사모하는 그만큼 수창에 대한 화숙의 태도를 좀 더 심각하게 말하여 주어야 하지 안이하겟는가?

셋재 복혜숙(卜惠淑) 양은 무대배우로는 상당한 성공을 할는지 모르되 암만 보아도 영화배우로는 덕재가 안인 듯 십헛다. (영화동호회 이능선(李能善))

동아 26.06.27 (5) [연예] 라듸오극 연구회 창립

지난 십사일에 리경손(李慶孫) 최승일(崔承一) 량군 외 이, 삼인의 발긔로『라듸오극 연구회』를 창립하고 이달 금음께 공개 시험을 할 터이라는데 이번 할 것은 최승일 군의 원작, 리경손 각색의 파멸(破滅) 전 일막이라 하며 그 사무소는 시내 톄부동(體府洞) 일백삼십칠번디에 두엇다고 한다.

매일 26.06.27 (5) 북극탐험영화 / 초일에는 대만원 / 이십칠일 낫에도 공개 / 학싱은 젼부 십젼 균일

『아문젠』씨의 북극탐험사진을 여는 이십륙일 낫에는 정각 전부터 각 학교 학싱이 답지하야 대성황을 일우웟스며 이십칠일에도 오후 두 시와 네 시에 두 변을[185] 본사 리청각에서 공연을 할 터인데『경텬동지』라는 여섯 권짜리 희극도 자미가 잇섯스며 학싱이면 누고든지 미명 십젼식만 가지고 오면 밧겟스며 본보 독자우대 활인권은 란외에 잇다.

매일 26.06.27 (5) 북극의 용사

◇ 사진에 보히는 이는 이십륙일 본사 리청각에서 개연을 한 북극탐험비힝 영화에 낫하난 용사『아문셴』씨이올시다.

◇ 어름 산 어름 바다! 싯도 모르는 북극에 죽음을 무릅쓰고 죽음 이상의 츄위와 근고를 돌파하며 어름을 쌔치며 압흐로 나아가 씨는 긔어코 만고의 비경 북극의 비밀을 답파키에 이른 것이올시다.

◇ 학들에게는 지리교과셔가 되며 선싱들에게는 교수재료가 되고 뜻 업는 청년에게는 새로은 용긔와 인싱의 위대함을 쥬는 아문젠 씨의 씩々한 이 풍채는 실노히 북극에 첫 발을 듸려놋은 쌔에 박은 사진이올시다.

매일 26.06.27 (5) 제극(帝劇) 명우 내선(來鮮)

만텰회사(滿鐵會社)의 사원 위안(社員 慰安)을 위하야 졔극 명배우(帝劇 名俳優) 수전감미(守田勘彌) 씨 일좌를 초대하야 칠월 중순에 만주로 향한다 함은 임의 보도하얏거니와 일힝은 도즁에 부산 대구

---

185) '변을'의 오식으로 보임.

경성 평양을 들너 흥힝하리라더라.

매일 26.06.27 (5), 26.06.29 (3), 26.06.30 (2), 26.07.01 (1) 〈광고〉 [연예안내]
6월 26일자 조선극장 광고와 동일

시대 26.06.27 (5), 26.06.28 (1), 26.06.29 (3) 〈광고〉
6월 26일자 단성사 광고와 동일

조선 26.06.27 (조3) [신영화] 아문센 북극탐험 비행 오천 척 / 입(卄)육일부터 단성사에 상영
이 영화는 금번에 다시 북극탐험의 길을 써나 세계의 이목을 놀내게 한「아몬세」씨의 탐험긔록이라 할 만한 것이다. 북극의 모든 광경을 일폭 화면에서 볼 째에 사람의 힘이 얼마나 위대한 것을 알 수 잇다.

매일 26.06.28 (3) 산명수려(山明水麗)한 / 조선에 진객(珍客) 내(來) / 미국의 관광단 일행이 활동 사진까지 박는다
지난봄에는『라크니아』호와『프란크니아』호로 약 일천오빅 명의 미국인 관광단이 와서 서울을 구 경하야 극동(極東)의 미려한 죠션은 그들 미국인의게는 평싱 한번 구경하여 보겟다는 동경(憧憬)의 적(的)이 되엿다. 그리하야 이번에는 오는 십일월 하슌에 미국『레이몬드웻트』회사 쥬최로 사빅 명 의 대관광단이 단풍 붉은 죠션을 심방하게 되야 일힝은『카린샤』호로 인천에 입항한 후 림시렬차로 경성까지 와서 시내를 구경하고 조선『호텔』에서 기싱의 춤으로 려정을 위로한 후 그날로 퇴경할 예 정인대 일힝 가운대는 미국사교게의 중요한 인물도 만코『뉴-욕 푸로더슌』의 녀배우와 촬영대『撮影 隊』들도 잇서 세계일주(世界一周) 속에 잇는 해양(海洋)『로믠쓰』의『로-케-손』도 하리라더라.

매일 26.06.29 (3) 동경의 여우(女優)학교 / 문사의 발긔로
일본문단의 태두 국지관(菊地寬) 씨가 교장이 되고 구미정웅(久米正雄) 강영일랑(岡榮一郎) 씨 등 혁々한 문사가 교사가 되야 동경에 녀배우학교(女俳優學校)를 창설하야 과도긔에 잇는 일본의 극단 과 영화계에 근대적 교양이 잇는 녀배우를 보내여 사계에 일신 긔원을 짓고자 한다는대 입학자격은 가장 엄격하야 녀학교를 졸업한 상당한 량가의 령량으로 예술적 교양과 정조교육을 밧은 인격자라 야 된다더라.

매일 26.06.29 (3) [못방아]
▲ 경성에도 차차 양장미인들이 도라다닌다.『김임순』『복혜숙』『리월화』등 녀배우는 물론이어니 와 ▲ 각 학교 녀싱도들 사히에는 양장이 성풍하야 간다. ▲ 꾸부러진 다리 젓가락작 가튼 종아리 한 줌밧게 안이 되는 엇개 무엇에서 무엇까지 톄육업는 녀성의 쏠사오나운 자세가 우리에 눈에 새로운 자극을 준다.

조선 26.06.29 (석1) 국제배우연회(聯會) / 금후 백림(伯林)에 설치

(『나우-엔』이십육일 발) 국제배우연합회는 금후 백림에 설치하게 되얏다. 그러나 노서아는 동 연합회로부터 제외하게 된바 차는 노서아의 대표자가 극장 경영을 동 회원으로부터 제외하기로 주장하야 대다수로써 부결된 소이이며 신연합회의 역원(役員)에는 독일의 『릭켄트』, 미국의 『에마손』급(及) 불국(佛國)의 『아라루』의 제씨가 선거되얏더라.

조선 26.06.29 (조1) 위생전람회

충북 경찰부 주최로 거 이십오, 육 일간(日間) 음성 무극보교(無極普校) 구내에서 위생전람회가 개최되엿는바 각종 모형의 진열과 야간에는 활동사진이 잇서 다수한 관람자가 잇섯는대 개회 당일 야(夜)에 감우(甘雨)가 강(降)함으로 영사가 중지되얏고 익일 야(夜)에는 대성황을 정(呈)하얏더라. (음성)

조선 26.06.29 (조1) 위생전람 급(及) 영화

경기도 경찰부 위생과에서는 포천 송우(松隅) 급 영평(永平)공립보통학교실에서 좌기(左記) 일할(日割)로 위생전람회와 활동사진회를 개최하야 일반에게 무료로 관람케 하며 우천이면 중지한다더라.
칠월 삼일로 사일까지 송우공립보통학교
칠월 칠일로 팔일까지 영평공립보통학교 (포천)

동아 26.06.30 (4) 〈광고〉

본사 근사 인산 영화
김천에서 공개 (상세 추후 발표)

동아 26.06.30 (5) [영화잡보(雜報)]

이번 시내에 잇는 활동사진 「판」 중 몃 사람의 유지가 영화동호회(映畵同好會)라는 것을 조직하엿다고 한다. 그의 목덕은 영화에 대한 일체 연구와 감상과 비평이라고 한다.

조선 26.06.30 (조2) 제극(帝劇) 여우(女優) / 만선(滿鮮) 순회

일본극계(日本劇界)에 명성이 놉흔 뎨국극장 녀배우(帝劇女優) 『촌던(村田)가구고』 이하 수십 명의 일단은 만선디방(滿鮮地方)을 순회하기 위하야 이십구일 오전 여덜 시 사십오 분 차로 동경을 써나 목덕디를 순회하리라더라. (동경뎐보)

매일 26.07.01 (1) 〈광고〉 [연예안내]

탈마치 이세 영화와 연애비극 공개 주간

(칠월 일일부터)

유 사 독특 센츄리 대희극

우숨의폭탄 **지혜 업는 산아희** 전이권

유 사 서부극 냇민쎤 주연

삼림(森林)활극 **여장부** 전이권

유 사 특선 레드, 호스 씨 영화

청춘예찬대희활극 **청춘의 일전(一戰)** 육권

유 사 특선 채드윅 특작 영화

인종애사(忍從哀史)실연비극 **인수애(人數愛)**[186] 전육권

유 사 대연속극

최종편 **창공맹자** 전사권

특별예고

청춘예찬 **천하의 총아** 전팔권

폭스최대 **신의 진노** 전구권

제팔예술 **네로** 전십이권

단성사

조선 26.07.01 (석1), 26.07.02 (석1), 26.07.03 (조3), 26.07.05 (조1) 〈광고〉

매일신보 7월 1일자 단성사 광고와 동일

조선 26.07.01 (조3) [상의] 활동사진계에 활동하고 십습니다

『문』 본인은 금년 고등보통학교를 졸업하온바 「키네마」 회사 배우가 되여 활동사진계에 몸을 던저

---

186) 시대일보 7월 2일자 광고에는 '人類愛'로 표기되어 있는데, 이 제목이 맞을 듯하다.

보고자 연구 중이온 바 엇지하여야 배우가 곳 되겟습니가? 쏘는 입사 후에는 즉시 월급을 밧게 됩니가? 배우 되는 방법을 좀 아르켜 주시기 바랍니다. (청진동 일문생(一問生))

『답』 먼저 대답해드리려 하는 것은 본래 무대나 스크린을 물론하고 배우 되려는 이는 먼저 자긔의 소질을 충분히 아지 안흐면 중간에 실패하는 일이 만습니다. 그리고 적어도 예술가가 되려는 이는 먼저 물질에 대한 보수를 구하여서는 아니됩니다. 일본키네마회사에 처음 드러간 이는 자비로 지내야 하며, 된대도 그 참혹한 대우에 여간 로력하지 안흐면 견듸기 어렵습니다. 월급은 초급에 잘 주어야 십원 내지 십오 원가량임니다. 싯가지 하시려는 생각이시거든 전문적으로 이 방면의 서적이나 일본에 건너가 영화배우학교에 입학을 하시는 수밧게는 도리가 업습니다. (영화사 이구영)

조선 26.07.01 (조3) [영화인상]
◇ 메리 픽포는 영화계의 영원한 녀왕이다. 스타시스템에 편중된 미국영화계에도 이만한 텬재적 명우가 잇는 것은 깃분 일이며 일변 메리양의 얼마나 예술가로서의 부단의 로력을 계속하는지를 찬양하지 아늘 수 업다. (오○근(吳○根))
◇ 복혜숙 양은 영화배우로 자격이 업는 것은 아니나 영화에서는 중역되기가 어려운 얼골인 듯십다. 화장에 대하야 좀 더 연구할 여디가 만허 보혓다. (영등포 장생(張生))

매일 26.07.02 (3) 부민(府民) 위해 야외 음악 / 영화도 상영
계삼 계급을 위하야 비록 일시적이나마도 위안을 줄 만한 긔관이 업는 경성의 시민을 위하야
경성부에서는 녀넘인철의 괴로움을 한시라도 잇게 하기 위하야 「위안데-」를 정하야 가지고 쟝츙단(奬忠壇) 남산공원 긔타 적당한 곳에 야외음악회(野外音樂會)를 개최할 터인데 음악대는 대개 리왕직(李王職)음악대를 사용할 방침이오, 이젼 사월부터 총독부와 련합하야 시민에게 보히고져 하다가 국쟝으로 연긔도 활동사진도 금번에 상영하야 일반 부민을 위안하리라는대 이에 대한 비용은 약 일천 원이라더라.

시대 26.07.02 (3) 〈광고〉
탈마치 이세 영화와 연애비극 공개 주간
칠월 일일부터
◆ 유 사 독특 센추리 대희극
우슴의 폭탄 **지혜 업는 산아회** 전이권
◆ 유 사 서부극 냇맨쨈 주연
삼림(森林)활극 **여장부** 전이권
◆ 유 사 특선 레드, 호스 씨 영화
청춘예찬대희활극 **청춘의 일전** 전육권

그는 부랑 청년! 이윽고 부모에게 추출(追出)!

돈 십 전 가지고 주식회사 설립!!

자아 야단 야단 진묘 대탈선

◆ 유 사 특선 채드윅 특작영화

失從哀史 忍戀悲劇[187] **인류애** 전칠권

한 설기 곱게 피여난 순진한 처녀!

재산 결혼에 희성이 된 가련한

녀성의 눈물과 애탄의 일대 비극 영화

◆ 유 사 대연속극

최종편 **창공맹자** 전사권

수은동 **단성사**

전(광) 구오구

조선 26.07.02 (조1) 곽산(郭山) 장산(獎産) 영화

평안북도의 근검저축과 산업장려의 영화는 거 이십칠일 곽산에 내착(來着)하야 동일(同日) 오후 팔시 당지 보통학교 내에서 정주군속(定州郡屬) 이회근(李晦根) 씨의 취지 설명을 비롯하야 동 십이시 싸지 무료 개최하엿는데 장내 장외는 입추의 여지가 업시 관람객은 무려 천여에 달하엿다더라. (곽산)

조선 26.07.02 (석1) 〈광고〉

칠월 이일(금요)부터

만국 대도시에 봉절될 쌔마다 만뢰(萬雷)와 갓흔 박수

진동하는 환호성에 싸여 봉절되엿던

천하유일의 대명편이 돌연 군림!

바이다그램 회사 대표적 초특작품

거장 스튜아드 무래크돈 씨 대감독

명편 **나지모바- 요녀** 전구권

불후의 예술가 아라 나지모바- 부인 일대의 결작편!

대파라마운트 사 특작영화

젬스 구루즈 씨 감독

홍소폭소 **여성예찬** 전팔권

정희극 배우로 제일인자 에드와-드 포이톤 씨 주연

파라마운트 영화

---

187) '忍從哀史 失戀悲劇'의 오식.

돌연 바스다 키톤 씨 특별 출연 희극

기괴진묘 **낙천지(樂天地) 데부** 전권

쏭쏭보 데부 군이 활약한 대희활극

오시라 우슴에 솟밧으로 부대부대

금주 영화는 모든 상찬(賞讚)의 경(鏡)!

=대예고=

내주 봉절될 명화는

세계적 성격 명우 토마스, 뮤안 씨 주연

의혈의 감루(感淚) 전구권

경성부 인사동 **조선극장**

전 광 二〇五번

조선 26.07.02 (조3) [신영화] 워너, 쑤러더스 영화 / 대활극 별특(別特) 최대급행 전팔권 / 칠월 이일부터 우미관에 상영

녀성에게 배반을 당한 청년이 자포자기하야 방랑하여 다니다가 하루밤에 급행렬차의 위란을 구해준 것이 인연이 되야 긔관수가 되엇다. 그 청년은 수완 잇는 청년으로 인뎡이 되야 급행렬차계가 되야 운던하던 첫날밤에 불행히 렬차는 산곡 가운대에서 정면충돌을 하야 가티 탓든 친구는 즉사하고 그 청년은 살엇섯다. 그는 친구의 아들과 산간에서 살다가 하루는 그의 용감한 행동의 덕분으로 뎐복될 렬차가 구원을 바더 그를 사모하던 녀성과 결혼하게 되엇다는 것이다.

동아 26.07.03 (2), 26.07.04 (6), 26.07.05 (2), 26.07.06 (2), 26.07.07 (3), 26.07.08 (3), 26.07.09 (3) 〈광고〉

선전문 및 일부 출연진 제외된 외 조선일보 7월 2일자 조선극장 광고와 주요 정보 일치

매일 26.07.03 (1), 26.07.04 (5), 26.07.05 (1) 〈광고〉

7월 1일자 단성사 광고와 동일

매일 26.07.03 (1), 26.07.04 (5), 26.07.05 (1), 26.07.06 (1), 26.07.07 (3), 26.07.08 (3) 〈광고〉 [연예안내]

선전문 및 일부 출연진 제외된 외 조선일보 7월 2일자 조선극장 광고와 주요 정보 일치

시대 26.07.03 (3), 26.07.04 (1), 26.07.05 (3) 〈광고〉

7월 2일자 단성사 광고와 동일

조선 26.07.03 (조3) [연예] 동반(東半)예술단의 기념흥행 / 요금은 반액으로

시내 황금유원 안에 잇는 광무대(光武臺)에서 흥행중인 동반예술단(東半藝術團)은 동 단의 삼주년을 긔념하기 위하야 당분간 입장료금을 반액으로 감하고 특별히 흥행한다는대 흥행과목은 음악 소년소녀의 무도 마술 등이라더라.

조선 26.07.03 (조3) [영화인상]

◇ 룡에 든 새는 조선 사진 중에 뎨일 잘 되엿다고 남들이 평판은 하지만 나는 그러한 영화를 제작하여서는 조선영화의 참된 발달은 바랄 수 업다고 생각한다. 조선사람은 조선사람의 생활을 묘사하지 아느면 아니 된다. 우리의 생활 우리가 리상하는 바 새 생활을 상징하며 우리가 현재의 요구하는 바 그 시대를 표현 묘사하여야만 할 것이다. 일반제작자의 일고할 문뎨인가 한다. (DK생)

◇ 우미관에 상장 중의 아수라왕국(阿修羅王國)은 독일사진이니 만큼 내용의 심각한 맛, 견확한 표현, 배우기술의 견실한 액춘, 리론적 캣팅 등 역시 볼 점이 만타. 가장 흥미잇게 보앗다. (*생)

◇ 진텬동디는 철두철미 흥미를 본위로 한 메로쓰라마나 활극도 이만하면 볼 자미가 잇다. (B생)

조선 26.07.03 (조4), 26.07.04 (석1), 26.07.05 (조3), 26.07.06 (조3), 26.07.07 (조3), 26.07.08 (조4) 〈광고〉

7월 2일자 조선극장 광고와 동일

시대 26.07.04 (1) 〈광고〉

칠월 이일부터 특별 대공개

● 워-너 쓰러써쓰 영화 몬트쏠뉴 씨 주연

대활극 **특별 최대 급행** 전팔권

희활극 **맥진결혼(驀進結婚)** 전이권

● 윌리암 퍽쓰 영화 텀 믹쓰 씨 주연

대활극 **맹습난투** 전칠권

관철동 **우미관**

전(광) 삼구오번

조선 26.07.04 (석1), 26.07.05 (조1), 26.07.06 (석1), 26.07.07 (석2), 26.07.08 (석1) 〈광고〉

7월 4일자 시대일보 우미관 광고와 동일

조선 26.07.04 (조2) 전 조선적으로 영화검열 통일 / 종래 경찰부 관할을 총독부에서 하기로

전 조선의 활동사진 『필림』의 검열을 통일하기 위하야 『필림』취톄령을 발표하기로 하엿다는데 동 령은 법제국(法制局)에 회부하야 신중 심의 중임으로 그동안 도서과(圖書課)에서는 동 령이 업섯기 째문에 신문, 잡지의 검열 취톄만의 사무를 취급하던 것을 최근에 일으러 동경 방면에 량해를 어덧슴으로 오는 륙일경에 관보로써 발령하야 팔월 일일부터 실시키로 하엿슴으로 이로 인하* 도서과의 증원 팔명으로 검열실은 총독부 신텽사 오층에서 하기로 하고 종래 각 도별로 검열하던 것은 폐지하엿는데 사무의 민할과 통일이 될 터이라더라.

동아 26.07.05 (2) 관극(觀劇)하다 익사 / 여섯 살 된 아희
지난 삼십일 밤 아홉 시에 뎡주군 뎡주면 성외동(定州郡 定州面 城外洞) 손태환(孫泰煥) 씨의 아들 손희명(孫希明)(六)이가 뎡상극장(定商劇場)에 구경갓다가 그 집 옥외 후란에 잇는 우물에 무참히 빠저 죽어버렷는데 그 원인은 돈이 업서 장내에 드러가지 못하고 옥외에서 구경하려다가 그만 실족된 것이라 하며 죽은 시톄는 약 사십 분 후에 건젓다더라. (뎡주)

동아 26.07.05 (2) [휴지통]
▲ 활동사진 「필림」을 검열하는 검열관의 자격은 「키쓰」를 실혀하는 사람이라야 한다나. 그런 사람이래야 서로 쓸어안거나 입을 마초는 등 풍긔를 문란케 하는 활동사진을 잘 검열할 수가 잇다고 ▲ 현재 경긔도에 잇는 검렬관도 활동사진에 나오는 「키쓰」는 구역이 나도록 실혀한다고 하지만은 실물 「키쓰」까지 실혀하는지는 몰라……

매일 26.07.05 (3) 「라듸오」로 절수(節水)를 고창(高唱) / 작 사일 밤에
경성부에서는 부 행정을 선전하고자 혹은 활동사진(活動寫眞) 혹은 「라지오」 여러 가지를 리용하야 왓스며 또 부의 사업 상항을 영사하야 일반 부민에 공개하고자 하얏는대 아즉 사진긔검수(寫眞機檢收)가 되지 못하야 이것은 후일로 연긔하고 위선 하절이 되야 수도가 단수될 우려가 잇슴으로 작 사일 오후 칠시에 다젼슈[188]과장(多全水道課長)은 「라지오」로 절수의 필요(節水의 必要)라는 문졔로 강연화를 방송한다더라.

시대 26.07.05 (3) 인산 활동사진 이천에도 공개 / 시일 장소 추후 발표
(이천) 강원도 이천군 본사 이천지국 주최로 인산 실경 근사 활동사진을 이천 지방의 독자를 위하야 하급히 공개하기를 교섭 중이든바 이천에도 공개하기로 결정되엇다는데 시일 장소는 추후 발표하리라고.

시대 26.07.05 (3), 26.07.06 (2), 26.07.07 (1), 26.07.08 (2) 〈광고〉
7월 4일자 우미관 광고와 동일

---

188) '슈도'의 오식으로 보임.

조선 26.07.05 (조4) 산업선전 영사

경남도 주최로 일반에 산업을 선전키 위하야 거 이십육일 당동공보(塘洞公普)학교 교정에서 산업영화를 개최하얏다는데 당일 인산인해의 대성황을 이루고 익일 동해면(東海面)으로 출발하얏다고. (당동)

동아 26.07.06 (2) 영화 육십만 척 / 륙월 중에 검속한 것

륙월 중 시내 각 극장(劇場)에서 영사한 활동사진 길이(長)는 팔백삼십사 권에 척수는 오십구만삼천삼십오 척이엿섯는데 그중에 데일 만은 것으로 오락(娛樂)으로 칠백여덜 권에 오십만오천삼백륙십팔 척이나 되엿다는데 륙월 중에 절단(切斷)한 건수가 오십일, 설명에 주의를 당한 것이 열한 건이엇더라.

동아 26.07.06 (2) 마적과 경관대 극장에서 총화교전(銃火交戰) / 사자(死者) 이 명, 부상 다수 / 극장에 잠복한 마적과 수색 경관대가 총화로 접전하야 사상자를 만히 내여

지난 삼일 오후 열한 시경에 안동현 삼번통(安東縣 三番通) 팔뎡목 중국극장 영락관(永樂舘) 안에서 돌연히 수십 발의 총성이 꾕꾕하게 일어나 관극하던 관중이 모도 일어나 마적이야 소리를 질르며 한참 동안 수라장으로 변하야 사자 네 명과 중경상자 다수를 내엿다는데 관던현 방면(寬甸縣 方面)으로 횡행하던 마적 오, 륙 명이 그날 저녁 그 극장에 들어가 시침을 짜고 구경을 하던 중 안동현 경찰서원(安東縣 署員)이 그 긔미를 알고 톄포하려고 들어갓던바, 숨어 잇던 마적이 돌연히 권총을 발사하야 관객 두 명을 죽이고 경관의 발포에 마적 두 명도 죽엇는데 그 남어시 마적은 교묘히 오룡배(五龍背) 디방으로 도망을 하얏슴으로 방금 추격하는 중이라더라. (신의주)

매일 26.07.06 (1), 26.07.07 (3), 26.07.08 (3), 26.07.09 (3) 〈광고〉 [연예안내]

조선일보 7월 6일자 단성사 광고와 주요 내용 동일

매일 26.07.06 (3) 육월 중의 영화 검열 / 오십구만 척

지난 륙월 중 경긔도 보안과(保安課)에 검열한 영화「필림」총 척수는 권수로 팔빅삼십사 건이요, 척수로 오십구만삼천삼십오 척인대 이것을 종류로 난호면 아리와 갓더라.

시대극 二一七卷 一四七,一八〇尺

현대극 一六七卷 一二一,〇二九尺

희극 三三卷 二〇,九一四尺

양극 二九四卷 二二〇,五一二尺

실사 一二三卷 八三,四〇〇尺

시대 26.07.06 (2), 26.07.07 (1), 26.07.08 (2), 26.07.09 (2) 〈광고〉

조선일보 7월 6일자 단성사 광고와 주요 내용 동일

동아 26.07.06 (2) 관극 중 권총 발사 / 즉사 이 명, 수 명의 중경상자 / 관객 중에 석인 마적 소위(所爲)

(안동(安東)현 전) 중국 안동현(安東縣)으로부터 지난 오일 밤 전보에 의하면 지난 삼일 오후 열한 시 반경쯤 되어 당지 시내 삼번통 팔정목(市內 三番通 八丁目) 중국극장 영락무대(中國劇場 永樂舞臺) 상으로부터 돌연 수십 발의 총소리가 들리자

일반 관객들은 일시 마적의 소행인 줄 서로 알게 되어 일시는 황당히 수라장(修羅場)을 일우어 서로 붓들면서 울며붙며 하는 등 쏘는 서로 밀리고 넘어지는 등 일대 혼잡을 일우엇섯다는데 이 가튼 급보를 바든 동지 안동서(安東署)에서는 서장 이하 총 서원들이 출동하야 시내 각 요지(要地)를 에워싸고 철야 경계하는 중 전긔한 바와 가티 극장 내에 일대 사격이 마적(馬賊)과 더불어 닐어나 적군 두 명이 죽게 되었으며 쏘한 그 마적의 란사(亂射)되는 탄환에 불행히 관객들 중 두 명이 즉사하고 수 명이 중경상을 당하얏는데 그 뒤를 니어 엄중한 범인 수색으로 인하야 마츰내 지난 사일 새벽에 니느러 두 명을

체포하고 쏘한 남은 마적 십수 명을 체포코자 노력하는 중이라 하며 그 마적단들은 원래 관정현 보갑대장(寬*縣 保甲隊長) 장모(張某)라는 마적의 두목하에 전긔 극장에서 그날 자긔들로 더불어 관극(觀劇)하고 잇는 것을 경관의 눈에 얼핏 쐬우자마자 일반 관원들을 일시에 응원을 어더 서로 련락하야 그 마적들을 일망타진하랴한 까닭으로 충돌이 닐어나는 등 쏘한 니어 권총가튼 것을 서로 휘둘르게 되어 다수의 피해를 내게 된 것이라는데 그 가튼 마적들의 목적은 본래 극장을

구경코자 하야 들어간 것이 아니요, 다만 무긔(武器)를 사랴고 그곳 시내까지 들어와서 어느 날 한 번 극장 구경차로 들어갓다가 그 가튼 전투가 닐어난 것이라는데 그곳 관현들의 겹겹이 둘러싸고 엄밀한 수색을 함은 물론이어니와 아마 전긔한 마적의 두목 장모(張某) 이외에도 수 명의 두목이 잇는 듯 하다고.

조선 26.07.06 (조2) 극장에 마적단 / 이 명을 참해(慘害)

지난 사일 밤 열한 시경에 중국 안동현(安東縣) 영락극장(永樂劇場)에는 돌연 여섯 명의 마적(馬賊)단이 나타나서 일중관헌(日中官憲)과 충돌하야 교전(交戰)한 결과 마적 편에 즉사자 한 명과 생명위독자 한 명을 내이고 세 명은 톄포되얏스며 남은 한 명은 도주하얏는데 관현 측의 피해는 업스며 관극(觀劇)하러 온 손님 두 명이 즉사하얏더라. (안동현지국 뎐보)

조선 26.07.06 (조3) 〈광고〉

신연속극과 사투난투(死鬪亂鬪)극 주간(칠월 육일부터)

국제시보 일권

유 사 센추리 희극 이편

잘못하면 되잽일걸 전일권

절세연애대비곡? **명안(名案)일세** 전이권

유 사 제공 래앳 특작 래킨 씨 영화

사투난투모험활극 **암야(暗夜)의 난투** 전오권

유 사 특작 잭키 혹시 씨 주연품

맹연(猛然)궐기강적분쇄 **산하일축(山河一蹴)** 전오권

유 사 제공 래앳 제이회 특작품

신연속극 **명탐정 싼다쓰** 십오편 삼십권 제일회, 이편 사권

예고

폭스 사 대웅편 **신의 진노** 전구권

쓔엘 특작품 청춘예찬편 **천하총아(天下寵兒)** 전팔권

대비극 **직업부인** 전십권

문예영화 **네로** 전십이권

유 사 폭쓰 영화 **단성사**

전 광 구오구번

매일 26.07.07 (3) 삼 미돌(三米突) 오 전식에 본부에서 영화 검열 / 팔월 일일부터 시행

활동사진「필림」의 검열을 조선총독부 경무국 도서과에서 견문으로 한다 함은 기보한 바어니와 임의 만반 준비는 완성되야 칠월 오일 관보로써 발표가 되야 팔월 일일부터 시힝을 하게 되얏는대 그 중요한 규정을 보면

◇ 총독부의 검열을 맛는「필림」은 삼 개년 조선 전 도에서 유효로 되고 각 도 경찰부에서 검열을 맛흔 것은 삼 개월간 유효로 그 도에서만 통용됨

◇ 검열을 맛는 대는 총독부에는 삼 메-돌에 오 전, 도청 쏘는 경찰서쟝의 지방적 검열을 맛을 째에는 삼 메-돌에 일 젼식의 수입 인지를 붓칠 일

◇ 허가 업는「필림」을 사용하거나 긔한 넘은 필림을 공개하는 이에게는 삼 개월 이하의 징역, 빅 원 이하의 벌금에 처함

영화의 향상 / 취톄의 진의 / 삼시(三矢) 경무국장 담(談)

활동사진「필림」검열에 관하야는 죠선에서는 아직까지 상당한 규정이 업셔 전선 각 도의 태도가 불일하얏스며 싸라셔 그 폐해가 컷는지라 활동사진은 임의 일개 오락긔관의 톄를 버셔나 소설, 연극과 갓흔 지위에 이른 터이라 그를 취톄하는 데도 상당한 정견이 필요케 되야 이번 법규 발표가 된 것이다.

영화 예술의 진가와 관대한 검열을 긔대 / 단성사 지배인 박정현 씨 담(談)

이에 대하야 단성사 지배인(團成社 支配人) 박정현(朴晶鉉) 씨는 말하되,

참으로 잘 되얏습니다. 경긔도의 검열을 맛흔 것을 젼 도에 순업을 한 일도 업지 안으나 대개는 비공식으로 경긔도에서 검열한 것이니 어련하랴는 의미로 묵허를 하든 것이라 마음이 노히지 아니하얏섯습니다. 팔월 일일부터 총독부에서 검열을 하게 되면 관대한 졈도 만흘 것이며 영화예술의 진가도 인정이 되야 흥힝업자는 물론이어니와 애활가 졔씨는 위하야서도 다시 업는 복음이 될 줄노 압니다. 젼선의 검열 통일과 리해 잇는 검열이 되는 것은 참으로 민중예술을 위하야 한 긔원이 될 것이올시다.

시대 26.07.07 (2) 활동사진이 사상선전에 관게 / 종래 가티 풍속 취체만 못 한다 / 영화 검열에 대한 삼시(三矢)국장 담(談)

지난 오일 조선관보(朝鮮官報)로 발포(發布)된 활동사진 필림 검열규측(檢閱規則)에 대하야 삼시 경무극장(三矢 警務局長)은 말하기를 『활동사진은 오늘에 니르러서는 단순히 오락긔관(娛樂機關)으로서 민중에게 환영을 바들 쏜 아니라 교육(敎育), 산업(産業), 위생(衛生) 그 외에 사업(事業)과 영업(營業) 등의 보조 쏘는 선전용(宣傳用)으로서

사용되고 그리고는 로동운동(勞動運動) 계급(階級) 그 외의 사상단체(思想團體)의 선전에도 리용될 수 잇는 기회(機會)가 잇다. 즉 그 질(質)과 량(量)에 잇서서 공안풍속(公安風俗)에 영향을 미칠 것이 차차로 더욱 만하지게 되엇는바 조선에서 오락 영화(映畵)는 이전에는 일본을 거처 들어왓스나 요사이는 내외국 영화회사(映畵會社)로부터 곳 들어와 일본에서나 조선에서 가튼 날짜에 봉절상영(封切上映)케 되고 쏘는 필림을 제작(製作)하야

영화회사에 제공(提供)할 수 잇도록 진보 발전(發展)하얏다. 쌀하서 종래와 가티 순풍량속(淳風良俗) 등으로 주요(主要)한 취체(取締)를 하는 것은 될 수 업는 일이며 사회 민심(社會 民心)에 미치는 영향은 신문과 출판물(出版物)에 비추어 그긔 부끄러움(*色)이 업게 되엇다. 다음부터는 더욱더욱 경찰상으로 보아 중요(重要)한 지위(地位)를 어들 것으로 생각한다. 종래(從來) 조선의 활동사진 검열취체는 그 어쩌한 규정(規定)이 업고 대정 십삼년 구월에 처음으로 필림 검열을 경긔도(京畿道), 경상도(慶尙道), 평안북도(平安北道)의

삼도에서 하기로 되어 오늘에 니른 바 실제 문제(實際 問題)로서는 각도에서 각각 검열에 대한 소견(所見)을 달리하야 취체상 불통일(不統一)의 념려가 잇슬 쏜 아니라 당업자(當業者)의 손해와 불편도 적지 아니 만핫섯슴으로 이번에 대체(大體) 본부(本府)에서 전 조선(全朝鮮)을 통일하야 검열을 하기로 개정(改定)이 되엇는데 다못 경이(輕易)한 시사(時事)에 관하야서는 급한 것이면 각 도에서 검열할 수 잇게 된 것이라고』 말하드라.

조선 26.07.07 (석2), 26.07.08 (조4), 26.07.10 (조4) 〈광고〉

7월 6일자 단성사 광고와 동일

조선 26.07.07 (조2) 아현리민(阿峴里民) 위안활동사진 / 칠일 밤에 개최

시외 아현청년회(阿峴靑年會)에서는 지난 이, 삼, 사 삼 일간 리민위안활동사진회를 개최하랴고 한다 함은 이미 보도한 바어니와 그간 우턴으로 인하야 연기하얏섯는데 칠일 오후 여덟 시부터 서대문 외(西大門 外) 아현소방조(阿峴消防組) 구내에서 전긔 활동사진회를 개최하고 일반에게 국장의영화(國葬儀映畵)를 소개할 터이라 하며 회비는 십 전이라더라.

동아 26.07.08 (4) 본보 독자 우대 / 단성사 순극대

경성 단성사 일행이 금반 간도 용정에서 거월(去月) 이십칠일부터 본보 간도지국 후원하에 일주간 흥행하얏는데 특히 본보 독자에 한하야 대인 사십 전을 이십 전으로, 학생 소아 이십 전을 십 전으로 할인하고 대성황으로 흥행하얏다더라. (간도)

동아 26.07.08 (4) 〈광고〉

본사 근사 인산 활동사진
금일 인천 표관에서 공개
일회 오후 사시 이회 오후 팔시 삼회 오후 십시

시대 26.07.08 (1) 영화의 검열에 대하야

一

활동사진영화검열규칙이 지난 오일 부(府)의 조선총독부 관보로써 발포되어 팔월 일일부터 실행하게 되었다. 일즉이 조선에 잇서서는 영화술이 그다지 보급되지 못함을 쌀하 경찰 당국으로부터 검열하는 규칙도 업드니 재작년에 경기, 경남, 평북 등 삼도에서 검열한 것을 비롯하야 그 뒤 각 도에 미치고 부령으로 그 규칙까지 발포하야 검열의 방법을 통일코저 함은 영화의 기술이 발전되는 대로 일반 사회에 보급되는 *향이 신속한 것을 알 것이며 또 각 방면에 **한 경찰의 수단이 갈사록 치밀하야 그만한 오락기구에까지도 범연(汎然)히 간과하지 안코 반듯이 간섭하고 마는 것을 알 것이다.

二

그와 가티 검열하지 아니치 못하겟다는 관계 당국의 이유를 **해볼진대 오늘날의 활동사진은 단순한 오락기관으로 민중의 환영을 밧는 것이 아니라 교육, 위생, ** 기타 사업의 체조(體助)와 선전에 필요하고 **, 사상, 계급, 사회의 각종 운동에도 적지 안은 효력을 나타내이어 공안, 공익과 도량(導良)풍속에 영향됨이 자못 저대(著大)한 것인데 기왕에는 한갓 일본으로부터 수입될 쑨이요, 조선에서는 제작하지 못하든 것이 이제 와서는 구미의 영화회사로부터 직접으로 들어와서 조선이나 일본이나 다 가티 상영되고 쏘는 당장에 필림을 제작하야 신도(迅度)로 퍼지니 그것을 낫낫이 취체하자면 곤란한 것임으로 일정한 규칙에 의하야 그 검열을 균일케 함이 편리하다 하는 것이다.

三

그 이유가 그러치 안흔 것은 아니다. 영화의 기술적 연구와 진보된 **은 별 문제로 하고 다만 실제의 영향이 미치는 것으로만 말할지라도 질이나 양이나 모다 경시할 것이 아닐쌘더러 사회 인심에 환영을 바다서 널리퍼지기에 간편 또 신속하기는 오히려 특색이 잇다 할 것이다. 천근(淺近)하고 간이하게 사회 일반의 사상을 유도하며 정신을 **하기는 소설이나 연극만한 것이 업다 하나 그 어쩌한 사물을 실사하여 보는 사람으로 하야금 직접적 **이 닐어나서 그 어쩌한 사상과 정신이 분(奮)*시키기는 또 영화만한 것이 업슬 것은 사실이다.

四

그리하야 영화의 실험이 잇슨 지 오랜 구미 열국(列國)에 잇서서 인심의 지도, 위안과 향촌의 개량, 발달에 위대한 효력을 나타내이는 동시에 법치적 제도하에서 질서와 풍속을 *정(*正)함에 직무를 다한다는 경찰당국은 또 그만한 주의를 깁히 하야 그 무슨 영향이 미치게 될가 하는 고려가 잇슴도 당연한 것이엇섯다. 그러나 오늘날 조선에서 그 필림을 반듯이 검열한 뒤에 쓰게 되면 이로부터 사회에 미치는 영화의 영향이 조코 글흔 것은 경찰의 검열이 잘 되고 못됨에 달니게 되엇스니 이는 곳 경찰의 ** 여하로 말미암아 영화의 영향이 조코 글흔 것을 판정할 것이 아닌가 한다.

五

영화의 검열이 출판물의 검열보다 다른 것이 업다. 그런데 출판물을 검열하야 출판하게 된 뒤의 조선의 *형(形)이 그다지 저대한 미결(美結)을 나타내이지 못하고 한 것은 저작자, 출판업자의 고통과 손해만 씨치고 또 다시 문예의 진전에 얼마만한 저해가 업지 안튼 것을 생각하면 영화의 검열도 그러한 결과를 보지 안흘가 하는 의심이 업지 안흔 것이다. 다른 것은 다 그만두고 소위 신간 소설로써 출판업계의 대중이 되게 된 오늘날 조선의 기현상에 잇서서도 그 소설을 검열하야 그 출판을 허가한 후로는 정신상, 사상상에 양호한 영향을 씨칠 만한 저작은 하나도 어더볼 수 업고 한갓 **, 연애 기타 비*리*(悱*俚*)로 시대사상을 혼돈케 하는 것쑨인 것을 보면 그 남아지는 말할 것이 업다 할 것이다. 이러한 검열의 방법으로 발아기에 잇는 영화도 마저 검열하니 그 영향이 조흘 것인지 글흘 것인지 예측할 수 업는 동시에 영화계의 전도(前途)를 염려하는 것이다.

시대 26.07.08 (2) 관극(觀劇) 중 체포된 청년 / 삼만 원 사건 주범? / 원산서원이 만경관에서 체포
(大邱) 지난 달 이십일일 아홉 시 반경 대구부 경정 일정목(大邱府 京町) 활동사진 상설관 만경관(萬鏡舘)에는 얼마 전부터 원산(元山) 경찰서에서 출장하야 비밀리에 대활동을 하든 형사대와 대구경찰서원이 포위하고 대수색을 하야 동 관에서 관극 중에 잇든 원산 사는 도순호(都順浩)(三四)라는 청년 한 명을 검거하야 원산으로 압송하얏다는바 사건의 내용을 비밀리에 부침으로 자세치 못하나 듯는 바에 의하면 전긔 청년은 원산에서 발생된 삼만 원 사건의 주범이라고.

조선 26.07.08 (조1) 인산 활사로 / 양산유원(楊山幼園) 동정 / 안악(安岳)자동차 운전수들이
황해도 안악 용전(岡田)자동차부 운전수들의 주최와 안악기독교청년회 후원으로 영업 차로 지방을 순회하는 인산활동사진대를 청하야 거 육월 이십구, 삼십, 칠월 일일, 삼 일간 읍내 소천리(小川里) 김용진(金庸震) 씨 가(家)에서 안악기독교여자청년회의 경영인 양산유치원을 위하야 입장료 수입 중에서 실비만 제하고는 유치원에 동정하기로 하야 삼 일간 대성황을 이루엇다는대 삼 일간 총 수입금이 이백팔십일 원 육십칠 전 중에서 비용 이백일 원 칠십팔 전을 제하고 실수입금 칠십구 원 팔십구 전을 양산유치원에 기부하기로 하엿다더라. (안악)

매일 26.07.09 (3) 안동(安東) 지나(支那)극장에 마적이 권총 난사 / 마적은 테포, 관객 이 명 즉사

칠월 사일 오전 령시 삼십 분경에 대안인 안동현(安東縣) 지나극장에 마적 두 명이 구경하는 것을 지나 순경이 탐지하고 일본경찰관의 응원을 어더서 일검한 결과 마적 두 명은 권총을 함부로 노흐며 옥외로 도쥬코져 하는 것을 일본 경찰관 두 명도 마쥬 총을 노와 부상케 한 후 테포하얏스며 극장 안을 다시 수식하야 남어지 세 명도 테포하얏다는대 마적에 탄환에 지나인 관긱 두 명이 즉사하고 일시 대혼잡을 일우엇섯는대 부근 인심이 흉々하다더라.

매일 26.07.09 (3) 시민 위안의 야외 활사 / 십삼일부터

고 리왕전하(故李王殿下) 국장으로 일시 정지되얏든 총독부 사회과(社會課)와 경성부 사회과 공동 쥬최의 시민위안 야외활동사진회 (野外活動寫眞會)는 아리와 갓치 정하얏다더라.
일자 십삼일 장충단공원 십사일 원정(元町)소학교 십오일 남대문소학교
영화 운동회의 사권(四卷) 육월십일의 국장 이권 경성공직자 선거광경 일권 선풍(旋風)라듸 이권

매일 26.07.09 (3) 종로 탑동(塔洞)공원에 무전청기(聽器)를 설치 / 조선인에게 선전코저

테신국(遞信局)의 「라듸오」 시험 방송은 매주일 사회로 일요, 화요, 목요, 금요에 실시하는대 현재 텽취의 허가를 밧는 자가 약 일천 인이요 그중 조선인 텽취자는 겨오 일빅 명 내외에 불과한 상태임으로 방송국(放送局) 개설을 목전에 두고 일송국설립위원회 측에서는 쌔고다 공원을 음악당에 「라듸오」 텽취긔를 설비하야 조선인에게 공개할 터이라더라.

매일 26.07.09 (3), 26.07.14 (3), 26.07.15 (3), 26.07.16 (4) ⟨광고⟩ [연예안내]

출연진 및 일부 선전문 제외된 외 조선일보 7월 9일자 조선극장 광고와 주요 내용 일치

시대 26.07.09 (2) ⟨광고⟩

당 칠월 구일(금요)부터
◎ 미국 워-나- 섁라더-스 사 대작품
희활극 **번개가튼 남아(男兒)** 전팔권
원작 하롤드, 막크스라스 작 감독 챨쓰, 라이스나 씨
주연 시도니, 챠푸링 씨 각색 챨스, --씌 씨
◎ 미국 메트로 사 영화
대활극 **철권(鐵拳) 쪼니-** 전칠권

주연 챠-리스, 로레이 씨
◎ 미국 센츄리 영화
희극 **법에 종(從)하라** 전이권
실사 **마계야(馬溪耶)** 전일권
관철동 **우미관**
전(광) 삼구오번

조선 26.07.09 (조4) 〈광고〉
칠월 구일(금요)부터 정희극과 희활극 주간
대파라마운트 사 특작 영화
알후렛트 이구린 씨 감독 쏘지 에-드 씨 원작
정희극 **의혈의 감루(感淚)** 팔권
세계적 명우 토마-스 뮤칸 씨 열연
명화(名花) 라이라-리- 양 조연
근대 영화계 명물을 보시랴면 반드시 정희극을!
웨스티 사 파리지사 특작 대영화
휘리포푸 씨 각색 귀재 도울-얀스키 씨 대감독
구주 제일 미남 쩩크 카토렌 씨 쾌연
인기 명우 니코라스 코린 씨 조연
암투연발모험활극 **미왕자** 구권
구주 제일 미인 나타리 고반코 양 주연
만천하에 정평이 놉핫던 대예술 영화!로
활극과 모험이 쌈작 놀낼 만치 이러납니다
대예고
독일 에멜카 회사 초대작품
천고불멸의 제왕편
아세아의 광(光) 전십권
경성부 인사동 **조선극장**
전 광 二〇五번

조선 26.07.09 (조4), 26.07.10 (조4), 26.07.11 (석1), 26.07.12 (조2), 26.07.13 (조4), 26.
07.14 (조3) 〈광고〉
시대일보 7월 9일자 우미관 광고와 동일

동아 26.07.10 (2), 26.07.11 (4), 26.07.13 (1), 26.07.14 (3), 26.07.15 (5) 〈광고〉
선전문 제외된 외 조선일보 7월 9일자 조선극장 광고와 주요 정보 일치[189]

조선 26.07.10 (석2) 화려한 무대 면(面)에 동경 / 관극(觀劇) 중 인처(人妻) 표연(飄然) 출가 / 반도 예술단의 행연을 대구에서 구경을 하고 / 허영심을 것잡다 못해 그 길로 녀배우가 되어 / 광무대 에 출연 중 돌연 구인(拘引)
반도예술단(半島藝術團)에서는 팔일 밤에 시내 황금뎡 사뎡목 광무대(光武臺)에서 망령(亡靈)이란 예데로 상연할 쌔에 돌연이 시내 본뎡서(本町署)원이 이르러 망령(亡靈)의 녀주인공으로 출연하는 최로만(崔魯萬)(一七)을 인취하야 두고 방금 보호 중이라는데 그는 대구 시외 산격동(大邱 市外 山格洞) 구백구십삼번디 서수방우(徐壽方佑)(二一)의 안해로 지난달 이십사일 전긔 반도예술단이 동디 만경관(萬鏡舘)에서 흥행 중 동 단원 구창회(具昌會)에게 유인되여 상경한 후 동 단원이 되야 잇는 것 을 전긔 자긔 남편이 탐지하고 그에 대한 수색원을 소관 본뎡서에 뎨출한 까닭으로 동 서에서는 그와 가티 출연 중의 녀배우를 인치하여 두고 엄중한 설유를 한 후 그의 남편에게 인도하엿든바 그의 남편 은 오히려 의심을 풀지 못하야 자기 고향으로 가는 긔차 시간이 되도록 보호하여 달라고 하엿다는데 그 녀자는 드물게 보는 미인으로 연극구경을 왓다가 화려한 무대 면을 보고 허영심(虛榮心)을 것잡지 못하야 그와 가티 반도예술단을 짤하온 것인 듯하다더라.

조선 26.07.10 (조1) 간도 실상 영화
간도 명동학교 후원회 주최의 간도실상영화회는 신고산(新高山)청년회 급(及) 본사 신고산지국의 후 원하에서 본월 육일 하오 팔시부터 신고산청년회관 내에서 상영한 바 당일 의연(義捐)한 인사의 씨 명은 여좌(如左)하며 일행은 안변읍(安邊邑)으로 출발하엿다더라. (신고산) (의연 인사 씨명 생략)

조선 26.07.10 (조3) [신영화] 위나, 쑤러더스 사 대작 / 희활극 번개 가튼 남아 전팔권 / 칠월 구 일부터 우미관에 상영
이 『번개 가튼 남아』는 머리로 생각할 것 업시 다만 시각(視覺)에 하소하는 장쾌한 영화이다. 주연은 유명한 「시토니, 차푸링」이다.

조선 26.07.10 (조4), 26.07.11 (조4), 26.07.12 (조3), 26.07.13 (조4), 26.07.14 (석2), 26. 07.15 (석1), 26.07.16 (석1) 〈광고〉[190]
7월 9일자 조선극장 광고와 동일

---

189) 다만 〈의혈의 감루〉에는 Woman Proof, 〈미왕자〉에는 Prince Charming이라는 원제가 붙어 있음.
190) 조선일보 1926년 7월 10일자 (조4), 7월 14일자 (석2), 7월 15일자 (석1), 7월 16일자 (석1) 조선극장 〈광고〉에는 '대예고' 생략됨.

시대 26.07.11 (3), 26.07.13 (3), 26.07.14 (1), 26.07.15 (1), 26.07.16 (3), 26.07.17 (1), 26.07. 19 (3) 〈광고〉
7월 9일자 우미관 광고와 동일

시대 26.07.11 (3) 〈광고〉
만인 호읍(呼泣)할 경세적 명화 봉절 십일일 낮부터
◆ 대월리암폭스 초특작 영화
혈루(血淚)애화 **신을 이즌 길거리** 전구권(일명 신의 진노)
「이 영화만은 누구나 보시요 남의 안해된 이, 부모는 뫼신 이,
아니 왼 세상의 남녀로소 업시 쏙 보시요」하고 말할밧게는,
이 사진 내용을 설명하기 전 눈물이 압홀 먼저 가린다오
오- 그대는 신을 이즌 길거리의 사람이 아니거든
오라 만인이 다가치 이 경세적 명편 압헤서 가치 늣겨 울자!
◆ 월리암폭스 사 특작 이편
1. 월리암 와넘 씨 득의 단상(壇上)의
대서부남성극 **결연(決然)분기** 전오권
2. 전율 기괴로 종시(終始)하는
대탐정극 **신비의 구름** 전육권
불일(不日) 봉절 예고
청춘예찬대홍소극 **천하의 총아** 전팔권
수은동 **단성사**
전(광) 구오구

조선 26.07.11 (석1), 26.07.12 (조3), 26.07.13 (석2), 26.07.14 (조4), 26.07.15 (조4) 〈광고〉
시대일보 7월 11일자 단성사 광고와 동일

조선 26.07.11 (조2) 삼덕(三德)활사반 / 전북지방 순회 / 충남을 순회하고 / 전북에 향하얏다
경부선 텬안역전(京釜線 天安驛前) 삼덕활동사진회(三德活動寫眞會) 홍송희(洪琮憙) 금삼호장(金杉好章) 량씨는 식림(植林), 파리(蠅)의 발생 예방, 불(火)조심, 비행긔 등에 대한 여러 가지 활동사진(필름)을 가지고 이미 충청남도(忠南)일대를 순회 상영하얏고 다시 전라북도(全北) 각 군을 순회상영코자 수일 전에 전주방면으로 향하얏다더라.

조선 26.07.11 (조3) [신영화] 윈스트 회사 파리지사 특작 / 대활극 미왕자(美王子) 전구권 / 칠월
구일부터 조선극장에 상영

이 영화는 구라파에서 제일 미인이라는 평이 잇는『나티리, 고반크』양과 미남아로 유명한『짜코, 카트렌』과『니코라스, 코린』이 출연한 것인대 그 내용은 미녀를 중심으로 여러 가지의 쟁투와 갈등이 왕궁 안에 이러난 것을 우리 눈압헤 여실히 보이는 것이다. 서양 귀족계나 궁중의 비밀을 이 영화에서 볼 수 잇다. 그러나 장면마다 활동의 긴장한 맛이 여름에 보기는 가장 덕당한 심심치 안흔 작품이다.

조선 26.07.11 (조3) [영화인상]

◇ 미왕자(美王子)는 기대하더니 만치는 나의 욕망을 만족 식혀주지는 안앗지만 역시 참 됴흔 영화다. 풀래슈박크는 가장 자미 잇섯다. (청진동 방○성(方○星))

◇ 산하일축(山河一蹴) 짝키 혹시의 인듸안 복색은 어색하기 짝이 업다. 그러나 그런 점이 우리 짝키 혹시 군을 조화하게 되는 점이 아닐가 생각한다.

대관절 계림영화협회 산채왕은 언제나 완성이 되는지 알고 십다. 이래서는 조선영화계는 언제던지 비판상태를 면하지 못할 것이다. (청주서 석돌(石乭)이)

◇ 여름이 되엿스니 통쾌한 희활극대회를 여러 다오. 그러치 안으면 더워서 구경할 수가 업습니다. 각 상설관에 희망합니다.

각 극장 음악부에 희망한다. 제발 좀 케케묵은 곡목은 집어치고 생기가 잇는 새 곡목을 사다가 음악이고 무엇이고 하지 아느냐거던 집어치우는 것이 어째! 사진까지 볼 자미가 업드라. (K생)

◇ 음악을 드르러 가는 것이 아니라 사진 보러 가는 것이 근본이니 만큼 반주악은 관객의 귀에 거설니지 안코 영화장면과 전혀 됴화가 되여야 할 것이다. (충신동(忠信洞) *○○)

조선 26.07.12 (조3) [신영화] 윌리암폭스 초특작 영화 / 대비극 신을 이진 길거리 전구권 / 칠월
십일일부터 단성사에 상영

본 영화는 윌리암폭스 회사의 비장영화로 널리 그 내용의 우수한 점이 소개되엿슬 뿐만 아니라 한편으로는 교육덕 명화로 내외에 추천된 영화니 그 내용은 교원이 젊어서부터 비참한 환경에 방황하다가 남의 안해가 되여 그의 소생으로 아들 한아를 나케 되엿스나 남편은 비명에 횡사하고 어린 아들로 더부러 다시 교원생활을 계속하다가 사회의 버림을 밧고 쓸쓸히 이 세상을 써나면서 철모르는 아들에게 용감하여라 신앙에 살거라 부르지즈며 목숨이 진 후 부앙턴디에 발 둘 곳 업는 어린 짜빗트의 피눈물로 채색된 고생사리를 그려노앗스며 그를 젊어서부터 사랑하다가 실련자가 되여 방황하는 선량한 청년의 쓸쓸한 생활을 묘사한 것인대 홍수가 나리여 죄악의 촌락을 전멸하는 처참한 장면은 가장 실감이 깁고 볼 만한 점이 잇슬 것이요. 나 어린 짜빗트의 독실한 신앙심과 위인 위적(偉績)을 본바더 활사회의 대인물이 되는 경로는 교육덕 의미로 볼 점이 만흘 줄 안다.

동아 26.07.13 (1) 활동사진 검열 규칙

제일조 활동사진의 검열 「필름」은 본령에 의하여 검열을 경(經)한 것이 아니면 차(此)를 영사하야 다중의 관람에 공(供)함을 부득(不得)함

제이조 「필름」의 검열을 수(受)하랴는 자는 좌(左)의 사항을 구(具)하야 「필름」 급(及) 기(其) 설명대본 이부를 첨(添)하야 조선총독에게 신청할 사(事)

一 신청자의 주거 급(及) 씨명(법인의 경우는 기(其) 명칭 주된 사무소 급 대표자의 주거 급 씨명)

二 「필름」의 제명 (외국제는 원명 급 역명(譯名)), 제작자, 권수 급 미돌(米突) 수

의식, 경기 기타의 경이(輕易)한 시사를 실사한 「필름」으로서 조선총독의 검열을 수(受)할 여가가 업는 것은 영사지를 관할하는 도지사가 차(此)를 검열함을 득함

도지사는 전항의 규정에 의한 직권을 경찰서장에게 위임함을 득함

제이항의 규정에 의하야 검열을 수하랴는 자는 제일항의 예에 의하야 도지사 우(又)는 경찰서장에게 신청할 사

제삼조 검열관청은 기(其) 검열한 「필름」에 대하야 공안, 풍속 우는 보건상 지장이 업다고 인정할 시 기 「필름」에 제일호 양식의 검인을 압날(押捺)하고 설명대본 제이호 양식에 의하야 기지(其旨)를 기재함. 단, 도지사 급 경찰서장은 검인의 압날을 생략함을 득함

제사조 조선총독의 검열의 유효기간은 삼년으로 함. 도지사 급 경찰서장의 검열의 유효기간은 삼월로 하되 기 도내에 한하야 효력을 유(有)함

검열관청 공안, 풍속 우는 보건상 필요가 잇다고 인정할 시는 전 이항의 규정에 불구하고 검열의 유효기간 우는 지역을 제한하고 기타 조건을 부(附)한 사(事)가 유(有)함

제오조 검열관청은 기 검열을 경(經)한 「필름」으로서 공안, 풍속 우는 보건상 지장이 잇게 되엿다고 인정할 시는 기 영사를 금지 우는 제한하는 사가 유함

검열관청의 전항의 규정에 의하야 영사의 금지를 하엿슬 시는 「필름」의 소지자에 대하야 「필름」 급 설명대본을 제출케 하고 검인 급 기재사항을 말소하고 제한을 하엿슬 시는 설명대본을 제출케 하고 기지(其旨)를 기재할 사

제육조 검열을 경한 「필름」의 제명 혹은 권수를 변경하랴 할 시 우는 「필름」의 일부를 절제하랴 할 시는 「필름」 급 기(其)의 설명대본을 첨부하야 당해 검열관청의 허가를 수할 사.

동아 26.07.13 (4) 본보 독자 할인

신극계의 명성(明星)인 형제좌 현성완(玄聖完) 일행은 지난 구일부터 진주좌에서 흥행하게 되엿는데 특히 본보 진주지국이 교섭하야 본보 독자에 한하야 각 등 반 할인으로 위안권을 제공하게 되엿다더라. (진주)

동아 26.07.13 (4) 간도 실상 영화 성황

간도실상영화단 일행은 지난 팔일 구시 반에 안변읍내(安邊邑內) 장로교회 예배당에서 영화회를 개

최하고 취지 설명과 음악을 간간이 하야 대성황을 이루엇더라. (안변)

시대 26.07.13 (1) 활동사진 검열 규칙
동아일보 7월 13일자 같은 제목의 기사와 동일

시대 26.07.13 (3), 26.07.14 (1), 26.07.15 (1), 26.07.16 (3), 26.07.17 (1) 〈광고〉
7월 11일자 단성사 광고와 동일

동아 26.07.14 (1) 활동사진 검열 규칙
제칠조 「필름」의 검열을 수(受)하랴는 자는 좌(左)의 수수료를 검열관청에 납부할 사
一, 조선총독에서 검열할 「필름」에 대하야는 삼 미돌 우(又)는 기(其) 단수(端數)에 오 전. 단 기 검열 후 삼월 내에 동일 신청자가 검열을 신청하는 당해 「필름」의 복제품 급(及) 유효기간 경과 후 육월 내에 검열을 신청하는 당해 「필름」에 대하야 삼 미돌 우는 기 매 단수에 이 전
二, 도지사 급 경찰서장이 검열하는 「필름」에 대하야는 삼 미돌 우는 기 매 단수 일 전
검열관청에서 공익상 필요 잇다고 인정할 시는 수수료의 전부 우는 일부를 면제하는 사(事)가 유(有)함. 수수료는 수입인지로 용(用)하되 검열 신청서에 첩부(貼附)할 사
기납(旣納)의 수수료는 차(此)를 환부치 안 함
제일항 제일호의 규정의 적용에 대하야는 신청자의 상속인 우는 계승자를 동일 신청자로 간주함.
제팔조 경찰관리 우는 검열에 종사하는 관리는 「필름」을 영사하야 다중의 관람을 공(供)하는 장소에 임검(臨檢)함을 득함
전항에 경우에 검열에 종사하는 관리는 기 증표를 휴대할 사
경찰관리는, 검열에 종사하는 관리는 「필름」 우는 설명대본의 제시를 요구함을 득함
제구조 「필름」의 검인을 훼손할 시 「필름」을 당해 검열관청에 제출하야 갱(更)히 검인의 압검(押檢)을 수(受)할 사
설명대본을 망실 우는 훼손 우는 기 기재를 오손(汚損)할 시는 갱히 설명대본을 당해 검열관청에 제출하야 제삼조의 규정에 의한 기재를 수(受)할 사
제십조 제일조의 규정에 위반한 자 우는 제오조 일항에 규정에 의한 금지 혹은 제한에 위반한 자는 삼월 이하의 징역 혹은 백 원 이하의 벌금 우는 구류 혹은 과료에 처함
제십일조 좌(左)의 각호 일(一)에 해당한 자는 백 원 이하의 벌금 우는 구류 혹은 과료에 처함
一, 제이조의 신청서의 허위의 기재를 한 자
二, 제사조 제삼항의 명령에 위반한 자
제십이조 좌의 각호 일에 해당한 자는 구류 우는 과료에 처함
一, 제오조 제이항의 명령에 위반한 자
二, 허가를 수(受)치 안코 제육조의 규정에 의한 「필름」의 제명 혹은 권수의 변경을 하던지 우는 「필

름」의 삭제를 위한 자

三, 제팔조 제일항의 임검을 거절한 자

四, 제팔조 제삼항의 규정에 의한 「필름」 우는 설명대본의 제시의 요구를 응치 안 한 자

五, 제구조의 규정에 위반한 자

제십삼조 법인의 대표자 우는 기 고인(雇人) 기타의 종업자 법인의 업무에 관하야 본령에 위반할 시는 본령에 규정한 벌칙은 차를 법인의 대표자에게 적용함

부칙

본령은 대정(大正) 십오년 팔월 일일부터 시행함

본령 시행 전 도지사의 검열을 경(經)한 「필름」으로서 본령 시행의 제현재(際現在) 효력을 유한 것은 기 유효기간에 한하야 본령에 의하야 검열을 경한 것으로 간주함.

매일 26.07.14 (3), 26.07.15 (3) 〈광고〉 [연예안내]

선전문 제외되고, 예고에 〈네로〉가 추가된 외 시대일보 7월 11일자 단성사 광고와 주요 내용 일치

시대 26.07.14 (1) 활동사진 검열 규칙

동아일보 7월 14일자 같은 제목의 기사와 동일

조선 26.07.14 (조1) 청안(清安) 위생전람회

충북경찰부 주최로 거 십일, 십일일 이 일간 청안역전(驛前) 증평면(曾坪面) 건*장(乾*塲)에서 위생전람회를 개최하얏다 하며 동시에 위생에 대한 활동사진도 잇섯다는데 청안 도안(道安) 양 보교(普校) 학생 급(及) 인근 각 리에 남녀 관람자가 인산인해를 이루엇다고. (청안)

조선 26.07.15 (조1) 영유(永柔) 위생영화

평안남도 위생과 사진반은 거 십이일 영유에 와서 『전염병 주의』『지금은 데일 위태한 시기』라는 문구를 쓴 『적(赤)비라』 오천 매를 자동차로 이 회나 시내에 살포하고 다시 당일 야(夜)에는 당지 공보 교정에서 위생활동사진을 공개하야 일반 무료 종람(縱覽)하얏다고. (평원(平原))

조선 26.07.15 (조4) 〈광고〉

칠월 십사일부터 사진 전부 차환

불국 고몽 회사 작

실사 **발동기 제조** 전일권

독일 우와사 회사 걸작품

명우 바우루, 릿비덜 씨 주연 명화(名花) 오-트, 에데이롱 양 助[191]

해상대활극 **해적 네에도로** 전구권

미국 대 메도로-골드워잉 회사 대작품

세계적 거성 론-차니 씨 대표 주연

세계 수일(隨一) 명감독 위쿠다·쓰시토롬 씨 완성

노*(露*) 문호 렉오니도후안도레후 최상 열혈 대희곡

명화 노루마-시-라 양 총아 젱·기루바도 씨 조연

희비극 **메마질 놈** 전구권

구주영화 절봉장 **우미관**

전 광 삼구오번

매일 26.07.16 (3) 광무대 무료 공개 / 신구극 상연

시내 황금정 광무대(光武臺)에서는 십오일부터 신구극남량대회를 개최하고 구극에 녀명창 박츈재와
한성권번 미인의 찬죠 출연을 밧고 신극에는 동반예술단의 긔술 무도 미인총살 등의 자미잇는 과목
을 너헛는대 시민을 위안하는 의미로 입쟝은 무료로 하고 오직 쟝내 정리비로 우층 이십 전, 아리층
십 전식을 밧는다더라.

매일 26.07.16 (4) 〈광고〉 [연예안내]

염서(炎署) 납량 대폭소극 주간(칠월 십육일부터)

유 사 쥬엘 초특작 청춘예찬편

폭발적홍소극 **천하의 총아** 전팔권

유 사 특작 아드에이고드 씨 작품

서부대활극 **곡마단의 선풍(旋風)** 전오권

유 사 센츄리 희극

미인이데 **남자의 체면으로** 단편(單編)

유 사 **국제시보** 전일권

유 사 제공 릐앳 특작연속

제이회 **명탐정 싼다쓰** 삼, 사편 전사권

특별예고

대웅편 **무음경보(無音警報)** 전십권

대비곡 **직업부인** 전구권

제팔예술 **네로** 전십이권

단성사

---

191) '助演'의 오식으로 보임.

조선 26.07.16 (석1) 〈광고〉

염서(炎署) 납량 대폭소극 주간 (칠월 십육일부터)

◆ 유 사 쮸엘 초특작 청춘예찬편

폭발적홍소극 **천하의 총아** 전팔권

애인과 결혼을 하게 되엿는데 난데업는 생면부지의

여자가 쒸여나와 일구이삼년 일월 구일에 결혼한

당신의 안해라 주장 변명도 실패!

그러면 나는 그날 어듸 잇섯든가?

◆ 유 사 특작 아드에이고드 씨 작품

서부대활극 **곡마단의 선풍(旋風)** 전오권

◆ 유 사 센추리 희극

미인이데 **남자의 체면으로** 단편(單編)

◆ 유 사 **국제시보** 전일권

◆ 유 사 제공 래앳 특작 연속극

제이회 **명탐정 싼다스** 삼, 사편 전오권

유 사 폭쓰 영화 **단성사**

전 광 구오구번

조선 26.07.16 (석1), 26.07.17 (조3), 26.07.19 (조1), 26.07.20 (조4), 26.07.21 (조4) 〈광고〉

7월 15일자 우미관 광고와 동일

조선 26.07.16 (조1) 고성(固城) 여성각성회 / 위원 오인 처벌 / 영화로 동정금 구한 죄? / 가혹한 경찰행정

거 십일일 고성경찰서에서는 당지 여성각성회 문(文)*을 돌연히 압수한 후 십삼일에 위원 박정숙(朴貞淑) 길옥(吉玉) 김달영(金達永) 송북실(宋北實) 정계향(丁桂香) 오인을 호출하야 종일토록 취조하고 매인(每人)에 과*금 오 원식에 처벌하엿다는데 기(其) 상세(詳細)를 문(聞)한 즉 동회(同會)에서는 창립 당시부터 회관을 건축코저 각양(各樣)으로 방책을 강구하든 중 영화로써 동정금 근 백 원을 득(得)케 되엿는데 당지 경찰서에서는 무조건으로 동정금을 영수치 못하게 함으로 억울을 불감(不堪)하던 중 기(幾) 개인에게 동정금 영수된 것을 발각하고 *찰법 위반이란 죄명으로 필의(必竟) 영수인에게 이가티 처벌함이라는데 일단 사회에서는 경찰서의 혹독한 처벌을 비난하며 각 단체에서도 분개하야 선후책을 강구 중이오, 각성회에서는 정식 재판의 수속을 한다는데 이 문제는 점점 확대될 모양이라더라. (고성)

조선 26.07.16 (조3) [신영화] 독일 우파아 영화회사 초특작 / 해상활극 해적 피에트로 전팔권 / 십사일부터 우미관에 상영

디중해 중에 잇는 해덕성 중에서 「피어트로」는 해덕 중에서 「살바트아」를 구해내고 약탈당하랴든 녀자 문데로 단신으로 성중에 쮜어드러가 붓들니엇다가 전날에 구해준 「살바토아」의 말로 인하야 구함을 밧고 얼마 아니 되야 그는 해덕 중의 중심인물이 되엇다가 그는 「살바트아」를 유혹하러 온 녀자를 사랑하야 그 녀자 「주나」를 중심으로 여러 가지 갈등이 이러나게 되엇다. 그리다가 결국은 모도가 녀자 한아로 비참한 운명에 쌔진 것을 그린 것이다.

동아 26.07.17 (1) 〈광고〉

칠월 십칠일(토요)부터
동아문화협회 직영 삼주년 기념 초특별 흥행
파라마운트 영화
희극왕 몬듸·반크스 씨 열연
대희활극 **백귀야행** 전이권
보기에도 무서운 독갑이 작난, 볼사록 요절 통절!
대파라마운트 사 명작
명감독 하바도·브래논 씨 작품
정치가의무(政治家義務) **당선자의 광영** 팔권
"The Rustee of Silk"
명화(名花) 베듸·콤푸슨 양 주연
웅대한 구상으로 짜는는 대 로맨스
우리는 이 영화를 의미잇게 봅시다
대셀트닉크 초초 노력편
동도(東道) 이상 전 세계 정평이 놉흔
대모험대활비극 **여자정복** 전구권
"One Week of Lovek[192]"
열혈한 콩·웨이·달나 씨 결사 맹연
공중으로 모험! 대산우(大山雨)! 홍수!
철교파괴! 이 속에서 건곤을 일관할 활극은 오직
통쾌 장쾌!
◇ 대예고 ◇
지처(地處)마다 아우성치는 소래가치 열렬한

---

192) 'lover'의 오식으로 보임.

환영리(裡)에 봉절된 대명편

인류의비사(秘史) **애(愛)의 광휘** 전구권

불일(不日) 내 봉절

조선극장 (전화 광 二○五)

매일 26.07.17 (4), 26.07.18 (5), 26.07.19 (3) 〈광고〉

7월 16일자 단성사 광고와 동일

매일 26.07.17 (4), 26.07.18 (5), 26.07.19 (3), 26.07.21 (1), 26.07.22 (3), 26.07.23 (1), 26.07. 25 (5) 〈광고〉 [연예안내]

일부 선전문, 출연진, 예고가 제외된 외 동아일보 7월 17일자 조선극장 광고와 주요 정보 일치

조선 26.07.17 (석1), 26.07.18 (조4), 26.07.19 (조1), 26.07.20 (조3), 26.07.21 (조4), 26. 07.23 〈광고〉

예고와 원제가 제외된 외 동아일보 7월 17일자 조선극장 광고와 동일

조선 26.07.17 (조3), 26.07.18 (조4), 26.07.19 (조1), 26.07.20 (석1) 〈광고〉

7월 16일자 단성사 광고와 동일

동아 26.07.18 (3), 26.07.19 (2), 26.07.20 (3), 26.07.21 (6), 26.07.22 (2), 26.07.23 (4) 〈광고〉

7월 17일자 조선극장 광고와 동일

시대 26.07.18 (2) 실시될 영화 취체와 영업자 반대 진정(陳情) / 수수료 문제가 불평의 중심

오는 팔월 일일부터 실시될 영화검열규측(映畵檢閱規則)에 대하야 실시도 되기 전에 벌서부터 관계자로부터 비난 공격의 소리가 놉하가는데 즉 그 규정에 의하면 영업자는 수수료(手數料)로 규측 제칠조(第七條)에 의하야 필림 세 메-돌에 대하야 오 전식을 내게 되는바 그전에는 **도 내지 안튼 당 업자들로써 ** 이것을 내이게 된다면 일주일에 상영 규정 권수(上映 規定 卷數) 이십 편 즉 일만륙천 척가량에 대하야 팔십일 팔십여 전[193]을 내이게 되고 일 개월 동안 안에는 이백사십 원으로부터 삼백이십 원이라는 불소한 금액을 내이게 되어 비상한 타격을 밧게 될 쑌 아니라 이 수수료를 중수치 아니하야오든 이쌔까지에도 경영난(經營難)에 쌔겨 잇든 활동사진관에 적지 안흔 **** 이와 가튼 규정을 시행한다고 *고 보면 할 수 업시 관람료(觀覽料)도 올라가는데 아모 ** 도리가 업게 될 터인바 이러고

---

193) '십일 팔십여 원'의 오식으로 보임.

보면 민중오락의 유일한 긔관인 영화의 진전에 **에서 적지 안흔 큰 문제이겟슴으로 규측이 발포된 이래 당 업자 간에는 여러 가지로 의론이 되어오든 중 십륙일 오후 다섯 시에는 활동사진 상설관 주와 밋 영화배급소 책임자(映畫配給所 責任者) 기타 여러 관계자들이 화월식당(花月食堂)에 모도야 서로서로의 영업 상태를 교환 후 조선 안에서 제작한 필림 이외에는 모다 내무성에서 검열료를 바든 것인 즉 이곳에서 다시 밧게 된다면 그것은 료금을 중수를 하는 것이라 하야 위원을 선출하야 이와 가튼 조건으로 당국에 진정키로 하얏다고. (이하 기사 판독 불가)

조선 26.07.18 (조1) 할넬누 영화음악
대구 할넬누야악우회(樂友會) 주최로 인산(因山)실황 활동사진과 음악과 노서아짠쓰를 거 십사일 구미에서 흥행하엿는데 대만원으로 대성황리에 마치고 익일(翌日) 선산(善山)으로 향하야 출발하엿다고. (구미)

조선 26.07.18 (조2) 위생선전 활사
지난 십일일 하오 팔시부터 춘천경찰서에서는 춘천공립보통학교뎡에서 위생을 선전키 위하야 아래와 가티 각종 사진을 일반에게 관람식혓다더라. (춘천)
▲ 각종 전염병 상황 ▲ 음식물 주의 상황 ▲ 인산의 상황

매일 26.07.19 (3) 불평 놉흔 신검열제 / 당국에 진정
팔월 일일부터 실시될 영화검열규측(映畫檢閱規則)에 대하야 벌셔부터 비란 공격의 소리가 놉흔대 첫재 이 규측에 의하면 검열수수료(檢閱手數料)를 「필림」 삼 메돌에 오 전식 밧음으로 활동사진상설관에서도 수수료만 한 달에 삼빅이십여 원을 납입하게 되야 비상한 타격을 밧을 것임으로 십륙일 오후 다섯 시에 상설관 쥬인(常設館 主人), 영업자(營業者), 영화배급소(映畫配給所), 긔타 영화관게자가 화월식당(花月食堂)에 회합하야 협의를 하고 위원을 선정하야 당국에 진정하기로 하얏는대 그 내용을 드르면
一, 될 수 잇는 대로 검열료를 폐지할 일
一, 할 수 업스면 일단 내무성(內務省)에셔 검열하야 검열료를 내인 것이니 삼 메돌에 일전식 징슈할 일
一, 상영 검지의 영화에는 검열료를 밧지 말 일
등인대 과연 어느 정도까지 당국에서 양보를 할는지 가장 흥미잇는 문제이라더라.

시대 26.07.19 (2) 영화검열 수료(手料) 철폐 / 영화관게자가 위원까지 선정
부당 영화검열 수수료의 대하야 영화관계자의 협의회를 십륙일 오후 다섯 시부터 시내 화월식당(花月食堂)에서 개최하얏다는바 그 석상에서는 좌긔 위원을 선정하고 당국에 대하야 수수료를 철폐하거나 혹은 「카피-급 삼 메돌」에 이전으로 할 일을 주선하기로 정하얏다고 하며 위원은 알에와 갓다고.

희락관(송전(松田)) 대정관(중강(中江)) 중앙관(등본(藤本)) 황금관 조선극장(조천(早川)) 단성사(박승필) 우미관(협전(脇田))「폭쓰」영화배급소(황목(荒木)) 앵(櫻)바-(상택(相澤)) 만선(滿鮮)활동(궁천(宮川))

동아 26.07.20 (5) 영화 당국자 협의 / 부당 검렬 료금 문데로

부당하게 영화 검렬 수수료를 바듬으로 이에 대한 관게자들의 협의회는 지난 십륙일 오후 다섯 시부터 시내 화월식당(花月食堂)에 열리엿섯다는데 어데까지던지 수수료 텰페 또는 코피 그 외에 삼 메돌에 이 전식 하자는 운동을 하기로 위원을 선거하엿는바 위원은 다음과 갓다더라.

희락관(송전(松田)) 대정관(중환(中丸)) 중앙관(등본(藤本)) 황금관 조신극장(조천(早川)) 딘성사(박승필) 우미관(협전(脇田))「폭쓰」영화배급소(황목(荒木)) 앵(櫻)「쌔~」(상택(相澤)) 만선(滿鮮)활동(궁천(宮川))

매일 26.07.20 (3) 민중오락을 위해 수수료 감하(減下) 운동 / 영화 검열 수수료가 만하 도저히 경영키 어렵다고 / 불응하면 일제 휴관

영화 검열 수수료 텰페운동(映畵檢閱手數料撤廢運動)은 긔보한 바와 갓치 각 방면의 시텽을 익글어 홀노히 영화관계자(映畵關係者)쑨만 아니라 이를 민즁오락의 유일한 긔관인 영화를 볼 쌔에 이것은 일반 민즁에게 직접 관게가 잇는 것임으로 일반 여론이 매오 밍렬하여가는대 상설관(常設舘)과 영화배급업자(映畵配給業者)의 위원회는 좌긔 졔씨를 드러 진정 위원으로 하야 본부 도서과(本府 圖書課)로 근등 도서과장(近藤圖書課長)을 방문하고 어듸까지 운동의 쥬지를 관텰하고자 노력할 터이며 만약 진정을 드러쥬지 아니할 쌔에는 각 관이 일제히 휴업하야도 관게업다는 강경한 태도를 가지고 잇다더라.

진정위원

송전(松田)(희락관) 등본(藤本)(중앙관) 중영(中永)(대정관) 李[194](단성사) 상택(相澤)(사구라쌔상회)

동아 26.07.21 (3) 정주 소년 활동

평북 뎡주군 오산(平北 定州郡 五山)에서 조직된 조선소년군 삼십오호대(朝鮮少年軍 三十五虎隊)는 현재 대원이 이십 명이라는데 금년 하긔를 리용하야 서선 일대에 소년에 대한 선뎐을 하고저 소년군 총본영에서 박힌 소년군 실사(實寫)의 활동사진을 가지고 조선, 시대, 동아 세 지국의 후원으로 위선 근방 사, 오 처에 상영하는 동시에 그에 대한 강연회도 열 작뎡으로 연사에게 교섭 중이라고 합니다. (뎡주)

---

194) 박승필의 朴의 오식으로 보임.

동아 26.07.21 (3) 미국 유명한 녀배우들의 단발 문뎨에 대한 의견 / 부인네들도 쏙 한번 읽으시오

『단발한 녀자에게는 혼인을 허가 아니 한다』 하는 괴사를 이미 본 부인란에서 보섯쓸 듯 합니다. 이 것은 미국 엇던 주(州)에서 만드러노흔 새 법률입니다. 이러케도 심하게 미국에서는 녀자의 단발이 류행됩니다. 미국에서 손을 곱는 유명한 녀배우들에게게(머리를 싹슨 사람, 아니 싹슨 사람) 단발에 대한 의견을 무럿는데 그 대답이 썩 자미가 남니다.

단발을 빈졍거리는 것, 썩 아름답고 문구(文句)를 느러노아 단발을 찬미하는 것, 왜 내가 머리를 싹것 던고 하고 깁히 후회하는 것, 이 세 가지 대답이 거진거진 비슷하여 엇던 것이 더 만코 적다고 할 수 업다고 합니다. 그 대답문 가운데 멧츨 쏩아 여러 부인들에게 보여들여서 다소의 참고를 드리고저 함 니다.

노마, 씨아라

나는 오십 년 전 녯날 부인에 대하는 아모 말도 할 수가 업스나 오늘날 류행되는 이 단발 문뎨에 대하 야는 말삼드릴 수가 잇슴니다. 단발이 시작되기는 아마 내 생각컨대 길고 슨적슨적한 머리를 잘나버 리면 마음이 상쾌하겟다 하는 데서 나온 것이겟지요마는 자유롭고 새로운 것을 조와하는 부인은 무 엇이나 한 가지라도 남보다 쒸어나고 다른 것을 조와합니다. 그래서 이것이 점점 류행되게 되며 멋 해 지난 오늘날 이르러는 전혀 승리의 자리를 엇게 된 것입니다.

리아토리스, 쪼-이

나는 처음에 머리를 싹고 보니 날나갈 쯧이 몸이 가뵈여웟서요. 그 날나갈 쯧한 경쾌한 긔분이 나에 게는 무엇보다도 조왓슴니다. 작구작구 싹가서 지금은 이러케 짤게 되엿슴니다. 그러나 석경을 놋코 싸른 머리 모양을 볼 쌔에 얼골이 씽겨짐니다. 머리가 차차 자라 원래와 가치 될 쌔는 싹슨 싸른 머리 를 드려다보고 얼골을 씽길 일도 업겟지요.

메리- 픽크쯔드

우리 집안에 긴 머리를 가지고 잇는 사람은 오직 나 하나쑨입니다. 나는 단발이 그러케 조와 보이지 아니하고 위생덕이라고도 볼 수 업습니다. 내 남편 되는 이도 머리 싹슨 것을 조와하지 아니합니다. 녯날에 지프트의 분묘(墳墓)를 볼진대 발서 그쌔에도 녀자들이 머리를 싹는 류행이 잇섯슴니다. 그 러나 그 후에는 그 류행이 아조 업서저버리고 사람들이 긴 머리를 찬미하게 되엿슴니다. 류행이란 파 도 만흔 바다에 써 잇는 배와 마찬가지입니다. 밤낫 흔들려가지고 잇서서 언제 뒤집힐는지 몰나요. 그럼으로 나는 다만 단발쑨 아니라 모든 류행에 대하여 냉정한 태도를 가지고 잇습니다.

콘스탄, 탈씨치

이 문뎨는 맛치 현대 문명 한 사람다려 자동차나 긔차를 타지 말고 마차를 타라고 하는 것과 갓슴니다.

7월

343

매일 26.07.21 (4), 26.07.22 (3), 26.07.23 (1) 〈광고〉 [연예안내]

선전문 제외된 외 시대일보 7월 21일자 단성사 광고와 주요 정보 일치

시대 26.07.21 (3) 〈광고〉

신작 유 사 서부극과 연애명편 공개 (칠월 이십일일부터)

◆ 유 사 특선 패시루스리터 양 작품

연애결혼의일단면 **대전후(大戰後)** 전칠권

누구나 이 영화는 속임업시 현대 남녀의 사랑과 연애의

일 단면 묘사한 작품 중의 가장 볼만한 영화인 것을 말해둡니다

◆ 유 사 냇엣댄 자매 재드윅 양 걸작품

통쾌무비대모험극 **무뢰한의 쌀** 전오권

서부극 중에 일품인 것은 보시면

◆ 유 사 독특 영화

삼림활극 **명예는 중하다** 전이권

◆ 유 사 센츄리 독특 희극

맥출기계(百出奇計) **에헴 천하의 미남자** 전이권

◆ 유 사 대연속극

제삼회 **명탐정 쌘다쓰** 오육편 전사권

예고

대활극 **네로** 전십이권

대웅편 **무음경보(無音警報)** 전십권

수은동 **단성사**

전(광) 구오구

조선일보 7월 15일자 우미관 광고와 동일

조선 26.07.21 (조2) 영화검열료 징수 / 각 관계자 반대운동 / 만일 목덕을 달성치 못하면 / 시내 상설관은 휴관을 할 듯

종래에는 동경 내무성(內務省)에서 금열료[195]를 지불한 『필림』은 조선 내에서 무료로 상영하게 되든 것이 도라오는 팔월 일일부터는 총독부(總督府)에서도 삼 미돌(三米突)에 대하야 오 전식 검열료를 밧게 되엿슴으로 시내 활동사진업자(活動寫眞業者)와 각 관계자(各 關係者) 이십여 명은 이십일 오전 열한 시부터 시내 장곡천뎡 공회당 회의실(長谷川町 公會堂 會議室)에 모히여 이중(二重)으로 검열료

---

195) '검열료'의 오식으로 보임.

를 내고는 도더히 경영해갈 수 업슬 뿐 아니라 낸다 하드라도 삼 미돌에 오 전식은 너무나 비싸니 이 전식만 해달라는 진정서를 총독부에 데출하기로 만장일치로 가결되엇다는데 만약 뜻을 이루지 못하는 째에는 시내 각 상설관(常設舘)들은 휴관을 할는저도[196] 모른다더라.

조선 26.07.21 (조4), 26.07.22 (석2), 26.07.23 (석1), 26.07.24 (조4) 〈광고〉
선전문 제외된 외 시대일보 7월 21일자 단성사 광고와 동일

동아 26.07.22 (4) 본보 독자 할인
본사 재령(載寧)지국에서는 당지 애독자 제위(諸位)의 후의(厚意)를 만분의 일이라도 보답키 위하야 전 조선 각지를 순회 중에 잇는 조선신파에 유명한 신파연쇄 취성좌 김소랑 일행이 내재(來載)함을 기회하야 본보(本報) 재령지국에서는 거 십오일부터 사 일간 본보 독자에 한하야는 대인 사십 전을 이십 전으로, 부인 삼십 전을 십오 전으로, 소아 이십 전을 십 전으로 할인권을 배부하야 매야(每夜) 대성황리에 독자 우대를 하엿다는데 동단(同團) 일행은 만주로 출발하엿다더라. (재령)

시대 26.07.22 (3), 26.07.23 (4) 〈광고〉
7월 21일자 단성사 광고와 동일

시대 26.07.22 (3) 〈광고〉
당 이십일일(수요)부터
▲ 윌리암, 폭쓰 사 대작
주연 명화(名花) 쌧듸, 쏠라이트 양
문예명편 **시-쌔 여왕** 전십권
▲ 장엄한 **
▲ 우미(優美)한 배경
▲ 눈물에 저즌 사랑의 로-맨쓰
▲ 민족적 복수의 대참극
▲ 윌리암, 폭쓰 제공
인정대활극 **극북의 괴(極北의 怪)** 전육권
번외(番外) 비용·철봉부(飛勇鐵棒部) 대출연
◇ 특선 대명화 공개
관철동 **우미관**
전(광) 삼구오번

---

196) '할는지도'의 오식으로 보임.

조선 26.07.23 (석1), 26.07.24 (조4), 26.07.25 (석1), 26.07.26 (조2), 26.07.27 (조4) 〈광고〉

선전문 제외된 외 시대일보 7월 22일자 우미관 광고와 동일

시대 26.07.23 (4), 26.07.25 (4), 26.07.26 (4), 26.07.27 (2) 〈광고〉

7월 22일자 우미관 광고와 동일

동아 26.07.24 (1) 〈광고〉

칠월 입(卄)사일(토요)부터 향(向) 칠일간

절내 명화 주간

대파라마운트 회사 초명작 대영화

거벽(巨壁) 아·란·도읜 씨 감독

대활극 **병영의 피는 꽃** 팔권

"Wages of Virtue"

인기 명화(名花) 크로리아·스반손 양

일구이육년도 메트로·콜드윙 사

전심(全心)을 경주한 호쾌 통렬한 애국사

전해만리(戰海萬里)의대대활극 **철혈장군** 십일권

원명 "Captain Blood"

활극왕 작크·와렌케리칸 씨 쾌연

대지에 팽전(澎磚)한 정의와 활기! 일언(一言)이

금철(金鐵)보다 중한 惡國¹⁹⁷⁾ 건아의 신의!

백 번 죽고 천 번 죽어도 惡國心¹⁹⁸⁾을

더욱 분발하는 천고의 드문 비장(飛將)

케리칸은 과연 충신이냐? 역적이냐?

보라!! 이 천래(天來)의 명편을! 쏙

◇ 대예고 ◇

대전(大戰)비극 **봉작(蜂雀)** 전구권

인류의비사(秘史) **애(愛)의 광휘** 전구권

불후명편 **아세아의 광(光)** 십권

조선극장 (전화 광 二〇五)

---

197) '愛國'의 오식으로 보임.
198) '愛國心'의 오식으로 보임.

매일 26.07.24 (3) 흥취 잇는 축음긔 상점 / 탑골공원 압

종로통에서도 번화한 싸고다공원 마진 편에 보기에도 아담한 유성긔 가게가 싱겻다. 다정한 표정으로 긱을 접하는 점원! 진실한 정가에 활인을 하는 개업. 당초의 긔분은 노릐에 쥬린 죠선 시민을 깃브게 하니 그가 가는 곳 본사에 다년 재근하다가 새로히 실업게에 나선 리긔세(李基世) 씨가 시작한 풍미진진한 조선축음긔상회(朝鮮蓄音機商會)이니 지방에서 판매점을 내고자 하는 분이며 소리판을 사고자 하는 이는 편지로 통긔하기를 바란다더라.

조선 26.07.24 (조4), 26.07.25 (조4), 26.07.26 (조2), 26.07.27 (조4), 26.07.28 (조4) 〈광고〉

원명이 제외된 외 동아일보 7월 24일자 조선극장 광고와 동일

동아 26.07.25 (5), 26.07.26 (3), 26.07.28 (3) 〈광고〉

7월 24일자 조선극장 광고와 동일

매일 26.07.25 (5), 26.07.26 (3), 26.07.28 (3), 26.07.29 (3), 26.07.30 (3) 〈광고〉 [연예안내]

〈강한 산애? 약한 산애?〉에 대한 선전문 제외된 외 시대일보 7월 25일자 단성사 광고와 동일

시대 26.07.25 (1) 발성 활동사진 / 길강(吉岡) 씨 발명

(동경 이십삼일 전) 활동사진 필림에 출연하는 배우의 음성을 넛는 발성활동사진은 구미 각국에서 수년 전부터 연구되어 비롯오 작년 미국「드로레-」사에서 완성하얏는데 일본에서도 동업(同業)의 연구가 **빈항(賓港) ****의 길강*야(吉岡*也) 씨의 손에 의하야 비밀히 연구를 가동하고 잇는바 최근 도호레- 사 발명보다 나흔 기계를 발명하얏는데 씨의 고안에 의한 광학적 *음 장치를 활동촬영기에 *치하야 노흐면 필림의 편(片)*에 연출자의 말함과 동양(同樣)의 음성이 새기여 잇다고.

시대 26.07.25 (4) 〈광고〉

세계적 최고 공개 예술 대웅편 주간 이십오일 낫부터
◆ 대월리암폭스 초노급(超努級) 영화
대사극 **네로** 전십이권
폭쓰 사가 세계에 자랑하는 일천만불 영화!
웅대한 스케일 장엄한 대세트
십만의 대군중, 로마의 폭군 네로의
성교도(聖教徒) 대학살 장면이 처참인 광경
홀연 이러나는 정의의 웅규(雄叫)
질풍갓치 다다는 갈버의 대군은 궁전에 쇄도(殺到)!
마사의 사랑도 로마와 한가지 스러지고 말엇다! 보라!

천고불멸의 대비장(大悲壯) 사극

◆ 윌리암폭스 특작 영화

남국정화인정활극 **강한 산애? 약한 산애?** 전육권

남쪽은 남양군도 여긔에 얼크러

저가는 청춘의 사랑! 눈물 잇고 로만스가 잇고

활극이 잇고 우슴이 잇는 명화

◆ 천하무적 썬쉰 대희극

기기괴괴요절할 **미이라의 춤** 전이권

득별예고

대비곡 **직업부인** 전구권

대웅편 **무음경보(無音警報)** 전십권

벽혈극(碧血劇) **가주(加州)를 향하야** 전구권

수은동 **단성사**

전(광) 구오구

조선 26.07.25 (조4), 26.07.26 (조2), 26.07.27 (조4), 26.07.28 (조4), 26.07.29 (석1), 26.07.30 〈광고〉

시대일보 7월 25일자 단성사 광고와 동일

매일 26.07.26 (3), 26.07.28 (3) 〈광고〉 [연예안내]

선전문, 원제, 일부 출연진 제외된 외 동아일보 7월 24일자 조선극장 광고와 주요 정보 일치

시대 26.07.26 (4) 문예영화 대 사극 『네로』 (전십이권) / 이십오일부터 단성사에

본편은 역사상에 일홈이 놉흔 「로마」 말기의 폭군 「네로」의 사실을 소재로 하고 순진무구한 기독교도의 열렬한 신앙과 청춘의 꼿가티 아름다운 사랑을 한 *만쳇 고탁(高濯)하야 노흔 작품으로 「윌리암폭스」 씨가 일천구백이십이년에 『시바의 여왕』 감독자 쎄쓰톤에드와드를 이태리에 파견한 * 씨가 이 개년간을 **하야 제작한 것인데 「네로」가 라마(羅馬) 도성을 불지르고 고대(高臺)에 올나 『나의 선조의 도회여! 나나의 감요(鑑搖)의 짜여! 타오르는 불기둥!』 하고 노래를 읍조리는 장면과 최후의 「크라이막스」인 기독교도 학살하는 광경은 실로 **을 *하엿스며 쌀버의 대군이 라마 궁전에 쇄도하며 대유기장(大遊技場)에 가득한 십만 대중의 물결치듯 몰녀나오는 장면은 임즉 영화 가운데서 그 규모를 보지 못하든 장관이다.

시대 26.07.26 (4), 26.07.27 (2), 26.07.28 (3), 26.07.30 (2) 〈광고〉

7월 25일자 단성사 광고와 동일

조선 26.07.26 (조3) [신영화] 윌리암폭스 초특작 예술영화 / 대 사극 네로 전십이권 / 이십오일 부터 단성사에서

로마의 폭군(暴君) 네로라 하면 누구나 먼저 련상하게 되는 것은 로마도시를 불 지르고 노래를 을흐며 쾌재(快哉)를 부르짓든 일일 것이다. 력사샌만 아니라 『쎗귀윗치』 씨의 력사소설 『어데로 가나』 가운데서도 가장 유명하다. 본편은 이러한 네로의 사적을 되도록 충실히 각색하야 제작한 영화니 간신 트리아스의 아유(阿諛) 아래에 시성(詩聖) 『호마』를 욕보엿스며 경국의 미인 『몸베이아』에게 눈이 어두어 로마를 불사르고 시가를 을푸며 통쾌를 부르짓든 네로는 쏘다시 긔독교도 대학살을 하엿다. 수천의 남녀는 주린 사자의 양식이 되엿다. 꼿가티 어엽분 마싸공주와 호로추스의 불타는 사랑! 그것도 이윽고 네로의 발 아래에 무참이 유린을 밧고 말앗다. 그러나 이윽고 정의의 부르지즘이 로마 턴디를 진동하게 될 째 쌀바의 수만 대군은 네로 궁전에 쇄도하엿다. 이리하야 일대의 폭군 네로는 한 로예의 손에 무참이 목슴이 지고 말엇다는 내용인데 규모의 웅대, 배경의 우수, 대중촬영의 경리적 대규모 쏘는 긔독교도의 열렬한 신앙과 청춘의 사랑을 극도로 고됴(高潮)한 것이라던지 과연 근래에 드문 명편이다.

(사진은 네로의 일 장면)

조선 26.07.26 (조4) 독자우대 활사 할인

본보 영덕(盈德)지국에서는 거 이십일일 어(御)인산실경활동사진대 일행이 당지에 도착함을 기회로 하야 본보지국에서는 특히 후원하는 동시에 일반 애독자 제씨에게는 오할인(五割引)으로 관람케 되여 당일 오후 구시부터 당지 홍영균(洪永均) 씨 정원에서 영사하는바 일반관객은 물론이오, 독자 제씨들은 만흔 감각을 어덧다더라. (영덕)

조선 26.07.26 (조4) 장학회 영화대 / 영호(嶺湖) 순회 일할(日割)

재일본 광도시(廣島市)[199] 조선고학생으로 조직된 장학회에서는 이역 학창에서 가진 풍상을 격그며 당일당일의 학자(學資)를 득(得)하야 간신히 학교생활를 해가는 중이엿든바 금번 하기 휴가를 이용하야 고국 방문 활동사진대를 조직하고 학자의 보조를 고국동포에게 앙(仰)코자 내(來) 팔월을 기하야 남선(南鮮) 각지를 순회한다는데 진주는 내 팔월 삼일 진주좌에서 본보지국 후원으로 활동사진대회를 개최하리라는데 남선 각지 일할은 아래와 갓다고. (진주)

부산 팔월 일, 이일 국제관

진주 팔월 삼, 사일 진주관

마산 팔월 오, 육일 수좌(壽座)

대구 팔월 칠, 팔, 구일 만경관

김천 팔월 十一, 二日[200] 김천좌

---

199) 히로시마.
200) '十, 十一日'의 오식으로 보임.

전주 팔월 십이, 삼일 전주좌

군산 팔월 십사, 오일 군산극장

광주 팔월 십육, 칠일 광주극장

목포 팔월 십팔, 구일 상반좌(常盤座)

동아 26.07.27 (5) 죄수(罪囚)에 활사 / 적화 사진을 보여주어

로서아 「우라듸보스토크」 감옥에서는 죄수 일천삼백오십여 명(그중 조선인 사십삼 명, 일본인 십팔 명)에게 대하야 화요일 토요일에는 의복 기타 물품의 차입을 허락하고 일요일에는 활동사진을 관람 식힌다는데 사진 전부다 석화 선년용이라더라. (보처 착년)

시대 26.07.27 (2) 형무소 수인(囚人)에게 적화 활동사진 / 해삼위 로국인의 새 선전 전법

(해삼위(海參威)[201] 전) 해삼위 감옥에서는 목하 재감자가 일, 로, 조선인(日, 露, 朝鮮人)이 약 일천삼 백오십 명(約 一千三百五十名, 내 조선인 남 사십 명, 여 사 명)이 잇는바 매주 화, 토요(火, 土曜)일에 는 의복의 차입을 허하며 일요일(日曜日)에는 감옥 안에 극장이 잇서서 수인들에게 연극과 활동사진 관람을 시키는바 이 활동사진은 적화선전(赤化宣傳)에 가장 중요한 것이라고.

시대 26.07.27 (3) 광도(廣島)장학회의 고국 방문 활사 / 목적은 학자(學資) 보충

조선일보 7월 26일자 관련 기사와 내용 동일

조선 26.07.27 (조2) 해항(海港)형무소의 죄수 위안관극회 / 매주 일요일마다 한 차례식 / 기타 영화도 상연

해삼위감옥(海蔘威監獄)에는 목하 재감자가 일본인, 중국인, 로국인, 조선인 합 일천삼백오십 명가량 에 달하얏다는데(그중에 조선인 남자 사십 명, 녀자 세 명) 매주일 화요와 토요에는 의식(衣食)의 차 입과 구입(購入)을 허락하고 일요에는 감옥 안의 극장(劇場)에서 그들 죄수에게 연극 쏘는 활동사진 을 관남시키는 중이라는바 그 연극과 활동사진은 대개 적화사상을 선던하는 것이라더라.

동아 26.07.28 (3) 대통령 아들이 활동사진 배우

독일 대통령 「힌덴붉」 장군의 아들이 활동사진 배우가 되엿다고 한다. 그가 배우가 된 것은 영구덕이 아니라 쎄스막의 일생을 박히는 활동사진에 나타나 독일 국민에 부활덕 정신을 깁히 너허주고저 함 니다. 쎄스막의 생애를 나타나게 되면 당시에 군대 조덩에 모든 형편을 배경으로 하지 아니하면 아니 될 터인데 그째의 사람으로는 현 대통령인 힌덴붉 장군이 가장 덕당한 인물인데 아모리 국민의 부활 을 위함이라 하기로 대통령이 무대에 나설 수는 업슴으로 그 대신으로 그 아들이 나오게 된 것이라고

---

201) 블라디보스토크.

한다. 이 쎄스막의 영화는 민족주의의 선뎐을 위한 것으로 힌뎬붉 장군의 크게 찬성하는 바이라고
한다.

동아 26.07.28 (5) 고국 방문 활사반 / 광도현 조선 고학생이 조직

일본 광도현(廣島縣)에 류학을 하고 있는 조선 고학생을 망라하야 지난 이월에 창립된 광도시(廣島
市) 조선인 고학생 장학회(朝鮮人苦學生獎學會)에서는 금번 하기 휴가를 리용하야 고국에 도라오는
긔회에 고국 방문 순회 활동사진반(故國訪問 巡廻 活動寫眞班)을 조직하여 가지고 조선에 도라와 각
디에서 영화를 하여 그 수입으로 학자의 일부에 보태여 쓰리라는데 그 일뎡은 다음과 갓다더라. (이
하 일할은 생략)

시대 26.07.28 (3) 〈광고〉

납량 특별 대활극대회 이십팔일부터
미국 폭쓰 회사
희극 **천하 기자(記者)** 전이권
미국 윌리암-폭쓰회사 특작품
모리쓰- 뮐인 씨 주연
대활극 **육탄의 향(響)** 전칠권
미국 윌리암-폭쓰회사 고심 대작품
명(名)* 맹투자 쪼-지, 오쌕라인 씨 필사적 역연
해중(海中)대모험대활극 **무뢰한** 전구권
관철동 **우미관**
전(광) 삼구오번

조선 26.07.28 (조4), 26.07.29 (석1), 26.07.30 (석1), 26.07.31 (석1), 26.08.02 (조4), 26. 08.03 (조3), 26.08.04 (석1), 26.08.05 (석2) 〈광고〉

시대일보 7월 28일자 우미관 광고와 동일

동아 26.07.29 (5) 〈광고〉

입(廿)구일(토요)부터 통쾌한 활극 주간
천하의 인기를 독점한 대활극!
대와-나브라자스 사 특작 비장품
비주(飛走)! 쾌주! 최대급행! 속력왕
爆發的 喜活劇 **함부로 급주(急走) 백만리** 팔권
"Racing Luck"

비장군(飛將軍) 몬듸·반크스 씨 대비약(大飛躍)

철벽이라도 돌파하는 급주 백만리의 대탈선극!

대모험 난투 대활극

대메트로 사 대역작 영화

해의 시인(海의 詩人) 작크·루돈 씨 원작

쾌남아 빗티엘·루이즈 씨 쾌연

해양활극 **해의 웅규(雄叫)** 전칠권

"The Mutiny of the Elsinor"

풍운이 대작(大作)하는 창해만리(蒼海萬里)에 숨 쉬일 사이도 업시

니러나는 참 근대에 드문 맹투활극!

파라마운트 사 구리스치 대희극

간간대소(大笑) **폭발 선생** 전이권

희극왕 싯트·스미스 씨 주연

특별 예고

대전(大戰)비극 **봉작(蜂雀)** 전구권

인류의 비사(秘史) **애(愛)의 광휘** 전구권

불후명편 **아세아의 광(光)** 십권

조선극장 (전화 광 二〇五)

매일 26.07.29 (3), 26.07.30 (3), 26.07.31 (1), 26.08.02 (3) 〈광고〉 [연예안내]
동아일보 7월 29일자 조선극장 광고와 동일

조선 26.07.29 (조2) [휘파람]
함흥(咸興)에 잇는 모 신문지국(新聞支局)에서는 독자위안을 하고자 모 극장(劇場)과 협의하고 독자에게만 한하야 할인권을 발행하엿섯는데 ▲ 그 곳 경찰서에서는 직권으로 금지를 식혓다나. ▲ 그 금지 식혓다는 말은 또 들어볼 만하지. 처음에는 신문지국에 말을 하다가 리론이 당치 못하야 실패를 하고 ▲ 다음에는 극장주인을 위협하듯 하야 다시 또 신문지국과 협의하고 할인권을 발행하면 극장을 폐업식히겟다고 하엿다나. ▲ 그래 함흥지국에서들은 독자위안권도 발행치 못하는 중이라고. ▲ 엇잿든 세상에 말성이 만엇더이 만치 함흥경찰서는 귀발한 직권도 만은 모양이야……

조선 26.07.29 (조4), 26.07.30 (석1), 26.07.31 (석1), 26.08.02 (조4), 26.08.03 (조3), 26.08.04 (석1), 26.08.05 (석1) 〈광고〉
원제가 제외된 외 동아일보 7월 29일자 조선극장 광고와 동일

동아 26.07.30 (1) [횡설수설]

◇ 노령(露領) 포염(浦鹽)[202] 감옥에서는, 적의(赤衣) 수인(囚人)에게, 연극과 활동사진으로 적화사상을 선전 중이라고. (이하 기사 생략)

동아 26.07.30 (3), 26.07.31 (3), 26.08.01 (3), 26.08.02 (3), 26.08.03 (2), 26.08.04 (2) 〈광고〉

7월 29일자 조선극장 광고와 동일

시대 26.07.30 (2) 활동사진 영업은 계속

이전에는 아니 밧든 것을 새삼스럽게 요지음부터 밧게 된 영화검열 수수료 문제(映畵檢閱 手數料 問題)에 대하야 서울에 잇는 영화관계자는 지금까지 세 번이나 총독부 당국에 진정하얏스나 그째마다 번번이 퇴각을 당하고 분개한 쓰테 지난 이십팔일 저녁 다섯 시부터 화월식당(花月食堂)에 모든 관계자가 모이어 여러 가지로 그 선후책에 대하야 협의한 바가 잇섯는데 결국 아즉 총독부에는 총독, 경무총감과 또 도서과장(圖書課長)까지 출장 부재 중임으로 올 째를 기대려 다시 진정하기로 한 뒤 어쎠한 일이 잇슬지라도 활동사진관(活動寫眞舘)을 휴관하야 영업을 정지하는 등의 행동을 일치 결정하고 산회하얏다고.

시대 26.07.30 (2), 26.07.31 (2) 〈광고〉

7월 28일자 우미관 광고와 동일

매일 26.07.31 (1), 26.08.02 (3) 〈광고〉 [연예안내]

예고 및 선전문 일부가 제외된 외 시대일보 7월 31일자 단성사 광고와 동일

시대 26.07.31 (2) 〈광고〉

문제의 가정 비곡(悲曲)의 대공개(칠월 삼십일일 낫부터)

◆ 유 사 삼십백표(白表) 결작 영화 중의 백미

가정비곡 **직업부인** 전구권

한 사람도 악인이 나오지 안는 영화

조금도 과장과 허장이 업는 영화임니다

참으로 진순한 마음을 가지고 묘사해논

아름다운 영화요, 쏘한 훌늉한 가정극임니다

그리고 눈물을 가지고 우리네가

바라본 순실한 인간생활의 모양임니다

---

202) '블라디보스토크'의 일본식 한자명.

현대 사람으로서는 도저히 그대로
보기 어려운 가뎡생활의 모양입니다
◆ 유 사 쌕기혹시 씨 서부극
맹투활극 **분기하는 맹한(猛漢)** 전오권
◆ 유 사 독특 센추리 희극
새색시가 노라나 단편(單編)
◆ 유 사 **국제시보** 일천척
◆ 유 사 제공 래앳 영화 작품
제사회 **명탐정 쌘다쓰** 칠팔편 전사권
= (예고) =
예술영화 **뷔나스의 궁전** 전구권
대웅편 **무음경보** 전십권
벽혈극(碧血劇) **가주(加州)를 향하야** 전구권
상계(上階) 대인 오십 전 소인 삼십 전
하계(下階) 대인 삼십 전 소인 이십 전
수은동 **단성사**
전(광) 구오구

조선 26.07.31 (석1), 26.08.02 (조4), 26.08.03 (조3), 26.08.04 (석1) 〈광고〉
시대일보 7월 31일자 단성사 광고와 동일

조선 26.07.31 (조3) [신영화] 유 사 쑤엘 삼십自表[203] **걸작품 / 가뎡비곡 직업부인 전구권 / 주연 「애리스쪼이스」 양 「크라이부쑤록」 씨**
본편은 미국의 규수작가로 영명 잇는 「톨시 켈윌」 녀사의 작품 중에서 「매리 오하라」 양이 각색한 후 「유니바아살, 쑤엘」의 명감독 키, 쌔곳 씨가 제작해논 작품으로 내용은 가뎡의 사람이 되는 것보다도 직업방면에 성공할 수 잇는 재질을 가뎐 어느 녀자와 사회뎍으로 활동하는 것보다보[204] 가뎡의 적당한 남편과 그 사이에 난 세 어린아이를 중심으로 이러나는 과장과 허위를 쩌나 가장 순실한 가뎡생활을 그려논 작품이다. 「유니바살」이 스사로 삼십自表[205] 걸작품의 한아로서 사랑하는 상당한 내용뎍 가치가 잇는 영화다. (단성사)

---

203) '自表'의 오식으로 보임.
204) '것보다도'의 오식으로 보임.
205) '自表'의 오식으로 보임.

동아 26.08.01 (3) 〈사진〉 소년소녀 활동 배우

「아워 갱」이라는 것은 영어로 「우리 패」라는 뜻이외다. 미국 활동사진 소년소녀 배우들이 모혀서 「아워 갱」이라는 것을 조직하엿슴니다. 여러분의 오랜 친구들도 그중에 여럿이 아님니까. 누구누구 가 구면임니까. 차저봅시다.

동아 26.08.02 (2) 지리한 임우(霖雨)²⁰⁶⁾와 영향 밧는 상계(商界) / 배추 갑 오르고 우산은 잘 팔려 / 참외와 빙수 장수 한숨을 쉰다

…… ◇ 각 극장(各 劇場)은 대략 삼활가량이나 관객이 감소되고 (이하 기사 생략)

조선 26.08.02 (조4) 활동사진영사회

전북 오수(獒樹)에서는 거 이십팔일 오후 구시에 부산일보, 조선신문 전주지국 주최로 활동사진회를 개최하고 동 십이시까지 영사하엿는대 유지의 약간 기부도 잇섯다더라. (오수)

조선 26.08.03 (조1) 활사영업에 관한 각 관 협정 파기 / 혼란 예상되는 활동사진

팔월 일일부터 활동사진취체규칙이 실시된다는데 지금까지 도에서 시행하든 『필름』검열이 총독부로 옴겨 검열요금이 업슬 째에 해두자 하야 각 관의 제출한 다량의 『필름』검열에 주야 겸행(兼行)으로 검열하든 경기보안과의 검열*에서는 근(僅)히 소가(少暇)를 득(得)케 되얏는데 차(此)와 반대로 활동사진 영업자는 금후는 삼미(三米) 오 전이라는 고승(高勝)한 요금을 내이고는 도저히 영업을 계속할 수 업다 함으로 대정 십사년 십이월 이십이일 일본인 전문 활동사진관주가 영업에 관한 협정을 작(作)하야 위반자는 오백 원의 벌금을 내이게 하얏든 것을 다시 협의한 후 해(該) 협정을 해제하고 각 관이 조인(調印)하야 팔월 이일에 도(道) 급(及) 각 경찰서에 계출(屆出)하얏는데 금후의 활동사진계는 영업이 각 관의 자유로 된 싸닭에 맹렬한 경쟁과 대혼란이 기(起)할 모양이더라.

---

206) 장마.

동아 25.08.04 (4) 고학생 장학회 고국 방문 활사 / 내(來) 오, 육일 마산서

재(在) 광도(廣島) 조선인고학생장학회 고국방문활동사진대는 금반 하기에 조선 각지를 순회한다 함은 기보(既報)한 바어니와 동대(同隊)의 마산 방문은 내(來) 오일, 육일 양일간으로 조선, 동아 양지국 후원하에 당지 수좌(壽座)에서 공개할 터이라는바 요금 급(及) 사진내용은 여좌(如左)하다 하며 특히 양 신문 독자에게는 우대키 위하야 좌기(左記) 할인을 한다더라. (마산)

一, 사진

비희(悲喜)사회극 소아 전육권

대활극 소년탐정 전육권

사극 대나포레온 전칠권

로이드의 용심무요(用心無要) 전권(全卷)

一, 요금 독자 할인

특등 육십 전을 오십 전으로

보통 사십 전을 삼십 전으로

학생 삼십 전

동아 26.08.05 (4) 장학회의 활동사진 성황 / 의연금도 답지

기보한 바와 가치 광도고학생장학회에서 본보 부산지국 후원으로 거 팔월 이일 오후 팔시에 국제관에서 활동사진을 영사한바, 관람자가 천여 명에 달한 성황리에서 지방 유지의 동정이 잇슨 후 동 십일시 반에 무사히 폐막하엿다는데 동정자의 씨명은 좌(左)와 여(如)하다더라. (부산) (이하 동정자 명부는 생략)

동아 26.08.05 (4) 금릉(金陵)학원 위해 활동사진 상영 / 대구 만경관 출장부에서

대구 만경관에서는 김천 금릉학원이 경비의 곤란으로 비운에 잇다 함을 듯고 이를 다소간 보조키 위하야 지난 팔월 이일부터 삼 일간 김천좌에서 활동사진회를 개최하고 차(此)의 수입금 중에서 실비를 제한 이익은 금릉학원에 보조한다더라. (김천)

조선 26.08.05 (석2) 〈광고〉

문제의 대웅편(大雄篇) 공개 주간(팔월 오일부터)

◆ 유 사 본년도 제일회 초대작품

대웅편 **무음경보(無音警報)** 전십권

주연 윌리암 럿셀 씨 헤렌 쎄드윅 양

안해에게 바림을 바든 산아희!

오뇌(懊惱)와 분노 중에 이십여 년 지나고……

불타는 복수심! 맹화(猛火) 중에 이러나는 애증의 투쟁!

애끗는 인생 애화 중에 열혈(熱血)이 쓸는 활극미를 석근

만인 기호(嗜好)할 대웅편은 드대여 공개

◆ 유 사 제공 래앳 영화 레드, 호스 작품

대모험난투극 **열혈고명(熱血高鳴)** 전육권

청춘의 사랑! 요귀의 출몰!

악인의 대음모! 정의의 철완(鐵腕)!

의기충천! 자동차! 모다싸이클!

최대 스피트! 절벽! 위기일발!

◆ 유 사 제공 래앳 대연속극

제오회 **명탐정 싼다스** 구, 십편 전사권

◆ 유 사 **국제시보** 일천척

특별예고

호접(蝴蝶)의자매편 **공작의 날개** 전구권

자동차대경주 **가주(加州)를 향하야** 전구권

자동차대경주 **대선풍(大旋風) 기수** 전팔권

유 사 폭쓰 영화 **단성사**

전 광 구오구번

조선 26.08.05 (조2) 석일(昔日) 극계 기린아 / 낙명(落名) 실처(失妻) 무의지(無依支) / 두려운 운명의 작란은 그 쓰칠 바를 모르고 / 마침내 이 사나이로부터 안해까지 쌔아서 / …… 광월단장(光月團長) 전홍식(田弘植)

지난 삼일 오후 두 시쯤 되여 파주경찰서에 한 청년이 나타나자 긔의 애지중지하는 처를 차저달라고 애소하는 일장비극이 연출되얏섯는대 그 자세한 연유를 드른즉 그는 다른 사람이 아니라 원적을 경성부 행촌동(京城府 杏村洞)에 둔 뎐홍식(田弘植)(三五)이란 사람으로 조선신구극계(新舊劇界)에 명성이 자못 놉하 그가 가는 곳마다 환호성이

진동하는 인긔배우이엿섯다 한다. 이와 가티 그가 이만한 몸을 어들 째까지의 대략 경과를 소개하건 대 전홍식은 원래 서울 태생으로 자긔 나희 불과 열 살 안쪽에 량친을 다 일코 여긔저긔 아는 집으로 도러다니며 혼자 외로운 몸이 되여 잇슬 즈음 하로는 동무들과 가티 광대노리 구경을 갓던바 그 용모가 과히 숭하지 안엇슴으로 노든 광대들도 귀히 역이고 장란으로 전홍식에게 무동을 서보라 하엿슴으로 그는

어린 마음에도 화려히 꾸미고 무동 스는 것이 과히 숭하게 안 보엿던지 그째 무동을 한번 슨 후부터 의지할 곳 업는 자긔로는 한 의탁할 곳을 어덧슴으로 그째부터 그 연극단에 쌀어단이게 되여 비로소 자긔가 극계에 몸을 던지게 된 것이다. 수년간을 그 극단에 싸러단여 본즉 아즉 미욱한 생각에도 싼 마음이 생겻던지 그 단을 탈퇴한 후 남의 말에 일본이 돈 벌기가 조타는 말을 듯고 일본으로 건너가

기로 작뎡하엿섯다는데 그 당시로 말하면 일본가기가 지금

구미에 양행하기보다 더 어려웟슬 것이나 한번 마음을 먹으면 단정코 실행하는 성질을 가진 홍식은 가기로 굿게 결심한 바를 일우고저 정든 고국 산천을 리별하고 현해탄을 건너 산 설고 물 서른 일본에 건너가서 별별 고생을 다 격거가다가 나중에는 쏘다시 극계에 몸을 던져서 만흔 기술을 배온 후 고국에 돌아와 활동하여보겟다는 취지로 현재 일본에서 가장 인긔를 쓸고 제일 위로 지명되는 텬승일행(天勝一行)에 가입하야 수 년 동안을 두고

기술을 습득하야 가지고 조선으로 도라와서 여러 극단에 관계도 되엿고 쏘 그 후 광월단(光月團)의 단장이 되야 가지고 전 조선 각디의 도시를 순회하던 중 작년 구월에 황해도 해주(海州)로 가게 되야 해주서 수일 동안 흥행 중이엿섯는대 마츰 자긔가 상처하고 호래비로 잇는 줄을 아는 친구 해주군 남본뎡(海州郡 南本町)에 사는 김주현(金周鉉)은 자긔 륙촌 누의가 마츰 홀로 되야서 친정에 와 잇슴으로 그와 결혼하엿스면 엇더하냐고 무름으로 전홍식은 쾌히

승락하고 김주현의 륙촌 누의 김덕순(金 德順)(二八)과 결혼한 후 수일을 그곳에서 머물느다가 연백으로 와서 쏘 흥행을 다-마치고 각처로 도러단인 후 작년 섯달에야 단원 일동과 자긔 부인을 비롯하야 수십 명이 모다 서울로 올러와서 황금뎡 광무대에서 금년 정초에도 만흔 연극을 하엿섯다는대 원래 재산이라고는 조곰도 업고 잇는 게라는 것은 극단에서 쓰는 긔구쑌이엿슴으로 전긔 덕순과 가티 살게 된 후로부터는

자연히 과도한 비용도 만핫스며 기타 화려한 생활을 계속하여 왓슴으로 단원들의 월급도 미처 주지 못하고 쏘한 수입된 금액도 수천 원에 달하도록 소비하게 되여 드듸여 광월단을 자긔가 유지하여 갈 수가 업슬 만한 비운에 달하여 부득이 긔구와 기타 물품은 물론이요, 배우(俳優)들까지도 다른 단원에게 쎄앗기고 마럿슴으로 할 수 업시 덕순과 단둘이만 이래 생활하여왓스나 지금 형편에 달하여서는 도저히 그와 가튼 생활을 계속하여 올 수가 업슴으로 안해인

덕순과 의론하고 술장사라도 하여서 지냄이 오히려 낫겟짜는 생각으로 두 내외가 의론한 후 술장사를 하랴고 하엿는대 덕순의 말이 홍식의 아들(八)(덕순의 전실 자식)이 더욱 우리생활에 큰 두통거리이니 엇지 술장사를 하겟느냐고 함으로 홍식은 생각다 못하야 보낼 곳은 업고 안 보내랴 하니 안해가 영업을 안켓다 하야 기세량난이나 부득이 쎨치기 어려운

아들을 평남 양덕군 대비면 인흥리(平南 陽德郡 大比面 仁興里) 무적산 보덕암(霧積山 報悳庵)이란 절의 상자로 보낸 후 지금으로부터 월여 전에 파주군 림진수리조합공사장(坡州郡 臨津水利組合工事場)으로 두 내외가 약간의 세간을 가지고 왓섯는대 그동안 오래 계속된 장마로 말미암아 조금도 버리를 못 하고 놀고만 먹은 관계로 약간 가지고 온 로비는 다 쓰고 도리혀 동리 쌀가가에 빗을 졋슴으로 덕순의 말이 주인이 늘 부터잇스면 오히려

영업하기가 어려우니 당신은 당신대로 연극계고 혹은 무슨 방면이고 간에 가서 활동하여 서로 누구던지 긔지를 먼저 잡는 대로 가서 사는 것이 조치 아니하냐 하매 홍식의 생각에도 당연타 생각하야 덕순에게만 아모조록 영업 잘하기를 신신부탁하고 십여 일 전 비는 작고 오는데도 불구하고 로자도 변변히 업시 아는 친구 만흔 황해도 연백으로 가서 이리저리 활동하여 가지고 그곳에 집간이나 어더

노코

이곳에 와서 안해를 다려다가 살림을 할 차로 연백을 써나 지난 이일에 문산에 이르러 림진수리조합으로 향하고 가서 자기가 집을 어더서 살림하고 잇던 집을 차저 가본즉 영업을 잘하고 잇스리라고 태산과 가티 미덧던 안해는 어대로 가고 웬 로동자 수인이 잇슴으로 엇지된 연유를 무른즉 당신 마누라는 이동 너머에서 사는 십장 리장춘(李長春)과 가티

살림하고 산다 함으로 하도 긔가 막혀서 엇지할 줄을 모르다가 전긔 로동자들에게 자긔 안해를 여하간 좀 보게 하여달라 한즉 무한히 말성을 부리다가 그들끼리 수군수군 공론을 분주하게 한 후에 홍식의 안해를 내여노코 하는 말이 너와 살기 실타는데 무슨 너의 안해냐 하고 수인이 무리하게 구타까지 하러 덤빔으로 홍식은 강약이 무동한지라 할 수 업시 문산까지 피하여 와서 전긔와 가티 애원하엿다더라. (문산 일긔자)

동아 26.08.06 (1) 〈광고〉

오일(목요)부터 활극과 명화 주간

대메트로 사 대작 영화

마상대활극 **흑선풍(黑旋風)** 전칠권

내용이 진묘한 기상(奇想) 대활극!

파라마운트 사 구리스치 대희활극

희극왕 바스타 키톤 씨 특별 공연(共演)

폭소전율 **데부 군의 사로메춤** 전권(全卷)

귀염성스러운 쑹쑹이 주연으로

훌륭훌륭한 대희활극!!

대파라마운트 사 사십대 작품 기*(其*)

원작 마키시미리안 후오스다 씨

귀재(鬼才) 잘-스·엔 씨

순가정극 **부인개선(婦人凱旋)** 전팔권

명화 리아도라스·조이- 양 명성 오-엣·부-아 씨

방향(芳香)이 놉흔 이- 작품은 현대 우리 가정 이면(裡面)을 거침업시

매도(罵倒)한 대모범극으로 무엇을 과연 암시하엿슬가?

입장료

계상 대인 삼십 전 동(同) 소인 이십 전

계하 대인 이십 전 동 소인 십 전

◇ 특별 예고 ◇

대전비시(大戰悲詩) **봉작(蜂雀)** 전구권

인류의비사(秘史) **애(愛)의 광휘** 전구권

불후명편 **아세아의 광(光)** 십권

조선극장 (전화 광 二〇五)

동아 26.08.06 (1) [횡설수설]

◇ 청년 문사 김우진(金祐鎭) 군과 성악가로 파(頗)히 세인의 시선을 끌든, 윤심덕 양은 연애관계로 현해탄 중의 고혼을 작(作)하엿다고 한다.

◇ 이러한 정사(情死) 문제가 지식계급의 청년 간에 야기된 만큼 세인의 주의를 쓰는 것도 사실인 듯하다.

◇ 물론 부자연한 가정문제와 착잡한 사회의 환경을 상상할 쌔에 그들의 심경도 다소 동정할 점도 불무(不無)하나

◇ 그러타고 전도다망(前途多望)한 청년남녀가 경솔한 최후를 이루는 것은 결코 찬성할 바가 아니다.

◇ 생의 의의와 가치가 결코 연애에 단재(斷在)치 아니하고 또한 중대한 책임을 가진 조선청년으로서!

동아 26.08.06 (2) 여배우로 나간 것도 김우진(金祐鎭)의 근고(勸告) / 정사(情死)한 김윤 양인의 관계 / 무심코 하는 말도 남성에게 대한 반역 / 세상의 모든 일에 실패만 당하엿다고

파란 만코 문데 만흔 삼십 세의 쌀막한 인생을 이 세상에 남겨노코 쾌활하다든 윤심덕(尹心悳)은 현해탄(玄海灘) 거츠른 물결 우에 자최 업는 혼이 되고 말엇다. 동시에 김우진(金祐鎭) 군도 부자연스럽든 삼십세의 반생을 일기로 윤양과 함께 창해에 던진 몸이 지금은 어느 곳에 써 잇는지, 어느 바다로 흘러가는지 알 수 업시 된 것이다. 오즉 지상한 예술을 생명으로 알고 살든 이 두 청년 남녀의 의문의 정사…… 이 정사?의 리면에는 과연 엇더한 복잡한 사정이 감초여 잇섯스며 쏘한 두 사람으로서 정사하는 최후의 길을 밟지 아니하면 안 될 일은 무엇이엇섯던고?

윤양과 김군의 관계에 대하야는 작일 본보에 대략 보도한 바 잇섯거니와 윤양은 본래 지금으로 약 오년 전 일본에서 나아와 평양에 잇던 자긔 집을 다 파라가지고 서울에 올라온 이후 자긔가 처음 생각하엿든 바와는 세상의 일이 엄청나게도 틀리어 모든 것이 실패에 도라가고 그나마 평양에 잇던 집 한간까지 파라서 업새인 후 다시 그 후로는 동대문 안 모 부호와 세상에 염문(艶聞)만 남겨노코 그 역시 모든 일이 자긔의 쯧과 가치 되지 아니하야 「할빈」에 자최를 나타내엿다가 다시 서울로 도라왓던 쌔에 당시 김우진 군으로부터 『나는 각본(脚本)을 쓸 터이니 너는 배우로 나아가라』고 여러 번 간곡한 권고가 잇서 당초에 윤양이 녀배우를 지원하게 된 것도 김우진 군의 권고로부터이엇다 한다.

그리하야 김군과 윤양이 서로 손목을 마조잡고 당시 광무대 토월회(土月會)에 연극 구경을 가는 일도 종종 잇서섯는데 그째 토월회에서 윤양이 극게로 나올 쯧을 둔다는 말을 속히도 듯고 토월회 주뢰들이 류류히 윤양을 방문하야 비로소 작년 십일월경에 토월회 무대 우에서 그의 자태를 보게 된 것이다. 그째 윤양의 집에 보는 이것을 크게 반대하야 그의 서친은 윤양을 싸려준 일까지 잇섯고 쏘는 윤양이 아조 자긔집을 하직하고 나아와 당시 시내 약초뎡(若草町) 모 일본 려관에 잇스며 밤마다 토월회에 출연할 째에 윤양의 모친과 그의 동생 성덕(聖悳) 양이 광무대로 윤양을 잡으러 갓든 일이 한두

번 아니엇스나 그럴 적마다 윤양은 뒤문으로 다라나고 하야 그 집에서 엇절 수 업시 목허하고 말엇든 것이다.

그러나 윤양은 이미 그의 애인 김군의 권고로부터 배우 되기를 결심한 바이오 또는 평양에 잇는 역시 그의 애인 모씨가 당시 경성에 올라왓슬 째에 자긔의 그가튼 뜻을 말하야 또한 찬성하는 뜻을 어덧든 터이라 부모가 아모리 만류한다하여도 그것을 드를 리는 업섯다. 그러나 윤양이 토월회에 드러간 지 얼마가 되지 못하야 그 내부의 분규가 이러나며 탈퇴를 하고 온 뒤에는 자기도 물론 후회를 하엿슬 것이다. 윤양이 녀배우의 생활을 계속한 것은 불과 몃 달이 되지 못한, 극히 쌀막한 동안이엿는데 그가 토월회의 화형(花形) 녀우로서 항상 리백수(李白水) 군과 대역을 할 째에 그는 리군에 향하야 지나가는 듯한 말로『세상의 남자들은 모두 악마 갓다. 나는 언제던지 한 놈은 죽이고 죽는다. 그러나 그 죽이는 놈은 아조 텬진스럽고 죄 업는 지순한 남자이다……』라고 무심코 하는 일이 종종 잇섯다 한다. 본래 지상한 예술에 사는 사람은 세상 사회에 용납되지 안는 일이 흔히 잇는 것이다. = 계속

매일 26.08.06 (3), 26.08.07 (3), 26.08.08 (5), 26.08.09 (3) 〈광고〉 [연예안내]

선전문 및 출연진 일부, 예고 제외된 외 조선일보 8월 5일자 단성사 광고와 주요 내용 일치

매일 26.08.06 (3), 26.08.07 (3), 26.08.08 (5), 26.08.09 (3), 26.08.11 (3) 〈광고〉 [연예안내]

선전문, 일부 출연진, 예고가 제외된 외 동아일보 8월 6일자 조선극장 광고와 주요 내용 일치

조선 26.08.06 (조2) 인천시민 위안 / 활동사진연쇄극 / 사일 오일 량일간을 두고 / 시내 가무기좌에서 흥행 / 본사 인천지국 후원

오래동안 적막하엿든 조선 신연극(朝鮮 新演劇) 김소랑(金小浪) 일행이 당디에 도착함을 긔회하야 본사 인천지국은 사일 오일 량일간을 두고 시내 가무기좌에서 인천시민 위안 납량(慰安 納凉) 활동사진 연쇄극을 행하기로 하엿는데 료금은 각등 반액으로 하엿다더라. (인천)

동아 26.08.07 (2) 양극(洋劇) 영화 최다

칠월 중에 경기도 경찰부에서 검열한 활동사진 필림은 모두 구백사십오 권에 륙십륙만 천팔백삼십칠 척으로 리수로 환산하면 오백십 리(조선 리수)에 달한다는바 이것을 종류별로 보면

▲ 현대극 一七八권 ▲ 시대극 一七九 ▲ 양극 四三五 ▲ 희극 八五 ▲ 실사 六八권 ▲ 계 四五卷[207]

동아 26.08.07 (3), 26.08.08 (2), 26.08.09 (1), 26.08.10 (6) 〈광고〉

8월 6일자 조선극장 광고와 동일

---

207) 본문의 계산대로라면 계는 九四五卷임.

동아 26.08.07 (4) 계명(鷄鳴)극단 조직 / 학리(學理)와 기술연구 차 / 거 입(卅)일일 이리(裡里)

전북 이리에서 무대예술에 관한 학리와 실제 기술을 연구할 목적으로 사계에 취미를 가진 여러 어린 동인들은 지난 이십일일 야(夜) 구시에 이리유치원에서 회합하야 여러 가지로 토의한 결과 『계명극단』을 창립하기로 만단(萬端) 순서를 발바 김향운(金香雲) 군의 취지 설명을 비롯하야 규약 임원 선거를 하고 압흐로 진행할 방침도 의결하얏다는데 팔월 십오일경에는 저간에 온습(溫習)한 『혁명의 노래』 기타 수막(數幕)으로 제일회 공연을 개최하야 세상에 그 명성을 날니리라 하며 누구나 해단(該團)의 취지를 찬동하는 십오재(才) 이상의 남녀이면 가단(加團)할 수 잇다는바 현재의 부서와 책임은 여좌(如左)하다더라. (이리)

◇ 부서 급(及) 임원

서무부 김향운, 이룡(李龍), 이춘엽(李春葉)

연구부 고운(高雲), 곽연파(郭蓮波)

조선 26.08.07 (석2) 〈광고〉

팔월 육일부터 사진 전부 차환

미국 영화회사 작

희극 **하리워트의 비입(飛入)** 전이권

미국 도라이앙클 회사 작

명우(名優) 찰스-레이 씨 역연

대활비극 **탈주자** 전육권

미국 워리암폭쓰 회사 초특작 명화

탈선 희극왕 톱-섹스 씨 맹연

희활극 **천하명물남** 전구권

특별대할인

계상 대인 삼십 전 소인 이십 전

계하 대인 이십 전 소인 십 전

구주영화 봉절장 **우미관**

전 광 삼구오번

조선 26.08.07 (조2) 광도(廣島) 고학생 순회 활사대 / 대구에서 상영

산천이 설고 언어풍속이 다른 외디에서 더구나 돈이 업서 여러 가지에 곤궁과 서름을 바더가면서 긔 어히 정한 바 목적을 성취하려고 애쓰며 공부에 힘쓰던 고학생(苦學生)은 장학회(獎學會)를 조직하여 가지고 고국을 방문하야 여러분의 눈물에 넘치는 동정을 어더 학비를 보충할 목뎍을 가지고 특히 하긔 휴학을 리용하야 고국 각처로 활동사진을 가지고 방문하려던 일행은 지난 이일에 부산(釜山)에 발* 던지기 시작한 결과 여러 곳을 다녀서 팔월 칠일부터는 대구에서 구일까지 삼 일간 당디 대송관

(大松舘)에서 상영한다는바 만흔 인사의 동정을 밧고저 한다더라. (대구)

조선 26.08.07 (조3) 〈광고〉[208]
8월 5일자 단성사 광고와 동일

조선 26.08.07 (조3), 26.08.08 (조3), 26.08.09 (조1), 26.08.10 (조3), 26.08.11 (조3) 〈광고〉
일부 선전문 제외된 외 동아일보 8월 6일자 조선극장 광고와 동일

조선 26.08.08 (조1) 광도조선인고학생 장학회 / 순영단(巡映團) 성황
광도조선인고학생장학회에서는 학자(學資)를 구하기 위하야 조직된 순영단 일행은 거 삼일에 부산을 거처 당지에 도착하야 삼, 사 양일간 진주좌에서 영사하얏는대 대성황을 일우고 오일에 마산을 행하야 출발하얏다더라. (진주)

조선 26.08.08 (조1) 〈광고〉 고학생장학회 순회 활동사진
시일	팔월 칠, 팔, 구 삼 일간 오후 팔시
장소	전정(田町) 대송관(大松舘)
입장료	특등 육십 전 보통 사십 전 학생 삼십 전
	본보독자 각등 십 전식 할인
주최	광도조선인고학생장학회
후원	조선일보 대구지국

조선 26.08.08 (조3) [영화인상]
◇ 직업부인 아마 근래에 보기 드문 조흔 영화인가 한다. 더구나 그 세밀한 각색술에 드러가서는 탄복하고 말엇다. 항상 그러한 뎡도의 작품을 상연해 주엇스면 오락으로쑌만 아니라 산듯한 가뎡극으로 일반이 만히 환영할 줄 안다. (사직동 KPR생)

◇ 요사히 각 영화극장의 입장료가 폭락을 하니 왼일일가요. 신문을 보닛가 검열료금 째문에 비용이 오할 이상이나 늘게 되엿다는데! 아모러튼 우리는 갑싼 편이 조흐닛가 늘 그 입장료대로만 바덧스면 조켓습되다. (박○양(朴○陽))

■ 손님 안 드러가는 극장에서는 손님 쌔앗기 위하야 실시한 것이 다른 극장에 파급되야 그러케 된 모양인데 길지는 못할 것 갓습니다. 결국 내용 우수 여하에 싸르는 것이닛가 아모러튼 몃 해 이후에 처음되는 참상인 것 갓습니다. (일(一)기자)

---

208) 조선일보 1926년 8월 7일자 (조3) 단성사 〈광고〉에는 '특별예고' 생략됨.

8월

조선 26.08.08 (조3) 〈광고〉

팔월 칠일 밤부터 문제의 대웅편과 시민 납량 영화주간

계상 대인 삼십 전 계하 대인 이십 전

계상 소인 이십 전 계하 소인 십 전

◆ 유 사 본년도 제일회 초대작품

대웅편 **무음경보(無音警報)** 전십권

주연 윌리암 럿셀 씨 헤렌 쎄드윅 양

안해에게 바림을 바든 산아희!

오뇌와 분노 중에 이십여 년 지나고……

불타는 복수심! 맹화 중에 이러나는 애증의 투쟁!

애끗는 인생애화 중에 열혈이 끌는 활극미를

석근 만인 기호(嗜好)할 대웅편은 드대여 공개

◆ 유 사 제공 래앳 영화 레드, 호스 작품

대모험난투극 **열혈고명(熱血高鳴)** 전육권

◆ 유 사 제공 래앳 대연속극

제오회 **명탐정 쌴다스** 구, 십편 전사권

◆ 유 사 **국제시보** 일천척

유 사 폭쓰 영화 **단성사**

전 광 구오구번

조선 26.08.08 (조3), 26.08.09 (조2), 26.08.11 (조3), 26.08.12 (석1), 26.08.13 (석1) 〈광고〉

8월 7일자 우미관 광고와 동일

동아 26.08.09 (2) 연극보던 청년 수 명 중국 요정(料亭) 습격 / 사소한 말성으로 싸우다가 / 중국인 삼 명 중경상

지난 오일 밤 열한 시쯤 대구 경뎡(京町) 활동상설 만경관(萬鏡館)에서 개연 중의 중국인 연극을 보고 잇던 대봉정(大鳳町) 삼백륙번디 중국인 댱조청(張潮淸)(오○)과 남성정(南城町) 최진엄(崔眞嚴)의 사이에 말닷홈한 것이 원인으로 그날 밤 세 곳의 중국인 료리점에 만흔 군중이 몰녀드러 긔구를 파괴하고 사람을 구타한 일대 소동이 잇섯다는데 사건의 발단은 전긔 두 명이 한 자리에 안자서 연극을 구경하던 중 최진엄은 중국연극은 너무도 싯그럽게 쑤다리는 것이 싯그러우니 치어바리라고 소리를 첫던바 장조청은 싯그럽거든 나가라고 하야 그만 말성이 되여 그 자리에서는 몃 마듸의 오고가는 닷홈이 잇다가 두 명의 경관이 와서 말니어 그만두고 다시 그 자리를 써나 최진엄은 수 명의 동모와 함께 도라가는 장조청 외 수 명의 지나인의게 힐난을 거러 지나 료리뎜 군방각(郡芳閣) 외 두 곳에까지 도라다니며 새벽 네 시경까지 야단을 첫섯는데 맛참내 대구서에서 다수한 경관이 출동하야 전긔 최진업 외 오, 류명을 검거하야 목하 엄중 취조 중이며 두 명의 부상자를 내여 그중 두 명은 위독하고 한 명은 경상자로 모다 호생당의원에 입원 치료 중이라는바 익 류일에는 대구디방 검사국에서 검사까지 출동하야 피해 각처를 조사하얏고 칠일에는 대구서 사법계에서 쏘한 피해 각처에 일일히 사진을 박는 등 사건을 매우 중시하는 모양이라더라. (대구)

십이 명 검거
별항 보도한 대구(大邱) 중국인 대 조선인 쟁투사건은 보통 싸홈의 뎡도를 지나 소요를 이르켯슴으로 대구경찰서에서는 류, 칠 양일간에 서원 비상 소집을 하야 전후 삼 회에 십이 명의 피의자를 검속하얏는데 문데는 점점 확대되야 국제문데까지 발생할지도 모르겟더라. (대구지국 뎐보)

조선 26.08.09 (조3) [영화인상]
◇ 팔월 일일부터 총독부에서는 활동사진 필님 열 자(삼 메돌)에 오전 식 검열료금을 밧는다고 신문에 발표가 된 후 소식을 알 수 업스니 좀 가르쳐주시기 바랍니다. 그리고 보통 필님 한 권에는 몃 자가 평균인가요. 미안함니다만은 좀 가르처주섯스면 조켓습니다. (일문생(一問生))
■ 팔월 일일부터 이 법규는 실시되엿습니다. 각 극장주와 밋 그 관계자 일동은 강경한 항의를 데출하고 하회를 기다리는 중이나 아즉 아모런 통지가 업다고 합니다. 아마 그대로 실시 중이닛가 하는 수 업겟다고 추측하는 이도 잇는 모양 갓습니다. 활동사진 필님 한 권은 각국이 다 다르니 미국영화는 보통 팔백 자 내외가 만코 독일이나 이태리영화는 한 권에 이천 척까지 되는 것이 잇습니다. 그러나 요즈음 조선에 수입되는 미국영화…… 차차로히 평균 척 수가 느러가는 모양인데 만흔 것은 일천이백 자나 되는 것이 잇는 모양임니다. (일기자(一記者))

조선 26.08.09 (조3), 26.08.10 (석1) 〈광고〉
8월 8일자 단성사 광고와 동일

동아 26.08.10 (4) 방문 활사(活寫) 성황
광도조선인고학생장학회 주최인 고국방문활동사진대는 기보(既報)한 바와 여(如)히 마산에 내착(來着)하야 거(去) 오, 육일 양일간 조선, 본보 양 지국 후원하에 당지 수좌(壽座)에서 공개한 바 성황을 이루엇다 하며 좌(左)의 제씨의 동정금이 유(有)하얏다더라. (마산) (이하 동정금 명부 생략)

조선 26.08.10 (조2) [휘파람]
▲ 립추(立秋)가 지나고 말복(末伏)도 지낫다. 이만하면 일홈 잇는 더위는 거의 다 지낫다고 할 것이다. 그리고 보닛가 지리한 장마 속에 심한 더위는 녹앗다 ▲ 인제는 서늘한 바람 부는 가을이 올 것이다. 가을이 나오면…… 하고 텰석가티 밋고 잇는 일반 농가의 마음이 좀 시원하여질가? ▲ 지난 칠일 밤 수원극장(水原劇塲)에서는 모 연극을 하던 중『바이오린』독주에 취한 일반관중 측에서는 박수로

재청을 하엿더니 ▲ 림장햇던 경관은 눈이 둥그래서 관중을 향하야 『어이 어이』를 부르며 무대로 올라가랴닛가 『경관 집어치라』는 소리까지 굉장햇다. ▲ 그 이튼날 밤에는 미리 경관이 관중에게 박수나 재청을 하면 경찰당국에서 단호한 취데를 하겟고 또 연극을 중지식히기로 햇스니 주의하라고 하얏다. ▲ 극장이 감옥이 아니오, 관중이 죄수가 아닌데?

조선 26.08.10 (조3) [영화인상]

◇ 극장경영자에게 희망한다. 조흔 사진도 물론 우리는 환영하지만 내부 설비에 좀 더 힘을 써주엇스면 조켓다. 첫재 음악부터 다 썩고 날거째진 곡됴, 아모런 예술적 두뢰를 갓지 못한 사람들이 긔계력으로 흉내만 내고 잇는 모양은 참아 귀로 듯고 눈으로 볼 수 업는 광경이다. 이래가지고는 구경 갈 사람이 업서질 줄 알어라. 특히 ○○○에 희망한다. (아현리(阿峴里) *인○(*仁○))

동아 26.08.11 (4) 위생전람회

함남(咸南) 위생회 주최로 내 팔월 이십오일부터 삼 일간 이원(利原)공립보통학교 내에서 개최한다는데 야간에는 위생 활동사진도 영사한다 하며 한편에는 아동작품 전람회도 잇다고 하는대 다수 내람(內覽)하기를 희망한다고. (이원)

매일 26.08.11 (3) 공황 중에 잇는 경성의 영화계 / 경쟁 중에 관객만 득리 / 삼관 조약도 결국 파괴

경성 시내에 죠선인을 즁심으로 하는 상셜활동사진관(常設活動寫眞舘)은 누구나 다 아는 바와 갓치 단성사(團成社), 조선극장(朝鮮劇場), 우미관(優美舘) 세 곳인대 지금으로 약 이 년 전에 세 곳이 모다 료금이 일정치 못하야 경찰당국의 알선으로 결국 삼관동맹(三舘同盟)이라는 것을 약정하고 료금 통일을 하야오든 즁 요지음에 와서 우미관은 불힝이 영업 성적이 그다지 량호하지 못하야 결국은 경영상 만은 곤란을 바다오든 터인대 금번 영화 겸열을 총독부 도서과(總督府 圖書課)에서 하게 됨을 짜라 검열료가 만아저서 더욱 손해를 보게 됨으로 혹은 단성사에셔 이관하게 되느니 혹은 폐관을 하게 되느니 하야 풍셜과 참말이 한 대 석기어 전하야왓섯는대 결국 우미관에서는 경찰당국과 협의하고 삼관 량해하여 삼관죠약을 파괴하고 료금을 십 전으로 감하얏더니 그 후부터는 손님이 모다 우미관으로만 몰여듬으로 긔타 두 관에는 사람 흉년이 들 지경임으로 부득이 량관도 십 전으로 나리게 되얏다. 그리고 본즉 삼관의 료금도 자연 통일이 되고 말엇스니 결국 우미관의 장릭는 또 엇지나 될가. 료금을 또 감하야 다른 사진관을 대항하게 될가? 또는 폐관을 하게 될가? 또는 삼관이 또 한 번 료금 감*를 하게 될가? 일반은 자못 쥬목 즁이라더라.

매일 26.08.11 (3), 26.08.13 (3), 26.08.14 (3), 26.08.15 (3) 〈광고〉 [연예안내]

선전문, 예고, 일부 출연진 제외된 외 조선일보 8월 11일자 단성사 광고와 주요 정보 일치

조선 26.08.11 (석2) 〈광고〉

납량 영화 활극 주간 (팔월 십일일부터)

요금 삼십 전 이십 전

　　　이십 전 십 전

◆ 월리암폭스 이십오년도 초특작

통쾌임리(淋漓)대경주극 **대선풍기수(大旋風騎手)** 전팔권

공전 절후의 납량적 대통쾌극!

고공! 광야! 절벽! 전광가치

번득이는 열혈남아의 대비약

대자동차 경주! 최대속의 기차와

기차 사이에 아슬아슬한 대모험!

과연 명실상반(相伴)한 초특작영화

◆ 월리암폭스 초특작 톰 익스 영화

자동차경주극 **쾌주만리(快走萬里)** 일만척

(일명 대마속왕(大魔速王))

통쾌통쾌한 대희활극이요 아슬아슬한 대모험 중의 대경주 영화

◆ 월리암폭스 특작 쌕쏜스 씨 작품

빙원(氷原)활극 **명령일하(命令一下)** 전오권

눈 깁흔 북국(北國)의 대설령(大雪嶺)을 배경하고

이러나는 대육탄 난투극

◆ 폭스 독특 썬쿼 대희극

훌륭! 훌륭! 전이권

이 사진보고 안 웃는 이는 위병환자 외

귀먹어리쑨! 배 파선 주의

예고

호접(蝴蝶)의 자매편 **공작의 날개** 전구권

유 사 폭쓰 영화 **단성사**

전 광 구오구번

조선 26.08.11 (조3) [영화인상]

◇ 계림영화협회에서 제작한다는 산채왕(山寨王)은 언제나 완성되는지 좀 가르처주십시오.

◇ 아즉 알 수 업습니다. 드르니 주식 조직으로 변경하기 위하야 그러타고 말합듸다.

◇ 한 극장 경영비는 얼마나 듭니까. 하로만 빌려면 얼마나 될가요.

◇ 이런 질문은 직접 극장 가튼 데로 무러주시기 바랍니다. 아마 매일 일백오십 원 내지 이백 원가량

이면 될 수 잇다 합니다. (일기자(一記者))

동아 26.08.12 (1) 〈광고〉
십이일 목요부터 시민 서중(暑中) 위안昭寫會²⁰⁹⁾

파라마운트 제공

대희활극 **노인교육** 전권(全卷)

가사링 · 구리후오-도 양 주연

전(前) 주일(週日)에 사정상 엇절 수 업시 상영치 못하엿던

바스타- 키톤 씨 특별 출연 영화

폭발적희활극 **데부 군의 사로메춤** 전편(全篇)

폭소? 홍소! 전율! 괴변! 진묘!

그리고 쏘? 소살적(笑殺的) 대희활극!

대파라마운트 사 불후 초명작 영화

영국문호 젬스 · 바리- 경 원작 각색 위리스 · 골트백크 씨

명감독 하바도 · 부레논 씨 작품

신진 명화(名花) 베듸 · 부론손 양 주연

동화활극 **피타팬** 전십권

"PETERPAN"

본 영화는 호평 우(又) 호평! 세계적으로 인기의 초점! 재차 상영

● 금주 위안회 회비

백권 대인 삼십 전 동(同) 소인 이십 전

적권 대인 이십 전 동 소인 십 전

◇ 특별 대예고 ◇

대전비시(大戰悲詩) **봉작(蜂雀)** 전구권

인류의비사(秘史) **애(愛)의 광휘** 전구권

불후명편 **아세아의 광(光)** 전십권

조선극장 인사동 (전 광 二〇五)

동아 26.08.12 (4) 겸이포(兼二浦)에 활사 급(及) 강연
겸이포유학생학우회에서는 하기 휴가를 이용하야 내 십일부터 이 일간 활동사진 급 강연회를 개최
하리라 하며 특별히 동회(同會)에서는 조선일보를 경영하리라 한다더라. (겸이포)

---

209) '映寫會'의 오식.

조선 26.08.12 (석1), 26.08.13 (조4), 26.08.14 (조4), 26.08.15 (석1) 〈광고〉

8월 11일자 단성사 광고와 동일

조선 26.08.12 (석2), 26.08.13 (석1), 26.08.14 (석2), 26.08.15 (석1), 26.08.16 (조3), 26. 08.17 (석1), 26.08.18 (석1) 〈광고〉

동아일보 8월 12일자 조선극장 광고와 동일

조선 26.08.12 (조1) [탁목조(啄木鳥)²¹⁰] 활동사진 경영자

투고환영

십사자 오십행 이내 * 주소 씨명 명기

◇ 시일이 경과할스록 사상은 변화된다. 작일의 사상, 그것이 금일에 잇서서 이미 부패하여바리며 작일의 암흑은 금일의 광명으로 월이(越移)된다. 그러면 금일은 자본주의가 붕괴 도정에 잇스며 만국 무산자는 일보 일보 맹렬한 공세로써 전진하는 이째이다. 짜라서 예술이던지 무엇이던지 모든 것이 신흥계급을 대상으로 하는 창조가 되어야 하겟다.

◇ 쑨만 아니라 인(人)의 모든 행위는 어느 째던지 시대사상을 반영할 것이다. 그럼으로 영화예술, 그것도 일반민중을 위하야 존재될 것임은 *론(論)을 요치 안나니, 그럼으로 영화재료는 반드시 시대가 요구하는 것, 즉 다시 말하면 사회교화상 의의 잇는 것이 되도록 힘써 주의하지 안으면 안 되겟다. 그런데 군들은 다만 민중사상에 배(背)*되는 태도로써 연애극이나 이입하여다 노코 시시(時時)로 특별 요금이라는 명목으로써 사복(私腹)을 충(充)하기에만 여념이 업슬 쑨이오, 일반민중을 대상으로 한 사회교화에는 넘급(念及)치 안으니 비록 상(商)의 목적이 영리를 *함에 잇다 하더라도 다시 군등(君等)의 일(一)*를 요할 것이라 한다.

◇ 쑨만 아니라 관객에 대하야는 그 외 계급 여하를 들을 것 업시 응접이 극히 친절하지 안으면 안 될 것임은 곳 삼척동자라도 아는 바인데 아직도 경성시내에 잇는 각 상설관에까지 관객에 대한 태도는 자못 불친절함이 다(多)하다.

◇ 취중에도 모사(某社) 문번(門番)²¹¹의 행동은 방약무인의 태도로써 매양 내객(來客)에게 불유쾌를 늣기게 하는 예가 다하니 이는 결국 그만한 손실을 경영자에게 미치게 하는 행동으로 주인을 위하야서도 결코 충실한 소위가 아닐 것이다. 그러나 외부에 대한 책임은 오직 문번에게 그칠 것이 아닐지니 이 점에 잇서서도 경영자 제군의 주의를 촉(促)하는 바이다. (적천(赤泉))

조선 26.08.12 (조1) [촌철]

[전주] 주의 중지의 만성병에 걸린 전주 경찰당국은 연극장에서까지 주의! 주의하엿다던가. 병근(病

---

210) 딱따구리. 딱따구릿과의 새를 통틀어 이르는 말.
211) 문지기.

根)이 매우 난치인 모양. (이하 기사 생략)

조선 26.08.12 (조3) [영화인상]

◇『어더맛는 그 사람』아아 참 훌륭한 작품이다. 『영혼불멸』을 보고 다서[212] 식스토렘 씨의 본편을 보닛가 그는 참 영화예술가인 줄 아럿다. (김상○(金尙○))

동아 26.08.13 (5), 26.08.14 (2), 26.08.15 (2), 26.08.16 (2), 26.08.17 (2), 26.08.18 (3) 〈광고〉

8월 12일자 조선극장 광고와 동일

매일 26.08.13 (3) 민중오락 향상을 위해 영화요금 감하(減下)는 불가 / 우미관의 최후의 일책을 조사 / 싸라서 망하는 각 관의 참상

시내 각 활동사진관에셔 너나할 것 업시 활동사진 료금을 반식 짝가내렷스며 더욱히 아리층 학싱의 입장 료금이 반액 이하의 할인을 단힝하야 소위 박리다매 쥬위의 영업방침을 취한 모양이나 그 결과는 오히려 문을 닷치는 것만 갓지 못한 참경! 자멸을 재촉하는 어리석음에 지나지 못하는 비경에 싸져 목하 대도시에 민중오락 긔관은 목하 위급상태에 잇난 것이다. 보통 쌔에 빅 명의 입쟝자가 잇던 것을 반액 내려서 이빅 명 이상만 드러오면 갑을 내리지 안은 것보다 리익이 되겟스나 반액에 내린 뒤의 세 극쟝(단셩, 우미 급 죠션)을 도라보니 십일일 밤 겨우 단셩사가 만원을 이로엇슬 쑨이요 우미관 죠션극쟝은 태반이나 비엿스니 갑을 나려도 이 모양밧게 되지 안는 비참흔 현상을 보고도 오히려 자긔네의 경영방침을 곳치랴는 반셩은 업시 오직 료금이나 내려서 흥힝게의 토대나 허너놋코 관긱의 주머니 속이나 뒤흔드러 놋는 힝틔를 부리는대 이르러셔야 삼십만 민유의 오락긔관의 져토를 도라보와 엇지나 탄식하지 아니하겟는가.

물론 빈곤한 시민의 쥬머니에서 구경갑이 적게 나아갈사록 죳다 하겟스나 싸게 밧는 것도 분수가 잇지 학싱 아리층 십 젼, 이층 어른 륙십 젼을 삼십 젼이라는 파격의 활인을 하야 망하는 짓이니 아모럿케나 파라바리자는 격으로 경매를 시작한 것이니 날노 진보되야가는 영화예술게에는 새록새록히 죠흔 사진- 볼만한 사진의 사태가 밀니는 터에 십 젼, 삼십 젼의 코 무든 돈을 밧아가지고야 엇지 근젼한 경영 새로운 사진을 충분히 엇을 수가 잇겟는가. 그러함으로 이번 우미관이 망하는 짓헤 마지막 용역을 다하야 경미를 하게 되고 계속 할지말지한 조선극쟝이 싸라서 나리게 된 것이며 두 관에서 나리니가 단셩사도 하는 수 업시 나리게 되니 이로써 죠션 사람 측 활동사진관은 젼부 자멸의 구렁으로 향하야 경주를 하게 된 것이니 이것이 흥힝게의 한 비극이 안이고 무엇이랴.

변사, 사진, 음악을 구비한 경영이 급무(急務) / 갑 싸고 낫분 사진보다는 빗싸도 죠흔 사진을 긔대

---

212) '나서' 혹은 '다시'의 오식으로 보임.

이에 대하야 종로경찰서 보안게 주임은 말하되

본시 미년 팔월이면 더웁기도 하고 학싱들도 귀성을 하야 활동사진관에 손이 적슴니다. 그리하야 우선 제일 곤란히 지내든 우미관에서 갑을 나리게 되자 각 관의 관주들이 협정하얏든 료금에는 파렬이 싱기자 결국 대항상 각 관이 일제히 나리게 된 것인대 물론 자초로 밋지든 조선극장이나 우미관에서는 반액을 밧아서 도로혀 손님이 느러 전보다 나흔 점도 잇는 모양이나 가장 가엽슨 것은 다른 관보다 조흔 변사를 가졋다 하며 활동사진도 다른 관보다 자죠 갈녀서 상당히 지속하야오든 단성사 가튼 관에는 다시 업시 견대기 어려운 일이올시다.

하니 각 관 관주들도 부질업시 멋칠 가지도 못할 료금 반감과 긱에게 호평밧지 못하는 변사이며 남은 닷새에 갈니는데 자긔는 일쥬일에 갈니는 등 여튼 경영방침과 져급한 칙략을 써나 속히 그 근본에 도라가 조선의 영화예술계를 위하야 새로운 로력을 할 것이니 오늘의 쯧잇는 관긱은 결코 갑싸고 낫분 사진을 반기지 안코 갑은 좀 비싸도 사진다온 사진, 변사다온 변사, 음악다온 음악을 긔대하는 것이라 할 것이다.

매일 26.08.13 (3), 26.08.14 (3), 26.08.15 (3), 26.08.16 (3), 26.08.17 (1), 26.08.18 (1) 〈광고〉 [연예안내]

제작진, 선전문, 예고 등이 제외된 외 동아일보 8월 12일자 조선극장 광고와 주요 정보 일치

조선 26.08.14 (조1) 동반(東半)예술단 원산서 흥행 / 본지 독자 우대

동반예술단이 당지 방문 흥행을 기회삼아 원산체육회, 본보 원산지국 후원으로 본월 십일, 이, 삼일간 상리(上里) 일동 문락좌(聞樂座)에서 일대 흥행을 할 터인대 공연할 과목은 기발한 신극, 독특한 가극, 무도, 신출귀몰 기마술(奇魔術)이라 하며 제삼일인 십삼일은 본보 독자위안회연을 할 터이니 본보 난외 독자우대권을 할취(割取)하야 지참하면 각등 반액으로 한다더라. (원산)

조선 26.08.14 (조4) 〈광고〉

팔월 십삼일부터 사진 전부 차환

일(一) 실사 전일권

미국 영화회사 작

희극 **대단한 일군** 전이권

미국 윌리암폭스 회사 초특작

에더마더도 씨 역연

탐정대희활극 **비밀의 암호** 전육권

미국 와다후와사 회사 걸작영화

명견(名犬) 린-텐-텐 군 대활동

대활극 **전선을 돌파** 전칠권

특별대할인

계상 대인 삼십 전 소인 이십 전

계하 대인 이십 전 소인 십 전

구주영화 봉절장 **우미관**

전 광 삼구오번

조선 26.08.15 (석1), 26.08.16 (조3), 26.08.17 (석1), 26.08.18 (석1), 26.08.19 (석2), 26. 08.20 (조3) 〈광고〉

8월 14일자 우미관 광고와 동일

매일 26.08.16 (3) 〈광고〉[연예안내]

납량 영화 공개주간

요금 삼십 전 이십 전

　　　이십 전 십 전

유 사 제공 * 쌔나 특작 영화

명화 대양(大洋)은 노하다 전육권

젊은이들의 순실한 사랑, 질투, 증오를 심각히

묘사하여노앗고 여긔에 극적 묘미를 낫하대인

만전(萬全) 명화로 일반이 기호(嗜好)할 순정극

유 사 제공 릭앳 특작 영화

통쾌무비대모험극 **분격난투** 육권

유 사 독특 센츄리 대희극

진묘진묘 **안해대차(貸借)** 전이권

유 사 제공 랫앳 영화 작품

제육회 **명탐정 쌘다쓰** 십일 십이편 전사권

단성사

조선 26.08.16 (조1) 〈광고〉

납량영화 공개 주간 (팔월 십육일부터)

요금 삼십 전 이십 전

　　　이십 전 십 전

▲ 유 사 제공 쌔나 특작영화

명화 대양은 노하다 전육권

▲ 유 사 제공 래얏 특작영화

통쾌무비대모험극 **분격난투** 전육권

▲ 유 사 독특 센추리 대희극

진묘진묘 **안해대차** 전이권

▲ 유 사 대연속극

제육회 **명탐정 싼다스** 십일, 십이편 전사권

예고

대비극 **뷔너스의 궁전** 전팔권

순정비극 **공작의 날개** 전구권

대경마극 **한마분노(悍馬奮怒)** 전칠권

유 사 폭쓰 영화 **단성사**

전 광 구오구번

동아 26.08.17 (4) [내외 유학생 각지에서 대활동] 겸이포(兼二浦) 활사회 의연(義捐)

겸이포유학생학우회에서는 지난 십일부터 삼 일간 활동사진회를 거행하엿다는데 유지의 동정금이 만헛다는데 그 씨명은 다음과 갓다더라. (겸이포) (이하 동정금 명부 생략)

장흥 납량 활사

재외전남장흥유학생연합회 지육부(智育部)에서는 납량 활동사진대를 조직하야 각지 부형 위안 급(及) 문화보급을 선전키 위하야 대대적으로 활동 중이라는데 각지 인사의 후원을 바란다 하며 순회 지 급 일할은

장흥은 팔월 십삼 십사 양일간

병영(兵營) 영암 강진 해남 보성 벌교 순천 고흥 등지인데 각지에서 이 일간식 흥행할 예정이라더라. (장흥)

매일 26.08.17 (1), 26.08.18 (1), 26.08.19 (3), 26.08.20 (3) 〈광고〉

8월 16일자 단성사 광고와 동일

조선 26.08.17 (석1), 26.08.18 (석1), 26.08.19 (석1), 26.08.20 (조3) 〈광고〉

8월 16일자 단성사 광고와 동일

매일 26.08.18 (3) 서서(瑞西)[213]에 영화대회 / 영화 리용 강구

요새이 서서(瑞西) 「쌰월」 시에셔 교육활동영화의 국제적 대회가 개최될 터인데 주최국인 셔셔에

---

213) 스위스.

서 요새이 외무성을 것처서 문부성에도 자세한 서류를 보내여 국제적 협력을 원하얏슴으로 당국에서도 목하 대칙을 강구 즁이라는데 그의 요건과 밋 주요한 사항은 대표자를 파견한 후 아리와 갓치 한다더라.

◇ 그 나라 영화 교육의 위치(位置)에 관한 보고, 방법과 밋 실제 경험

◇ 구주(歐洲)의 환등 영사와 밋 실제 사진과 활동과의 동력 비교

◇ 교육영화의 형식과 교수 리용의 가능성을 검사

◇ 대학의 리용 연구와 밋 교수에게 영화 리용

◇ 구쥬 동양 교육영화의 비교와 그에 대한 비평

◇ 구쥬 이외에서 제작한 영화의 비평

◇ 국제적 협력의 방법 및 공동 *작에 대한 것

◇ 교육영화의 국제 협력에 관한 단체와 시설의 방법

이상의 죠건을 즁심으로 협의할 터이라는대 그중에 동서양 영화의 비교와 대학에서 영화의 리용 등은 매우 취미잇는 것으로 싱각하야 당국에서도 매우 고심 즁이라는대 이 회의 개최에 대하야는 츙분한 찬동 의향을 뵈이는 즁이라더라.

동아 26.08.19 (2) 〈광고〉

십구일 목요부터 초특선 명화 공개

◎ 미국 스크링·구라싯트 사 특작

원작 아베리-·홋썉오도 씨

감독 마쿠셀·카가 씨 각색 준·마시스 양

가정극 여자의 조종법 육권

예고로 스러 기대를 초집(焦集)한

◎ 미국 콜드윙 사 공전의 명작 영화

홀·케인 경 원작소설로부터 각색

귀재 모리스·다-뉴아 씨 감독 맹우 리차도·크스 씨 열연

명화극 애(愛)의 광휘 전구권

원명 "THE CHRISTIAN"

명영화 애의 광휘는 오인(吾人)의 마음으로

싸우는 신조와 번민과의 쟁투사다! 이 위대한 작품은 광휘잇는

인류의 비사(秘史)로 과연 우리 압헤 무엇을 말하며 교훈할가?

웅대한 구상으로 싸노흔 근대의 드문 명작품!

◇ 관람료

계상 대인 삼십 전 동 소인 이십 전

계하 대인 이십 전 동 소인 십 전

◇ 대예고 ◇

대전비시(大戰悲詩) **봉작(蜂雀)** 전구권

불후명편 **아세아의 광(光)** 전십권

축구쟁패전 **로이도의 인기자** 칠권

조선극장 인사동(전 광 二〇五)

**매일 26.08.19 (3), 26.08.20 (3), 26.08.21 (3), 26.08.22 (3), 26.08.23 (3), 26.08.25 (3),
26. 08.26 (3), 26.08.27 (3), 26.08.28 (2), 26.08.29 (2) 〈광고〉 [연예안내]**

선전문, 제작진, 예고 등 제외한 외 주요 내용 동아일보 8월 19일자 조선극장 광고와 주요 정보 일치

**조선 26.08.19 (석1), 26.08.20 (조3), 26.08.21 (석2), 26.08.22 (석1), 26.08.23 (조3), 26.
08.24 (석1), 26.08.25 (조4), 26.08.26 (석2) 〈광고〉**

동아일보 8월 19일자 조선극장 광고와 동일

조선 26.08.19 (조1) 인산(因山) 활사 상영 / 개성낙우회(樂友會) 주최

본월 십육일 오후 구시경에 장단(長湍) 진남(津南)공립보통학교에서 개성낙우회 주최 장단 진남청년회 후원하에 고(故) 순종황제의 인산활동사진을 예정과 여(如)히 흥행하얏섯는대 당일 정각 전에 배관자(拜觀者)가 장내 입추의 여지가 무(無)히 입장하야 대성황을 정(呈)한 후 무사히 동 십일시 반경에 해산하얏다더라. (장단)

동아 26.08.20 (3), 26.08.21 (1), 26.08.22 (2), 26.08.23 (2), 26.08.24 (6), 26.08.26 (2) 〈광고〉

8월 19일자 조선극장 광고와 동일

동아 26.08.20 (4) 납량 활사 성황

기보(旣報)한 바와 가치 팔월 십삼, 십사 양일간에 전남 장흥유학생연합회 지육부(智育部) 주최로 납량활동사진대회는 성황으로 개최하얏다는데 일반은 유학생들이 휴양할 하기 휴가임도 불고하고 이와 가치 성심노력하야 줌을 감사 불기(不己)한다더라. (장흥)

조선 26.08.20 (조1) 고학생장학회 / 순회 활사 성황 / 양일간 대만원

누보(累報)=재일본 광도고학생장학회의 고국 방문순회활동사진대 일행은 윤상호(尹相鎬) 씨의 인솔하에 지난 십이일 조(朝)에 내전(來全)하야 본보 전주지국 후원으로 십삼, 십사 양일간 전주극장에서 챕푸린 자작(自作) 자연(自演)으로 현 사회의 모든 모순을 풍자한 『소아(小兒)』를 위시하야 태서(泰西) 영화 명편을 다수 공개하얏는바 관중은 연야(連夜) 만원으로 공전의 성황을 이루엇스며 당야(當夜)에 동회(同會)를 위하야 만흔 희사를 한 제씨의 방명은 여좌(如左)하다더라. (이하 기사 생략)

동아 26.08.21 (4) 신극단 독자 우대

오랫동안 외지(外地)를 순회하고 도라온 신극 현성완(玄聖完) 일행은 영천(永川)에 도착하야 지난 칠일부터 시대, 본보의 독자에게는 반액으로 우대하야 흥행하여오든바 지난 십육일에는 당지 소년단을 위하야 실비 십 원을 제하고는 수입 전부를 해단(該團)에 기증하기로 흥행한다더라. (영천)

동아 26.08.21 (4) [내외 유학생 각지에서 대활동] 전주 활사 호성적

누보(屢報) - 광도고학생장학회의 고국방문순회활동사진대는 전주에 내도(來到)하야 지난 십삼, 사양일에 전주극장에서 상영한바, 예상 이외의 만장(滿場) 성황을 이룬 동시 관람객에게 다대(多大)한 흥취를 갓게 하엿스며 즉석에서 사회단체와 유지 측으로부터 불소(不少)한 동정금이 답지하야 호성적으로 일우고 무사히 폐회하엿다더라. (전주)

매일 26.08.21 (3), 26.08.22 (3), 26.08.23 (3), 26.08.25 (3), 26.08.26 (3) 〈광고〉 [연예안내]

예고가 없는 외 조선일보 8월 21일자 단성사 광고와 주요 내용 동일

조선 26.08.21 (석2) 〈광고〉

팔월 이십일일부터 대공개

요금 삼십 전 이십 전

　　　　이십 전 십 전

◆ 유 사 제공 셀즈닉 특작 순정극

북국정화(情話) **금색의 허위** 전육권

가장 간단하고도 파란곡절이 만흔 영화!

청춘의 순정을 고조한 비곡

◆ 유 사 제공 랫앳 특작대활극

기자(記者)로맨스 **맹호의 소성(嘯聲)** 전오권

쑈시 래킨 씨 주연

◆ 유 사 독특 센추리 대희극

요절요절 **밧드러 총!** 전이권

우습고도 그럴 듯! 허리 분지르기 쏙 알마즌 희극!

◆ 유 사 제공 랫앳 대연속

제육회 **명탐정 싼다스** 종편 전육권

특별예고

대비곡 **뷔너스의 궁전** 전육권

서정소곡(小曲) **아임호스의 일야(一夜)** 전칠권

대연속 **절해의 위난** 삼십권

자동차대경주 **가주(加州)를 향하야** 전구권

대비극 **공작의 날개** 전구권

유 사 폭쓰 영화 **단성사**

전 광 구오구번

팔월 이십일부터 사진 차환

실사 **폭쓰 주보** 전일권

폭쓰 영화 희극 **명탐정 왕** 전이권

폭쓰 화(畵) 희극 **원숭이목수** 전이권

미국 윌니암폭쓰 회사 특작영화

거성 존-길루비트 씨 주연

사회극 **팔여가는 사나회** 전육권

미국 폭쓰 초특작 명화

희극왕 돔믹쓰 씨 주연

대희활극 **의기충천** 전육권

활극 중 활극! 모험 중 모험, 희극 중 희극

특별대할인

계상 대인 삼십 전 소인 이십 전

계하 대인 이십 전 소인 십 전

구주영화 봉절장 **우미관**

전 광 삼구오번

조선 26.08.21 (조1) 하기 위생강연 / 활사 무료공개

황해도 백천(白川)읍 은천(銀川)면사무소 외 팔 단체 주최로 거 십사일 하오 팔시부터 백천공보교장에서 하기위생강화 급(及) 활동사진을 무료공개하얏는데 정각 전부터 운집하는 관중은 무려 삼천 명에 달하야 인산인해를 일우엇는대 *본평태(*本平太) 씨 개회사를 비롯하야 공*정**(公*丁**) 씨의 위생강연이 잇섯다는대 순서를 짜라 성황을 정(呈)하얏다더라. (백천)

조선 26.08.22 (석1), 26.08.23 (조3), 26.08.24 (석1), 26.08.25 (조4) 〈광고〉

8월 21일자 단성사 광고와 동일

매일 26.08.22 (3) 지하(志賀) 박사 지나(支那)에 조선위생영화 소개 / 북경에 열니는 의학 회의에 / 총독부 위원장이 참가한다.

지나 위싱 고문(支那 衛生 顧問)이 된 경성제대 의학부장(京城帝大 醫學部長) 지하박사(志賀博士)는 이십팔일 경성역을 츌발하야 북경으로 향하얏는바 박사는 북경(北京)에셔 개최되는 록크페라 대학 (大學) 의학회의(醫學會議)에 츌석하기로 되엿다. 그 회의는 지나 의학계의 권위로 지나의 위싱시설 (衛生施設)의 근본을 결정하는 것인대 이 회의에 죠선에서 츌석하기는 이번 박사가 처음이며 더욱 박 사는 이번 지나 여힝을 긔회로 하야 조선의 위싱시설을 지나에 소개하고자 죠선의 위싱시설의 「필 림」을 여러 권 가지고 지나의 참고에 공하고자 한다더라.

조선 26.08.22 (석1), 26.08.23 (조3), 26.08.24 (석1), 26.08.25 (조4), 26.08.26 (석2) 〈광고〉
8월 21일자 우미관 광고와 동일

동아 26.08.24 (4) [내외 유학생 각지에서 대활동] 김제 순활(巡活) 성황
재일본 동경김제학우회에서 금반 하기 휴가를 이용하야 지방 발전에 만일(萬一)이라도 돕고저 당지 동아일보 지국 후원하에 하기순회영사단을 조직하야 가지고 군내 각처를 순회한다 함은 기보(旣報) 한 바어니와 당회(當會)에서는 지난 이십일일에 그 첫 막을 당군(當郡) 백산(白山)면 백석(白石)공보 교 구내에 열엇는데 관중은 남녀 합하여 일천오백여 명에 달하야 실로 전무한 대성황을 일우엇다 하 며 당회에서 의연(義捐)한 유지(有志)는 다음과 갓다는바 그 순회 일정은 아래와 갓다더라.
(이하 의연금 명부는 중략)
◇ 순회 일정
백산면 입(卄)일일 ▲ 청하(靑蝦)면 입이일 ▲ 만경(萬頃)면 입삼일 ▲ 김제면 입사일 ▲ 월촌(月村)면 입오일

동아 26.08.24 (4) 신극협회 / 개성서 조직
오래동안 해외에서 문예에 만흔 포부를 가지고 예술을 연구하고 금반에 귀국한 김광원(金光源) 씨는 자기의 고향인 개성에서 예술운동 선상에 실제적으로 나서서 여러 동지를 모아 원대한 계획으로 신 극협회를 조직하고 만반의 준비를 착착 진행 중이라는데 장차로는 예술에 굼주린 우리 조선사회에 만흔 공헌이 잇스리라 하며 준비의 완성을 짜라 제일회 공연을 하리라는데 일자는 추후 발표한다 하 며 동회의 주요 간부는 아래와 갓다더라. (개성)
김광원 황덕흥(黃德興) 박준수(朴俊秀) 윤혁(尹赫) 최천(崔天)

조선 26.08.24 (조1) 단천(端川)에 위생전람회
함경남도 위생과에서는 단천경찰서와 밋 군청 주최로 지난 십팔일부터 이십일까지 사 일간 예정으 로 당지 공립보통학교 내에다 위생전람회를 개최하엿는대 매일 관람자가 삼천에 달한다 하며 그 모 형 진열과 실물 표본이 예상 외 구비하야 관람자로 하여금 적지 안흔 유익을 준다 하며 더욱이 밤엔 활동사진으로 영사하야 일반에게 실감이 잇게 한다 한다. 그래서 당지 음식점조합과 숙옥(宿屋)조합 에는 읍 두 곳에다 축문까지 세워주어 축의를 표하야 준다더라. (단천)

동아 26.08.25 (3) 고창서 삼덕(三德) 활사

전조선을 순회할 목적으로 출발한 삼덕활동사진단 일행은 지난 십오일에 고창에 도착하야 당군 십칠면을 순회하리라는데 영화비는 매면(每面)에 금 이십오 원식을 해 면내 유지들이 부담하고 일반에게는 무료로 한다더라. (고창)

매일 26.08.25 (3) 세계의 애인 파렌치노 / 마츰내 죽엇다

어엿분 활동사진 남배우로 전 세계의 키네마 판의 인긔의 초점이 되야 세게 녀성의 애인이라는 명성 까지 잇는 파라마운트 배우 「발렌치노」(三〇) 씨는 그간 위독하다는 비보가 들니더니 그는 마침내 배에 수술을 한 결과가 좃치 못하야 마참내 이 세상을 써낫다. 이에 대하야 단성사(團成社) 리구영(李龜永) 씨는 말하되 그는 서력 일천팔빅구십오년 오월 륙일에 리태리에서 츌싱하야 혈통은 전형적(典型的) 리태리 사람으로 부친은 륙군 장교이엇고 그의 싱활은 파란중첩하야 최초의 화가를 지원하엿스나 일우지 못하엿고 직업으로도 못 해본 것이 업다 한다. 일천구빅십삼년 이월 구일에 비로소 미국에 발을 드러놋키 전까지는 역시 이태리에서 멋멋 영화에 츌연한 일이 잇섯스나 보잘것업는 엑스트라에 지나지 못하엿다. 그가 미국 파라머드 사장 릭스키 씨의 도움이 업섯다면 오날과 갓흔 명성을 엇기 어려웟슬 것이다. 전하는 바에 의하면 크리피스 씨가 차저닌 배우라 하나 밋을 만한 것이 못 되며 그의 작품은 전부가 십여 편(명작으로만) 이상이나 그즁 춘희(春姬), 『로미엣과 쥴닛』 갓흔 작품은 죠선에도 온 일이 잇섯다. 최근 유일 공개된 작품은 피와 모릭(血과 砂) 일편 잇다. 사진은 죽은 「파렌치노」 씨

조선 26.08.25 (조1) 광도고학생 / 고국 역방(歷訪) / 활사대 조직 후

일본 광도현에 재(在)한 조선인고학생장려회 주최인 고국방문순회활동사진대가 각지에 흥행한다는 것은 누보(累報)한 바어니와 전기(前記) 일행은 거 이십삼일 당지에 도착하야 동아, 조선 양 지국 후원하에 익 이십사, 오 양일간 군산좌에서 흥행하리라는대 일반인사의 다대한 환영과 동정도 잇스리라더라. (군산)

매일 26.08.26 (3) 신화 전설 「뷔너스」의 궁전 / 이십륙일부터 단성사에 상연

이 영화는 윌리암폭스 회사가 다대한 포부를 가지고 일천구빅이십오년도에 제작 완성한 것인대 내용은 어듸까지던지 신화견설을 존즁하야 그 즁간에 현대편을 교묘히 죠화식혀 노흔 것에 가치가 잇다고 일본의 비평가들은 말하엿다. 더욱이 놀래일 만한 것은 그 배경이 어데까지던지 인조가 아니요 자연 그것을 그대로 사용하엿지만 조금도 장면 내용과 조화를 쎄트리지 안엇스며 순란한 테크늭카라 촬영의 우수한 점은 전일 공개하던 『짠테 지옥편』, 『네로』 이상으로 볼 가치가 잇다고 한다.

매일 26.08.26 (3), 26.08.27 (3), 26.08.28 (2), 26.08.29 (2), 26.08.30 (3) 〈광고〉 [연예안내]

선전문 및 예고 일부 제외된 외 조선일보 8월 26일자 단성사 광고와 주요 정보 일치

조선 26.08.26 (석1) 〈광고〉

만인 기대 중에 예술영화 공개 (팔월 이십육일부터)

삼십 전 이십 전, 이십 전 십 전

◆ 윌리암폭쓰 초특작 천연색영화

고전신화 **뷔너스의 궁전** 전팔권

천고불멸의 대예술영화로 폭스 사가 세계에 자랑하는 명편!

남녀노유(老幼) 업시 다 한 번식 보아두실 가치 잇는 영화임니다

◆ 대윌리암폭스 특작 순정애화

서정소곡(小曲) **리임호스의 일야(一夜)** 전육권

메이아리손 양 주연

토마스 썍구 씨의 소품집 아리호스의 일야에서

취재 각색한 서정소곡

◆ 대윌리암폭스 작품

향토극 **무언의 증거** 전오권

눈물 잇고 사랑 잇고 활극 잇는 자미잇는 영화임니다

◆ 폭스 독특 센쉰 대희극

진묘무류(珍妙無類) **엉터리 극단** 전이권

=급고(急告) 불일(不日) 공개 예정=

호접(蝴蝶)의 자매편 **공작의 날개** 전구권

자동차경주희활극 **가주(加州)를 향하야** 전구권

최대웅편 **아이얀호오스** 전십이권

대비곡 **겨울이 오면** 전십권

유 사 폭쓰 영화 **단성사**

전 광 구오구번

조선 26.08.26 (조3) [신영화] 대윌리암폭스 초특작영화 / 고전新話[214] 뷔너스의 궁전 전팔권 / 팔월 이십육일부터 단성사에서 상영

본 영화는 윌리암폭스 회사가 『쌘터 디옥편』 『네료』 이 두 작품을 완성한 이후 여러 가지 경험과 포부를 싸허가지고 일천구백이십오년도에 제작한 작품으로 현란한 장면, 아름다운 데그내크 카라 촬영 가튼 것은 족히 써, 전긔 두 작품을 능가할 만하다 한다. 내용은 고대 희랍신화 중에서 취재하야 각색한 것인데 가장 볼만한 장면은 *중 선녀들의 춤추는 광경, 『큐빗트』의 출현 쏘는 이 신화와 근대를 훌륭히 됴화식힌 점이라던지 순진 무오한 녀성의 사랑을 묘사한 수법의 고상한 점 등 모도가 남을할

---

214) '神話'의 오식으로 보임.

곳 업는 작품이다.
(사진은 뷔너스의 궁전의 한 장면)

조선 26.08.27 (조3) 최근 조선 영화계(一) / 흥행계 제작계 / 이구영

요지음 조선영화계는 전혀 암흑시대와 가티 질덩하기 어려운 암류(暗流)에 싸혀 여러 가지 쯧밧긴 일이 종출(踵出)하는 것은 아마 아시는 분은 아실 것입니다.

그런데 말입니다. 이 사실이 결코 깃버할 현상이 아니요, 도저히 그대로 지내가기 어려운 전혀 영화계 생긴 이후의 기현상이요, 또한 가장 슯허할 만한 사실임에는 내남업시 다 가티 주목하지 아늘 수 업습니다. 이왕 이약기를 쓰냇스니 그 진상이나 분명히 말삼해 보겟습니다.

첫재는 검열요금 문제라는 것입니다.

당초 이 검열요금이라는 것은 당국에서 금년 사월경 비공식이나마 이러한 결정이 잇섯든 모양인데 일반 흥행자들은 설마 그럴 리야 잇슬라고 하고 마이동풍으로 무심히 지내여온 모양임니다. 그리다 가 이것이 사실화하고 보니까 그제야 쌈작 놀라 전조선 흥행자들은 결의문을 작성하느니 탄원서를 제출하느니 하여보앗스나 아즉것 아모 효과도 보지 못한 모양이다. 검열요금을 밧게 된 것은 신 재원 을 엇는 것도 한 원인이 되겟스나 결국은 이것은 사회정책상의 한 방법이 될는지도 알 수 업스나 조선의 현실에 잇서서는한 아즉 의문이 됩니다.

그리고 이째까지 영화검열은 경기도 경찰부에서 해나려오는 것인대 갑작이 총독부로 옴기게 된 것은 길게 설명치 안아도 활동사진이 지금에는 다만 오락으로서만 중요시하게 된 것이 아니요, 사상선전에도 서적 이상으로 직접 밋치는 영향이 큰 것과 일본과는 그 사정이 다른 조선이라는 그들의 주견(主見)과 쏘는 영화검열 불통일로 인하야 이러나는 여러 가지 폐해, 검열에 대한 일정한 표준이 업슴으로 이러나는 불공정 등이 몃 가지 원인에 잇슨 줄로 암니다.

그러나 생각할 것은 영화검열이 통일되고 쌔* 모든 것이 편리하여젓다고만 깃버할 것이 아닙니다. 삼 메돌의 오 전이라는 요금이 붓는 거긔에 직접 관계자될 일반 극장에 엇더한 영향이 밋칠가 하는 거긔에 깁히 고려할 여지가 잇지 안을가 합니다.

조선 26.08.27 (조3), 26.08.28 (조3), 26.08.29 (조3), 26.08.30 (조3) 〈광고〉

8월 26일자 단성사 광고와 동일

조선 26.08.27 (조3) 〈광고〉

팔월 이십칠일부터 신사진 제공

실사 **폭쓰 시보** 전일권

미국 파데 회사 특작

하로루도-로이도 씨 주

대소극 **대인기 로이도** 전육권

미국 윌리암폭쓰 회사 특작품

명우 박크-존쓰 씨 대역연

서부대활극 **황마(荒馬) 우주를 박차고** 전칠권

미국 윌리암폭쓰 회사 대특작품

명우 오-빌캘트웰 씨 주연

대활극 **암야(暗夜)의 신호** 전칠권

오후 칠시 반 개연

특별대할인

계상 대인 삼십 전 소인 이십 전

계하 대인 이십 전 소인 십 전

구주영화 봉절장 **우미관**

전 광 삼구오번

동아 26.08.28 (4) 기념 활사(活寫)와 운동

거창청년회관 낙성 축하 기념으로 이십이, 삼 양일 활동사진 영사가 잇서 매야(每夜) 관람자 육, 칠백 명 이상의 대성황을 이루엇스며 동 이, 삼, 사, 오, 사일은 연하야 남선(南鮮) 정구 급(及) 축구대회를 개최한 바 각 단체의 장쾌한 분투하에 원만히 축하의 종막을 고하엿스며 동 성적은 여좌(如左)하다. (이하 축구대회 성적 생략)

동아 26.08.28 (4) 군산 활사 성황

누보(屢報) - 광도 조선인고학생장학회의 고국방문순회활동사진대는 거 이십사일 군산에 도착하야 조선, 본보 양 지국 후원하에 동일 급(及) 익일 양일간을 군산좌에서 흥행하엿다는데 일반 유지의 다대한 동정으로 대성황을 정(呈)한 후 동 일행은 이십육일에 이리로 향하야 출발하엿다더라. (군산)

조선 26.08.28 (조3) 최근 조선 영화계(二) / 흥행계 제작계 / 이구영

듯는 바에 의하면 경성 안 각 일선인(日鮮人)극장의 경제상태는 이, 삼관을 제외하고는 전혀 경영난에 빠저 잇다 합니다. 쏘한 수지상태는 여간 참혹하지 안타합니다.

업친 데 덥친 데로 또 새로히 매『푸로그람』팔십 원 이상 내지 일백 원이란 *용이 증가된 지금의 각 극장 형편은 말할 것도 업습니다.

그런데 지금에 와서 당국자는 비밀리에 각 극장 정세를 조사 중에 잇스며 형편에 싸라 요금을 *분간 감하할 *향이라 하니 왈가왈부는 엇지 되엿던 조흔 편으로 해결되기나 희망합니다.

이 문제로 인하야 각 흥행자 측 대 사진공급자 혹은 각 配給이會社사에도[215] 적지 안은 알*이 생긴 사

---

215) '配給會社 사이에도'의 오식으로 보임.

실이 또 한아 잇슴니다. 그것은 다른 것이 아님니다. 이 검열비용은 누가 내겟느냐? 하는 문제를 당연 극장 측에서는 쓰냄즉한 일이겟지요. 이것은 영화회사에서 지출할 것이 아니다, 우리는 이미 내무성에서 검열료를 내인 것이니 다시 조선에서 낸다는 것은 이중과세가 아니냐? 이것은 총독부가 무리다. 그리고 하여간 이것을 회사에서 부담한다면 무엇으로던지 사진요금 중에서 이것을 우리는 제할것이다.』 이와 가튼 반 위협에 갓가운 말을 흥행자에게 한 사실까지도 잇다 함니다. 그러타고 이것이 순전히 흥행자 측에서만 부담한다는 것은 무리라 하야 이리하야 문제는 여러 차례 거듭되엿다가 결국은 회사 측은 전혀 상관치 안엇고 대개는 개인적으로 자기 이익 중에서 전액의 반분식을 부담하기로 된 모양갓슴니다. 그런대 말임니다 일본의 내외 각 영화회사는 검열요금 문제에 대하야는 전부가 방관적 태도를 취하고 잇슴에는 직접 이해가 밋칠 것을 두려한 모양임니다. 엇지되엿던 직접으로 이 문제에 상관하기를 피하얏다는 것은 전혀 책임회피라 아니할 수 엄슴니다. 이에 대하야 일본 영화 언론기관도 역시 그 경과를 간단히 기재하엿슬 쑨이요, 전체로는 방관적이엿슴니다. 그중에 오즉 흥행 신문이 이 문제를 들어 각 영화회사의 방관적 태도를 비난하엿스며 결국은 간접으로도 이 영향은 각 회사에 밋칠 것이며, 밋치지 안는다 하더라도 동업으로서는 최선의 노력을 다하야 해결책을 강구하는 동시에 절대의 후원이 필요하다는 사설을 기재하엿슬 쑨임니다.

조선 26.08.28 (조3), 26.08.29 (조3), 26.08.30 (조3), 26.08.31 (석1) 〈광고〉
8월 27일자 우미관 광고와 동일

동아 26.08.29 (2) 야외 활동사진 / 경성부 주최로 영사
경성부(京城府)에서는 위생 선전과 부민 위안을 하기 위하야 아래와 가튼 시일 당소에서 야회 활동사진을 한다더라.
▲ 구월 일일 용산 삼각지 ▲ 구월 이일 마포 ▲ 구월 육일 서대문 향상(向上)회관 ▲ 구월 칠일 어의동(於義洞)보교 ▲ 구월 팔일 동대문 외 가축시장
(매일 오후 팔시 반 시작)

동아 26.08.30 (4) 김제 활사 종막
재동경김제학우회 주최 본보 지국 후원인 하기순회영화단은 도처마다 대성황을 이루던 중 지난 이십오일 밤에는 월촌(月村)면에 도착하야 연정(蓮井)리 김석곤(金錫坤)정미소 구내에서 김윤기(金允基) 씨의 개회사로 비롯하야 천여 관중이 모힌 중에 영화는 시작되야 인산 사진, 장화홍련전 등을 상영하야 적지 아니한 늣김을 주고 금반 순회영화회의 종막을 고하엿다는데 최초에는 김제군 내를 통하야 십개소를 순영할 계획이엇든 것이 신학기가 임박한 관계로 부득이 월촌면에서 마치엿다는바 당회(當會)의 금번 이 사업은 전혀 그 학우회의 간부 장준석(張準錫), 윤제술(尹濟述), 곽하진(郭夏鎭), 김종기(金瑽基), 곽병문(郭秉文) 등 제씨의 활동에 의함이라 하야 일반의 칭송이 부절(不絶)한다더라. (김제)

매일 26.08.31 (3) 원산의 영화의 석(夕) / 본사 독자 우대회 / 사진은 전부 자미잇는 것뿐 / 변사는 경성 서상필 군 일행 / 본사 원산지국 주최

본사 원산지국(本社 元山支局)에서는 금번 경성 단성사 활동사진순업부(團成社 活動寫眞巡業部) 서상필(徐相弼) 일힝의 릭원을 긔회 삼아 금 삼십일일부터 이 일간 동락좌(同樂座)에서 지국설치 긔념 독자위안회(支局設置記念讀者慰安會)를 개최하기로 되엿는데 영사할 사진은 우리 죠선사람으로서는 길게길게 이치지 못할 고 리왕젼하의 국장실사(國葬實寫) 세 권과 한 만코 눈물겨운 장화홍련젼 여덜 권 외 자미잇는 사진 삼, 사 종인바, 국장실사로 말하면 지난번에 당지에서 영사한 일이 잇스나 그것은 습의(襲衣) 사진에 불과하얏슴으로 이번 사진이야말로 참으로 일반 시민의 갈망하든 바에 어긔업는 만족을 드릴 줄 밋는 터이며 입쟝료는 보통 대인(大人) 오십 젼과 소아(小兒) 삼십 젼을 본보 독자에 한하야(란외의 활인권을 쎼어가지고 오는 이) 대인 이십오 젼, 소인 오 젼으로 *인하오니 시내 일반 독자는 다시 맛나기 어려운 이번 긔회를 놋치지 말고 다수히 관람하기를 바란다더라. (원산)

매일 26.08.31 (3), 26.09.03 (3), 26.09.04 (4), 26.09.05 (4) 〈광고〉 [연예안내]

선전문, 일부 제작진 제외된 외 조선일보 8월 31일자 단성사 광고와 주요 정보 일치

조선 26.08.31 (조2) 수백 군중이 극장 습격 / 일시 형세 위급 / 원인은 방금 됴사 중

황해도 장연읍(黃海道 長淵邑)에 본부 둔 황*자동차부에서는 연선 각디를 방문하야 납량영사를 할 차로 지난 이십사일에 풍천에 도착하야 모든 준비를 다한 후 그날 밤 여덜 시부터 영사를 시작하엿든 바 시작한 지 삼 분도 못 되야 삼, 사백 명의 군중이 가설극장에 쇄도하야 고함을 질르며 모래를 쎅리고 돌을 던져 휘장* 씻는 등 살풍경의 광경이 이러나 결국 영사를 중지하여엇다는데 일시는 형세 심히 위험하야 경관들도 수수방관하엿섯다는데 그 원인은 방금 됴사 중인바 일설에 의하면 수년 전 풍천청년들이 소인극단을 조직하야 가지고 장연에 왓섯슬 쎄는 별로 큰 환영이 업섯다가 자동차부의 영사는 대환영을 한다고 그의 반감을 가지고 그리함인 듯하다는 말이 잇다더라.

조선 26.08.31 (조3) 〈광고〉

만인 期行[216] 중에 쑤엘 백표(白表) 영화 공개
(팔월 삼십일일 낫부터)
◆ 유 사 이십오육년 초특작 쥬엘 영화
호접의 자매편 **공작의 날개** 전구권
쎄큐린 로갯 양 주연
이 영화는 미국의 장한몽이라 하겠습니다
이 이상에 더 자세한 설명은 그만두겟습니다

---

216) '期待'의 오식으로 보임.

전일 공개된 『발명의 영관』 『직업부인』 『오리 기르는 녀성』 『호접』

갓흔 명화 중에서도 가장 걸출한 영화로 현대사람으로

더욱이 결혼 전후의 녀성들과 청년 신식 며누님을 두신 분네는 한번

보시기를 권합니다

◆ 유 사 제공 로엘 영화

윌리암 럿셀 씨 제작품

대희활극 **괴력무쌍** 전육권

◆ 유 사 독특 센추리 대희극

눈알이 팽팽 도네 전이권

◆ 유 사 **국제시보** 전일권

=급고 불일봉절=

자동차 경주 대희활극 **가주(加州)를 향하야** 전구권

영화의 일대 서사시 **아이언호스** 전십이권

대비곡 **겨울이 오면** 전십일권

대경마극 **한마(悍馬)분노** 전십일권

유 사 폭스 영화 **단성사**

전 광 구오구번

조선 26.08.31 (조3) [신영화] 유 사 쭈엘 입(卄)오육년도 삽백표(卅白表) 걸(傑) 영화 중 일 / 호접의 자매극 공작의 날개 전구권 / 삼십일일부터 단성사에서 상영

현대 녀성의 약점인 허영과 명예욕을 속임 업시 파탈하여 노흔 작품으로 거기에 진순무오한 청년작가의 애끗는 사랑, 재산과 명예를 자랑하는 신사의 허위덕 생활! 이 가운데서 공작의 날개와 가티 교태를 자랑하며 호화를 쑴꾸는 한 녀성이 가난한 청년과 모르고 결혼한 뒤에 다시 그 가뎡을 쩌난 후 여긔에 쌔닷지 못하던 참된 사랑에 이쓸니여 농촌의 촌부인이 되여 참된 행복을 엇는다는 것이 본 영화의 줄거린데 조곰도 과장과 허위가 업는 됴흔 영화다.

그리하야 본 영화는 「직업부인」이나 「호접」에 비길 사진이 아니라고 유니바살이 성대히 선던하던 작품이니 만큼 그만한 가티는 잇는 모양이다.

(장면은 공작의 날개 중의 한 면)

조선 26.08.31 (조3) 최근 조선 영화계(三) / 흥행계 제작계 / 이구영

둘재로는 요금 감하의 시비입니다. 왜 별안간 시내 영화관이 요금을 감하하엿슬가? 하는 의심이 업지 안흐실 것 갓습니다. 실상인즉 단순한 영업상 경쟁으로 말미암아 일어난 것이 주요 원인이라고 말하겟지요. 그러키로서니 새로운 경비가 쏘 한아 늘게 된 이째에 요금 감하란 넘우도 기괴하지 안은가? 하고 이야말로 그 진상을 알아낼 필요가 잇지 안을가요. 듯건대 이 요금 감하로 말미암아 이대노

만 계속해 나간다 하면 피차업시 각 관은 그대로 문을 닷고야 만다고 합니다. 그러면 이것이 결국 관객 쟁탈의 수단이 아니라 자기들의 *기(*期)를 자초하는 **가 아니고 무엇이라 할가요? 쑨만 아니라 이러한 무모의 **을 시작한 관의 말을 듯건대 최후수단으로는 오 전, 이후에는 무료공개까지라도 하겟다는 선언을 드럿슴니다. 관객 편으로 대단 조흔 일이나 그러나 이것은 **가는 말이겟지요만은 하여간 큰 문제라 아니할 수 업슴니다. 입장료가 싸면 보는 우리는 물론 좃슴니다. 그러나 이것도 영업인 이상 손해도 정도 **임니다

결국 경영을 지지(支持)하지 못할 지경에 이르도록까지 이러한 경쟁을 지속할 수는 업는 것이 사실임니다. 그러면 이것이 도모지 영속하지 못할 일시적 현상에 불과함니다.

9월

동아 26.09.01 (4) 환등, 음악 성황

북청청년회연합회에서는 지난 이십칠일 하오 팔시부터 경주고적환등회를 동 회관 내에 개(開)하고 익(翌) 이십팔일 하오 팔시부터 음악대회를 개최하엿다는데 양일은 천여 관중이 회집한 대성황리에 종료하엿더라. (북청)

매일 26.09.01 (5) 〈광고〉 축 이십주년 기념

경성부 수은동
모범 활동사진 상설
단성사
전화 광화문 구오구

매일 26.09.01 (6) 〈광고〉 축 매일신보 이십주년 기념

경성부 무교정
한성권번
전화 二○三번

한남권번
전 광화문 일일이구

조선권번
전 광화문 일구구번

매일 26.09.02 (3) 서양의 장한몽 단성사에 상영

거월 삼십일일부터 시내 단성사에서는 근리에 보기 드문 영화 『공작의 날개』란 아홉 권 사진을 상영하게 되엿는데 그 영화로 말하면 우리 됴선 영화계와 가장 깁흔 인연을 가지고 잇는 미국 유니바아살 회사가 일천구빅이십오년도에 제작한 것으로 감독으로는 구라파에서 명성이 놉은 정말 명감독 「스

벤까데」씨가 미국에 건너가 유 사에 입사 후 셋재로 제작 발표한 영화이며 「쮸린 로갠」 양 「커틴린 틔스유카스키」 (로서아 후작) 씨 등 스패실 캐스트를 가진 쑤엔 삼* 빅표(白表) 걸작품이라고 전하는 대 내용은 맛치 장한몽과 다름 업는 줄거리를 보여준 작품이라더라. (사진은 『공작의 날개』의 사랑을 숨쑤는 장면)

동아 26.09.05 (4) 남원 활사 성황
누보(屢報) = 재 광도현 조선인고학생장학회 고국방문순회활동사진대는 거월(去月) 이십칠일에 남원에 도착하야 남원청년회, 태평(太平)상회 후원으로 동 이십팔, 이십구 양일간 가설극장에서 흥행케 된바 일반 유지의 열렬한 동정으로 대성황을 정(呈)하엿다는데 동 일행은 삼십일 강경을 향하고 출발하엿다더라. (남원)

매일 26.09.05 (3) 「바렌치노」 영화
세계 영화배우(映畵俳優) 중에 제일 미남자(美男子)라고 일홈이 넙허 수만흔 영화 팬 그즁에도 녀자 팬들의 사랑과 환호를 한 몸에 실고 잇던 「아돌프 바렌치노」 씨도 아름다운 용모와 란숙한 예술을 버리고 죽엄의 압헤 굴복하고 만 것이다. 그가 죽엇다는 소식이 한 번 세상에 돌자 얼마나 만흔 녀배우(女俳優)가 남몰래 한숨을 쉬고 *앗겨 하엿슬가? 그의 싱전에 수만흔 작품이 얼마나 큰 환영을 밧앗슴을 보아도 미루어 짐작할 수 잇는 것이다. 이 사진은 벌서 이 세상 사람이 안인 「바렌치노」 씨가 근 릐의 불평판(不評判)을 한 번에 회복하고자 비장하고 필사적인 노력으로 제작한 것으로 아마 지금쯤은 각 처에서 봉절될 것이니 원명(原名)은 『듸아굴』이라는 것이다.
내용을 보면 재료를 구라파의 엇던 왕국(王國)에서 취하야 음탕한 녀왕(女王)을 즁심으로 하고 「바렌치노」는 아름다운 근위사관(近衛士官)으로 분장한 것이다. 음탕한 녀왕의 쥬위에 어울녀 잇는 에정 싱활에 얼마나 순탄한 장면을 보힐는지 아마도 「바렌치노」의 최후의 작품임이 분명하다.

매일 26.09.06 (3) 계림영화 산채왕
계림영화협회(鷄林映畵協會)의 제이회 작품으로 대시대극(大時代劇) 산채왕(山寨王)을 제작 즁인 것은 일반이 임의 다 아는 바이어니와 이계 거의 완성되야 불일간 단성사에서 봉절 상영할 터인바 사진은 그 즁에 산즁에서 대란투를 하는 장면이다.

△ 산채왕

동아 26.09.07 (1) [횡설수설]
… ◇ 미국서는 상항(桑港)[217]을 비롯하야, 극장음악사가, 전국적으로 총파업을 개시하엿슴으로, 도처

---

217) '샌프란시스코'의 한자 표기.

에서 희비극이 연출 중이라고. 그 장면의 배우는, 경찰일 터이지.

동아 26.09.07 (4) 인천 독자 위안 활사 무료 공개 / 본보 인천지국 주최

본보 인천지국에서는 독자 위안을 위하야 금 칠, 팔 양일간 당지 신정(新町) 표관(瓢舘) 활동사진을 무료 공개하기로 한바, 독자에게는 입장권을 배부할 터이라는대 장내 정리를 하기 위하야 하족료(下足料) 십 전을 요한다 하며 당일 영사할 사진 중에 주요한 것은 아래와 갓흔 명작품이라더라. (인천)

一, 후옥쓰스 작품

희활극 천하의 명물남 (전팔천척)

一, 아나부라사스 사 초특작

일구이육년도 제일회 작품

맹견활극 사선을 넘어 (전팔천척)

一, 마기노프로덕순 특작품

소년구극(舊劇) 사소옥(寺小屋)소동 (전칠권)

매일 26.09.07 (3) 상항 음악사 파업 / 전국 흥행계에 파급 / 공휴와 임금이 원인

미국 상항(桑港)과 그 부근의 극장(劇場)에서 근무하는 음악사(音樂士)들은 수일 전부터 동밍파업을 하얏는대 점차로 파업이 확대되야 「로쓰안젤」과 「씨카코」까지도 만연되여서 무대 전긔긔사(舞臺 電氣技師), 활동사진 긔사(活動寫眞 技師)들도 동정파업(同情罷業)을 하게 되엿고 미일 밤에 시위힝렬(示威行列)을 하야 파업을 배반하는 자를 구타하는 등 점차로 악화되야 가는 즁이요, 지난 사일 밤은 젼 미국의 극장 음악사에 대하야 젼 미국 음악사 대회장 「웨-버-」 씨는 동정파업을 명령하엿다는대 파업의 원인은 일쥬일에 하로식 공휴일(公休日)을 줄 일과 일주일에 사불(四弗)식 금료를 올니여달나는 것인바, 이에 대하야는 상항시장(桑港市長)이 극력 죠정 즁이나 아즉 해결을 엇지 못하엿다더라. (상항전보)

매일 26.09.07 (3) 〈광고〉

八月[218] 육일 봉절 (밤은 칠시 반 낮은 영시 반) 시영

유 사 특작 쌜유스틱 서부극

통쾌무비 **맹용맥진(驀進)** 전오권

유 사 제공 쎄드윅 특작품

고도정화(孤島情話) **열풍의 아릐에** 오권

유 사 제공 릐앳 특작품

대희활극 **엉터리 치료** 오권

---

218) '구월(九月)'의 오식으로 보임.

유 사 특작 센츄리

대희극 **아즉은 일녀** 이권

유 사 **국제시보** 전일권

단성사

매일 26.09.08 (3) 십팔 세 된 광무대 / 흥행왕 박승필 씨 / 특별 무료권도 첨부

◇ 죠선의 연극장 중의 원조가 되는 광무대(光武臺)는 고 민영환(閔泳煥) 씨가 고종 태황제의 칙명을 밧드러 민즁교화의 새 사업을 하고자 세운 이릭 츄월즘* 십팔 성상을 지내와 이제 그 긔념흥힝을 하게 되얏다.

◇ 광무대가 싱기며부터 세상의 비소도 도라보지 안코 민즁예술에 새로운 광명을 달관한 박승필(朴承弼) 씨는 동대문 안에서 다시 광무대를 황금정으로 옮겨 세운 후 만고풍상을 거듭 지나 이계 세상에서 박승필 씨에게 조선의 흥힝왕의 찬사를 쥬게 되니 십팔 년 긔넘을 당하야 더욱히 박승필 씨의 공헌은 빗나는 것이다.

◇ 박씨는 특히 광무대 십팔년 긔넘 흥힝으로 금 팔일부터 삼 일 동안 구파 신파 련합 흥힝을 한 후 이층은 이십 전, 하층은 십 전의 렴가를 맛은 우에 다시 그 표를 사신 이에게는 무료 입쟝권 한 쟝식을 더 첨부하야 광무대를 사랑하야 오늘까지 길너준 시민 졔씨에게 미층을 표현한다더라. (사진은 박승필 씨)

△ 박승필 씨

동아 26.09.09 (6) 〈광고〉

조극(朝劇) 개관은 구월 구일

이 날을 기억하여주십시오

우리의 손으로 직영하는 날입니다

개관 벽두의 초특선 영화 공개!

◎ 미국 바이다크랩 사 희활극

모험통쾌 **선풍(旋風) 라리-** 전삼권

질풍과 가치 비약하는 선풍 라리-의 용자는 다몬 경이! 경이!

◎ 대 파라마운트 사 특작 영화

해양대활극 **해투천리(海鬪千里)** 전팔권

"Code Of The Sea"

쾌남아 롯트라 · 롯크 씨 맹연

◎ 와나부라자스 사 초특작 영화

대속력비활극(飛活劇) **쾌주(快走)백만리** 전칠권

"Red Hot Tires"

비장(飛將) 몬듸-·부류- 씨 활약편

오십리! 육십리! 놀랠만한 대속력

자동차 오도바이 기차 비행기!

함부로 돌관(突貫)하는 속력은 날느는 제비보다도 쌔름니다!

보시라!! 전대미문에 이 아슬아슬한 활극을?

오래 동안 여러분을 그리웟다 마즈려는 우리 조극으로

특별 대예고

문제의대활극 **원수를 처라**『내주 봉절』

세계적대명편 **해(海)의 야수**『불원(不遠) 봉절』

조선극장 인사동 (전 광 二〇五)

매일 26.09.09 (3) 〈광고〉

9월 7일자 단성사 광고와 동일

매일 26.09.09 (3), 26.09.10 (3), 26.09.11 (3), 26.09.12 (4), 26.09.13 (3), 26.09.14 (3), 26. 09.15 (3) 〈광고〉 [연예안내]

선전문, 원제, 예고 제외된 외 동아일보 9월 9일자 조선극장 광고와 주요 정보 일치

동아 26.09.10 (2) 조선극장 개관 / 작일 밤부터 개관

시내 인사동 조선극장(仁寺洞 朝鮮劇場)은 조천(早川)이라는 일본인이 경영을 하야 마츰내 경영난으로 지난 하순부터 폐관을 하고 잇든 중 동관 주임 해설자 김조성(金肇盛) 씨의 진력으로 동씨의 경영 하에 작 구일 밤부터 개관하엿다는바, 미국의 유명한 회사들과 특약을 해가지고 전혀 활동사진관을 위한 흥행을 하기에 노력하리라더라.

동아 26.09.10 (6), 26.09.11 (4), 26.09.12 (1), 26.09.13 (2), 26.09.15 (6), 26.09.16 (2) 〈광고〉

9월 9일자 조선극장 광고와 동일

매일 26.09.10 (3) 〈광고〉 [연예안내]

건국적 대대공개 서사시편 (구월 십일부터)

윌리암폭스 초특작 대웅편

미국건설대서사시 **아이언호스** 십이권

명화(名花) 맛지 페라미 양 주연

대미국 대륙 횡단 *차(車) 개척사로

일폭(一幅) 애국시(詩) 건국적 의열에 타는 열혈사극

윌리암폭스 이오년도 초특작품

운명비곡 **성자(聖者) 엘모** 전칠권

폭스 독특 썬쉰 대희극

요절々々 **낭패로군** 전이권

단성사

매일 26.09.11 (3), 26.09.12 (4) 〈광고〉

9월 10일자 단성사 광고와 동일

매일 26.09.11 (3) 맹휴(盟休) 중의 배우학교 / 량쪽에 찟기는 명성(明星) 김수련(金睡蓮) 양 / 공연을 더듸 한다고 학생들이 이의 제출

◇ 동대문 밧 창신동(昌信洞)에 잇는 죠선배우학교(朝鮮俳優學校)에서는 요사히 교사 겸 경영자인 현텰(玄哲) 씨와 학싱 사히에 의견이 틀니는 졈이 잇서서 학싱들은 마참내 동밍휴학을 단힝하얏다고 한다.

◇ 본시 이 배우학교에는 남자 학싱 십오 명과 그 외에는 김수련(金睡漣)(一八)이라는 녀배우가 잇서서 최근 『인싱은 초로갓다』는 비극을 공부하는 즁 마참내 이 가튼 불상사를 보게 된 것이라는대

◇ 본시 이 김수련 양은 일즉이 토월회(土月會)의 명성(明星)으로 쏫다운 재조를 무대에 펴노타가 불힝히 토월회가 휴힝을 하게 되자 현텰(玄哲) 씨의 지도를 밧고자 배우학교에 적을 두어 무대 예술을 연구하야 왓든 것이다.

◇ 그러나 현텰 씨는 아즉 배우들의 기량이 공연을 하기에는 일다는 주장을 하얏고 학싱들은 『다른 리유가 업는 이상 수년식 공부를 하야온 사람도 잇스니 그대로 공연을 해도 좃치 안느냐』 하는 고집이 자라나서 마침내 사졔 간의 사히는 버러져 동밍휴학까지 하기에 이른 것이라고 한다.

◇ 동밍휴학을 한 뒤의 정세는 아즉 쌍방이 시기만 보고 잇는 모양이나 요컨대 현텰 씨가 자긔의 주장을 끗내 잡게 되는지 학싱 측에셔 일즉 츌연을 하게 되던지 죠선에서는 돈보다도 엇기 어려운 것은 녀배우이라

◇ 외눈이 부쳐 갓튼 녀배우 김수련 양에게 그 명믹이 달닌 형편이라 수련 양이 만일 학싱 편에 기울면 현텰 씨는 하는 슈 업시 제자를 일케 되는 동시에 녀주인공을 어든 제자들은 김수련 양을 즁심으로 무슨 형식으로든지 극단을 쑤며 공연을 하겟고

◇ 김수련 양이 만일 현텰 씨에게 가담하게 되면 어차피 학싱들은 상당한 녀배우를 새로히 구하기까지는 공연을 하지 못하게 될 지경이라 결국 이번 배우학교의 분규를 해결할 열쇠는 김수련 양의 섬섬옥수에 잡혀 잇는 것이다.

◇ 죠선에 한낫밧게 업는 배우학교에서 이 가튼 불상사가 이러난 것은 누고가 자라나는 극단을 위하야 한심할 바이나 본시 예술에 헌신하는 이들의 마음은 째째로 감흥에 젓기 쉬운지라 과연 김수련 양의

〃사는 어느 곳에 잇는가. 황금정 삼정목 팔십팔번지 동 양의 자퇴을 방문하니 그는 순진한 낫에 아미를 숙이고 걱정스러운 드시『글세올시다. 엇더케들 하시는 것인지 아즉은 두서를 잡을 수 업습니다.

◇ 본시 일신을 무대에 밧치고자 나선 자긔에게는 오즉 굿셰인 신조와 타는 듯한 열성으로써 무대예술을 위하야 싱명이라도 밧치랴는 참된 동모의 뒤를 짜를 쑨이니 아즉 무엇이라고 단언키는 어렵슴니다』하며 적막히 웃엇다. (사진은 김수련 양)

동아 26.09.12 (4) 본보 전북 각 지분국 주최 / 독자 위안 활사 / 중추가절을 복(卜)하야

본보 전북 지국연합회에서는 청량한 중추가진(佳辰)을 긔하야 본보 독자와 아울너 일반의 진취(珍趣)한 위안을 드리고저 좌긔(左記)와 여(如)히 각 지분국 소재지에서 활동사진대회를 주최하게 된바 영사될 사진은 주로 조선 오백여 년의 종사(宗社)을 최종막으로 한 고 순종효황제의 인산 당시의 어(於)실경을 특히 본사 주재로 촬영한 것의 전부며 긔타 수종의 진품(珍品)을 상정(上程)하는 외 신진 여류의 음악 연주도 간간 잇서 청풍명월과 선율을 함게 하야 공전절후의 대성황을 예긔한다는바 왕자(往者) 인산에 봉도치 못한 인사는 더욱히 이 호긔를 일치 말기를 바란다더라. (이리)

◇ 사진 영사지 급(及) 일할

구월 입(廿)일, 이일 (음(陰) 십오, 육일) 전주

동 입삼일 (음 십칠일) 삼례(參禮)

동 입사일 (음 십팔일) 이리

동 입오일 (음 십구일) 함라(咸羅)

동 입육, 칠일 (음 입, 일일) 군산

긔타는 추후 발표

매일 26.09.13 (3) 서울 라듸오는 명춘(明春)에 본방송 / 새집으로는 래월까지 이사를 하게 되리라고 / 난산의 경성방송국

경성방송국(京城放送局)은 점차로 정돈되얏는대 최근에는 죠선사람들의 신입이 격증하야 현재 대략 삼천오빅의 가입(加入)이 되얏슴으로 불입(拂込)이 곤난하든 방송국 자금(資金)도 처음 예정 칠만 원 즁에 륙만 원이 모혓슴으로 불원에 정동(貞洞) 방송국 건물이 맛치는 대로 옴겨갈 터인대 방송부장 이하를 결정하여 더하겟슴으로 리사(理事) 간에 전형 즁인 즉 구월 말에는 결정될 터이다. 경성방송부장은 가난한 살님인데다가 연쥬(演奏) 종목이 적은 터임으로 상당히 로력하여야 하겟는대 제일대 부장은 전 리왕직 서무과장(李王職 庶務課長) 금촌병(今村炳) 씨 말이 잇스나 방송국 형편으로는 판임(判任)급 사람으로 할지요, 금촌 씨도 이빅 원가량의 급료임으로 자퇴하고 리사로서 활동하기로 하엿다. 그럼으로 부장 후보로는 국내(局內)에서 내자면 지금 방송「푸로크람」을 편성하는 팔목(八木) 씨가 될지나 톄신국(遞信局)에서는 민간에서 전형할 싱각으로 목하 교섭 즁이라 한다. 십월에 정동방숑국으로 옴길지라도 곳 텽취료(聽取料)를 밧지 안코 금년은 시험방송으로 하고 릭년 봄부터 본방송(本放送)을 시작하게 되리라더라.

매일 26.09.13 (3) 〈광고〉

아래 예고가 첨가된 외 9월 10일자 단성사 광고와 동일

불일(不日)봉절

대시대극 **산채왕** 전*권

현대비극 **아리랑** 전편

매일 26.09.14 (3) 〈광고〉

9월 13일자 단성사 광고와 동일

매일 26.09.15 (3) 〈광고〉 [연예안내]

조선 명화 쭈엘 명편 대공개 (구월 십오일부터)

계림영화협회 초특작품

사랑과 로민스 검전대협극(劍戰大俠劇) **산채왕** 칠권

수월 동안 고심에 고심을 거듭하야 완성한 전무후무의 대 시대영화

감독술의 우수, 출연 배우의 견확(堅確)한 연기

웅대한 스케일 진기한 내용

확실히 조선영화 중의 백미

유 사 쭈엘 이십오년도 초특작

자동차경주대희활극 **가주(加州)를 향하야** 전구권

유 사 독특 센츄리 대희활극 삼편

진묘무류 **인제는 살앗다** 전이권

진묘무류 **녀편네 정복법** 전이권

포복절도 **물거품** 전이권

유 사 **국제시보** 전일권

시간에 의하야 희극이나 시보(時報)을

중지할는지 모르겟습니다 칠시 반 시(始)

단성사

동아 26.09.16 (4) 의주군에 산업품평회 / 내 십월 십오일부터

의주군에서는 농산업을 장려할 목적으로 산업품평회를 내 십월 십오일부터 동 이십삼일까지 칠 일간 의주읍내에서 개최한다는데 각면(各面) 유지들은 협찬회를 발기하고 품평회에 대한 각 항을 토의한 후 임원까지 선정하얏다 하며 통군정(統軍亭) 공원에 육각대(六角臺)를 신설하고 여흥으로 활동사진과 기생 무도 등을 흥행하고 동 공원 運勒場[219]을 확장하야 자동차 대회, 각희(脚戲) 대회, 정구대

회, 경기대회 등을 개최하리라는바 금반 대회는 의주 초유의 대회임으로 읍내 각종 상점에서는 준비에 망살(忙殺)[220] 중이라는데 품평회장은 보통학교, 동 부속학교, 사범학교와 남문(南門) 누상, 공회당, 토목국 출장소 등 칠개소이라더라. (의주)

매일 26.09.16 (3), 26.09.17 (2), 26.09.18 (3), 26.09.19 (5) 〈광고〉
9월 15일자 단성사 광고와 동일

매일 26.09.16 (3) 〈광고〉, 26.09.17 (2), 26.09.18 (3), 26.09.19 (5), 26.09.21 (3), 26.09. 22 (3) [연예안내]
동아일보 9월 17일자 조선극장 광고와 주요 정보 일치

동아 26.09.17 (1) 〈광고〉
구월 십육일 봉절 문제의 활극 주간
◎ 파라마운트 회사 제공
펜윌손 씨 감독 작품
기상천외 대희활극
진묘환묘(珍妙幻妙) **동부(東部) 호걸** 전이권
희극계 총아 몬듸 · 반크스 씨 연(演)
감독 쌈 · 웃트 씨 작품
모범가정극 **여덜 번재 안해** 팔권
"Blue bed's 8th. Wife"
인기 명화 크로리아 · 스반손 양 연
대와–나부라자–스 사 초특작
세계적으로 대격찬을 밧은
문제의대활극 **원수를 처라** 전팔권
"The clash of the Wolves"
명견 릿 · 딍々 군의 대활약
특별대예고
해양활극 **해(海)의 야수** 『내주 봉절』
조선극장 인사동(전 광 二〇五)

---

219) 運動場의 오식으로 보임.
220) 몹시 바쁨.

매일 26.09.17 (3) 새 영화

◇ 죠선기네마에서는 죠선에서 처음 큰 규모로 『아리랑』이라는 현대
극을 박이는 중이다.

◇ 죠선의 마음을 그린 사진으로 신진 명성 신홍련 양(사진에 나타난
처녀)의 정신한 재조도 빗나고 촬영도 숙련된 겸이 만흐니 불원간 단
성사에서 봉절한다고.

동아 26.09.18 (2) 라듸오를 대항할 에듸손 옹 유성긔

라듸오가 류행하게 되야 축음기가 몰락되게 됨에 발명왕(發明王)「토   △ 아리랑
마스·에듸손」 씨는 사십 분 동안을 계속하여 사용할 수 잇는 레코-드를 제조하엿는데 에듸손 씨는
이것으로써 축음기는 멸망치 아니한다고 말하엿다더라. (뉴욕 뎐보)

동아 26.09.18 (3), 26.09.19 (3), 26.09.20 (3), 26.09.21 (2), 26.09.22 (3) 〈광고〉

9월 17일자 조선극장 광고와 동일

매일 26.09.18 (3) 사십 분간 듯는 장시간 레코드 / 에듸손 씨가 연구

전 세계를 풍미하는 「라듸오」는 쟝차 축음긔(蓄音機)의 세력을 업새이고자 함으로 이제 축음긔를 발
명한 「마쓰 에듸손」 씨는 사십 분간이나 계속하야 드를 수 잇는 축음긔의 「레-코드」를 민들고 잇다.
이리하야 축음긔의 세력을 회복하고자 하는 것이다. (유욕뎐보)

동아 26.09.19 (2) 고학단(苦學團) 순회 활동사진 영사 / 전 조선을 순회하며

시외 동대문(東大門) 밧게 잇는 고학당(苦學堂)은 이래 사 년 동안을 가진 풍파와 싸와서 근근히 숭이
동(崇二洞)에 교사를 신축하엿스나 학생들의 생활은 날로 참담한 상태에 쌔저감으로 그를 구제함에
는 생활비를 어들 만한 공작소(工作所)를 설치하여야 하겟다는데 이것을 실현코저 그 학당에서는 순
회 활동사진반(巡廻 活動寫眞班)을 조직하여 가지고 전 조선을 순회하는 동시에 일반 사회에 호소하
야 동정을 어드리라는데 준비가 다 됨을 짜라 불일간에 서울을 쩌나 순회를 시작하리라더라.

동아 26.09.19 (5) [지상(紙上)영화] 현대극 아리랑 전편(全篇)

조선키네마 제이회 작

나운규, 신홍련(申紅蓮), 남궁운(南宮雲), 이규설(李圭卨) 출연

해설 조선「키네마」영화회사에서는 데일회 작품으로 롱중조(籠中鳥)라는 영화를 제작하야 만흔 환
영을 밧고 데이회 작품으로 조선영화 배우계 일류 스타인 라운규(羅雲奎) 군을 중심으로 현대극 아리
랑을 촬영 중이라는바 녀배우로는 신홍련(申紅蓮)이란 신진 녀우가 출연하엿스며 또는 이 영화에 특
별한 것은 엑스트라를 수백 명이나 쓰는 것이라 한다.

경개(梗概) 압길이 구만리 가튼 미덤성 잇는 청년 영진(나운규 분)은 남몰을 불상한 일로 실진을 하야 동리 사람들의 놀림감으로 그날그날 지내가든 중 그의 눈에 원수로 뵈이는 것은 그 아버지의 만치 아는 벗으로 귀여운 누의 동생 영희(신홍련 분)를 자긔 것을 만들고자 하는 동리 부호 천상민의 집 청직이의 긔활이엇섯다. 각설 영진이와 한 동리의 태생으로 씀직이 친한 동무 윤현구(南宮雲) 니 하엿섯든 것이 돌이혀 조왓섯다고 후회하엿다. 영진은 미처 친구를 몰

△ 아리랑

으나 영진의 누의 영희는 영진의 대신으로 현구를 대하 扮)가 하긔 방학을 리용하야 마차를 타고 아리랑 고개를 넘어서 그 동리에 들어왓다. 그러나 친구가 밋첫슴을 보고는 차저오지 아 게 되엿다.[221] 그리 하는 중 영희와 현구는 피차간 맛날 쌔마다 고흔 늣김을 늣기게 되엿다. 그러나 그 깃븜도 일시로 긔활의 마수는 영희의 신변을 써나지 아니하엿다. 마츰내 현구는 긔활로 더부러 피를 흘리는 큰 싸홈이 일어낫다. 이째에 뜻밧게 아지 못할 칼은 긔활을 찔러 너머첫다. 그는 영진의 소위이엇섯다. 영진은 그의 피를 보고 원 정신을 회복하게 되엿다. 그러나 법망이야 버슬 수 잇섯스랴. 영진은 경관에게 결박되어 아리랑고개를 넘어가고 영희와 현구는 눈물겨운 중에도 깃붐을 가치하게 되엿다. (쯧)

매일 26.09.19 (3) 현상(懸賞) / 조선 여배우 얼골 아룻키기

여긔 보히는 사진은 전부 죠선에서 무대와 활동사진에 낫하난 미인들이올시다. 호수를 짜라 졔일호는 누구, 이호는 누구- 하야 차례차례 아릇켜 보십시요

아시는 대로 엽셔에 적어서 본사 학예부로 본월 이십삼일까지 보내주시면 맛처내신 분에게는 죠흔 상품을 드리겟습니다

만일 맛츠신 분이 만흐면 츄쳠을 하야 세 분을 쏩아 상금을 드리겟습니다.

△ 조선 여배우 얼골 아룻키기

매일 26.09.20 (3) 〈광고〉 [연예안내]

신추(新秋) 특선 영화 제일회 대공개
(구월 이십일부터 오일간)
유 사 쭈엘 씹손 영화
대열혈편 **한마(悍馬) 분노** 전칠권
장렬무비(無比)한 카나타 마술(馬術) 경기 대회를

9월

---

221) "각설 영진이와 한 동리의 태생으로 씀직이 친한 동무 윤현구(南宮 扮)가 하긔 방학을 리용하야 마차를 타고 아리랑 고개를 넘어서 그 동리에 들어왓다. 그러나 친구가 밋첫슴을 보고는 차저오지 아니 하엿섯든 것이 돌이혀 조왓섯다고 후회하엿다. 영진은 미처 친구를 몰으나 영진의 누의 영희는 영진의 대신으로 현구를 대하게 되엿다."는 문장이 잘못 편집된 것임.

배경삼고 일러나는 대회활극

유 사 특작 장편 대모험극

신로빈손표류기 **절해의 위난(絶海의 危難)** 일이편 전사권

해(海)* 신비 고도(孤島)의 재보(財寶)를 에워싸고

종횡으로 전개하는 장렬한 대모험 활극을 반다시 보라

유 사 제공 쌔나 특작품

연애극 **방랑의 자최** 육권

잠이잇다면 한 업시 자미잇고

쏘 가장 로민틱한 내용을 가진 사진

유 사 독특 센츄리 희극

요절요절(腰絶腰絶) **물거품** 전이권

유 사 **국제시보 팔십사**

단성사

동아 26.09.21 (2) 활사 구경한 학생 입(卄)팔명 무기정학

춘천공립고등보통학교(春川公立高等普通學校)에서는 지난 십오일부터 일, 이, 삼학년을 통하야 생도 이십팔 명에게 돌연히 무기덩학 처분을 단행하얏는데 그 리유는 금월 삼일 활동사진대(活寫隊)가 춘천에 들어왓슬 쌔 학교 당국의 량해를 바다가지고 약 사십 명가량의 학생들이 구경을 갓섯든바 구경 갓든 학생 중 전모(全某)라는 생도와 임장하얏든 경관 사이에 충돌이 생기게 되어 필경 구경 갓든 고보생 전톄가 순사를 포위하고 경찰서 문전까지 가게 된 불상사가 잇섯슴으로 이 사건에 대하야 동교에서는 다만 훈게에 긋치고 금후로는 학교의 인솔 이외에는 일톄 활동사진 구경을 임의로 가지 못하도록 금지를 하여두엇던바 그 후로도 동교 생도들 중에서 간간 의복을 가라입고 학교 직원들의 눈을 피하야 종종 출입하는 학생이 잇슴으로 이에 학교 당국에서는 지난 십삼일까지 활동사진당에 출입한 생도 이십팔 명에게 그 가튼 처치를 한 것이라는데 동교 좌등교댱(佐藤校長)은 조만 해제할 것을 성명하더라. (춘천)

동아 26.09.21 (5) [음악과 연예] 신우회(新友會) 위안영화회 / 우미(優美), 중앙, 경룡(京龍) 삼 관에서 상영

시내에 잇는 각 조선문과 일본문 신문 경영자회인 신우회(新友會) 주최로 다음과 가튼 일뎡과 댱소에서 영화회를 개최하야 각 신문 독자위안회를 하리라는데 그 상영할 영화는 「퍼스트나솔낼」 사 특작 『최후의 오 분간(最後 五分間)』 전 일곱 권의 명화를 중심으로 다섯 권짜리 희활극도 잇고 그 외 신파영화 『아! 고향』 네 권짜리 영화도 잇는데 최후 오 분간이란 영화는 「아그네쓰 에마」 양과 「팟트오코레」 씨 두 명우를 비롯하야 다수한 구극 영화배우게의 화형들이 출연하얏스며 미국영화로 가장 유명한 대활극인데 더욱이 속임수도 쓰지 안코 사실로만 박은, 활영화로는 데일위를 덤령한다는 영화인

데 그 「스토리」는 미국 어느 두 신문사가 맹렬한 경쟁을 하는 중 그에 근무하는 긔자들이 대경쟁을 해가며 활동을 하는 것인데 그들 긔자들의 활동은 실로 뎐광석화 가트며 그 주위에서 발생하는 사실들은 실로 의문 중첩하고 불가사의 괴변이 련겹허 발생하는 것이라더라.

시일 입일(廿一), 입삼일 중앙관

　　입이, 입육일 우미관, 용산 경룡관

요금 계상 팔십 전 계하 육십 전

　독자는 삼십 전　　　이십 전

동아 26.09.21 (5) [음악과 연예] 『봉황의 면류관』 / 신영화 촬영 중

계림영화협회(鷄林映畵協會) 촬영감독 리경손(李慶孫)과 동 화형배우 뎡긔탁(鄭起鐸) 량씨는 동회 데일회 작품 장한몽(長恨夢)과 데이회 작품 산채왕(山寨王)이 다 촬영비 긔타 관게로 여의치 못하게 되어 남 보기 붓그러운 것을 세상에 내어놋케 된 것을 유감으로 생각하고 자긔네들이 영화 그것만에 충실한 작품을 내어보겠다는 생각으로 오랫동안 유의하든 중 이번에 뎡긔탁 군이 자긔 스사로 다수한 촬영비를 만들어가지고 뎡긔탁 데공의 명의로 리경손 감독하에 봉황의 면류관(鳳凰의 冕旒冠)이란 순전한 영화극을 제작할 터이라는데 촬영 개시는 오는 이십사일부터 하리라 하며 「로케이소」는 경성, 인천, 평양 등디라 하며 출연 배우들은 모다 신진으로 외지에 잇는 극 전문 연구자들이 다수 출연할 터이라더라.

매일 26.09.21 (3), 26.09.22 (3), 26.09.23 (3), 26.09.24 (2) 〈광고〉

9월 20일자 단성사 광고와 동일

동아 26.09.23 (2) 〈광고〉

구월 이십삼일(목요)부터

추기(秋期) 영화 전선에

이대 거탄 일제 발사

기대와 열망에 싸인 문제의 쾌거편

◎ 대 와·나·부러더-스 사 특작

거성 쫀·바리모어- 씨 열연

보시라초웅편(超雄篇) **해(海)의 야수** 전십권

"The Sea Beast"

예술적으로나 흥미적으로 전 세계에

백만점의 상훈을 바든 최대 명편을 그여코 보시라

◎ 대윌리암폭스 회사 특작 영화

모험맹장 박크·죤손 씨 대열연

맥진(驀進)! 돌진! 협용(俠勇) 대활약

경도적(驚倒的)모험편 **모험아(冒險兒)** 전칠권

"Circus Cowboy"

금방 천지라도 파열할 듯한 맹장의 활약은 장렬 무비(無比)!

◎ 폭쓰 사 샨샤인 대회활극

기상천외 **아부지 대신(代身)** 전이권

금주 특별 흥행

특별대예고

예술영화 **피에로의 탄식** 십권

열혈활극 **폭탄난비(亂飛)** 칠권

공중대활극 **권총 비행** 칠권

조선명화 **봉황의 면류관** 팔권

조선극장 인사동(전 광 二〇五)

동아 26.09.23 (4) 활동사진 공개 / 대구 독자 위안 / 금 입(廿)삼일 야(夜) 조양(朝陽)회관에서

조양회관 영화부에서 중추가절인 지난 음(陰) 십오일부터 만도(滿都)의 인기를 스러오는 윌리암, 폭스 영화회사 제공, 이태리 문호 알렉산듸, 데유-마 씨 원작으로 조선에는 하몽(何夢) 이상협(李相協) 씨가 번안한 원명 몬트, 크리스토(일본 역명(譯名) 암굴왕), 해왕성 외 수종(數種) 명편이 못처럼 상영됨을 기회로 본보 대구지국에서는 째맛참 가절의 중추임으로 평소에 쓴임 업는 애독(愛讀)을 하는 천여(千餘) 독자 여러분께 비록 일야(一夜)의 위안이라도 드리려는 미성(微誠)에서 독자위안영화대회를 금 입삼일 오후 칠시 반부터 적성산(赤城山) 하(下) 조양회관 누상(樓上)에서 열게 되엿는데 현란하고 원활한 각색과 웅장 또는 건대(健大)한 법구(法構)로서 주인공의 수기(數奇)한 운명에 해저의 비밀, 탈옥 등이야말로 영화예술의 극치 그대로의 합 십칠 권의 명편이 도라가는 필림을 싸라 전개될 째에 독자 제위의 박수를 박(博)하기에 족할 것임을 미리써 기(期)하는 터인바 당야(當夜)에 그 장소를 정리하기 위하야 정리 요금 십 전 균일을 밧게 되엿다더라. (대구)

동아 26.09.23 (5) [음악과 연예] 워나쑤러더스 사 작 / 해(海)의 야수 십권

감(監) 미라드 워푸 씨

연(演) 쏜 바리몰 씨 코스테로 양

미국 워나쌕라더스 사의 대결작 영화 중에도 가장 유명한 것으로, 미국영화 감독게의 거성인 「미라드워푸」 씨가 감독하야 「쏜바리몰」 「쪼지오하라」 씨와 「도로레스코스테로」 양이 역연을 하고 미국에 가 잇서서 동양 명우로 일컷는 상산초인(上山草人)이 출연한 사진으로 거대한 촬영비를 드린 영화이다. 그 「스토리」는 의형데 간인 「아쌕」와 「쩨렉」 두 사람은 고래(鯨)잡이를 업으로 하는 사람인데 「에스타」라고 하는 고흔 시악씨를 두 사람이 다 가치 사랑하엿다. 「에스타」의 마음은 「아아부」에게로 향하야 두 사람의 사랑은 날로 깁허갓다. 「쩨렉」은 시기하는 마음을 억제치 못하야 어느 날 「아아쌕」가 해변에 나가서 그 해변가에 사는 사람들의 원수인 흰 고래 「모비」를 만나 그를 잡고자 바다 가운데 쏘차 들어간 것을 본 「쩨렉」은 그로 하야 물에 싸지게 하야 고래에게 한 다리를 상하고 절늠바리가 되게 하엿다. 「에스타」는 「아아쌕」의 초최한 양을 보고 불상히는 넉이엿스나 그를 사랑하든 마음은 사라지고 말엇스며 이제는 「쩨렉」에게 마음을 붓치게 되엿다. 그로 인하야 「아아쌕」에게는 원수가 둘이 되엿스니 하나는 「쩨렉」이요 쏘 하나는 흰 고래 「모비」이엇섯다. 어느 날 「쩨렉」과 「에스타」와 그 아버지는 「쑤노」라는 배를 타고 「차쌔」를 쩌나 해중에 나갓다가 해오리 바람을 맛나 파선이 되어 나무조각을 갓가스루 의지하야 표류하다가 「아아쌕」의 배를 맛나 구조를 청하엿다. 「아아쌕」는 세 사람을 모다 구원하여 주고 의아우 「쩨렉과」는 사나희다운 결투를 시작하엿다. 대활극을 연출한 뒤 「아아쌕」는 「쩨렉」을 해중에 집어던지고 승리를 하엿다. 그리자 해중에는 흰 고래 「모비」가 나타낫다. 그도 쏘한 처서 뭇질럿다. 그리하자 「에스타」 까지 다시 「아아쌕」의 사랑스러운 안해가 되엿다는 것이다.

조선극장 상영 금 이십삼일 밤부터 이 해의 야수는 조선극장에서 상영할 터이라는데 그 외 모험아(冒險兒)라는 대활극도 다섯 권 잇다고 한다.

매일 26.09.23 (3), 26.09.24 (2), 26.09.25 (3), 26.09.27 (3), 26.09.28 (2), 26.09.29 (3) 〈광고〉 [연예안내]
일부 출연진 및 예고 제외한 외 동아일보 9월 23일자 조선극장 광고와 동일

동아 26.09.24 (2), 26.09.25 (5), 26.09.26 (3), 26.09.27 (2), 26.09.28 (2), 26.09.29 (3) 〈광고〉
9월 23일자 조선극장 광고와 동일

동아 26.09.24 (2) [휴지통]
▲ 요사이 거리에 나가면 알불량자들이 엇지 만허엿는지 눈 밝기로 남들에게 적지 안은 선망을 밧는 휴지통자도 각금 훌륭한 지사들까지 긔언가 미언가 할 쌔가 잇서 ▲ 첫재 연극장 써리 불량자, 둘재 공원 써리 불량자, 셋재 야시 써리 불량자, 넷재 기생집 써리 불량자 그를 모다 헤이려 햇다가는 끗이 업슷 터이니 약하고 ▲ 요사이 불량자들은 돈 귀한 탓인지 료리집도 한 번 못 가고 그저 청료리집이나 경편 료리집 출입이나 하는 기름 쌔 무든 기생 자리저고리 가튼 불량자들쑨이야.

동아 26.09.24 (4) 위안 활사 연기
기보(旣報) - 본보 전북 지분국연합 주최로 음(陰) 팔월 십오일부터 전주를 위시하야 각지에 독자 위안 활동사진대회를 개최하려 하엿든바 의외 사진의 형편에 의하야 내 하순경으로 부득이 연기하게 되엿다더라. (이리)

매일 26.09.25 (3) 〈광고〉 [연예안내]

제이회 신추(新秋) 특선 예술영화 공개

구월 이십오일부터 오일간

대월리암폭[222] 천고불후의 명화

영국 문호 AMS 히치손 씨 원작

인도비시(人道悲詩) **겨울이 오면** 전십이권

금(錦) ◊히 흘너 긋칠 줄 모르는 인류애의 합창

순미순량(純美純良)한 인간성의 발로

그 누가 이 영화를 눈물 업시 대할 수 잇슬가

월리암폭스 이십오년도 특작품

북극기담(奇談)대비곡 **오로라의 저편 쪽** 칠권

고독한 죽엄 아아 그는 죽엇다 오로라의 저편 쪽

잣업는 눈벌판에 바람만 놉더라

오오 이 어젼 죽엄일가 그와 갓치 울자 늣겨가며 울자

폭스 독특 센수 대희극

연은그럿그럿듯해 **삼원사(三猿士)** 전이권

단성사

동아 26.09.26 (2) 여배우가 도적 / 털창에서 노래만 불러

얼마 전에 춘천(春川)에서 개최된 백종장에 흥행하든 구파(舊派) 김봉준(金奉俊) 일행에의 녀배우 김옥주(金玉珠)(二二)는 방금 춘천경찰서 유치장에서 밤마다 목을 노와 노래를 부른다는데 그는 원적을 경남 함안군 가야면 검암리(慶南 咸安郡 伽耶面 檢岩里)에 두고 오래전부터 구파 일행을 쌀아다니든바 강원도 울진경찰서(蔚珍署)로부터 가격 오 원 사십 전 되는 마포류(麻布類)를 절취하엿슴으로 그가치 잡힌 것이라더라.

동아 26.09.26 (4) 순회 활동사진 / 배성(倍成)학원 유지책

경남 함양군 서하(西下) 사립 배성학원은 원래 완전한 경제적 기초가 업슴으로 동 학원 관계 유지 제씨는 기 선후책을 강구하야 오든바 금반에 국장(國葬) 활동사진을 구입하야 당 군 십삼 면을 순회 영사한 후 경우에 의하야는 인근 각 군까지 순회하야 그 수입으로 동 학원 경비를 보충하기로 되엿는데 제일회 영사는 동 군 중앙지(中央地)인 함양읍에서 하리라 하며 함양청년회와 본보 함양지국에서는 적극적으로 후원을 하리라더라. (함양)

---

222) '폭스'의 오식으로 보임.

매일 26.09.26 (3) 조선 여배우 얼굴 아룻키기 / 입상자 발표 / 적중자 즁에서 다시 추첨을 하야 상 쥰다

一 김수련

二 복혜숙

三 김정숙

四 리채전

五 리월화

◇ 본사에서 상을 거러 죠션 녀배우의 얼골 아룻키기를 발표한 이리 각 쳐에서 수빅 미의 투표가 잇 섯슴으로 이십삼일 정오에 다섯 사람의 일홈을 다 맛친 사람 빅이십오 명 즁에서

◇ 본사 급사 방순쳔(方順天) 군의 츄첨(눈을 가리고)으로 아리와 갓이 결정되얏다. (이하 당첨자 명 단 생략)

예원(藝園)의 명성(明星) / 최근의 생이

◇ 김수련(金睡漣) 양(一) 그는 금년 십칠 세로 일즉히 토월회의 녀배우로 광무대 스테지에 올나 재명 이 놉핫스며 몸을 그릇치기 쉬운 녀배우 싱애에서 아즉까지 세상에 붓그러운 소문에 오르지 안은 것 이 그에게 배흘 것이며 최근에는 죠선배우학교에서 다시 업을 닥다가 학교에 분란이 잇는 관계상 황 금정 자틱에서 리해 깁흔 어머님께 어리광을 피우고 잇다.

◇ 복혜숙 양(二) 방년 이십이 세. 녀배우 즁에서는 가장 유식계급에 속한다. 일즉히 북선 지방 모 목 사의 령양으로 동경 류학을 갓다가 세상의 무엇보다도 가극이 죠화져서 맛참내 부모와 학교와 사랑 도 던저버리고 극단에 몸을 던저 이리 츄월츈풍 칠팔 성상 죠선의 비창한 연극사와 함께 자라낫스니 일즉 토월회의 명성이 되얏다가 요사히는 함흥 지방에서 츌연 즁이다.

◇ 김정숙(金靜淑) 양(三) 이이는 금년 이십의 가쟝 아담한 미인이니 그의 특식은 아즉까지 한 번도 무대에 낫하난 일이 없고 오직 활동사진에만 전문으로 나서서 전선의 기네마 팬의 동경하는 표적이 되얏스니 최근의『산채왕』의 츌연이며『개쳑자』『쟝한몽』등에 꽂다온 낫을 자죠 볼 수 잇는 것이니 경상남도 태싱으로 목하 다방골 어느 려관에서 눈물겨운 가을을 마지한 것이니 슈히 동경으로 류학 을 간다고

◇ 이채전(李彩田) 여사(四) 리채전 씨는 일즉이 예술협회(藝術協會) 째에 너학교의 교원 싱애에서 쒸 어나서 그 남편 되는 박승호 씨와 함씌 무대에 올나 갈채를 밧앗스며 다음에 부산에 잇는 죠선기네마 의 스타가 되여 해의 비곡(海의 秘曲)에 츌연한 일도 잇섯스니 이졔는 부산에서 적료한 세월을 보고 잇다.

◇ 이월화(李月華) 양(五) 카츄샤, 올카, 칼멘. 가진 인싱의 농후한 일면을 표현하는 데 특재가 잇는 녀 배우로 일즉히 토월회에서 크게 인긔를 쩌든 녀배우이엇스나 최근에는 시내 수하정(水下町) 부근에 서 사랑의 가정을 이로워 산다고.

매일 26.09.27 (3), 26.09.28 (2), 26.09.29 (3), 26.09.30 (3) 〈광고〉
9월 25일자 단성사 광고와 동일

매일 26.09.28 (2) 축산 활사대 / 장수(長水) 각 면 순회
(장수) 장수군에서는 축산 장려의 선전을 목적으로 축산활동사진을 개최하고 좌기(左記) 일정에 의하야 군내 각 면을 순회 영사한다더라.
구월 삼십일 계내면(溪內面) 십월 일일 천천면(天川面) 동 이일 장수면 동 사일 번암면(磻岩面)

**매일 26.09.28 (3) 제삼회 체육데이 / 천지에 충만할 체육 기분 / 금년부터 특히 삼 일간 개최 /
비행 라듸오 활동사진의 선전 / 십월 일일부터 삼 일간**
경성부의 톄육데이(體育日)의 제삼회는 압흐로 몃칠박게 남지 아니하엿는대 제일회는 훈련원에서 각 소학교와 보통학교의 고급학년(高級學年)을 집합식히여 련합 톄조를 하엿스나 하급싱들은 각기 학교가 짜로짜로 하엿고 제이회는 경성운동장에서 하엿는대 모다 십일월 삼일 하로만 하엿섯다. 그러나 경성부의 톄육데-로는 단 하로 동안은 너모 모짜르고 일반 관람자도 하로는 너무 부족하다고 하야 금년에는 사흘 동안 일을 하기로 하엿고 쏘 전국에서 종리는 십일월 삼일을 적당하다 하엿스나 조선은 긔후 관계상 십월이 적당하겟는 고로 이번부터 십월 일일부터 삼 일간을 하기로 하엿다. 그리고 금년에는 제일일은 쥬로 소년소녀를 위하야 개방하고 제이일은 부인을 위하야, 제삼일은 일반을 위하야 개방할 터이고 참가자는 관공립 보통학교 소학교 오학년 이상 이외에 사립학교도 참가케 하엿스며 명년부터는 더욱 확장하야 사립보통학교 이외 초등학교(初等學校)도 참가케 하고 더욱 쟝리는 우량한 서당(書堂)까지 참가케 하야 점진주의(漸進主義)를 쓸 터이라 한다.
그리고 톄육데이의 취지와 리익을 널리 선전하기 위하야 십월 일일의 오전 중에 각 학교 부근에서 적당한 운동을 하게 하고 톄육에 대한 강연을 하겟고 부(府)에서는 부윤(府尹)이 「라듸오」를 방송하고 혹은 비힝긔를 리용하며 혹은 활동사진을 영사하며 쏘는 선전문을 산포하야 크게 톄육 긔분을 고취할 터이다. 당일의 경기 전부는 물론 입장료와 관람료를 밧지 아니할 터인즉 일반 부민 남녀로유는 모다 와서 당일의 긔분에 갓치 쮜기를 희망한다더라.

임의 정한 선전 방법 / 가지가지로
별항과 갓흔 톄육데-의 취지의 보급을 위하야 아릭와 갓흔 가지가지의 선전을 하기로 하엿더라.
◇「라듸오」방송 = 구월 삼십일 오후 일곱 시부터 부윤(府尹)이 방송함
◇ 비힝긔 선전(飛行機 宣傳) = 륙군 비힝대에 의뢰하야 십월 일일 오후 한 시부터 톄육 장려에 관한 선전지 일만 매를 산포하고 경성운동쟝 상공(上空)에서 야구와 경구 용의 「쏠」을 락하(落下)함
◇ 션전문 산포 = 톄육 장려에 관한 션전문 일만 매를 구월 십삼일[223]에 본정 일정목 어구와 본정 오

---

223) '삼십일'의 오식으로 보임.

정목과 종로 네거리에서 산포함

◇ 활동사진 = 톄육 장려에 관한 활동사진을 아릭의 장소에서 영사함

십월 일일 오후 칠시 부청 전(前) 대광장 ◇ 십월 이일 동시(同時) 수송동 공보교정 내 ◇ 십월 삼일 동시 용산소학교 내

◇ 강연(講演) 부내 각 학교에서 십월 일일 오전 중에 톄육에 대한 강연을 힝함

◇ 호포(號砲) 톄육데이의 긔한 줌에는 매일 오전 일곱 시에 호포를 올니여 개회를 통고함

동아 26.09.29 (2) [휴지통]

▲ 날이 차차 시원하여가니 연극댱으로 사람이 만히 모히어든다. 휴지통에 잡아놋코 십흔 손님도 만치마는 ▲ 모든 손님이 얄밉고 괘씸하게 생각하는 담배장수 과자장수를 아모리 하여도 처치할 곳이 없다 ▲ 극댱 주인에게 세를 내고 다만 얼마치라도 더 팔고 십허할 것은 당연한 일이지마는 모처럼 돈 내고 보는 손님의 구경을 방해하는 째는 딱 질색이다 ▲ 변사가 한창 입에 거품을 내여놋코 자미 잇는 설명을 할 째 커다란 소리로 『담배 압시요』 하고 귀를 울린다 ▲ 사진이 한창 아기자기할 째 『과자요!』하고 손님의 눈을 가리우고 지나간다…… 남의 일은 생각지 안코 물건만 팔랴는 아희도 얄미우려니와 이것을 모른 척하고 지나가는 연극댱 주인이 더욱 괘씸해…… 어듸 한 번 두고 보자.

동아 26.09.30 (1) 〈광고〉

당 구월 삼십일(목요)부터 초특별 흥행

과연! 전 세계를 경도(驚倒)한!

◎ 독일 웨스치- 파리지사 시대극

젊은 천재 작크·가토렌 씨 주연

예술영화 **피에로의 탄식** 전십권

이 작품은 세계적으로 인기가 비등(沸騰)하야

보시는 이는 누구나 감탄 아니치 못할 대걸작임니다

◎ 대유나이딋트 사 걸작품

세계의 애인! 불후의 예술가!

영화계의 여왕! 메리-·픽포-드 양의 일생의 대표적으로

걸작한 미(美)와 시(詩)의 결정(結晶)

돌연봉절 **남국(嵐國)의 테스** 전십권

찬연 무궁한 본편은 사람의 시(詩)와

정열의 시를 삿끗까지 찬미함니다

특별대예고

열혈활극 **폭탄난비(亂飛)** 칠권

공중대활극 **권총비행** 칠권

대활극 **그리운 산곡** 전팔권

조선명화 **봉황의 면류관** 팔권

조선극장 인사동(전 광 二〇五)

동아 26.09.30 (7) [음악과 연예] 유나이테트아치스 사 / 명화 남국(嵐國) 테스 십권

감(監) 로버드 손 씨

연(演) 메리 픽포드 양

이 영화는 세계의 애인이라고 일컷는 미국 명녀우 「메리 픽포드」 양이 주연을 한 영화로 근래에 듬은 명화라고 한다.

경개(梗槪) 「크리피스」라는, 부토디를 만히 가진 부호로 엇더한 산등성이에 뎌택을 지은 후 그 집 언덕 밋헤 잇는 빈한한 어부들의 촌락이 지저분한 것이 늘 눈에 뵈이는 것을 쓰리든 중 그 토디가 자긔의 소유인 것을 긔화로 퇴거 명령을 나리엇다. 그러나 어부들은 종시 퇴거치를 안는 고로 그의 어구를 갓다가 모다 불살러버리엇다. 촌에는 꼿다운 미인이 잇스니 그 일홈을 「테스」라고 하엿다. 「테스」는 지주가 어구를 가저갈 째에 자긔 아버지의 것을 몰내 쎄서 감추엇든바 그 아버지는 그 어구를 촌민들에게 빌녀주어 고기를 잡게 하엿다. 그로 인하야 쟁투가 일어나서 지주의 소독갓든 쏠쌀이 총살을 당하엿다. 그 혐의는 「테스」의 아버지에게 도라갓다. 그래서 그는 엄벌을 밧게 되엿다. 디주의 아들 「페데렉」은 「테스」의 미모와 긔상을 사랑하엿다. 지주의 쌀 「테오라」는 총살된 사람의 자식을 배어 사생자를 나은 까닭으로 쫏기어낫다. 「테오라」는 그것을 비관하고 자살하려 한다. 그것을 「테스」가 구하엿다. 그리고 그의 어린 것을 마터서 길러주기를 약속하엿다. 그 어린 아희는 세상이 「테스」가 나은 자식이라고 생각하게 되자 「테스」는 「페데릭」에게 바림을 바덧다. 어린 것은 명이 길지 못하야 죽게 되엿슬 지음에 「테스」는 그에게 세례를 바드랴고 가진 고생을 다 하게 되엿다. 그것을 본 「테오라」는 자긔 자식이라는 것을 자백하고 어부 「렌시쓰」가 총살 범인인 것이 판명되얏슴으로 「테스」 아버지는 무죄 방송되엿다. 그리고 「테스」는 「페데릭」의 품에 안기게 되는 동시에 디주도 자긔 잘못을 쌔다럿다. (쯧)

독일 비스틕 영화 / 리에로[224]의 탄식 십권

감 쎅 카트라 씨

연 로이 모린 양 쎅 카트란 씨

이 영화는 일본 문부성 추천 영화로 근래 가장 유수한 독일 명화이다. 볼란서에서 텬재라고 일컷는 「쎅 카트란」 씨 감독 주연으로 명화 「로이 모란」 양의 주연이다.

경개 『타요』 한 편, 극히 평화로운 촌락에서 일어난 일이니 어느 째 「쌔파로」라는 곡마단 일행이 그 동리에 들어와서 흥행을 한다. 그 단 중에는 「리켓트」와 「라투다」의 부부가 석기어 잇다. 그들은 한

---

224) '피에로'의 오식으로 보임.

일 년 전에 그 곡마단에 들어서 날마다 주인 「쌰파로」에게 쪼들녀 지내면서 그날그날 하기 실흔 긔예를 하야 관중을 질거웁게 한다. 「쌰파로」는 「라투다」의 미색에 반하야 어느 날 그의 정조를 희롱코자 하다가 「라투다」에게 책직으로 몹시 어더마젓다. 「쌰파로」는 더욱이 그것을 원한으로 한칭 더 못살게 군다. 어느 날 「라투다」가 사자 잇는 간 속에 들어가서 춤을 추게 되엿는데 주인은 그중 험상스러운 사자를 집어느엇다. 그리하야 「라투다」는 목숨을 쌔앗기게 되엇다. 그리자 곡마단에서 그 사자를 총살하고 「라투다」는 구원을 바덧다. 「쌰파로」의 안해는 그 두 사람의 불상한 정경을 생각하고 어느 날 밤에 몰래 도망을 하도록 하야 마츰내 그 굴혈을 버서나게 하얏다. 이것이 그 「스토리」의 중심인데 이 영화를 시로 싸어노흔 것이라고 한다.

금야(今夜) 조극(朝劇) 일시(一時) 상영

이 두 영화는 한쩌번에 금 삼십일 밤부터 인사동 조선극장에서 상영할 터이라더라.

＝ 사진 ＝

(상) 남국 테스 일 장면 (하) 리에로의 탄식 일 장면

매일 26.09.30 (3), 26.10.01 (3), 26.10.02 (3), 26.10.04 (2), 26.10.05 (3) 〈광고〉 [연예안내]
예고, 일부 제작진 제외된 외 동아일보 9월 30일자 조선극장 광고와 동일

동아 26.10.01 (2), 26.10.02 (2), 26.10.03 (3), 26.10.04 (3), 26.10.05 (2), 26.10.06 (3) 〈광고〉
9월 30일자 조선극장 광고와 동일

매일 26.10.01 (3) 신영화 아리랑 / 단성사에 상영
『아리랑 아리랑 아리랑 고개』 밋헤 순박한 전원싱활을 하는 한 가족이 잇섯스니 그 가족에는 이 마을
에셔 녀신과 갓치 우러러보는 최영희(崔永姬)라는 어엽분 쳐녀가 잇섯고 영희에게는 세상 사람들이
놀님감으로 아는 밋친 옵바가 잇섯다. 그리고 영희의 곱고 부드러운 몸에는 돈과 폭력으로 그를 정복
하려는 무셔운 사나희가 잇섯고 영희의 쏫 피는 가삼에는 윤
현구(尹鉉求)라는 대학싱이 잇스니 이들 사히에는 필연적 갈
등과 비애가 싱기고 싸라서 한 줄긔 애사(哀史)가 젼개되는
것이다. 아리랑 고개를 배경으로 한 비련 애사 『아리랑』이라
는 죠선영화는 작 삼십일 밤부터 시내 단성사(團成社)에서
상연된다.
=사진은 향하야 오른 편이 대학싱 윤현구로 분장한 남궁운
(南宮雲) 군, 외인 편이 최영희로 분장한 신홍련(申紅蓮) 양=

△ 오른 편이 대학싱 윤현구로 분장한 남궁운 군,
외인 편이 최영희로 분장한 신홍련 양

매일 26.10.01 (3) 〈광고〉 [연예안내]
공전의 초특별 대흥행 (십월 일일부터 칠시 시영)
조선키네마 초특작 영화
현대비곡 **아리랑** 전팔권
규모로나 내용으로나 아즉 됴선영화로서는 못 보든 훌늉한 영화임니다
더욱이 일천 명의 임시 배우를 사용하엿고
촬영비로 일만오천 원을 돌파한 영화로 츌연 배우의 연긔도 가장
볼 점이 만슴니다 꼭 한 번 보아두시기 바람니다
유 사 쑤엘 이십오육년도 특작품
대희활극 **적은 거인** 전구권

유 사 특작 장편 모험극
로빈손표류기 **절해의 위난(絶海의 危難)** 삼사편 사권
유 사 **국제시보** 전일권
단성사

동아 26.10.02 (4) 대구 독자 우대 / 금명 양일간

해왕성(海王星) 외 수 종의 명편을 상영하여 근래에 드믄 성황을 정(呈)하엿든 대구 조양(朝陽)회관 영화부에서는 구월 삼십일부터 사 일간 이태리 문명사의 대폭발인 라마(羅馬) 집권 폭군의 일대기, 대사극인 동시에 대시극(大詩劇)인 네로 외 수 종의 명편을 상영하게 되엿다는바 칠구(七丘)에 소사 잇는 시(詩)의 도(都), 미의 도 라마가 일조(一朝)에 폭군의 농락으로 화염이 동천(動天)한 수라장, 기독교도의 학살장, 그리하야 무실(無實)한 순교자의 피세례는 인류의 죄악사를 씨서버린 이 사진이야말로 교육자, 종교가 어느 계급, 엇던 사람이던지 일람(一覽)의 가치가 넘치는 명편이기 째문에 이에 본보 대구지국에서는 쏘다시 애독자 여러분에게 우대를 드리기로 하엿는데 난외(欄外)에 인쇄한 할인권 씌여오면 반액을 제공하게 되엿더라. (대구)

매일 26.10.02 (3), 26.10.04 (2), 26.10.05 (3) 〈광고〉

10월 1일자 단성사 광고와 동일

매일 26.10.02 (3) 이백수(李白水) 군 도동(渡東)* / 연극을 연구

토월회(土月會)의 배우로 다대한 인기를 끌고 잇는 리빅수(李白水) 군이 다시 영화게(映畵界에 낫타나서 사게에 활약이 적지 안튼바 금번 더욱 극을 연구하고자 근일 동경을 향하야 출발한다더라. (사진은 리빅수 군)

매일 26.10.03 (2) 충북 위생전람회 / 위생에 관한 각종 모형과 표본 도표 천여 점을 진열 / 야간은 활사 무료 공개

(청주) 기보(既報) = 충청북도 위생과 주최에 계(係)한 충북 위생전람회는 예정과 여(如)히 거 일일부터 청주 공립 심상소학교 강당 내에 개최하얏는대 회장은 제일, 제이, 제삼에 분(分)하얏스며 장내에는 전염병에 관한 표본 도표 등으로 비롯하야 인체 모형, 식물분석표, 생식에 관한 최신한 모형, 기타 위생에 관한 각종의 참고품 급(及) 통계표 등 천여 점과 청주 중생당(重生堂)과 청목당(青木堂) 약국의 출품물을 다수 진열하얏스며 제삼회장 일실에는 위생상담소를 부설하고 의사 일 명과 간호부 이 명을 치(置)하야 일반의 무료 진료에 응하며 동시에 희망자에게는 처방 등을 부여한다. 그리고 현미경을 비치하야 *변과 객담(喀痰)[225] 검사도 응하고 수질, 식품 급 식기 시험과 수축(獸畜) 위생품 상담

---

225) 가래.

에 응하는바 회기는 삼 일간이며 매일 야간에는 시내 앵좌(櫻座)에서 활동사진을 무료 공개하야 일반 관람에 공한다더라. (사진은 충북위생전람 제일회장의 진열장 일부)

매일 26.10.03 (4) 활동사진 상설관 당사자 제군에게 / 고언(苦言)의 이삼(二三) / 포영(抱永)

극장 하나 완전한 것이 업고 상설관 하나 우리 손으로 경영하는 것이 업고 제법 이러타고 내노흘 만한 영화 하나 업는 우리네가 무엇이 엇더니 엇더니 하고 말할 처지도 못 되는 줄 안다. 그나마 그럭저럭 계속하여 가는 몃몃 상설관이라야 일정한 「핀」이 잇는 것도 안이요 광고판이나 취군(聚群) 악대(樂隊)로 겨오 연명하야 가는 바에 무슨 요구든 할 낫치 잇스며 무슨 욕인들 할 마음이 나랴.

그러나 돈이 업서도, 훌융한 상설관이 못 되어도, 일정한 「핀」이 없서도, 그리도 몃 가지 반드시 고쳐야 할 것이 잇다. 우리가 경성시내 상설관에 드르스면 제일 먼저 눈에 씌이는 것은 무대 우헤, 영화막 압헤 무슨 송덕비니 영세불망비(永世不忘碑) 세워놋투시 쭉- 느러세운 광고판을 볼 수 잇다. 『불일공개』『절세대웅편』『초특작』무엇무엇 써서 느러노은 것을 볼 째에 과연 얼골을 한 번 도리키지 안을 수 업다. 이것은 물론 관객을 쓰을고자 하는 광고술이요 영업책인지 모르거니와 좀더 고상하고 아담한 광고술이 이 이상 업겟느냐는 말이다. 그갓치 지저분하고 야비하고 극장의 기분을 상하게 하지 안아도 조흘 것 같다.

『극장은 일대 문화 전당이다』『극장은 일대 정신수양의 대학당이다』이런 말을 지금의 상설관에 가 인용하는 것은 너모 과할는지 모르거니와 그리도 민중의 오락장이요 정신의 휴양처이라 하면 좀더 아담하게 할 필요가 잇다. 예술적 극치는 못할망정 그갓흔 설상가상의 비상식적 짓은 하지 말 것이다. 반드시 광고판이 필요하다 하면 그갓치 만히 세울 것이 무엇이냐. 한 개만 세여라. 여러 개 세워노아 어느 것을 볼가 하야 관중의 안구를 현황케 하는 것보다 하나만 셰우는 것이 광고술로도 영리한 책이 안일가 한다. 비젼에 업던 이 짓! 점々 *전하여가는 이 행위! 이것은 상설관 당자(當者)들이 하로밧비 고쳐야 할 제일 조건이 안일가?

다음은『담배장사』와 음식장사의 취체이다. 이것은 일전 모 신문지상에도 고언이 잇섯드라만은 그나마 우리에게 전개되는 영화! 그나마 피로한 영(靈)을 그 속에 투입코자 하는 사람에게 절대한 통감(痛感)과 방해를 주는 것이니『담배 삽시요』『사이다 라무네』하는 듯기 실혼 소리이다! 이것이 다만 듯기 실혼 소리, 귀찬은 소리라 하면 그만이려니와 관객 일반에게 주는 악영향과 영화 감상자의 정신에 씨치는 폐해를 싱각하면 실로 막대한 관계가 잇는 것이니 오즉 한 푼 두 푼 돈 모흐기에만 전력을 쓰는 사람이 안이요, 조금이라도 민중을 싱각한다면 철저한 취체를 하여야 할 것이다. 나는 아조 그들에게 담배나 음식을 팔지 말나는 것이 아니다. 휴식 시간을 이용하야 관극에 방해만 되지 안토록 하라는 것이다. 당사자 제군! 의향이 엇더하냐?

쏘 하나 관중이 구경에 정신을 쎅앗기여 손에 쌈을 쥐고 앗질! 앗질한 판에『××동 ×× 러!』하는 귀텸을 쑬을 뜻한 부르지즘이 들닌다! 관중은 그만 영화의 황홀낫 경(境)에서 쌉작 소스라쳐 쌔인다. 이것은 관중을 찾는 사람이 잇서 이를 불러내이는 소리이다. 당々한 입장료를 지불하고 드러온 객에게 이갓흔 실태를 여지업시 연출하야 방약무인이다. 엇지하야 휴식 시간에 광고판 갓흔 곳에 써서 내여 걸지 못하는가? 너저분한 영화 광고는 눈이 휘둥그러케 써서 부처도 관중을 위하야 성명 삼자(三字)를 써서 미여노흘 친절이 업분가?
상설관 당사자 제군! 이상 몃 가지는 군등(君等)의 빈약한 주머니를 기울이지 아니하여도 군등의 고노(苦勞)와 곤란을 당치 아니하여도 능히 성의 여하와 노력 여하로 실행할 수 잇는 것이다. 제군! 군등을 애호하는 관중을 위하야 이와 갓흔 성의를 보힐 결심이 잇는가 업는가?
구, 이십구일

매일 26.10.03 (4) 봐렌치노의 사(死)를 조(吊)함 / 재 동경 곡류생(曲流生)

여러분! 특히 숙녀들이여 잠간 나의 개인적 추상(追想)을 말하게 한다, 나는 봐린치노의 성명이 미국에서 동양으로 귀래(歸來)한 바로 지금으로부터 사 년 사 개월 이전, 그의 출세 영화『歐示錄[226]의 사기사(四騎士)』를 경성에서 보앗다. 그 권리금은 실노 오천 불로 당시에는 미증유의 고가이엿다. 그의 부(訃)를 접한 지 이순(二旬)이 못 되야 그의 파 사에서 최종작인『독사』를 동경에서 보며 그의 사(死)를 도(悼)하매 감개무량하다. 그의 최후의 작인『열사(熱砂)』는 미봉절이나 불원간 그것도 모 사에 수입될 모양이다.
그에게 대하야는 여러 가지 비판이 잇스나, 그것을 지금 말하려 하지 안는다. 그는 비교적 성명기(盛名期)에 꽤 만흔 수의 걸작, 가작을 세상에 내여노앗다. 그리하야 그 여성의 동경의 적(的)이 되엿다. 영화를 통하야 널은 세계를 정복한 모양은 이것을 나파룬[227]의 풍운아적 출세와 갓다고 말할 수 잇다. 그는 군인, 이는 배우, 사업의 종류는 다르나 그의『영웅』적 삽상(颯爽)[228]의 경로는 참으로 혹사(酷似)하다고 생각한다. 그는 두 번 결혼하얏다. 최초는 무용가인「젠-맷카-」, 다음은 배경 의상의 명인「나짜사, 셈보샢」여사, 그리고 최종 약혼자는「포-라 네그리」엿다. 그 결혼의 경과까지 나파룬과 궤도를 갓치 한 것은 자미잇는 일이다.
그는 그리고 나파룬의 생지(生地)에 갓가운 이태리에서 낫고 졂어셔 사관학교를 졸업한 것을 생각하더리도 자미잇는 우합(偶合)이 안이냐. 일인(一人)은 구주(歐洲) 정복의 위업을 이루고 일인은 미대륙에 건너가서 영화계의 정복에 성공하얏다.
그의 분(扮)한 역은 다른 배우와 갓치「타이프」에 맛는 국인(國人)의 역만은 안이얏다. 실노 거의 전부가 외국인으로 분하얏다.『사기사』가 연(然)하고『혈과 사(砂)』가 연하고『씩-』이 연하고『양크랴자』가 연하고『황취(荒鷲)』가 연하고『독사』가 연하고『정복의 역(力)』이 연하다. 묵주(默洲)에서 아불리가(亞弗利加), 아세아의 모든 인종으로 분함을 득(得)한 그의「타이프」에 과연 중실(重實)됨이 잇다. 그의 연기 그것은 비평밧기 쉬웟다. 그러나 여성의 갈앙(渴仰)을 일신에 모둔 미우(美優)가 필연 밧기 쉬운 질투적 비난을 만히 밧은 것이다. 그에게 연기가 업스면 기(其) 성명은 다른 소위 인기배우의 예에서 일보도 압서지 못하얏슬 것이나 사실은 바로 그를 배우로 인정치 안치 못하게 하얏다.

226) '黙示錄'의 오기로 보임.
227) '나폴레옹'의 한자 표기.
228) 모습, 태도, 행동이 시원스럽고 씩씩한 모양.

그의 성질은 죠치 못한 것갓치 일반이 말한다. 「릿크스잉그람」에게 반항, 파라마운트 사와 계쟁(係爭), 기타의 사실이 그럿케 생각케 한 것이겟스나 다만 그는 명감독을 버리고 장기의 휴연(休演)을 한 것 갓흔 것은 결코 그를 위하야 현명한 처치가 안이다. 그것은 최종의 일이년이 그의 최초의 일년에 비하야 광채에 초둔(稍鈍)한 것을 감(感)케 한 근원이얏다.

그가 「콜시카」에서 나파룬갓치 「트헤레나」는 안일망정 요절의 서름을 본 것은 아모리 생각하여도 앗가운 것이다. 구월 십오일

매일 26.10.03 (5) 조선극우회(劇友會) 임시 총회 / 금 삼일에

조선극우회(朝鮮劇友會)에서는 금 삼일 오후 일곱 시부터 시내 경운동(慶雲洞) 팔십팔번지 턴도교당(天道敎堂)에서 림시 총회를 열 터인데 회원의 다수 출석을 바란다고.

매일 26.10.03 (5) 아리랑- 선전지 압수 / 내용이 불온

작 일일부터 시내 수은동(授恩洞) 단성사(團成社)에서 상영한 『아리랑』의 활동사진 광고 「팡후레스도」 『아리랑』 노래 중에 공안을 방해할 가사가 잇슴으로 경찰 당국에서는 구월 삼십일에 선전지 일만 민를 압수하얏다더라.

매일 26.10.03 (5) 〈광고〉

십월 일일 대봉절 (매석(每夕) 칠시 시영(始映))

조선키네마 초특작 주옥편(珠玉篇)

현대 비극, 웅대한 규모! 대담한 촬영술!

조선영화사 상의 신기록! 당당 봉절!

촬영 삼 개월간! 제작비용 일만오천 원 돌파!

아리랑 전팔권

감독 … 진수수일(津守秀一) 씨

원작 각색 … 춘사(春史)

촬영제화(製畵) … 가등공평(加藤恭平) 씨 이창용(李創用) 씨 이명우 씨

출연자

나운규 씨 남궁운 씨 신홍련 양 주인규 씨 이규설 씨

외 임시 고(雇) … 일천 명 출연

제작 시일 … 삼 개월 제작비용 … 일만오천 원

눈물의 아리랑 우슴의 아리랑

막걸니 아리랑 북악의 아리랑

춤추며 아리랑 보내며 아리랑 써나며 아리랑

근사(謹謝) 초일 대만원

보라! 이 눈물의 하소연! 일대 농촌 비시(悲詩) ……

누구나 보아둘 이 훌늉한 사진 오너라 보아라 ……

대유니버살 쭈엘 초특작 영화

… 이십오육년도 삼십백표(三十白表) 제작 영화

… 거장 윌리암나이 씨 감독 작품 …

대희활극 **적은 거인** 전구권

그에렛드 한나터마 씨 주연

당신씌서 짯쯧한 우슴과 눈물을 가지고 정다히

보아주시던 『직업부인』 『공작의 날개』 보다도

훨신 인간성을 건드려본 명화입니다 …. 꼭

이대 명화

수은동(동구안) 대봉절장 **단성사**

전 광 구오구번

매일 26.10.04 (3) 전구(全歐) 영화연맹

제일회 국제 활동사진 회의(第一回 國際 活動寫眞 會議)는 미국이 불참한 대로 지난 이십팔일에 파리(巴里)에 개최되엿다. 이에 대한 「뉴-욕 타임쓰」 특전(特電)에 의하면 그 대회 개최의 리면에는 「아메리카」 영화(映畵)가 세계의 시장을 정복한 데 대하야 분개해서 전구라파 영화련밍(全歐羅巴 映畵聯盟)을 죠직코자 함에 잇다고 하엿더라. (뉴욕 전)

동아 26.10.05 (5) [음악과 연예] 영화평 / 피에로의 탄식, 남국(嵐國)의 테스

◇ 피에로의 탄식

한 만흔 젊은 찝시 「리겟트리에로」와 일직이 부모를 여인 「모라」 부부 사이의 쓰거운 사랑의 감화로 말미암아 란류 음탕한 곡마단원들의 야성은 자연 정복되고 마는 것으로 인정은 업는 데가 업스며 엇더한 동긔를 맛나면 감추어젓든 고혼 인정은 반드시 나타나는 것임을 말한 영화이다. 지지한 미국사진과는 비교도 할 수 업는 조혼 영화이다. 그 표현 기교는 조곰도 부자연한 곳이 업고 유창하게 진행되는 「스토리」는 사람으로 하야금 마쳐케 한다. 하리하야[229] 관중으로 하야금 그 영화 안에 들어가 잇는 듯한 늣김을 일케 한다. (w생)

◇ 남국의 테스

배우들의 기술보다 「스토리」가 자미스러웟다. 주인공 「테스」 「메리 픽포드」는 너무나 기교에 능란하야 그러한지 해학미가 만흔 것으로 웅장한 맛을 업시 하고 연극에만 잇슴직한 동작이 만헛다. 그러

---

229) '그리하야'의 오식으로 보임.

나 그 역에는 반듯이 그래야만 할는지도 몰으겟다. 하여간 자미스러운 영화이엿다. (w생) = 조선 상
영 소견 =

동아 26.10.05 (5) [음악과 연예] 신영화 〈사진〉
미국 워나쌀러더쓰 사 작『강철제 인형』일 장면

매일 26.10.05 (3) 필림 불시 檢關[230] / 인천서에서
인쳔(仁川)경찰서에서는 삼일 밤 극비리에 시내 각 활동사진관(活動寫眞舘)의 「필림」을 검열하얏는
대 이것은 경긔도 경찰부에서 관내의 부정 「필림」을 취톄하기 위한 내명에 의함이라더라. (인수[231])

동아 26.10.06 (5) [음악과 연예] 극우회 조직 / 지명 배우 삼십 명이 / 십육일부터 공연
신극운동을 위하야 만흔 활동을 하든 토월회(土月會)가 해산된 후 조선 신극계의 소식이 적적하게 되
엿든바 이번에 조선극계의 중진이라 할 만한 신진배우며 청년 애극가의 만흔 노력으로 극우회(劇友
會)의 창립을 보게 되엿는데 이 극우회는 삼 개월 전부터 동인들 사이에 계획되어온 것으로 그간 자
금도 흡족히 변통되엿고 무대 연습과 각본 창작 등도 상당히 되엿고 배경 설비 가튼 것도 아름답게
되엿슴으로 오는 십륙일에 데일회 공연을 시내 단성사(團成社)에서 개최하고 즉시 디방 순회를 하리
라 한다. 배우 삼십 명 중 녀배우는 복혜숙(卜惠淑) 이하 다섯 명도 잇다더라.

동아 26.10.06 (5) [음악과 연예] 미국 파데 회사 영화 / 불상(弗箱) 씨몬 육권
감(監) 라리 씨몬 씨
연(演) 라리 씨몬 씨 톨씨 싸운 양
「하리쌔 스미스」 씨가 유명한 희가극(喜歌劇)을 가지고 영화화해 노흔 것으로 희극게의 권위 「라리
씨몬」 씨가 감독 겸 주연한 희활극 영화인데 최근 동경 구본장 영화배급사(本庄 映畵配給社)의 손에
수입된 영화이다.
경개 「루터 미크」라는 모범 청년은 동리 소학교 교원 「쏠시」를 사랑하엿다. 그러나 「쏠시」는 녀배우
생활을 그리워하는 까닭에 혼인을 할 수가 업다. 어느 날 그 동리에 희가극단 일행이 들어왓다. 「루터
미크」의 사촌 아우 「쎌」은 「루터 미크」가 뎌금한 돈이 삼천 「파운」이 잇는 눈치를 알고 그 돈을 내노
흐면 「쏠시」를 녀배우로 나갈 수가 잇게 된다고 권햇다. 「루터」는 그 돈 삼천 「파운」을 내어노앗다.
그리하야 그 동리에서는 절세 미인이 무대에 나온다고 굉장한 인긔가 일게 되여서 극장이 터지도록
만흔 사람이 들어왓다. 그리자 「쎌」과 그 극단 지배인은 표 판 돈과 은행 디하실에 둔 돈을 집어가지
고 도망을 한다. 「루터 미크」는 그로 인하야 루명을 쓰게 되엿슴으로 그를 벗기 위하야 「쏠시」로 더
부러 자동차를 타고 추격을 하야 「라리 시몬」 독특의 장관을 일우는 것이다.

---

230) '검열(檢閱)'의 오식으로 보임.
231) '인천'의 오식으로 보임.

= 사진 =『불상 씨몬』일 장면 – 씨몬의 춤

동아 26.10.06 (5) [음악과 연예] 촬영 중 낙마 중상 / 일본 군마현에서
일본 송죽키네마 활동배우 압천영이(押川映二) 일행은 수일 전부터 군마현 오처군 택던촌 온천(群馬縣 吾妻郡 澤田村 溫泉)을「로케슌」으로 촬영을 하다가 삼일 아츰에 압천 외에 두 명은 말에서 써러지어 중상을 당하엿다더라. (전교 던보)

매일 26.10.06 (1) 〈광고〉 [연예안내]
씹손 씨 혹시 씨 대희활극 주간
(십월 육일 봉절 매석(每夕) 칠시 시영(始映))
입장료 계상 오십 전 삼십 전
　　　 계하 삼십 전 이십 전
유 사 쑤엘 이십오년도 특작품
대희활극 **광원의 패자(曠原의 覇者)** 팔권
후드 씹손 씨가 가장 득의(得意)로 역이는 대마술(大馬術)
아리조나 대경마장을 배경하고 이러나는 장렬 무비(無比)한
대열혈편으로 쏘한 일대 희극편
통쾌무비 **철권 죤스** 전오권
유 사 특작 장편 모험극
제삼회 **절해의 위난** 오육편 사권
유 사 센츄리 단편(單編) 희극
멀정하지 한푼업지 **공차 타긔** 단편
유 사 **국제시보** 전일권
단성사

매일 26.10.06 (3) [이약이 거리]
… ◇『아리랑』에 쯧밧게 찬양을 밧은 조선기네마「푸로덕순」에서는 새로히『출옥자』라는 사회비극을 박이랸다고… ◇ 송죽(松竹)기네마의 배우 압천영이(押川映二) 일힝은 수일 전부터 군마현(群馬縣)에서「로케-슨」을 하다가 지난 삼일 아참에 압천 외 두 명의 탄 말이 몹시 날쒸는 바람에 이십 척이나 놉흔 언덕에서 써러져서 팔이 부서지고 두 명은 중상을 하엿더라.

동아 26.10.07 (2) [보는 대로 듯는 대로] 생각나는 대로 망중한인(忙中閑人) / 우서나 보아볼가
… ◇ 엇던 활동사진관에서는『남국의 테쓰』라는 유명한 사진을 영사하엿다. 그 사진에는 인정의 긔미를 극도로 자극한 댱면(場面)이 잇섯다. 이것을 구경하든 관중은 엇더한 자극을 바덧든지 우는 사

415

람이 잇섯다. 그리고 또 웃는 사람이 잇섯다.

◇ 가튼 사진을 보는 가튼 사람으로 누구는 울고 누구는 웃는. 우는 사람이 「사람」이면 웃는 사람은 「사람」이 아니다. 웃는 것이 올혼 일이면 우는 것이 글은 일이다. 엇잿든 둘 중에 하나는 분명히 사람이 아니다.(이하 기사 생략)

동아 26.10.07 (4) 극우회 순업대 / 독자 우대 공개

반도극우회 제이부 남조선순업대 낭예좌(浪藝座) 일행이 최초로 수원에 도착하야 본보 독자 급(及) 조선일보 독자 우대로 오일부터 연 삼 일간 공연한다는바 현대극의 자미잇는 예제로 매일 상장할 터인데 다수 내람(來覽)하기를 바란다더라. (수원)

동아 26.10.07 (5) [음악과 연예] 쌔 씨 급사(急死) / 영화계 공황 / 판의 눈물과 금전의 손실

미국영화 「스타」「쌔렌치노」 씨가 갑작히 세상을 써난 이래로 미국영화 제작자들은 적지 안은 공황을 일으키엇다고 한다. 한 영화를 제작하는 중에 주인공이 된 배우가 죽으면 그동안 촬영하엿든 사진은 전부 못 쓰게 되는 까닭이라고 한다. 「쌔렌치노」의 죽엇다는 부고가 하리우드에 도착하엿슬 째에 다음에 박고자 하든 『세리니』라는 영화의 촬영 준비가 전부 되여 어느 째든지 직시 촬영을 개시하게 되도록 준비되엿섯다. 이는 촬영을 개시하기 전이엇섯지마는 그래도 원작 영화 권매 수급 서류 긔초비를 비롯하야 모든 촬영 준비에 대한 비용을 모다 합하면 여간 만흔 돈이 아니라고 한다. 그러나 다행이 「쌔렌치노」는 오십만 「쌀라」의 생명보험을 들엇섯든 까닭으로 그것을 차지면 그 손이 얼마간 보충이 될 터이라고 생각하나 「유나이텟드」 회사에서는 영화를 만들어가지고는 얼만한 돈을 벌니라고 예산하든 것이 그만 락망이 되고 말엇슴으로 그것까지 손실로 치는 모양이라고 한다. 동 회사에서는 그 영화를 다른 배우로 촬영할른지 몰으겟스나 아직은 멋 천만 「쌀라」의 손실을 말하는 중이며 그쑨이 아니라 그의 죽엄으로 인하야 미국영화게에서 직접 간접으로 밧는 손실이 여간 크지 안코 쏘는 그의 죽엄은 얼마나 만흔 판들을 울니엇는지 몰은다고 한다. 그림자로 알고 그에 하로도 멋백 통식 오든 염서의 주인들의 눈물을 모아놋는다면 실로 놀라울 만하리라고 한다.

동아 26.10.07 (5) [음악과 연예] 전구(全歐) 영화연맹 / 미국영화를 대적코저

미국은 참가치 아니한대로 지난 구월 이십팔일부터 파리에서 개최된 데일회 국제활동사진회에 관하야 뉴욕탐임스[232] 특던의 보도에 의하건대 동 대회 개최의 리면의 목덕은 아메리가 영화가 세계 영화 시장은 독뎜하는 것을 분개하고 전구라파 영화련맹을 조직코자 하는 것이라더라. (뉴욕 던보)

동아 26.10.07 (5) [음악과 연예] 영화평 / 『아리랑』 육권 / 조선키네마 작

이 영화는 첫재 역할이 덕재덕소를 어든 것이 성공의 큰 원인을 지엇스니 감독자의 고심을 엿볼 수

---

232) '뉴욕타임스'의 오식으로 보임.

잇다. 라운규(羅雲奎) 신홍련(申紅蓮) 주인규(朱仁圭) 남궁운(南宮雲) 리규설(李圭卨) 군 등은 다 각기 독특한 별다른 동작과 개성(個性)이 표현되엿다. 장면은 거의 다 선명하엿스며 특히 사막(沙漠)의 장면은 전 조선영화를 통하야 가장 우수한 장면이라 하겟다. 신홍련(申紅蓮) 양의 연출은 처녀 출연으로는 놀랄 만한 성공이라 하겟스며 그의 용모나 긔예는 확실히 조선 녀우로서는 누구보다도 영화 배우덕 소질을 가장 풍부히 가진 사람이라 하겟다. 라운규(羅雲奎) 군의 표정은 동양사람으로는 거이 볼 수 업슬 만치 선이 굴고 강덩하여서 미국배우 짜스징 화-남 과 가튼 굿세인 인상을 주는 것은 아직은 조선 영화배우 중의 제일인자라 하여도 그리 과언은 안일 것이다. 싯흐로 이 영화에 출연하야 성공한 여러분과 더욱히 장래의 긔대가 적지 안은 신홍년(申紅蓮) 양의 자중을 바란다. (영화동호회 김을한)

동아 26.10.07 (5) 〈광고〉

용장무비(勇壯無比)의 대활극 주간
십월 칠일 봉절 매석(每夕) 칠시 시영
입장료
계상 오십 전 삼십 전
계하 삼십 전 이십 전
◎ 대 와-나·부러더- 사 초특작
공중모험대희활극 **철권비행** 전팔권
대산(大山)이 붕괴! 철교가 단절! 처절 비장한 속에서
조인(鳥人) 몬도·부류 씨가 마음 내키는 데까지 활약한
공중 대모험 희활극입니다
◎ 독일 후아 사 독특의 특작 모험편
독일 해군성 후원 군함 다수 출동!
장렬무류(無類)대대활극 **폭탄난비(亂飛)** 전칠권
참으로 훌륭하고 아슬아슬하고 간담이 서늘한 활극 중 대활극!
위난이 경각에 서 잇는 가인(佳人)을 구하기에 정의의 철권을 휘두루니
씩씩하고 통쾌함은 불가(不可) 형언……
◎ 파라마운트 사 제공
엉터리 업시 못난이가
자동차 기사라고 전이권
특별 대예고
열혈희활극 **나는 영웅이다** 구권
통쾌무비 **그리운 산곡** 전팔권
조선극장 (전 광 二〇五番)

매일 26.10.07 (3), 26.10.08 (1) 〈광고〉

10월 6일자와 단성사 광고와 동일하나, '멀정하지 한푼업지 공차 타긔 단편'이라는 문구가 '희극 운명 재천 전이권'으로 바뀜)

매일 26.10.07 (3), 26.10.08 (1), 26.10.10 (2), 26.10.11 (1), 26.10.12 (3), 26.10.13 (3) 〈광고〉 [연예안내]

선전문 일부와 예고가 제외된 외 동아일보 10월 7일자 조선극장 광고와 주요 내용 일치

동아 26.10.08 (2), 26.10.09 (2), 26.10.10 (5), 26.10.11 (3), 26.10.12 (6), 26.10.13 (3) 〈광고〉

10월 7일자 조선극장 광고와 동일

동아 26.10.08 (5) [음악과 연예] 활(活)영화 『강향란』 / 긔생에서 배우짜지 = 전욱막

각금각금 심심하면 이야기ᄭᅥ리를 작만해주든 강석자(姜錫子)(二八) = 녯날 긔명으로 강향란 = 는 영화녀배우로 지금 촬영 중에 잇는 뎡긔탁(鄭基鐸) 톄공 리경손(李慶孫) 감독 신영화 봉황의 면류관(鳳凰 冕旒冠)에 박래품 아주머니 역을 마터서 촬영 중이라고 한다. 그런데 그가 이ᄶᅢ까지 세상의 이야기ᄭᅥ리를 작만해노흔 「푸로그람」 중 중요한 것만을 추려 요령만 짜노흐면 이러하다고 한다.
一, 당대 유수한 긔생으로 모 청년의 도움을 바더 긔안을 던지고 배화학교에 들어 공부를 시작하든 『공부 막』
一, 공부하든 중 일 년이 다 못 되어 실련(失戀) 소동을 일으켜가지고 한강에 투신 소동을 하얏든 『실련 막』
一, 녀자도 굵게 살자면 남자만 못하지 안타고 사회주의에 감념되여 머리 싹고 남복하고 남학교에 출석하든 『단발미인 막』
一, 지금의 조선녀자란 쏙 세 가지 길이 잇다고. 한 길은 민족을 위하야 ○○운동에 헌신할 길, 한 길은 깃ᄭᅥᆺ 춤추고 노래하며 질탕히 노라볼 길, 쏘 한 길은 자살할 길, 세 길밧게 업는데 첫 길은 몸이 약하여 못 가겟고 둘재 길은 긔위 만히 가본 길이라 다시 갈 수 업고 나머지 셋재 길을 찾는 수밧게 업다고 음독하고 자살하려다 못 죽고 살어난 『자살 막』
一, 상해(上海) 일본 등디로 헛턱대고 도라다니든 『방랑 막』
一, 맨 ᄭᅳᆺ흐로 지금에 영화계로 나선 『배우 막』
전후 여섯 막에 난호엿다고 한다. 이번 최후에 대한 당자의 의견을 듯건대
『이번 이 일은 정긔탁 외 몃 사람의 청으로 나갓고 만들 영화가 계림회사의 것이 아니요 정긔탁 개인의 힘으로 만드는 것이라기에 그들을 도웁기 위하야 원조로 출연한 것입니다. 아조 무슨 영화배우로 나간 것은 아니지요. 잠시지요. 그러나 마음만 내키면 이번 영화말고라도 출연하여 보지요. 실상은 누가 돈 벌 것만 어더준다면 좃켓는데요』 하얏다 한다.

동아 26.10.08 (5) [음악과 연예] 고학당의 순회 활사 상영 / 교육긔관 세우고자 그 비용을 엇기 위해

시내 동대문 외 숭인동(崇仁洞)에 잇는 고학생들의 집회소 고학당(苦學堂)에서는 그들의 열성으로 피와 눈물을 모아 교사와 긔숙사를 신축하얏스나 이제는 교육긔관을 세워야 할 터인바 돈이 업서서 뜻과 가치 할 수가 업슴으로 부득이 일반 사회의 동정을 엇고자 순회 활동사진반을 조직해가지고 전 조선 각디로 순회 상영을 할 터이라는바 위선 그의 첫거름으로 명 구일 오후 여덜 시부터 시내 견지동 시텬 교당(堅志洞 侍天教堂)에서 상영할 터이라더라.

매일 26.10.09 (3) 황후로서 영화배우

전쟁(戰爭)이 싯칠 날이 업시 뒤숭숭한 팔칸반도에 문예(文藝)에 취미를 가지신 루마니아 황후 「마리」 폐하가 계신 것은 실로 이상한 대조라고도 하겟다. 황후의 한 번 웃고 한 번 *기는 것은 항상 세계(世界)적으로 이야기거리가 된다. 황후는 일상 창작(創作)을 발표하고 최근에는 머리 싹것섯슴으로 보수(保守)적 인물들은 대반대라고 한다. 또다시 황후가 「아메리카」를 방문하겟다고 발표되자 「아메리카」에서는 몹시나 고대하고 잇다. 문호(文豪) 「톨쓰토이」의 아들을 부활(復活) 영화에 너은 것과 마찬가지로 「마리」 폐하를 그 영화에 황후로 너을 계획이라는데 사진은 하로 동안에 박을 터이오, 보수는 이만오천 「도루」(약 오만 원) 드릴 터이라는데 폐하께서는 승낙하시리라더라. (사진은 루마니아 마리 황후)

동아 26.10.10 (5) [음악과 연예] 라마니(羅馬尼) 황후새 영화 출연 상주(上奏) / 일일 오만 원의 보수 / 『부활』 황후 역으로

「루마니아」 황후 「마리」 폐하께서는 「이레아나」 내친왕과 「니코라스」 친왕 양 뎐하와 동반하시고 지난 삼일에 「푸카레스트」를 출발하사 미국 방문의 길을 써나시엇다는데 긔발한 일을 질겨 하는 미국에서는 발서 그를 기회로 가장 참신한 계획을 세웟다는 뎐보를 접하얏다. 그 내용은 영화의 왕국이라고 일컷는 「하리우드」의 영화제작자 「에드윈 윈출유」 씨가 폐하께 활동사진 배우로 일시 출연해 주십사고 교섭을 한 것이라 한다. 출연해주십사 한 것은 「톨스토이」의 씨의 소설 『부활』=카추샤=를 방금 그 아들 「이리야 톨스토이」 씨가 감독 촬영 중인데 그 영화의 황후 역을 마트서서 하로 동안만 출연해주십사 하는 것이라 하며 그 하로 동안을 출연해주시면 하로에 이만오천 불, 조선돈으로 약 오만 원을 들이겟다는 조건인데 이 급료는 실로 전대미문의 최고 급료라는바 이에 대하야 금전만능을 주장하는 영화로 부자된 「칼」 씨 폐하께옵서는 반듯이 승락하시리라 하며 금년에 구라파를 건너갓든 길에 량 폐하께 알현을 하고 도라온 「싸그라스 페야쌩스」 씨는 폐하께옵서는 본래 그 나라 빈한한 어린애들을 위한 일을 하시고자 하시든 터이라 그 교섭에 대하야는 상당히 생각두시리라고 생각한다 하얏다더라. (뉴욕 뎐보)

= 사진은 루마니아 황후 마리 폐하 =

동아 26.10.10 (5) [음악과 연예] 「쌔렌치노」 유산 분배 / 백육십만 원 중 제이처(妻)엔 이 원 / 형과 누의동생와 부인 삼분파

「쌔렌치노」의 유서가 최근 발표되엿다는데 그에 의지하면 「쌔렌치노」의 유산은 부동산이 백만 원, 보험금이 십만 원, 골동품(骨董品)이 삼십오만 원, 자동차(自動車), 말(馬), 개(犬), 옷도(航船) 긔타가 십오만 원으로 합 백륙십만 원이며 그 외에 그의 최근 영화『씩의 아들』이란 영화에 대한 수입이 적지 안을 모양이라고 한다. 그런데 그 백륙십만 원의 유산 분배는 형 「극그리르미」와 누의 동생 「마리아」, 「쌔렌치노」의 데이 부인으로 리혼된 「람쏏쌔」 부인의 아주머니 「와나」 부인 등 세 사람이 난호게 되엿다 하며 데일 부인 「아카」 부인과 데삼 약혼자 「포라 네그리」 양에게는 한 푼도 안 주기로 되엿다는데 데이 부인 「람쏏쌔」 부인은 향수 제조업자로 일천 원의 재산가임으로 그랫는지 그에게는 단 이 원의 상속을 해달라고 하엿스며 그의 아주머니와 부인에게 거대한 상속을 해달란 것은 「와나」 부인이 족하쌀 「람쏏쌔」가 리혼을 하고 갈라선 뒤에도 늘 「쌔렌치노」의 신변을 써나지 아니하고 도아주엇슴으로 그를 늘 감사하게 생각하든 까닭이라고 한다.

매일 26.10.10 (2) 〈광고〉 [연예안내]

문제의 국방영화 돌연 봉절! (십월 십일 낫부터)

금주는 특별 요금

대월리암폭쓰 백만불 대웅편

문제영화 **침묵의 명령** 전구권

미국 태평(太平) 태서(泰西) 양대 함대 총출동

파마나 운하 방비군 총동원

일본 오대 도시 흥행 기록을 돌파하엿고

전미(全米) 대중을 감격에 싸지게 한 명편

문제 중에 돌연 봉절

폭스 특작 윌리암파넘 씨 열연

대복수극 **남아 복수를 맹서할진대** 전육권

폭스 독특 센쉰 대희극 이편

一, **사자(獅子)인걸 사자야** 전이권

二, **급하구면 급해요** 전이권

위선 웃다 울 터이닛가 반다시 순수건

한아식은 쏙 가저오서야 합니다

단성사

매일 26.10.10 (3) 신영화 『아리랑』을 보고 / 포영(抱永)

조선키네마의 초특작이요, 소위 일만 오천 원의 촬영비를 듸려 제작하엿다는 신영화『아리랑』이 십월 초순 단성사에서 봉절 상영된 것을 보았다.

조선영화란 그야말노 감을에 콩 나오기로 나오는 것이니짜 엇던 것을 보던지 귀엽다고 하는 것은 나 쌘 아니라 누구나 다- 갓치 늣기는 바이다. 첫재 시영(始映)의 굴소리가 울니고 전등이 쩌지며『아리 랑』이라는 커-다란 자막이 나올 쌔 관중은 일제히 갈채를 한다. 이것은 서양영화의 대작이 나올 쌔 갈채하는 것과는 얼마쯤은 다른 맛이 잇다. 예술에 국경이 업다 할지라도 우리 동포의 손으로 되고 우리 환경에 각거운 영화란만큼 그만큼 환희가 큰 것이다. 그보다도 밤낫 쇠불ㅅ한 영자(英字)만 비 치던 자막 우헤 낫하난 언문 글자가 몹시 그립던 것이다.

이와 갓흔 저여운 마암으로 항상 조선영화를 대하고 이졔 쏘『아리랑』을 보니 보고 남은 늣김이 업지 아니하야 몃맛듸 써볼가 하는 것이다.

대체로 보아 이 일편은 별로히 흠 잡을 곳이 업는 가작이라 할 수 잇다. 더욱이 촬영기술이라던지 감 독술이 특별한 독창적 성공은 업다 할지라도 재래의 몃々 작품 중에 가장 서투른 곳이 보히지 아니하 도록 교묘하게 가리웟다.

극의 내용에 드러서는 쇠퇴하여가는 조선 농촌을 배경 삼은 만큼 우리에게 늣김을 쥬는 바가 만흐니 특히 논과 밧을 다- 파라서 아들 공부식힌다는 것과 그러케까지 공부 식힌 아들이 의외에 광인이 되 엿다는 것은 농촌의 중산계급이 *실히 맛보는 경지라 하겟고『아리랑 고개』밋헤서 쌈과 피를 흘리 며 논 김미는 촌민과 그곳 다- 쓰러저가는 초가집에『청년회』간판이 붓허 흙내 나는 농촌 청년이 모 힌 것이 무엇보다 조왓다. 더욱 그 사히를 아모 물질, 명예의 욕구 업시 순진한 청춘을 위하야 분주하 는 박선생이란 이 시골 선각자를「스토리」속에 둔 것이 매오 고마웟다.

여긔까지는 조타. 아모 무리한 곳도 업고 아모 탈도 업섯다. 그러나 대학생 윤현구(尹鉉求)가 이 시골 을 방문하는 곳부터는 전에 그갓치 소박하고 순진하던 농촌이 아죠 어지러웟다. 큰 유린을 당하는 늣김이 잇섯다. 윤현구가 황마차일망정 마차를 타지 안코 거러왓던들, 그리고 농사의 정령! 그것과 갓흔 처녀 최영희와 좀 더 조선식으로「러부씬-」이 잇섯던들 - 이 영화는 이것 이상의 성공을 보혓을 것이다.

대학생이 사현금(四絃琴)으로 구우(舊友)인 광인의 부르는『아리랑』노릭를 맛치는 것도 좀 서틀엇 거니와 영희에게「카츄샤」의 이별을 이약이하는 것도 너모 농촌과는 거리가 멀엇다. 이것은 순전히 도회의 바람 든 경박 소년의 환심을 사고자 하는 데 지나지 못한 것이오, 결코『아리랑』노릭를 배경 으로 한 농촌시의 영화* 드러갈 장면이 안인 것 갓다.

그 다음 가을의 풍년을 노릭하는 노릭는 이 영화를 살니는 가장 큰 장면이니 더욱 윤현구가 양복 바 지에「곡갈」쓰고 농*와 갓치 쮜며 노는 것과 그즁 한 사람이 노릭를 선창하는 곳이 매오 죠왓고 광인 의 몽유와 살인하게 되는 동기 갓흔 것은 작자가 몹시 고심한 듯 하엿스나 대체로 눌너볼 수 잇는 것 이엿다.

내용은 그러하거니와 출연 배우를 잠간 보면 누구나 제일 먼저 광인 최영진으로 분장한 나운규 군의 노력을 들 것이다. 일편의 주인공이 오쏘 상투를 버서난 광인만큼 그 역은 난역(難役)이엿다. 이갓흔 난역을 그다지 힘 업시 치러나간 것은 감독의 수완도 만히 힘입엇을 것이나 무엇보다 나군의 진*한 노력에 잇슬 것이다. 일동일정(一動一靜)의 조금도 유희 기분이 업고 가장 진*히 나간 곳에 군의 장래가 만히 촉망된다. 더욱 풍년 노리를 멀리 옥상에 보는 곳과 그곳에서 쒸여나가는 곳이 몹시 조왓다. 욕심대로 하면 눈동자를 좀 더 광인갓치 놀니엿스면 하는 것과 광인에서 본 정신으로 도라슬 째『좀 더』무엇이 업슬가 하는 희망도 업지 안엇스나 전편(全篇)을 통하야 무난하얏다.

다음 전편의 유일한 여배우인 신홍련의 영희의 역은 아즉 처녀 출연인 관계상 다른 여우에서 보는 것 갓흔 보기 실흔 틔(型)가 빅이지 안은 것이 조왓다. 기술에 미숙한 점은 잇슬지라도 되지 안은 연출의 전형이 보이지 안이한 것이라도 취하고 십다. 더욱 분발하기를 바란다. 다만 감독의 부주의로 농촌 처녀로는 싱각지 못할 져고리 속으로 내의가 빗치는 것이 눈에 쬐윗다. 그리고 이것도 사소한 것이지만 압머리를 구태여 지진 것 갓흔 것도 좀 눈 쯰운 것이엿다.

남궁운 군의 윤현구 역은 너모 평범하얏다. 표정과 거동이 좀 더 입체적이엿스면- 한다. 다만 풍년 노리에 춤츄는 곳은 조금 조왓지만 다른 곳은 대체로 열이 적엇다. 그 외의 역은 그리 중대치 아니하니까 별노 쓸 것도 업고『아리랑』전편을 통한 **의 성공이 농촌을 배경으로 한 순박한 애사(哀史)에 잇거니와 그 실패점도 역시 농촌과 그곳에 드러온 도회 풍조와의 조화가 못 된 곳에 잇다. 한 장면 장면 씩 쩨어노코 보면 조흐나 한 개의 영화로 볼 째에 연락(聯絡)이 못 된 곳이 이 영화의 결함이다. 그럼으로 이 영화는 다른 내외국 명화를 부분〳 쩨여다 노흔 것 갓흔 늑김이 잇는 것이 이 까닭이다.

그러나 이만한 수완과 이만한 정묘한 기술과 이만콤 성* 잇는 배우가 모혓스니 이들의 장래가 몹시 촉망된다.

십월 육일 (사진은 우라규[233] 군의 광인)

매일 26.10.10 (3) 세계의 상설관 / 사만 칠천이다

세계의 활동사진 상설관(活動寫眞常設舘)의 총 수는 대개 사만 칠천이나 되는데 그중 이만이 구라파에 잇고 이만이 북미 합중국(北米合衆國)에 잇고 남어지 칠천이 긔타 여러 나라에 잇는대 그중 사천이 동양에 잇다. 그리고 그중에 쏘 반 수인 이쳔이 일본에 잇다 하니「아메리카」의 십분의 일밧게 못 된다. 그것을 각 국별로 보면 아리와 갓다.

오쓰트라리야 팔백팔관	-오쓰트리야 팔백	쌜랜 제국 이십삼
백이의(白耳義)[234] 팔백육십	첵크 백삼십육	영국 사천
동양 제국 사천	피-랜드 백	독일 사천
오란다 이백삼십	항카리- 일천팔백	이태리 이천오백
포-린드 삼백	노서아 삼백오십	스캐지나뷔아 육백오십
서반아 이천오백육십	남미 제국 이천오백오십	서서(瑞西) 오십육
토이고(土耳古)[235] 삼십이	아메리카 이만	긔타 이천오십칠 합계 사만칠천관

---

233) '라운규'의 오식으로 보임.
234) '벨기에'의 한자 표기.
235) '터어키'의 한자 표기.

매일 26.10.11 (1), 26.10.12 (3), 26.10.13 (3) 〈광고〉

10월 10일자 단성사 광고와 동일

매일 26.10.11 (3) 눈물과 피의 결정 / 조선극우회 탄생 / 십륙일부터 단성사에서 첫 번 공연을 하게 된다고 / 신추(新秋)를 마즌 극단

◇ 첫 가을 단풍도 차차 불거 연극의 씨-슨을 마져 조선 극단에는 새로운 소식이 들녀왓다. 그것은 곳 적막튼 우리 극단에 새로히 뜻잇는 동모들이 모도혀서 죠선극우회(朝鮮劇友會)를 죠직하고 침체하기 쉬운 죠선의 극단을 위하야 심혈을 기우리게 되얏다는 것이다.

◇ 임의 그 사무소를 시내 봉익동 일빅십칠번지(鳳翼洞 一一七)에 두고 극단의 로장들만 모도혀 새로은 연구와 량심 잇는 련습을 거듭하는 즁이라 오는 십륙일 밤부터 시내 단성사(團成社)에서 그 첫 막을 열기로 되얏다고 한다.

◇ 이제 그 관계자의 씨명을 들면

김파영(金波影) 곽탄양(郭呑洋) 이석구(李錫九) 손용모(孫容模) 이원재(李元在) 이철(李哲) 권일청(權一晴) 등 제씨요, 다시 녀배우로는 일즉이 토월회의 명성으로 죠선박람회 째에는 『극적쥬식회사』라는 간판 밋혜 극단에서 함께 웃고 함께 우는 동모들과 함께 눈물겨운 쥬점의 녀주인공이 되얏든 복혜숙(卜惠淑) 양을 위시하야 김숙진(金淑眞), 주경애(朱*愛), 강숙자(姜淑子), 양영순(梁永順) 등의 쏫가튼 신진 녀배우도 잇스며

◇ 남자 배우 명부록에는 리경환(李敬煥), 변긔종(卞基鍾) 군의 일홈도 보히며 배경부에는 김운선(金雲先) 군이 담당하얏다 하니, 리상대로만 발전되면 죠선 지래 극단 즁의 즁견만 모도힌 모임이라 실노히 쏫답고 갑 잇는 무대를 보기도 잇슬 것이다.

◇ 특히 이번 죠선극우회의 자금은 어느 유지가 잇서서 내는 모양이나 그 근원은 세상의 이약이 거리가 되는 죠선박람회 째 『극적쥬식회사』에 잇는 것이니 그째에 경회루 연못가에 주점을 내고 녀배우 복혜숙 양이 술을 팔 째에 세상의 비란도 만핫스나 그들이 그갓치 한 그 결과로는 결국 오늘날 극우회의 씨를 쑤리랴고 한 것이니 엇지나 귀염밧지 못하는 극단의 친고들을 위하야 탄식할 바가 안이랴.

◇ 이제에 그들은 오릭 동안 참고- 오직 재조를 걸너오든 모-든 기릉을 한 째에 드러서 세상에 하소할 날도 머지 안앗스니 쟝차 우리들에게 무엇을 보혀주려는가

동아 26.10.12 (5) [음악과 연예] 미 영화배우의 보험열 왕성 / 쌔렌치노 급사로

본래부터 미국 영화제작자 측에서는 「스타」들의 생명보험 계약들을 해두던 터이지마는 「쌔렌치노」가 갑작히 세상을 써난 뒤로는 그 경계하는 정도가 더욱 확장되엇다. 임의 「짜그라스 페야쌩스」 「메리 픽포드」 두 부부에게는 각각 백만 「쌀라」, 조선돈으로 약 이백만 원가량식 보험을 부치엇고 「글로리아 스완손」 「노마 탈마치」 「리리안 씨쉬」 대개 그만큼식의 보험이 잇다고 한다. 그리고 미국 일류 영화제작자 「사미률 쏠드윈」 씨는 수 개월 전에 계약한 자기 배우로 「날드 콜맨」에게 오십만 「쌀라」, 조선돈으로 백만 원의 생명보험을 부치엇섯는데 「쌔렌치노」가 죽엇다는 비보를 듯자 직시 자기

배우 「월마 쌔칸」이란 녀배우에게도 오십만 「쌀라」의 보험을 부치엿다고 한다. 그리고 배우 자신들이 보험 계약을 하는 것은 대개 이목구비, 수족 등임으로 제작업자들은 다시 그 전신을 도 거러서 보험을 부치게 된 것이라고 한다. 그리고 배우로 쓰는 동물들에 대한 보험액도 갑작이 고등하여젓다고 한다.

동아 26.10.12 (5) [음악과 연예] 조선영화게 화형(花形) 점고(點考) 1 / 이경손

부산 조선키네마주식회사에서 해의 비곡(海의 悲曲) 외 삼 명화를 조감독으로 제작 이래 「백남푸로닥손」에서 심청전(沈淸傳), 「고려키네마」에서 개척자(開拓者), 「게림영화협회(鷄林映畫協會)」에서 당한몽(長恨夢), 산채왕(山寨王) 등의 영화를 감독 제작한 후 지금 봉황의 면유관(鳳凰의 冕旒冠)을 제작 중인 조선 일의 영화감독 이경손! 네-등대하얏소.

△ 이경손

◇ 방년 이십사 세 태생은 서울, 본적인 개성보통학교 졸업, 데일고보 인천 상선학교, 서울신학교(神學校) 등을 중도 퇴학 후 전도질과 상선 승조원도 조곰식 해보앗고 현텰(玄哲) 씨와 예술학원을 세워 교원을 하다가 무대예술연구회(舞臺藝術硏究會) 데일회 공연 격야(隔夜)라는 각본으로 단성사(團成社) 무대에서 출연을 한 후 부산키네마로 가서 해의 비곡에 「바위」로 출연하얏스며 그 후 압헤 말한 바 가튼 길을 밟어왓섯다.

◇ 그는 한평생을 영화사업에 바칠 터인데 사십 세 후에는 자긔 개인 「푸로닥슌」을 세워가지고 주연과 감독을 겸하야 눈물겨운 비극을 만들고자 하는 것이 리상이라고. 그가 조와하는 서양배우는 녀자로는 「리리안 쎄쉬」를 조와하고 남자로는 「촤푸린」을 숭배한다고…… 나오-

동아 26.10.14 (2) 〈광고〉

◎ 십월 십사일부터 특별 흥행
금풍(錦風)이 소슬하고 달 밝은 가을 밤에
백화(百花)가 난만(爛漫)하는 조극(朝劇)의 무대
아름답고 염미(艶美)한 육십여 명 예기의
춤과 노래! 한 번 보실 만함니다
석달이나 열심히 공부하고 연마한
추계 한남권번 대온습회(大溫習會)
를 가장 규모 잇게 공연함니다
1 일등 명기 박녹주(朴綠珠)의 독특한 독창
2 만고열녀 **춘향가** 효녀 **심청가**
기외(其外)에도 천종만종(千種萬種) 별별 재조가
다 나옵니다 부대 한 번 오십시요

대예고

세계적 인기왕, 일세의 풍운아 다크라스·페-쌩스 씨 대비약편

비장군(飛將軍) **쏜큐** 십일권

범백(凡百) 영화를 압도하고 개가(凱歌)를 올닌

호쾌통렬한 본편의 봉절은 불일간(不日間)

대활극 **그리운 산곡** 팔권

대희활극 **나는 영웅이다** 구권

열혈희활극 **내외 칠인조** 칠권

초웅편 **영혼의 절규** 십권

조선극장 (전 광 二〇五번)

동아 26.10.14 (5) [음악과 연예] 최근 불(佛) 영화계 / 역시 문예품이 유세

최근에 불란서영화계에 소식을 듯건대 한동안 세력을 페보랴 하던 연속활극은 급히 침체해지고 역시 본바닥이라고 일컷느니만큼 문예품 영화화가 세력을 잡고 잇다고 한다. 그리고 불란서에 들어오는 외국영화는 미국영화가 데일 위를 차지하고 그 다음이 독일영화인데 요지음에는 독일영화에 수입이 이전에 비하야 씀직이 늘엇다 하며 정말[236], 서던[237] 영화들도 점차로 수입되는 모양이라고 한다. 본래 불란서는 감독을 본위로 하는 날아이엿스나 요사히에 와서는 더욱 그 경향이 투철해젓다고 한다. 그리고 그 감독들 중에도 우수한 사람들은 각색과 감독을 겸해 한다고 한다.「압쎌 쌴쓰」「쨍크페에쎄」「레온 포아리에」「안리 루쎌」「찌미트리 킬터노푸」「로넬크레엘」「쩬메누쒀락」「쌴루노왈」「쌴에곡스탄」「잭쑤쌔론세리」「레운스페레」「말셸례두피에」씨 등은 아직까지도 불란서영화계에 중진으로 건투를 한다고 하며 오히려 신 인물들도 뒤를 니어 나오는 모양이라는데 배우들은 무명 배우들이 각금 스쿠린 압헤 나타나는 이 외에는 별노히 특별한 사람이 나타나지 안는 모양이라더라.

동아 26.10.14 (5) [음악과 연예] 조선영화계 화형(花形) 점고(點考) 2 / 나운규

◇ 부산 조선기네마 작품 운영뎐(雲英傳)에 별 배역을 맞허서 처음으로「스쿠린」압헤 나타나가지고「백남푸로턱슌」「고려기네마」「계림영화협회」를 거처「조선기네마푸로턱슌」에 일으러『롱중조(籠中鳥)』에 조연하고『아리랑』에 광인으로 주연하야 대번에 조선 유일에 성격배우 칭찬을 밧는 라운규! 네- 등대하엿소.

◇ 방년 이십사 세. 태생은 함경도에도 회녕 쌍. 고향에서 보통학교를 졸업, 간도 가서 명동중학, 서울 와서 중동학교를 졸업. 함흥서 제령 위반으로 증역도 이 년간 하엿스며 그 후 압헤 말한 길을 밟어왓겟다.

△ 나운규

---

236) '덴마크'의 한자 표기.
237) '스웨덴'의 한자 표기.

◇ 한평생 영화게에 몸을 던지겟다는 리상이니 오십 세까지 출연하고 그 후에는 각색을 하겟다고. 그가 조와하는 영화배우는 남자로는 「쫀 쌔리몰」, 녀자로는 「포라 네그리」. 그의 덕역(適役)은 아리랑에 광인 역 갓흔 거라고. 점고를 맛치고 성큼성큼 나온다.

동아 26.10.14 (5) [음악과 연예] 늣김
▲ … 런던 「쌔그레이」 은행에서는 영국국데영화회사를 위하야 자본을 내어주겟다는 것을 발표하얏는데 이는 영국영화게에 처음 되는 일이라고. 이 소문을 들을 쌔에 조선영화게를 위하야는 오직 부러울 싸름.

▲ … 미국 「뉴니바살」 회사는 「첵크슬노박키아」에 한 다리를 버더 『푸랙의 추』의 제작을 개시하얏다. 전 구주영화게가 미국 「쌀라」의 힘에 굴복되고 말 날이 머지 굴복[238] 안타고. 조선영화게는 다시… 독일 「우파」 회사만은 여전히 활기를 씌여가지고 금년도에 미국으로 보낸 영화가 단편만 오십이 건이라고. 구주영화게의 권위는 엇잿든 「우파」 쑨이라고 한다. 조선영화는 지금 갓해서는 일 년에 그 십분지 일, 다섯 건만 외국에 수출이 된다 하더라도 활기를 씌울 터인데.

동아 26.10.14 (5) [음악과 연예] 봉황의 면류관 촬영대 / 평양에서 촬영 중
신영화 『봉황의 면류관(鳳凰의 冕旒冠)』은 그간 경성시내, 시외를 「로케손」으로 상발[239]의 촬영을 마치고 그 하반은 촬영 대원 십일 명이 평양에 출장하야 촬영 중이라는바 그곳에서 사, 오 일간 촬영한 후에는 경성에 도라와서 다시 인천을 「로케손」으로 촬영의 씃을 마칠 터이라는데 금월 하순경에는 봉절 상영되리라더라.

매일 26.10.14 (2) 〈광고〉
선전문 및 출연진 일부 제외된 외 10월 14일 동아일보 조선극장 광고와 주요 정보 일치

동아 26.10.15 (2), 26.10.16 (5), 26.10.17 (5), 26.10.18 (2), 26.10.19 (3) 〈광고〉
10월 14일자 조선극장 광고와 동일

동아 26.10.15 (5) [음악과 연예] 활기 씌운 조선 신극운동
흥행 부진으로 각 디방으로 순회 흥행을 하는 신파연극이나마 단원의 호구지책이 업서서 사산분리를 하지 아니치 못하고 조선극게는 아조 단말마에 일으게 되엿는바 긔보와 갓치 김파영(金波影) 군의 주선으로 혁신단(革新團), 예술좌(藝術座), 신극좌(新劇座), 민중극단(民衆劇團), 려명극단(黎明劇團), 민립극단(民立劇團) 등으로 돌아다니든 재래의 신파 연극배우 변긔종(卞基鍾), 리경환(李敬煥)을 비롯하야 이십여 명의 배우들과 토월회(土月會)에 전속으로 잇든 배우 몃 사람으로 극우회(劇友會)를

---

238) 오식으로 반복해서 표기된 것으로 보임.
239) '상반'의 오식으로 보임.

조직해가지고 오난 십륙일부터 시내 단성사에서 흥행할 터이라 하며 한편으로 재래의 신파극게에서 상당한 권위를 가젓든 취성좌(聚星座)가 역시 유지난에 싸저서 해산을 하고 말엇든바 요사히 동 단양 김소랑(金小浪) 군의 주선으로 마호정(馬豪政), 문수일(文秀一), 송해텬(宋海天) 등 외 십여 명의 배우들을 모아 진용 일신하고 내용 확충한 취성좌를 다시 세워가지고 경성 흥행을 전기 극우회 흥행이 잇슴으로 뒤로 밀우고 먼저 디방 순회 흥행을 하기 위하야 금 십오일에 경성을 출발하야 남선 디방으로 갈 터이라는데 그 순회 려뎡은 먼저 호남선으로 들어가서 전주(全州), 군산(群山)을 거처 광주(光州), 목포(木浦)를 것치고 경부선으로 나와 대구(大邱), 부산(釜山), 마산(馬山) 등을 것친 후 십이월 상순 경에 경성에 도라와서 조선극장에서 상연할 터이라더라.

동아 26.10.15 (5) [음악과 연예] 「싸렌치노」의 기념 사원(寺院) 신축 / 오십만 원 비용으로

미국 활동사진 판 잡지게의 권위 「호트푸레」 지 주필 「쩸스알칵」 씨의 주창으로 설립된 고 「루돌프 싸렌치노」 긔념회위원회에서는 영화국 하리우드에 기념 사원(紀念寺院)을 신축하기로 결뎡하엿다는데 사원 건축비로는 이십오만 쌀라, 조선 돈푸리로는 약 오십만 원가량의 예산이라는바 그와 가치 거액을 것기에도 조곰도 힘이 들지 안을 모양으로 임의 거친 것만 해도 십오만 쌀라가량이 되는 것을 볼진대 「싸렌치노」가 얼마나 인긔가 잇섯든 것을 짐작할 수 잇스리라더라.

동아 26.10.15 (5) [음악과 연예] 한권(漢券) 온습회

시내 공평동 한남권번(公平洞 漢南券番)에서는 작 십사일 밤부터 시내 인사동 조선극장(仁寺洞 朝鮮劇場)에서 추기 대온습회(溫習會)를 개최하얏다는데 기생들의 가무 풍류와 밋 춘향가(春香歌), 심청가(沈淸歌) 등 조선 구가극들도 잇다더라.

동아 26.10.15 (5) [음악과 연예] 〈사진〉

신영화 『봉황의 면류관』에 자매역 …… 윤메리, 신일선

△ 윤메리, 신일선

매일 26.10.15 (3) 〈광고〉 [연예안내]

십오일 돌연 봉절 대희활극 주간
(십육, 십칠 양일은 주간만 상영)
세계 명화(名花) 콤스탠스 탈마치 양 주연
초특작대희극 **심장난무(心臟亂舞)** 대(大)오권
여편네 실* 병(病)은 *년 듯기만 해도 희극적이요,
기발한 제재(題材)보다 요절(腰絶)할 대탈선극
유 사 제공 럿셀 작품
대탐정극 **의외의 범인** 육권
알고 보면 도적이 탐정, 탐정이 도적

이만하면 파란이 중첩한 활극

유 사 독특 센쥬리 희극

미인(美人) 일소(一笑)편 전이권

유 사 특작 장편 모험극

제사회 **절해의 위난** 칠팔편 사권

보라 제이세 로로 대육탄전으로

지금부터 시작된다 통쾌통쾌

유 사 **국제시보** 전일권

단성사

매일 26.10.15 (3) 〈광고〉

십월 십사일부터 특별흥행

금풍(錦風)이 소슬하고 달 밝은 가을 밤에

백화(百花)가 난만(爛漫)하는 조극(朝劇)의 무대

추계 **한남권번 대온습회(大溫習會)**

일등 명기 박녹주(朴綠珠)의 독특한 독창

만고열녀 **춘향가**

효녀 **심청가**

서양무답(西洋舞踏)

무산앵(舞山鶯)

승무

대예고

다크라스 페-쌩스 씨 대비약극

*장군 **돈큐** 십권

조선극장

매일 26.10.16 (2), 26.10.17 (2), 26.10.18 (2), 26.10.19 (3) 〈광고〉

10월 15일자 조선극장 광고와 동일

매일 26.10.16 (2) 〈광고〉 [연예안내]

십월 십육일부터 오 일간

조선극우회 제일회 대공연

김호은(金湖隱) 각색

비극 **신(新) 칼멘** 전이막

조선극단의 여왕 복혜숙 양 득의(得意)

단상(壇上)의 칼멘 극 불갓치 타는 사을랑

피로써 그려논 연애비극 무대를 스페인에

남국(南國) 정조가 농후한 가운데 전개되는 칼펼의 혈루(血淚)는

한 가지 관자(觀者)의 심축(心軸)에 숨여들고야 말 것이다.

김호은 번안

사회비극 **생명의 관(冠)** 전삼막

다음 예제와 영화 예고

비극 **사(死)의 광휘** 전사막

희비극 **새벽 종소리** 전일막

희극 **유정무정** 전이막

초특선 명화(名畵) 양편(兩編) 일시(一時) 봉절

백만년 전 인류 비사(秘史)

로스트월드 전(前) 세기의 재견(再見) 십일권

쑤엘 명화 대청춘편 **스포츠 생활** 전구권

단성사

매일 26.10.16 (3) 금일! 전 경성에 자선화(慈善花) 발매 / 극우회 공연과 화일(花日) / 시내 선전에

금 십륙일 자선 곳날이 되자 맛치 새로 죠직된 조선극우회(朝鮮劇友會)에서는 십륙일 밤부터 단성사에서 개연을 하는 터이라 십륙일 시내 선전에는 남녀 배우가 일제히 자선의 곳을 사 달고 나스기로 되얏다.

매일 26.10.16 (3) 극우회의 『첫』 공연 / 금일 밤부터 단성사에서

조선 재릐 극단의 잔당 즁에서 유지들만 츄리여 모힌 죠선극우회(朝鮮劇友會)가 제일회 공연을 하고자 벌서부터 련습에 렬즁한다 함은 긔보한 바와 갓거니와 이제 금 십륙일 밤과 십칠일 밤을 틱하야 시내 동구안 단성사(團成社)에서 그 첫 막을 열게 되얏다. 출연할 배우도 사게에 환영을 다대히 밧던 이요, 녀배우도 토월회의 화형이던 복혜숙(卜惠淑) 양을 비롯하야 츄리고 모하 일대 활약을 한다 하며 졔일회 공연의 예졔는 아릐와 갓다.

김호은(金湖隱) 번안 생명의 관(삼막) 동인(同人) 각색 신(新) 칼멘(이막)

김영환(金永煥) 작 사(死)의 광휘(사막) 천한수(千漢洙) 작 기갈(삼막)

동아 26.10.17 (5) [음악과 연예] 금년 최종으로 일본 수입 영화

금년도 후반긔의 십일월 최종에 일본에 수입된 영화는 다음과 갓다더라.

▲ 메트로쏠드윙 영화 = 씹슨쏘란드 씨 차스리트 양 주연『그리드』십권, 마리언 쩨비스 양 주연『요

란다 희(姬)』십권, 아리스씌리 양 루이즈 스톤 씨 주연『여왕참회록』팔권,『국경돌파』칠권,『스프츠 여신』칠권,『감닉(感溺)의 십자로』육권

▲ 파라마운트 영화 = 쎄씩 푸론슨 양 주연『신데레라 물어(物語)』십권, 포라 네그리 양 주연『야의 화(夜의 花)』칠권, 칼젠푸스타 양 주연『용권(龍卷)』십권, 쎄푸탄의엘스 양 주연『왈패스산』칠권, 파시마몬트 씨 주연『모 걸인 이약이』칠권,『친심자심(親心子心)』칠권,『여군격퇴』칠권,『용모(踊母)』팔권

▲ 유나이테트 사 영화 = 루돌프 쌔렌치노 씨 주연『열사의 무(熱砂의 舞)』팔권, 체스타엠프랜크린 주연 명견 피타 주연『무언의 영웅』육권

동아 26.10.17 (5) [음악과 연예] 조선영화계 화형 점고 3 / 신일선

◇ 조선예술단 김문필 일행이 조선극당에서 행연할 쌔 처음으로 리원(梨園)에 발을 던저 「쌴스」와 『녯날의 금잔듸』 독창으로 득명하고 「조선키네마푸로턱슌」에 들어 대번에 아리랑의 주역 광인의 누이로 출연하야 일략 영화게의 명녀우가 되엿겟다. 인물도 절색이거니와 영화녀배우로는 필덕한 곡선미를 가젓스며 표정도 유망하고 애교도 상당하며 아직 순결한 처녀 몸에 종달새란 별명을 가진 귀염둥이, 재롱둥이, 장래 조선영화게의 명녀우 신일선! 네 - 등대하얏소.

◇ 본명을 삼순(三順)이라. 방년은 래년이 이팔. 태생은 해동. 조선국에도 한양 성중 동덕(同德)녀자 보통학교 사년 수업. 음악에 소질 잇서 성악가 김형준 씨에게 개인교수도 좀 바덧겟다. 이 년 전에 조선예술단에 들어 잠간 무대를 밟다가 규중에 들어 살림사리 배윗스며 감독 리경손 씨에게 소질을 엿뵈인 바 되어 그의 권유로 객월부터 스쿠린에 서게 되엇다오.

◇ 이십 세까지만 영화게에 잇겟스며 그 안에 서양배우들만큼 성공을 하겟고 그 뒤에는 싀집을 갈 것이 그의 포부와 리상이요, 덕역(適役)은 순결한 처녀역이엇다.

… 뎜고를 마치자 아장— 아장! 나오—

동아 26.10.17 (5) [음악과 연예] 세계적 미남자 / 백림 투표 결과 영화배우 륙 명

지난 번에 독일 백림에서 백열덕으로 인기를 어든 세계덕 미남자(世界的 美男子)에 대한 투표를 한 결과 다음에 긔록한 여섯 사람의 영화배우가 당선되여 세계덕 미남자의 광영을 엇게 되엿다더라.

▲ 루돌프 쌔렌치노 (미국 유나이테트아치스트 회사) ▲ 리차드 쌔셉메스 (미국 퍼스트나소낼 회사) ▲ 쏜 쌔리몰 (미국 쌕라더스 회사) ▲ 쌔울 리히터 (독일 우파 회사) 에룬스트 호프맨 ▲ 잭 카트란

매일 26.10.17 (2), 26.10.18 (2) 〈광고〉

10월 16일자 단성사 광고와 동일

매일 26.10.19 (3) [극평(劇評) 안인 극평] 불운한 반도극단 / 혈루(血淚) 중 신생광(新生光) / 죠선 극우회를 보고

◇ 요사히 시내 수은동 단성사에서 첫 막을 연 『죠선극우회』에서는 『신칼멘』이라는 가극 반 현대극 반 연극을 부히어쥬엇다.

◇ 극평을 쓰라는 쥬문이 잇섯다! 그러나 나는 그 극평을 쓸 슈는 업다. 왜 그러냐 하면 그것은 너모나 가여운 일이다. 자연의 혜틱이 풍부한 남쪽 나라에서 익어난 파초 열미를 본 눈을 가지고 북쪽 눈 속에서 쓸쓸히 애달게 겨오겨오 싹 터서 열매라고 신산스럽게 매저난 것을 보고 그 열매가 잘다고도 할 수도 업고 굵지 못하다고 할 수 업는 것갓치

◇ 오늘날 죠선갓치 극단의 긔세가 침톄한 째 쥬머니에는 돈이 마르고 긱석에는 동정이 적으며 우흐로는 우러ㅅ 배홀 데가 업는 알들살들이도 쓸쓸한 조선극계에서 그릿도 살겟다고- 그릿도 쓰러져가는 극단의 운명을 써러 이룻켜보자고 눈물과 피로써 미져내인 이 죠선극우회의 연극을 가지고 나는 참아 잘 하느니 못 하느니 하고 평을 쓸 수 업다.

◇ 극평의 착안점이 무대에 슨 동인들이 채 눈 쓰지 못한 점을 째우쳐주는 데 잇슬 것인대 지금 단성사에서 츌연 중의 극우회의 무대면 젼톄의 결함은 극평을 쓴다는 우리들보다도 그 당자들이 더 잘 알고 잇스면서도 『죠선서는 아직 하는 수 잇서야지요』 『돈이 잇서야 안이 함니가』 하는 가삼 저린 탄식이 빗발치듯 하는 것이니 일이 여기에 이르러서는 오직 무대에 오르는 이나 극평을 쓰는 이나 구경을 하는 이나 누고나 함께 은틱이 열분 죠선의 극단을 다만 눈물 지울 쑌이엇다.

◇ 그리하야 나는 극평을 쓰는 대신에 그릿도 병인년 가을을 쯧 업시 보내지 안코 크나 적으나 함께 눈물 짓든 극우(劇友)들이 모도혀 경성 한복판에서 새 소리를 치게 된 것만을 례찬(禮讚)코자 하는 것이다.

◇ 나는 곳으로 『신칼멘』 첫 막과 둘재 막 상반부를 보고 긱석을 써나왓다. 참 볼 만하얏다. 그들이 젼에 출연하든 정도에 비하야셔는 참으로 괄목상대를 할 만콤 잘 되얏섯다. 무대장치에도 착안점이 매오 사실적(事實的)이엇스며

◇ 입으로만 일너쥬어서 출연케 하든 그네의 과거를 바리고 새로히 엄정한 각본에 의하야 『대사』의 통일을 힘썻스며 의상에 대하야도 매오들 애를 태오는 모양이엇다.

◇ 무엇보다도 신파극(新派劇)에 종사하던 극우들이 한거름 더 나아가 현대극(現代劇)에 첫 발을 듸려노화 신극운동에 헌신을 하겟다는 의사를 갓게 된 것만으로도 극단의 과거 현재를 드려다보는 나로서는 깃버하지 안을 수 업섯다.

◇ 『오르카』 노룻을 하는 복혜숙 양의 요부(妖婦)갓고도 인졍 잇고 사랑을 파는 것 갓흐나 참사랑을 그윽히 긔대하는 것 갓흔 정격은 어지간히 늣기게 하얏스며 『김호은』 군의 화가 노룻도 오릿간만에 녯 무대에 도라온 그만콤 구습을 속히 버서날 소질이 빗낫섯스며 창작욕에 불타오르는 졀문 예술가의 순진하고도 쓰거운 표현에 매오 릭를 쓰는 것 갓하얏섯다.

◇ 나종에 한마듸 할 것은 누고나 모도 다 무대를 자긔의 쳔지로 알지 안코 배우들이 무대에 서서 객석을 머리에 두는 모양이엇다. 즉 무대의 엄숙한 통일을 써나 관긱에게 대한 자긔 한 사람만의 인긔

를 싱각하지 안는가 하는 긔분이 몃몃 분의 태도에서 분명히 보힌 것은 제일 서운한 일이엇다. (사진은 복양혜숙[240]의 신칼멘의 오르카)

매일 26.10.19 (3) 〈광고〉 [연예안내]
조선극우회 공연(십월 십구일부터 이십일까지)

제이차 예제(藝題) 교환 상연

김영환 작 비극 **사(死)의 광휘** 전사막

신인 서정(曙汀) 김영환 씨의 처녀작으로

배경은 산자수명(山紫水明)한 조선의 명승지 진주요,

피 잇고 눈물 잇는 청춘애사 가운데 사회의 무정, 도덕의 모순을

말한 것이 본편의 줄거리니 누구나 보라 한 가지을 나오즉 이 일간쌘

천한수(千漢洙) 씨 원작 각색

희비극 **새벽 종소래** 일막

희극 **파혼이다** 전이막

급고(急告) 불일(不日) 이 편 대봉절

백만 년 전 인류 비사(秘史)

로스트월드 전(前) 세기의 재견 십일권

쑤엘 명화 대청춘편 **스포츠 생활** 전구권

단성사

동아 26.10.20 (6) 〈광고〉
이십일 수요부터 고대(苦待)의 명편을 기필코 봉절

대유나이뒷트 사 제왕적 대걸작

다크라스·페-쌩스 씨 대비약

비장군(飛將軍) **쏜큐** 십일권

Don Q

만난(萬難)의 신비를 포장(包藏)한 혼돈은 이 일편에 요동하고

뇌명(雷鳴)하며 만적(萬敵)을 물이치는 다크라스의

전광(電光)갓흔 대비약은 천하무적의 비(飛)장군이다……

조극(朝劇)의 찬연한 「스테-지」의 번득이는

다크라스의 용자(勇姿)를!! 그엿코

◎ 대 파라마운트 사 사십 작품 중 일

---

240) '복혜숙 양'의 오식.

활극계 명성(明星) 리챠도·크스 열연

비절쾌절(悲絶快絶) **그리운 산곡** 전팔권

무엇이라고 본편 활극의 내용을……

대예고

명편 **삼인의 여성** 구권

문제명화 **영혼의 절규** 십권

초웅편 **금단의 낙원** 팔권

조선극장 (전 광 二〇五번)

매일 26.10.20 (3) 〈광고〉

10월 19일자 단성사 광고와 동일

매일 26.10.20 (3), 26.10.21 (2), 26.10.23 (4), 26.10.24 (5), 26.10.26 (1) 〈광고〉

일부 출연진 및 예고 제외된 외 동아일보 10월 20일자 조선극장 광고와 주요 내용 동일

동아 26.10.21 (2), 26.10.22 (6), 26.10.23 (2), 26.10.24 (1), 26.10.25 (1), 26.10.26 (2) 〈광고〉

10월 20일자 조선극장 광고와 동일

동아 26.10.21 (5) 적화(赤化)영화 압수 / 횡빈 세관에서

일본 신내천현(神奈川縣) 경찰부에서 횡빈(橫濱) 세관과 협력하야 지난 십구일에 횡빈 시내 데국(帝國)「필림」창고를 수색하야「모스코」로부터 동경(東京) 로서아대사관에 가는 혁명선뎐영화(革命宣傳映畵)를 차압하엿다는데 동 영화는 구데와 뇌옥(舊帝와 牢獄)이라는 데목으로「알렉산더」이세를 배경으로 삼고 로서아 귀족의 령양과 청년 사관의「로맨스」를 영사한 것인바 혁명사상을 고취한 것이라더라. (횡빈 뎐보)

동아 26.10.21 (5) [음악과 연예] 이대 영화

싸그라스 역작 **쏜큐** 십일권

해설 『싸그쌋드의 도적』에 속편 비슷한바,「싸그라스 페야쌩스」영화로서「헤스케스푸 리차드」씨의 원작을「쩩 카닝쌈」씨가 각색하고「드날드 크리스프」씨가 감독을 하엿스며 주역「싸그라스 페야쌩스」씨 외에도 『오오선생』, 『쏀쑉람벨』 등 영화에 출연한「메리아스타」양과 『저가는 곳』에 출연한 이 영화감독「드날드 크리스프」씨가 출연하엿스며「짠하솔드」씨,「로쯱 픽포드」양 등도 잠간 나오는, 근래 쾌작 영화이다.

경개「조로」의 아들「쏜세살듸쎄까」는 고국 서반아에서 공부를 하고 돌아와서「쯱무로」내대신의 쌀「드로레스」와 서로 사귀여 사랑하는 사이가 되엿다. 더욱이 오태리로부터「쌔울」태공이 서반아

왕가에 왓다가 「쏜세살」의 협기와 용맹을 사랑하고 그 두 사이를 은근히 도와주엇다. 그런데 근위기병 대위 「쏜세빠스치안」도 「도로레스」를 사랑하고 태공이 「쏜세살」을 위하야 진력하는 것을 원망스러히 역이엇다. 그리하야 마츰내 태공을 살해하엿다. 그 내용을 아는 사람은 오직 한 사람밧게 업고 그 혐의는 「쏜세살」에게 도라갓다. 그러나 태공이 운명할 째에 자기를 살해안 「쏜세바스치안」의 일홈을 써 가지엇든 것이 다행으로 「쏜세살」의 천신만고한 결과 진범이 판명되여 「드로레스」와 결혼을 하게 된다는 실로 장쾌 무비한 스토리다.

그리운 산곡

해설 「파라마운트」 걸작 영화의 하나로 「리차드 씩스」 씨가 주연하고 「로이 스위손」 양이 조연을 하엿스며 「아더라킹」 씨와 「마조리쓰」 양도 출연한 활극영화이다.

경개 뉴욕 사는 「카리」와 「그렌」은 서로 사랑하는 사이엿섯다. 그러나 「그렌」이 구주 전란에 나가서 독와사로 인연하야 병을 엇어가지고 남보다 늦게 귀국하야 보니 애인 「카리」는 병역에 출전하지 안은 「리트리」라는 청년과 잘 놀고 잇는 꼴을 보고 마음이 변하엿거니 하는 생각으로 의사의 권유로 정양을 하기 위하야 서부 경치 조흔 곳으로 갓다. 서부에 간 뒤로 려관 주인의 쌀 「프로」의 지성스러운 간호에 의지하야 마츰내 완인이 되엿스며 서부 살림을 매우 질거웁게 역이게 되엿다. 뉴욕에 잇는 「카리」는 「그렌」의 편지가 업는 것을 이상히 생각하고 서부로 「그렌」을 차저왓다. 그리하야 려관 주인의 쌀 「프로」와 결혼코저 하는 것을 가로채어 마츰내 전과 가튼 사랑의 사이가 되엿다.

조극(朝劇)상연 이 두 영화는 작 이십일 밤부터 시내 인사동 조선극장에서 일시에 상영한다더라.

= 사진 =

(좌) 『그리운 산곡』의 「리차드씩」와 「마조리」 (右) 『쏜큐』의 「싸그라스 페야쌩스」와 챗직

매일 26.10.21 (2) 〈광고〉

대운동 영화 드대여 봉절 (십월 이십일일부터)

급고(急告) = 관람료 인하 단행

계상 삼십 전 이십 전

계하 이십 전 십 전

영화직(職)의 전단(戰端)은 개시되엿다

승패는 너 일전(一戰)에, 영화계의 정도를

위하야 우리는 싸호란다 긋까지 정의의 승리를 밋으면서

오라 단성사로! 도으라 단성사를

유 사 쭈에 본년도 초특작 영화

청춘과 로맨스 **스포츠 생활** 전구권

거장 모리스 싸니아 씨 감독 작품

명우 쌔드라이델 씨 매리안 닉손 양 주연

유 사 제공 셀즈닉 특작품

연애극 **졇운이**[241]**의 세계** 오권

유 사 특작 장편 모험극

제오회 **절해의 위난** 구십편 사권

단성사

매일 26.10.23 (3) [오늘의 이약이]

… ◇ 일전 조선극장에서 한남권번의 연쥬회가 잇슬 째의 일이다. 한남권번에서는 각 신문에 광고를 내자 그 광고의 문의가 배ㅅ심에 틀엿다고 한남권번을 탈퇴한 기싱이 잇다 ◇ 일홈을 드르니 엄츈도 김해선 황국향 리월향의 두 패이라대 한 패는 조선권번으로 한 패는 한성권번으로 옴겨 갓다고 ◇ 하도 이상하야서 분개한 리유를 무르니, 온 세상에 작년에 먹은 송편이 다 올나오지, 신문에다가 박록쥬라는 명창의 일홈은 내고져 이들은 쎄노왓다는 불평이라나 ◇ 미사는 시긔가 잇서야 늘기도 하지만 박록주만 나스면 긱석에서 만장일치로 재청 삼청 사청 오청까지 잇서서 거의 목이 터지게나 되여야 드려보내는 그 인긔를 시긔나 하면 엇지할 작정인고. 사람은 천하야 기싱은 되얏서도 각기 제 처지를 밝켜야 남의 입싯헤 오르나리지 안는다 ◇ 박록쥬의 소리 명창이 부럽거든 너이들도 힘써 애써 노릐 공부를 이여라. 그러면 이약이쑨도 서슴지 안코 너희들 칭찬을 할 것이니……

매일 26.10.23 (4), 26.10.24 (5) 〈광고〉

10월 21일자 단성사 광고와 동일

동아 26.10.24 (5) [음악과 연예] 신영화 / 유나이데트 사 영화 열사의 무(舞) 십권

감(監) 프트트 모리쓰 씨

연(演) 쌔렌치노 씨 빌마 쌔킨 양

이 영화는 최근 일본에 수입된 미국 유나이데트 아치스트사 영화로 저번에 세상을 쩌나 세계에 널녀 잇는 녀자 판들의 눈물겨운 회포를 자아내는, 세계덕으로 열광덕 찬사를 밧든 「루돌프 쌔렌치노」의 최후 출연 영화라고 하야 공개 전부터 그 인긔가 비상하다고 한다.

경개 타는 듯이 쓰거운 사랑과 씃업시 밉살마진 늣김을 판으로 하야금 가슴에 가득가득 실게 하는 열대디방의 사막에서 생긴 이야기다. 춤추는 게집 「야스민」은 그 짱의 추당의 아들 「아메트」를 사랑하얏다. 그리하야 두 남녀는 서로서로 쓰거운 사랑을 부처오든 터인데 「야스민」에게 싹사랑을 부치든 불란서 사관은 사막에 잇는 악한들을 충동하야서 「아메트」를 괴롭게 하얏다. 「아메트」는 그는 전혀 「야스민」의 마음이 변하야 그가 식힌 까닭인 줄로 오해하고 「야스민」을 잡어가지고 자긔가 바든

---

241) '젊운이'의 오식으로 보임.

이만큼 고통을 주어 원수를 잡고저 하얏스나 「야스민」은 「아메트」에게 직접 『당신을 미워한다』고까지 한 녀자이엇섯스나 아모래도 「야스민」은 「아메트」의 것이엇고 「아메트」는 「야스민」의 것이엇다. ◇ 사진은 「아메트」와 「야스민」

매일 26.10.24 (3) 〈사진〉 귀국하는 명배우
활동사진게에 유명한 「다그라쓰 퍼-방그쓰」 씨와 그의 안해 「메리 쎅포-드」 부부는 일즉 구라파 유람을 하다가 「아메리카」 본국으로 도라오는 모양임니다

매일 26.10.24 (3) 〈사진〉 신혼(新婚)한 배우들
영화배우로 유명한 「콘쓰탄 달맛치」 양과 「맛킨톤」 씨는 져번에 화촉의 성전을 밋고 둘이 신혼 려힝 중이람니다

동아 26.10.26 (5) 조선영화계 명성 점고 4 정기탁
야구, 축구, 단거리 경주 백 미돌에 십일초 이분 일의 긔록까지 갓고 운동 처놋코 조곰식은 다 하며 음악으로도 쌔이올린은 범인 압헤서는 내로라고 할 만침 하는 터로 처음 「백남푸로닥손」에 발을 던저 개척자에 변영일(卞英一)로 출연 후 「게림영화협회」에 일으러서 『장한몽』에 김중배(金重培), 『산채왕』에 주역으로 출연하엿고 이번에 자긔 개인 뎨공 『봉황의 면류관(鳳凰의 冕旒冠)』에 미남자 청년으로 주역 출연하는 정긔탁 왓느냐? 네― 등대.

△ 정기탁

◇ 평양 태생으로 상당한 재산을 가진 아버지를 뫼섯겟다. 어려서 광성소학을 졸업하고 한양에 일으러 덩동에 잇는 배재고보 이년까지 마치고 상해에 건너가서 사 년간을 음악과 운동에 힘을 썻는데 지금의 꼿다운 나희는 이십하고도 삼 세이다.

◇ 일생을 영화게에 바치리라는 리상이니, 팔십을 산다면 팔십까지 배우 노릇을 하겟다고. 그가 조와하는 극은 탐뎡극, 조와하는 서양배우는 아돌프멘추와 메리레라고. 시간 명령 지중하야 봉황에 면류관에 출연코자 분장한 대로 뎜고를 마치고! 나오……

동아 26.10.26 (5) 상설관 흥행 쟁탈전 / 「싸그라스」 해적으로
요사이 시내 조선인 측의 활동사진상설관 끼리는 입장 료금으로 크게 경쟁을 하는 중인바 작 이십오 일 아침에 시뎐(柴田) 우미관 주인은 조선극당(朝鮮劇場) 주인 김조성(金肇盛), 희락관(喜樂舘) 지배인 송뎐(松田), 황금관 주임 변사 강뎐(岡田) 등을 거러 종로서 보안게에 설유원을 데출하야 전긔 흥행업자들은 동서 보안게에 일으러서 시비를 가리고 잇섯는바, 그 내용은 이번에 경성에 『다그라스 해적』이라는 열한 권짜리 명화가 올 터이라는데 그 영화를 가저오는 사람은 전긔 송전으로 우미관에서는 송뎐의 압헤서 흥행 사무를 보는 강뎐에게 지난 이십일일 밤에 계약금 일백 원을 걸라 계약을

하얏스며 조선극당에서는 송던이와 직접 역시 이십일 밤에 사백 원의 게약금을 걸라 이십사일까지 전부 칠백 원의 돈을 내고 게약을 톄결하얏다는데 우미관에서는 조선극장은 남의 게약한 영화를 돈을 만히 내겟다고 쎄섯스니 흥행사 간의 도덕을 저버린 것이요, 송던 강던 두 사람은 한 가지 사진을 가지고 두 군데에 게약을 하얏스니 상당히 설유를 하야달라는 것이라더라.

매일 26.10.26 (1) 〈광고〉 [연예안내]

조선영화 경영(競映)주간 (십월 이십육일부터 돌연 공개)

요금 계상 대인 오십 전 소인 삼십 전

계하 대인 삼십 전 소인 이십 전

계림영화협회 특작품

대비곡 **장한몽** 전구권

조선키네마 특작 영화

학창연화(學窓戀話) **농에 든 새** 전육권

고려키네마 특작 영화

현대비곡 **개척자** 전육권

본사는 여러분씌서 요구하시는 대로 순 됴선영화 세 편을

동시에 공개하기로 되엿습니다 더욱이 누구나 모르는 이가 업는

장한몽과 만도 영화관긱 졔씨의 열렬한 환영을 밧던

학창연애 비극『농에 든 새』문예소설노

피여나는 새 됴선의 젊문이의 마음을 노리한

『개척자』이 세 편은 됴선영화 중에서도 가장 볼만한 작품으로

료금은 아주 싼 갑스로 여러분씌 보혀드리게 된 것을 우리는 퍽

긧부게 싱각합니다 긔회를 일치마시고 일즉 오서々 보아주시기만……

단성사

매일 26.10.26 (2) 위생 선전 활사 무료 공개

(울진) 일반의 위생관념이 박약한 중 더욱히 서퇴한진(暑退寒進)의 이쌔를 당하야 우리 생명을 보호하야 주는 경찰 위생과에서 위생 선전의 목적으로써 활동사진을 보내엿는대 지난 십팔일 울진 죽변항에 개최하고 익(翌) 십구일 오후 칠시부터 울진경찰서 구내에서 공개된바 청산(靑山) 경찰서장의 취지 설명으로 비롯하야 본도(本道) 경찰부로서 파견한 변사 이춘식(李春植) 씨의 소개와 울진 후등(後藤) 공의(公醫)의 위생과 경제라는 이약이가 잇슨 후 활동사진이 개막되얏는대 각종의 희비극으로 진행한바 관람자는 추천(秋天)의 야풍(夜風)에도 불구하고 정각 전부터 운집하야 일천여 명의 대다수에 달한바 위생상 무한한 감각을 엇게 되여 공전의 성황으로 동 십일시경에 폐회하얏더라.

매일 26.10.26 (3) 조극(朝劇), 우미 양관 명화 쟁탈전 / 싸크라쓰 주연의 해적으로 인하야 싸홈질

부내 인사동(仁寺洞) 조선극장(朝鮮劇場)에서 리월 이일부터 상영하려고 목하 광고를 굉장히 하고 잇는 명화 『다크라쓰 해적(海賊)』이란 열한 권짜리 필림에 대하야는 부내 관털동(貫鐵洞) 우미관에서도 금월 삼십일부터 상영한다 하야 상영 권리 문제로 우미관 쥬인 시젼삼대차(柴田三代次) 군이 죠선극장 경영자 김죠성(金肇盛), 리필우(李弼雨) 량씨를 거러 종로서에 설유월²⁴²)(說論願)을 제출하얏는대 이제 그 내용을 드른즉 부내 본정(本町) 이졍목 희락관(喜樂館) 영업주임 송젼졍웅(松田正雄)이가 황금관(黃金舘)의 쥬임 변사 강젼텬셩(岡田天城)을 압헤 두고 내지의 활동사진을 가져다가 부내 각 활동사진관에 세(貰)를 노코 잇는대 지난 이십일에 죠선극장에서 젼긔 송던 씨와 『다크라쓰 해적』의 필림을 리월 이일부터 일쥬간에 사용 료금 팔빅 원에 계약하고 료금 팔빅 원을 몬져 주고 이십삼일에 대판(大阪)에 사람을 파견하야 사진을 가져오게 하얏는대 일방으로 우미관에서는 젼긔 강젼이란 사람과 그 사진을 금월 삼십일부터 일쥬간에 상영 료금 칠빅 원에 계약하고 이십일일에 계약금 빅 원을 강던에게 지불하고 삼십일이 오기만 기다리고 잇는 중 조선극장에서 그와 갓치 광고를 굉장히 함으로 필경 설유원을 제출한 것인대 됴선극장에서는 우리는 원 주인 되는 송젼이와 계약을 하고 사용 료금까지 전부 다 지불하고 쏘 송젼이와 한가지로 돈을 내여 사람을 대판에 파견하야 사진을 가져오게 하얏슨즉 우리는 절대로 양보할 점이 죠금도 업다 하며 강경이 주장한다. 이 사진을 쟝차 엇던 사진관에 상영하게 되는지 자못 취미잇는 문제이며 이와 갓치 필림 상영권으로 경찰에까지 문제가 되기는 이것이 드문 일이라 싸라서 싸크라쓰의 인긔가 얼마나 큰 것을 가히 알 것이다.

문제에 오른 싸그라쓰 해적 ◇ 사진은 쥬연자 싸그라쓰◇

동아 26.10.27 (5) 〈광고〉

이십칠일(수요)부터 활명화(活名畵) 주간

◎ 파라마운트 제공 그리스치 희극

포복절도 **얼간망둥이** 단편(短篇)

희극왕 짐미·오푸리 씨 주연

◎ 대 파라마운트 사 초특작 영화

정희극 **절세의 미인** 전팔권

미인 마리온·짜비스 양 주연

오래동안 그리웟든 마리온·짜비스 양은 당신네의 사랑이

아님닛가 오래간만에 그리운 여러분을 대하려 나온 양의

천재적 예술은 한끗 여러분을 호리게 하오리다

인기 명우 토마스·뮤칸 씨 열연

북부대활극 **아라스칸** 전구권

---

242) '설유원'의 오식.

The "Alas Kan"
북풍이 극한한 빙원 광야에 자웅(雌雄)하는
열사의 용자를? 그여코 보라
대예고
문제중대영화 **다크라스 해적** 십일권
그여히 불원(不遠) 봉절
열혈극 마제천진(馬蹄千塵) 전구권
조선극장 전화 (광) 二〇五번

매일 26.10.27 (1), 26.10.28 (3). 26.10.29 (4), 26.10.30 (4), 26.10.31 (2) 〈광고〉
10월 26일자 단성사 광고와 동일

매일 26.10.27 (1), 26.10.28 (3), 26.10.29 (4), 26.10.30 (4), 26.10.31 (2), 26.11.02 (1) 〈광고〉 [연예안내]
일부 출연진 제외된 외 동아일보 10월 27일자 조선극장 광고와 동일

매일 26.10.27 (3) 경성방송국 상동식(上棟式) / 금일 오후 삼시에
테신국(遞信局)에서 요사히 가방송(假放送)을 하는 라듸오를 본 방송국을 민들기 위하야 경성방송국(京城放送局)을 창립하고자 오릭동안 노력 줌이더니 이즈음 거의 사무가 정돈되엿고 정동(貞洞)에 신축 중이던 국사(局舍)도 공사가 챡々 진힝되야 금 이십칠일 오후 세시부터 상동식(上棟式)을 거힝한다더라.

동아 26.10.28 (4), 26.10.29 (3), 26.10.30 (3), 26.10.31 (5), 26.11.01 (3), 26.11.02 (1) 〈광고〉
10월 27일자 조선극장 광고와 동일

동아 26.10.29 (5) [연예와 음악] 봉황의 면류관
이경손 감독 작품
정기탁 신일선 주연
세상에 가장 아리싸운 사랑의 이약이, 봉황의 면류관(鳳凰의 冕旒冠)의 경개를 들어보건대 덩긔탁 군이라 하는 쾌활한 청년에게 일선이는 남 모르게 도라서 분첩을 펼 만치 이상히도 가삼이 울령대여진다. 그러나 일선이는 열다섯 살 먹은 어린 아희, 긔탁이는 다만 귀여운 인형과 가치 역여줄 쑨이니…… 『아! 당신이 저의 머리를 한 번 쓰다듬어준 후부터 저는 녯날 제가 안이엿습니다』의 슯흠이 어린 가슴 안에 숨어 잇게 된다. 그러나 긔탁은 「윤메리」 양, 「일선이의 형」과 사랑의 실마리가 얼키여지는 바람에 일선이는 압흔 가삼을 참지 못하야 서울을 바리고 어대로인지 가바린다. 메리는 백합

화와 가치 고흔 성격이나 한 번 바람이 불면 볏틔가기는 어려운 성격…… 파리에도 좀 가본 일이 잇고 자긔 손으로 자동차 운전도 잘 한다는 최(역영)가 『이러케 위협하면』 하고 빙그레 우서바린 것도 절대로 햇수고는 아니엇다. 설혹 메리가 부득이 최에게 키쓰 한 번을 쌧끼엿다 한들 그것이 사랑하는 사람 압헤 무엇이 그다지 대단한 일이랴만은 만사에 결말을 뒤트러지도록 맨들기 쉬운 것은 젊은이들에게 각금 잇는 아리싸운 실수. 긔탁은 그여히 어제 사랑하는 이 압헤 욕을 하느니, 성경을 씻느니 하는 야단이 니러를 낫다. 긔탁은 보기 실은 서울을 바리고 평양에 쮜여가서 의외에 일선이와 만나게 된다. 그 두 사람의 신변에는 넷날에 기생이요, 지금은 단발 미인. 도레미파도 모르는 엉터리 창가 교사, 수첩 속에 녀학생 사진만 가진 미

△ 봉황의 면류관

남자, 기생에게서는 경배는 밧는 은행 지배인, 죽기 전에 세 마대 말만 한다는 텰목학자, 데이세 하나님이라는 별명 잇는 윤목사, 만사에 쑥스러히 싸라다니는 덜렁이, 누른 얼골에 분 발라 감초인 수십 명 기생, 먹고는 변소에 잘 가는 것이라 긴 백여 명 주정군들이 잇다 한다. 일선이는 어린 두 팔로 이 사랑하는 남자의 생활을 의하야 죽기를 기 쓰고 벗틔여보앗스니 결국은 살인범이란 루명까지 쓰게 된 긔탁을 볼 쌔에 일선이는 『과연 그런 경우면 엇더케 할 테야?』 하고 진짜에게 무러보면 얼골에 무든 분을 지우면서 일선 양은 재조 잇서 보이는 고 두 눈을 반작이며 나타날 우슴을 가삼 깁히 감추더니 『나는 몰라요!』 하여바린다.

매일 26.10.29 (3) [오늘의 이약이]

… ◇ 토월회의 녀배우로 일측이 극단의 쏫이 되얏든 김수련(金睡蓮) 양은 최근 십칠 세 피는 쏫에 사랑의 이슬이 져졋는지 시내 모 사진관 주인과 약혼을 하야놋코 혼인날만 고대한다고 = 사진은 김수련 양

동아 26.10.30 (5) [음악과 연예] 미국 대유행 천연색 영화 / 총 텬연색 영화의 『써그라스 해적』

최근 미국에서는 텬연색(天然色) 명화가 크게 류행하기 시작하엿다고 한다. 텬연색 영화란 원래 구주 전란 잇기 전 구주영화 전성시대에 불란서 파테 회사에서 「토릭[243]」을 응용하야 두 권짜리 동화극을 사람의 의복 혹은 배경 등에 착색을 하여 노혼 것이 잇섯스니 지금에 비하야 그 뎡도는 매우 유치하엿섯스나마 텬연색 사진은 그쌔부터 잇든 것이다. 그러나 그는 모다 부자연한 뎜이 만코 극히 불완전한 것이엇슴으로 그다지 생명이 길지 못하고 마츰내 류행에까지 이르지 못하고 말엇든 것인대 그 후 텬연색 영화에 대하야 미국 각 영화회사에서는 상당한 연구를 제각기 하며 쏘는 오래동안 그에 유의

---

243) '트릭'의 오식으로 보임.

하야 여러 가지 방법으로 고안을 하여 오든 결과 「테크니카라」로 착색법이 완성되엿슴으로 다시 류행긔에 들게 되여 『십계(十誡)』『오레라244) 괴인』 등에 조곰식 사용해본 결과 그 성적이 매우 량호하엿슴으로 미국 금년도 대규모 영화제작에는 각각 다토아가며 그것을 응용하게 되엇다. 그러나 한 영화를 전부 텬연색으로 하자 함에는 그 경비가 상당히 만히 드는 터이라 우금껏 전부를 텬연색으로는 해보지 못하얏섯는데 금년 봄에 「써그라스 페야쌩스」 씨가 자긔 영화 『흑의해적(黑衣海賊)』이 일본에 건너와 지어진 일홈으로는 『써그라스 해적』을 촬영할 쌔에 처음으로 총 텬연색으로 하기를 결심하고 그 영화감독 「알쌔트 파카」 씨라든지 「테크니카라」 긔술 대가 「아사쏠」 씨와 밋 「쪼지 게브」 씨 등으로 하야금 륙 개월간이라는 긴 시간을 현상실에 들어백여 잇서가지고 만들어 노앗스니 이 영화는 사람의 피부조차 그 빗이 그대로 나타낫다고 한다. 그리하야 처음에 「써그라스」 씨는 손을 보드라도 긔록이나마 남기자는 생각으로 계획한 것이엇섯스나 쯧밧게 판들은 열광덕으로 환영하게 되어 「써그라스」는 맛츰내 그 영화로 이백만 쌀라, 조선돈으로 약 사백만 원의 리익을 보앗다고 한다. 그런데 이 사진은 금방 시내 조선극장, 우미관, 희락관 세 상설관에서 경찰 문뎨까지 일으키어가며 흥행권을 다토는 중임으로 미구에 경성에 나타날 것은 틀님없는 중. 엇지햇든 래월 초순 안에는 조선극장에는 엇더한 일이 잇든지 상영하겟다고 하더라.

---

244) '오페라'의 오식으로 보임.

11월

동아 26.11.01 (1), 26.11.02 (4), 26.11.03 (6), 26.11.04 (4) 〈광고〉

일부 출연진, 선전문 제외된 외 조선일보 11월 1일자 단성사 광고와 동일

동아 26.11.01 (4) 독자 위안 영화 / 부산 국제관서

금반 부산 「三ツホ會」에서 부산 명소를 대촬영한 신등파(新藤波)란 현대 연쇄극이 못처럼 상영됨을 기회로 본보 부산지국에서는 천여 독자에게 미약한 위안이라도 들이겟다는 성의(誠意)하에서 독자 위안 영화대회를 거(去) 입(卄)구일부터 삼 일간 국제관에서 개최한다는데 다수 내람(來覽)하기를 바란다 하며 당야(當夜)에 그 장소를 정리하기 위하야 요금 십오 전을 밧는다더라. (부산)

조선 26.11.01 (조4) 〈광고〉

유競映供셀즈닉映畵週間[245] (십일월 일일부터 봉절)

◆ 유 사 제공 셀즈닉 특작영화

『쫀Q』『오오 선생님』 원래의 용자 등

제편(諸篇)에 주연이던 명여우 메리 오스터 양

사계(斯界)에 영명(令名)이 놉흔 유진애푸라이엔 씨

『동도』의 노파 역을 맛헛는 마샤 부인

공작의 날개, 발명영관에 출연한 노역(老役)의 제일인자

쪼지 풰세트 씨 기타 명우 총출 대경연

정희활극 **과거의 암영** 전칠권

◆ 셀즈닉 특작영화

젊은이 세계의 자매편

청춘과 사랑 인종(忍從)과 의협의 로맨스

수화(水火)에 뛰여드는 여성 전육권

에레인 함머스타잇 양 주연

245) '유 社 提供 셀즈닉映畵競映週間'의 오식으로 보임.

◆ 유 사 특작 장편활극

제육회 **절해의 위난** 십일, 십이편 전사권

◆ 유 사 독특 센추리 대희극

엉터리 날탕패의 영업번창!

멀정하군 **버리숀?** 전이권

급고 불일봉절

문제영화 **? ? ?** 권

초대웅편 **전화(戰禍)** 전십권

유 사 폭쓰 영화 **단성사**

전 광 구오구번

당 십월 이십삼일 토요 낮부터

오래동안 고대하시엿든 이대 특선 명화 돌연 봉절

불국(佛國) 역사소설영화협회 초특작 대명편!

세계적 성격 명우 총출 대열연! 조연자 약 이만 명!

문제의 초특대웅편

낭(狼)의 기적 전십권

이 영화가 봉절되는 곳마다 백열적 대환영으로

전세계에 인기를 독점한 불후에 대명편은 돌연 출현!

이 명편은 임이 영화사 상에 권위를 발휘하야 공효(功効)가

확적(確的)하다는 것은 세인(世人)이 공지(共知)하는 바이외다

보라! 명화의 진가를 그여히!

미국 메도로골드윙 대결작 대웅편

세계적 대모험 대활극! 골명육약(骨鳴肉躍)!

열혈용름(熱血勇凜)! 경도적 대모험 대활극!

명마시천(名馬嘶天) 전팔권

구주(歐洲) 제일 미인 구레오인-사- 양

쾌남아 후란구기-난 씨! 대주연

모험으로 모험! 축전(蹴戰)! 쾌투!

해륙만리(海陸萬里)에 대태풍! 권기(捲起)되는 살풍경

악한당(黨)의 전율할 음모! 위험급급한 명마의 운명!

과연 누구에 손으로 건질 수 잇슬까?

과연 문제에 명화입니다! 꼭 보아주세요!

구주 영화 봉절장 **우미관**

전 광 삼구오번

예고가 제외된 외 동아일보 10월 27일자 조선극장 광고와 동일

동아 26.11.02 (5) 파 사 특작 영화 영혼의 절규 / 세실 쎄 데밀 감독

미국영화 감독들 중에서도 쐬여가는 인기를 가지고 잇는 「세실 쎄 데밀」 씨가 감독 제작한 것으로 이 영화제작에는 미국 일 긔술가들이 다수히 힘을 썻다고 촬영비도 거대히 들엇다는데 그에 출연 배우 들은 「쭈리아 패예」 「로드라로크」 「쎄라 레이놀드」 「로비트 에드손」 「리칼드 코아듸스」 「시오더코 스로드」 등 공연인데 이생과 저생을 그리어 노흔 영화이다.

「쌔터」와 「아미」는 이복 자매이다. 「아미」는 돈 업는 「카리」와 사랑하야 결혼까지 하엿다. 「쌔터」는 「파싸스」라는 돈 만흔 의사의 안해이엇스나 아우 남편 「카리」를 사랑하는 싸닭으로 두 사이를 시기 하든 중 「카리」가 발을 상하야 누어 잇고 「아미」는 돈을 벌기 위하야 밧게 나간 사이를 타서 「카리」 를 차저단이며 욕심을 채워보랴 하엿다. 어느 날 「쌔터」는 남편 몰르게 「카리」를 차저왓다가 남편에 게 들키게 되매 그것을 피하고자 하다가 이층에서 써러저 세상을 써낫다. 「카리」는 그가 죽은 것은 자긔로 인연함이라 하야 와사를 마시고 자살을 한다. 밧게 나갓다 도라온 「아미」는 그것을 보고 자긔 도 사랑하는 사람을 짤하 자살을 한다. 그리하야 그들은 저생에 갓다. 렴라대왕은 「아미」와 「카리」는 아직 들어올 째가 되지 아니하얏다고 다시 세상으로 내어쭛는다. 그리하야 두 사람의 령은 갈 바를 몰랏스나 「파싸스」 의사의 진력으로 말미암어 「아미」와 「카리」는 다시 소생하게 되니 그 령은 다시 이 세상에 살게 되엇다.

◇ 사진은 『령혼의 절규』 일 당면

동아 26.11.02 (5) 교환 영화

◇ 조선극장 이일부터

『영혼의 절규』 십권 파 사(社)

『삼소사(三笑士)』 오권 유나 사

◇ 단성사 ◇ 일일부터

『과거의 암영』 칠권 유 사

『물에 쮜드는 여성』 육권 동상(同上)

◇ 우미관 ◇

『실업슨 아주머니』 팔권

매일 26.11.02 (1), 26.11.03 (3), 26.11.04 (3) 〈광고〉 [연예안내]

일부 선전문, 출연진 제외된 외 조선일보 11월 1일자 단성사 광고와 동일

매일 26.11.02 (3) 문제의 명화는 결국 단성사에 상영 / 죠선극장과 우미관은 공연한 싸홈만 하얏다

세게에 일홈 난 천연식 명화(名畵) 싸크라스 해적(海賊)의 영화는 부내 인사동(仁寺洞) 죠선극장(朝鮮劇場)과 관텰동(貫鐵洞) 우미관(優美舘)에서 네가 상영(上映)을 하리? 내가 상영을 하리! 하야 량관에서 상영권 징탈전이 일어나서 결국 종로 경찰 보안게 쥬임 죽지웅(竹之熊) 경부보 압헤서 량관 대표자가 졔비를 쏩은(抽籤) 결과 작 일일부터 죠선극장과 우미관에서 한 날에 순차로 갓치 상영하게 되얏더니 쯧밧게 그 사진은 우미관에서도 상영을 하지 못하게 되고 죠선극장에서도 상영을 하지 못하게 되야 임의 지불하얏던 필님 사용 료금까지 도로 밧엇고 그 사진은 부내 슈은동(授恩洞) 단성사(團成社)에서 불일 내로 상영하게 되얏다더라.

조선 26.11.02 (석2), 26.11.03 (조4) 〈광고〉

11월 1일자 단성사 광고와 동일
11월 1일자 우미관 광고와 동일

동아 26.11.03 (5) [음악과 연예] 싸그라스 해적은 세금(貰金) 천이백 원 / 흥행권은 단성사에

긔보 = 영화가 과연 소문과 가치 텬연색 활동사진 『싸그라스 해적』은 얼마나 굉장한 것인지 몰으겟스나 그 영화가 한 번 경성에 오게 되는데 시내에 잇는 각 상설관에는 무슨 큰 선풍이나 불어온 듯이 야단법석을 하야 조선극장(朝鮮劇場)과 우미관(優美舘) 사이에는 그 영화 흥행권 쟁탈전을 일으키어 가지고 경찰의 심판까지 바다서 전긔 두 극장과 일본인 칙 상설관 희락관(喜樂舘)에서 상영하기로 타협이 되어가지고 모다 가튼 날 가튼 료금을 밧고 일시에 상영하기로 되엇섯는데 회사 측에서는 배급을 갑작 변경해가지고 조선인 측으로는 단성사(團成社), 일본인 측으로는 황금관(黃金舘)에 주기로 되어 미구에 전긔 두 관에서 상영하기로 되엇다는데 그 래력을 듯건대 그 영화의 흥행권을 사고자 희락관에서 먼저 소산(小山)이라는 자를 중간에 늣코 교섭을 하야 당초에는 일천이백 원에 경성 흥행권을 사다가 희락관에서 그 세금의 반분을 내고 조선인 측으로 어느 상설관에든지 한 곳에 흥행권을 주어 그 세금의 반분을 밧고자 하얏든 것인데 조선극댱과 우미관은 일시에 제각기 그 반분 흥행권을 엇고자 활동을 하얏슴으로 결국은 긔보와 가튼 쟁탈전까지 일어나고 일본인 상설관 측에서도 은근히 경쟁이 붓튼 까닭으로 료금이 일천육백 원이 되어 결국 일본인 측 상설관 팔백 원, 조선인 측 상설관이 팔백 원식을 내기로 되고 사진은 곳 오게 되엇든 것인데 쟁탈전까지 일어나고 법석을 하는 눈치를 안 회사 측에서는 금년 중에는 조선에는 배급을 하지 안켓다는 구실로 갑을 올리고자 하야 이곳 쟁탈전은 맹렬한 모양이닛가 소산이란 사람은 쟁탈전을 하는 전긔 세관과는 싹 돌려놋코 쟁탈전에 들지 아니한 단성사와 황금관에 주기로 하고 료금을 팔백 원을 올려 이천사백 원으로 덩하야 그것을 두 관에서 반분식 내이고 상영식히기로 하얏든바 그 사진은 긔위 선뎐도 충분히 되고 갑은 불게 하고 쓰겟다는 것이엇섯슬쌘더러 그래도 손은 업스리라고 생각한 까닭에 그와 가치 결뎡이 되고 말은 것인 듯하다더라.

동아 26.11.03 (6), 26.11.04 (4), 26.11.05 (4), 26.11.06 (4), 26.11.07 (4), 26.11.08 (1), 26.11. 09 (3), 26.11.10 (6) 〈광고〉

일부 출연진 제외된 외 11월 3일 조선일보 조선극장 광고와 동일

매일 26.11.03 (3), 26.11.04 (3), 26.11.05 (3), 26.11.06 (3), 26.11.07 (5), 26.11.08 (1), 26.11. 10 (3) 〈광고〉 [연예안내]

일부 출연진 및 〈키톤의 날벼락〉이 예고에서 제외된 외 11월 3일 조선일보 조선극장 광고와 동일

조선 26.11.03 (조4) 〈광고〉

십일월 이일부터 (추계 특별 대흥행)

백열(白熱)의 거탄! 무적의 대명편!

세계 제일류 극장마다 일 개월 이상 대만원을 일운

대파라마운트 사 명예적 최대 위업

거장 세실 B 쩨밀 씨 전생(全生)의 대표적 걸작품

영육의투쟁 **영혼의 절규** 십권

일류 명우 근 천 명 총출 대경연

사상계의 혼란! 영혼 정신의 침체된 전 세계에 인생의

전도(前途)는 극히 위난에 서 잇다, 이째에 영육의 투쟁이

전말(展末)되는 파천황에 대애상시(大愛想詩)를

공개하여 동포의 영혼의 양식을 삼으려 합니다 반다시 보와주시요

대유나이딋트 사 특작 명우 막크스린다 씨 열연

대희활극 **삼소사(三笑士)** 육권

구리스치 독특에 대희극

기상천외 **도적정벌** 이권

대예고

불일내 즉 봉절

고대(苦待)의조선영화 **봉황의 면류관** 전편(全篇)

열혈극 **마제천진(馬蹄千塵)** 팔권

희활극 **키톤의 날베락** 칠권

경성부 인사동 **조선극장**

전 광 二〇五번

동아 26.11.05 (4) 〈광고〉

유 사 쌜유스틱 대서부극 주간(십일월 오일부터 오일간)

◆ 유 사 쏄유스턱 대서부극

대서부극 **당당한 쾌걸** 전오권

맹우(猛優) 아드에이코드 씨 주연

◆ 유 사 제공 달마치 영화 제작

대서부희활극 **동내를 소동식히는 남자** 오권

◆ 유 사 특작 장편 활극

완결편 **절해의 위난** 십삼 십사 십오의 육권

◆ 유 사 독특 센추리 희극

사랑사랑 **죽자사자 하는 새요** 전이권

◆ 유 사 **국제시보 구십팔호** 일권

과연 본사의 영화전(映畵戰)의 진용은 완성되엇다

명편 대작 육속(陸續) 봉절 예정

불일 옥사(屋舍) 수선이 씃나면 전단(戰端) 개시

문제의 인상파 예술로 조선영화계에 일대 센세춘을 이르킨

명화 **다크라스 해적** 전십일권

민족비시(悲詩) **나는 세상에 자랑하노라** 십이권

초대웅편 **전화(戰禍)** 전십권

유 사 폭스 영화 봉절 **단성사**

전화 (광) 구오구번

동아 26.11.05 (5) [음악과 연예] 본보 독자 우대 할인 흥행 / 조선극장 / 금일부터 오 일간

요사히 시내 인사동 조선극장(仁寺洞 朝鮮劇場)에서는 긔보와 가치 「파라마운트」 회사 특작 영화 영혼의 절규(靈魂의 絶叫) 십 권과 「유나이테트아지스트」 회사 작품 정희극 삼소사(三笑士) 다섯 권 등의 특선 영화 두 가지와 두 권자리 희극 하나를 가지고 지난 이일부터 특별 흥행을 하는 중인바, 금 오일 밤부터 오는 구일 밤까지 닷새 동안을 본 동아일보(東亞日報) 독자에게는 특별 우대를 하고자 우 칭 보통 팔십 전을 오십 전에, 학생 소아 오십 전을 삼십 전에, 아래 칭 보통 오십 전을 삼십 전에, 삼십 전을 이십 전으로 활인 입장케 하리라는바 활인권은 본보 란외에 잇스니 그를 오려가지고 가면 전긔와 가치 활인을 해줄 터이라더라.

매일 26.11.05 (3), 26.11.06 (3), 26.11.07 (5), 26.11.08 (1), 26.11.10 (3) 〈광고〉 [연예안내]

〈나는 세상에 자랑하노라〉가 제외된 외 11월 5일 동아일보 단성사 광고와 동일

동아 26.11.06 (4), 26.11.07 (2), 26.11.08 (1), 26.11.09 (3), 26.11.10 (6) 〈광고〉

11월 5일자 단성사 광고와 동일

동아 26.11.06 (5) [음악과 연예] 봉황의 면류관 상해에 수출

뎡긔탁(鄭基鐸) 데공의 리경손(李慶孫) 창작 감독 조선명화 봉황 면류관(鳳凰의 冕旒冠)은 방금 인사동 조선극당(朝鮮劇場)에서 예고편을 상영하는 중으로 지금 원판 정리는 다 맛치고 현상에 분망 중임으로 오는 십일경에 동 극장에서 봉절 상영을 하게 될 터이라는데 그 영화는 장차 중국 상해(中國 上海)로 수출을 식히게 될 터이라 하며 조선영화의 상해 수출은 처음이라더라.

매일 26.11.06 (3) 극우회의 방송 / 연극 대사를

◇ 사진은 조선극우회의 배우 일동이 사일 밤 경성방송궁[246]에서 연극 대사를 방송하는 쟝면이올시다
◇ 단성사에서 공연을 하야 갈채를 밧은 동 단원 일힝은 수히 남선지방으로 순업을 나아간다고 합니다
◇ 복판에 안진 녀배우가 복혜숙 양이올시다

조선 26.11.06 (조2) 〈광고〉

당 십일월 육일 토요 낫부터 상영
고급영화를 보시랴면, 반다시 우미관으로!
실사 **폭쓰 주보** 전일권
● 미국 윌리암폭쓰 사 대명작
사회극 **처녀의 몽(夢)** 전칠권
명화 존갑부-스 양 주연
● 미국 윌리암폭쓰 사 초특작 대명화
천하 인사의 대호평인 초특작 대명편이 재현됩니다!
모성극(母性劇) **오바쎅힐** 전십이권
조니우오-카 씨, 메리카 부인 대열연
대예고
● 미국 메도로골드윙 사 최근 특작 명화!
초웅편 **홍백합(紅百合)** 전구권
라몬노-바-로 씨 주연!
구주 영화 봉절장 **우미관**
전 광 삼구오번

조선 26.11.06 (조2), 26.11.08 (조3), 26.11.09 (석1), 26.11.10 (석2) 〈광고〉

11월 3일자 조선극장 광고와 동일

---

246) '경성방송국'의 오식.

매일 26.11.07 (3) 영화음악에 대하야 / 씨네마- 쏜-이

음악은 공간의 예술이다. 공기를 예술화식히는 것이다. 이 의미에 잇서서 극장에 반주악이라는 것이 비단 영화극쑨만이 아니다. 연극의 무대적 효과*에도 다대한 관계를 가진 것이다. 더더구나 명암의 예술인 영화에 잇서서는 색채도 업고 연극과 갓치 육성도 드를 수 업는 다만 빗과 그림자의 교착만으로 성립이 되여가는 대서는 무엇보다도 더 음악의 필요가 싱기는 것이다. 그의 신비적 예술의 특이한 분위기를 짜아줄 것은 음악 이외에 더 만은 효과를 돌우어줄 것은 아마도 업슬 것이다.

제일 과목이 업는 까닭으로 (아모리 해설자의 해설이 잇서도) 시각의 단순한 자극 이외에 더 아무것도 구할 수가 업다. 그럼으로 공기의 「리슴」을 감각할 암흑 속에서 광선 이외에 것을 요구할 데는 음악 외에는 업는 것이다. 현재 영화에 잇서는 (장래에는 몰나도) 청각적의 환영을 만드러줄 수는 도저히 불가능한 일이다.

그럼으로 영화에 반주악이란 것은 영화에 무대적 효과를 엇는 데서 가장 중대한 관계가 잇는 것이다. 이 반주악 문제를 만일 외국에서 쓰집어닌다고 하면 맛치 팔십 노인이 육십 먹은 자식을 다칠가바 염려하듯이 일소(一笑)를 금치 못할 것이다. 발서부터 외국에서는 영화의 발달과 함께 「씨네마」 음악도 갓흔 도정을 발바가지고 나온 것이다.

어늬 상설관을 물론하고 「씨네마, 하우쓰」 되랴면 무엇보다도 충실한 「올케스트라」를 비치하는 것이다. 그리고 그 악단을 지휘하는 「컨썩터」도 당당한 교양 잇는 음악가가 상아봉를 들고 스게 되는 것이다. 그쑨만 아니라 일반 「푄」도 그 영화쑨이 아니라고 한 「씨네마, 하우쓰」에만 단이는 「푄」이 잇서서 그 상설관이 주일(週日)마다 새로워지는 영화는 물론하고 새롭은 음악을 드르러 가는 것이다. 그럼으로 그들은 영화를 보는 동시에 음악을 이해하고 그의 조화를 맛보는 것이다.

그것은 쉽게 알냐면 외국 신문지상에 주일마다 광고되는 신영화에 봉절 광고란을 보면 알 것이다. 새롭은 영화의 명칭을 쓴 엽헤 대호(大號) 활자로 반주악의 곡목과 악단의 명칭이 반듯이 나는 것이다. 이것만을 보아도 상설관주 측에서는 관중*에 서나 반주악이라는 것을 여하히 취급하는 것을 미루어 짐작할 것이다.

그러나 현재 조선에서는 일반 푄의 저급한 것도 한 이유이지만은 상설관 경영자 측에서 넘우나 반주악에다 유의를 안 하는 것이다. 심지어 엇던 상설관 갓흔 데서는 칠, 팔 년 전에 영화에 원시시대에 쓰든 곡목을 현재에도 아모 **도 긔탄도 업시 그냥아도 활극적 「씬」에서만 두어 번 반주라구 하는데 불과한 것이다. 그리고 그보다도 우심(尤甚)한 것은 극장의 소속 악단이라며 발서 자동차에나 실고 가리(街里)로 야비한 소음을 질으고 다니는 광고*이나 그럿치 안으면 상영 시간이 채 되기 전에 극장 누상(樓上)에서 저급한 관중을 쓰는 방법으로 쓰는 것이다.

참으로 입을 버리기가 어려운 이루 형언할 수 업는 참혹한 형편이다. 이리서야 어듸 본래에 민중의 감정을 정화식힐 성단(聖壇)이라 할 수 잇슬가 의문이다. 현재 조선에 영화 상설관이라는 것은 극장 한아이 업고 민중오락 기관이라고는 이것쑨인 데서 싱각을 하면 참으로 말 못할 저열한 지위에 처해 잇다. 더구나 지난 천구백이십년인가 『오버듸힐』이라는 영화에 칠백불이란 현상을 거러서 반주곡을 모집한 예도 외국에는 잇섯다. 지금 조선에서 이런 것까지 요구한다는 것은 더구나 말이 안 되지만은

- 다만 좀 유의만 해주어도 고마울 것이다.

그러고 그 다음에는 관중에게도 그 죄가 업다고는 못 할 것이다.「핀」으로 잇서서 참으로 통탄할 것은 추격이나 쟁투 외에서 반주악이 잇스면 그것을 관극에 방해물로 역이는 것이다. 즉 그들의 유일의 지보(至寶)라고 할 만한 해설자의 설명을 못 듯게 믄드는 방해음으로 취급하는 것이다. 더구나 반주를 할 재 그만두라고 소리를 치는 치음(痴音)도 잇는 것이다.

그러나 이것은 단순한「핀」의 죄쑨이 아니다. 거기에는 음악의 이해와 취미를 못 둔「핀」으로 하야금 고상한「핀」으로 만듯는 것도 참으로 경영자의 책임과 의무인 것이다.

매일 26.11.07 (3) 미국 영화 배우 인기 투표 결과 / 자미잇는 현상

세상이 변하면 한업시 변하는 병이니 이것은 영화계(映畵界)에도 일반이다. 요사히 도착한 미국신문사에서 인긔 배우 투표(人氣 俳優 投票)한 결과를 보면 남자는 여전히「리챠-드, 딕크쓰」씨가 제일이고 녀자는 제일이던「안나, 큐, 닐슨」양이 이십여 반으로 써러지고 그대신「코-린 무어」양이 돌연히 머리를 들엇다. 그 차례를 보면 아리와 갓다.

남우부(男優部)

一, 리차-드 딕크쓰 二, 쎄라이온 三, 윌리암 쏜이드 四, 로날드- 콜민 五, 윌리암 하이네쓰 (이하 약(略))

여우부(女優部)

一, 코린, 무어 二, 그로-리아, 스완손 三, 쎄틔-, 쌀론손 四, 놀마, 달마취 五, 메리, 쎅포-드 六, 포-라, 네그리 (이하 약)

매일 26.11.08 (3) [오늘의 이약이]

… ◇ 토월회의 녀배우로 정열극에 우수한 인긔를 엇엇스며 최근에는 일동축음긔회사 제비표 레코-드에 연극 대사를 취임한 리월화 양은 셔력 이천오빅팔십륙년을 긔념코자 죠선극장에 출연케 되얏는대 극단 일홈과 일좌의 안면은 아즉 내세우지 안코 무대 런습 중이라고. (사진은 리 양)

조선 26.11.08 (조1), 26.11.09 (석1), 26.11.10 (석2) 〈광고〉

〈전화〉가 제외된 외 동아일보 11월 5일자 단성사 광고와 동일

조선 26.11.08 (조1), 26.11.09 (석1), 26.11.10 (석1), 26.11.11 (조3), 26.11.12 (석2) 〈광고〉

11월 6일자 우미관 광고와 동일

동아 26.11.09 (3) [영화소설] 탈춤 — / 심훈 원작

동아 26.11.09 (5) [음악과 연예] 신영화 속출 / 풍운아와 불망곡(不忘曲) 신작

한산하기 짝이 업든 조선영화게는 근래에 일으러서 자못 활긔를 씌워가지고 영화제작에 뜻을 두는

사람이 만허것다 함은 위선 루보한 바어니와 정긔탁(鄭基鐸) 대공, 리경손(李慶孫) 창작 감독의 『봉황의 면류관』은 불일 래로 봉절하게 되엿거니와 그 뒤를 이어 조선키네마푸로닥손에서는 라운규(羅雲奎) 군을 중심으로 풍운아(風雲兒)라는 신영화를 제작하기로 되여 불일간 경성 시외를 「로케손」으로 촬영을 개시할 터이라 하며 조선키네마에 잇든 리규설(李圭卨) 군을 중심으로 전 토월회 배우들이 모여 서로 토성회(土星會)를 조직해가지고 그의 첫 사업으로 고대영화 불망곡(不忘曲)이란 영화를 촬영하고자 긔 배우 역할이며 「로케손」, 모도 다 결뎡되엇슴으로 오는 이십일 내에 촬영을 개시할 터이라 하며 이로 말미암아 신진 배우들이 자못 만히 늘어서 이대로만 진행된다면 하여간 조선영화게는 대 번창을 미구에 보게 되리라더라.

동아 26.11.09 (5) 조선영화게 명성(明星) 점고(點考) 5 / 남궁운

◇ 부산 조선키네마에 처음 발을 더저 영화게에 나선 이래 「백남푸로닥손」, 「고려키네마」 등을 거처 「게림영화협회」에 전속으로 잇다가 지금에는 「조선키네마푸로닥손」에 전속으로 최근 『아리랑』에 중역 현구로 출연하야 큰 인긔를 끌은 당대 인긔 명우 남궁운 왓느냐…… 네, 등대하얏소!

◇ 본명은 김태진(金兌鎭)이요 방년 이십삼 세엇다. 태생 원산. 단천공립보통학교를 졸업하고 서울 와서 영어 강습도 좀 하엿스며 일본에 건너가서도 이것저것 홋 두루 배워보앗겟다. 극게는 함흥에서 「예림회」라는 것을 싸려 간도지방에 순회 연극을 한 것이 첫 무대이엇겟다.

◇ 그의 리상은 젊엇을 째에는 조선의 영화게가 아조 절망되지 안는 경우에는 싣씃내 영화 배우질을 하다가 나 먹으면 각본을 쓰겟노라고. 그가 조와하는 서양배우는 「쌕카드랜」 「메리 필립핀」이요, 그의 덕역은 연애극의 주인공이라겟다…… 뎜고를 마치고는 출연하든 모양대로 손을 들어 부르지즈며 성큼성큼 물너난다.

조선 26.11.09 (조2) 출연 중에 금지

지난 사일 밤 시내 군산좌(群山座)에서 취성좌 김소랑 군 일행(聚星座 金小浪 君 一行)이 첫날 흥행으로 흥미진진히 흥행하든 중 림석하얏든 경관이 돌연(突然)히 출연을 중지시키엿다는데, 이제 그 자세한 내용을 듯건대 그날 밤에는 마츰 운명의 종(運命의 鐘)이라는 예제로써 각본을 상장하든 중 역자(役者) 문수일(文秀一) 군이 전긔 운명의 종 제삼막(運命의 鐘 第三幕)에 「쌕르조아」 사회를 파괴하자는 뜻을 공술하엿슴으로 그 가티 중지시키엿다 하며 더욱이 그 익일인 오일에는 군산경찰서(群山警察署) 정사복(正私服) 경관이 다수이 전긔 김소랑 군 일행이 투숙(投宿)하고 잇는 려관에까지 가서 휴대품을 수색하는 한편 십 일간이나 흥행허가까지 하엿든 것을 금지시키엿다 하매, 그가티 경찰의 너무나 고압적인 것은 일반사회의 여론이 놉다 하며 전긔 김소랑 군 일행은 불의의 변을 당하엿슴으로 방금 시내 모 로동동맹회(某 勞働同盟會)에 위원으로 잇는 모씨와 협력하야 쏘다시 흥행할 뜻을 경찰당국에 교섭 중이라는바 일반은 이에 대한 처치 여하를 흥미 잇게 주목하는 중이라더라. (군산)

매일 26.11.09 (3) [오늘의 이약이]

… ◇ 세계의 일홈 놉흔 어엿분 영화 배우 메리 피푸어드 양은 죠선 기네마팬에게도 상당한 사랑을 밧는 터인대 ◇ 요사히는 쏘 무슨 사람 녹일 걸작을 츌연하랴는지 재롱 잘 피는 어린 아기 하나를 다려다가 배우 교습식히기에 골몰 즁이라고 = 사진은 그 한 쟝면

동아 26.11.10 (3) [영화소설] 탈춤 二 / 심훈 원작

동아 26.11.11 (2) 〈광고〉

조선의 가을이요 째도 쏘한 이째라

만난(萬難)의 신비를 감춘 조선영화 봉절

십일월 십일일 목요부터 상영 순서

정기탁 프로덕슌 제일회 특작품

감독 이경손 주연 신일선 양

현대극 **봉황의 면류관** 전팔권

마음 압흔 젊은 조선에 울음이 울부짓난 일대 문제의 영화!

소리 업시 우는 핏소리가 신(新)조선을 배경 삼고

쌔압흔 소리를 위여침니다! 모이십시요 반다시 이 영화를 보시려고

대와-나부라더-스 사 제공

명우 론·차-니 씨 주연

기괴활극 **악마의 홍소(哄笑)** 전칠권

투쟁 생활과 진화론의 일기축(一機軸)을 재료로 삼은 일대 문제극?

희극왕 챠푸링과 소왕(笑王) 쌘다빈 주연

천하일품 **챠푸링의 칼맨** 전오권

보라!! 신묘한 우슴의 예술을

대예고

열혈극 **마제천진(馬蹄千塵)** 전팔권

대웅편 **리챠드 사자왕** 전팔권

명편 **금단의 낙원** 전팔권

현대극 **풍운아** 전편

희활극 『**키톤의 날벼락**』 전팔권

조선극장 전화 (광) 二〇五번

동아 26.11.11 (2), 26.11.12 (4), 26.11.13 (3), 26.11.14 (3), 26.11.15 (2) 〈광고〉

선전문 일부 제외된 외 조선일보 11월 11일자 단성사 광고와 동일

동아 26.11.11 (3) [영화소설] 탈춤 三 / 심훈 원작

동아 26.11.11 (5) [음악과 연예] 론차니 씨 주연 / 명화 악마의 홍소 / 밀드렛드 마닝 양 조연

「파리」에서 생긴 삼각련애에 대한 이야기니 「론 차니」 씨의 주연으로 「밀드렛 마닝」 양 「잭의씰버트」 씨 「하든카트란드」 씨 「잭 말드넬드」 씨 등이 조연한 일대 명작 영화이다.

그 「스토리」는 조각가 「헨리」라는 사람은 「보텔」[247]로 쓰는 미인 「쎄쓴」를 사랑하며 부자의 아들 「데닉스」도 역시 「쎄부」를 사랑하엿스나 「쎄부」는 「헨리」에는 아모 생각이 업고 「쎄부」만 사랑하엿다. 그로 말미암아 두 남자의 반목 질시는 별별 처참한 일을 다 일으키게 된다. 이 중간에는 그 두 젊은니를 위하야 활동하는 그들의 아버지들이 잇스니 그 역시 맹렬한 활동을 한다. 그리고 그 미인은 마츰내 「쎄니스」의 품에 안기게 되고 「헨리」는 눈물에 젓게 된다.

희극 「촤푸린 칼멘」

연(演) 촤리 촤푸린 씨 펜타핀 씨 에바 나파비안스 양

「차리스 촤푸린」 씨가 「쌍호제」로, 「펜타핀」 씨가 밀수입자로, 「에바 나라비스」 양이 「칼멘」으로 출연하얏다. 「스토리」는 『칼멘』과 조곰도 틀림이 업스나 다만 희극으로 만들엇슬 짜름이다. 미국영화 희극계의 두 패왕 「촤푸린」과 「펜타핀」이 일시에 출연한 영화임으로 적지 안은 긔대를 갓고 잇는 바이다.

동아 26.11.11 (5) [음악과 연예] 조선영화계 명성 점고 6 강홍식

◇ 이야말로 일등 명성 - 리원(梨園)의 문벌로 볼작시면 일본 일의 무도 대가 석정막(石井漠) 씨 데자요, 일 영화게 본로 대장 산본가일(山本嘉一) 씨의 데자이엇다. 일본영화게서도 명성의 일홈을 가고[248] 조선영화게서도 『장한몽』에 「백락관」으로 출연하고 『쌍옥루』에 감독 겸 출연, 『산채왕』에 산적으로 출연하야 큰 인긔를 엇고 지금도 『경도일활대장군』에 산본가일 씨와 텰완긔자(鐵腕記者)라는 신영화에 의긔남아의 중역을 마터 출연 중이라겟다. 장래 조선 일의 명우, 지금에 근역 동포들의 대표뎍 명우 강홍식이 왓느냐? 네 등대……

◇ 일본영화게의 역명은 석정휘남(石井輝男). 평양 태생. 방년 이십오 세. 평양 광성고보 이년, 십오 세 시에 일본 가서 대성중학 사년까지 수업. 동경오페라에 들어 석정막 씨에게 춤과 노래를 배호고 일활에 들어 산본가일 씨에게 영화배우 기술을 배웟겟다. 법정대학에 들어가 정치가가 되랴고도 한 일 년 해보앗고 조선 와서 영화게를 일욱해보려다 여의치 못해 바리고 일활에 발을 드려노앗다.

△ 강홍식

---

247) '모델'의 오식으로 보임.
248) '가젓고' 혹은 '가지고'의 오식으로 보임.

◇ 그의 리상과 포부와 질기는 것은 한평생 영화게에 몸을 둘 일. 기술이 상당해지면 조선에 도라와서 영화제작을 할 일. 음악도 조와하고 운동도 조와하야 운동은 「스켓트」「풋쏄」 혈긔 잇는 악인 역, 남성다운 악인 역이 덕역이요, 조와하기도 그것이엇다. 서양배우론 「에밀 야닝그」, 「차리스 촤푸린」, 「이반 모주킨」이라. 덥고를 마치고는 뒷둥뒷둥 나오―

동아 26.11.11 (5) [음악과 연예] 교환 영화

◇ 단성사 ◇

윌리암폭쓰 특작

전극(戰劇) 전화(戰禍) 전십권

주연 마치 페라미 양 쏘지 오베린 씨

윌니암폭쓰 영화

희극 열혈기수(騎手) 전오권

◇ 조선극장 ◇

정기탁 씨 제공

명화 봉황의 면류관 육권

주연 정기탁 신일선 조연 박승진(朴勝進) 윤메리

론 차니 씨 주연

연애극 악마의 홍소 칠권

촤푸린, 펜타핀 경연(競演)

희극 촤푸린의 칼멘 전육권

◇ 우미관 ◇

윌리알 폭스 대특작

명화 오버듸힐 십일권

매일 26.11.11 (3) 조선 명창 총출(總出)로 조선극장에 대연주 / 일동축음긔 회사 주최에 드믈게 보는 큰 음악대회

죠선의 명창 송만갑(宋萬甲), 김해 김록쥬, 한남권번 박록주, 김창룡 등 남녀 명창을 망라하야 경성에서 드믈게 보는 대연주회는 일동축음긔회사의 쥬최로 십일 밤 조선극장에서 개최된다는대 맛참 동회사에서 「레코-드」에 소리를 취입하는 긔회이니가 이갓치 대가를 망라한 음악연쥬회가 열리게 된 것이니 보통 째에는 도져히 모도흐기 어려운 뜻잇는 연주회이라 하겟다.

매일 26.11.11 (3), 26.11.12 (2), 26.11.13 (3), 26.11.14 (5), 26.11.15 (3) 〈광고〉 [연예안내]

예고에 〈다크라스 해적〉만 포함된 외 조선일보 11월 11일자 단성사 광고와 주요 내용 일치

매일 26.11.11 (3), 26.11.12 (2), 26.11.13 (3), 26.11.14 (5), 26.11.15 (3), 26.11.16 (3) 〈광고〉

[연예안내]

일부 출연진, 선전문, 예고 제외된 외 동아일보 11월 11일자 조선극장 광고와 주요 정보 일치

조선 26.11.11 (조3) 〈사진〉 영화배우가 되리라는 「루마니아」 황후

「마리-」황후가 미국에 오심을 긔회로 「허리우드」에서는 하루 이만 삼천 원의 보수로 부활(復活)에 황후로 출연하기를 교섭하는 중.

조선 26.11.11 (조3), 26.11.12 (석1), 26.11.13 (석1), 26.11.14 (석1), 26.11.15 (조3), 26.11.16 (조4), 26.11.17 〈광고〉

〈키톤의 날벼락〉이 예고에서 제외된 외 동아일보 11월 11일자 조선극장 광고와 동일

조선 26.11.11 (조3) 〈광고〉

공전의 특별명화 대공개 (십일월 십일부터 오 일간)

◆ 대윌리암폭스 초특작 영화

구주전(歐洲戰)비극 **전화(戰禍)** 전십권

명화 마리 쎄라미 양 쪼지오 베린 씨 주연

기타 명우 총출 대경연

진품! 절품! 남녀 성격 묘사의 극치를 보혀준 명편!

시산혈하(屍山血河)의 처장(悽壯)한 이 정경! 웅미! 장대!

누구던지 보아두지 아느면 천추의 한!

◆ 윌리암폭스 특작 대서부극

대희활극 **열혈기수(騎手)** 전오권

맹우 쌕쏜스 씨의 인기는 충천!

쏜스 씨 작품치고 자미 업는 사진은 업섯지요?

이 영화도 물논 자미가

◆ 폭스 독특 썬쩐 대희극 이편

공상가 전이권

와사(瓦斯)가 취하나? 전이권

◆ 폭스 사

폭스 시보 전일권

특별예고

다크라스의 「해적」 전십일권

천고불멸민족비시(悲詩) **나는 세상에 자랑하노라** 전십일권

백만년 전 인류비사 **로스트월트** 전십일권

명편 **스테라매리스** 전구권

장편 **스페드의**[249] 삼십권

유 사 폭쓰 영화 **단성사**

전 광 구오구번

동아 26.11.12 (3) [영화소설] 탈춤 四 / 심훈 원작

동아 26.11.12 (4), 26.11.13 (3), 26.11.14 (4), 26.11.15 (2), 26.11.16 (6), 26.11.17 (3) 〈광고〉

11월 11일자 조선극장 광고와 동일

동아 26.11.12 (5) [음악과 연예] 영화평 / 영혼의 절규 / 이경손

「그리피스」가 「셀메스」나 「씨쉬」를 잡고 안이 노럄과 가치 「쩨밀」이 「록크」를 주연 삼아 백이기 조와하는 곳에서 「쩨밀」 씨의 성격을 엿볼 수가 잇는 것이다. 「바셀메스」는 하늘을 치여다보고 살기 조와하든 눈이요, 「록크」로 말하면 사람의 냄새를 맛흐며 사는 자의 눈인만치 「그리피스」의 리상덕(어느 쌔에는 허황된 감독술이 만타)이라는 데 비하면 「쩨밀」은 철두철미 인간덕이다. 조금도 사람의 심리를 위반하는 것이 업다. 아마 「쩨밀」의 심리 모사는 세계에서 뎨일이란 말이 올을 것이다. 「록크」와 「레일놀드」는 「쩨밀」의 배우이요, 「쩨밀」은 「록크」와 「레이놀드」의 감독이다 소리를 칠 만치 사진에 빈틈이 업다. 원작한 바의 삼분지 일쯤은 의심 안 할 수 업는 기교이다만은 사진 전톄의 갑은 한업시 크다고 하고 십흘 만치 조흔 배우들이요, 위대한 감독이다. 「쩨밀」의 작품에는 피 쒸는 모양이 보이는 듯하고 냄새조차 나는 듯 십다. 그러타고 「스도롬하임」 모양으로 애를 써서 사람의 추태를 글거내랴는 성질도 안이요, 「쩨밀」은 어대까지든지 점잔코도 훌륭한 분이다. 「쌕드」 대댱이다……얼골과 마음과 하여온 일이.(경)

매일 26.11.12 (3) [오늘의 이약이]

… (파리) 「파리」에 톄재 중인 유명한 배우 「젠스, 케텔타스, 힛렛드」 씨는 려관에서 급병으로 인하야 사망하얏다고.

조선 26.11.12 (석1), 26.11.13 (석1), 26.11.14 (석1), 26.11.15 (조3) 〈광고〉

11월 11일자 단성사 광고와 동일[250]

---

249) '스페드의 1'의 오식으로 보임.

250) 조선일보 1926년 11월 12일(석1), 11월 13일(석1), 11월 14일(석1), 11월 15일(조3) 단성사 광고에는 아래의 예고 내용이 없음.
'百萬年前 人類秘史 **로스트월트** 全十一卷
名篇 **스테라매리스** 全九卷
長篇 **스페드의** 三十卷'

조선 26.11.12 (조2) 인산(因山)영화 성황 / 덕천읍내에서

지난 십월 삼십일일 평양 련광뎡 순회 활동사진단(平壤 練光亭 巡廻 活動寫眞團) 일행은 평북 녕변 구장(寧邊 球場)으로부터 덕천(德川)에 와서 그날 밤부터 삼 일간을 고 순종효황뎨(故 純宗孝皇帝)의 인산광경의 국장사진을 상영하얏는데 매일 만원이엇섯스며 특히 셋재날은 금융조합(金融組合)의 주최이엿는바 당야에 이십 전 이상의 뎌금을 하는 자에게 한하야 입장을 허하얏스며 조합취지서와 뎌금 장려 등의 선뎐문을 장내에 쌕리여 역시 그날도 만원으로 성황이엇다더라.

◇송정시(松亭市)에서도

전긔 련광뎡 순회사진단은 덕천읍(德川邑)에서 삼 일간의 성황을 이루고 그 이튼날 녕원(寧遠)을 향하야 가든 도중 본군 풍덕면 송뎡시(同郡 豊德面 松亭市)에서도 하로밤 역시 국장사진을 상영하얏다는데 그는 보통학교와 면소의 합동 주최로 일반에게 무료공개를 하야 또한 성황이엇다더라. (덕천)

동아 26.11.13 (4) [영화소설] 탈춤 五 / 심훈 원작

동아 26.11.13 (7) [음악과 연예] 토성회(土聲會) 사업 / 영화와 무대극 / 불망곡은 근일 ✳✳

긔보 = 서봉옥(徐奉玉), 리규설(李圭卨) 씨의 알선으로 새로히 조직된 토성회(土聲會)에서는 동회 데일 사업으로 불망곡(不忘曲)이라는 영화를 제작할 터이라는데 모든 준비가 거의 다 되엿슴으로 오난 십팔일경에 촬영을 개시할 터이라 하며 「로케이숀」은 경성 시 내외를 중심으로 한다는데 이 영화 각본은 시대극이오, 또는 세종조(世宗祖) 째의 생긴 한낫 고흔 사랑의 이야기라 하며 이 영화의 촬영을 마친 후에는 무대극도 하고자 방금 준비 중이라더라.

동아 26.11.13 (7) [음악과 연예] 싸그라스 흑의(黑衣)해적 십일권 / 마츰내 근일 래경

문뎨 중에 잇든 「싸그라스 페야쌩스」 주연의 순 텬연색 활동사진 『싸그라스 해적(海賊)』은 모든 문뎨는 일소되고 마츰내 이천사백 원의 세금으로 경성에 오게 되여 불일 내에 봉절케 되엿다는데 이제 그 사진의 내용은 다음과 갓다더라.

해설 원작 「엘톤다마스」, 감독 「알버트 파카」, 주연 「싸그라스 페야쌩스」, 공연 「세리 싸쌕」 양, 「템프셰쇠트」 양, 「드날드 크리스프」 씨 외 일곱 사람의 지명 배우가 출연하얏다 하며 「테크니카라」 제작, 원항해 뎐문 부원 등 특별 로력을 하는 사람들이 다수히 힘을 합하야 이 개년 이상의 오랜 시일을 두고 모든 것을 각각 뎐문가들이 힘을 다하야 제작한 것으로 고대 해적 생활 상태 가튼 것도 각각 뎐문가들이 오래동안 연구를 하야 조곰도 구석 비인 뎜이 업도록 만든 것이라고 한다.

경개 사실은 일천칠백년경에 디중해(地中海)서 생긴 일로 해적선 「스판이수메인」 호는 디중해를 중심으로 그 근변에 드나드는 상선의 재물을 마음껏 약탈을 해가며 도라다니엇다. 그러나 그 해적선 안에는 검은 옷을 입은 혈긔 방장한 용감한 청년이 잇섯다. 그는 아버지의 원수를 갑고자 하는 사람이엿섯다. 그 검은 옷을 입은 청년은 마침내 그 아버지의 원수를 갑고 그 해적선의 두목이 되엇다. 한편

457

그 배 안에는 꼿이 붓그러워할 듯한 어엽분 애기씨 한 분이 잇서서 해적들에게 가진 모욕을 당하엿섯스나 흑의 청년 용감 복수로 말미암어 구원이 되는 동시에 사랑의 싹은 눈텃다. 그리하야 마침내 두 사람은 질거운 날을 맛게 되엇스니 흑의 해적과 그 미인은 일홈 업는 평민들이 안이엇다. 흑의 청년은 「아놀드」 공작이엇고 그 미인은 공주 뎐하이엇섯다. (끗)

매일 26.11.13 (3) 〈광고〉

광고
조선권번 예기 후보생 온습회를 동 예기
일동 후원으로 십일월 십삼일(음(陰) 십월 구일)
동 십칠일까지 우미관에서 설행하오니
추야장(秋夜長)을 소유(消遺)하기 위하야 분임찬성(賁臨贊成)하야
주시기를 복망합니다
조선권번 일동 백

조선 26.11.13 (석1) 〈광고〉

당 십일월 십일일(토요) 낫부터 차환!
근고(謹告) 금반 교환되는 영화는 토요 낫과 일요 낫만
상영하게 되엿사오며 십삼일 밤부터는 향 오 일간만은
시내 각 권번 중 제일위를 점령한 조선권번 온습회가 잇습니다
분수에 넘치는 사랑을 벳푸시기 바라나이다
토요 낫과 일요 주간 사진부 빙글빙글 대회
◉ 미국 메도로골드윙 사 대명작
대희활극 **돌관(突貫)신랑** 전팔권!
일전 상영되엿든 (실업슨 할머니) 이상에 대희극임니다 쏙 보시라!
◉ 미국 후와스토 나쇼낼 사 대명작
대희극 **영웅광(狂)** 전육권!
잘스 레이 씨! 대열연!
기타 희극사진 수종(數種)이 잇습니다
십삼일 야간부터 조선권번 예기 이백팔십여 명 대출연!
조선권번 온습대회
구주 영화 봉절장 **우미관**
전 광 삼구오번

조선 26.11.13 (조2) [휘파람]

▲ 요새 런일 군산좌(群山座)에서 흥행하는 소위 구파 화중선 일행(舊派 花中仙 一行)의 행동은 일반 관람객이 보기에 매우 창피한 일이 비일비재이다. 우리 조선사람들의 관람객들만 모혀 잇을 좌석을 향하야 줄 타는 계집아이의 축문 읽듯 하는 자세히 알아들을 수도 업는 소위 일본 말 싸위며 ▲ 쏘는 물(水)을 쏘다 손님의 의복(衣服)을 함박 적시고 미안하다는 사과도 아니하고 오히려 비우스며 『돈 드려 목욕해서 무엇해』 하는 얄미운 짓이며 ▲ 상당한 입장료를 밧고도 파한 시간도 되기 전에 고만 두라다가 손님들이 야단치는 바람에 다시 나온 소위 두목 되는 화중선은 하기 실은 것을 하노라고 되나마나 지저귀는 홍두개로 소 모는 소리 ▲ 그야말로 구역이 나서 못 보겟서 관람자의 돈도 악갑지만 그네들의 신세도 악갑든 걸!

동아 26.11.14 (3) [영화소설] 탈춤 六 / 심훈 원작

매일 26.11.14 (2) 〈사고〉
본보 독자에 한하야 반액
독자 위안 활동사진대회
주최 조선 매일신문사 광양(光陽)지국
후원 매일신보사 광양분국
　　　광주일보사 광양지국

조선 26.11.14 (석2), 26.11.15 (조3), 26.11.16 (조4), 26.11.17 (석1) 〈광고〉
11월 13일자 우미관 광고와 동일

동아 26.11.15 (3) [영화소설] 탈춤 七 / 심훈 원작

동아 26.11.16 (3) [영화소설] 탈춤 八 / 심훈 원작

동아 26.11.16 (5) [음악과 연예] 시내 영화 / 유 사 특작 영화 나는 세상에 자랑하노라 십일권
실드그라우트 씨 주연
해설 이 영화는 미국 뉴니바살 특작 영화로 「이사들 쎼룬슈타인」 씨 원작 「베드워드스로안」 씨 감독 「루들프 실드그라우트」 씨 「로스로자노바」 양의 주연과 긔타 다수한 명우들이 다수 조연한 영화이다.
경개 뉴욕 유태인(猶太人) 동리에 「짜비트코민스키」라는 사람이 잇섯스니 그는 「모리스」와 「삼미」라는 아들 형데를 두엇다. 「모리스」는 법학을 배워 아버지의 뜻에 맛고 「삼미」는 권투가 틈에 끼어서 아버지에게 미움을 바더왓다. 그리하야 마침내 쫓기어나기까지 하엿다. 「모리스」는 천대받는 유태

459

인이라는 것을 숨기어가지고 결혼을 하기 위해 중병에 걸닌 그 아버지는 일톄 도라보지 아니하고 「삼미」는 쫓기어나기까지 하엿스나 아버지의 치료비를 엇기 위하야 몃 칭이나 차이가 잇는 대권투가와 권투 시합을 하야 성공을 하엿다. 그에 쌀하 그의 정신은 세상이 알게 되는 동시에 「아일란드」의 고흔 처녀와 결혼까지 하게 되엇다는 눈물겨운 활극이다.

동아 26.11.16 (5) [음악과 연예] 불망곡 로케숀 / 경성, 함남, 전남
긔보 = 토성회(土星會) 데일회 작품 불망곡(不忘曲)의 촬영은 오는 십팔일부터 개시하기로 결뎡되엿다는바 「로케숀」은 경성시 내외를 중심으로 함경남도와 밋 전라남도 등디에서 할 터이라 하며 그 스토리가 「세종대왕」 째의 것이요, 쏘는 궁중에 관련한 궁녀들 사이에서 이러나는 고흔 이약이니만큼 「로케숀」에는 상당한 고심을 하게 되는 모양으로 동회 경영자 서봉옥(徐奉玉) 씨와 감독 리규설(李圭卨) 씨는 재작 십사일 밤에 경성을 쩌나 전남 목포와 밋 광주 등디로 촬영디 조사를 나갓스며 서울서는 경복궁을 중심으로 촬영하리라더라.

동아 26.11.16 (5) [음악과 연예] 조선극장에 본보 독자 우대 / 작야(昨夜)부터 삼 일간
시내 인사동 조선극장(仁寺洞 朝鮮劇場)에서는 긔보와 가치 조선영화 봉황의 면류관(鳳凰의 冕旒冠)과 「론 차니」 씨 주연 악마의 공소[251](惡魔의 哄笑)와 「차리 촤푸린」과 「펜타핀」 씨 주연의 『촤푸린의 칼멘』 등 세 가지 특선 영화를 가지고 매일 밤 만원의 성황으로 특별 흥행을 해오던바 특별히 본보 독자를 위하야 우대 흥행을 작 십오일부터 명 십칠일까지 행연할 터이라는데 입장료는 게상 팔십 전 오십 전을 오십 전 삼십 전으로, 게하 오십 전 삼십 전을 삼십 전 이십 전으로 입장케 할 터이라는데 우리 할인권은 본보 란외에 게재되엿스니 만히 사용하기를 바란다더라.

동아 26.11.16 (5) [음악과 연예] 교환 영화
◇ 단성사 ◇
뉴나이테트아치스트 사 특작
짜그라스 해적 십일권
짜그라스 레야쌩스[252] 주연
유니바살 서부극
『황원에 獅子하는[253] 여자』 전오권
쏘지 세드위약 주연
『아수라남(阿修羅男)』 전오권
쌕키 후시 주연

---

251) '홍소'의 오식.
252) '페야쌩스'의 오식으로 보임.
253) '獅子吼하는'의 오식으로 보임.

동아 26.11.16 (6) 〈광고〉

천고 불후의 문제 영화 대공개 (십일월 십육일부터)

＝ 특별요금 ＝

◆ 대유나이텃트애지스트 사

본년도 발매 총천연색 영화

웅편 **다크라스 해적** 전십일권

웅혼! 장려! 정서는 전면(纏綿)[254]! 화면 감정은

우수! 연기는 탁절(卓絶)! 영화 리즘은 유창!

표현은 웅장! 환상과 시의 난만화(爛熳華)!

원작 감독 촬영의 완전 삼각형의 창조! 과연 영화예술의 황금율!

보라! 조선영화 창시 이래 일대 문제를 이르키던 이 명화는

당당 본사 독점 봉절!

◆ 유 사 쓀유스턱 사 서부 희활극 이편

쌕키 혹시 씨 맹연

이수라남(阿修羅男) 전오권

여장부 쬬지 세드윅 양 주연

황원(荒原)에 사자후하는 여자 전오권

◆ 유 사 **국제시보** 전일권

특별 예고

비시(悲詩) **나는 세상에 자랑하노라** 십일권

인류비사(秘史) **로스트월드** 전십일권

명편 **스테라매리스** 전구권

유 사 폭스 영화 봉절 **단성사**

전화 (광) 구오구번

매일 26.11.16 (3) 단성사에 명화 상영 / 해적 (칠권)

한참동안 문제에 문제를 거듭하든 턴연식 영화 「짜크라쓰 페방크스」 씨의 작품으로 영화게에서는 처음 보는 인상주의파(印象主義派)의 사진 해적(海賊)은 시내 수은동 단성사(團成社)에서 금 십륙일 부터 상영하게 되엿다. 그 내용에 대하야는 세상에서 더 자셰히 아는 터인즉 여기에 더 말할 필요는 업스나 오즉 유혹적(誘惑的) 선전 영화가 안이라 예술적(藝術的)이오 또는 오락적(娛樂的)으로 다시 어더 보기 어려운 작품이라는 것만 말하여둔다. (사진은 해적의 한 쟝면)

---

254) 실이나 노끈 따위가 친친 뒤엉킴. 혹은 남녀의 애정 따위가 서로 헤어지기 어려울 정도로 깊이 얽힘.

매일 26.11.16 (3) 〈광고〉 [연예안내]

일부 출연진과 예고 제외된 외 동아일보 11월 16일자 단성사 광고와 동일

조선 26.11.16 (석2) 〈광고〉

예고 제외된 외 동아일보 11월 16일자 단성사 광고와 동일

조선 26.11.16 (조3) [신영화]『유나이데트애지스트』본년도 초특작 / 총천연색 문제영화 써글라스의 해적 전십일권 / 십일월 십육일 단성사 상영

조선영화계 생긴 이후 처음 되는 대분쟁을 이르키여 경찰의 손까지 빌게 된 문뎨영화 다그라스 해적 열한 권은 단성사에서 상연권을 엇게 되엿다는 것은 루보한 바와 갓거니와 본 영화는 드듸여 오날 밤부터 공개할 예뎡이라 한다. 다그라스의 작품치고 세계 어느 곳에나 흥행가치가 업는 작품이 업다. 더욱이 본 영화로 말하면 그가 착수한 시 *미 이개년으로 박닷트의 도적(盜賊)을 데작하기 이전에 이미 이 해적에 대한 사뎍 됴사를 개시하엿다 하며 아즉까지 멋멋 텬연색 영화가 업는 바는 아니로되 이번 가티 회화뎍으로 순연한 보색을 착색해본 덕은 업다 할 것이다. 내외 각 비평가나 흥행자, 팬들이 다그라스 작품 중 최대 걸작이라고 써드니 만큼 본 영화는 조선에서 상상 이상으로 인긔를 이쓸고 잇는 모양이다.

동아 26.11.17 (3) 〈광고〉

11월 16일자 단성사 광고와 동일

단, 「유 사 쏼유스틱 사 서부 희활극 이편 / 쌕키 혹시 씨 맹연 / **아수라남** 전오권」이 「유 사 특선 코삼 작품 / 인정극 **도회의 마수** 전육권 / 주연인 에듸스 로바츠 양 로비드 쇼돈 / 가이[255] 자미잇는 농촌극. 사랑이 잇고 우슴 잇고 / 우름이 잇스며 통쾌한 활극이 잇는 작품입니다」로 바뀜

동아 26.11.17 (3) 「랑랑」 양이 영화계에 출연

불란서(佛蘭西) 뎡구 선수 「랑랑」 양은 현재 뉴욕에 톄재 중인데 명년 일월부터 영화계에 출연하기로 작뎡이 되엿스며 유명한 단편소설 명작가 「파이론, 모루간」 씨가 「랑랑」 양을 위하야 특히 불란서에 정구시합을 배경으로 재미잇는 것을 집필하기로 결뎡되엿스며 감독은 명감독 「작, 아드」 씨가 하리라고 합니다.

동아 26.11.17 (3) [영화소설] 탈춤 九 / 심훈 원작

---

255) '가장'의 오식으로 보임.

조선 26.11.17 (석2), 26.11.19 (석1), 26.11.20 (석1), 26.11.21 (석1), 26.11.22 (조4) 〈광고〉

동아일보 11월 17일자 단성사 광고와 동일

조선 26.11.17 (조1) 성주(星州) 독자우대

경북 성주군 본보지국에서는 관내 독자를 우대키 위하야 십사일부터 향 이 일간에 활동사진을 영사하엿다는데 독자에게는 사할의 입장료 할인이 잇섯스며 매야(每夜) 성황이엿다더라. (성주)

조선 26.11.17 (조1) 고학당(苦學堂) 활사 / 양주에서 상영 / 유지 동정도 만허

경성 고학생 활동사진반에서는 거 십삼 십오 양일간 하오 팔시부터 조선일보 양주(楊州)지국 후원하에 양주군 의정부공회당 내에 활동사진을 상영하엿다는데 다수 인사가 참집(參集)하엿스며 여좌(如左)한 유지 제씨의 동정금이 유(有)하엿다더라. (양주) (이하 기사 생략)

동아 26.11.18 (3) [영화소설] 탈춤 十 / 심훈 원작

동아 26.11.18 (5) [음악과 연예] 〈시내 상영〉 유나이데트 사 / 비누거품

메리 픽포드 양 주연

해설 세계의 애인 메리 픽포드 양의 주연 영화로 이 영화에는 메리 픽포드 양이 보잘것업는 늙은 할미와 갓흔 처녀로 분장 출연을 하얏스니 특별한 긔예가 뵈이는 영화이다.

경개 런던 시 어느 빈민굴에 아만더 아리크라고 하는 소녀가 엇더한 쌜래집에서 드난사리를 하고 잇다가 그가 쑴가치 그리어보는 것은 그 언제인가 그 집에 와서 쌜래를 해간 어느 귀공자가 자긔를 사랑해주는 것이다. 그것을 쑴가치 그릴 쑨만 아니라 남들에게 자랑도 하야왓다. 어느 날 그 귀공자 코레스란 남자는 쌜래 관계로 그 집을 차저와섯다. 그는 견듸다 못하야 그 귀공자를 붓잡어놋코 자긔의 심중을 말하엿다. 귀공자 오랫스는 갑작히 그 말을 듯고 하도 긔가 매히여 도라갓다. 그 후 그 쌜래집에서 길으든 말 한 필이 잇는데 그 말은 아만더가 퍽 사랑하얏섯다. 그리하야 그 말이 불상하게 팔려가는 것을 보고 자긔가 모앗든 돈 전부를 내여 그 말을 사노앗다. 그러나 둘 데가 업서서 여러 사람들에게 구박을 만히 밧든 중 엇던 귀부인이 알고 자긔집 별장에 갓다두게 하야주엇다. 그 집 목장에는 아만더 고기타가 늘 그리우든 귀공자 오레스가 마부로 잇섯다. 그리하야 생각하든 바와는 씀직이 버스러젓스나마 사랑하든 오레스 마부와 결혼을 하엿다.

동아 26.11.18 (5) [음악과 연예] 유나이테드 사 제공 / 리차드 사자왕 (원명 태리스맨)

주연 워레스쎄 씨 마그리드 양

해설 영국 문호 월타 스코트 씨의 걸작 소설로 유명한 태리스맨을 영화화한 것으로 쌔트위트라이 씨가 감독하엿스며 월레스쎄 씨와 마그리트 쎄라모트 양이 주연하고 짜그라스 페야쌩스 씨도 주연을 한 것인데 실로 활극다운 활극영화라고 한다.

경개 서력 긔원 십이 세긔 말경에 영국 사자왕 리차드는 이교도에게 유린당한 구세주의 묘디를 회복하고자 구주지왕을 달래여 뎨삼 십자군을 일으켓슬 즈음에 린근 각국에서는 리차드 왕의 공로를 불어워하고 코레드몬트스코트란 후작은 이교도 살탄 사라데인과 긔맥을 통해가지고 리차드왕을 위해 코자 하엿다. 그러나 그의 신변에는 겐네트라는 긔사가 잇서서 도아나갓다. 겐네트 긔사는 왕녀 에듸스 사랑하다가 왕의 오해를 밧고 귀양을 가게 되엿다. 겐네트는 벙어리로 변장하고 리차드왕의 겻헤 다시 도라와서 충의를 다하야 마츰내 위긔일발에 일으럿든 리차드왕의 궁성은 무사하고 개선의 축배를 들게 되엿다. 비로소 겐네트 긔사는 스코트란드 싸비듸 왕자인 것이 판명되엿스며 에듸스 아기씨와 결혼을 하게 되엿다.

= 사진 =

(좌) 비누거품 (우) 리차드 사자왕 (중) 마제천진(馬蹄千塵) 등 일 장면

동아 26.11.18 (5) [음악과 연예] 교환 영화

◇ 조선극장 ◇

一, 마제천진 팔권

一, 비누거품 육권

一, 리차드 사자왕 팔권

동아 26.11.18 (5) 〈광고〉

11월 17일자 단성사 광고와 동일

동아 26.11.18 (5), 26.11.19 (5), 26.11.20 (4), 26.11.21 (2), 26.11.23 (2), 26.11.24 (2) 〈광고〉

선전문 및 예고 일부를 제외한 외 조선일보 11월 18일자 조선극장 광고와 동일

매일 26.11.18 (3) [오늘의 이약이]

◇ 희극배우로 젼 세계의 인긔를 끌든 싸푸링은 요사히 외아들 재롱 보기에 세월 가는 줄을 모른다는대

◇ 요 도련님마저 그 부친의 희극적 텬품을 밧아 희극에 비상한 재죠가 잇서서 요사히 제이세 싸푸링으로 무대에 올나 갈채를 밧는 즁이라고 (사진은 제이세 싸푸링)

매일 26.11.18 (3), 26.11.22 (3) 〈광고〉

일부 출연진과 예고 제외된 외 동아일보 11월 17일자 단성사 광고와 주요 정보 일치

매일 26.11.18 (3), 26.11.22 (3), 26.11.23 (1) 〈광고〉 [연예안내]

선전문 및 예고 일부, 연출진 등 제외된 외 조선일보 11월 18일자 조선극장 광고와 주요 정보 일치

조선 26.11.18 (조3) 〈광고〉

만추의 초특작 대흥행

요금 보통

십일월 십팔일(목요일)부터

다크라스 가족 영화

대유나이듸트 사 초특작

壹千萬引[256]의 황금영화

다크라스 특별출연 『로빈홋트』의 후편

세계적대응편 **리촤-드 사자왕** 전팔권

원작은 영(英) 문호 워타 스코드 씨

웅혼 장엄한 대예술의 정화!

우국열사의 피끓는 전쟁! 처장(凄壯)! 비절!

대유나이듸트 사 특작

인기남 작크 픽포-드 씨 주연

대경마열혈극 **마제천진(馬蹄千塵)** 전팔권

사선 넘어 오는 준마(駿馬)의 천진!

최후의 역주! 오! 이곳에서 피가 끌을 대로……

대유나이듸트 사 대작품

영화계 여왕 메리 픽포드 양 주연

인정소극(笑劇) **비누겁품** 전육권

픽포드 양의 독특한 예술의 재롱을

특별대급예고

혁명전란 **금단의 낙원** 팔권

우슴의천사 『**베비베기의 숙부 정벌**』 팔권

희활극 **키톤의 된벼락** 팔권

명편 **백장미** 십권

희활극 **로이도 인기자** 팔권

장편 **금강성(金剛星)** 육십구권

현대극 **풍운아** 전편(全篇)

경성부 인사동 **조선극장**

전 광 二○五○번

---

256) '壹千萬弗'의 오식으로 보임.

매일 26.11.19 (2) 신축될 인천극장 / 기공은 명춘(明春)?

(인천) 인천 조선인 측의 극장은 외리(外里) 애관(愛館) 일개소뿐으로 그나마 모든 점이 불완전함으로 *계의 불편이 막대하든바 외리 김윤복(金允福) 씨가 수일 전에 동 극장을 매수하고 약 일만 원의 예정으로 대규모의 신극장을 건축코자 방금 설* 중인대 건축이 성(成)하면 일천 명은 넉々히 수용하리라 하며 기공은 명춘 삼월경의 예정이라더라.

매일 26.11.19 (3) 인천 독자 우대일 성황 / 애관의 영화

(인천) 인천 활동사진 상설 애관(仁川 活動寫眞 常設 愛館)에서 문제의 명화(名畵)『짠크』와『삼소사(三笑土)』를 상영하는 긔회를 리용하여 본보 독자를 위하야 십칠, 팔 량일간을『미일신보 독자우대일』로 제공하얏다 함은 긔보한 바어니와 제일일인 십칠일 밤은 정각 전부터 밀녀드는「핀」들로 하야 쟝내를 정리키가 어려울 만큼 대만원을 일우고도 오히려 극장의 부족으로 인하여 거져 도라간 긱이 적지 안이하얏다는대 동관의 개업 이후 처음 보는 긔록이엇다 하며 최종일인 십팔일 밤에도 제일々 이상의 성황을 일우리라 츄측되는대 인천 본사 지국에서는 십팔일 오후에 우대권을 독자에게 일々히 배부하얏더라.

매일 26.11.19 (3) [오늘의 이약이]

◇ 죠선극우회에서는 거번 단성사에서 공연을 맛친 이리 지방 순업 준비를 하더니 만단 준비가 완비되야 십팔일 밤 남선지방으로 써낫다. 사진은 일단의 명성 복혜숙 양.

조선 26.11.19 (석1), 26.11.20 (석1), 26.11.21 (석1), 26.11.22 (조4), 26.11.23 (석1), 26.11.24 (석2) 〈광고〉[257]

11월 18일자 조선극장 광고와 동일

동아 26.11.19 (3) [영화소설] 탈춤 十一 / 심훈 원작

동아 26.11.20 (3) [영화소설] 탈춤 十二 / 심훈 원작

동아 26.11.20 (5) [음악과 연예] 신작 양(兩) 영화 일시 촬영 개시 / 풍운아, 불망곡

긔보 =「조선키네마푸로닥숀」의 데삼회 작품 풍운아(風雲兒)는 라운규(羅雲奎) 군의 감독으로 작 십구일부터 촬영을 개시하얏다는데 주역 녀배우는『봉황의 면류관』에 출연하얏든「윤메리」양이라 하며 토성회(土星會) 서봉옥(徐奉玉) 데공의『불망곡(不忘曲)』은 리규설(李圭卨) 감독으로 거 십팔일부터 촬영을 개시하얏다는데 첫날은 장충단에서 촬영하얏다더라.

---

257) 조선일보 1926년 11월 19일자(석1), 11월 20일자(석1), 11월 21일자(석1), 11월 22일자(조4), 11월 23일자 (석1), 11월 24일자(석2) 조선극장 〈광고〉에는 '특별대급예고' 생략되어 있음.

동아 26.11.20 (5) [음악과 연예] 단성사의 독자 우대 흥행 /『싸그라스 해적』상영 / 십구일부터 삼 일간

시내 수은동 단성사(授恩洞 團成社)에서는 요사이 문데 중에 잇든「유나이테트아치스트」회사 데공,「싸그라스 페야쨍스」씨의 대력연으로 총턴연색 영화『싸그라스 해적』십일 권과 밋『도회의 마수(都會의 魔手)』등을 가지고 특별 흥행을 하야 연일 대만원의 성황을 일우는 중인바, 작 십구일 밤부터 이십일일까지 삼 일간 본보 독자를 위하야 우대 흥행을 할 터이라 하는데 우대 활인권은 본보 란 외에 잇스니 아못쪼록 만히 리용해주기를 바란다더라.

동아 26.11.20 (5) [음악과 연예] 조선영화계 명성 점고 七 / 이규설

◇ 말 업고 의젓하기로 별명을 침묵대왕이라겟다.「백남푸로닥손」에서 심청전에 촌민으로 첫 출연 후 개척자에「김참서」, 당한몽에「심택」, 산채왕에「송훈」, 아리랑에「광인 부친」등 늙으니 역을 마터 출연하엿고 농중조에「량안식」이란 젊은 청년의 역도 마텃섯스나 그의 장처는 로인 역이니 이 역으로 상당한 환영을 밧엇스며 지금 토성회(土星會)에서 서봉옥(徐奉玉) 군과 불망곡(不忘曲)을 각색 감독 출연하야 제작 중. 로인 역으로 조선 명성 리규설! 네-! 등대……

◇ 그는 함경남도에도 함흥 싸의 태생으로 그곳에서 고등보통학교까지 맛치고 그곳 명륜학교에서 일 년간 교편도 잡어보앗스며 일본에도 대판 싸에 가서 이 년간 공업에 쯧을 두엇든 일도 잇섯다가 재작년 봄에 백남푸로닥손에 처음 들어 의원의 한 사람이 되엿겟다.

△ 이규설

◇ 그의 포부와 리상은 한평생 영화계에 잇겟는데 장래는 개인 푸로닥손을 만들어 사십까지 출연하고 그 후에는 각색과 감독을 하겟다네. 그가 조와하는 배우는「촤푸린」,「리리안 씨쉬」등이요, 그의 덕역은 부형 역이엇다. 덤고를 맛치고는 뒷둥뒷둥 물너나오……

매일 26.11.20 (3) 명화 해적 상영과 본지 독자 할인 우대 / 각 등에 이십 전식 감해 / 단성사에셔 삼 일 동안

턴연식 활동사진으로 유명하고 더구나 죠선 처음으로 권리를 징탈하던 문제의 명화『다그라쓰의 해적(海賊)』은 긔보와 갓치 지난 십륙일부터 시내 수은동 단성사(團成社)에서 상영되야 일반「팬」의 다대한 환영을 밧고 잇는대 이번에 특히 본사 독자를 위하야 십구일부터 이십일일까지 대활인을 할 터인바 우대권은 란외에 잇스니 이것을 베혀가지고 가는 분에 한하야 웃층 대인 일 원을 팔십 전에, 학싱 륙십 전을 사십 전에, 아리층 대인 팔십 전을 륙십 전에, 학싱 사십 전을 이십 전에 활인할 터이요 우대권 한 장을 가지고 세 분이 활인을 밧을 수 잇다.

매일 26.11.20 (3) 광무대에 명창 연주 / 사흘 동안

일동축음긔회사 견속 성악가로 조선에 명창인 송만갑, 김장룡, 김창환 등을 망라하야 이십일 밤부터 사흘 동안 시내 황금정 광무대에서 연쥬회를 개최한다더라.

조선 26.11.2O (조3) 단성사 상영 중인 / 써글러스 해적 / 본보 독자 우대

방금 단성사에서 상영 중인 명편영화 「써글러스」해덕은 매야 대만원의 성황을 이루는 중인바 특히 본보 독자를 우대하야 입장료를 할인하게 되엿는바 각등을 통하야 독자에 한하야 이십 전식 할인하게 되엿더라. (한 장 가지고 세 사람이 통용하는 우대권은 란외에 잇슴니다)

동아 26.11.21 (3) [영화소설] 탈춤 十三 / 심훈 원작

동아 26.11.21 (5) 광무대에 명창회 / 작일부터 삼 일간

시내 황금뎡 광무대(黃金町 光武臺)에서는 지난번에 조선극장(朝鮮劇場)에서 상연하야 대만원의 환영을 바든 조선 명창 송만갑(宋萬甲), 김창환(金昌煥) 등의 명창들이 자긔들의 주최로 명창대회를 작 이십일부터 삼 일간 개최할 터이라더라.

조선 26.11.21 (석1) 〈광고〉

● 당 십일월 이십일 토요 주(晝)부터 대영사!

● 만인 기대의 대웅편! 돌연 대봉절

● 미국 유나이뎃트아-지쓰 사 최근 초특작

인기 명성(名星) 다크라쓰 회방구쓰 씨 대열연

경이적대활극 **쾌걸 쏘-로** 전팔권

(내용) 참혹한 압제정치하에 혈루(血淚)를 쌕리며 비참한

생활을 하여 나아가는 가련한 인민을 구하기 위하야

열혈의 활약을 일우는 쾌걸 쏘-로의 장쾌기발한 대용력(大勇力)을 보시라

● 대예고로 만인 갈망의 일홈 놉흔 대명화!

● 미국 메도로골트윙 사 초명작 대웅편!

● 거성 명우 라몬와로 씨 대주연

연애비극 **홍백합(紅百合)** 전구권

썩어진 도덕과 인습의 쇠사실을 버서나기 위하야

산수 맑은 고향을 쩌나 환락의 도회 파리를 향한

열도(熱度)의 두- 청춘이 모든 享樂[258] 죄악 오욕의 도회

파리의 마굴 속에서 싸워나가고 노방(路傍)에 방황하는 눈물겨운 인생

정서의 애끈는 로맨스! 꼭 보시라

---

258) '享樂'의 오식으로 보임.

◉ 기타 실사 희극도 잇습니다!

구주 영화 봉절장 **우미관**

전 광 삼구오번

조선 26.11.22 (조4), 26.11.23 (석1), 26.11.24 (석2), 26.11.25 (조3), 26.11.26 (석1) 〈광고〉

11월 21일자 우미관 광고와 동일

동아 26.11.23 (2) 〈광고〉

만인 갈앙(渴仰)의 세계적 명작 공개 (십일월 입(卄)삼일부터)

◆ 유 사 쭈엘 본년도 제삼차 초특작

천고불후의인종시(忍從詩) **나는 세상에 자랑하노라** 전십일권

드르라 이 노래! 가련한 유태 사람의 사랑과 인종의 가여운 모양!

그 누가 이들의 모양을 보고 더운 눈물을 흘리지 아늘 것인가!

영화계의 추천된!

◆ 유 사 제공 셀즈닉 특작 영화

질투는 손해지요 전오권

세계적 명화 콘스탄스 탈마치 양 주연

질투 만흔 남자 돈 잘 쓰는 녀자는 제백사하고 한 번식 보아둘 사진

◆ 유 사 독특 센츄리 대희극

잘하면 신문기자 전이권

◆ 유 사 **국제시보** 전일권

특별 예고

대웅편 **로스트월드** 전십일권

명편 **스테라매리스** 전구권

대희극 **낙천왕(樂天王) 암** 전구권

대희극 **초진(初陣) 하리** 전육권

장편 **스페이드의 1** 전삼십권

유 사 폭스 제일 국제 영화 봉절

단성사 전화 (광) 구오구번

동아 26.11.23 (3) [영화소설] 탈춤 十四 / 심훈 원작

동아 26.11.23 (5) [음악과 연예] 세계 최초의 국제영화회의 / 파리에서 개최

영화제작이 교육과 밋 예술덕으로 사회 민중의 교양상 중대한 관계를 두게 된 것이 사실이라 이에 국

제덕 관계도 적지 아니하다 하야 불란서 학예위원의 주최로 그곳 유수한 영화 단톄와 협력하야 「파리」에서 지난 십월 이십칠일부터 일주일 동안 가장 처음 되는 국제영화회의를 개최하얏섯다. 그 회의에 참가한 나라는 구라파를 위시하야 「카나다」, 인도(印度), 일본 등이엇스며 참가한 사람의 수효는 사백오십여 명이나 되엇섯는데 모히엇든 사람의 종류는 경영 혹은 제작자도 잇섯고 배우들도 잇섯스며 작자도 잇섯고 「오페레터」도 잇섯는데 더욱이 그 회의를 번화하게 한 것은 일류 녀배우가 십여 명이나 잇섯든 것으로 영화회의다운 색채가 외관에까지 나타낫섯다고 한다. 회의는 모다 불어, 영어, 독어 등 세 나라 말로 통역을 식히어 의안을 토의케 하엿섯다는바 그 의안의 내용은 다음과 가텃섯다고 한다.

A, 영화 제출과 분배

B, 영화와 교육

C, 필림 수출과 과세 문제

D, 영화와 미술의 관계

E, 국제 중앙기관의 설립

F, 차기 회의의 준비

전긔와 가튼 여섯 가지 의안을 가지고 먼저 위원회를 열어 각 위원회에서 결뎡한 것을 다시 본 회의에 내노아 결의케 하는 것이 잇섯다고 하며 회의 뎨일일에는 농무대신 「크에위유」 씨가 출석하야 의장으로는 활동사진 발명자인 「류메에」 씨를 선거하얏다고 한다. 회의의 내용 중 주목할 뎜은 교육영화에 대한 국세 면제, 국제 중앙기관을 내세워 각국 영화의 목록을 만들어 회원에게 분배할 일, 시절 관계상 로동에 관계된 문뎨로 만드는 영화의 제작에는 십륙 세 이하의 소년을 쓰지 안을 일과 쏘는 「오페레터」가 항상 강한 광선을 접하게 되는 고로 눈을 상하는 일이 만흐니 그들 희생자에게는 위자와 밋 보댱을 엇지 해야 조흘까 하는 것까지 문뎨가 되엇섯다고 한다. 그리고 쏘 한 가지 주의를 끌은 문뎨는 활동사진 긔게와 밋 필림의 대소를 국뎨덕으로 통일을 하자는 것이엇섯는데 이는 미국의 대자본의 힘에 대한 예방선이라고 볼 수 잇섯다 한다. 그러니까 이번 국제회의도 미국영화가 전 세계덕으로 전성을 하는 형세에 대하야 구라파의 대동맹을 하자는 뜻이엇섯는 듯도 십다고 관찰된다고 한다. 이 회의에 미국의 대표자도 출석은 하얏섯스나 회의 내용에는 의견을 늣치 아니하고 늘 방관덕 태도로 잇섯다고 한다. 그 회의에 렬석하얏든 각구 배우들 중에 우리 조선서도 알 만한 사람은 『아세아의 광(亞細亞의 光)』에 타불로 주연한 인도 배우 「라이」 씨이엇섯다 하며 더욱 이 씨는 동양예술의 암시덕으로 구미영화의 천착한 것을 크게 매도하고 예술의 광채는 동방으로부터 일어나는 것이라고 대긔염을 토하엿다고 한다.

동아 26.11.23 (5) [음악과 연예] 은막 인상 / 다그라스 해적과 리챠-드 사자왕 / 이경손

◇『해적』 — 고담집의 한 페-지보다도 더 간단한 원줄기가 각색가의 수노흔 신긔한 덤(데크닉) 째문에 해적이란 한 작품을 일우엇다. 「반지를 삼키는 것」, 「드러스면서 두목을 찻는 것」, 「칼을 몰내 쥐여주는 것」 등 어느 나라의 고담에든지 잇는 듯한 그만치 그것은 모다 그러한 데크닉의 최고 원

리일 것이다. 싸라서 누가 보든지 정다운 맛이 잇다. 대테 다그라스와 촤푸링은 항상 자기의 작품이 세계 각국 남녀로소의 작품이 되기를 잇지 안코 잇다. 그리고 쏘한 더욱히 다그라스의 작품이 환영을 밧게 되는 리유의 십 분지 칠은 전부가 배우의 몸에 잇는 것이다. 그만두어도 긴장되여 박수가 네릴 장면에다가 한칭 아름다움의 극치를 보혀주어 객을 밋처 날쒸게 한다. 그는 그만한 몸을 갓고 잇다.

◇『사자왕』 — 항상 님금의 역을 맛하 하길 잘하며 악과 선 어느 편이든지 유감업시 표현하는 배우 「쌔어리」의 출연이다. 그는 웅대함과 장쾌한 역 갓흔 것으로는 세계에서 언제든지 그를 차질만 하게 한 목을 차지하고 잇는 분이다. 「너는 말 드러라」 하고 신하 압헤 턱 나스는 발 한 번의 동작이라도 그가 안이면 천금을 버려도 다른 배우에게서는 차저내지 못할 덤이 잇다. 그러나 이 작품의 반 분 이상의 갑은 감독에게 잇스니 「충신이 애매히 죄에 몰릴 쌔 근심하는 두 녀자」 쏘는 「충신이 드러 잇는 옥 장면」 등 여간 사람은 발견키가 어려울 만한 동작 조화에 대한 감독의 고심이 숨어서 잇다. 그러나 조극은 순서 쯧에 잇는 이 사진을 중간으로 모랏스니 그 리유는 아마 「조선의 활광」이란 그 다섯 자에 잇나 보다.

동아 26.11.23 (5) [음악과 연예] 교환 영화

◇ 단성사 ◇

유 사 쑤엘 본년도 초특작

비곡 나는 세상에 자랑하노라 십일권

주연 루돌푸 실드크래드 씨

유 사 제공 셀즈늭 특작 영화

정희극 질투는 손해지요 전오권

외 희극 사진 수 종

매일 26.11.23 (1), 26.11.25 (3) 〈광고〉 [연예안내]

일부 출연진, 선전문, 예고 제외된 외 동아일보 11월 23일자 단성사 광고와 주요 정보 일치

매일 26.11.23 (2) 극계 명성(明星)의 취성좌 일행 / 매야(每夜) 광주좌에서 만원

(광주) 조선극계에 이홈[259]이 놉흔 신파연쇄극단 취성좌 일행은 금반 목포에서 개최하는 이대 공진회 (共進會)를 기회 삼아 *난(難)의 신비가 숨어 잇는 목포 **산과 영우(迎雨)를 배경삼아 진품(珍品) 연쇄 극 불여귀(不如歸)와 몽외(夢外) 고대소설 장화홍련전을 촬영하야 목포에서 수백만 인의 인기를 쓸 고 금월 십팔일부터 광주좌에서 흥행하는대 매야(每夜) 만원의 성황을 정(呈)한다더라.

---

259) '일홈'의 오식.

매일 26.11.23 (2) 광주 상설관 낙성 호(乎)

(광주) 조선의 대도시로 하나인 광주에 활동사진상설관이 업는 것을 유감으로 생각하든바 내지인 측에서 조합으로 하야 광주 상설관을 전 광주군청 터에 건축 중인대 불일 낙성되리라더라.

조선 26.11.23 (석1), 26.11.24 (석2), 26.11.25 (조3) 〈광고〉

동아일보 11월 23일자 단성사 광고와 동일

조선 26.11.23 (조3) 세계에서 뎨일 어엽분 손과 다리

『렉, 쇼』라고 일컷는 다리의 아름다움을 보히는 연극이 근래 민국[260]에서 크게 류행하는데 최근 미국 엇던 극장에서는 녀배우들을 일렬로 세워 노흔 후 상태를 가리고 다리의 미(美)만을 심사한 결과 세 사람이 이에 합격되엿다 하며 구라파와 미주일대에서 세계 뎨일의 손의 미인이라 평판을 밧는 미국인 『푸란세스, 막간』 양은 요사이 『아이리스, 스지유아―드』라고 일홈을 고치고 『하리―웃드』 영화배우가 되엿다는데 머지 안어 동양에서 미수(美手)의 주인공인 『막간』 양의 활동을 보게 되리라더라. (사진- 상은 세계 뎨일의 손의 미인 『푸란세스 만간』 양이요, 하는 다리의 미인으로 합격된 세 녀배우니 오른편으로부터 『헤메리―막고니―글』 양, 『안넷드데―바이스』 양, 『헤, 렌푸란스』 양.)

동아 26.11.24 (2), 26.11.25 (2) 〈광고〉

11월 23일자 단성사 광고와 동일

동아 26.11.24 (3) [영화소설] 탈춤 十五 / 심훈 원작

동아 26.11.24 (5) [음악과 연예] 각관 반목 우심(尤甚) / 흥행 쟁탈 격렬 / 조극(朝劇)의 『로이드』 대회 / 『로스트월드』는 단성사

금년 봄만 하드라도 조선의 흥행게는 중심디인 경성이 한산함에 따라 전 조선이 어듸를 물론하고 말할 수 업시 한산하든 터인데 지난 여름에 조선인 측 상설관 조선극당(朝鮮劇場), 단성사(團成社), 우미관(優美舘) 등 세 관주의 협뎡이 째어진 뒤로는 입장료도 싸젓거니와 삼관이 모다 경쟁뎍으로 명화 걸작품들을 상영코자 맹렬한 영화 쟁탈전이 은근히 계속되어 오든니 『짜그라스 해적』이 경성에 올 수 잇다는 소문이 들니자 전긔 쟁탈전은 표면에 나타나서 서로서로 은근한 반목 질시가 계속되어 오는 중 시내에서는 『탄식 피에로』, 『랑의 긔적』, 『쏜큐』, 『영혼의 절규』, 『해의 야수』, 『남국 테스』 명화가 속속 상영되고 오히려 『로스트월드』, 『로이드 인긔자』 등의 흥행권 쟁탈전이 계속되는 중이며 그에 따라 시내 각 관의 입장료까지 더하되엿스며 영화세금은 전에 못 듯든 고가를 불게 되어 결국은 영화 뎨공자들만 수가 나게 되엇다. 『로스트월드』는 우미관에서 상영하리라고 하얏스나 결국 단

---

260) '미국'의 오식으로 보임.

성사에 상영되게 되엿스며『로이드 인긔자』는 황금관과 조선극댱 두 곳에서 하나는 일본인 측으로 하나는 조선극댱에서 조선인 측으로 상영하게 되엿다는데 황금관에서는 교환 일자 관게로 작 이십 삼일부터 상영하게 되엿스며 조선극댱에서는 긔뎡된 흥행 순서에 의지하야 래월 이일부터 상영하기로 되엿든바 먼저 상영하게 된 황금관에서는 북촌의 조선사람 관객을 쓸고자 대대뎍으로 선전을 하는 까닭으로 그를 본 조선극댱에서는 또한 그에 지지 아니하게 하기 위하야 상영 순서를 밧구어 명이십오일 밤부터「로이드」대회를 개최하기로 하야『로이드 인긔자』,『백만쌀라 로이드』등 두 명화 외에「로이드」사진 두 가지와 또는 소녀 명우「쎄비베키」양의『숙부정벌(叔父征伐)』등을 일시에 상영할 터이라 한다.

동아 26.11.24 (5) [음악과 연예] 로이드 대회와 본보 독자 우대 / 래 이십오일부터

별항과 가티 시내 인사동 조선극댱(朝鮮劇場)에서는 명 이십오일부터 일주일 동안「하롤드 로이드」대회를 개최하고「로이드」영화 네 가지와「쎄비베키」영화『숙부정벌』등을 가지고 특별 흥행을 할 터이라는바 본보 독자를 위하야 초일부터 본보 독자에게는 특별 할인 입댱을 하도록 할 터이라더라.

매일 26.11.24 (3) 여배우의 말로 / 지나인(支那人)에게 매소(賣笑) / 경찰에 발견야되[261] 구류

얼마동안 합이빈(哈爾賓), 만주 방면으로 돌아단니다가 조선에 도라와서 쌍옥루(雙玉淚)란 활동사진에 촬영까지 하고 부내에 단발 양쟝 미인이라는 별명을 가지고 잇는 녀배우 부내 황금정 이뎡목 최영준(崔英俊)(二三)은 이십삼일 오전 한 시경에 부내 경운동(慶雲洞) 구십이번지 호덕 쟝사 양문화(楊文華)의 집에 잇는 왕금쇄(王金灑)(二〇)라는 지나인에게 밀밉음을 하다가 힝순하는 순사에게 발견되야 종로서에 류치를 당하고 잇는 즁인대 그는 하로 밤에 사 원식 밧기로 현금 십오 원을 미리 밧엇다는 것을 자빅하얏다더라.

조선 26.11.24 (조2) 각 단체 후원으로 / 진주에서 흥행 / 조선극우회 일행이

조선극우회 일행은 지난 이십일 진주에 도착하야 본보지국, 동아, 중외(朝鮮, 東亞, 中外) 삼 지국과 진주청년회, 여자청년회(靑年會, 女子靑年會) 등 후원으로 진주좌(晋州座)에서 락화(落花)를 상연한 바 관중은 무려 팔백 명의 다수로 쟝내는 비상한 혼잡을 이루엇스며 본보지국에서 화환(花環) 일개를 복혜숙 양(卜惠淑)에게 증여하는 동시 쟝면이 갈릴 째마다 무한감격을 주엇으며 씃임업는 박수로 그날 밤을 마치고 오 일간 진주에서 상연하고 부산으로 향할 터인데 진주에서 근래 드문 성황을 이루엇더라. (진주)

동아 26.11.25 (2) 말하는 영화 일본서도 제작 / 포박사 데자가

금년 봄에 경성 시내에셔도 말하는 활동사진을 영사하야 우리로 하야 발명의 힘을 감탄하지 아니치

---

261) '발견되야의 오식.

못하엿섯스닛가 아직도 그 긔억이 새로울 것이나 이제 그를 발명한 「드포레」 박사의 연구소에서 그 제작을 연구한 오십남정웅(五十嵐政雄)이라는 일본사람이 연구를 마치고 최근 일본에 도라왓스며 그 사진을 제작하는 긔게도 긔위 일본에 도착하엿다는바 사실이면 불원간 우리가 알어듯기 쉬운 말을 하는 활동사진을 볼 수가 잇슬 것이라더라.

동아 26.11.25 (2), 26.11.26 (5), 26.11.27 (4), 26.11.29 (3), 26.11.30 (1), 26.12.01 (2), 26.12.02 (5) 〈광고〉
예고와 선전문 일부가 제외된 외 매일신보 11월 25일자 조선극장 광고와 주요 정보 일치

동아 26.11.25 (3) [영화소설] 탈춤 十六 / 심훈 원작

동아 26.11.25 (5) [음악과 연예] 〈시내 영화〉 파나마운트 사 인긔자 칠권
하롤드 로이드 주연 쏘비나랄스톤 양 조(助)
해설 미국영화게의 화형으로 세계의 희극왕인 「하롤드 로이드」 씨 주연에 「쏘비나랄스톤」 양이 조연한 대희극으로 로이드는 「스포츠맨」이 되어 라식축구장에 들어 대활극을 연출하는 것인데 학생시대의 씩씩한 생활을 그리어노흔 것이라고 한다.
경개 하롤드는 대학생활을 그리워하든 중 한 푼 두 푼 모흔 학비를 가지고 「테트」대학에 입학을 하얏다. 대학의 상급생들은 장난삼어 하급 하롤드를 조롱하얏다. 하롤드는 그를 견듸기 어려워서 그들에게 놀님감이 되지 아니하고 대학 안에서 상당한 인긔 잇는 사람이 되고자 여러 가지로 궁리를 하든 중 운동선수가 되면 인긔를 어들 수가 잇다는 말을 듯고 고심 운동한 결과 선수에 한목을 들기는 하얏다. 그러나 정선수는 되지 못하고 물 길어오는 일을 마터보게 되엇다. 그리하야 인긔를 어들 만한 조흔 긔회를 엇지 못하야 비관하든 중 긔회는 왓다. 동 대학 선수들은 모조리 부상되고 경기에 나갈 사람은 업시 되엇다. 그리하야 감독은 엇지하는 수 업시 하롤드로 하야금 출장하게 되엿다. 하롤드는 백절불굴하는 정신으로 승리의 묘게를 어더 마츰내 승리를 하엿다. 그리하야 큰 인긔를 엇고 동시에 려관집 주인의 쌀과 결혼을 하게 되엿다.

동아 26.11.25 (5) [음악과 연예] 푸린시판 영화 숙부정벌(叔父征伐) 칠권
쎄비페키 주연
해설 「싹키 쿠간」과 함께 세계덕 소년 명우로 그 일홈이 온 세상에 빗난 칠 세 소녀 「쎄비페키」 양의 주연 영화로 아기자기 재롱스러운 영화극이라 한다.
경개 「투테」(쎄비페키 연)의 아저씨 「하리 쌔톤」 씨는 육아법의 책을 저술하야 세계덕으로 일홈을 어덧다. 「투테」의 부모는 그 육아법 책을 가지고 그에 의하야 아희들을 길으고자 하엿다. 그리하든 중 어느 날 「하리 쌘톤」 씨는 「투테」의 집에 왓다. 「투테」의 부모는 려행을 할 일이 잇서서 육아법에 능란한 「하리」 씨가 집에 온 것을 긔회로 그에게 어린 아희들을 보아달라고 맛기고 려행을 갓다. 「하

리」 씨는 실상은 육아법을 그다지 잘 아는 것이 아니요, 어느 서적상의 부탁을 바더가지고 써주엇든 것이 잇슴으로 아희들을 길으는 법은 조곰도 몰랏다. 그리하야 아희들은 거의 죽을 지경에 들게 되엇다. 그리하야 극히 위험한 중에 그의 부모들은 도라왓다. 그리하야 위태한 경우에 구원을 바덧섯다.

동아 26.11.25 (5) [음악과 연예] 교환 영화

◇ 조선극장 ◇

하롤드 로이드 주연

一, 활희극 「로이드」 인기자

一, 동(同) 백만불 「로이드」

一, 동 「로이드」 요리인

一, 동 겁쟁이 「로이드」

쎄비페키 주연

一, 정희극 숙부정벌

매일 26.11.25 (3) 〈광고〉 [연예안내]

십일월 이십오일 목요부터

천하 인사가 고대하시던 로이드 영화 공개

천고불멸의 세계적 인기 영화

대파라마운트 사 대표적 초걸작품

축구쟁패전 **로이드 인기자** 칠권

보시라 이 영화 축구 쟁패전이 백열화(白熱化)하여 잇슬 째

최후의 승리를 다투난 로이드 군의 맹진활약

피가 끌코 쌈이 흐른다

프린쌜 사 최근 특작 영화

우슴의 천사 사랑의 어리광

숙부 정벌 팔권

사랑의 천사 「베키」 양의 재롱을 보시면

금방 달녀들어 사진이라도 쩌안고 십흐시리라

하롤드로이드 씨 주연 작품

대희극 **억병(臆病) 로이드** 단편(短篇)

파드 회사 특작 로이드 씨 주연

대희활극 **백만불의 로이도** 단편

로이드 씨의 단편 대희활극

기상천외 **로이드의 쿡** 전권

특별 대예고

혁명전극(戰劇) **금단의 낙원** 전팔권

장편 **금강성(金剛星)** 육십구권

조선극장

조선 26.11.25 (석2), 26.11.26 (조3), 26.11.27 (석2), 26.11.28 (조4), 26.11.29 (조4), 26.11.
30 (조2), 26.12.02 (조4) 〈광고〉

예고가 제외된 외 매일신보 11월 25일자 조선극장 광고와 동일

동아 26.11.26 (3) [영화소설] 탈춤 十七 / 심훈 원작

동아 26.11.26 (5) [음악과 연예] 〈시내 상영〉 퍼스트나수냴 영화 로스트월드(별명 전(前)세기 재현)
해설 영국 문호로 탐뎡소설 작가로 세계덕 명성을 가진 「아더 코난토일」 씨의 원작소설 영화한 것인
데 「퍼스트나수냴」 회사에서는 일천구백이십오년도 초특작 영화로 만든 것 (알하드손) 씨의 감독하
야 「쎄시라봐」 양 「루즈스톤」 씨 「로이드 휴스」 씨 등을 위시하야 다수의 명우를 출연케 하얏스며 수
만 명의 「엑스트라」를 사용하고 괴수(怪獸)를 만들어 사용한 일대 명화이라고 한다.
경개 「론돈」 「레코드, 자날」 회사 신문긔자 「에드와드, 마론」은 「그라씌스, 한가포-드」 양을 사랑하
엿스나 「그라듸스」는 남성덕 대사업가나 대모험가가 아니면 자긔의 리상에 맛지 안는다고 「마론」의
요구를 거절하얏다. 그 말에 감동을 바든 「마론」은 편집국댱에게 모험덕 임무를 맛겟다고 청하얏다.
마츰 편집국댱은 성격과 모양이 맹수 갓고 더욱 신문긔자라면 면회를 실혀하는 「찰렌자」 교수를 정
복할 만한 긔자를 구하든 판이엿다. 「마론」의 렬심은 필경 「찰렌자」 교수를 감동식혀 그 긔괴한 탐험
대에 참가하여 성공을 하는 날이면 「그라듸스」와 결혼을 하리라고 모든 힘을 다하엿다. 그러나 불행
히 행방불명이 되고 말엇는데 탐험가 「화이트」 씨의 령양 「쏜-라」 양을 사랑하든 「록크스론」 경 등
탐험대 일대는 세상에 드문 맹수 「프론드솔」을 잡어가지고 「론돈」으로 도라갓다. 내느특에[262] 「마
론」과 「쏜-라」 양 사이에는 피차 사랑이 깁헛고 「마론」을 기다리고 잇서야 할 「그라듸스」 양은 다른
청년과 사랑을 하여 질거운 생활을 하엿다.

동아 26.11.26 (5) [음악과 연예] 교환 영화
◇ 단성사 ◇
퍼스트내수냴 영화
一, 명편 로스트월드 십권
영국 문호 코난도일 씨 원작

---

262) '어느 틈에'의 오식으로 보임.

△ 촬영 중의 『풍운아』 일 장면

벳시라부 양 로이즈스톤 씨 로이드후 씨 주연

유니버살 영화

一, 청춘로만스 원한 오권

외 단편영화 수 종

동아 26.11.26 (5) [음악과 연예] 〈사진〉

＝ 사진 ＝ 촬영 중의 『풍운아』 일 장면

동아 26.11.26 (5), 26.11.27 (4), 26.11.29 (2), 26.11.30 (1) 〈광고〉

선전문 일부 제외된 외 조선일보 11월 26일자 단성사 광고와 동일

매일 26.11.26 (3), 26.11.27 (1), 26.11.30 (1), 26.12.01 (2) 〈광고〉

11월 25일자 조선극장 광고와 동일

매일 26.11.26 (3), 26.11.27 (1), 26.11.30 (1) 〈광고〉 [연예안내]

선전문 및 예고편 일부 제외된 외 조선일보 11월 26일자 단성사 광고와 동일

조선 26.11.26 (석1) 〈광고〉

거탄(巨彈)! 쏘 거탄! 과연 사계(斯界)를 풍미할 웅편

(십일월 이십육일 봉절)

◆ 대퍼스트내수낼 초특작 대웅편

로스트, 월드 전십권

(전(前)세기의 재현)

문제 만튼 본 영화도 본사 독점 봉절

백만 년 전 세기의 재현! 기괴!

전율! 로맨스! 경이! 호장(豪壯)! 이는 로스트월드!

위대한 노력의 결정(結晶) 압도적 흥미의 영화!

누구나 철두철미 극 중 인물화할 이 로스트월드

◆ 윌리암폭스 특작영화

복수극 **원한** 전오권

가장 쓰마택한 영화, 흥미진진한 그 내용!

한아 버릴 것 업는 만전(萬全)영화

◆ 윌리암폭스 특작영화

서양의쌍옥루 **영혼의 절규** 전오권

보시요 이 명화! 전편 모도가 눈물의 바다,

그 누가 이 비극을 그대로 지내칠 것이냐?

모성 비극 중 일품

◆ 폭스 특작 썬쉰 대희극

최후의 경보(警報) 전이권

아슬아슬한 대모험 활극이 잇고

허리 분지르기 알마즌 희극이 잇다

특별예고

명편 **스테라매리스** 전구권

장편 **스페드의 1** 전삽(卅)권

소살편(笑殺篇) **쫀스의 대사건** 전구권

혼선탈선 **행낭뒤골새부자소동** 전십권

명편 **서공(西空)의 아래** 전구편

유 사 폭쓰 영화 **단성사**

전 광 구오구번

동아 26.11.27 (3) [영화소설] 탈춤 十八 / 심훈 원작

동아 26.11.27 (4) 본보 독자 우대 / 취성좌 흥행에

조선극계의 명성 취성좌 김소랑 일행이 부산에 도착하야 국제관에서 거 이십사일부터 삼십일까지 일주일간 흥행함을 기회로 하야 본보 부산지국에서는 독자에게 위안을 들이기 위하야 우대권을 발행하엿는데 특히 장내를 정리키 위하야 반액을 밧기로 하엿다는데 본보 독자는 만히 참석하기를 바란다더라. (부산)

동아 26.11.27 (5) [음악과 연예] 특수촬영 특허권 출원 / 미국에서 문뎨

근래 미국에서 제작 발매되는 영화를 보면 여러 가지 특수한 촬영기술이 나타나는 터인데 그 촬영기술에 대한 특별한 권리 보존이 업시 다만 제작술을 비밀히 하야 그의 모작을 방지해오든 터이든바, 요사히 그 권리 보존을 특수히 취급하게 하기 위하야 특허권을 교부해달라고 미국 화성돈 특허국(華盛頓 特許局)에 출원하는 사람이 속출하는 까닭으로 방금 동 국에서는 엇더한 방법으로 특허권을 교부하여야 조흘지 연구 중으로 고안자들은 그 책임이 매우 중요함으로 국댱이 스사로 담당하고 전문가와 법률가 수 명을 참여케 하야 심리 중이라 하며 그 법이 제덩된다 하더라도 적확히 시행하기에는 이, 삼 년 걸닐 터임으로 그동안에는 각각 고안행사가 절대로 자유로울 것이라 하며 모든 것을 극비밀에 붓처가지고 은근히 운동 중이라 하며 긔위 출원한 사람들 중 중요한 사람들은 다음과 갓다더라. 『짜그라스 해적』 촬영자 「프랭크 윌리암쓰」 씨, 『십계』에 홍해 천인(千仞)이 썬개지고 길이 되는 것을 만든 「로이포메리」 씨, 배경으로부터 인물이 입체적으로 써올르게 하는 「막스하출글」 씨와 촬영사 「윌리암 크리스피넬」 씨, 나부(羅府) 「미치엘」 사진 기계 회사의 「쏘지 미치엘」 씨 등 오 명.

동아 26.11.27 (5) [음악과 연예] 〈사진〉

＝ 사진 ＝ 단성사 상영 중의 『로스트월드』 일 장면

△ 단성사 상영 중의 『로스트월드』 일 장면

조선 26.11.27 (석1), 26.11.28 (조4), 26.11.29 (조3), 26.11.30 (석1) 〈광고〉

11월 26일자 단성사 광고와 동일

조선 26.11.27 (석2) 〈광고〉

● 당 십일월 이십칠일 토요 주(晝)부터 대공개!
특찬 명화 계속 출현!!
● 영화 백열전(白熱戰)의 최고 승리를 점령한 명편
● 천하에 정평이 놉흔 차(此) 영화
상영되는 기회를 물실(勿失)하시오!!
● 세계적 대연속 대활극 영화!
제사회 **삼림여왕** 구 십편 사권 상장
● 미국 윌니암폭쓰 사 불후의 초명작 대영화!

명감독 에멧드우리 씨!

인정비극 **춤추는 여자** 전팔권

● 신진 명우 쪼지오-후라이 씨 주연

● 대윌니암폭쓰 사 특작 대명화

거벽(巨壁) 존곤우에 씨! 총감독

대모험서부대활극 **格鬪王** 전칠권

명마 도니-출현 맹한(猛漢) 돔믹쓰 씨 대활약!!

● 실사 **폭쓰 주보** 전권(全卷)

구주 촬영 봉절장 **우미관**

전 광 구오구번

조선 26.11.27 (조3) [신영화] 퍼스트내쥬낼 초특작품 / 압도적 대웅편 로스트, 윌드 전십권 / 십일월 입(卄)육일부터 단성사 봉절

일시 다그라쓰 해적(海賊)과 한가지 각 극장 사이에 큰 싸홈까지 이르키고 나종에는 경성디방 법원 민사부에 고소까지 하게 된 이 영화는 시내 단성사가 직접 퍼스트내추얼 동양 총지사(支社)와 사이에 영화배급 특약이 체결된 연고로 단연 이 작품도 그 상영권이 단성사에 들어가게 된 것인데 그 내용으로 말하면 약 백만 년 전 그 세긔의 모든 생물을 정복하고 텬하에 횡행하던 파충류(爬虫類) 시대에 괴괴한 동물의 일상생활을 거려노앗고 여긔에 만일 이러한 동물이(코기리의 약 십오 배 내지 이십 배) 이 세긔에 잇섯다 하면 엇더한 현상이 나타날 것인가 하는 가장 흥미 잇는 줄거리를 가지고 영국의 통속작가 아서 콘낸 토일 씨의 붓으로 된 유명한 소설을 가지고 여긔에 청춘의 사랑* 탐험대의 결사뎍 대모험과 아슬아슬한 원시시대의 그대로의 생활을 하면서 이 긔괴한 동물과 악전고투하여 영국에 그 동물 중 한 머리를 사로잡아 오게 되얏스나 그째에는 이미 그 동물로 말미암아 영국 론돈은 아비규환의 일대 수라장을 이룬다는 것이 본 영화의 대략이다. 누구나 더욱히 동물학을 연구하는 이에게는 가장 훌륭한 참고가 될 것이다.

동아 26.11.28 (3) [영화소설] 탈춤 十九 / 심훈 원작

동아 26.11.28 (5) [음악과 연예] 키톤 영화 수입 / 『키톤의 된벼락』은 천연색의 명작 희극

한동안 조선에 오지 아니하야 조선영화 판들로 하야금 우슬 긔회를 적게 하던 미국희극게의 패왕인 「쌔스다 키톤」의 영화가 두 가지나 일시에 와 잇서가지고 불일 래 시내에서 봉절하게 되리라는데 그 한 가지는 『황무자(荒武者)』로 년전에 조선극장(朝鮮劇場)에서 한 번 상영한 일이 잇는 영화이라 하며 쏘 한 가지는 『키톤의 된벼락』, 일본 일홈으로 『키톤의 방이봉(枋而棒)』이라는데 이 영화는 「키톤」의 영화 중에서도 가장 걸작품으로 일본 대판서 상영할 째에는 삼주일 동안이나 흥행을 연긔하엿섯드라 하며 『싸그라스 해적』과 가치 「테크니카라」를 리용하야 텬연색 장면을 만히 느엇다고 한다.

동아 26.11.28 (5) [음악과 연예] 〈사진〉

= 사진 = 촬영 중에 잇는 토성회(土星會) 제공 『불망곡(不忘曲)』의 촬영 광경

매일 26.11.28 (5) 단성사에 본지 독자 우대 / 삼 일 동안을

시내 단성사(團成社)에서는 명작(名作)『로스트월드』를 이십팔일, 이십구일, 삼십일 삼 일 상연하는 데 본보 독자에 한하야는 각 등에 십 전식 활인을 한다하니 본지 란외에 잇는 할인권(割引券)을 가지고 가면 상등 대인 륙십 전을 오십 전으로 드러갈 수 잇다 하며 하등 대인 사십 전을 삼십 전에 드러갈 수 잇고 또 소인 학싱들도 상등 사십 전을 삼십 전, 삼십 전을 이십 전에 구경할 수 잇다더라.

조선 26.11.28 (조4), 26.11.29 (조4), 26.11.30 (조2), 26.12.02 (조4), 26.12.03 (조4) 〈광고〉

11월 27일자 우미관 광고와 동일

동아 26.11.29 (3) [영화소설] 탈춤 二十 / 심훈 원작

동아 26.11.30 (3) [영화소설] 탈춤 二十一 / 심훈 원작

매일 26.11.30 (2) 물산품평회와 성황의 각종 여흥 / 희색 만면한 수상자

(강릉) 별항(別項)보도 = 강릉에 잇서서 유사 이래 처음 개최되는 영동 육군(六郡) 연합 물산품평회인 것만큼 성황과 번영을 도웁고 관람자들에게 흥미를 여(與)하고자 동 협찬회를 위시하야 강릉 각 사회단체에서는 각々 대회를 개최코자 만단(萬端)으로 준비 중에 잇다 함은 기보(既報)한 바와 여(如)히 품평회 개최 초일인 십일일에는 강릉불교청년회 주최로 관동축구대회를 개최하얏고 십이일에는 신진(新進)구락부 주최로 관동정구대회를 개최하얏섯는대 십삼일, 십사 양일은 우천으로, 십오일에 최후 결승을 종(終)하고 십육일에는 자동차대회, 십칠일에는 각회(脚戲)대회로 매일 인산인해의 대성황을 정(呈)하얏고 야(夜)에는 기생연주회, 청년신극, 활동사진, 풍년용(豊年踊), 천우(天優)마술단 흥행으로 밤마다 강릉 시내는 불야성으로 화(化)하야 강릉 유사 이래 전무한 성황을 극(極)하얏는대 각 대회에 수상자는 좌기(左記)와 여(如)하더라. (이하 수상자 명단 생략)

중외 26.11.30 (2), 26.12.01 (2), 26.12.02 (3) 〈광고〉

매일신보 11월 25일자 조선극장 광고와 동일
조선일보 11월 27일자 우미관 광고와 동일

중외 26.11.30 (2) 〈광고〉

조선일보 11월 26일자 단성사 광고와 동일

동아 26.12.01 (2), 26.12.02 (5), 26.12.03 (2), 26.12.04 (4), 26.12.05 (2) 〈광고〉
예고 일부가 제외된 외 중외일보 12월 1일자 단성사 광고와 동일

동아 26.12.01 (3) [영화소설] 탈춤 二十二 / 심훈 원작

동아 26.12.01 (5) [음악과 연예] 〈은막 인상〉 인기자와 로스트월드 / 이경손
◇『인기자』의 원작 중에도 내가 조와하는 곳은 마지막 판에 연인이 로이드에게 용긔를 부어주는 곳이니 「피타팬」이 마지막에는 자긔의 힘으로써 어려움을 폐해나감과 가치 능한 작가의 하는 것이다. 로이도 희극은 각색이 더 한층 살니여주니 양복 한 가지를 가지고 객을 삼십여 번 식 웃씨는 것 등은 세계의 최고 긔록일 것이다 (만약 그것이 쏠드랏슈의 암시라 하드래도). 그리고 감독의 세밀한 데는 실로 놀내엿스니 일례를 들자면 로이도가 쏠 가지고 두 번재 실패를 할 째에 그 감독이 화가 나서 야단을 하다가 물통을 밟는 것을 하기 위하야 미리 그 안에 물 잇다는 것을 보혀놀 작정으로 첫 번에 그 감독이 조금 화낫슬 째 던진 모자가 우연히 그 안으로 가서 물이 한 두 방울 튀는 것 갓흔 것이다. 그리고 로이도가 보혀준 긔예는 『맹진』 째에 그것이다만은 이번에는 더 좀 힘이 드럿슬 것이다.
◇『로스트월드』는 원작자가 누구인지 연애 사건 갓흔 줄기는 소위 연극 냄새란 것이 업시 ***하다. 이 작품을 볼 째 먼저 놀래일 것은 엄청나게 돈 만히 되린 것이니 그러나 그것이 나로 하야금 깃겁게 하여준 것은 『영화가 아니면 낫타내기 어려운 경계선 안의 긔분을 그만치 보히여준 곳』에 잇다. 이 『로스트월드』는 영화를 멀미가 나도록 매일 보는 사람 그리고 오래간만에 보자는 사람에게는 가장 적합하다고 할 만치 이 작품은 보통의 극이란 리유 이외의 자랑을 가지고도 당당히 사회에 대할 수 잇는 것 갓다.(쯧)

동아 26.12.01 (5) [음악과 연예] 교환영화
◇ 단성사 ◇ 자(自) 일일 오 일간
유 사 제공 투멋스 특작
인정극 암야의 괴선(暗夜의 怪船) 전육권
메리카 부인 톱산지 씨 주연

유 사 쌜유스틱 특작품

서부극 사자분신(獅子奮迅) 전오권

피드 모리손 씨 주연

유 사 특작 애트밴추어 영화

一, 장편 스페드의 1 초편 사권

윌리암 쩨스몬드 씨 주연

매일 26.12.01 (2), 26.12.05 (5) 〈광고〉 [연예안내]

예고와 출연진 일부가 제외된 외 12월 1일 중외일보 단성사 광고와 주요 정보 일치

중외 26.12.01 (2) 〈광고〉

유 사 특선영화 주간(십이월 일일부터 오일간 상영)

▲ 유 사 제공 투머스 특작 인정극

암야의 괴선(暗夜의 怪船) 전육권

메리카 부인 톰산치 씨 주연

▲ 유 사 특작 쌜유스틱 서부극

사자분신(獅子奮迅) 전오권

피드 모리손 씨 주연

▲ 유 사 특작 애드번추어 장편 봉절

제일회 **스페이드의 일(一)** 일, 이 편 전사권

윌리암 쩨스몬드 씨 맹연

명실상반(相伴)한 특작영화 미(謎)의 기수 이상 통쾌한 대모험활극

▲ 유 사 독특 센추리 희극

큰일난다 **놋치지마라** 전이권

▲ 유 사 **국제시보** 전일권

특별예고

명극 **스테라매리스** 전팔권

메리*빈 *** 이역(二役) 주연

뽜렌치노 씨 최후의 명작 **열사의 무(舞)** 전편

불후의 명편. 아즉 일본에서도 봉절치 아는 영화.

근일 중 대(大)*****후(後) 추도기념 흥행 *정*목 기대

▲ 우주소동 대소살편

쩨니씨 작품 **쏜스의 대사건** 전팔권

쓔엘 명작 노맨케리 씨 **서공(西空)의 아래** 전구권

유 사 폭스 제일 국제 총봉절장

단성사 전 광 구오구

동아 26.12.02 (3) [영화소설] 탈춤 二十三 / 심훈 원작

동아 26.12.02 (5) [음악과 연예] 〈시내 영화〉 메트로콜드윙 희극 키톤의 된벼락

쌔스타 키톤 씨 주연 루스 스피어 양 조연

해설 우슴 업는 명우라고 그 일홈이 세계에 빗날 쌴외라 조선 판들과도 『해저왕(海底王) 키톤』『황무자(荒武者) 키톤』 등을 비롯하야 여러 가지 희활극으로 말미암어 상당한 친분이 잇고 큰 환영을 밧는 「쌔스타 키톤」 군이 감독 주연하고 「루스 스피아」 양이 조연한 영화로 「키톤」 군이 지금까지 출연한 영화 중에 가장 쮀어난 것이라고 한다. 산으로, 물로, 들로 큰 모험 활약을 하엿스며 더욱이 이 영화는 『다그라스 해적』과 가치 첫 권 팔 분가량은 「테크니카라」를 응용하야 텬연색으로 되엿다고 한다.

경개 「쎔스」=키톤 연(演)=는 「부로카」 생활을 하다가 전 재산을 탕진하고 금전상 큰 고통을 밧게 되엿다. 그러나 한 가지 소생할 길이 보이엇스니 그는 그에게 칠백만 짤라의 유산이 올 게 잇섯다. 그러나 그 유산은 유산이 올 것이 잇다는 것을 알든 그날 오후 일곱 시까지 장가를 가지 못하면 상속을 바들 수 업시 된 것이엇섯다. 그리하야 그는 직시 그가 사랑하든 「마리」라는 처녀를 차저가서 사정 리약이를 하고 결혼을 해달라고 간청을 하엿다. 「마리」는 그를 돌히어 오해하고 거절을 하고 말엇다. 「쎔스」는 엇지할 길이 업서 친구에게 부탁해가지고 신문에 신부 구한다는 광고를 내엇다. 신부는 사방으로부터 홍수가 치밀어왓다. 그리하야 그 수효를 헤아릴 수 업시 되어 혼인도 못하고 돌히어 고통을 밧게 되엿다. 그러나 마침내 애인 「마리」가 리해하게 되어 대지급으로 결혼을 하고나니 쌔는 정히 오후 일곱 시엇다.

= 사진 = 『키톤의 된벼락』의 「라스트 씬」

동아 26.12.02 (5) [음악과 연예] 미국 필림 수출 / 다달히 격정

미국에서 금년 칠월 중에 수출한 필림의 총 피드 수는 이천륙십일만 오천오백십사 피드로 그 갑이 팔십삼만 일천구백사십삼 불이요, 륙월 중의 수출은 이천삼십팔만 사천오백칠십이 피드로 그 갑이 륙십일만 팔천구백구십삼 불이엇슴으로 륙월보다 칠월에는 갑으로 이만여 불이 늘엇는바 이것이 이 달에 한해서쑌이 아니라 미국 필림의 수출액은 이와 가치 다달이 징가되는 터이라더라.

동아 26.12.02 (5) [음악과 연예] 교환영화

◇ 조선극장 ◇ 금 이일부터

메트로쏠드윙 희극 영화

一, 희활극 키톤의 된벼락 칠권

쌔스타 키톤 씨 주연

메트로쏠드윙 영화

一, 희활극 황무자 키톤 칠권

쌔스타 키톤 씨 주연

一, 동(同) 허제비 키톤 이권

외 희극 사진 이편

매일 26.12.02 (4) 「마」양 「메」 사에 입사

빗나는 청춘 이릭로 죠선 기네마 「판」에게 가장 다정한 친분을 가진 활동사진 녀배우 「마리온 쩨비쓰」 양은 「메도로코트인」 회사와 장긔 계약이 성립되야 일 년에 특수 영화 세 가지식을 제작하기로 되얏다고 (사진은 쩨븨쓰 양)

조선 26.12.02 (조4), 26.12.03 (조4), 26.12.04 (석2), 26.12.05 (석2) 〈광고〉[263]

선전문과 일부 출연진 제외된 외 중외일보 12월 1일자 단성사 광고와 주요 정보 일치

동아 26.12.03 (2) 〈광고〉

십이월 이일 목요부터

호쾌통렬한 희활극 주간

압도적 인기로 봉절되난 키톤 영화회

진무류(珍無類)! 대탈선! 홍소! 폭소! 전율!

모험! 스피-드, 과연 천하 일품!

대왕 바스타 키톤 씨 열혈의 활약편!

대메트로, 쏠드원 사 초초특작

폭발적 희활극 **키톤의 된베락** 팔권

천하라도 웃기고 지구라도 웃길 세계적

명물남 키톤 군의 이 영화는 모험이요,

활극이요 통쾌 통쾌

대메트로 사 특작 영화

대왕 바스타-키-톤 씨 주연

대희활극 **황무자(荒武者) 키-톤** 칠권

진기환묘(幻妙) **동지자(同志者) 키-톤** 이권

포복절도 **헤개비 키-톤** 이권

세상에도 드문 진세(珍世) 명희극

---

263) 조선일보 1926년 12월 03일자(조4), 12월 04일자(석2), 12월 05일자(석2) 단성사 〈광고〉에는 '특별예고' 생략되어 있음.

동물활약 **실업슨 아부지** 이권

조선극장 전화 (광) 二〇五번

동아 26.12.03 (3) [영화소설] 탈춤 二十四 / 심훈 원작

매일 26.12.03 (2), 26.12.05 (5), 26.12.08 (4), 26.12.09 (2) 〈광고〉

동아일보 12월 3일자 조선극장 광고와 동일

조선 26.12.03 (조4), 26.12.04 (석2), 26.12.05 (석2), 26.12.06 (조4), 26.12.07 (조4), 26.12.08 (조4), 26.12.09 (조4), 26.12.11 (조4) 〈광고〉

동아일보 12월 3일자 조선극장 광고와 동일

중외 26.12.03 (2), 26.12.04 (3), 26.12.05 (3) 〈광고〉

12월 1일자 단성사 광고와 동일

중외 26.12.03 (2), 26.12.04 (3), 26.12.05 (3), 26.12.06 (2), 26.12.07 (2), 26.12.08 (2), 26.12.10 (4) 〈광고〉

동아일보 12월 3일자 조선극장 광고와 동일

중외 26.12.03 (2) 〈광고〉

당 십이월 사일 토요 주간부터 대영사

(희활극대회) 천하인사의 대갈망인

지상 유일의 대명화 꼭 보시라

(1) 실사 **폭스 주보** 전일권

미국 윌니암폭쓰 사 제공

(2) 대희극 **현실폭로** 전이권

미국 바-데 본사 대역작

(3) 대연속대모험대활극 **삼림여왕** 이편 사권 상장

부스, 로란도 양! 주연!

대유나이뎃도아-지쓰 사 대영화

대희활극 (**백? 흑?**) 전육권

명감독, 쟉크, 노바-투 씨

인기 명성(名星) 로이도, 하미루돈 씨 대역연

(십분 휴식)

미국 월니암폭쓰 사 초특작 명화

대경마활극 **일사천리** 전칠권

에무텐리, 부톳소무쓰 씨 *작 주연!

에이다무류-에쓰 씨 대감독!

구주 촬영 봉절장 **우미관**

전 광 구오구번

동아 26.12.04 (3) [영화소설] 탈춤 二十五 / 심훈 원작

동아 26.12.04 (4), 26.12.05 (2), 26.12.06 (4), 26.12.07 (2), 26.12.08 (3) 〈광고〉
12월 3일자 조선극장 광고와 동일

동아 26.12.04 (5) [음악과 연예] 몽고횡단 = 실사 영화 = / 공회당에서 상영
중국 몽고(中國 蒙古) 디방으로 말하면 동양 일의 미개디로 얼른 생각하기를 그곳은 황량한 벌판쑨이
요, 황진이 하늘에 다은 듯한 사막으로 알게 되는 터인바 실상은 일반이 상상하는 바와 달러 모다 오
직 의문의 디역으로만 생각되는 터이다. 일문신문 조선신문사(朝鮮新聞社)의 주최로 의문의 몽고 디
방을 촬영한 몽고횡단(蒙古橫斷)이라는 영화 십일 권, 일만에 「피드」를 시내 장곡천덩 공회당(長谷川
町 公會堂)에서 봉절 상영하야 일반의 교육 재료로 이바지할 터이라는바, 시일은 작 삼일부터 삼 일
간 매일 오후 두 시와 동 여섯 시 삼십 분부터 하로 이 회식 상영을 할 터이라 하며 입장료는 보통 팔
십 전, 소아 오십 전식이라 하며 단테로 입장코자 하는 사람은 료금 감액이 잇겟슴으로 미리 조선신
문사로 신청하기 바란다더라.

동아 26.12.04 (5) [음악과 연예] 〈사진〉
불원간 시내에서 봉절 상영될 「루돌포 쌔렌치노」의 최후 작품 『열사의 무』 추장의 아들과 그 연인

매일 26.12.04 (4) [문예] 불운한 무대예술가 / 근화(槿花)연극대회에서 / 고범학인(孤帆學人)
◇ 바람찬 이일 밤 종로청년회관에는 근화여학교후원회에서 주최하는 연극대회가 잇섯다.
◇ 각본은 전 토월회에서 쓰든 것으로 『가엽서서』 외 두 가지이엇는대 출연하는 여배우는 대개 무대
생활에 쏫다온 일기(一期)를 다 쓰러 바친 분들쑨이엇섯다.
◇ 이월화 최성해 김소진 모도가 조선 신극단의 연공(年功) 잇는 명성(明星)들이니- 그럿키나 하기에
아모 설비 업는 무대에서 천여 관객을 울니고 웃기고 하기도 하는 것이다.
◇ 어듸서 엇더케 지내다 엇더케들 모도혓는지 화장실에 고개를 듸미니 순업 중의 복혜숙 양 외에는
거의 여배우는 다 모도혓섯다.
◇ 그리도 여배우요, 그리도 청춘이요, 그리도 영화(榮華)의 쑴 속에 살냐고 하는 분들이다.

◇ 손에는 금반지 몸에는 털외투 이미 곱게 닥근 구쓰들은 다 신고 육색(肉色) 조흔 낫에는 밝은 빗이 낫섯섯다.

◇ 민중극단이니 토월회이니 백조회이니 별별 신극운동도 만핫스나 오늘날 반도 극단에는 한낫의 자최도 볼 수 업고- 이로 인하야 무대 우에서 일생을 마친다 하는 배우들은 산지사방(散之四方)하야 가진 고초를 다 맛보는 모양이다.

◇ 그러함으로 아모 다른 능력이 업는 남배우들은 빈곤에 누덕이를 감고 다니게 되고 가민(憫)한 여배우들은 생활의 방편을 짜로 차자서 쯧 안인 이중생애를 하는 것이다.

◇ 무대에 주린 각 배우의 가슴은 무여질[264] 것이니 비록 사정은 다르다 할지라도 고성낙일(孤城落日)에 썩겨진 칼자로 집고 섯는 명장(名將)의 눈물과 다를 것이 무엇이랴.

◇ 조선이라는 곳이 본시 이갓치 『무되지』는 안앗스럿만은 엇전지 어느 틈에 울 일에 웃을[265] 줄 모르고 우술 째에 쾌(快)하게 웃지도 못하는 바보가 되야 마츰내 문화인의 생활 요소로 치게 되는 무대예술을 그릇치게 하며 쓸々하고 자최도 못 남게 하고 마랏다.

◇ 남만한 재능을 가지고서도 그 재능을 펼칠 무대가 업서서 앗가온 심정을 오직 한루(恨淚)로 적시는 조선의 여배우야말로 가엽지 안으랴. (십이월 삼일 새벽)

조선 26.12.04 (석2), 26.12.05 (석2), 26.12.06 (조4), 26.12.07 (조4), 26.12.08 (석1), 26.12.09 (석2) 〈광고〉

중외일보 12월 3일자 우미관 광고와 동일

중외 26.12.04 (3) [예술가의 가뎡 四] 조선이 가질 미래의 예술가 신일선 / 아리랑의 영숙, 본명은 신일선

『정든 님 버리고 길 쩌나면 십리를 못 가서 발병이 나네』

저 유명한, 가장 조선 내음새가 만흔 민요『아리랑』을 제명(題名)으로 하야가지고 박힌 활동사진『아리랑』일 편이 얼마 전에 단성사에서 상영되엇슬 째 처음부터 끗까지, 생각건대 영원히 니저버리지 못할 만큼 그러케 장하게 관중에게 인상된 사람이 잇스니 이는 이 사진에 나타난 나히 어린 녀주인공 영숙이라는 처녀이엇습니다. 『아리랑』의 영숙이는 그 쌔긋한 모양과 틔없는 연출(演出)로 말미암아 한번에 쒸어올라 반도의 인긔를 한몸에 닙엇스니 그의 본명은 신일선(申一仙)이요 나히는 금년에 열다섯입니다. 미국에 유명한 희극배우『쩌-글라스, 페아뱅스』의 안해『메리-, 픽포-드』는 세계의 애인이라는 말을 듭니다. 어썬 사람은 이러한 의미에서 우리의 신일선 양도 조선의 애인이라고까지 하얏습니다.

미래의 예술가 조선의 애인-

---

264) '무너질'의 오식.
265) '울'의 오식으로 보임.

이러다가는 눈이 나리겟다…… 음침하게 중턴 한울을 치어다보며 겨울도 점점 깁허가는 듯한 쌀쌀한 바람에 옷깃을 여미어 가면서 긔자는 입안의 ㅅ소리로 이러케 중얼거리며 이 미래의 예술가, 조선의 애인 신일선 양의 집을 관훈동(寬勳洞) 일백칠십구번디 의친왕(懿親王)궁 안의 오막살이로 차저갓습니다. 신일선 양의 가뎡에는 그의 늙은 아버지와 어머니 두 분 외에 그에게는 업서서 안 될 그의 옵바 신창운(申昌雲) 씨 내외가 잇습니다.

『천만의 말슴이지요…… 아즉 나히 어린 것을』

긔자를 마즈며 당치도 안타는 듯이 이러케 말하는 그의 옵바를 바라보며 신일선 양은 부끄러운 듯이 귀여운 웃음을 그 고운 얼굴에 하나 가득히 쯰윗습니다.

무대에 서기는 삼 년 전 예술단

『내 동생은 삼 년 전에 예술단』이라는 것이 되엇슬 째 가극무도(歌劇舞蹈)라는 것을 한 것이 처음으로 이 방면에 발을 들여노흔 것이엇습니다. 그 전에는 무엇을 하얏느냐고요? 그 전에 동덕녀학교(同德女學校) 보통과 삼년급까지 다니엇습니다. 학교 다닐 째에도 이 아이는 음악(音樂) 방면애는 보통 아이들보다 쮜어난 덤이 잇서서 창가 가튼 것을 잘하얏서요. 그리고 무어든지 몸으로 입으로 표정으로 하는 것은 한 번 배우기만 하면 곳 그대로 한답니다……』

그의 옵바 창운씨의 말은 쓴허질 사이 업시 계속되엇습니다. 일선양은 옵바의 얼굴을 보며 처음부터 방긋방긋 웃음을 계속하얏습니다.

반대하는 부모 격려하는 옵바

『…… 기생 되는 것이 조흐냐 배우되는 것이 조흐냐? 하면 차라리 기생은 될지언정 배우 되는 것은 조치 못하다 할 만큼 로인들은 배우랴면 텬하에 용서하지 못할 것으로 인뎡한답니다. 그런 까닭으로 집안에서 반대가 심하얏지요. 그러나 내가 그전부터 연극 방면에 몸을 바치고 일하든 터임으로 그 반대를 썩고 내 동생을 내노핫습니다. 그러치만 나 역시 마음은 노히지 안습니다. 극게에 잇는 사람들이 다 그러치 안켓지만 하여간 품행이나 그 밧긔 방면에 대하야, 비난밧는 일이 여간 만하야요. 『근묵자흑이라』고 이 환경 안에서 이 물이 들지 말라는 법이 잇습니까? 걱정이 적지 안습니다─

그러면 조선의 어린 예술가여

겨테 안저 잇는 일선 양은 그의 옵바가 무슨 말을 하는지 방글방글 웃기만 하고 잇습니다.

『연극이 재미잇습니까?』

『재미잇서요. 퍽 깃버요. 연극할 째만은 유쾌해요.』

『장래까지 끗까지 구든 결심으로 연극에 전력하시겟습니까』

『그럼은요. 훌륭하다는 말을 들을 만큼 힘쓰고 말고요』

『활동사진에 멋 번이나 나왓습니까?』

『…… 「아리랑」 박일 째 나가고 그리고 요전쌘에 「봉황의 면류관」 박일 째 나가보고 그리고는 경험이 업담니다.』

『하여간 깃븐 일입니다. 공부 만히 하십시오. 전의 녀배우들과 가티 밋글어지지 마십시오-』

이런 말이 문득 입맛그로 새어나오려고 할 쌔에 그의 옵바 창운씨가 겨테 잇다가 긔자가 할 말을 가루마타 버리엇습니다. 잠간만 얌전하게 안저달라 하야가지고 쌀깍 박은 이 곳에 보이는 이 귀여운 사진입니다. 쏘 봅시다 그러면, 조선의 어린 예술가여- (끗)

동아 26.12.05 (3) 「로이도」 군의 애견

「로이도」라 하면 여러분이 웃기부터 하는 유명한 희극배우. 「하로루도, 로이도」는 사랑하는 개가 만은데 그중에 한 개를 소개합니다. 이 개의 중량은 백팔십 본트라 하면 놀낼 만큼 무거우며 쏘 그와 가치 키도 큼니다. 「로이도」가 안고 슨 키를 보십시요. 그러고 개의 일홈은 「푸린쓰, 예릭」이며 「텐막크」 종이라 합니다.

동아 26.12.05 (5) [음악과 연예] 촤푸린 씨 쏘 이혼? / 이번이 세 번재

미국 「로스안젤스」에서 온 던보에 의지하면 방금 세계덕으로 그 일홈이 썰처 활동사진 배우로 데일 위의 인긔를 가지고 잇는 오리 거름거리 희극왕 「차리페샤 촤푸린」 씨는 최근 그 부인 되는 「리타그레」와 큰 싸홈을 한 결과 그 부인은 어린 아희 둘을 다리고 집을 써나 그 친정 할머니집으로 가버리엇다는데 그 조부 되는 「카리」 씨의 말을 듯건대 긔위 부인 편에서 리혼 소송을 변호사에게 의뢰하엿스닛까 성립된 것이며 필경 서로 갈리게 되리라고 하며 「촤푸린」 씨가 신문긔자들에게 하는 말을 들으면 자긔는 부인이 오해를 풀고 다시 자긔 압흐로 도라오게 하고자 방금 화해를 하기 위하야 노력 중이라고 한다. 그런데 「리타그레」 부인으로 말하면 세 번재 부인으로 첫재는 「밀트레드 하리」, 그 다음에는 「포라 네그리」 등 미국영화게의 일류 명우이엇섯스며 이번 「리타그레」 부인은 본래 「촤푸린」 씨가 영화제작상 감추어두고 쓰든 데자로 그 역시 훌륭한 기술을 가젓다 하며 그 혼인은 전긔 두 부인들의 리혼 소송과 위자료 청구와 세상의 소문 비평들이 원톄 굉장하엿섯슴으로 「멕시코」에서 남몰으게 넌짓이 그의 작품식으로 결혼한 것이라고 한다. 이번에도 쏘 다시 위자료 청구문데가 굉장할 모양인 듯하다더라.

매일 26.12.05 (2) [오늘의 이약이]

◇ 문제의 미인 배구자(裵龜子) 양은 마술쑌 텬승(天勝)의 품을 버서나 그 숙모되는 배정자(裵貞子) 녀사에게로 도라갓스나

◇ 극단에 다시 나스라는 배정자의 쥬장에 반대를 한 결과 배정자의 계획을 째지고 배구자는 김해(金海)로 가서 심산궁곡에 잇는 부모의 슬하로 도라갓다고

◇ 세상에 꼿다온 의복과 세계의 귀염을 밧고 세계로 도라다니는 녀배우 배구자가 목동 초부들 틈으로 도라간 것도 한 이약이거리 = 사진은 배구자

매일 26.12.05 (3) [영화소설] 산인(山人)의 비애 (一) / 동경 김일영(金一永) 작

매일 26.12.05 (6) 챠푸링의 안해 리혼코자 도망

「로쓰엔젤쓰」의 이일 발 전보에 의하면 「아메리카」 활동사진 희극배우로 유명한 「차-레쓰-챠푸린」은 부々 사히에 크게 싸홈을 한 결과 아들들을 데리고 그의 안해는 친정을 갓는대 리혼소송(離婚訴訟)을 변호사에게 의탁하야 성립될 듯하며 「챠푸린」 부인은 그 전에 「리타그레」라고 하야 「챠푸링」의 사랑하던 졔자로 지금으로부터 이 년 전에 결혼한 것인대 「챠푸링」은 다시 화해하도록 노력하는 중이라더라.

중외 26.12.05 (3), 26.12.06 (2), 26.12.07 (2), 26.12.08 (2) 〈광고〉

12월 3일자 우미관 광고와 동일

동아 26.12.06 (3) [영화소설] 탈춤 二十六 / 심훈 원작

동아 26.12.06 (4), 26.12.07 (2), 26.12.08 (3) 〈광고〉

일부 선전문 및 제작진 제외된 외 조선일보 12월 6일자 단성사 광고와 주요 정보 일치

매일 26.12.06 (2), 26.12.08 (4) 〈광고〉 [연예안내]

선전문 및 제작진 제외된 외 조선일보 12월 6일자 단성사 광고와 주요 정보 일치

조선 26.12.06 (조4) 〈광고〉

유 사 특선 명극 주간 (십이월 육일부터 공개)

◆ 유 사 쓔엘 본년도 초특작영화

진순미(眞純美)의 권화(權化) 메리 퐐빈 양 미추 이역 출연

차레스 푸레빈 씨 감독품

명편 **스테라메리스** 전팔권

고히고히 자라는 어엽분 소녀와 의지가지 업는

못생긴 얼골을 가진 불상한 소녀!!

이 영화는 이 두 처녀의 애끗는 사랑을 그려노앗스며

죽엄과 피로써 물드려논 대비극!

유 사 쏄유스틱 특작 서부극

대활극 **만뢰의 굉성(萬雷의 轟聲)** 전오권

피드 모리손 씨 맹연

◆ 유 사 특작 애드번추어 장편

제이회 **스페드의 1** 삼, 사편 전사권

◆ 유 사 **국제시보** 전일권

특별예고

◆ 유 사 특선 셀즈닉 초특작영화

명편 **천국과 지옥** 전칠권

거장 아란크도스렌드 감독 작품

불후의명극 씩의자매편 **열사의 무(舞)** 전편(全篇)

우주소동대소살편(大笑殺篇) **쫀스의 대사건** 전팔권

유 사 폭쓰 영화 **단성사**

전 광 구오구번

중외 26.12.06 (2) 봉천, 북경 간 사진전송 성공 / 불란서『에』씨가

사진뎐송연구자(寫眞電送研究者)로 유명한 불국(佛國)「에도우라- 루새랑」씨는 방금 동경(東京) 데국호텔에 태재 중인데 일본에 오기까지 삼 주간 동안 봉텬(奉天)에서 봉텬, 북텬, 북경(奉天, 北京) 간의 사진 무선 뎐송을 실험한 결과 대성공을 하야 일반 중국 인사의 찬양을 바닷다는데 씨는 일본에서도 톄신성(遞信省)과 삼정(三井)의 진*으로 동경 부근에서 무선뎐송의 실험을 하랴고 방금 푸로크람을 제작중이라더라.

중외 26.12.06 (2), 26.12.07 (2), 26.12.08 (2) 〈광고〉

조선일보 12월 6일자 단성사 광고와 주요 정보 일치

동아 26.12.07 (5) [영화소설] 탈춤 二十七 / 심훈 원작

매일 26.12.07 (1) 경성방송국 신사옥에 이전

경성방송국에서는 종래 식산은행 내에 창립사무소를 치(置)하고 사무하든바 오일 조조부터 기 사무소를 정동 방송국 신사옥 부*실에 이(移)하고 이사 이하 국원 일동은 대열성으로 방송 개시의 준비에 착수하얏스며 우(又) 일방으로는 동경, 대판, 명고옥 등지의 방송 상황을 시찰키 위하야 기(旣)히 부원을 파유하는 등 저(著)〻히 준비를 진행 중이라더라.

매일 26.12.07 (4) 도망관 「리타, 그레」

텬하의 희극배우로 한 발거름과 한 동작에 사람의 허리를 펴지 못하게 웃키여 그 일홈이 어느 나라 어느 사람이라도 몰을 이 업슬 만치 유명한 「챠-레스 챠푸링」씨는 이번에 그의 사랑하는 안해 「리타 크레」에게 버림을 밧엇다 함은 재작 본지에 보도한 바어니와 이제 그의 안해 「리타그레」는 일즉 「챠푸링」씨가 제자로 채용하야 『키드』에 출연한 이후로 근일 유명한 『쏠드랏수(黃金狂 時代)』에 주인

공으로 출연하야 일약 영화게에 명화로 찬미를 밧은 미인이다. 사진에는 락텬가(樂天家)요 작란꾼으로 수빅만 「핀」을 웃키는 「챠푸링」 씨도 가정에 드러서는 부ヶ의 불화가 각금ヽ 이러난다 하니 참으로 눈물의 희극배우가 분명하다. (사진은 도망간 리타, 그레)

12월

조선 26.12.07 (석2), 26.12.08 (석1) 〈광고〉
12월 6일자 단성사 광고와 동일

조선 26.12.07 (조3) 〈광고〉 제일회 영사회
금일의 영화가 민중의 오락기관으로 제일보 지(地)를 점한 것은
더 말할 것도 업습니다
본회는 여긔에 순응하야 예술적 가치를 가진 조흔 영화를 저렴한
회비로 여러분이 보시도록 하기 위하야 첫 시험으로 금년 조선영화계에서
만흔 환영을 밧든 「쏜큐」를 상영하게 되엿습니다
시일 일구이육년 십이월 구일 하오 칠시 반
장소 종로 중앙기독교청년회관
회비 상층 삼십 전 하층 사십 전
주최 경성여자기독교청년회
후원 조선일보사

중외 26.12.07 (3) [예술가의 가뎡 七] 삽화가로 유명한 안석주 씨의 가뎡
아름다운 부인 귀여운 아기들
『안석주 씨 계십니까』 하고 긔자가 숭삼동(崇三洞) 큰 개와 집 대문을 들어설 째에 마츰 삽화가(揷畵家)로 유명한 안석주(安碩柱) 씨는 부인과 함께 아기들의 재롱을 보고 한가롭게 안저 잇든 일요일 아츰이엇습니다.
『천만에 미술가가 무슨 미술가입니까』 하고 닐어나 긔자를 마즐 째에 뒤쏘차 나와서 반갑게 인사하는 젊은 부인- 마치 그림 속에서 보는 선녀가티 아름답고 쌔끗하야 보이는 그 부인이, 곳 오늘의 주인공 안석주 씨의 사랑하는 부인이엇습니다. 어머니 치마ㅅ속에 숨박곱질하는 두 아기…… 하나는 방학하는 맛딸 희원(熙媛)(六)이오 그 다음이 네 살 된 희옥(熙玉)이올시다. 그리고 석 달 전에 갓나흔 희원(熙元)이란 아들이 잇섯습니다. 어쩌케 귀엽게 생긴 아기들이엇는지 그리고 얌전하게 맨들어 닙힌 색동저고리며 바로 눈썹 우에까지 나려오게 가즈런하게 버여준 머리 모양이 모다 미술덕이엇습니다.

화가의 생각은 미술의 민중화
안석주 씨는 보통 째에 비하야 훨신 젊잔케 안저서 귀여운 아기들을 바라보며 『내게는 세상에 아모 것도 업습니다. 이것만이 잇슬 짜름이외다』 하고 아버지다운 말을 함으로 긔자는 이러캐 물엇습니다.

『웨요? 그림은 인제 내버리셨습니까』

『아니 그림이라야 지금까지 무엇 아는 것이 잇서야지요. 이제로부터는『포스타』연구에 치중하랴고 합니다. 무슨 사업에 대한 광고 덕『포스타』가 아니라 사상의 발표 가튼 것을 그림으로써 발표하는 것이 천언백구의 말이나 글보다 몇 배 이상으로 민중을 자극시킬 수 잇는 것이니까요. 더구나 언론의 자유가 업는 우리 사회 가튼 대서는 더욱이『포스타』의 필요가 급한 줄 압니다. 지금까지의 소위 미술가들의 그림은 넘우나 민중허고 거리가 멀엇지요』하고 말할 째에

△ 안석주 씨의 가뎡

리해깊은 부인 진심으로 권고

『아이 참 공부를 좀 더해야지 안켓습니까』하며 남편을 쳐다보는 그 부인의 얼골에는 입으로 형용할 수 업는 아름다운 표정…… 한사람의 안해로서 반듯이 잇서야 될 남편에게 대한 리해와 동정을 그는 그의 고운 눈짜와 웃음으로써 말하얏습니다.

무슨 고등녀학교나 외국 류학이나 하며 가장 신식 부인이라고 자처하는 이들도 그 리면에 들어가보면 남편더러 돈벌이 잘못한다고 심술부리고 리해를 못하는 이가 만흔데 특별히 만흔 학식도 배우지 안흔 부인으로서 이만한 리해를 가지고 잇는 데 대하야 긔자는 진심으로 축하하기를 마지안핫습니다.

살림은 부모가 돌보아주신다

그리고 그들은 아즉까지 우으로 부모님이 계시어서 살림을 돌보아주고 아기들을 보호하야 주십니다. 살림살이에 대하야 별 곤난도 업시 오즉 사랑하는 부인과 한가지로 어여쌘 자녀들을 리상덕으로 양육하기에 노력하며 잠시도 쉬이지 안코 미술의 민중화(美術民衆化)를 자긔의 사명으로 연구하고 계십니다. 조선사람이 귀하게 지야 할 한폭의 그림가티 아름다운 이 가뎡에 쪼다시 와보고 십다는 미련을 서돌고 돌아설 째에 아이들은 유치원에서 배운 식으로 허리를 곱슬하고 인사하얏습니다. 동반하얏든 사진긔자가『카메라』의『시터』를 짤각 눌르니 아릿다운 안석주 씨의 가뎡은 이곳에 사진으로 이러케 나타나게 된 것이지요-

중외 26.12.07 (3) [영화·예술] 우수사진 경개(梗槪) / 스텔라·마리스(전팔권) 단성사(육일 봉절)

-캬스트-

스텔라, 마리스

유나리, 쓰레코 배라필빈 양

쏜, 리스카　모리오트, 쎄스타 씨

라우사, 리스카 그라듸스, 쌘로* 양

왈터, 하롤드   쎄-선, 로버쓰 씨

『*라운트』라는 오래된 성에 바다스 바람을 들으며 이 세상의 쓰림을 모르고 커난 다리를 못쓰는 소녀가 잇섯다. 이 병신 계집애에게 동정하는 두 사람의 청년이 잇섯스니 한 산애는『하로를도』라고 하며 쏘 한 산애는『리스카』라고 하얏다. 『하로롤드』는 이 소녀를『스텔라, 마리스』(바다의 별)이라고 별명을 지어주엇다.

◇

『리스카』의 안해는 불행한 고아를 학대한 까닭으로 감옥으로 가게 되고『스텔라 마리스』는 유명한 의사의 마술과 가튼 치료법에 의하야 완전한 사람이 되엇다. 쌀하서 그는 성 안에 들어 안저서 이 세상을 몰르고 지나든 처녀에서 벗어나서 이 찰란한 현실을 알고 지내게 되엇다.

◇

『리스카』는『유나리』에게 동정하야 자기의 집에 데려다두엇다. 『유나리』는 마음으로 감사하얏다. 그러나『리스카』는『스텔라 마리스』에게 사랑을 가젓다. 그러나『유나리』가 잇는 고로 이래서 번민하얏다.

◇

이것을 쌔달은『유나리』는 자기가 사랑하는『리스카』와『스텔라』에게 행복을 가저오기 위해서 스스로 큰 죄를 범하고 죽어버렷다. 이 두려운 사실을 목도한『리스카』는 자기가 잘못 생각하얏던 것을 크게 뉘우치고『스텔라』와『하르롤드』의 사랑을 축복하얏다는 것이 이 사진의 대강 이약이입니다. (사진은『스텔라, 마리스』의 한 장면)

동아 26.12.08 (5) [영화소설] 탈춤 二十八 / 심훈 원작

동아 26.12.08 (5) [음악과 연예] 새로 발기된 금성「푸로닥손」/ 신진 배우들을 망라해

조선영화게에 유지 김표운(金漂雲), 류광(劉珖), 리구영(李龜永) 씨 등의 발기로 금성(金星)「푸로닥손」을 발기하얏다는바 사무소는 시내 주교뎡(舟橋町) 일백이십륙번디에 두고 데일회 작품으로는 『고향의 하늘』이라는 현대극을 제작할 터이라는데 아직 세상에서 아지 못하는 소질이 충분한 신진 배우들을 망라해가지고 오는 십오일경부터 촬영을 개시할 터이라더라.

동아 26.12.08 (5) [음악과 연예] 해설자 시험과 주요한 문제 / 응모자는 십사 인

금년도로는 최후가 될 활동사진 해설자 시험이 지난 류일 오전 열 시부터 경긔도 보안과(京畿道 保安課)의 손에 순사교습소(巡査敎習所) 안에서 집행되엇섯는데 근년에는 마지막이 되어 그러한지 수험자가 열네 명으로 근래로는 가장 만헛섯다고 한다. 그 시험 문뎨는 다음과 가텃섯다고 한다.
一, 다음에 긔록한 바 문자의 쯧을 간단히 설명하라
충동, 처녀설명, 오색주(五色酒), 러브씬, 찰나주의, 크라이막스, 문맹, 로케숀, 사회주의, 적화

동아 26.12.08 (5) [음악과 연예] 교환영화

유 사 쭈엘 특작 영화

一, 대비극 **스테라매리스** 전팔권

메리 쀠빈 양 미추(美醜) 이역 출연

차레스 푸레빈 씨 감독 작품

유 사 셀즈닉 영화

一, 대비극 **천국과 지옥** 전칠권

유진오푸라이앤 씨 주연

아란크로스랜드 씨 감독 작품

유 사 애드벤주어 특작 장편

一, 제이회 **스페드의** 1 삼, 사편

윌리암 쩨스몬드 씨 주연

조선 26.12.08 (조3), 26.12.09 (조3) 〈광고〉

12월 7일자 제일회 영사회 광고와 동일

동아 26.12.09 (1), 26.12.10 (3), 26.12.11 (3), 26.12.12 (1), 26.12.13 (1), 26.12.14 (7), 26.12. 15 (2) 〈광고〉

선전문 제외된 외 조선일보 12월 9일자 단성사 광고와 동일

동아 26.12.09 (3) [영화소설] 탈춤 二十九 / 심훈 원작

동아 26.12.09 (5) [음악과 연예] 일본영화계 흥행 성적 / 해(海)의 야수가 최고 / 일본 전국 흥행에 총수입 팔십만 원

금년도 일본 각 상설관과 밋 영화배급회사의 서양영화 흥행 성적과 밋 배급에 대한 손익을 조사하건 대 역시 미국영화가 흥행게의 중심이엇섯고 두서너 가지 예술덕 우수 영화가 봉절 상영되어 적지 안은 호평도 밧기는 하얏스나 흥행으로 보아 성공한 것은 모다 미국영화이엇섯다고 한다.

◇ 그런데 흥행덕으로 성공하얏다는데 두 가지가 잇스니 하나는 영화를 데공한 회사로서는 막대한 리익을 보앗스나 그 영화를 상영한 상설관은 손을 본 경우도 잇고 배급회사와 상영 상설관이 모다 리 익을 본 것 등인데 전자의 한 례를 들면 『싸그라스 해적(海賊)』, 『로이드 인기자(人氣者)』 등이요 후 자는 쫀 쌔리몰의 『해의 야수(海의 野獸)』이다.

◇ 그러면 『해의 야수는 「워나쌰러더스」 사 특작품으로 서울서는 조선극당에서 상영하야 다대한 환 영을 바덧거니와 그 영화를 수입한 일본회사는 중앙영화사(中央映畵社)로 원래 그 영화를 다른 회사 가 수입하자면 미국돈 일만 쌀라, 조선돈으로 약 이만 원을 내야 될 것인데 중앙영화사는 동 회사와

특약이 잇는 관게로 삼천오백 쌀라, 조선돈으로 약 칠천 원에 수입하얏다. 그런데 일본서의 처음 봉절 상영한 상설관은 동경의 무장야관(武藏野舘)으로 이 영화가 일주일 동안 상영되엇섯는데 그의 총수입이 이만 오천 원이엇스며 그 다음에 「쎄컨드란」이라는 극장에서 상영하야 일만 오천 원, 대판 송죽좌(松竹座)에서는 삼만 원, 그 외 일본 전국에서 적어도 이만 오천 원가량의 수입이 잇섯스니 그것을 모다 합하면 십만 원가량의 수입이 잇섯다고 간주하게 되니 사진 세금은 그의 사부, 사만 원은 될 것이요 각 상설관의 실수입은 륙만 원가량이엇다. 그러하니 배급회사 측의 리익을 보면 사만 원에서 조선돈 칠천 원의 영화갑과 그 선던비로 륙천 원 예산이엇다니 그것을 제하고 나면 이만 칠천여 원이 될 것이다. 그리고 각 상설관의 리익은 세밀히 타산할 수는 업스나 역시 그만한 비례의 리익이 잇섯든 것은 사실이다. 이것이 일본의 금년도 홍행으로 그중 쮜어난 것이엇섯는바, 그 영화로 말하면 미국영화게에서도 상당한 성적을 어든 것이니까 하여간 우연히 어든 바 성적은 아닐 것은 분명하다고 한다. (계속)

동아 26.12.09 (5) [음악과 연예] 「쌔렌치노」의 『열사의 무(舞)』 팔권 금야(今夜) 단성사에

루보 = 세계덕 미남자 배우「루들프 쌔렌치노」씨가 세상을 써나고 오직 최후로 남기어 스크린에 나오는 그림자를 보고나마 쓰거운 정을 부처 남 몰으게 연모하든 세계의 젊은 녀성판들로 하야 그 잣최를 슯허하는 몃 방울 눈물을 금치 못하게 하는 그의 최후작 『열사의 무(熱砂의 舞)』, 원명 추장의 아들(酋長의 子)은 월전에 일본에 수입되어 도처마다 열광덕 환영을 밧는 중이라는데 그중 한 벌이 조선에 오게 되어 서울서는 단성사(團成社)에서 봉절 상영케 되어 금 구일 밤부터 행연할 터이라는데 하여간 특작영화로 「유나이테트」사 데공이니 과연 얼마나 조선 팬들을 질겁게 할른지? 그의 경개는 긔위 보도한 것이라 약하거니와 그 개역은 다음과 갓다더라.
원작 MB할 여사 소설 중에서
감독 푸리스 모리스 씨
배역 아메트…루들프 쌔렌치노 야스밈…월바쌘키 양 안드러…쏘지옵세트 씨 가-쌔…몬터큐러브 씨 라마짠…칼쎌 씨 마운씌쌤스…쌀몬타나 양

동아 26.12.09 (5) [음악과 연예] 〈사진〉

= 사진 = 『열사의 무(舞)』를 최후 작품으로 남기고 세상을 써난 「루들프 쌔렌치노」씨와 일본영화협회 특파로 금춘(今春)에 도미(渡米)하얏든 수곡팔중자(水谷八重子)의 기념 촬영

매일 26.12.09 (2), 26.12.11 (2), 26.12.12 (1), 26.12.14 (2) 〈광고〉 [연예안내]

선전문 및 예고 일부 제외된 외 조선일보 12월 9일자 단성사 광고와 동일

매일 26.12.09 (4) 바렌틔노 최후 명화

세계의 녀자들의 가삼을 태우고 몹시 환영을 밧던 「루돌푸 바렌치노」는 그 숙란한 예술과 그 어엽분

얼골을 내버리고 황천의 긱을 지은 것이다. 그가 한 번 죽엇다는 소문이 세상에 돌자 악가워하는 눈물을 흘닌 사람이 몃치며 츄억의 한숨을 쉬인 사람이 몃치뇨? 그는 사라쓸 째 수만흔 명작을 세상에 보혓다. 그리고 아름다운 걸작을 남기고 갓다. 그가 『씩(酋長)』에서 일홈을 엇고 『수쟝의 아달』을 최후로 제작하고 갓다.

『수쟝의 아달』이란 명화는 아름다운 음악을 듯는 것과 갓흔 맛이 잇는 사진이다. 긋칠 줄 모르는 맑은 「메로듸」가 보는 사람의 가삼에 사못치는 듯한 명화이다. 「바렌틔노」의 명성을 더욱 놉게 하고 그리고 불의의 죽엄을 가장 서읍게 쟝식한 작품이니 이를 『렬사의 무(熱砂의 舞)』라고 하야 작 팔일 밤부터 단사성[266](團成社)에서 상영케 되엿다 한다.

조선 26.12.09 (석2) 〈광고〉
세계적 명우 봐렌치노 추도 흥행 (십이월 구일부터 일주간)
◆ 유나이데트애지스트 특별 제공
고 루돌푸 봐렌틔노 씨 최후 작품
명장 낭만파 작가 쪼지 푸리스 씨 대감독 작품
뷜마 방키 양 조연
불후의 명작 씩의 자매편 **열사의 무(熱砂의 舞)** 전팔권
이익상(李益相) 씨 평 왈 『미국영화 중에서는 보기 드문 걸작이다』
김기진(金基鎭) 씨 평 왈 『봐렌틔노를 나는 아지 못햇스나 그는 참 명우다 앗가운 죽엄을 하엿다』
고한승(高漢承) 씨 평 왈 『아름답고 쏘 아름다운 됴흔 사진이다』
유지영(柳志永) 씨 평 왈 『그의 작품 중에서는 최대 걸작 흥행가치 만점』
최은희(崔恩喜) 여사 평 왈 『쑴에 나라에서 아름다운 쑴을 쑨 듯한 늣김을 주는 훌륭한 영화다』
이구영 씨 평 왈 『천연색보다도 더 아름다운 늣김을 주는 영화로 해적에 비겨볼 영화가 아니다』
파인(巴人) 김동환(金東煥) 씨 평 왈 『로맨틱한 점으로 볼 만한 사진. 봐렌틔노 씨나 조연배우도 상당히 성공. 일반이 됴와할 것은 의심할 여지가 업슬 줄 안다』
◆ 스타퓔늼 특별 제공
부지런옷 대금물(大禁物) 전칠권
쪼니하이슨 씨 탈선희극
◆ 와너쌱러더 특작영화
분기(奮起)하면 전칠권
맛트무어 씨 주연 대희활극
◆ 폭쓰 시보 전일권
특별예고

---

266) '단성사'의 오식.

우주소동대소살편(大爆笑篇) **쫀스의 대사건** 전팔권

명편 **쌧(蝙蝠)** 전구권

대웅편 **역마차** 전십권

유 사 폭쓰 영화 **단성사**

전 광 구오구번

조선 26.12.09 (조3) 금성「푸로덕슈」새로 설립

김표운(金漂雲), 류광(劉珖), 박정현(朴晶鉉), 리구영(李龜永) 씨 등이 금성『프로덕슌』을 발긔하야 사무소를 주교뎡 일이육번디에 두고 제일회 작품으로 현대비극『고향의 하날』육권과 희극 두 권을 십오일경부터 촬영하리라더라.

조선 26.12.09 (조3) [신영화] 유나이데트애지스트 초특작품 / 고 루돌프 봐렌틔노 씨 최후작 / 열사의 무 전구권 / 십이월 구일부터 단성사 상영

「루돌프, 봐렌틔노」씨가 최후로 제작 발표한 영화니 그가 좀 더 살앗섯드면 하고 누구나 이러한 늣김을 주게 하는 것이 이「열사의 무(熱砂의 舞)」라 한다. 내용은 추장의 아들「아멧트」와 어느「쌘서」(무희) 사이에 얼크러저가는 불 가튼 사랑. 그 사랑이 회의로, 나종에는 증오로 변하야 남자는 녀자를 마음것 학대하며 쏘차바럿스나 그래도 그는 그를 써나 살 수 업슴을 늣것다. 이런 가운데 그 모든 오해는 파란이 중첩한 사건이 긋막는 째에 다 풀리엿다. 그리고 광막한 사막의 새벽이 터 올 째 긋업는 저편으로 멀리 써나간다는 것이 그 내용인대『씩』이나『혈과 사(血과 砂)』나 정복의 역(力)』가튼 작품에 비교하면, 마즈막으로 남겨두고 간 이 작품은 모든 점으로 보다 그 작품보다는 월등히 나은 모양이다. 더욱 그 내용의 로맨*한 덤은 가장 조선의 영화*으로는 절대의 인긔를 어들 줄 안다. 배경의 아름다움! 이동촬영의 성공, 놀랠 만한『메익업』, 아름다운 색됴, 교묘한 일인이역 촬영이며 간간이 가다가 희극적 긔분은 봐렌틔노 작품으로는 제일 낫다 하겟다.

(장면은 열사의 춤의 한 장면)

조선 26.12.09 (조3) 〈사진〉

녀자긔독교청년회의 영사회에 상영할『쫀큐』(하)의 일 장면과 열사의 무의 일 장면

중외 26.12.09 (2) 예우회(藝友會) 조직 / 신극운동단테로

시내 종로(鐘路) 오덩목에 잇는 서병호(徐丙昊) 김도일(金道一) 등 제씨의 발긔로 예우회(藝友會)를 조직하고 조흔 영화(映畵)의 시사(試寫)와 신극운동(新劇運動)을 이르킬 터이라는바 위선 데일회의 시연(試演)을 불일 래에 룡산개승좌(龍山開盛座)에서 개최하리라더라.

중외 26.12.09 (3) [영화 · 예술] 바렌치노를 쌀하서 죽은 쏫가튼 녀자 / 일음은 페씨

일대의 미남자로 세계의 녀성들의 간을 태우든 미국의 활동사진 배우『루돌푸·바렌치노』가 죽엇다는 사실은 신문에 한번 보도되자 각국의 활동사진을 조하하은 녀자들은 탄식하고 슲허하얏다.

◇

『바렌치노』가 죽엇다!

이 소문이 세계의 구석구석에까지 하루아츰에 퍼저버일 쌔 이 쌍 우에서 누구보다도 데일 슲허한 녀자는 누구일까?『바렌치노』생전에서도 약혼하야 두엇든『폴라, 네그리』이엇슬가? 쏘는 그의 처음 장가든 두 안해이엇슬가?

『바렌치노』가 죽엇다!

이 소문이 영국 론돈(英國 倫敦)의 각 신문사의 호외로 나타낫슬 쌔 독약을 먹고 자살한 녀자가 잇섯다!

◇

『바렌치노』가 죽엇다는 소식을 듯고 쌀하 죽은 녀자의 이름은『페씨·스코트』…… 나히는 스물닐곱…… 활동사진의 림시 배우 노릇도 하야본 일이 잇는 녀자이엇스니 그의 방 안에는 정든『바렌치노』로부터 바든 수만흔 편지와 사진이 허터저 잇섯다. 그는『바렌치노』가 업고는 이 세상에서 단 하루도 살 수가 업섯던 것이다. 그의 시톄는 이 사진과 편지 뭉텅이 속에서 싸늘하야젓섯다.

◇

암흑한 죽엄의 나라로 최후의 목숨을 거두고 길을 쩌나려 하든 순간에『바렌치노』는 그의 친구『프랑크, 멘닐로』를 불러가지고 무어라고 소근소근 하얏섯다.『프랑크』는 이 말을『바렌치노』의 형에게 말하얏다. 그러나 그들은 그 말을 세상에 내노흐려고 입을 벌리지 안핫다…… 그러나 지금은 세상이 다 알게 되엿스니,『바렌치노』가 죽기 전 최후까지 사랑하고 잇는 녀자는『페씨·스코트』하나쑨이 엇다는 것을! (사진은 자살한 페씨 스코트)

중외 26.12.09 (3) [영화 · 예술] 열사의 무(熱沙의 舞), 전칠권, 단성사, 구일 봉절

- 갸스트

아-멧드 급(及) 추장(일인이역) 루쏠푸, 바렌치노 氏

야스민…비르마, 방커 양

안드레…쬬지, 포세트 씨

쌰-바…문다규, 라브 씨

라마…*칼, 쎄-ㄴ씨

마운쩨반스…쏼, 몬타나 씨

씨크의 처…악네스애야스 양

X

『아-멧드』추장의 아들『아멧드』는 사바에 돌아다니는『집씨』의 일행 중의『야스민』이라는 춤추는 녀자의 사랑을 갓개 되엇섯다. 그러나 그 단의 단장 되는 산애는 이 사랑하는 두 사람의 사이를 갈르기 위하야 거즛말로써 『아-멧드』에게 말하기를 『야스민』이 너에게 사랑을 두는 것은 결단코 진심으로 사랑하야서 그러는 것이 아니고 너를 유혹하야 내다가 봉변시키려고 하는 것이라고 말하얏다. 그리하야 『아-멧드』는 그 단원들에게 붓들리어가서 죽을 고생을 하얏지만 『야스민』이 그를 잡아오게 한 것이 아님은 물론이엇다.

X

『아-멧드』는 그 후로부터 『야스민』을 미워하얏다. 그러나 그의 마음속에는 아즉도 사랑하는 마음이 살아지지 아니하얏다. 그리하야 결국에 『야스민』이 거즛으로 자긔를 유혹하려고 하지 안흔 것이 판명되자 『아-멧드』는 생명의 위해로움을 무릅쓰고 악한들의 소굴에 들어가서 결사뎍 대활극을 닐으키고 또한 자긔 아버지의 후원을 어더가지고 마츰내 악한을 정복하고 사랑하는 『야스민』과 달밤에 마상에서 속삭이게 되엇다는 것이니 일대의 미남자로 전 세계의 녀성들의 간을 말리든 『루쏠푸, 바렌치노』가 죽기 전 최후의 력연을 우리는 여긔서 볼 수가 있다.

◇ 사진은 『열사의 무』, 원명은 『추장의 아들』의 한 장면

단평 — 쑴과 가티 아름다운 영화. 바렌치노의 작품 중에서는 가장 『로맨틱』한 작품. **의 연기 *점(占)

(ㄴ생)

중외 26.12.09 (3) [영화 · 예술] 새로 발명된 금성 『푸로썩숀』

조선영화계에 유지 김표운(金漂雲) 류광(劉珖) 리구영 씨 등의 발긔로 금성 『푸로썩숀』을 발긔하얏다는데 사무소는 시내 주교뎡(舟橋町) 일백이십륙번디에 두고 뎨일회 작품으로는 『고향의 하늘』이라는 현대극을 제작할 터이라고.

중외 26.12.09 (3) [영화 · 예술] 여자긔독청년 활동사진대회 / 「쏭큐」를 상영 / 금 구일 밤에

경성녀자긔독교청년회 주최의 활동사진대회는 금 구일 밤 닐곱 시부터 개회되리라는데 목뎍은 동회 사업 경비를 보충하기 위하야 여러 가지로 활동하든바, 금번 여러 위원들의 고심한 결과로 『쏭큐』라는 활동사진을 하게 되엇다 하며 그 밧게 회원들의 음악도 잇스리라는데 입장료는 상층 삼십 전, 하층 사십 전이라고. 사회의 만흔 동정을 바란다더라.

동아 26.12.10 (3) [영화소설] 탈춤 三十 / 심훈 원작

동아 26.12.10 (5) [음악과 연예] 일본영화계 흥행 성적 / 차위(次位)는 열사의 무 / 해적과 인기자는 돌히어 큰 손해만

『해의 야수(海의 野獸)』 다음으로 흥행주가 대성공을 한 영화는 「쌔렌치노」의 『열사의 무』이엇다고 한다. 이 영화는 본보에 루보한 바이거니와 「쌔렌치노」의 최후 작품이라고 하는 덤으로 한칭 더 흥행의 가치가 생기게 되엇다. 동경의 무장야관이 이 『열사의 무』와 「쌔셀메스」의 『아름다운 서울』과

「카트란」의 『환락의 상인(歡樂의 商人)』 등 세 가지 특작 영화를 일주일간 상영하야 총 수입 이만 오천 원을 어덧는바 그 순리익은 그 관을 개관한 이래 첫 긔록을 지엇섯다고 한다. 그는 동 흥행주로 말하면 「유나이테트」 사와 특약을 한 관계상 그 흥행은 사부 륙으로 하엿섯는고로 「유나이테트」 사는 전 수입의 사분만을 차지하고 그 나마지는 전부 흥행주 칙에서 가젓든 관계상 그와 가치 큰 리익을 본 것이라고 한다. 그리고 「유나이테트」 사가 이 영화로 일본 전국에서 수입된 금액은 『해의 야수』 다음이 된다고 한다.

◇ 다음에 영화회사는 상당한 리익을 어덧스나 상영 상설관의 흥행주는 결손을 보게 된 영화는 압헤 말한 『짜그라스의 해적(海賊)』, 『로이드의 인긔자(人氣者)』 등이 그 한 례라고 한다. 위선 동경 목흑(目黑)키네마에서 『짜그라스 해적』을 봉절 상영하고는 「유나이테트」 사에 이주일 동안 흥행권을 갓기로 하고 일만오천 원의 보징금을 내엇고 「파라마운트」 회사의 『로이드 인긔자』를 가지고 동경 동경관(東京舘), 지원관(芝園舘), 남명관(南明舘) 등 세 관에서 일시에 각 이주일식 봉절 상영케 하고 최려 보징금 이만칠천 원을 바덧섯다. 그러나 전긔 상설관에서 들은 그 보징금들을 그 흥행에서 건지지 못하고 경비 외에 사진 세금까지 얼마간식 보태엇다고 한다. (끗)

동아 26.12.10 (5) [음악과 연예] 〈크라이막스〉 조선키네마 신작 풍운아

＝ 배역 ＝

니코라이＝나운규 안재덕(安在德)＝주인규(朱仁圭) 강혜옥(姜惠玉)＝윤성실(尹成實) 최영자(崔英子)＝김정숙(金靜淑) 김창호(金昌浩)＝남궁운

조선키네마 푸로닥손의 신작 영화 풍운아(風雲兒)는 춘사(春史)의 각색 감독을 촬영 중이더니 지난 칠일까지 촬영을 마치고 방금 정리 중이라는데 그 영화의 「크라이막스」＝ 즉 중요한 내용을 들은즉 이러하다.

▲ 「재덕」이는 기생 「혜옥」이를 자긔의 별장으로 쓸고 왓다. 그곳에는 본처가 업서젓다. 영원히 업서지기를 바랏스며 또 그러케 맨든 것이엇다.

▲ 썰녀는 왓스나 「혜옥」이의 머리에는 한 가지의 각오가 잇섯다. 「창호」가 지금이라도 이천 원이란 돈을 가지고 오지 아니하면 자긔는 구렁이 가튼 「재덕」이의 겻흘 써날 수가 업는 것이다. 그러타고 「재덕」이에게 운명을 맛길 수는 업섯다. 「창호」가 돈 이천 원을 해가지고 자긔를 구하려 오기를 바라며 마음을 태우고 잇지마는 그가 태산갓치 밋고 잇는 「창호」에게 그만한 힘이 잇슬까. 그것은 밋지 못할 일이엇다. 「창호」에게 그만한 힘이 잇스리라고 밋고 죽엄이라도 일을 것을 각오하엿섯다.

▲ 「재덕」이의 본처 「최영자」는 한강에도 나갓섯다. 그러나 죽을 수는 업섯다. 자긔가 죽기 전에 일생을 망치게 해 준 원인을 풀지 안코는 죽기가 앗가와서 발길을 돌리면서 무엇을 결심하엿다. 「영자」의 손에는 륙혈포 한 자루가 쥐엿섯다.

▲ 「창호」는 사랑을 일코 「재덕」이의 집을 향하야 갓다. 본능적으로 원수의 「재덕」이를 짜려 죽이려고 햇다. 거기에 싸홈은 일어낫다. 실내의 장치는 산산조각이 된다. 「재덕」이와 「창호」는 피에 물드럿다. 그러나 원래 긔운이 약한 「창호」의 힘은 지치엇다.

▲ 그째이다. 상서롭지 못한 이 집에 총소리가 한 방 또 한 방 겹허 들리엇다. 묵어운 침묵은 갑작이 새로워젓다.

▲ 「창호」와 「혜옥」이의 불행을 구하려고 생명을 밧치다십히 해서 이천 원이란 돈을 엇어가지고 「박니코라이」는 달녀왓다. 그째 놀나운 일이 그곳에 생겻다. 그것은 죽엄이엿다. 두 눈에서 주먹 가튼 눈물을 흘니는 「니코라이」는 나[267] 죽엇다고 풀업는 목소리로 중얼거럿다. 『웨 죽어? 웨 죽어? 죽기 전에 죽을 만한 그 용긔를 가지고 엇재서 엇재서 나를 차저주지를 못해? 이 놀나운 나라를 그다지도 못 이저서 차저온 이 놈이 부지럽다』. (끗)

= 사진 =

풍운아 일 장면

박니코라이=나운규 최영자=김정숙

△ 풍운아 일 장면

동아 26.12.10 (5) [음악과 연예] 예우회(藝友會) 조직 / 극운동과 영화 제작

서병호(徐丙昊), 랑호(浪湖), 김도일(金道一), 리한태(李漢台) 등 극게 유지들의 발긔로 신극운동과 영화제작을 목뎍으로 예우회(藝友會)를 조직하고 오래 동안 모든 준비를 해오든 중 그 준비가 거의 다 되어 불일래로 위선 룡산 개성좌(開盛座)에서 데일회 공연을 할 터이라는데 그 사무소는 시내 종로(鐘路) 오뎡목 일백일번디에 두엇다더라.

동아 26.12.10 (5) [음악과 연예] 조선극장 폐관 / 전 관주와 전무의 감정 문뎨로 폐관 / 작(昨) 구일 야(夜)부터

시내 인사동 조선극장(仁寺洞 朝鮮劇場)은 경영주가 변경되게 되자 전 관주 김조성(金肇盛) 씨와 신경영자를 소개한, 전 동관 전무로 잇든 리필우(李弼雨) 씨의 감정 관게로 본래는 아모 문뎨 업시 하로도 휴관치 아니하고 게속 경영을 할 수 잇섯든 것이 부득이 작 십일 밤부터는 흥행을 중지하게까지 되여 구일 아침부터는 극장 문을 닷고 말게까지 되엿다더라.

중외 26.12.10 (3) 풍운아(최장척) 조선극장(내 십육일 봉절)

원작…오규(五奎) 여사[268] 각색감독…춘사 조감독…홍개명

-캬스트-

박니코라이…나운규 씨 안재덕(安在德)…주인규(朱仁圭) 씨 강혜옥(姜惠玉)…윤성실(尹成實) 양 최영자(崔英子)…김정숙(金靜淑) 양

---

267) '다'의 오식으로 보임.
268) 나운규의 여동생.

-조선키네마 제공-

재덕이는 기생 혜옥이를 자긔의 별장으로 쯰을고 왓다. 그것은 본처인 영자를 쏫차낸 뒤이엇다. 그는 그의 본처가 아조 죽어버리기를 바랏다.

X

기생 혜옥이게는 사랑하는 사람이 잇섯스니 그는 창호라는 청년이엇다. 혜옥이는 창호가 돈 이천 원 하야가지고 오면 자긔는 이 사갈가티 무섭고 더러운 재덕이에게서 멀리 써날 수 잇는 것을 알고 잇섯다.

X

재덕이에게 쏫기어난 영자는 한강으로 갓다. 목숨을 한강물에 버일려고 하는 것이엇다. 그러나 그는 무엇을 생각하야든지 단연코 결심하고서 돌아섯다. 그의 손에는 류혈포가 단단히 쥐어 잇는 것을 볼 수 잇섯다.

X

창호는 본정신을 일코 재덕이의 집으로 쏘차갓다. 일대 활극 …… 피 …… 결국 창호는 재덕이에 *젓다. 그러나 별안간 들리는 쌍- 쌍 하는 소리…… 이 곳에서 이 비극은 막을 다닷다. (쯧)
사진은 풍운아의 한 장면

중외 26.12.10 (4), 26.12.11 (4), 26.12.12 (4), 26.12.13 (3), 26.12.14 (2), 26.12.15 (4) 〈광고〉
조선일보 12월 9일자 단성사 광고와 동일

동아 26.12.11 (5) [음악과 연예] 일본 수입 / 불국 루노알 작품 나나 영화 / 에밀 조라의
『나나』 녀배우 「나나」 = 불국 문호 「에밀 조라」의 붓 긋에서 탄생하야 그 붓 긋헤서 한째 파리 시가를 음탕한 기분에 젓개하다 그 붓 긋헤 텬연두에 걸니어 마침내 「파리 글랜드호텔」에서 비참한 최후를 마치고 말은 『나나』! 이 『나나』는 불국 「루노알」 회사의 힘을 빌어 「쎄엘레트란쎄」의 붓 긋을 거쳐 「쎈루노알」 씨 손에 불 영화게의 화형배우 「카트리누에스란」 부인의 몸을 빌어 「스쿠린」 우에 재생을 하게 되엇다. 그가 나은 곳이 파리요, 그가 재생하게 된 곳이 파리요, 그를 「스쿠린」에 나타나게 한 사람이 불국영화게에 명감독이니만큼 그가 나가지고 그가 죽엄에 일으기까지의 일생을 조곰도 험집 한 곳 업시 그대로 재생하얏다고 한다 = 긔위 일본에서는 「스쿠린」에 멋 번이나 나타낫슴으로 불원간 우리 조선에도 차저올 것은 틀님업슬 것이다. = 사진은 재생한 「스쿠린」의 「나나」

동아 26.12.11 (5) [음악과 연예] 「쌔렌치노」 대신 미남 인긔 배우 / 미국에 쏘 생겨
세계덕으로 미남자의 칭찬을 밧고 마음 여튼 젊은 녀자판들로 하야금 한 번 대면이라도 해보고 십허할 만치 괴임을 밧든 미국영화게의 인긔 배우 「루들프 쌔렌치노」 씨와 밋 역시 「루」 씨만큼은 못하얏스나 세계덕 미남자라고 일컷든 「와레스리드」 씨가 압서거니 뒤서거니 서로 세상을 써난 뒤로는 두 사람은 한칭 더 미남자가 되엇스나 그 대신으로 판을 질겁게 할 미남자가 영화게에 나타나지 아니하야 녀자판들은 적지 아니한 적막을 늣기게 한다드니 요사이 그 대신이 될 만치 그 두 사람과 쪽가치 생긴 배우들이 미국영화게에 나타나서 발서 상당한 인긔를 차치하기 시작한다고 한다. 「와레스 리드」와 쪽가치 생긴 사람은 「모드켄트」라고 하는 청년으로 긔위 큰 인긔를 어더 방금 인정극을 촬영 중이라 하며 「쌔렌치노」와 쪽가치 생겻다는 사람은 원 「하가리아」의 긔병 중위로 잇든 「체쏠민즈엔트쯰빅민즈엔트」라고 하는 길직한 일홈을 가진 사람으로 그가 방금 미국영화게에서는 「쌔렌치노」의 대신으로 골나 잡히엇다고 한다.

동아 26.12.11 (5) [음악과 연예] 주식 모집에 영화로 선전 / 일본의 첫 시험
방금 팔천대 생명보험회사(八千代 生命保險會社)에서 계획 중인 남조선 텰도(南朝鮮 鐵道)주식회사 설립 계획은 불원간 주식 모집을 개시하게 되엿다는데 그 회사와 밀접한 관게가 잇는 「동아키네마」에서는 그 모집이 개시되는 동시에 남조선과 밋 남만주 일대에 영화로써 선전을 할 터이라는바, 영화로써 주식모집을 선전하는 것은 일본의 첫 시험이라더라.

매일 26.12.11 (2) 행방불명된 총독부의 영화
(대구) 경상북도에서 선반 서전 황태자 동 비젼하(瑞典皇太子 同 妃殿下)가 경쥬의 신라 고적(慶州 新羅 古蹟)을 시찰키 위하야 총독부(總督府)로부터 활동사진(活動寫眞) 후이름 네 권을 비러다가 사용한 후 진시 텰도 우편으로 돌녀보닌 것이 아즉까지 총독부에 도착되지 아니하얏슴으로 도 당국에서는 목하 젼력을 다하야 수식 중이라더라.

조선 26.12.11 (조3) 〈사진〉
녀자긔독청년회 주최 영사회의 광경 (구일 밤 청년회관에서)

조선 26.12.11 (조4), 26.12.12 (석1), 26.12.13 (조1), 26.12.14 (석1), 26.12.15 (조4) 〈광고〉[269]
12월 9일자 단성사 광고와 동일

조선 26.12.11 (조4) 〈광고〉
당 십일일 토요 주간부터 대공개
오래동안 예고만 내려오든 대명화 그여히 봉절!
현대 유일에 대걸작!
불국(佛國) 아루바도로쓰 사 영화!
불국문호 두이지비란데-로 씨 대작품!

---

269) 조선일보 1926년 12월 11일자(조4), 12월 12일자(석1), 12월 13일자(조1), 12월 14일자(석1), 12월 15일자(조4) 단성사 〈광고〉에는 '특별예고' 생략되어 있음.

예술영화 **생의 바쓰가루** 전십권

구주(歐洲) 제일 명감독 마루세-루레루펜 씨 대감독

구주 제일 명성(名星) 니완 모주빈 씨 대연(大演)

대연속대활극 **삼림여왕** 최종편 육권 전부 상장

루스토란도 양 주연

미국 윌니암폭쓰 영화

대희극 **요심필용(要心必用)** 전이권

실사 **폭쓰 주보** 전권

대예고

미국 윌니암폭쓰 사 특작 대명화

황금이냐? 사랑이냐 인정비극 전팔권

구주 촬영 봉절장 **우미관**

전 광 삼구오번

중외 26.12.11 (2), 26.12.12 (2), 26.12.14 (2), 26.12.15 (4), 26.12.16 (4) 〈광고〉
조선일보 12월 11일자 우미관 광고와 동일

동아 26.12.12 (3) [영화소설] 탈춤 三十一 / 심훈 원작

동아 26.12.12 (5) [음악과 연예] 일본영화계에 황금 마수(魔手) / 유 사 지사 설립과 일 영화계의 대타격

전 세계의 영화시장은 제아모리 특수한 영화산디라도 모조리 미국영화로 말미암아 빗을 일케 되고 독일, 불란서, 영국 등 구주의 국직국직한 영화게 회사까지도 미국의 위대한 금력으로 인하야 정복이 되고 마는 까닭으로 구라파 영화제작업자들은 대동단결이라도 하야 그 세력을 썩거 눌러보고자 하나 그 역시 쯧과 갓지 못하야 각종 각양의 운동을 일으키는 중인데 이것은 좀 뉴스를 일흔 이야기일른지는 몰으겟스나 미국의 금력은 일본 영화제작게에도 큰 입을 버리고 닭여들기 시작하엿다.

미국 「뉴니버살」 회사에서는 일본에서 차차로히 인긔를 일케 되어가는 것의 대책으로 일본에다가 극동지사(極東支社)라는 것을 두기로 하고 그 자본금을 일천만 원을 세웟스며 위선 방금 일본 시대극게의 패왕인 판동처삼랑(阪東妻三郎) 「푸로닥숀」과 악수를 하야 경도부하(京都府下)에다가 대 「스터듸오」를 건설하얏스며 전속배우로는 첫재 판동처삼랑과 일본영화게의 「쌘파이어」 역으로 데일인자인 오월신자(五月信子)를 비롯하야 택뎐정이랑(澤田正二郎) 등을 중심으로 하고 각 사에 잇는 간부 배우들을 금력으로써 끌어들이기 시작한 까닭에 일본 각 영화회사의 배우게에 큰 파동이 일어 이동이 자못 빈하게 되엇다.

긔위 이동이 되어 「유」 사에 입사한 지명 배우들은 위선 송죽(松竹) 회사의 인긔 녀우 영백합자(英百

合子)를 비롯하야 근등이여길(近藤伊與吉), 강던시은(岡田時彦), 고도애자(高島愛子) 등이요, 이외에도 장차 얼마나 이동이 될른지 몰을 디경이라는데 그 대신에 이로부터는 일본영화도 구미에 수출될 길은 열닐 모양이라고 한다.

매일 26.12.12 (3) [영화소설] 산인(山人)의 비애 (二) / 동경 김일영(金一永) 작

매일 26.12.12 (5) 교화 활동사진 / 지방에 순회 상영

(청주) 충북도 *무과에서는 지방 문화를 촉진코자 교화 활동사진반을 조직하야 삼일에 진천(鎭川)으로 향하얏는대 일정은 여좌(如左)하더라.

▲ 십이월 오일 진천공보교 ▲ 십이월 육일 덕산(德山)공보교 ▲ 십이월 십일 장양(長揚)공보교

조선 26.12.12 (석1), 26.12.13 (조1), 26.12.14 (조4), 26.12.15 (조4), 26.12.16 (석2) 〈광고〉

12월 11일자 우미관 광고와 동일

조선 26.12.12 (석2) 창기와 활변(活辯) 정사(情死) / 세상을 비관하고

진남포(鎭南浦) 유곽 어이루(魚伊樓)에서 인육을 팔고 잇든 정하아사고(井下あさこ)(二四)라는 창기는 당디 상설(常設) 활동사진관 해설자 황목천길(荒木淺吉)(二五)과 오래전부터 정을 주고 지내든 중 지난 구일 오전 일곱 시경에 쥐 잡는 약을 먹고 얼마동안 고민하다가 두 청춘남녀는 필경 괴로운 이 세상을 쩌나고 말앗다더라. (진남포)

조선 26.12.12 (조1) 조선의 자랑 / 금강(金剛) 절경 / 보승회(保勝會)가 / 필롬으로 선전

조선의 자랑이오, 또 사랑인 금강산! 만이천봉의 금강산! 『원생(願生) 고려국(高麗國)하야 일견(一見) 금강산』이란 글을 읇흔 중국인도 잇는 그만큼 동양사람의 동경지인 금강산!

X X

이러한 금강의 승경을 보존하고저 그 부근 유지로 조직된 금강산 보승회에서는 사진에 익숙한 본보 장전(長箭)지국 기자 김명원(金明元) 씨와 장봉익(張鳳翊), 이성오(李星五) 씨 외 수인을 반원으로 하야 금강산 선전반을 조직하야 가지고 제일차로 고성, 간성, 양양, 강릉 방면으로 향하야 금월 하순경에 발을 듸듸게 되엇다는데 반원 중 김명원 씨는 수일 전부터 산의 소재지인 강원도청으로부터 활동사진기계와 『필림』을 무료로 대부바더가지고 총독부 사회과의 사용법 연구 급(及) 대체의 허가를 어덧다 한다. 동 김씨는 십수 년 내(來)* 온정리(溫井里)에 머믈러 탐승객들의 안내와 금강산 선전한 것이 천(千)으로 혜일 수 업다 하니 금강절경이 머리에 백힌 씨는 내 자랑이고 조선의 자랑이오, 또 **인 이 산 속에 곱게 곱게 숨겨 잇는 구석의 자랑까지 전부를 『필름』에 집어 너허 오 개월 동안에 조선을 돌고 마친 뒤에는 외국까지 쌔처볼 예정이라더라. (사진은 김명원 씨와 해금강)

중외 26.12.12 (2) [소문의 소문]

미국 각 소학교에서는 활동사진을 응용하야 소학생들에게 학과를 수업할 터이라는바 그 째문에
지리 십 권 ▲ 위생 오 권 ▲ 일반 과학 오 권
의 필림을 제작하야 방금 시험뎍으로 사용하는 중이라는바, 성뎍이 조흐면 금후는 더욱 확장하리라고.

동아 26.12.13 (3) [영화소설] 탈춤 三十二 / 심훈 원작

매일 26.12.13 (2) 단성사 본지 독자 우대 / 십삼일부터

세계의 미남자라고 환영을 밧던 바-렌치노가 죽은 후 그의 최후의 작품인 열사의 무를 시내 단성사
(團成社)에서 상연 중이라 함은 긔보와 갓거니와 이 영화를 넓리 여러 사람에게 보히기 위하야 금 십
삼일부터 십오일까지 삼 일간에 본보 독자를 위하야 활인을 할 터인대 웃층 대인(階上 大人) 팔십 젼
을 륙십 젼에, 웃층 학싱 오십 젼을 삼십 젼에, 아릭층 대인(階下 大人) 오십 젼을 삼십 젼에 아릭층 학
생 삼십 젼을 이십 젼에 활인할 터이오, 우대권은 란외(欄外)에 잇스며 한 쟝을 가지면 씨사란[270]이 통
용할 수 잇다.

매일 26.12.13 (2) 불운한 조선극장 / 구회째 휴관 폐쇄 / 내막은 매오 복잡하다고

경성에 조선사람을 상대로 하는 상설관(常設舘)이 불과 셋 밧게 업는대 그중에 죠선극장(朝鮮劇場)
은 항상 수지 게산이 맛지 아니하야 영업주가 벌서 몃 번을 갈니고 별〃 수단을 다 - 써 보왓스나 별로
히 신긔한 일이 업셧던바 근일 동 극장 변사로 잇던 김죠성(金肇盛) 군이 젼 경영자 죠쳔(早川)이라는
사람에게서 인게하야 몃 달 동안 개관하다가 다시 지난 구일 밤부터 개설 이릭의 졔구회의 휴관 폐쇄
케 되는 비운에 쌔젓다. 그것은 역시 경영이 곤난인데 큰 원인이 잇스며 세상에서는 젼긔 김죠성과
동관 총무로 잇던 리필우(李弼雨)와 츙돌이 잇섯다고도 하고 졔국통신에서는 김죠성이가 엇던 기싱
과 친하야 극장 운뎐 자금을 소비하얏다는 말도 잇는대 엇던 것이 미들 만한 일인지는 모르나 좌우간
죠선영화계에 큰 불상사이다.

조선 26.12.13 (조2) 조선극장 폐쇄

시내 인사동(仁寺洞)에 잇는 조선극장(朝鮮劇場)은 지난 십일부터 드듸여 휴관 폐쇄되얏다는바 동
극장은 황금관(黃金舘)을 경영하여 오든 죠쳔(早川) 씨의 뒤를 니어서 김 모(金 某)가 경영하게 되야
일 개월에 일쳔 원의 극장세를 지불하고 그 유지경영이 매우 곤난한 우에다 젼긔 김모(金某)는 엇더
한 기생과 결혼을 하게 되야 성대한 화촉의 뎐을 일우기 위하야 극장의 운뎐자금을 류용한 것으로 말
미암아 마츰내 동 극장의 운뎐은 중지되는 동시에 관원 일동도 이에 크게 분개하야 한 사람 두 사람
식 가게 됨에 따라 드듸여 폐쇄하기에 일은 것이라더라.

---

270) '세 사람'의 오식으로 보임.

동아 26.12.14 (3) [영화소설] 탈춤 三十三 / 심훈 원작

매일 26.12.14 (4) [영화 소식]

신혼한「푸로렌쓰 빅타」양은『사랑이 업스면 영화의 주연을 할 수 업다』는 사실을 발견하엿단다. 가 관 가관

M-M 사에서 활동하고 잇는 배우들의 이십오「파*트」즉 사분지 일은 외국 사람인대 그중 유명한 사람만 드러도「라몬 나파로」씨「데미트리 무코엣키」씨「노라세라-」양「나타리 코반코」양「레지놀드비-카-」씨「*크스 잉그람」씨「그레타 갈포」양 등이라고.

조선 26.12.14 (조1) 본보 성주(星州) 독자 / 우대극 성황

경북 성주 본보지국에서는 신극 아성(亞星)극단 내성(來星)에 제(際)하야 거 팔일부터 삼 일간 본보 독자에게 입장료 사할 감(減)으로 관람케 하엿는데 매야(每夜) 대만원을 일우엇더라. (성주)

중외 26.12.14 (3) [영화·연예]『산파스칼』[전십이권] 우미관(봉절중)

원작…이태리 신극단 괴이파(怪異派)의 대장 루이지·피란델로 씨

각색감독…마르셴·레르비유 씨

-캬스트-

파스칼…이반·모주힌 씨 로미르도…마르씰·프라토 양

발레아리…로이스·모란 양 파스칼 미망인…알토·페로 양 마르구냐……쭈반든 씨

불국 알바토로스(합작) 씨네그라픽크 사(제공)

X

『쌍, 록키』의 성주의 아들『파스칼』은 홀어머니의 아들로 호화로움게 자라낫다. 그러나『마르구냐』의 간계로 말미암아 재산을 모조리 업새버렷다. 그째에 그의 친구『포미오』로부터 그의 애인『로미루도』에게 사랑을 전하야달라는 청을 바닷다. 달 밝은 밤에『파스칼』은『로미루드』를 맛낫다. 그런데 쯧밧게 그는 자긔에게 사랑을 갓고 잇는 것을 알앗다.

X

『파스칼』과『로미루드』는 결혼하얏다. 그는 자긔의 어머니와 새 안인에게서 생긴 귀여운 자식이 죽은 뒤에 한정 엄는 려행을 하기로 결심하고 표연히 집을 써낫다. 그리하야『몬테, 칼로』에서 수천금의 재산을 맨들어가지고 집으로 돌아오는 길에 그는 신문에 자긔가 죽엇다는 기사가 난 것을 발견하얏다.

X

그는 자긔가 이미 죽은 인물, 과거의 인물인 줄 알고서 그 길로『로-마』로 갓다. 그곳에서 텬사와 가튼 처녀『발레아리』와 련애하게 되엇다. 그러다가 고향에 돌아가 보니 자긔의 안해『로미루드』는『포미오』와 재혼하야가지고 재미잇게 산다. 이것을 본 산『파스칼』은 다시『로-마』로 돌아오는 길에『쌍, 록키』에 잇는 자긔의 무덤을 향하야『죽은 파스칼이어! 편안히 자거라』하고 국화를 쏘자주엇다.

X

이 사진은 이태리『그로데스코』파의 대재『피란델로』로 원작을 각색한 것이니 일즉이 외국에서 상영들사되어 예술가이에[271] 큰 문데를 닐으킨 유명한 사진이다.

◇ 사진은 산파칼스[272]의 한 장면

매일 26.12.15 (4) 극장 부인석에 격증된 조선 여학생 / 도발적 연애극에 심취하야 / 처녀의 순진한 정서 난무 / 각 학교 선생님네와 관계의 의견은 이럿타

◇ 치마 쓰고 다니는 분들이 양산을 맛고 규중에 숨엇든 처녀들이 셰상에를 나서드니 최근에 와서는 시내 각 연극장에는 매일 밤 각 녀학교 마-크 부친 처녀들의 자최가 보이지 안을 째가 업다.

◇ 녀학싱이 극장에 가는 것은 그다지 진긔한 일은 아니겟스나 죠선보다도 녀성의 개방이 이른 나라에서도 꽂 가튼 청춘 녀성의 야간 외출이 미오 위험하다는 념려가 업지 못하겟거든 하물며

◇ 이제야 겨오 녀성 해방의 자리가 잡혀서 완고튼 가정에서도 간신히 규중 처녀를 학교에 보내게 되얏는대 만일 녀성 해방의 첫 머리에 이곳져곳에서 해방의 폐해가 적출하게 되는 날에는 참으로 여자 교육의 장내가 암담할 것이다.

◇ 기싱 수보다도 녀학싱의 수가 만하진 각 극장의 부인석을 볼 째에 뜻잇는 이는 장탄식을 금치 못하는 것이다. 극장 경영자와 각 녀학교 당국자의 의견을 소개한다.

순결한 흉리(胸裏)에 위험한 연애영화 / 단연코 엄중히 취톄한다 / 이화녀고 교무주임 안형중(安衡中) 씨 담

우리가 학교를 다닐 째에는 남학싱이라도 극장에를 다니면 큰 수치로 알엇섯는대 요사이 녀학싱들이 가삼에 교표를 부치고 극장에를 무단이 다니는 것을 보면 그 풍긔의 물란하야짐을 불문가지올시다. 교육상에 필요한 필림은 경성부에서 통지를 하야 학교서 단톄로 구경을 식히는 터인대 져이들끼리 다닌다면 좃치 못한 사람의 쐬임에 넘어가기도 쉽고 또 련예극 갓튼 것으로 순결한 마음이 움즉으리기도 쉬운 즉 지금부터는 담임 선싱이 순시를 하야 엄중히 취톄하겟습니다.

필경 만흘 것이다 / 위선(爲先) 주의를 여행(勵行) / 아즉 취톄한 일은 업섯다 / 진명여고정(進明女高精) 교무주임 임정준(任正準) 씨 담

우리 학교에서는 늘 그런 곳에를 가지 말라고 쥬의를 식혀보앗섯스나 아즉까지 취톄는 하야본 적이 업슴으로 언으 학싱이 그런 곳에를 자죠 다니는지 알 수 업습니다만은 물론 그런 대 만이 안 단일 줄로 밋습니다. 그런데 금후의 만일을 위하야 별로 취톄 방침이라는 것은 업습니다만은 한 번 쥬의는 식혀두겟습니다.

극장 출입엔 인솔자가 필요 / 과연 성풍하야졋습니다 / 경영자로셔의 걱정거리

이에 대하야 모 극쟝 쥬인은 말하되, 참 요사히 죠션 녀학싱들의 구경은 자짐니다. 전에는 그럿치 안 터니 요사히는 차차 성풍하야저서 영업하는 싱각에는 그분네들의 신상에 혹 무슨 위해나 밋치지 안 을가 하야 항상 걱정을 합니다. 아시는 바와 갓치 극장이라 하는 곳은 별 손님이 다 오시는 터이라 기 싱들이라도 극장 츌입이 자즈면 병이 나고마는대 더욱히 세상 모르는 순진한 처녀들에게는 엇더한 유혹이 잇슬지 모릅니다. 그런데 그분네가 드나드는 눈치를 보면 반다시 압장을 스는 처녀가 잇셔서 순진한 녀자는 그에게 쓸녀다니다가 나중에는 혼자도 오게 됩니다. 그러함으로 각 가정에서는 혹 문 예사진이나 과학사진 가튼 것이 올 째에는 상당한 후견인을 싸라보내게 하시엇스면 제일 좃켓습니다.

암중에 마(魔)의 박해(迫害) / 큰 걱정이다 / 제일고녀 교장 미형우조(尾形友助) 씨 담
녀학싱들이 연극장으로 만이 다닌다는 것은 듯기만 하야도 놀나운 일이올시다. 우리도 평소에 늘 그 런 대 못 가게 할 쑌 안이라 담임 선싱 야순을 하기도 합니다만은 변복을 하고 다니는 사람이 쏙 업다 고도 단언할 수 업습니다. 교육상 필요한 필림이 잇스면 학교에서 단테로 구경을 식히는 일도 잇스나 녀학싱들이 혼자 구경을 간다는 것은 필름 그것이 풍긔상 좃치 못하다는 것보다도 활동사진을 대개 불을 쓰고 하는 터이라 그 어둠침々한 곳에 가는 것이 무슨 박해가 잇슬지 몰나 더욱 불가합니다. 지 금부터는 한층 더 엄밀이 취톄를 하야 그런 곳에 가는 학싱은 엄중히 처분을 하랴고 합니다.

맘 안 뇌는 야간 외출 / 가정의 칙임 / 배화여고 교감 이덕봉(李德鳳) 씨 담
우리 학교에는 학싱이 얼마 되지도 안이 하는대 그중 대부분이 긔숙사에 잇셔셔 자유로 출입을 못하 게 합니다. 그럼으로 부모 슬하에서 잇스면서 통학하는 학싱이 혹 그런 일이 잇는 모양인대 그것은 가정과 련락을 하야 절대로 가지 못하도록 취톄를 하랴고 합니다. 물론 엇더한 필림을 영사하든지 녀 학싱이 밤중에 혼자 그런 대를 가는 것은 매우 마음 못 뇌는 위험한 일임니다.

조선 26.12.15 (조1) [촌철(寸鐵)]
[전주] 광주* 중산모신사(中山帽紳士) 모(某)는 체면 업시 극장 부인석 안졋다가 관람객의 벼락 가튼 철권 맛을 보앗다고. 부인석 맛이 엇대?

동아 26.12.16 (1) 〈광고〉
십육일 봉절 유 사 주간 오일간
● 유 사 제공 코삼 영화
오래간만에 푸랭크 메이요 씨 출연 영화가 왓습니다, 쏙-
격노진천(激怒震天) 전육권
전율의 대활극으로 인정극
● 유 사 쏄스틱 서부극
아드에이코드 씨 결사의 활약

천공목장(天空牧場) 전오권

● 유 사 장편 쩨스몬드 씨 작품

제삼회 **스페드의 1** 오, 육편 전사권

● 유 사 센추리 희극

노아라 잡어라 전일권

● 유 사 **국제시보** 전일권

특별예고

우주소동대소살편(大笑殺篇) **쫀스의 대사건** 전팔권

대웅편 **싸흑(海鷹)** 전십이권

기괴극 **쌧(蝙蝠)** 전구권

대웅편 **역마차** 전십권

대희극 **행랑 뒤꼴 새부자 소동** 구권

대희활극 **벼란간 해적** 전구권

유 사 폭스 제일 국제 영화 봉절

단성사 전화 (광) 구오구번

동아 26.12.16 (3) [영화소설] 탈춤 三十四 / 심훈 원작

매일 26.12.16 (2), 26.12.18 (2), 26.12.19 (2), 26.12.20 (2) 〈광고〉

선전문 및 예고 일부 제외된 외 동아일보 12월 16일자 단성사 광고와 주요 정보 일치

매일 26.12.16 (4) [영화소식]

▲ 이태리야의 독재수상(獨裁首相) 뭇소리니 씨의 자급자족정칙(自給自足政策)은 드대여 적극적으로 되야셔 영화계(映畫界)에까지 밋치여왓는대 「로-마」에 주재하는 미국 부령사 「에푸, 시코트우-씨」가 미국 상무성 영화국(米國 商務省 映畫局)에 송부한 보고서가 그것을 증명하는바, 「로마」에서는 정계(政界), 재게(財界), 영화게(映畫界) 등의 유력자흥에 의하야 이즈음 국산영화 진회[273](國産映畫振興會)가 창립되고 국산영화를 보호할 일, 외국 영화의 수입을 막을 일, 등에 힘쓴다고 한다. 통계에 의하면 과거 삼개 년간에 이태리로 수입된 외국 영화는 아릭와 갓흔대(1923년, 1924년, 1925년 수입외화 길이, 각 해 필림 수입 금액, 이태리 수출영화 길이와 수입액 수치 생략)

▲ 『구조를 구하는 사람』이란 작으로 미국 영화계 최대 한 예술가처럼 된 「요세프폰스테툰베희」 씨는 독일 영화회사 견학을 하고 귀미한 후 「챠푸링」 촬영소에서 「에드나쌔-븨안쓰」 양을 주연으로 하야 『해의 여(海의 女)』를 감독 완성하엿고

---

273) '진흥회'의 오식.

▲ 최근의 미국 영화계의 경향은 「코-린 무-어」 양이 신문 련재 소설을 원작으로 한 『에라-쎈-듸-』를 완성한 이리 신문소설의 영화된 것이 대류힝이 되야 「마리온 데븨쓰」 양은 「하-스트」 계 신문에 게 재된 『테리-다트이라』를 촬영케 되고 「코-」 양의 남편인 「퍼-스트내소닐」의 셔부 총지배인 「쏜마코 믹」 씨는 역시 신문 련재 소설인 『하를드 테인』을 「무어」 양의 다음 작으로 발표할 터인대 조선영화 계에서도 할 의향이 업는가? 잇는가?

조선 26.12.16 (조3), 26.12.17 (조4), 26.12.18 (석1), 26.12.19 (조4) 〈광고〉
예고 일부 제외된 외 동아일보 12월 16일자 단성사 광고와 주요 정보 일치

중외 26.12.16 (4), 26.12.17 (4), 26.12.18 (4), 26.12.19 (3), 26.12.20 (1) 〈광고〉
일부 선전문 제외된 외 동아일보 12월 16일자 단성사 광고와 주요 정보 일치

동아 26.12.17 (4), 26.12.18 (3), 26.12.19 (5) 〈광고〉
12월 16일자 단성사 광고와 동일

동아 26.12.17 (5) [음악과 연예] 본보 연재 영화소설 『탈춤』 / 대대덕 규모로 불일 촬영 개시
월여를 두고 본보에 런재되든 영화소설 심훈(沈薰) 씨 작 탈춤은 조선키네마 푸로탁손에서 불일간 촬영을 개시할 터이라는바 각색은 원작자인 심훈 씨와 감독 라운규(羅雲奎) 씨와 주연 남궁운(南宮雲) 씨 등이 합의로 할 터이요, 출연 배우들은 남자들은 긔위 지상에 발표되엇든 전긔 라운규, 남궁운, 주인규(朱仁圭) 씨 등이 중심이 될 모양이며 녀배우는 긔술 관게로 부득이 지상에 출연하얏든 이들을 바리고 전부 신진으로 상당한 사람을 골라 출연케 하고자 하는 중이라 하며 동 키네마에서는 특작품 으로 재래에 보지 못하든 완전한 영화를 만들기 위하야 경비는 도라보지 아니하고 쎄트도 모다 충분 히 지어가지고 쓸 모양이며 광선 긔게도 사용하야 서양영화와 가치 선명하게 할 터이라는바 광선긔 게를 촬영에 사용하는 것은 조선서는 이번이 처음이라더라.

동아 26.12.17 (5) [음악과 연예] 판처(阪妻) 배우학교 / 십오 세 일백 명 모집 / 월사금은 매월 십 원
일본 판처(阪妻) 푸로탁손에서는 스타를 양성하기 위하야 판처배우학교(阪妻俳優學校)를 설립하얏 다 한다. 생도는 상당한 교양이 잇는 십오 세 이상 남녀 일백 명을 한도로 하고 입학시험은 자못 엄중 이 뵈인다고 하며 수업료는 일 개월에 십 원식이요, 륙 개월간 졸업을 하게 되는데 졸업 후에는 상당 한 역을 맛기어 동 푸로탁손에 잇게 될 터이라 하며 방금 상당한 강사를 골르는 중인데 먼저 동경서 모집한 생도들은 데일긔생으로 모집할 터이라더라.

동아 26.12.17 (5) [음악과 연예] 일구이육년도의 영화계를 보내며 (1) / 이경손
우리들 압헤 공개된 외국영화로부터 이야기하자면 원작 중에 가장 아리짜윗든 것은 조극이 보혀준

『비누거품』이 안인가 한다. 이 작품이 보통 판들에게는 하품ㅅ거리도 못 되고 통과되여버렷슬 것이다. 사실인즉 문인들까지 지금것 기억하고 잇는 메리 마쿠랭의 『구쓰』와 가치 귀여운 테-마로 된 소품 영화이다. 세탁집 한 구석에서 가축들과 휩사여 뒹굴고 잇는 그 게집아해에게도 사랑이 하고 십흔 나희는 되엿스나 그 더러운 게집애의 사랑을 바더줄 이야 잇슬 리가 업다. 팔 개월이나 두고 혼자서 그리워하든 청년을 잡고 울며불며 고백을 하엿드니 처음에는 미친년이라고 욕하든 청년이 점점 불상한 생각에 쓸니어서 『정표로 이것이나 바더라』하고 넥타이빈을 쌔어주엇다 — 는 쏠기의 작품 핀슷하다.[274] 어대서 어든 암시로 읽엇는지는 나의 알 배가 아니로되 하여간 금년도 중에는 나 보기에 그중 조왓섯다.

◇ 각색으로는 로이도의 인긔자가 나 보기에 데일인 것 갓헛섯다. 역시 조곡의 데공이며 나로 하야금 런다라 일헤ㅅ 저녁을 보게 한 사진이다.

一, 희극이면서도 일상생활과 인연 머른 에비쏘-트는 한 구절도 안이 비러오고 씃까지 나간 각색

二, 자막(字幕)마다 그 효과가 시간경과(時間經過), 댱면 던변(場面 轉變), 미던개물(未展開物)의 내용 상징(內容 象徵) 이외에 쏘 한 가지 효과를 제마다 품고 잇는 것

三, 양복 한 벌을 가지고 서른네 칭이나 되는 희극을 맨든 새 긔록이라 할 만한 각색

四, 각색의 기교란 긔교는 전부 발휘하여 노흔 그 각색을 볼 째에 데일이라 안이할 수가 업다. (계속)

조선 26.12.17 (석1) 〈광고〉

당 십이월 십육일 목요부터 명화 대공개

실사 **폭쓰시보** 전권(全卷)

대희극 **전일야(前日夜)** 전이권

미국 월니암폭쓰 사 대명화

일구이오년도 특작품

인정비극 **애(愛)이냐 금이냐** 전팔권

원작자 기루바-도후란고-씨! 주연 제무쓰가곳드 씨!

대월니암폭쓰 사 대걸작

대활극 **전사(戰士)야 기(起)하라** 전육권

대명성(大名星) 존기루바- 씨 주연

내주 봉절 영화 대예고

대유나이뒷드아지스 사 대탐작(大探作)

명화 **광란노도** 전팔권

미국 월니암폭쓰 사 대명작

인정비극 **지분(脂粉)의 여자** 전팔권

---

274) '비슷하다'의 오식으로 보임.

구주 영화 봉절장 **우미관**

전 광 삼구오번

중외 26.12.17 (2) 사진전송 / 일본서 첫 시험 / 성적 보아 실제 통용

사진을 뎐신으로 보낸다는 사실은 이미 오래전부터 구주 각국에서 연구와 실험에 만흔 노력을 하는 중이어니와 일본 톄신성(遞信省)에서는 마츰 이 방면에 권위자(權威者)로 유명한 불란서 리학자『베란』씨가 일본에 온 것을 긔회로 십오일에 실제로 시험을 하얏다. 근데 성정이[275] 조키만 하면 위선 동경 대판 간(東京 大阪 間)에 전용 뎐선을 가설하고 사진 뎐송을 개시할 터이라는데 이와 가티 된다 하면 범인의 사진이라든가 지문(指紋) 등을 급히 보내는 데는 물론이오 상업상에도 만히 응용이 될 것이오, 신문사진 가튼 것도 신속히 보내개 되리라더라. [동경]

중외 26.12.17 (4) ⟨광고⟩

⟨지분의 여자⟩에 "조지오부라이엔 씨! 대열연"이 추가된 외 조선일보 12월 17일자 우미관 광고와 동일

동아 26.12.18 (2), 26.12.19 (5), 26.12.21 (3), 26.12.22 (2), 26.12.23 (5), 26.12.24 (2), 26.12.25 (2) ⟨광고⟩

선전문 및 제작진 일부 제외된 외 조선일보 12월 18일자(석1) 조선극장 광고와 주요 정보 일치

동아 26.12.18 (5) [음악과 연예] 일구이육년도의 영화계를 보내며 (2) / 이경손

감독술로는 역시 조극이 뎨공한 「루빗치」의 『로디다』 뎨일이엿섯다고 생각한다. 나는 보기에 금년도 작품에는 그 감독에 그 작품만치 이것은 감독이 잇섯슴으로 낫하난 효과라 할 만한 장면을 만히 가진 사진은 업섯다고 생각한다. 그 리유는 말할 시간도 업거니와 아직 하고 십지 안음으로 그만둔다. 그에 대하야 알기 쉬운 례로는 그 작품과 갓흔 스토리와 쏘한 더 조흔 배우를 가지고 맨든 『서반아의 짠사』를 보면 알 것이다. 「포라 네구리」를 가지고도 실패한 『서반아 짠사』를 볼 째에 얼투당토 아니한 「메리 픽포드」를 가지고 『로디아』를 맨드러낸 「루빗치」의 힘을 알 수가 잇는 것이다. 그의 더 조흔 감독 작품인 『삼인녀성(三人女性)』이 예고만 나고 공개치 못한 일은 퍽 섭섭한 일이엿섯다.

출연 성적을 종합하여 가지고 평균 뎜수로 말한다 하면 명배우 네 명식이나 덤비여 전력을 다한 『전화(戰禍)』가 웃듬 안이라 할 수는 업다. 이것은 단성사에서 상영한 것이며 출연 배우는 모다 쎠가 시원할 만치 활약한 작품이다. 육톄미의 선률(旋律)을 붓으로 그릴 수는 업스니 조타는 리유는 그만두랴 한다.

◇ 씃흐로 한마듸 하여둘 것은 영화술상 단일성(單一性)의 절규로 독일의 명감독인 「후랭크」씨의 감

---

275) '성적이'의 오식으로 보임.

독 작품이요, 「에밀 잔잉」 씨의 주연 작품인 『최후의 인(最後의 人)』이 일본인 고상학생(高商學生)들의 손으로 공회당(公會堂)에서 공개되엿섯다는 것도 금년 영화게의 한 긔록거리엇섯다는 것이다.

◇ 조선영화 제작에 대한 이약이는 ― 우리 종업원들이 밥을 굴머가면서라도 애쓰는 생각을 하면 목을 도다서 고함치고 십흔 일이 만흘 것 갓기도 하나 사실 다른 방면의 예술(藝術)들에 비하야 안직 어림업시 유치함과 모다 거짓임을 생각하면 드럿든 붓이 다시 옴츠라지는 터이다.

올에 나온 작품은

◇ 계림에 장한몽, 산채왕 ◇ 조(朝)キ네[276]의 농중조, 아리랑 (미구에 공개될 풍운아) ◇ 정(鄭)푸의 봉황의 면류관. 아마 이쑨인가 보다.

나는 그중에 뎨일 나헛든 것이 『아리랑』이엿다고 생각한다.

동아 26.12.18 (5) [음악과 연예] 조극(朝劇) 금야(今夜) 개장

경영주 변경으로 말미암아 지난 십일부터 일시 흥행을 중지하얏든 시내 인사동 조선극당(仁寺洞 朝鮮劇場)은 모든 문뎨는 모다 해결되여 차영호(車永鎬) 씨의 경영하에 금 십팔일 밤부터 개관될 터이라는데 이로부터는 동 관에서 봉절 상영할 영화는 전보다도 더욱 충실한 것을 가릴 터인바 「유나이테트아치스트」 사, 「워나부러더스」 사, 「메트로쏠드윙」 사, 「파라마운트」 사, 「퍼스트내소낼」 사 등 미국 일류 대 영화회사의 데공 영화를 중심으로 상영할 터이라 하며 이번 개장에 당하야는 스사로 긔넘하기 위하야 오래 동안 동 극장에서 예고를 해 오든 「조선키네마 푸로탁숀」의 라운규(羅雲奎) 감독 주연인 영화 『풍운아(風雲兒)』 = 본보에도 루보 =와 『나는 영웅이다』를 상영할 터이라더라.

매일 26.12.18 (2), 26.12.19 (2), 26.12.20 (2), 26.12.22 (2), 26.12.23 (1), 26.12.24 (1), 26.12.25 (2) 〈광고〉

선전문 및 제작진 일부 제외된 외 조선일보 12월 18일자(석1) 조선극장 광고와 주요 정보 일치

매일 26.12.18 (4) 『열사의 무』를 보고 / 이경손

원명이 『씩의 아드님』이란 것을 보기만 하여도 우리는 그것이 랑만적 작품인 것을 알 수가 잇다. 갑갑하고 답々한 경우에 잇는 죠선사람에게는 당치도 안은 사진이련만은 사실인즉 답답한 사람들이니짜 그 가진[277]이 도로외보힐 것이다만은 역시 애달분 동경(憧憬)들이 다함으로 우리들에게는 시연한 원본이엿섯스나 극 리치로 볼 째에는 그다지 훌륭한 줄기는 못 되는 것 갓다. 연극을 민들기에 씽々대며 쑤미여노흔 원작으로 보이는 점이 만흐니 긕들에게 긴장을 쥬기 위하야 약혼자의 사진이니, 폭풍우이니 하고 내여노앗지만 그 자톄가 모다 평범한 수단일 뿐 안이라 그 수단들이 아모 수단도 못 푸리며 사라지는 것만 보드릭도 능한 각식이 못 되는 것임을 발견할 수가 잇다. 원악이 「씩의 아들」이란 이름이 표시하고 잇스니만치 흥힝 정칙에서 나온 줄** 줄기로 얼거 본 원칙이다만은 쏘한

---

276) 조선키네마의 줄임 표현.
277) '사진'의 오식으로 보임.

원악이 로련한 그들의 각식이라- 아버지의 심리 변천 등 -『쏜규』에서 어든 효과와 가튼 *적을 엇기에 상당한 수단을 조케 너헛다. 원작과 각식은 엇지 되엇든 그것이 바렌틔노의 최후 작품이라 하니 한 번 보아둘 만한 일이지만은 바렌치노가 별로히 새 기예를 보혀주엇다는 것은 안이다.

오즉 사진 볼줄 아는 이에게는 한 가지 칭찬할 만한 긔술이 그 사진에 잇스니 그것은 감독의 감독술이다. 확실한 미덤으로써 긔게 놋는 쟝소를 새로운 방식으로 리용하여본 것, 녀자의 육톄를 잘 리용한 것, 일일히 쥬목하여 볼 쌔에 쟝면마다 랑만적 쟝면, 웃기에 상당한 로력을 하엿슴이 보히며 싸라서 그만치 조흔 두뇌를 가진 감독인 것이 엿보인다. 그럼으로 한 줄기 보기 조흔 랑만적 그림을 이루어오게 된 것이다.

그리고 쏘 한 가지 영화학을 공부하는 이에게는 볼만한 점이 잇섯스니 그것은 각식가가『긴장한 사건이 지난 후에는 반듯이 쌀분 희극의 한 토막을 넛는다』는 각식법을 잘 직히인 것이다. 더욱이 이것이 자연스러운 론*으로써 노히여 잇섯다. (십삼일 매신(每申)에서)

매일 26.12.18 (4) [신영화] 씬데레라 이약이 / 쎄틔-쌀론손 양 주연

「파라운트」 회사의 특작품으로 동서양에 유명한 동화 「씬데레라 이약이」를 영화로 한 것이 최근 동경에 수입되엇습니다.

쥬연은 경성에 한 번 상영되야 대환영을 밧은 『쎄-타-판』에 주역으로 나왓던 「쎗틔- 쌀론손」 양이요, 감독은 「하-바-트 쌀레논」 씨이니 젼 열 권의 사진입니다.

내용은 조선의 『콩쥐팟쥐』 이약이 갓흔 것으로 계속하야 내용을 소개하겟습니다.

(사진은 쌀론손 양)

조선 26.12.18 (석1), 26.12.19 (조4) 〈광고〉

12월 17일자 우미관 광고와 동일

조선 26.12.18 (석1) 〈광고〉

(십이월 십팔일 토요부터)
이상적 신주인을 영접한 본 극장을
사랑하실 여러분쯰 제공하올 영화
○ 조선키네마 제삼회 작품
현대극 **풍운아** 전팔권
총지휘 김창선(金昌善) 씨 원작 오규(五奎) 여사
각색 감독 춘사(春史) 씨 촬영 가등공평(加藤恭平) 씨 이창용 씨
출연
나운규 씨 남궁운 씨 주인규 씨 윤성실 양 김정숙 양
주삼손(朱三孫) 씨 임운학(林雲鶴) 씨 홍명선(洪明善) 씨

○ 악마에 걸인 약한 여성의 악운(惡運)!

이를 구하려는 일 청년은 모든 위험을 불원(不顧)하고 활약한다

모든 불행, 불평, 원한은 보는 사람의 피를 쓰리케 할 이 영화를 꼭 보시요

○ 워너쑤러쩌쓰 사 특작

풍자대희극 **나는 영웅이다** 전칠권

해리, 쏜-먼트 씨 감독 맷트, 무어 씨 주연

천부의 풍부한 상상력을 가진 일 청년이 거줏 점쟁이 말을 듯고

자기는 수백 년 전 혹 수천 년 전에는 영웅 나파륜(奈破倫)이다

애급(埃及) 램티왕이라는 공상의 꿈에 쌔저 대탈선의 행동은

홍소! 폭소! 요절! 복통! 그 우슴이 긋칠 쌔는 깁히 암시하는

그 무슨 감상을 줍니다,

한편 그의 애인의 강철을 용해케 할 만한

쓰거운 사랑은 그 가치가 여하?

○ 맥쎈넷트 제공

홍소희활극 **무서운 하로밤** 전삼권

감독자 쩰로-드 씨 총감독 라촤드, 존-스 씨

주연자 쌜리쎄반 씨

경성부 인사동 **조선극장**

전 광 二〇五〇번

조선 26.12.18 (조3), 26.12.19 (조3) 〈광고〉

일부 선전문구 제외된 외 동아일보 12월 19일자(1) 조선극장 광고와 동일

중외 26.12.18 (4), 26.12.19 (3), 26.12.20 (1) 〈광고〉

12월 17일자 우미관 광고와 동일

동아 26.12.19 (1) 〈광고〉

이상적 새 경영자를 마지하야 웅대한 포부와

장쾌한 기상으로 출현되는 본관 위업

◇ 불행아의 부활의 종성(鍾聲) ◇

조선키네마 제삼회 초특작품

십팔일 개관 봉절

조선영화계 거성·획(劃)시대적 대흥행

풍운아 팔권

총지휘 김창선 씨 원작 오규 여사 각색 감독 춘사 씨

촬영 가등공평 씨 이창용 씨

출연

나운규 씨 남궁운 씨 주인규 씨

윤성실 양 김정숙 양 주삼손 씨 임운학 씨

주악 T.H.Franke 푸랭크 씨 작곡

인터밋소루스 Inter mezz russe

지휘 임정엽(林晶燁) 씨

제이회 이출(移出) 영화

영화전당 **조선극장** 전 광 二〇五〇번

◇ 만도 인기의 집중을 애원 ◇

◉ 이천만 중(衆)을 위하야 오락적이요

흥미 잇는 문화적 향상의 예술을 각성케 하는

고급영화의 봉절은 조극(朝劇)의 이채 ◉

동아 26.12.19 (4) 군산에 극장 신축 / 오만 원 예산으로

군산부민의 오락기관인 극장 군산좌는 고(古)건물일 쑨 아니라 시대에 지연한 감이 불무(不無)하야 개선의 성(聲)이 고조(高調)에 달하든바 최근에 지(至)하야 군산좌 주(主) 도전(島田) 씨 외 수 인의 발기로 신 주식의 대극장을 건설하기로 목하 착착 준비 중 신축 후보지는 부(府)의 중앙인 명치정(明治町)통 동척분공장(東拓分工場)의 부지를 선정하엿다 하며 신축비 총액은 약 오만 원 예산이라더라. (군산)

동아 26.12.19 (5) [음악과 연예] 일구이육년도의 영화계를 보내며 (3) / 이경손

그 외에 나를 깃겁게 하여준 일들은

一, - 나운규 씨가 『아리랑』 각색 중에서 훌용한 기교를 보히어준 것

二, - 주인규 씨가 오래간만에 다시 영화계에 나와준 것

三, - 신일선 양이 영화계에 나와준 일

四, - 정기탁 씨가 집 재산으로 제공한 일

五, - 이규설 씨가 토성회(土星會)를 세운 일

六, - 남궁운 씨의 독서 잘 한다는 소식을 드른 일

七, - 요사히 이구영 씨가 실제 방면에 나와 주신 일

八, - 나의 은사 현철 씨가 배우 양성에 힘써 오시든 일

그 외에 숨어 잇는 일도 만을 것이다. 주식회사 운동 째문에 애쓰시는 조일재 선생님의 일, 변명을 하고 일본의 삼암웅(森岩雄) 씨 격(格)으로 심대섭(沈大燮) 씨의 영화소설 집필 등. 아모 것도 하여노치

못하는 나는 오즉 안저서 축수할 뿐이다.

◇ 나는 넷 일을 기억하고 잇다. - 우리들 중에서 갑과 을이 눈쌀을 찌프리고 이약이 하면 병이 쮜여 드러서 눈물을 흘리여 말녀가며 하여 오든 일을. 아 을은 병을 위하야 얼마나 우럿는가. 건넌집 일녀 가 눈이 둥그럿토록 우리들 중에는 운 사람이 잇섯다. 압흐로도 그리 하여라! 그리 하는 곳에 우리는 언제든지 사라 잇는 것이며 짜라서 언제든지 승리를 엇게 되고 말 것이다.(쯧)

동아 26.12.19 (5) [음악과 연예] 〈세계애인〉 메리 픽포드 시계가치 충실 근면 / 차회 영화엔 백화여점원(百貨女店員)

세계의 애인이란 칭호를 듯는 「메리 픽포드」 양의 최근 생활에 관한 이약이를 듯건대 그는 본래 자긔 「스터듸오」를 가지고 잇는 까닭으로 배우인 동시에 한편으로 제작자이다. 그러컨마는 그가 영화 한 가지를 위해서는 자긔가 부리는 사람들 이상으로 일을 하고 자긔가 부리는 사람들 이상으로 시간을 엄하게 직히는 까닭으로 그의 영화를 한 가지 제작하는 동안에는 실상 누구보다도 몇 갑절 만흔 시간 을 로동한다고 한다. 그의 도시이 일긔책의 시간표를 보면 매일 아츰 일곱 시 반으로부터 여덜 시 사 이에 출근을 하야 화장과 분장을 하고 나면 여덜 시 반가량 되는데 직시 촬영장에 나가서 종일토록 촬영을 하고는 밤 여덜 시경에나 집에 도라간다고 한다. 이 시간은 그의 근작 새(雀)를 촬영 중에도 그와 가치 직혓섯스며 방금 또 다시 그와 가치 엄격히 시간을 직혀가며 신작품 촬영을 준비 중이라고 한다. 새로히 지을 영화에는 큰 백화뎜에서 심부름을 하는 어린 처녀로 출연하리라고 한다. 발서부터 세게의 판들은 만흔 긔대를 가지고 잇다 한다.

동아 26.12.19 (5) [음악과 연예] 『풍운아』 시영(始映) / 작일 밤부터 조극에

긔보 - 조선 「키네마 푸로탁숀」 뎨공, 라운규(羅雲奎) 각색 감독과 남궁운(南宮雲), 주인규(朱仁奎) 주 연과 윤(尹)메리, 김정숙(金靜淑) 양 등의 조연으로 게재된 풍운아(風雲兒)는 작 십팔일 밤부터 시내 인사동 조선극장에서 첫 영사를 하엿다더라.
= 사진은 풍운아의 일 장면. 라운규의 박니코라이, 김정숙의 최영자

매일 26.12.19 (3) [영화소설] 산인(山人)의 비애 (三) / 동경 김일영 작

매일 26.12.19 (6) [신영화] 씬데레라 이약이 / 쎄틔-쑤론슨 양 주연

(二)

게모에게 학대를 몹시 밧는 씬데레라는 하로 날 임금님의 큰 잔치가 잇섯스니 게모와 게모의 나은 쌀 은 조흔 의복을 입고 조흔 마차를 타고 갓스나 씬데레라는 가지도 못하고 의복도 업섯다. 그째 하날 에서는 아름다운 녀신(女神)이 낫타나서 넘려 마라 내가 조흔 의복을 주마고 하야 훌륭한 비단 옷과 찬란한 황금 마차를 쥬엇다. (사진은 녀신이 낫타나 씬데레라에게 이약이하는 쟝면)

매일 26.12.19 (6) [영화소식]

▲「포-라 네그리」양이「파라마운드」사에서 다음에 주연할 영화는『바니듸아 페아』로 결정되엿는대 목하 제작 중에 잇는『바드, 와이아』를 완성한 후 곳 착수할 터이라는바, 이 사진의 원작은 별셔브터「에데슨, 구렌」사와 밋「쏠드윈」사의 손에 영화(映畵)로 나타나섯던 것이여서 일본에도 이 년 전에 수입되엿던 일이 잇섯다고 한다.

▲「에푸쎄-오」사는「에이취씨-윗투와-」원작의『샤로우리스』에서 취한『하-파-자-세-스노-』를 제작할 예정이라는데 적당한 배우를 엇지 못하기 쌔문에 촬영(撮影)할 수 업섯는대 이번「파라마운드」사의 량해를 엇어 동 사의 화형배우「메리-부라이」양이 쥬연이 되야 근일간 제작을 개시하도록 되엿다.

▲ 미 영화출판게(映畵出版界)의 즁심 잡지인「호드프레-」지(誌)의「젬스알카-크」씨와 갓치 이름이 놉던「부류스타」출판회사 사쟝(出版會社 社長)「유-제레 부류스타」씨는 동 사 발행의 영화 잡지를 일시 휴간하게 되엿다 한다.

▲「파데-」사의 희극영화 총감독(喜劇映畵 總監督)이던「폴, 로-씨」씨는 릭년 구월부터「골-드윈」사의 제작자(製作者)로써 분발할 예정이라는데「파라마운드」사는 그 게획을 대항하기 위하야 역시「파테」사의 희극감독으로 일홈 잇는「막크 센넷트」씨와 신게약을 톄결하고 그 제작영화 배급권(製作映畵 配給權)을 엇게 되얏다.

▲「엠-제-윈크라-푸로닥손」도 릭년도부터 파사를 위하야 희극 사진을 만들 작정이라는데 이후로는 음악영화 제작자(音樂映畵 製作者)이던「젬쓰에휘파드릭크」씨도 파 사에서 영화 제작을 하기로 게약하엿다더라.

조선 26.12.19 (석2), 26.12.21 (조4), 26.12.22 (석2), 26.12.23 (조4), 26.12.24 (조4), 26.12.25 (조4), 26.12.26 (석1), 26.12.27 (조4), 26.12.28 (조2), 26.12.29 (조4) 〈광고〉
12월 18일자(석1) 조선극장 광고와 동일

조선 26.12.19 (조3) 조극(朝劇) 개관 / 십팔일 밤부터 / 풍운아 봉절

시내 인사동에 잇는 활동사진 상설관 조선극장(朝鮮劇塲)은 그동안 경영자의 변경으로 휴관 중이더니 금번에는 새 경영자의 경영 알에 십팔일 밤부터 개관하게 되엿다는데 개관하는 동시에 풍운아(風雲兒)를 봉절하게 되엿스며 금후도 조흔 영화를 만히 상영하기로 되엿다고.

매일 26.12.20 (2) 한산한 요리점 / 적막한 화류계 / 졍상폐하 어즁래를 승문하고 근신하는 쏫을 표하기 위하야

경성 시내 일반 료리점에서는 졍상폐하의 즁태의 보를 승문하고 십륙일 밤부터 가무음곡을 자발적으로 즁지하엿다 함은 작일 보도한 바어니와 십팔일 밤부터 시내 황금정에 잇는 활동사진 상설관 황금관(黃金舘)에서는 근신하는 쏫을 표하기 위하야 사진 영화를 즁지하고 본정 셔관 내에 잇는 희락관

(喜樂舘)에서는 십구일 밤부터 영화를 폐지하고 그 외 즁앙관 대정관(中央舘 大正舘)에셔도 금명간에 영화를 즁지하야 근신의 뜻을 표하겟다는대 북촌에 잇는 극쟝, 료리졈에셔는 아직 예정이 업다 하며 십륙일부터 가무음곡을 졍지한 료리졈의 상황을 듯건대 *말이 되여 각 관텽, 회사, 은힝, 기타에셔 개최코자 하든 망년회(忘年會) 등은 십칠, 팔일경부터 년말에 이르기까지 계속하게 되여 큼직한 료리졈에셔는 그 수입으로 일개년 즁에 큰 리익이 잇셧든바 이로 말미암아 미리 약죠하엿든 망년회와 기타의 모임이 젼부 해약이 되고 말앗슴으로 료리집에 대한 타격은 젹지 아니하나 그 반면으로 매 년말이 되면 손임이 발자취가 드물어지든 신졍 병목졍(新町 並木町)에난 손님의 수효가 만히 늘어셔 자못 활긔가 잇다더라.

동아 26.12.21 (2), 26.12.22 (2), 26.12.23 (5), 26.12.24 (2), 26.12.25 (2) 〈광고〉
예고 일부 제외된 외 조선일보 12월 21일자 단성사 광고와 동일

매일 26.12.21 (2) 단성사 무료권
시내 단성사(團成社)에셔는 보월[278] 이십일[279]부터 오 일 동안을 두고 대극『쏜스의 대사건』『텬국과 지옥』이라는 영화를 영사할 터이라는데 이십일일부터 삼 일간 관람긱에게는 무료 입쟝권 한 쟝식을 졔공할 터이라더라.

매일 26.12.21 (2) 경성방송국 내 사일부터 방송 / 일반의 신입은 이십오일부터 / 긔념 방송은 일 월 십륙일부터 / 만단(萬端)의 준비가 완성
부내 정동(貞洞)에 쟝대 미려한 집을 새로히 건축하고 셜비 공사를 급〃히 하고 잇는 경셩방송국(京城放送局)에셔는 이십이일 오후 세 시에 제일회 리사회(理事會)를 열고
一, 대정 십육년도 수지 예산의 건
一, 창업비 보고 급(及) 승인의 건
一, 청취자 모집 방법
一, 방송국 지령의 제시
一, 사원 수 급 지불금액 보고
一, 각부 주임자 임명에 관한 보고
등 여러 가지 협의를 할 터이며 텽취 신입(聽取 申込)은 이십오일부터 개시하야 부내 각 라듸오 상졈과 기타에 신입 용지를 두워줄 터이며 쏘 예젼부터 맛추어 쉼이는 영국졔「말코니규-」형(型) 방송긔도 근일 내에 톄신국의 검사를 밧고 오는 일월 사일에 제일회 가방송(假放送)을 개시하고 십륙일부터 삼 일간 창립 긔념 방송(創立紀念放送)을 힝할 터인대 이 긔념 방송국은 젼 죠션 예원(藝園)의 권위를 망라하야 처음 방송을 굉장히 하려 하엿스나 텬황 어환후가 어침 즁하심으로 가곡의 방송은 즁지하

---

278) '본월'의 오식.
279) 같은 면 아래에 있는 단성사 광고를 참조할 때 '이십일일'의 오식으로 보임.

고 다만 명사의 긔념 강연과 시사 「뉴-스」, 학술적 방면의 방송을 할 터이며 개국(開局) 후에도 성상 폐하께압서 어쾌유되압시기까지는 음곡 오락의 방송을 정지할 터이라더라.

매일 26.12.21 (2), 26.12.22 (2), 26.12.23 (1), 26.12.24 (1), 26.12.25 (2) 〈광고〉 [연예안내]

선전문, 제작진 및 예고 일부 제외된 외 조선일보 12월 21일자 단성사 광고와 주요 정보 일치

매일 26.12.21 (4) 〈사진〉 참 곱기도 하다

고흔 살결! 빗나는 애교! 흐르는 듯한 곡션의 아릿답은 미인은 미국 활동사진 녀배우 중에서 제일 곱다는 현상 당션이 된 「화-멘」 양이올시다. 사진은 긔가 가장 자랑하는 육션의 미를 숭도리채 드러내고 농연한 춤을 추는 쟝면.

조선 26.12.21 (석2) 〈광고〉

본사 창립 팔주년 기념 대흥행 (십이월 이십일일부터 오일간)

각등 전부 무료공연

(이십일, 이십이, 이십삼, 삼 일간 입장하시는 손님에게는 각등

무료입장권 일매식 진정(進呈)합니다)

◆ 유 사 쑤엘 초특작 영화

천하소동의 대폭소극

천하의 총아 레지놀드 쩨니 씨 주연

명화(名花) 쌔리안늬손 양 조연

쫀스의 대사건 전팔권

쫀쓰 군이 래일이면 장가를 들 터인데 전날 밤에 노름판에 갓든

싸닭에 장가는 숨밧기요 별별 진긔한 대사건이 이러나는 희극입니다

◆ 유 사 특선 쎈즈닉 특작영화

대비극 **천국과 지옥** 전칠권

유진오프다이멘 씨 주연

◆ 유 사 특작 장편

제사회 **스페드의 1** 칠 팔편 전사권

◆ 유 사 **국제시보** 전일권

특별예고

바렌티노 씨 작품 **정열의 악귀** 전구권

동(同) **파리의 뒷골목** 전육권

氏마치달[280]영화 **수륙 백만 인력** 전칠권

기괴한탐정극 **쌧(蝙蝠)** 전구권

유 사 폭쓰 영화 **단성사**

전 광 구오구번

조선 26.12.21 (조3) 단성사의 기념흥행 / 입(卄)일일부터 삼 일간 / 입장권 무료 진정

활동사진 상설관 단성사(活動寫眞 常設舘 團成社)에서 금월 이십일부터 삼 일간 데팔주년 긔념흥행을 하게 되엇는바 특별히 여러 「팬」의 후의를 보답하기 위하야 입장하는 이에게 입장권을 무료로 한 장식 진뎡한다고.

조선 26.12.21 (조3) 우미관의 기념흥행 / 십이월 입(卄)일일부터

활동사진 상설관 우미관(優美舘)에서는 십이월 이십일일부터 신축 삼 주년 긔념흥행을 하게 되엇는대 입장료를 특별할인하게 되엇다더라.

조선 26.12.21 (조4) 〈광고〉

당 십이월 이십일일 화요부터 대*사!

● 세계적 대웅편 특별 대공개!

축 … 삼 주년 기념 특별 대흥행

● 입장료 특별 대할(大割)!

계상 대인 … 금 삼십 전 소인 … 금 이십 전

계하 대인 … 금 이십 전 소인 … 금 십 전

실사 **폭쓰 시보** 전권(全卷)

● 미국 월니암폭쓰 사 대작품

대희극 **취적자(吹笛者)** 전이권

● 대유나이딋드 아-지쓰 사 대걸작품!

원작 『네-다비-가인』 씨!

해양대활극 **광란노도** 전팔권

쾌남아 몬토-부류 씨, 명화 에베링부렌도 씨 대공연(大共演)

미국 월니암폭쓰 사 특작 대명화

명화사회극 **지분의 여(脂粉의 女)** 전구권

인기 거성 쏘-지오부라인 씨 대열연

전일 상영된 홍백합 배 이상에 진미를 차지한 훌륭한 명화입니다!

쏙 보시라

구주 영화 봉절장 **우미관**

---

280) '달마치 氏'의 오식으로 보임.

매일 26.12.22 (4) 〈사진〉 천하 소동 대폭소극 「쩐쓰」의 대사건
단성사에서 상영 중인 명화 지구라도 웃길 우슴거리의 한 장면

조선 26.12.22 (석2), 26.12.23 (석2), 26.12.24 (조4), 26.12.25 (조4), 26.12.26 (석1), 26.12.27 (조4), 26.12.28 (조2) 〈광고〉
12월 21일자 우미관 광고와 동일

조선 26.12.22 (조1) 극우회 일행 / 본사 독자우대 / 입(廿)이일부터 군산에서
조선극계에 명성이 자자한 복혜숙 양, 이*완(李*完), 변창규(卞昌奎) 제씨 외 이십여 명의 명우를 **하야 신극운동의 봉화를 들고 경성을 기점으로 남선(南鮮)지방을 순회한다 함은 본보에 누차 보도한 바어니와 금반 군산에 내(來)함을 기하야 내 이십이일부터 군산좌에서 본보 애독자 우대 흥행을 하기로 되엇는데 입장료는 애독자에게 한하야 반할인인바 우대권은 본보 이십이 발행 석간 난외에 잇슴으로 차(此)를 지래(持來)함이 조켓다더라. (군산)

조선 26.12.22 (조4), 26.12.23 (조4), 26.12.24 (조4), 26.12.25 (석2), 26.12.27 (조3), 26.12.28 (조2), 26.12.29 (조4) 〈광고〉
12월 21일자 단성사 광고와 동일

매일 26.12.23 (3) [오늘의 이약이]
◇「펼-스트내소날」의 스타로 활약하던 「로이드 휴-쓰」 씨는 십월 이십일일 싱인데 지난 십월 이십일일에는 「로이드 휴-쓰」 군의 제이세가 탄싱되야 부자의 싱일이 한 날이라고 대단히 깃버하얏다는데 「휴-쓰」 씨 부인은 사람들이 아는 바와 가치 「그를리야늬프」 양으로 힝세하던 녀배우이다.

◇

오리전부터 문졔되여 오던 일요일에 활동사진 금지 사진은 쏘 다시 문졔가 되야 미국 수부 화성돈(米國 首府 華盛頓)에서는 이것 째문으로 졍징화(政爭化)까지 하게 되엿다. 동 지에서는 최근 상원의원 보결 션거(上院 議員 補缺 選擧)가 잇는대 영화 「팬」 후원을 입으랴고 나는 일요일에 활동사진을 중지하는 것을 반대한다는 등 연설하는 자도 만타고 한다.

◇

발성영화(發聲映畵)는 졈々 인긔를 쓸게 되여 각 사에서 갓치 대확장을 계획하는대 「치카코」 어느 상설관(常設舘)에서는 『여러분 어느 배우를 발성영화로 보시렴니까』 하고 무럿더니 일천이빅칠십팔 명의 관긱 중에셔 일천 명이 「레이몬드 클이피스」 씨를 보겟다고 대답하얏다. 그런데 「레이몬드」 씨는 전에 「보-드빌」에서 유명하던 성악가라더라.

매일 26.12.23 (3) 재만 동포 위하야 위안 영화반 출동 / 총독부 사회과 주최로서 불원간에 출발할 터이다

만쥬에 잇는 죠선인을 구제 쏘는 위안하기 위하야 적지 안은 노력을 하는 총독부 사회과(社會課)에서는 그들을 위안할 목적으로 활동사진을 완성하얏슴으로 불원 영화를 가지고 순회 위안을 할 터인대 영화의 내용은 『만쥬로부터』와 『간도로부터』의 이 편과 『조선의 려힝』 일 편을 더하얏는바, 『만쥬로부터』라는 영화는 그곳에 거쥬하는 죠선인이 오릭간만에 죠션에 도라와서 그립든 부모 형제와 대면하는 것이오, 『간도로부터』의 영화는 오릭 고국을 써낫든 젊은 사람이 오릭간만에 고국에 도라온즉 산쳔을 의구하나 문화는 발달한 것과 사랑의 결혼을 하는 등의 것인바, 젼편을 통하야 최근 죠선을 배경으로 한 위안물의 대사진이라더라.

매일 26.12.23 (4) [영화소식] 차푸링 흉내로 벌금이 오백 원

「웃셀돌프」 젼보에 의하면 독일 희극배우(獨逸 喜劇俳優) 「아돌프 그레-벨」은 「볼드빌」에서 「차푸링」으로 분장하고 흉내를 내인 혐의로 당지 구재판소(區裁判所)에서 일쳔 「마크」 약 오빅 원의 벌금에 처벌되엿더라.

▲ 아즉 「차-리-차-푸링」과 「리타그레」 부인이 리혼 문제를 이르키지 안엇던 엇던 날 그들 두 사람을 비롯하야 「마리온 데이스」 양과 「안타스트워-드」 양과 『비』 원작자 「쏜골톤」 씨와 밋 련애학자(戀愛學者) 「에리나-글릴」 녀사들이 「레벤스테-근」 부인이 주최힛든 만찬회에 참석하엿섯다. 이야기거리는 언졔든지 문제 삼던 『애의 본질(愛의 本質)』이라는 어렵고도 쉬운 것이엇섯는데 「차푸링」이 「에리나」 녀사를 골닐 작정으로 『그러면 부인! 사랑이라는 것은 대톄 무엇임닛가』 하엿더니 「에리나」 녀사는 태연히 『사랑이란 것은 정신의 싱리적 정서(精神의 生理的 情緒)요』 하고 결론(結論)할 새 「짜푸링」도 고만 유구무언하얏단다. 아는 사람은 알니라. 그야말로 「짜푸링」의 둘재 아해는 지난 여름에 싱긴 것으로!

동아 26.12.24 (2) 경성방송국 / 완성된 방송국 / 아직도 시험방송

시내 뎡동(貞洞) 일번디에 신축한 사단법인 경성방송국(京城放送局)에서는 재작 이십이일 오후 세 시부터 뎨일회 리사회를 열고 서무규뎡(庶務規定) 리사회 부의 사항 등을 결뎡하고 텽취 신청 모집과 방송 개시 긔일 등에 대하야 협의한 결과 이십삼일부터 쳥취 신청을 모집하기로 결뎡하얏는데 방송 개시 긔일은 일월 오, 륙일경부터 시험방송을, 일월 중순경부터 가방송(假放送)을 이월 일일부터 개시할 예뎡이라 하며 텽취 료금은 이월 중순경부터 한 달에 이 원식 바드리라는데 신청을 아니 하고 비밀히 쳥취하는 자는 일 년 이하의 징역에 처한다는바 가입자의 문 압헤는 상부에 「쩨오씌케」, 중앙에 가입자 번호, 하부에 「안테나」를 나타낸 표찰을 붓친다더라.

매일 26.12.24 (2) 화장실에 강도단장! / 매란방(梅蘭芳) 생명료 오만 원 / 극장에 가득 찬 상해 강도단 / 지나 명배우의 혼난 이약이

지나의 유명한 배우 — 세계에 일홈 놉흔 배우 매란방(梅蘭芳)은 요사히 상해 대세게 신무대(上海 大世界 新舞臺)에서 강도에게 인질이 되야 대양 오만 원(大洋 五萬圓)으로써 목숨을 구한 일이 잇다.

◇ 상해로 말하면 세계의 축도(世界의 縮圖)라는 대도시로 시가도 질비하거니와 세게 각국의 약소민족(弱少民族)의 불평긔과 지나의 불평긔의 모아드는 구혈이라 하야도 과언이 안이다.

◇ 그러나 도시 계획으로 보든지 경비 상태로 보드라도 과연 대도시이며 환락(歡樂)의 도회이다. 그중에도 신세게(新世界)라 하는 굉장한 극장이 곳々이 버려 잇서 환락의 쑴을 쑤는 것이다. 그럼으로 유명한 배우도 한두 사람이 안이지만은 북경의 남배우 매란방이라 하면 인물 고흔 신인 배우로 텬녀산화극(天女散花劇) 잘 하기로 유명하야 발 쓰쥭한 지나 미인들의 가슴을 태우는 미남아이다.

◇ 대세게 신무대의 주인은 한박 먹을 작정으로 매씨를 청해왔다. 매씨가 츌연한다 하닛가 인긔는 물 쓸듯 하야 매야 만원의 성황을 이룬다. 그런데 미씨는 지금 통칭 일쳔만 원의 재산가라도 써드는 터이다.

◇ 그를 엿보는 악한도 만엇다. 상해 온 지 그 잇흔날 대세계에서 자동차를 타고 호텔로 도라갈 째에 엇더한 자가 압을 막으며 자동차를 정지하라 함으로 눈치 쌔른 매씨는 갓치 탄 사람의게 눈짓을 하야 비밀리에 경찰로 넘기엿섯다. 그 후부터는 더욱 조심하더니 지난 달 십오일 밤에 무대에 나아가랴고 톄경을 대하야 화장을 곳치는 판에 톄경 속으로 보니 등 뒤에 문이 바시시 열니며 훌융히 차린 신사 하나히 드러와서 권총을 드려대고 돈 오만 원만 취해 달나 함으로

◇ 매씨는 그만 썰기만 하고 말 한마디 못 하는 동안에 극장 쥬인과 무대 옷 대령하든 사람이 그것을 보고 쌈작 놀나 결사대를 죠직하야가지고 좃차 드러가서 그 악한을 묵쓰니 그 악한의 말이 나를 묵는 것보다 극쟝 안의 손을 살피어보라 함으로 자세히 보니 아레 웃층에 멧빅 명의 악한의 무리가 권총을 가지고 잇는지라

◇ 할 수 업시 그 악한을 상좌에 안치어 구경하게 하고 현금 오만 원을 비밀히 주니 그자는 태연한 태도로 악한 무리의게 눈짓을 하며 도라가버럿다. (사진은 텬녀산화극의 미란방 씨)

매일 26.12.24 (4) [영화소식]

「토-마쓰 에겟드」 군은 큰 아버지가 물니여준 오만 불의 유산을 다 써버리고 혼약자(婚約者)로부터 배척을 밧앗다. 그리서 군은 자근 아버지의 졈두에서 상졈 일을 보기로 힛는데 그 졈에서 만일 삼 개월 이내로 리익을 엇지 못하면 「토마쓰」 군은 지배인에게 그 자리를 쌔앗기게 된다. 그리서 군은 엇더튼지 자리를 쌔앗길 경우면 되는 대로 싸게나 파라보자고 대염매(廉賣)를 시작하얏섯다. 그런데 일이 잘 되느라고 상졈은 졈々 번창하여졋다. 그리서 군은 자긔가 그동안 사랑하던 그 상졈 「타이피스트」 「그레쓰」와 싱애를 갓치하기로 하엿다.

조선 26.12.24 (석2) 방송국 낙성

시내 뎡동(貞洞)에 건축 중이든 경성방송국(京城放送局)은 그동안 공사를 밧비한 결과 준공(竣工)이 되얏슴으로 이십삼일부터 텽취계약(聽取契約)의 신청을 밧고 오는 일월 십일부터 시험방송을 개시한다더라.

매일 26.12.25 (4) [영화소식]

유욕 극단(劇壇)에서 명성(明星)으로 위엄을 밧고 잇는 「당칸」 자매가 「유나이뎃트아-지스트」 사에서 주연 영화(主演 映畵)를 제작할 계약을 「스켈그」 씨와 매젓다는대 이번 자미의 뎨일회 작품의 원작은 『도프시-앤드에바』로 결정되엿다는대 『도프-앤드에바』는 그 자미의게 연츌할 연극임으로 방금 「당칸」 양이 활약(活躍)하는 연극을 맛치는 대로 곳 착수할 터이라 한다. 「쪼세프 엡스켈그」 씨 지휘 아리에는 「놀-마 달맛치」 양과 「쏜 파리모아」 씨 「곤스탄쓰 달맛치」 양 「쌔스타 키톤」 씨 「로란드 에스트」 등 다섯 사람이나 잇섯는데 「당칸」 형제를 가할 째는 일곱 사람이나 되리라더라.

조선 26.12.25 (조3) [신영화] 『바이타크리프』 사 제공 / 염열(炎熱)의 철로 전육권 / 이십오일부터 조선극장에서 상영

『실벨트』라 하는 용긔 잇는 남자가 불우한 경우에 쌔젓다가 애인 「루스」의 도움으로 소행을 고치고 「루스」는 산화(山火) 가운대에서 『실벨트』의 도움을 바더 두 사람이 행복으로 결합하엿다는 인정활극이다.

매일 26.12.26 (2) 국상(國喪)과 경성 / 숙연한 시중에 애수가 충일 / 입(廿)오일부터 소화(昭和) 원년 ◇ 각 극장 전부 휴연

텬황폐하의 붕어하압신 발표가 잇슨 후 전국 인민은 근신을 하기 위하야 각 료집[281]에서는 가무음곡을 폐지하고 활동사진관과 연극장에서는 흥힝을 중지하라는 당국의 명령이 나리엿슴으로 작 이십오일부터 류 일간은 시내 각 극장은 휴연하고 료리집에서도 노릭는 못 부르게 되얏다. (이하 기사 생략)

동아 26.12.27 (2) 조선푸로예술동맹

지난 이십사일에 시내 청진동(淸進洞) 구십오번디의 이 호에서는 조선푸로레타리아동맹(朝鮮푸로레타리아同盟)의 림시 총회가 잇서 규약과 강령의 수정이 잇섯고 위원의 보선이 잇섯는데 상세한 것은 아래와 갓더라.
◇ 위원 ◇
김기진(金基鎭), 김복진(金復鎭), 박영희(朴英熙), 이량(李亮), 김경태(金京泰), 최승일(崔承一), 안석주(安碩柱)

---

281) '료리집'의 오식.

◇ 강령 ◇

一, 우리는 단결로서 여명기에 잇는 무산계급문화의 수립을 기(期)함

◇ 규약 ◇

一, 본회의 명칭은 조선푸로레타리아예술동맹이라 함

二, 본회의 위치는 경성에 치(置)함

三, 본회의 회원은 본 동맹의 강령 급(及) 규약을 승인하는 자로 함 (단, 위원 일인 이상의 추천에 대하야는 위원회에서 결정함)

四, 본 동맹은 본 동맹의 강령을 달성키 위하야 좌기(左記)의 사부(四部)를 치하고 사업을 실행함

＝ ▲ 서무부 ▲ 교양부 ▲ 출판부 ▲ 조사부

五, 좌기 사부의 임무 위원은 각 위원의 협의로서 직무를 분담함

六, 본 동맹은 칠인의 위원을 선정하야 사업의 실무에 당함 (단 위원이 사직하는 시에는 위원회에서 보선함을 득(得)함)

七, 위원의 임기는 만 일 년으로 함

八, 본 동맹은 일 년 일 차의 총회를 개하고 수시 필요에 의하야 맹원 삼분의 이 이상의 요구에 의하야 우(又)는 위원회에서 소집함을 득함

九, 본 동맹원은 경영비 일 개월 이십 전을 납입할 사 (단 매월 오일 이내로)

十, 본 동맹원은 동맹원으로의 강령 급 규약에 배반하는 자는 위원회의 결정으로 제명함을 득함

매일 26.12.27 (2) [뭇방아]

▲ 죠선극장(朝鮮劇場)에서는 기싱 부모의 간특한 수단과 잔악한 힝동에 징계가 될 만한 풍운아(風雲兒)라는 활동사진을 영사하엿다 ▲ 이것이 근릐 용서하기 어려운 화류계를 위하야는 필요한 사진이라고 환영하는 모양! ▲ 그런데 시내 모 권번에서는 그 사진에 분개하야 총출동으로 극장의 젼후좌우를 경계하다가 시지부지 마럿다고 ▲ 아모리 직접 관계가 잇는 권번이기로 죄악은 죄악인 줄 알어야지!

매일 26.12.29 (4) [영화소식]

▲ 영화 제작할 쌔에 졔일 배우가 곤란을 늑기는 것은 「아-크 라잇트」에 눈을 상하는 것인대 「졔네랄」 젼긔회사에서는 다년간 그 결점을 곤치고자 연구하더니 이번에 겨오 완성되야 목하 「유니버-살」 촬영소에서 시험 즁이라 한다. 그젼 것은 「카-본」 응용이엿스나 이번 발명된 것은 일만 「왓트」 내지 사만 「왓트」의 「트로겔」 와사를 둘을 염료(燃料)로 한 「탕크스텐 페라멘트」의 빅열등(白熱燈)이다. 이것을 「유」 사에셔 시험하야 비상한 호성적을 보히여 잇고 각 영화회사에서도 뒤를 니어 시험을 하겟다고 신입하엿는대 만약 완젼하기만 하면 배우들에게는 매오 깁분 현상이라 하겟다.

▲ 「이-스트민 코닥」 회사에서는 학교의 교육영화를 만들고자 릭년도에는 빅만 원의 예산을 드릴 예정이라고.

▲ 『리희알드 왕녀!』 작곡(作曲)한 「예이스테 루신겔스」는 「포바스 필림」의 손으로 영화가 되게 되엿는대 감독은 「라드위트벨겔」 씨라더라.

조선 26.12.29 (조4) 〈광고〉
당 일월 일일부터 향 오 일간 주야 이 회 대공개
● 새해 첫날 첫 선물
돌연 이대 초명편 일제이 봉절!
근하신년 여러분 손님이시여 신년에 마지하실 만복을 비옵나니
본관에 생명도 영원히 살니여 주십소서
● 활극 영화 중 일등 당선의 영관을 쓴 유일의 대활극
● 폭쓰 회사의 활극 명우
돈믹쓰…씨 박크존쓰…씨의 일대 경쟁영화!!
▲ 미국 윌니암폭쓰 본사 최근 초특작 대영화!!
대모험대활극 **패기만만** 전칠권
쾌남아 박크·존쓰! 대맹연!
● 대윌니암폭쓰 사 대역작 대활극
대모험희활극 **협용(俠勇) 돈자** 전칠권
맹진 돈믹쓰 씨! 대용약(大勇躍)!
● 폭쓰 본사 대작품
대희극 **쌈 잘하는 부부** 전이권
실사 **폭쓰 시보** 전일권
대예고
● 대윌니암폭쓰 사 대명작
대희활극 **凜勇氣凜**[282] 전칠권
맹진 돈믹쓰 씨 주연
구주 영화 봉절장 **우미관**
전 광 삼구오번

동아 26.12.30 (3) 〈광고〉
일부 선전문 제외된 외 조선일보 12월 30일자 단성사 광고와 주요 정보 일치
일부 선전문, 출연진 제외된 외 조선일보 12월 30일자 조선극장 광고와 주요 정보 일치

---

282) '勇氣凜凜'의 오식으로 보임.

매일 26.12.30 (2) 〈광고〉 [연예안내]

일부 선전문 제외된 외 조선일보 12월 30일자 단성사 광고와 주요 정보 일치

일부 선전문, 출연진 제외된 외 조선일보 12월 30일자 조선극장 광고와 주요 정보 일치

조선 26.12.30 (조1) 〈광고〉

▲ 신춘초특별대흥행 ▼

십이월 삼십일일 봉절 일월 일일부터 오일까지 주야흥행

● 달마지푸로썩순 초특작 영화

대모험대활극 **수륙 백만 인력** 전칠권

제백사하고 우리 달마지는 여러분이 그리워서 신년 세배 차로

미국서 바로 단성사에 왔습니다

과연 이 영화는 신년벽두 됴선영화게를 풍미일 공전의 전율편!

● 유 사 특선 쎌렉크 특작영화

명화 콘스탠 탈마지 양

대탈선기상천외대희극 **허영은 금물** 전육권

우스시요 남의 안악된 이! 그러나 남자는 못 볼 사진!

왜 녀자 압헤서 남자가 이래서는 창피하니가!

◆ 유 사 특작 장편

제오회 **스페드의 1** 구, 십편 전사권

과연 장면은 더욱 더욱 백열화(白熱化)

● 송죽 제공 마메트 독특

희극 **콘레이 태공망(太公望)** 전이권

● 유 사 독특 서부극

대활극 **맹습** 전이권

◆ 유 사 **국제시보** 전일권

특별예고 명화 삼편

동시 봉절 예정 기대하시

유 사 폭쓰 영화 **단성사**

전 광 구오구번

십이월 삼십일일 금요부터 P.D.C 사 영화

지옥극락 전칠권

하쉘, 호-ㄹ 씨 원작 쎄임스 호-간 씨 감독

쎈타-핀 씨 찰스, 메리이 씨 쎄라 레이놀쓰 양 월니암 쏜이드 씨 공연

흑연이 자욱하고…… 용광로는 쓸으며…… 소란과 굉음의 항리(巷里)……

불쏭 튀는 철공장의…… 연애와 음모, 남녀와 남자의 이야기……

활극이오 쾌활할 희극

출연자를 삶펴보시오

여스트내슌낼 영화

표박의 인(漂泊의 人) 전팔권

감독 액터, 스커쓰거 씨 주연 말드레드, 해리스 씨

미술감독 쏘세쯔, 라잇

어머니의 쌋쯧한 사랑을 모르는 소년!

부친을 변호하는 허위의 증언!

결과는 여하

액슌픽춰 사 작

전광(電光)의 로맨스 전오권

쌔펄노-, 쎌 씨 주연 리차-드, 쏘-ㅂ 씨 감독

용감한 쎌은 자리자리한 맛을 볼 째

의분의 용기는 쓰를 대로 쓸는다!

육지를 바다로 보물을 찾는 친구는 과연 무엇을 엇을가?

경성부 인사동 **조선극장**

전 광 二〇五〇번

조선 26.12.30 (조1) 〈광고〉[283]

12월 29일자 우미관 광고와 동일

---

283) 조선일보 1926년 12월 30일자(조1) 우미관 광고에는 '대예고' 생략되어 있음.

事實上償
額과起債

大業坑夫暴動

府當局과提携하야
實際運動에着手
국고금으로증축문에는

電報配達不能
客臘만百餘件

殖銀支店에서
千圓盜難

龍江面井中에서
他殺屍體發見
龍山署大活動開始

平壤에又大火!
十一戶全燒, 損害未詳

仁旺靑年會
新年懇親會

新生龍兵式擧行

放送

三人組强盜

棚里旅館에

中央靑年會農村部
客年中事業成績
知識啓發과種豚配布

全鮮의郵便貯金
漸減의趨勢를보이는
原因發見에큰頭痛

색인(기사)

동아 26.02.05	(5)	[연예] 쏘비에트 노국(露國) 영화계 (四)	108
동아 26.02.06	(2)	성적(聲的), 미적, 영적, 육적 = 『예술』을 탐하야 배우 생활 / 석일(昔日)은 악계(樂界) 명성(明星) 윤심덕(尹心德) 양의 행로 / 륙일 밤부터 토월회 무대에 나타나게 된다 / 첫 번 출연은 동쪽 길의 녀주인공으로 활약	110
동아 26.02.06	(5)	[연예] 쏘비에트 노국(露國) 영화계 (五)	112
동아 26.02.06	(5)	[연예] 특별 대공연 토월회	112
동아 26.02.06	(5)	[연예] 조선극장 기념 흥행	112
매일 26.02.06	(2)	불원간(不遠間) 실현될 / 조선의 방송국 / 설립위원 전선(全鮮)을 망라 / 됴선 방송국 창립위원은 / 거의 전선 명사를 망라해	113
조선 26.02.06	(석2)	악단에서 극단으로! / 여배우된 윤심덕 양 / 녀배우를 천히 녁이는 인습에 / 반항의 긔를 들고 단연히 나서 / 토월회 대(臺) 우에 요염한 얼골	113
조선 26.02.06	(조3)	토월회 대공개 / 이월 륙일 밤부터 / 광무대에서	114
동아 26.02.07	(5)	[연예] 영화수필 / 남편은 감독 안해는 주연	114
동아 26.02.07	(5)	[연예] 미국영화계 / 칠세 명여우「쎄비페키」양 / 최근 제작 영화	115
매일 26.02.07	(2)	[붓방아]	115
동아 26.02.08	(4)	입장자로 본 대구의 관극열(觀劇熱)	116
매일 26.02.08	(2)	[붓방아]	116
동아 26.02.09	(5)	[연예] 비단발(非斷髮)이 신유행 (一) / 미국 영화 여우(女優) 장발당(長髮黨) / 단발이 극도로 류행하고 난 뒤엔 댱발이 다시 신류행으로 변햇다	117
동아 26.02.09	(5)	[연예] 명우(名優) 육속(陸續) 탈퇴 / 일본 포전(蒲田)촬영소 대혼란 / 배우들의 독립 의사로 말미암은 일본영화게의 적지 안이한 우려	117
동아 26.02.10	(2)	[휴지통]	118
동아 26.02.10	(5)	[연예] 비단발이 신유행 (二) / 미국 영화 여우 장발당 / 단발이 극도로 류행하고 난 뒤엔 댱발이 다시 신류행으로 변햇다	118
동아 26.02.10	(5)	[연예] 미국의 신화형 베티 콘푸슨 양	118
동아 26.02.11	(7)	[연예] 전 일본 현재 영화 / 사만여 종에 십오만 오천여 권 / 일일 관람수는 팔십만 인 이상	119
조선 26.02.11	(석2)	단성사의 / 지방 순회 흥행 / 십일에 발명	121
동아 26.02.12	(5)	[연예] 일본 각본 사용료 / 일막극이 일일 삼십 원 내지 구십 원 / 삼막극 일일 오십 원 내지 백오십 원	121
조선 26.02.12	(조1)	반성좌(半星座) 순회극 / 도처 환영과 연금(捐金) 답지	121
동아 26.02.13	(5)	[연예] 지상(紙上)영화 / 문예극 복면의 녀(女) 전구권	122
동아 26.02.13	(5)	[연예] 구(舊) 정초(正初) 흥행	123
매일 26.02.13	(3)	전남의 면작(棉作) 시설 선전 / 활동사진으로	124
조선 26.02.13	(조2)	인천 화청(華靑) 주최 / 신정활사(活寫)대회 / 우리의 설인 정월을 / 마지하면서 이 일간	125
동아 26.02.14	(4)	구(舊) 정초를 이용하야 독자위안영사회 / 본보 왜관지국에서	125
동아 26.02.14	(5)	[연예] 지상(紙上)영화 / 대희극 하야의 몽(夏夜의 夢) 전구권	125
동아 26.02.14	(5)	[연예] 일본영화 명여우(名女優) 오월신자(五月信子) 내경(來京) / 금월 하순경에	126
매일 26.02.14	(2)	정초 흥행	126

동아 26.02.15	(2)	무전으로 륜돈(倫敦) 구경 / 무뎐으로 활동사진도 보고 백림에서 론돈 구경도 한다 / 경탄할 무전의 대발명	127
동아 26.02.15	(4)	영미(嶺美) 교육 활사	128
매일 26.02.15	(1)	과학과 발명 / 『라디오』로 사진 회화를 전송 / 백림(伯林)서 조선까지 일 초간 / 신문기사 등도 전송된다	128
동아 26.02.16	(2)	[휴지통]	129
동아 26.02.16	(5)	[연예] 독불(獨佛) 영화계 현상 / 표현파와 구성파 영화의 큰 세력 / 미국영화계에 쫓기는 구주영화	129
동아 26.02.16	(5)	〈사진〉 사 형제의 희극 명배우	129
동아 26.02.17	(5)	[연예] 나체의 삼천 남녀 / 도하(渡河)하는 미국 신영화 / 「파라운트」 회사에서 제작 중	130
동아 26.02.17	(5)	[연예] 미 영화배우 미국서 인기	130
조선 26.02.17	(석2)	세계 명승(名勝)의 환등 / 강연할 째에는 두 청년의 / 박은 환등도 영사할 작정 / 경성 도착은 십팔일	131
동아 26.02.18	(2)	[사해섬광(四海閃光)] 내외통신망 / 미인 거주는 금지	131
동아 26.02.18	(5)	[연예] 요부 역의 명여우 사(死) / 미국영화계의 일류 독부 역으로 / 신경통으로 마츰내 세상을 써나	132
동아 26.02.18	(5)	[연예] 명우 오월신자(五月信子) / 금조 입경(今朝 入京) 금야(今夜) 상연	133
동아 26.02.19	(5)	[연예] 토월회 분규 폭로 / 이백수 윤리다 이소연 탈퇴 / 금후 계속 흥행도 의문이다	134
동아 26.02.19	(5)	[연예] 지상(紙上)영화 / 인정극 비밀 전팔권	134
매일 26.02.19	(2)	생전 영예가 / 사후에 밋는 대장의(大葬儀) / 화환행렬만 십정(十町)에 연락(連絡) / 화환행렬만 십여 명에 달하야 / 생전의 영예를 자랑하는 듯해 / 고 이완용 후(侯)의 장의	135
매일 26.02.19	(2)	명여우 환영연(宴) / 오는 이십일에 / 화월식당에서	135
매일 26.02.19	(3)	[지방집회] 광양만(廣梁灣) 기념활사회	135
조선 26.02.19	(조2)	토월회원 오씨(五氏) / 돌연히 탈퇴 / 불평이 잇섯다가 / 폭발된 모양인 듯	135
매일 26.02.20	(2)	토월회에 우(又) 풍파 / 개장은 힛스나 개연 불능 / 즁요 배우가 등장치 안이하야 / 맛참내 표를 도로 거슬너 주어	136
동아 26.02.20	(5)	[연예] 염려무비(艶麗無比)도 일시 춘몽 / 명여우의 말로 / 화류조로(花柳朝露) 가튼 여우의 인기 / 일 주간 사쳔 원의 급료는 일 개월 륙십 원으로 나려	137
동아 26.02.20	(5)	[연예] 「쿠간」 군 주연 / 신작 영화	137
매일 26.02.20	(2)	진퇴유계(進退維谿)의 / 윤심덕 양도 탈퇴할 결심	138
매일 26.02.20	(2)	[붓방아]	138
조선 26.02.20	(조1)	활동사진대회 / 개성중앙회관에서	138
조선 26.02.20	(조2)	인천 애관(愛舘) 혁신	138
조선 26.02.20	(조3)	[신영화] 『파라운트, 코스모포리탄』 작 / 문예명화 동의 호접(冬의 蝴蝶) (전구권) / 이월 십팔일부터 조선극장에서 상영	139
동아 26.02.21	(4)	함청(咸靑) 활사 성황	139
동아 26.02.21	(5)	[연예] 페야뺑스의 쾌작 / 전편(全篇) 천연색 모험 연애극 / 『썽큐』의 다음으로 최근 촬영한 대영화 해적 이약이 『흑의해적』	139

조선 26.07.03	(조3)	[연예] 동반(東半)예술단의 기념흥행 / 요금은 반액으로	321
조선 26.07.03	(조3)	[영화인상]	321
조선 26.07.04	(조2)	전 조선적으로 영화검열 통일 / 종래 경찰부 관할을 총독부에서 하기로	321
동아 26.07.05	(2)	관극(觀劇)하다 익사 / 여섯 살 된 아희	322
동아 26.07.05	(2)	[휴지통]	322
매일 26.07.05	(3)	「라듸오」로 절수(節水)를 고창(高唱) / 작 사일 밤에	322
시대 26.07.05	(3)	인산 활동사진 이천에도 공개 / 시일 장소 추후 발표	322
조선 26.07.05	(조4)	산업선전 영사	323
동아 26.07.06	(2)	영화 육십만 척 / 륙월 중에 검속한 것	323
동아 26.07.06	(2)	마적과 경관대 극장에서 총화교전(銃火交戰) / 사자(死者) 이 명, 부상 다수 / 극장에 잠복한 마적과 수색 경관대가 총화로 접전하야 사상자를 만히 내여	323
매일 26.07.06	(3)	육월 중의 영화 검열 / 오십구만 척	323
동아 26.07.06	(2)	관극 중 권총 발사 / 즉사 이 명, 수 명의 중경상자 / 관객 중에 석인 마적 소위(所爲)	324
조선 26.07.06	(조2)	극장에 마적단 / 이 명을 참해(慘害)	324
매일 26.07.07	(3)	삼 미돌(三米突) 오 전식에 본부에서 영화 검열 / 팔월 일일부터 시행	325
시대 26.07.07	(2)	활동사진이 사상선전에 관계 / 종래 가티 풍속 취체만 못 한다 / 영화 검열에 대한 삼시(三矢)국장 담(談)	326
조선 26.07.07	(조2)	아현리민(阿峴里民) 위안활동사진 / 칠일 밤에 개최	327
동아 26.07.08	(4)	본보 독자 우대 / 단성사 순극대	327
시대 26.07.08	(1)	영화의 검열에 대하야	327
시대 26.07.08	(2)	관극(觀劇) 중 체포된 청년 / 삼 만원 사건 주범? / 원산서원이 만경관에서 체포	328
조선 26.07.08	(조1)	인산 활사로 / 양산유원(楊山幼園) 동정 / 안악(安岳)자동차 운전수들이	328
매일 26.07.09	(3)	안동(安東) 지나(支那)극장에 마적이 권총 난사 / 마적은 테포, 관객 이 명 즉사	329
매일 26.07.09	(3)	시민 위안의 야외 활사 / 십삼일부터	329
매일 26.07.09	(3)	종로 탑동(塔洞)공원에 무전청기(聽器)를 설치 / 조선인에게 선전코저	329
조선 26.07.10	(석2)	화려한 무대 면(面)에 동경 / 관극(觀劇) 중 인처(人妻) 표연(飄然) 출가 / 반도예술단의 행연을 대구에서 구경을 하고 허영심을 것잡다 못해 그 길로 녀배우가 되어 / 광무대에 출연 중 돌연 구인(拘引)	331
조선 26.07.10	(조1)	간도 실상 영화	331
조선 26.07.10	(조3)	[신영화] 워나, 쑤러더스 사 대작 / 희활극 번개 가튼 남아 전팔권 / 칠월 구일부터 우미관에 상영	331
조선 26.07.11	(조2)	삼덕(三德)활사반 / 전북지방 순회 / 충남을 순회하고 / 전북에 향하엿다	332
조선 26.07.11	(조3)	[신영화] 원스트 회사 파리지사 특작 / 대활극 미왕자(美王子) 전구권 / 칠월 구일부터 조선극장에 상영	333
조선 26.07.11	(조3)	[영화인상]	333
조선 26.07.12	(조3)	[신영화] 윌리암폭스 초특작 영화 / 대비극 신을 이진 길거리 전구권 / 칠월 십일일부터 단성사에 상영	333

동아 26.07.28	(3)	대통령 아들이 활동사진 배우	350
동아 26.07.28	(5)	고국 방문 활사반 / 광도현 조선 고학생이 조직	351
조선 26.07.29	(조2)	[휘파람]	352
동아 26.07.30	(1)	[횡설수설]	353
시대 26.07.30	(2)	활동사진 영업은 계속	353
조선 26.07.31	(조3)	[신영화] 유 사 쑤엘 삼십自表 걸작품 / 가정비곡 직업부인 전구권 / 주연 「애리스쏘이스」 양 「크라이부쑤룩」 씨	354
동아 26.08.01	(3)	〈사진〉 소년소녀 활동 배우	355
동아 25.08.02	(2)	지리한 임우(霖雨)와 영향 밧는 상계(商界) / 배추 갑 오르고 우산은 잘 팔려 / 참외와 빙수 장수 한숨을 쉰다	355
조선 26.08.02	(조4)	활동사진영사회	355
조선 26.08.03	(조1)	활사영업에 관한 각 관 협정 파기 / 혼란 예상되는 활동사진	355
동아 25.08.04	(4)	고학생 장학회 고국 방문 활사 / 내(來) 오, 육일 마산서	356
동아 26.08.05	(4)	장학회의 활동사진 성황 / 의연금도 답지	356
동아 26.08.05	(4)	금릉(金陵)학원 위해 활동사진 상영 / 대구 만경관 출장부에서	356
조선 26.08.05	(조2)	석일(昔日) 극계 기린아 / 낙명(落名) 실처(失妻) 무의지(無依支) / 두려운 운명의 작란은 그 쯔칠 바를 모르고 / 마침내 이 사나이로부터 안해까지 쌔아서 / ...광월단장(光月團長)	357
동아 26.08.06	(1)	[횡설수설]	360
동아 26.08.06	(2)	여배우로 나간 것도 김우진(金祐鎭)의 근고(勸告) / 정사(情死)한 김윤 양인의 관계 / 무심코 하는 말도 남성에게 대한 반역 / 세상의 모든 일에 실패만 당하엿다고	360
조선 26.08.06	(조2)	인천시민 위안 / 활동사진연쇄극 / 사일 오일 량일간을 두고 / 시내 가무기좌에서 흥행 / 본사 인천지국 후원	361
동아 26.08.07	(2)	양극(洋劇) 영화 최다	361
동아 26.08.07	(4)	계명(鷄鳴)극단 조직 / 학리(學理)와 기술연구 차 / 거 입(卅)일일 이리(裡里)	362
조선 26.08.07	(조2)	광도(廣島) 고학생 순회 활사대 / 대구에서 상영	362
조선 26.08.08	(조1)	광도조선인고학생 장학회 / 순영단(巡映團) 성황	363
조선 26.08.08	(조3)	[영화인상]	363
동아 26.08.09	(2)	연극보던 청년 수 명 중국 요정(料亭) 습격 / 사소한 말성으로 싸우다가 / 중국인 삼 명 중경상	364
조선 26.08.09	(조3)	[영화인상]	365
동아 26.08.10	(4)	방문 활사(活寫) 성황	365
조선 26.08.10	(조2)	[휘파람]	365
조선 26.08.10	(조3)	[영화인상]	366
동아 26.08.11	(4)	위생전람회	366
매일 26.08.11	(3)	공황 중에 잇는 경성의 영화계 / 경쟁 중에 관객만 득리 / 삼관 조약도 결국 파괴	366
조선 26.08.11	(조3)	[영화인상]	367
동아 26.08.12	(4)	겸이포(兼二浦)에 활사 급(及) 강연	368

동아 26.11.09	(3)	[영화소설] 탈춤 一 / 심훈 원작	450
동아 26.11.09	(5)	[음악과 연예] 신영화 속출 / 풍운아와 불망곡(不忘曲) 신작	450
동아 26.11.09	(5)	조선영화계 명성(明星) 점고(點考) 5 / 남궁운	451
조선 26.11.09	(조2)	출연 중에 금지	451
매일 26.11.09	(3)	[오늘의 이약이]	452
동아 26.11.10	(3)	[영화소설] 탈춤 二 / 심훈 원작	452
동아 26.11.11	(3)	[영화소설] 탈춤 三 / 심훈 원작	453
동아 26.11.11	(5)	[음악과 연예] 론차니 씨 주연 / 명화 악마의 홍소 / 밀드렛드 마닝 양 조연	453
동아 26.11.11	(5)	[음악과 연예] 조선영화계 명성 점고 6 강홍식	453
동아 26.11.11	(5)	[음악과 연예] 교환 영화	454
매일 26.11.11	(3)	조선 명창 총출(總出)로 조선극장에 대연주 / 일동축음긔 회사 주최에 드믈게 보는 큰 음악대회	454
조선 26.11.11	(조3)	〈사진〉 영화배우가 되리라는 「루마니아」 황후	455
동아 26.11.12	(3)	[영화소설] 탈춤 四 / 심훈 원작	456
동아 26.11.12	(5)	[음악과 연예] 영화평 / 영혼의 절규 / 이경손	456
매일 26.11.12	(3)	[오늘의 이약이]	456
조선 26.11.12	(조2)	인산(因山)영화 성황 / 덕천읍내에서	457
동아 26.11.13	(4)	[영화소설] 탈춤 五 / 심훈 원작	457
동아 26.11.13	(7)	[음악과 연예] 토성회(土星會) 사업 / 영화와 무대극 / 불망곡은 근일 **	457
동아 26.11.13	(7)	[음악과 연예] 싸그라스 흑의(黑衣)해적 십일권 / 마츰내 근일 래경	457
조선 26.11.13	(조2)	[휘파람]	459
동아 26.11.14	(3)	[영화소설] 탈춤 六 / 심훈 원작	459
동아 26.11.15	(3)	[영화소설] 탈춤 七 / 심훈 원작	459
동아 26.11.16	(3)	[영화소설] 탈춤 八 / 심훈 원작	459
동아 26.11.16	(5)	[음악과 연예] 시내 영화 / 유 사 특작 영화 나는 세상에 자랑하노라 십일권	459
동아 26.11.16	(5)	[음악과 연예] 불망곡 로케손 / 경성, 함남, 전남	460
동아 26.11.16	(5)	[음악과 연예] 조선극장에 본보 독자 우대 / 작야(昨夜)부터 삼 일간	460
동아 26.11.16	(5)	[음악과 연예] 교환 영화	460
매일 26.11.16	(3)	단성사에 명화 상영 / 해적 (칠권)	461
조선 26.11.16	(조3)	[신영화] 『유나이데트애지스트』 본년도 초특작 / 총천연색 문제영화 싸글라스의 해적 전십일권 / 십일월 십육일 단성사 상영	462
동아 26.11.17	(3)	「랑랑」 양이 영화계에 출연	462
동아 26.11.17	(3)	[영화소설] 탈춤 九 / 심훈 원작	462
조선 26.11.17	(조1)	성주(星州) 독자우대	463
조선 26.11.17	(조1)	고학당(苦學堂) 활사 / 양주에서 상영 / 유지 동정도 만허	463
동아 26.11.18	(3)	[영화소설] 탈춤 十 / 심훈 원작	463
동아 26.11.18	(5)	[음악과 연예] 〈시내 상영〉 유나이데트 사 / 비누거품	463

색인(인명)

색인(영화사, 극단 및 단체)

색인(극장)

일제강점기 영화자료총서 ― 11

신문기사로 본
조선영화

1926

초판 인쇄	2014년 12월 10일
초판 발행	2014년 12월 24일

기획 및 발간	한국영상자료원(KOFA)
펴낸이	이병훈

펴낸곳	한국영상자료원
주소	서울 마포구 월드컵북로 400
출판등록	2007년 8월 3일 제313-2007-000160호
대표전화	02-3153-2001
팩스	02-3153-2080
이메일	kofa@koreafilm.or.kr
홈페이지	www.koreafilm.or.kr

편집 및 디자인	현실문화연구 (02-393-1125)
총판 및 유통	현실문화연구

값 30,000원

ISBN 978-89-93056-48-8 04680
　　　978-89-93056-09-9 (세트)